Warten wir die Zukunft ab

Über den Autor

Hartmut König, geboren 1947 in Berlin, war Mitbegründer der ersten deutschsprachigen DDR-Beatband TEAM 4 und des »Oktoberklubs« sowie Autor und Komponist zahlreicher Lieder (»Sag mir, wo du stehst«; Songtexte für den DEFA-Film »Heißer Sommer«). Er studierte Journalistik in Leipzig und promovierte 1974. Nach einer Tätigkeit beim Internationalen Studentenbund in Prag wurde er 1976 Sekretär des Zentralrates der FDJ, zunächst für Internationale Beziehungen, dann für Kultur und 1989 stellvertretender Kulturminister. Nach 1990 arbeitete er in einem Brandenburger Zeitungsverlag und lebt heute in der Gemeinde Panketal nahe Bernau.

Über das Buch

Rückblick, Erinnerung, Erkundung – Hartmut Königs Autobiografie ist ein politisches Buch. Er berichtet, analysiert, stellt Fragen an Geschichte und Politik, nicht minder drängende an eigene Lebensentscheidungen und Haltungen. Stationen sind die Nachkriegskindheit in Ostberlin, wo er auf den Ruinenfeldern mit Thomas Natschinski spielt, mit dem er später TEAM 4 gründet. Zuvor hatte ihm Bruno Apitz, Autor des großen Buchenwald-Romans und Freund der Familie, Rot als Gesinnungsfarbe angeraten. Frühe Verse kommentiert Zirkelleiter Peter Hacks. Seine ersten Lieder singt er in dem von ihm mitbegründeten Oktoberklub. Als Funktionär des Zentralrats der FDJ ist er in der Welt unterwegs und mit diffizilen Problemen der Kunst im eigenen Land konfrontiert. Mit Atomspion Klaus Fuchs redet er über Gewissensfragen im Nuklearzeitalter, mit Walter Ulbricht über Spezialistentum, mit Samora Machel über Preispolitik, mit Mikis Theodorakis über den »Canto General«, mit Egon Krenz über Perestroika und wie es weitergehen soll in der DDR. Doch als Krenz der erste Mann im Staat wird, ist der Neubeginn bereits fragwürdig. Was suggeriert der Fall? Alle kommunistischen Experimente sind Totgeburten? Sachte! Der administrative DDR-Sozialismus hat das Klassenziel verfehlt, und Kommunismus gab es noch nie. Sein Gespenst wabert unerledigt über den Exerzierplätzen aller heutigen Mächte und hätte eine Chance auf reale Gestalt verdient. Denn so, wie sie ist, kann die Welt nicht bleiben, meint Hartmut König. Warten wir die Zukunft ab, wirft er der eigenen Skepsis entgegen.

Hartmut König

Warten wir die Zukunft ab

Autobiografie

neues leben

Inhalt

Monolog vorm Spiegel

Wer nach vorn schauen will, muss sich aufrichten. Warum hast du dich nach der Wende an diesen Satz geklammert? Gründe, dich zu ducken, hättest du leicht gefunden: Schmerz, Wut, Angst, Scham. Das Land, das du Heimat nanntest, ein Gespött für die alten Feinde. Hoffnungen – für wie lange wohl? – verschüttet auch durch deine Irrtümer und Fehler. Eine Politik, an der du Anteil hattest, am Ende wegen Entfernung vom Volk durch das Volk abgewählt. Trotz und Behauptungswille haben dir den Satz eingegeben, wohl auch der Urinstinkt: Überleben. Arbeit finden. Den Verbleib wirklicher Freunde orten. Den Giftpfeilen der neuen Eliten und ihrer Köcherträger ausweichen. All dies brauchte Orientierung, und die verlangte einen aufrechten Gang.

Dabei heißt sich aufrichten nicht, Schmerz, Wut, Angst, Scham abzustreifen. Im Gegenteil, du trägst sie sichtbarer aus. Bist angreifbarer. Abstreifen musst du alte Feigheiten, bequeme Rücksichten und Versatzstücke deiner Ideologie, die der Realwelt als Rechtfertigung angepasst wurden. Bist du sicher, dass du sie nur auf den Lippen trugst? Frag dich, warum der lustvolle Gebrauch des Wörtchens *aber* mit den Jahren versiegte! Es nützt nichts: Fehler müssen Fehler genannt werden. Und mit den bis zur Unkenntlichkeit Gehäuteten und Gewendeten in einen Kübel kommst du schon deshalb nicht, weil du eines nicht vergessen hast: In der Bilanz des kleinen Landes zwischen Rostock und Suhl und deines Lebens darin gibt es eine Haben-Seite. Sie bleibt dir wesentlich.

Was ist nur in deinem Land geschehen? Wo für Adenauer Sibirien begann, wo es an Rohstoffen und braunen Amtsträgern fehlte, wo deine Mutter Steine klopfte und an ein Deutschland einig Vaterland noch lange glaubte, da war doch so viel Hoffnung gekeimt. Und blickten nicht beste deutsche Geister mit Wohlwollen auf dieses materiell ärmere deutsche Land? Im Osten gab es Reparationsbürden statt

Marshall-Stütze, aber auch Neulehrer statt Nazipauker, Junkerland in Bauernhand und Arbeiterkinder an den Universitäten. Mancher Enge stand auskömmlicher Platz gegenüber: Arbeitsplatz, Essplatz, Schlafplatz, Krippenplatz, Theaterplatz, manchmal Ferienplatz, wenn auch nur von Wenzelsplatz bis Roter Platz. Mit der Zeit wuchs hinter allen Flüchen des Alltags auch ein Gefühl von Stolz, das gegen Hallsteins Alleinvertretungsdogma und Springers Gänsefüßchen-Arroganz empfindlich war.

Warum dann schon vor dem Ende der DDR so viel Missmut und Apathie?

Weil der Traum vom sich entwickelnden Sozialismus brüchig geworden war. Ein Vertrauensverlust, der dem Vergessen Vorschub leistete und unzweifelhafte Errungenschaften im sozialen Gedächtnis marginalisierte.

»An allem ist zu zweifeln« war nicht deine Devise. Du hast die DDR als Heimat geliebt und in ihr immer das bessere Deutschland verteidigt. Du hast die Klüfte zwischen Ideal und Wirklichkeit mit Unvollkommenheit begründet, Nörglern und Besserwissern stolzere Geduld gewünscht, Kritik, die dir lähmend erschien, unterdrückt und Förderung neuer Dinge vom schnellen politischen Nutzen abhängig gemacht. Wer wie du kaum Zweifel übrig hatte, der stand am Krankenbett seiner Heimat selbst wie ein Kranker. Du glaubtest noch an Genesung und hofftest auf den Wunderheiler aus Moskau. Wer ahnte denn, wie vergiftet sein letzter Bruderkuss sein würde?

Zur Wende mochte es für kurze Zeit so scheinen, als trüge das Aufbegehren in der DDR die Chance zur Besinnung auf die ehrlichen Grundwerte und Lebensmaximen der Aufbaugeneration in sich. Dann wäre das Volk in der DDR, bereichert um die Demokratisierung seiner Gesellschaft, vielleicht als souveräner Impulsgeber für eine Einigung der deutschen Staaten auf anderen Wegen in Frage gekommen. Aber der Verkauf war mit Wodka besiegelt.

Leute, die dich aus deinen frühen Lieder-Zeiten kennen, fragen noch heute, warum du in die Politik gegangen bist. Die Antwort ist banal. Der Journalist interessierte sich früh für die Politik und suchte nach Wirkungsfeldern, während der Sängertexter im Zweifel war, ob sein Talent auf Dauer für einigen Ruhm genügen würde. Die frühe Entscheidung für die Politik ließ die Depressionen zur Wende umso heftiger ausfallen. Das Gefühl der Mitverantwortung für ein so gründliches Scheitern war wie ein permanent in den Körper einsickerndes Gift. Aber es tötete dich nicht, es lähmte dich nicht einmal, denn du hattest unvermutet ein Gegengift: Neugier, fröstelnde Neugier auf diesen verrückten Transit in eine ungeliebte Welt. Erinnerst du dich an die zwei ZK-Mitglieder aus deiner Sitzreihe, einen Minister und einen Generaldirektor, aufrichtige Leute, die sich vor falschen Anschuldigungen mehr fürchteten als vor dem Tod? Sie konnten sich nicht aufrichten und stürzten vor Selbstzweifel und Ohnmacht aus dem Leben.

Die neuen Schiffsführer fälschen die Logbücher und beschwichtigen die Mannschaft, solange der Kahn nicht sinkt. Ihre Funksprüche sind optimistisch und klingen vertraut: Den Kapitalismus in seinem Lauf halten weder Ochs noch Esel auf! Doch das Schiff ist leck und das SOS eine Frage der Zeit. Aus dem Alteisen wäre was zu machen. Sagen wir: ein passabler Transporter durch die Zeit, die kommen wird – ohne Klassendecks, mit reichlich Ein- und Aussicht überall und für alle. Jeder vermag, sein Billett zu bezahlen, er hat sein faires Auskommen. Soll man von dieser Hoffnung lassen, die sich wieder drängender über die Zeit breitet? Also spuck deinen alten Traum nicht aus wie Gewölle. Er ist Lebensmittel. Du wirst ihn brauchen, bis das Jenseits ruft.

Zweifeln folgten langsam wieder Aktionen. Aber die Instandbesetzung der Verhältnisse, die Überwindung der Basta-Politik des Großen Geldes und seiner Regierungen ist ein langer Marsch. Dafür braucht es einen Vorrat an Geduld und Ideen. Da macht Sammeln wieder Spaß. Und Erzählen und Hinhören. Was wäre das für eine herrliche Mode, tragbar für jeden: Wir erzählen uns unsere Lebensgeschichten. Wir fahren nicht aus der Haut, sondern machen sie sensibel für achtsame Berührung.

Zufällig am Leben

Der 14. Oktober 1947 ist auch in der Schönhauser Allee schön. Das heißt, die Sonne wärmt ein bisschen, und das tut gut, wo doch alles kalt und öd ist im dritten Nachkriegsjahr Berlins. Not und Trauer überall. Das Land, die Stadt, die Straße in Trümmern. Aber nicht unser Haus. Nicht die Schönhauser Allee 27, die thront mit zwei Nachbarhäusern über den Ruinen. Den Grund nenn ich später. Zuerst muss ich darin geboren werden. Und zwar als ein für die Hungerzeit erstaunlicher Achtpfünder. Mein Kopf gleicht einer Spitztüte, weshalb die Großmutter aufschreit: »Der sieht ja aus wie die Heilige Inquisition!« Wie kann man so etwas beschreien? Und überhaupt: Welch lausige Begrüßung, wenn man doch nur am Leben ist, weil einiges nicht passierte!

Der mein Vater werden sollte, ein Matrose von fröhlicher Korpulenz und notorischer Weibstollheit, starb *nicht* den »Heldentod«. Kurz bevor sein Minensuchboot nachts auf See explodierte und sank, hatte es Alarm gegeben und im Schlaf war ihm der Smutje auf den Magen gesprungen. Der Vater in spe rettete sich über Bord und schwamm um sein Leben, zuckende Körper, die sich an ihn klammerten, zurückstoßend. Die meine Mutter werden sollte, starb, als das Kindermädchen unachtsam war, im Vorschulalter *nicht* unter dem Fangkorb einer Straßenbahn. Ein Feuerwehrkran befreite sie, als der Tod schon den Umhang schwenkte. Und ich endete *nicht* als Fehlgeburt, denn monatelang hatte meine Mutter auf Anraten des Arztes das Bett gehütet, um mich zu behalten. Und dann das Geburtshaus. Es brannte *nicht* wie die halbe Umgebung im letzten Kriegsjahr nieder. Mein Vater war nach Berlin kommandiert worden, und Heimweh hatte ihn zuerst in die 27 geführt, wo er und seine Kameraden alle übergreifenden Brände löschten. Man muss dem Schicksal für so viel Gefälligkeit dankbar sein.

Als ich zur Welt komme, wird unsere Familie fünfköpfig. Das Zepter schwingt meine Großmutter Katharina, fünfzig Jahre alt und immer noch eine schöne Frau. Sie stammt aus dem thüringischen Eisenberg, wo sie als Älteste von fünf Geschwistern von ihrer Mutter Martha als Aschenputtel gehalten wurde. Vielleicht wäre sie das auch geblieben, hätte die herrische Martha nicht eine Schwester Meta gehabt. Die war als Enfant terrible dafür bekannt, den geschlechtsreifen Söhnen Eisenbergs die Hosenställe zu lüften. Gelegentliche Unfälle behob ein anarchistischer Medizinalrat, bis es für Meta höchste Zeit war, im anonymen Großraum von Berlin unterzutauchen.

Schon immer hatte meine Großmutter ein Faible für ihre Tante und deren freien Geist gehabt. Sie liebte die unangepasste, aufsässige Art, mit der Meta die Karten des Lebens mischte. Nun zog es sie in ihre Nähe – nach Berlin. In einem reichen jüdischen Haushalt nahm sie die Stellung eines Kindermädchens an. Die gab sie auf, als der gutsituierte Schneidermeister Karl Sinnhöfer sie heiratete. Sie bekam zwei Kinder, meine Mutter Helga und Egon, den ein Jahr später Geborenen. Man wohnte im reichen Berliner Stadtteil Schmargendorf, überstand die Inflation durch Goldeinnahmen im Schneidergeschäft. Man hatte Hausangestellte und führte – sieht man von Helgas Straßenbahnunfall ab – ein sorgloses, komfortables Leben. Das änderte sich abrupt, als Karl Sinnhöfer 1929 starb. Meine Großmutter, vor Schmerz besinnungslos, musste mit Gewalt daran gehindert werden, dem in die Erde gelassenen Sarg nachzuspringen. Der Tod ihres Mannes war auch in materieller Hinsicht eine Katastrophe, denn dessen Kompagnon rückte der jungen, unerfahrenen Witwe keine Geschäftsanteile heraus. Die finanziellen Reserven waren bald aufgebraucht, und meine Großmutter hatte alle Mühe, sich selbst und die beiden Kinder mit Nähen, Waschen und Botengängen durchs Leben zu bringen. Mal waren Helga und Egon bei reicheren Klassenkameraden zum Essen eingeladen, mal spendierte die Kirche ein Brot.

Da trat die wilde Meta auf den Plan. Hatten sie und ihr Mann, der rote Nowakowski, einst sogar Rosa Luxemburg in ihrem Schönower Haus versteckt, so trafen sich in der Zeit der Weimarer Republik viele linke Geister an diesem Ort. Zu einer solchen Runde lud Meta auch meine Großmutter ein und stellte ihr einen ausgemergelten Mitarbeiter der »Roten Hilfe« vor. Er hieß Bruno Apitz. »Nimm ihn auf«, sagte Meta. »Allein kommst du vor die Hunde. Lass ihn bei dir wohnen, und schmeiß ihn raus, wenn er nicht mehr zuwege bringt als sein Geschreibsel.« Meine Großmutter gab ihm in Schmargendorf Logis, und er blieb, bis die Nazis an die Macht kamen. Großmutter beschrieb ihn als einen komplizierten, verzweifelt um seine literarischen Stoffe ringenden Geist. Mal wirr und hitzköpfig, dann wieder stundenlang schweigend oder theatralisch deklamierend. Aber er war im Herzen der klassenbewusste Leipziger Arbeiterjunge geblieben. Keiner konnte ahnen, wie sehr er die antifaschistische Literatur der Nachkriegszeit bereichern würde. Für Helga und Egon war er wie ein Vater.

So lange Bruno Apitz bei den Sinnhöfers lebte, übertrugen sich mehr seine sozialen als seine weltanschaulichen Ansichten auf meine Großmutter. Sie wurde nie Mitglied einer Partei, aber sie beteiligte sich engagiert an den politischen Debatten jener Jahre. Sie bildete als Christin ihr Herz und ihre humanistische Gesinnung. Antifaschisten, die bald verhaftet wurden oder emigrierten, wie der Musikwissenschaftler Georg Knepler, fanden bei ihr noch einmal zu freiem Meinungsaustausch zusammen. Ungeachtet der Gefahren trug meine Großmutter auch 1933 noch Flugblätter aus. Die Gestapo stand vor der Tür und erkundigte sich nach Apitz, der inzwischen wieder in Leipzig aktiv war. Auch meine Großmutter geriet in deren Visier, aber eine konservative Stadträtin, die gelegentlich die Dienste meiner Großmutter in Anspruch nahm, lenkte den Verdacht von ihr ab.

Als Bruno Apitz nach Leipzig gegangen war, fehlte den Sinnhöfers nicht nur der Mann im Haus, sondern es blieben auch seine geringen Beiträge zum Lebensunterhalt aus. Nach drei Jahren heiratete meine Großmutter deshalb den Witwer Eduard Caroli, einen verbeamteten Lokomotivführer aus Sachsen. Der gehörte um einige Ecken zur Familie, war aber nicht blutsverwandt. Hatte bei dieser Verbindung schon nicht ihr Herz gesprochen, so konnte er immerhin die Familie ernähren. Er besaß ein Haus in Großdeuben, man zog dorthin und später ins nahe Leipzig. Helga und Egon waren nicht unglücklich. Meine Mutter verbrachte ihre Pflichtjahre in einem Pastorenhaushalt, ging in Leipzig zur Schule und in die Lehre. Aber meine Großmutter hatte Sehnsucht nach Berlin. Und der Lokführer Eduard war viel zu weichherzig, um ihr diesen Wunsch abzuschlagen. So bestellte man den Möbelwagen und zog für 75 Reichsmark Monatsmiete in den zweiten Stock des Bürgerhauses Schönhauser Allee 27. Das war 1939, als der Krieg ausbrach.

Die Männer aus der 27 tranken in der Eckkneipe ihr Bier, vielleicht mit Ausnahme des Kommunisten Grosch, der nur deshalb nie abgeholt wurde, weil ihn bis zum Kriegsende niemand, nicht einmal der Blockwart, verpfiff. Helga bekam eine Anstellung im Familienbetrieb Dettlof, wo der Firmenchef mit dem ungeliebten Hakenkreuz am Revers höchstpersönlich die Rechnungen frisierte und falsche Bilanzen an die Bank gab. Egon durfte in die Marine-HJ gehen. Meine Großmutter hatte widerwillig zugestimmt. Helga hatte sie aus dem Bund Deutscher Mädel rausgehalten und einem fassungslosen Rekrutierungsgremium erklärt, ihre Tochter sei keine Matratze für pubertierendes Jungvolk. Zum Glück verstaubte der Vorgang. Egon aber wollte nach älterer Familientradition zur See fahren, das war ohne Hitler-Jugend chancenlos. Er meldete sich zur U-Boot-Flotte und kehrte bereits von seiner ersten »Feindfahrt« nicht zurück. Wann immer ich die hoffenden Worte der Becher-Hymne höre, »dass nie eine Mutter mehr ihren Sohn beweint«, werde ich meine Großmutter vor Augen haben, die zeit ihres Lebens kein Meer, keine Wellen, keine Unterwasseraufnahmen ohne Erstickungsanfälle ertragen konnte.

Egon war neunzehn. Sein weiches, jungenhaftes Gesicht unter der Marinemütze blieb in ihrer Erinnerung stehen wie eine Fotografie, die eingefroren war in der Zeit und der kein Bild mehr folgen konnte. Später bemerkte sie gar nicht, dass sie mich *Egon* rief, selbst dann nicht, als ich diesem Bild nicht mehr ähnelte.

Egons Tod schürte ihren Hass auf die Nazis. Seit der Bekanntschaft mit Apitz war dieser Hass gewachsen, aber nie organisierter Widerstand geworden. Vielmehr versuchte die Großmutter mit hilflosen Gesten, persönliches Leid zu mildern. Da gab es wenige Schritte von der Schönhauser Allee 27 entfernt ein jüdisches Altersheim nahe dem Friedhof, der noch heute als Mahnung steht. Meine Großmutter war Augenzeugin, als die alten Leute herausgeprügelt, an Händen und Füßen gepackt und wie Mehlsäcke auf Lastwagen geworfen wurden. Jeder in unserem Teil der Schönhauser, sagte sie, hat das gesehen oder gewusst. Sie aber hat mit Anna Dommeier, der kleinen, verwachsenen Haushälterin der Familie Rüdiger Schleicher, nachts jüdischen Frauen im Scheunenviertel geholfen, vor der Deportation das Nötigste zu packen, Kinder zu trösten, ihnen warme Sachen zu nähen. Das hat nichts aufgehalten, aber es war barmherziger als wegzusehen. So wie bei den ukrainischen Zwangsarbeiterinnen, die auf der Promenade vor unserem Haus im Eiswind Schwerstarbeit verrichten mussten. Ihnen schob die Großmutter Lebensmittelmarken zu und etwas Geld, damit sie sich bei dem anständig gebliebenen Kaufmann Dommer in der Wörther Straße Essen kaufen konnten. Derlei Menschlichkeit wurde hart geahndet.

Im Frühjahr 43, die Nachricht von Egons Tod war noch nicht geschrieben, klingelte es eines Abends an der Wohnungstür. Da stand ein junger Schwarzhaariger in Marinekluft und bat um Quartier. Großmutter hatte auf Grüße von Egon gehofft, aber der Schwarze log ihr nichts vor. Als später meine Mutter nach Hause kam und die Mütze mit den Bändern an der Garderobe sah, rief sie Egons Namen, sprang dem Uniformierten in den Rücken, legte ihre Hände um seinen Hals. Der Schwarze indes stellte sich als Gert König vor und soll meine Mutter mit heiterem Blick Maß genommen haben. Sie war zwanzig, er ein Jahr älter. Die beiden verliebten sich, und mit den Verlobungen hatte man es im Krieg eiliger als im Frieden, denn da war ein Haltepunkt in der Heimat. Dass meine Mutter schwanger war, erfuhr Gert König auf See. Im Hochzeitsurlaub wurde er am Bett meiner Mutter getraut, das sie hüten musste, um eine Fehlgeburt abzuwenden. Doch was meine Schwester hätte werden können, schaffte es nicht lebend auf die Welt. Meine Mutter war verzweifelt. Mein Vater stürzte sich in den Krieg. Er glaubte, als er wieder seinen Kahn bestieg, der Tod laste auf ihm wie ein Menetekel. Beinahe hätte es sich erfüllt.

Aber auch die Schönhauser Allee 27 lag längst in einer Todeszone. Die alliierten Bomber flogen im letzten Kriegsjahr pausenlos

Luftangriffe. Immer mehr Zivilisten schafften es nicht mehr in die Bunker. Sie rückten enger in den Luftschutzkellern der Wohnhäuser zusammen. Die aber wurden am ehesten zu Todesfallen. So auch in der Schönhauser Allee zwischen der Schultheiss-Brauerei und der Wörther Straße. Nur eben unsere Ecke nicht. Der Glockenturm der gleichfalls unversehrt gebliebenen Segenskirche gegenüber ragte wie ein mahnender Zeigefinger in den Himmel. Sich an das Ausharren zwischen irrsinniger Furcht und hoffnungsloser Apathie erinnernd, betete meine Großmutter wie ein Vaterunser noch lange den Satz herunter: »Lieber ein Leben lang trockenes Brot essen, als noch einmal diese Bomben.«

Kurz vor der Kapitulation durchkämmten SS-Gruppen die Keller und Ruinen nach Deserteuren. Wen sie fanden, hängten sie an den Laternen auf. Der Volkssturm warf seine Waffen auf die Schutthalden. Noch heulten Stalinorgeln. Im Keller der 27 stammelten versprengte Nazis Durchhalteparolen und stürzten wie im Fieberwahn weiter. Und plötzlich, erzählte die Großmutter, soll eine große Stille gewesen sein. Und in diese Stille hinein, die schon endlos schien, sei ein Soldat mit Mongolengesicht die Kellertreppe heruntergekommen und habe genau den Satz gesagt, der später in den Geschichtsbüchern stand: »Krieg vorbei. Gitler kaputt.« Irgendwann kehrten Mutter und Großeltern in ihre Wohnung auf der zweiten Etage zurück. Es gab keine Fensterrahmen mehr, und es standen nicht alle Wände. Im Bad starrten sie auf ein halbes Klosett. Aber im Frühjahr 1945 war das komfortabel.

Meine Mutter, am Kriegsende zweiundzwanzig Jahre alt, erwartete meinen Vater voller Sehnsucht. Der hatte Glück, war in eine kurze britische Gefangenschaft an der Nordsee geraten und danach in Richtung Berlin gezogen. Aber er hatte es nur bis zu einem schleswigschen Gutshof geschafft, wo die Milch besonders fett war und das Bett der Haustochter besonders weich. Dieser Aufenthalt bescherte mir einen bis heute nicht bekannten Halbbruder und Gert König, sobald er in Berlin eingetroffen war, eine behördliche Anfrage bezüglich seiner Vaterschaft. Meine Großmutter, die ohne Ansehen des Empfängers jeden weißen oder blauen Brief öffnete, verfiel beim Lesen in

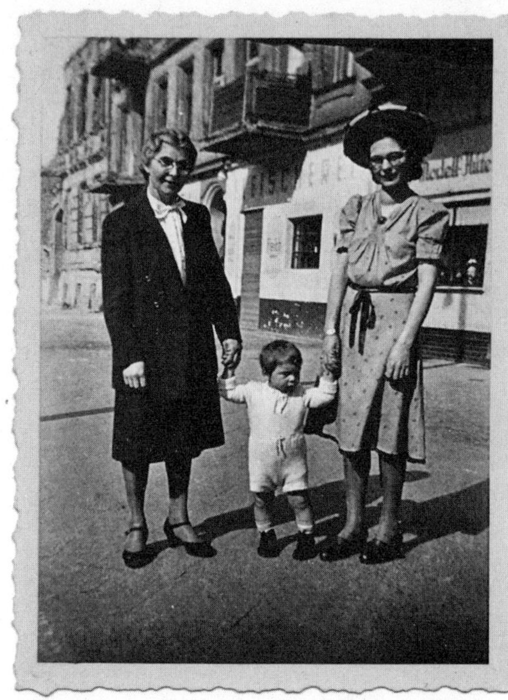

Mai 1949: mit Mutter und Großmutter auf der Schönhauser Allee

den bei ihr schon bekannten Zustand des Sterbenwollens. Weiß der Teufel, wie sie den Tablettenbrei dosierte, um stets einen endgültigen Abschied zu vermeiden und fast hundert Jahre alt zu werden. Ihren Rauschzustand nannte die Familie »Brummen«.

Meine Mutter war ein Lamm und verzieh diesmal, wie sie auch später immer verzieh. Als sie mit mir schwanger war, gab ihr Dr. Hartmann, der Arzt aus der Wörther Straße, in gebildetem Sächsisch den Rat: »Se müssen sisch da orjentwie dorchwurschdeln«. Ein treffliches Lebensmotto für meine Mutter, für mich im Geburtskanal und später für den Dreigenerationenhaushalt.

Löwenzahn hinterm Ohr

Vor der Schönhauser 27 steht damals eine Linde, die nach eigenem Uhrwerk im Frühling Blätter treibt und in der Blütezeit die Luft verzaubert. Seit einem bestimmten Sommer berührt mich ihr Duft seltsam und immer wieder aufs Neue. Er hat sich an ein Ereignis geheftet, das sich in der Segenskirche abspielte, wo ich getauft wurde. Die Kirche ist aus rotem Backstein errichtet, und ihre Straßenfront, von der auch der Kirchturm hochragt, fügt sich exakt in die übrige Häuserzeile. Diese Linie wird durch ein hohes Tor zum Innenhof unterbrochen. Steht man in dessen Rondell, wecken der eigentliche Kirchentrakt und dessen geheimnisvolle Umbauungen jedermanns Neugier. Das bedeutet in der Kinderlogik: eine Märchenburg mit Abenteuern ohne Ende. Aber wie bekommt man Zutritt?

Ich freunde mich mit den Pastorentöchtern an und werde zum Kindergeburtstag eingeladen. An diesem Tag öffnet sich erst mal nur Pfarrers Wohnungstür. Es gibt Kakao, Kuchen und endlose Gesänge. Uns werden Ratespiele aufgegeben, bei denen Wissenslücken mit Vorsingen bestraft werden. Wieso darf Singen eine Strafe sein? Ich habe mich mit »Dornröschen war ein schönes Kind« zu quälen. Tränen in den Augen, halte ich jeden weiteren Gesang in meinem Leben für ausgeschlossen. Aber in Pastorenhaushalten gehört Trost zur Apotheke, jedenfalls kümmert man sich reizend um meine Tränen. Das Ehepaar umarmt sich vor Freude, als es mich beruhigt hat. Das finde ich rührend. Meine Mutter wird von keinem Vater so umarmt, unsere Familie ist nicht komplett.

Ich erwäge, mich nach dem verhunzten »Dornröschen« aus dem Staub zu machen. Aber noch haben sich die geheimnisvollen Türen der Märchenburg nicht geöffnet. Es dauert zwei Wochen, bis mich die ältere Pastorentochter ins Paradies lässt, und das eben zur Zeit des Lindendufts. Ich erlebe die Türme, Zinnen, Balkone und Wandelgänge sowie den hinter hohen Mauern gelegenen Kirchgarten, der heimlichen Platz für Spiele bietet, mit diesem süßen Aroma in Nase und Gemüt. Weiß nicht, warum das Herz so gewaltig schlägt.

Im Sommer verfliegt wohl der Duft, aber nicht das quirlige Gefühl, das er auslöste. Das wagt sich stets aufs Neue hervor und lässt den verwehten Duft ahnen. Er zieht noch auf, wenn ich zu Kindergottesdienst, Christenlehre und Konfirmationsunterricht in die Segenskirche laufe, aber er lauert auch an anderen Orten. Und irgendwann weiß ich, was das Aroma umschreibt: Lust auf Entdeckung, Unbekanntes, Verborgenes. Das ist ein starker Puls. Ich will ihn nicht verlieren und suche mir fortan zur Lindenblütenzeit meine Tankstellen. So wird es kommen, dass ich noch ein halbes Jahrhundert später auf dem Heimweg vom Brandenburger Verlag einen beträchtlichen Umweg fahre. Im fünfziger Tempo mit geöffneten Wagenfenstern durch eine Weddinger Lindenallee. Der Baum vor der Schönhauser 27 ist gefällt.

Eines Tages ist die Kirche mehr für mich als ein Märchenschloss gegenüber. Meine Mutter und meine Großmutter haben nur eine Karteikarte in der Küsterei. Aber Agathe Gaul, die Drogeriebesitzerin in der 27, hat ihr bestes Auge auf meine Seele geworfen. Ihr Verlobter ist im Ersten Weltkrieg gefallen, und sie hat Jesus Christus an seine Stelle treten lassen. Seitdem missioniert Agathe im Viertel. Sie wird von den Straßenjungs verspottet, weil sie Worte statt Bonbons verteilt. Sie fragt: »Was hat Gott geboten?«, und die Jungs johlen: »Spinat mit Ei.« Das gefällt mir nicht. Mehr aus Mitleid lasse ich mich von ihr in die Backsteinkirche gegenüber führen. Dann aber haben mich Kantor Bergmanns Orgelspiel, der stolze Gesang von Luthers »Ein feste Burg ist unser Gott« und die Liturgie mit den stets wiederkehrenden Stellen des Gebets und Gesangs in ihren Bann gezogen. Wenn man in das Kirchenschiff eintritt, ist es, als träte man in eine Idee. Natürlich ahne ich das nur. Ich mag die feierliche Gemeinsamkeit, fühle mich in ihr geborgen. Mutter und Großmutter lassen es geschehen, und zu Weihnachten gehen auch sie wieder mit in die Kirche. Ich glaube, ich bin glaubensfest.

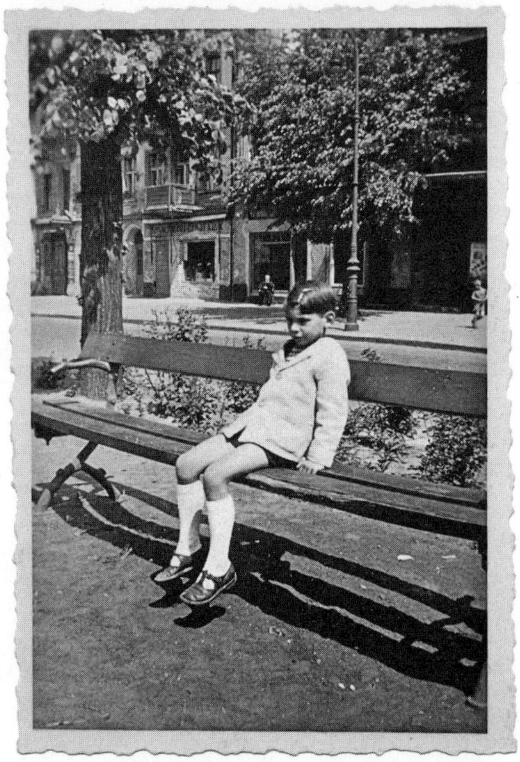

Auf der Promenadenbank vor dem Geburtshaus: die Segenskirche im Blick, die Linde der Kindheit im Rücken

Die da »Spinat mit Ei« gerufen haben, sind meine Spielgefährten in unserem Revier Berlin N 58, Prenzlauer Berg. Wenn ich »nach unten« darf, reicht mein erlaubtes Planquadrat von der Schönhauser Allee bis zur Brauerei, wo die Sredzkistraße beginnt, diese bis zur Knaackstraße hinunter und jene dann bis zur Wörther Straße, die wiederum auf die Schönhauser zuläuft. Dieses Terrain ist in den frühen Fünfzigern ein Trümmerfeld. Ein paar Häuser stehen noch wie halbwegs intakte Zähne in einem Armeleutegebiss. Der Rest ist geräumte Freifläche mit Stapeln von geklopften Ziegelsteinen. Mit den Steinen bauen wir Höhlen. Drinnen werden Holzteile und Stoffreste zu Möbeln montiert, und draußen, wo im Frühjahr Hundeblumen wachsen, werden Gärten angelegt. Außerhalb dieser Gärten pflücken wir Löwenzahn und stecken ihn hinters Ohr. Leuchtendes Gelb

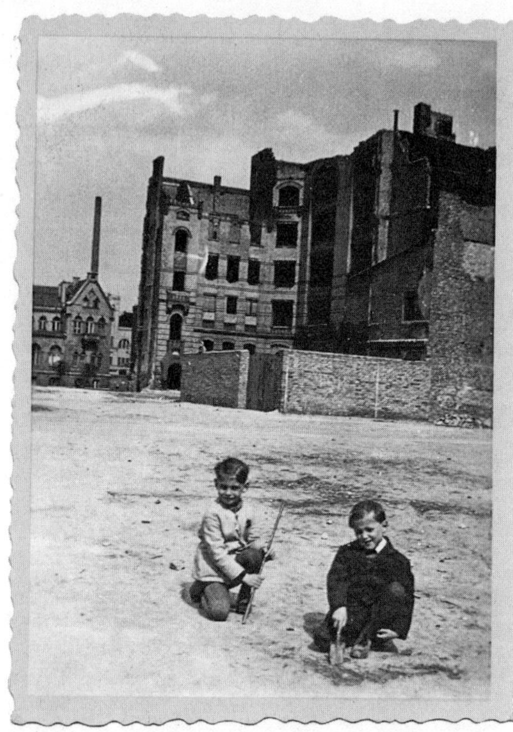

Mit Thomas auf dem Lieblingsspielplatz – links im Hintergrund die Schultheiss-Brauerei

auf aschfahler Haut. Hinter den Freiflächen gibt es Ruinen, in deren einsturzgefährdeten Kellern und Stockwerken angeblich Hunde, Katzen und lichtscheue Verbrecher hausen. Das Betreten der Ruinen ist verboten. Aber niemand hält sich daran. Wir suchen Schätze wie die platt gewalzte Kupferkanne, für die der Schrotthändler zehn Pfennige zahlt.

Ich ignoriere nicht nur das Ruinenverbot, sondern überschreite auch das erlaubte Planquadrat im Norden bis zur Danziger Straße (zeitweilig Dimitroffstraße, als die Auffassung herrschte, Dimitroffs Triumph über Göring im Reichstagsbrandprozess rechtfertige die Benennung einer Straße nach ihm). Das ist die Stelle, wo die U-Bahn schon Hochbahn ist und ihren »Magistratsschirm« über die Passanten spannt. Hier wird der DEFA-Film »Berlin – Ecke Schönhauser« gedreht, und hier esse ich bei Konnopke meine erste Bockwurst. Die

Currywurst, die ein Kanzler sich Jahrzehnte später von hier bringen lässt, ist noch nicht im Angebot.

Im Westen traue ich mich über die offene Grenze zum französischen Sektor bis in die Bernauer Straße. Im Osten bis zur Prenzlauer Allee und im Süden bis zum Senefelderplatz, in dessen Nähe der jüdische Friedhof liegt. Ich will wissen, was sich hinter seinen Mauern verbirgt. Die Großmutter hat von einem Nachbarsjungen erzählt, der kurz vor Kriegsende von einer Granate getroffen wurde und den man dort als Goi in einem weißen Spind beerdigt hat. In einer Erde, die, das wusste meine Großmutter nicht, auch Max Liebermann und Giacomo Meyerbeer aufnahm. Ich helfe der Friedhofsgärtnerin ein paar Wochen lang beim Unkrautjäten. Dann lässt sie mich frei umherstreifen und bemerkt nicht, dass ich wild wuchernde Traubenhyazinthen pflücke, um meiner Mutter, wenn sie vom Schichtdienst nach Hause kommt, eine Freude zu machen. Wer hier begraben liegt und wer den Friedhof geschändet hat, lerne ich später. Damals denke ich nur, jemand sollte die umgeworfenen Steine wieder aufrichten, und begreife gar nicht, dass auch die Verwüstung im Bewusstsein bleiben muss.

Meine Mutter sieht die blauen Hyazinthen oft erst, wenn ich längst schlafe. Durch Vermittlung des Kommunisten Grosch aus unserem Haus hat sie im Haupttelegrafenamt eine Lehrstelle gefunden und ist danach in den Postdienst übernommen worden. Allerdings mit der Pflicht zum Schichtdienst. Eine Zeit lang ist sie die einzige Verdienerin in unserem Haushalt. Der Quasi-Großvater ist in den Kriegsjahren als Lokführer reaktiviert worden und galt nach der Befreiung zunächst als faschistischer Beamter. Er erhielt keine Rente. Meine Großmutter, die nie »geklebt« hatte, kriegte auch keine. Anfangs steuerte mein Vater etwas zum Unterhalt bei. Er war in die KPD eingetreten und Polizist geworden. Allerdings ein flexibler. Erst bei der Schutzpolizei, wo er nur mit dem Gummiknüppel Streife laufen durfte und bei Konflikten mit der Unterwelt seiner Unversehrtheit den Vorrang gab. Und seinem Vorteil, denn wenn Gert König einen Schwarzmarkthändler jagte, diesem aber ein Karton aus dem Rucksack fiel, brach er die Verfolgung ab und bückte sich. Wie bei dem

Fondant, das meine Großmutter eilig einzukochen hatte. Später, bei der Sitte, bückte er sich anders. Meine Großmutter fand in der Intimwäsche des Vaters Spuren eines Lippenstifts, den meine Mutter nicht besaß. Großmutter zog sich in ihr Zimmer zurück und »brummte«. Das war kurz nach meiner Geburt. Der Vater war schon ausgezogen, als eine mondäne Dame bei meiner Mutter vorsprach und nach der Ablösesumme fragte. Erst da ließ meine Mutter sich scheiden. Leider auch um die Alimente bringen.

Deshalb hat die Familie immer Geldsorgen. Ich merke davon aber so wenig wie der Vermieter oder der Milchmann und finde es zu Hause schön. Meine Mutter geht in ihrem Beruf auf. Sie schickt Telegramme in alle Welt und träumt sich in die Städte, mit deren Telegrafenämtern sie verbunden ist. Sie zieht Liebesdepeschen vor, als hinge fremdes Glück von ihren Fingern ab. Anfangs um Geld zu sparen, später aus Gewohnheit geht sie fast bis zur Rente den Weg zur Arbeit und zurück zu Fuß. Von der Schönhauser Allee bis in die Oranienburger Straße und retour. Bei jedem Wetter. Täglich eine Stunde straffer Schritt. Als ich alt genug bin, laufe ich ihr gern entgegen. Das ist die schönste Zeit. Wir können über alles reden. Zu Hause erzieht mich meine Großmutter meistens mit sanfter Nachsicht, als wäre ich der auf den Meeresboden gefallene Egon. Manchmal wiederum sind ihre Verbote schroff wie die ihrer Mutter in Eisenberg. Das bedarf dann einer Korrektur, die meine Mutter mit leisen Tönen einfordert.

Im Großen und Ganzen ist die Großmutter verständnisvoll und gerecht. Und stolz, wenn mir etwas so gelingt, wie sie es will. Meinen Quasi-Großvater erlebe ich als gemütlichen Sachsen mit Schnurrbart und Glatze. So war er schon, als er mit mir auf dem Kollwitzplatz Sandeimer füllte oder mich ins Kinder-Kino an der Schultheiss-Brauerei begleitete. Nun verliert er seine Kräfte, er braucht Ruhe. Deshalb redet er der Großmutter nicht in den Haushalt drein und widerspricht bis zu seinem Tode keiner Menschenseele.

Man hat mir gesagt, schon vor der Zuckertüte sei ich ein ansehnlicher Knabe gewesen. Abgesehen von dem Makel, den kurze Hosen freilegen: O-Beine. Da soll Massage helfen. Die Großmutter bringt mich zu Tante Thia, einer fülligen Kneterin, die meine Gliedmaßen

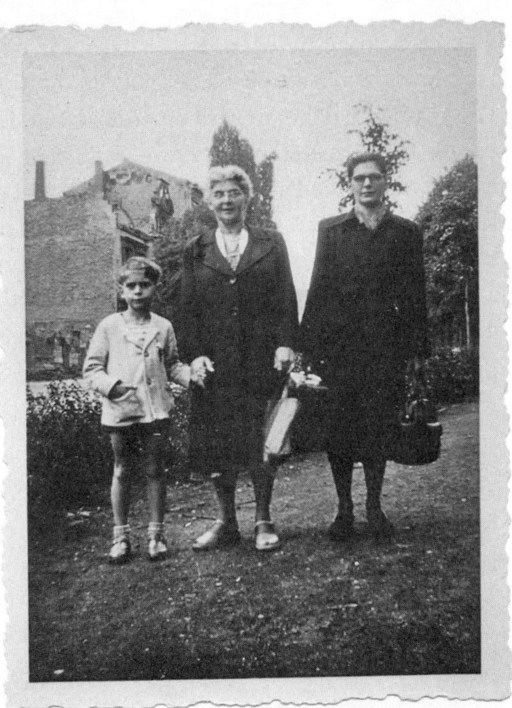

Der Knabe und seine Erzieherinnen: mit Mutter und Großmutter

derartig biegt, als solle aus dem O ein X werden. Eines Tages auf dem Heimweg von Tante Thia können wir die Schönhauser Allee nicht überqueren. In endloser Reihe fahren sowjetische Panzer mit ohrenbetäubendem Geräusch über das Pflaster. Noch nie in meinem Leben habe ich einen Panzer gesehen. Meine bleiche Großmutter fragt die Umstehenden, was los sei. »Na wissen Sie denn nicht? In Mitte ist doch Revolution!« Es ist der 17. Juni 1953.

Ein Fünfjähriger weiß nichts von Normerhöhungen, Streiks und Aufruhr. Nichts von sozialen Forderungen und Westberliner Souffleuren, die Arbeiter mögen das Soziale ins Politische wenden. Nichts von Toten, Verletzten und Verhafteten. Aber er merkt, dass etwas Außergewöhnliches im Gange ist. Wenn die Mutter im Haupttelegrafenamt Nachtschicht hat, wird sie nun von einem Funkwagen der Volkspolizei gefahren, denn von 9 Uhr abends bis 6 Uhr morgens ist Ausgangssperre. Um die Ecke in der Wörther Straße haben Sowjetpanzer Stellung bezogen. Bald sitzen wir oben auf und dürfen Panzerfahrermützen ausprobieren. Nur in das Innere lässt man uns nicht. Die Größeren nähmen gern einen Zug von den Machorka-Zigaretten, die die Rotarmisten schachtelweise rauchen, aber die winken ab. Eines Morgens sind die Panzer nicht mehr da, und die Anwohner holen sich Zweige von einem jungen Lindenbaum, der beim Abzug im Wege stand. Meine Mutter läuft wieder zu Fuß zur Arbeit, und auch alles andere geht seinen gewohnten Gang. Keine besonderen Vorkommnisse bis zum Herbst. Aber da wird es aufregend.

Strolch und andere Natschinskis

Meine Großmutter hat ihn zuerst bemerkt. Den großen Umzugswagen, aus dem die Möbelpacker neben reichlich Hausrat einen Konzertflügel auf die Straße heben. Großmutter greift sich an die Stirn. Jetzt ist es aus mit der Ruhe. Es gibt schließlich nur eine freie Wohnung in der Schönhauser 27, und die liegt genau unter uns. Dabei hat die Großmutter selbst Klavier gespielt, bevor die Armut ihr Instrument gefressen hat. Vielleicht wäre ja trotzdem Freude aufgekommen, hätte nicht der Krieg Großmutters Nerven ruiniert.

Inzwischen stehe ich neben ihr und sehe mir die Neuankömmlinge an. Sofort gefällt mir Strolch, eine Terriermischung, die sich unverzüglich an meinen Kniestrümpfen reibt. Dass der Vierbeiner Strolch heißt, erfahre ich, als ihn ein etwa gleichaltriger, artig aussehender Junge zurückruft. Der Junge ist ein paar Zentimeter kleiner als ich und schrumpft noch, wenn man ihn anspricht.

»Zieht ihr hier ein?«

»Freilich«, lautet die Antwort. Der junge Mann mit dem runden Gesicht, offensichtlich der Vater, gibt den Packern Anweisungen und stellt sich den nun zahlreicher erschienenen Mietern mit einer leichten Verbeugung als Gerd Natschinski vor. Seine Gattin Inge ordnet Kisten, während eine ältere, vornehme Dame, deren Sprache über den Hamburger spitzen Stein stolpert, meine Großmutter bereits nach Verkehrsmitteln und Einkaufsgelegenheiten befragt. Die Dame ist die Haushälterin und heißt Ida von Deuten. Nennen wir sie hier IvD. Der Junge, der Musikgeschichte in der DDR schreiben wird, heißt Thomas. Bald sind wir Freunde. Weil er aus Sachsen stammt, spricht Thomas eine Zeit lang ziemlich komisch, sagt zum Beispiel »Autsch« statt »Aua«. Irgendwann hat er aber den Berliner Tonfall kapiert. Thomas' Zimmerchen geht von einem langen Korridor ab, der für Fußball taugt, wenn draußen Schnee liegt und Gerd Natschinski

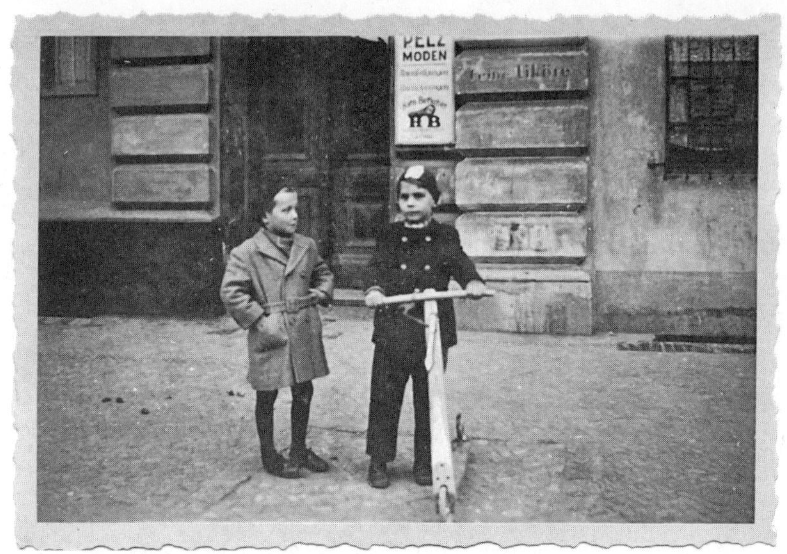

Auf zwei Rädern im erlaubten Planquadrat: mit Thomas vor der Schönhauser Allee 27

nicht komponiert. Der Zimmerschlauch bietet, solange das Klappbett nicht ausgebreitet ist, leidlich Raum zum Spielen. Wenn es Mittags- oder Abendbrotzeit ist, erscheint IvD und befiehlt Aufräumen. Die meiste Zeit aber sind wir draußen, gehen mit Strolch Gassi oder graben in den Ruinenfeldern nach Schätzen. Dieses Spiel sagt Thomas mehr zu als die tägliche Blockflöterei, die ihm das Elternhaus aufgegeben hat.

IvD, die in Berlin keine Bekannten hat, kommt oft zu uns herauf und qualmt das Wohnzimmer voll. Und da Haushälterinnen keine berufliche Schweigeverpflichtung eingehen, liegt das Innenleben der Natschinskis bald wie ein offenes Buch vor uns. Es ist ein Märchenbuch. Der öffentlich präsente, sich sorgende Vater, das gutbürgerliche Familienleben, ein passables finanzielles Auskommen und der ungeheure Luxus eines Automobils. IvD bleibt so lange Informantin meiner Großmutter, bis sie den Haushalt von Gerhart und Hilde Eisler übernimmt. Warum sie wechselt? Falls Hilde Eisler, die Chefredakteurin des in der DDR als Bückware gehandelten »Magazins«, ihre Haus-

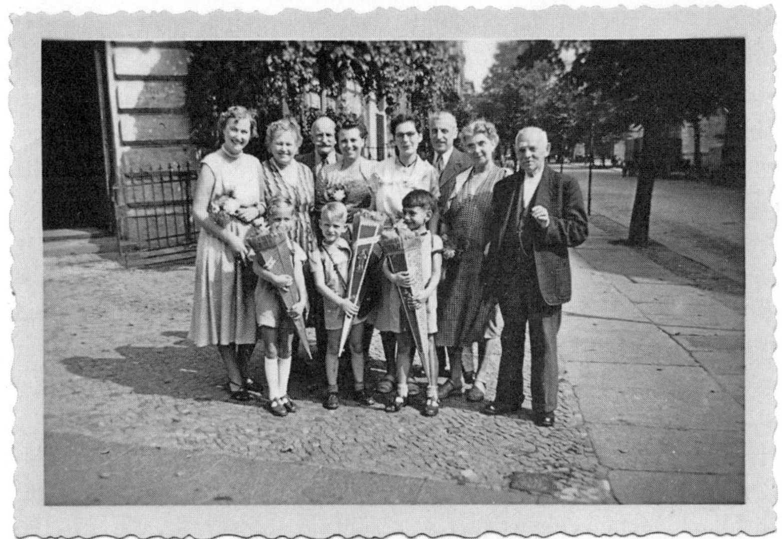

Einschulung im September 1954: mit Thomas, unserem Freund Jürgen (Mitte) und Familienangehörigen vor der Wörther Straße

hälterin so fürstlich entlohnt wie später mich für ein kleines Lied in ihrem Blatt, dann wird es wohl am Geld liegen.

Wenn Gerd Natschinski komponiert, singt er schaurig dazu. »Da-ha-mals« oder »Vi-o-o-o-la« – meine Großmutter nennt es Wolfsgeheul und schlägt mit dem Besenstiel gegen die Dielen. Sobald aber Bärbel Wachholz oder andere Stars der Unterhaltungsmusik in der Schönhauser Allee 27 vorfahren, um die Songs mit feiner Stimme zu proben, genießt Großmutter wie wir alle die Exklusivität der Stunde. Wir fühlen uns wie Premierenbesucher im ersten Rang.

Thomas' Vater ist der einzige Prominente in unserem Haus. Und als die Straßen im Winter einmal so vereist sind, dass der Rat des Stadtbezirks Hacken und Schippen an die Bürger zur Selbsthilfe austeilt, da erscheint irgendwann auch Gerd Natschinski mit wehendem Schal und großer Baskenmütze. Alle halten für eine Sekunde inne und denken: Es ist gut, wenn auch der Künstler zur Hacke greift.

Im September 1954 werden Thomas und ich in die 13. Grundschule Berlin-Prenzlauer Berg eingeschult. Der preußische Backsteinkasten hat schon zu Kaisers Zeiten als Lehranstalt gedient, und wenn die DEFA eine Kulisse für wilhelminischen Drill brauchte, dann wurde sie hier fündig. Diese Schule ist nicht die nächstgelegene, aber die zuständige. Auf dem Weg zu ihr müssen vier Straßen überquert werden. Großmutter, in deren nervösem Gedächtnis meine Mutter im Kleidchen unter der Straßenbahn und Egon in zerfetzter Marinekluft am Meeresgrund liegen, drängt es, um uns Kinder ihre schützenden Arme zu legen. Die Geste der großen Käthe Kollwitz, die einst in der Nähe wohnte. Also nimmt die Großmutter Thomas und mich an die Hand. Und es finden sich morgens entlang der Wörther und Knaackstraße weitere Erstklässler ein, um sich unserem Trupp anzuschließen.

In Sichtweite der Schule steht der Wasserturm, auf dessen Gelände die SA gleich nach dem Reichstagsbrand ein Internierungslager für Nazi-Gegner eingerichtet hatte. In der Rykestraße, die unseren Schulweg tangiert, liegt eine verschont gebliebene Synagoge. 1904 eingeweiht, wurde sie wegen ihrer Hoflage in der Reichskristallnacht nicht niedergebrannt, sondern zum Lagerraum entweiht. Jeder Meter des Schulwegs ist Geschichte, wir werden ihn später bewusster gehen. Erst mal sind die Granitsteine eine gute Hopse.

Wir bimsen das ABC bei Lehrern, die als politisch unbeanstandet in die Nachkriegserziehung gesteckt wurden. In ihrer Not sah die Schulbehörde über erstaunliche Macken hinweg. Lehrer S. unterrichtet zum Beispiel nur im Beisein seiner Gattin. Und statt Zensuren verteilt er Bonbons. Ein Drops befriedigend, zwei Drops gut, drei Drops sehr gut. Ein wirksamer Stimulus. Über mögliche Folgen schreibe ich später das »Lied vom Dropsfresser Hannes«.

Im mondänen Kostüm mit pelzbesetztem Kragen unterrichtet Lehrerin A. Sie wird nur ein kurzes Gastspiel geben. Wir mögen sie nicht, weil sie ungerecht ist und Schüler aus besserem Hause bevorzugt. Unsere Trauer hält sich in Grenzen, als sie mitten im Schuljahr in den Westen geht. Frau S., die neue Klassenleiterin, erklärt, ihre Vorgängerin habe sich einem Herrn Adenauer in die Arme geworfen. Da die aber verheiratet ist, denken wir, sie ist fremdgegangen und wird wohl demnächst auch Adenauer heißen.

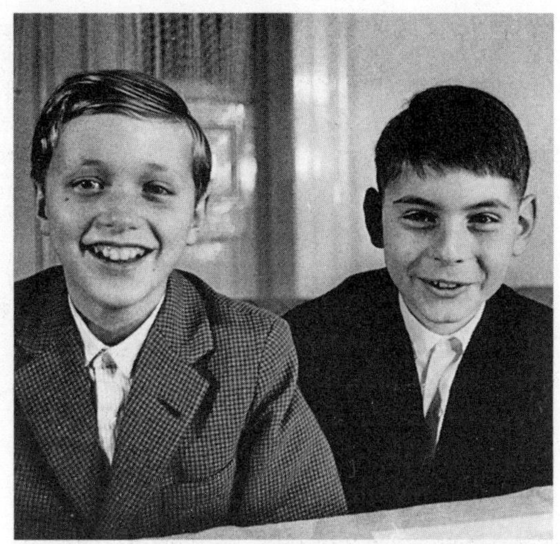

Freunde: Thomas und Hartmut, 1959

Frau S. hat schnell den Ruf, aufmerksam und gerecht zu sein. Beides sind hilfreiche Eigenschaften in unserer Klasse, deren soziale Zusammensetzung so bunt ist wie eine Sommerwiese. Die Klasse riecht nach den Wohnverschlägen im dritten Hinterhof ebenso wie nach den Frisierpomaden einer Beletage. Eine Hinterbänklerin mit asozialem Stallgeruch wird von Frau S. zur besseren Förderung in die erste Bankreihe gesetzt und erwacht dort als neues Menschenkind.

Einen Fehler macht Frau S., als sie Strukturen eines VEB in die Schule tragen will und unsere Klasse in Brigaden einteilt. Fensterbrigade, Mittelbrigade, Türbrigade. Neben den Zensuren gibt es nun Pluspunkte für gute Leistungen in und außerhalb der Schule. Das Ringen um den Punktsieg spornt tatsächlich an. Ich sitze am Fenster unter den Assen der Muck-Muck-Bewegung, in der wir auf dem Schulhof Kaninchen züchten, um die städtische Fleischversorgung zu unterstützen. Auch beim Sammeln von Altstoffen sind wir unschlagbar, denn in unserer Fensterbrigade lümmelt der Sohn eines Kleinunternehmers. In dessen Dreherei fallen Buntmetallspäne an, die schönes Geld bringen.

Jede Brigade beäugt inzwischen die anderen missgünstig, so dass es bald drei Klassen in einer gibt. Als die arme Frau S. bemerkt, wie

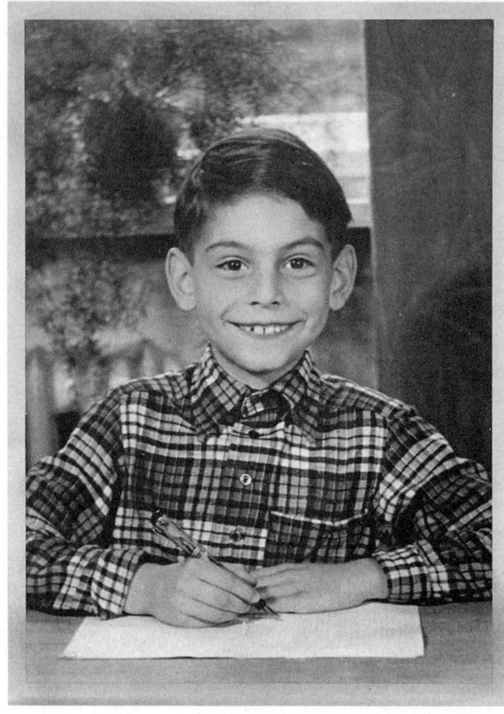

Als stolzer und fröhlicher Erstklässler

spinnefeind wir uns geworden sind, schummelt sie bei den Punkten. Ich rege mich darüber auf und höre die nervösen Worte, wenn's mir nicht passe, könne ich ja gehen. Ich lasse also die Klassentür ins Schloss fallen. Im Halbjahreszeugnis steht: »Hartmuts Betragen seinen Lehrern gegenüber ist nicht immer zufriedenstellend.« Die Großmutter ist fassungslos. Und als Frau S., die ja weiß, wer mich zu Hause überwiegend erzieht, die Großmutter zum x-ten Mal fragt, wann ich endlich der Pionierorganisation beitreten dürfe, rieselt der alten Dame das pure Eis über die Lippen. »Ich las, Pioniere sollen die Besten sein. Eine Eins in Betragen, dann sehen wir weiter!«

Ich weiß nichts von diesem Gespräch. Aber als ich ein halbes Jahr später mein Zeugnis bekomme, muss ich es augenblicklich in der Schulmappe verschwinden lassen. Hinter Betragen steht eine unglaublich fette Eins, und geschrieben hat Frau S.: »Beanstandungen in

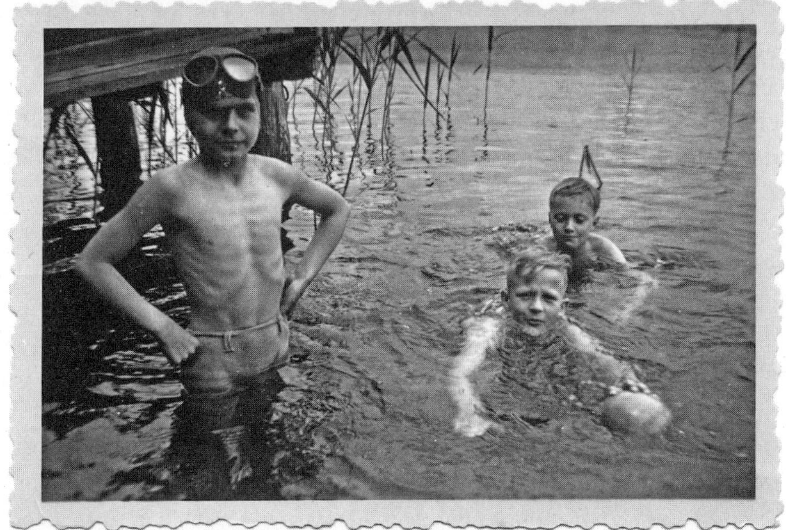

Mit Thomas und Jürgen in Prieros

seinem Betragen beherzigte er, mit Energie wurden sie überwunden.« Die Einzige, die das begreift, ist meine Großmutter. Abends tuschelt sie mit der Mutter und verkündet am Frühstückstisch, im neuen Schuljahr könne ich dann eben zu den Pionieren gehen.

In den Hofpausen besprechen Thomas und ich, was wir in der Freizeit machen wollen. Anfangs stören die blöden Blockflötenkurse, später nervt der Klavierunterricht, den mein Freund bei einem Fräulein F. zu nehmen hat. Fräulein F. sieht aus, als ob sie Tag und Nacht Möhren isst. Ich bin eifersüchtig auf sie, denn sie stiehlt uns viel gemeinsame Zeit. Die Natschinskis machen diesen Verlust zumindest im Sommer wett, indem sie mich in ihr gemietetes Prieroser Wochenendhaus mitnehmen. Neben dem Badevergnügen im See lockt jedes Mal eine herrliche Autofahrt. Gerd Natschinski fährt ungewöhnlich schicke Autos. Mal einen Horch Sachsenring P 240, von dem in Zwickau weniger als anderthalb Tausend gefertigt wurden und der es mit seinen 80 PS auf 140 km/h bringt – später ein Traum der Oldtimer-Fans. Dann einen Tatra aus tschechoslowakischer Produktion, wie ihn fast nur die Regierung fährt.

Prieros ist auch ein guter Ort zum Dichten. Etwa für einen Wettbewerb, zu dem, wenn ich mich recht erinnere, die »BZ am Abend« aufgerufen hatte. Im Mai 1958 war der alte hölzerne Müggelturm abgebrannt, und man hatte für einen Neubau aus Stein gesammelt, der heute das südöstliche Berlin überragt. Das Werk, meinte die Zeitung, müsste besungen werden. Ich dichte also: *Es brannte mal der Müggelturm, / das war ein schwerer Schlag* …, und ende optimistisch: *Wir bauen uns den neuen auf, / das wäre doch gelacht, / wenn man aus diesem Trümmerfeld / den Stolz Berlins nicht macht.* Ich schicke noch die Vokabel *Weltniveau* hinterher. Aber alles nützt nichts. Der Text will einfach nicht gewinnen.

Ich schreibe desgleichen mehr, aber ein gütiges Schicksal verhindert fast jede Veröffentlichung. Nur ein Titel dieser schlichten Machart, von Thomas vertont, schafft es auf eine Single-Platte: *Gestern vor der Tür / sagtest du zu mir: / du wärst immer treu, / doch heut ist alles vorbei.* Die Veröffentlichung hat Gerd Natschinski mit AMIGA geregelt. Nicht ohne zu zögern. Weil er die Schwäche des Werkes sah, hätte er es lieber dem flüchtigeren Medium Rundfunk anvertraut. Aber Gattin Inge hat entschieden: »Wenn schon Start, dann Platte.« Das damit verbundene Taschengeld ist erfreulich.

Um Prieros rankt sich noch eine andere Episode. Sie spielt später, in der Zeit, als wir schon volljährig sind und Thomas der stolze Besitzer eines roten BMW-Cabrio, Baujahr 1937, geworden ist. Es ist Frühling, und wir wollen ein bisschen übers Land fahren. Als Ziel fällt uns Prieros ein. Zum Baden ist es zu kalt, zum Angeln fehlen die Angeln. Bleibt, ein Lied zu erfinden. Thomas hat ein paar Melodiefetzen, und ich singe eine Textzeile: *In der Mokka-Milch-Eisbar hat sie mich gesehn.* Die Mokka-Milch-Eisbar ist ein beliebter Treff vor allem für Oberschüler und Studenten gleich neben dem Kino International in der Karl-Marx-Allee. Der »Mokka-Milch-Eisbar«-Song, eine Schöpfung binnen weniger Minuten, soll Fingerübung bleiben und nie veröffentlicht werden. Die Nummer ist uns zu tumb. Aber wie Hits so entstehen – die Plattenfirma AMIGA kriegt Wind davon und besteht auf Veröffentlichung. Folglich erscheint die Fingerübung erst auf einer Single-Platte und später auf der LP »Geschichten«, gesungen von Ingo

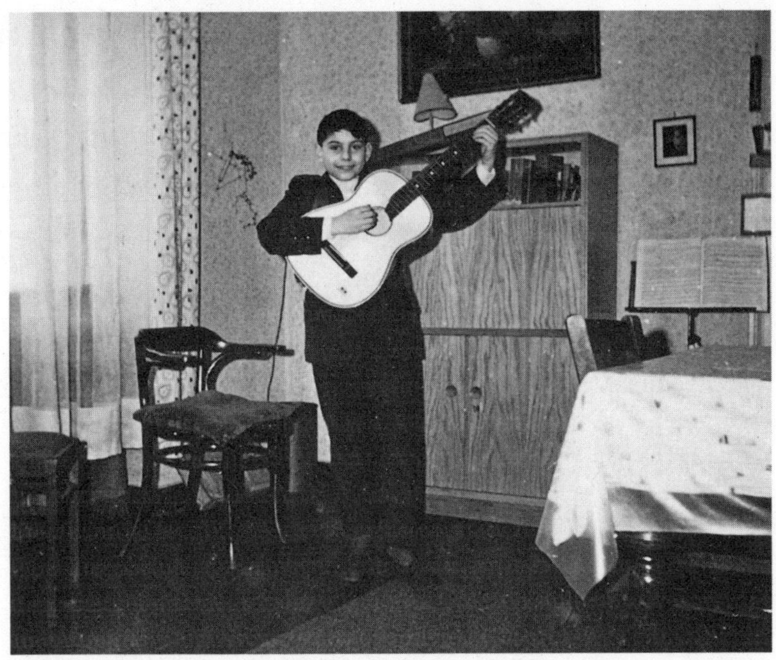

Meine erste Gitarre

Koster. Der Café-Song wird überall gedudelt und prägt sich derartig ein, dass Ingo ihn bis heute in seinem Repertoire hält. Ist doch seltsam, beim Schreiben mancher Titel verknotet sich die Feder, und bei anderen reicht eine Minuten-Blödelei zum Erfolg.

Zurück in die Endfünfziger. Da erfüllt sich für mich ein Traum. Ich kriege eine einfache Klampfe geschenkt. Meine Familie hat dafür das Haushaltsbudget asymmetrisch verändert und sogar das monatliche Geld für die private Musikschule eingeplant. Dreißig Minuten in der Woche. Nach den Grundlagen ein bisschen klassisches Gitarrenspiel, dann ein paar »unterhaltende« Gesangsstücke. Die Beatles sind noch nicht auf dem Markt, und so begleitet mich der Lehrer auf der Mandoline zu »Kann denn Liebe Sünde sein?«. Nach einem Notenheft, aus dessen Umschlag mit feiner Hand ein Kreisrund aus einer ansonsten roten Fahne geschnitten ist. Ich will mich dort nicht lange aufhalten.

Das gemeinsame Gitarrenspiel in Thomas' Schlauchzimmerchen ist aufregender. Wir spielen beinahe wie Jan und Kjeld. Und wenn wir nicht spielen, singen oder dichten, werfen wir unsere Augen auf die Mädchen im schönen Stadtbad Oderberger Straße, oder wir gehen ins Kino. Aber nicht ein paar hundert Meter weiter im Westen, da darf Thomas nicht hin.

Es kommt das Jahr 1960. Im September stirbt Wilhelm Pieck. Thomas und ich gehen mehr aus Neugier zu seiner Aufbahrung und stellen uns am Ende einer Menschenschlange an. Der DDR-Präsident war im Volk beliebt. Man mochte seine einfache, väterliche Art. Wir warten stundenlang. Als es Abend wird und die Schlange kaum abgenommen hat, drängen wir nach vorn, und keiner hält uns auf. Ich kenne Fotos von Wilhelm Pieck, auf denen er deutsche Pioniere und koreanische Waisenkinder in den Armen hält, mit einem freundlichen Gemüt, wie ich es von meinem Großvater in Erinnerung habe. Nun ist sein Gesicht bleich und eingefallen, wie im Jahr zuvor das meines Opas Eduard, als ihn die Großmutter im Krematorium Baumschulenweg gegen einen Fünfer noch mal aufdecken ließ. So sieht also der Tod aus.

Aber – mit Verlaub – was ist der Fortgang eines Präsidenten gegen den Fortgang des allerbesten Freundes! Der Freund stirbt zwar nicht, aber er zieht mit seinen Eltern in das südostberlinische Wendenschloss. Der erste Nationalpreis hat Gerd den Kauf einer Villa am noblen Arsch der Stadt ermöglicht. Für einen Prenzlauer Berger ist Wendenschloss so fern wie der Mond. Wir beiden Freunde schwören uns natürlich ewige Treue. Aber was ist, wenn die Schwurfinger mit der Zeit einknicken. Eene meene muh – und raus bist du! Glücklicherweise wird es anders kommen.

Ein Onkel namens Bruno

1958 ist die Grenze durch Berlin so offen wie die Rechnungen, die sich auf unserem Küchentisch häufen. Also geht meine Großmutter stundenweise in Westberlin arbeiten. Sie wird schlecht bezahlt. Aber man tauscht West- in Ostmark mindestens zum Kurs von 1:4, und für das Geld, das man nicht wechselt, kauft man Sachen in den Westsektoren, die es im Osten nicht einmal unter dem Ladentisch gibt. Großmutter fährt mit der S-Bahn zur Arbeit und hält auf dem Rückweg, zwischen Gesundbrunnen, dem letzten Bahnhof im Westen, und Schönhauser Allee, dem ersten im Osten, aus Angst vor einer Taschenkontrolle die Luft an. Aber wenn sie aussteigt, flackert in ihren Augen kein schlechtes Gewissen, und sie hetzt auch nicht dem Ausgang zu, als wäre sie auf der Flucht. Sie steigt in die U-Bahn um und liest bei der Weiterfahrt völlig entspannt ihre »Berliner Zeitung« zu Ende. Wenn das Blatt Grenzgänger wie sie aufs ideologische Schafott führt, dann streicht sie über Portemonnaie und Einkaufsbeutel und sagt sich: »Du hast die Welt nicht eingerichtet.« Minuten später sitzt sie wie ein zufriedener Buddha auf der Wohnzimmercouch und leert mit Spendierfreude ihre Taschen.

Eines Tages aber schließt sie die Wohnungstür fahrig auf, lässt alle Beutel in der Diele stehen und stürmt in die Küche. »Das kann doch nur Bruno sein!« Die »Berliner Zeitung« hat mit einem Vorabdruck des Romans »Nackt unter Wölfen« begonnen. Und der Autor heißt Bruno Apitz. Die Großmutter und meine Mutter sind aufgedreht und spielen sich Erinnerungsfetzen wie Pingpongbälle zu. Der Leipziger Arbeiterjunge, den Tante Meta der verwitweten Großmutter nach Schmargendorf mitgegeben hatte, der hat überlebt. Die Großmutter erwähnt Muttel Apitz, die lebenskluge Leipziger Waschfrau, die Bruno im Jahrhundertwendejahr als zwölftes Kind zur Welt brachte und es gern gesehen hätte, wenn er die Großmutter geheiratet hätte.

Großmutter und Mutter genehmigen sich einen Schnaps. Was vor Brunos Einzug in Schmargendorf war, wissen sie nur vage: die Stempelschneiderlehre, der Eintritt in die Sozialistische Arbeiterjugend, Knast wegen Antikriegspropaganda, Teilnahme an der Novemberrevolution, Kampf gegen den Kapp-Putsch, Gelegenheitsarbeiter mit großer Liebe zum Theater, endlich Schauspieler in Leipzig mit Zukunftsplänen, aber als KPD-Mitglied aufgefordert, die Leitung des Zentralverlages der Roten Hilfe in Berlin zu übernehmen. Schauspielträume passé. Der Verzicht kommt zu der Zeit, als die Großmutter ihm das erste Mal begegnet.

Ab da werden die Erinnerungen präziser. Die hohen Stromrechnungen, weil sich Bruno nach der politischen Verlagsarbeit bis weit in die Nacht hinein mit seinen literarischen Stoffen quält. Seine launischen Attitüden, wechselhaft wie das Wetter. Eben noch impulsiv, überdreht, aufbrausend, im nächsten Augenblick introvertiert, niedergeschlagen und wortkarg. Heute ausgelassene Freude an turbulenten Begegnungen mit Gleichgesinnten und morgen Sehnsucht nach stiller Zurückgezogenheit für sein Geigenspiel. Viele gelesene und erfundene Geschichten für Helga und Egon. Lange Spaziergänge zu viert im Berliner Grunewald. Fast ein familiärer Alltag bis zum Beginn der dreißiger Jahre. Bruno kehrt nach Leipzig zurück, und die Erinnerungen brechen ab. Mutter und Großmutter können nicht wissen, was mit Bruno seit dem Machtantritt der Nazis 1933 geschah. Dass er als Mitglied des Bundes proletarisch-revolutionärer Schriftsteller längst auf deren roter Liste stand und noch 1933 interniert wurde. Dass er, für wenige Monate freigelassen, in der Illegalität weiterarbeitete, dann wegen »Vorbereitung zum Hochverrat« erneut verhaftet und ins Zuchthaus Waldheim, später, bis zu dessen Befreiung 1945, ins Konzentrationslager Buchenwald gesperrt wurde.

Am nächsten Tag schreibt meine Mutter einen Brief an die Adresse des Mitteldeutschen Verlages, der die Abdruckrechte für »Nackt unter Wölfen« vergeben hat, und bittet um Weiterleitung. Es dauert nicht lange, da steht Bruno mit einem Blumenstrauß im zweiten Stock der Schönhauser 27 und sagt: »Da bin ich also wieder.« Mutter und Großmutter fallen an seine Schultern. In der Umarmung fragt er sie nach Egon und deutet ihre Tränen richtig. »Dieser verfluchte Krieg!« Ich warte, bis sich die Umarmung löst, und gebe Bruno die Hand. »Und wer bist du? Lass mich raten, du bist Muzes Sohn.« Muze hat er in der Schmargendorfer Zeit meine Mutter genannt.

Seit Großmutters Entdeckung in der »Berliner Zeitung« hatte ich versucht, mir vorzustellen, wie ein Schriftsteller aussieht. Weißes Haar, Shag-Pfeife, Hornbrille, kariertes Sakko und Fliege, so was hatte ich in Illustrierten gesehen. Wie enttäuscht mich da Brunos Erscheinung! Über der Stirn das schwarze Haar langweilig nach hinten gezogen und abwärts eine schmucklose Brille neben welliger Landschaft aus Wangenfalten. Der ganze Kopf viel zu hager, der Leib viel zu dünn. Aber dann erzählt er. Die Falten beginnen zu tanzen, das Spiel von Lippen und Augen wird munter und wandelt zwischen Heiterkeit und Trauer.

Wie das Gesicht ist die Sprache lebendig, lautmalerisch mit leicht näselndem sächsischem Klang. Ich begreife nicht jeden Sinn seiner Worte, aber mich beeindruckt seine Sprechweise. Später, als ich mehr über ihn und seinen inzwischen berühmten Roman weiß, finde ich, dass dieses Sprechen aus einer Lebenshaltung kommt: Bescheidenheit. Dazu gehört, in den Verlockungen des Ruhmes auch die einfachsten Dinge nicht gering zu schätzen. Auch: zuzuhören, wo andere mit vorschneller Folgerung oder eitlem Bonmot Gedanken ruinieren. Vor allem aber seine Art, sich in die Reihe der Kameraden zu stellen, deren Solidarität er sein Überleben zuschreibt, und dennoch aus dieser Reihe herauszutreten, um Erinnerungen, Träume, Schmerz, Verzagtheit und Selbstzweifel preiszugeben. Als Zeichen individueller Behauptung inmitten von Quälerei und Tod.

Im Jahr 1958, als »Nackt unter Wölfen« erscheint, werde ich elf Jahre alt. Als ich den Buchenwald-Roman zum ersten Mal lese, hat er bereits eine Millionenauflage erreicht und ist in viele Sprachen übersetzt. Die Handlung spielt im März 1945. Die Amerikaner haben den Rhein überschritten. Aus Furcht, die SS werde auf den Vormarsch mit der Liquidierung des Lagers reagieren, plant das illegale Internationale Lagerkomitee die Selbstbefreiung der Gefangenen. Als der polnische Jude Jankowski mit einem Häftlingstransport im Lager Buchenwald ankommt, hält er in seinem Gepäck den dreijährigen Stefan Gyliak verborgen. Häftlinge verstecken das Kind vor den Wachmannschaften und gefährden dadurch die Organisation ihrer Kameraden und deren Befreiungsplan. Bochow, der Vorsitzende des Lagerkomitees, scheut dieses Risiko und fordert, dass Jankowski und das Kind wieder auf Transport gehen. Im Zwiespalt zwischen Parteiräson und Mitgefühl entscheiden sich die Häftlinge aber für deren Verbleib. Durch das schnelle Vordringen der Amerikaner und die Widerstandstaktik des Internationalen Lagerkomitees wird das Leben Tausender Häftlinge gerettet. Befreit tragen sie das Kind durch das Lagertor.

Bruno Apitz hat uns gegenüber nie die Schwierigkeiten beim Schreiben und Verlegen des Buches erwähnt. Später wusste ich aus anderen Quellen, wie schwer es ihm gefallen war, seinem Stoff Handlung und Sprache zu geben. Dieses verzweifelte Ringen entsprach den Wahrnehmungen meiner Großmutter in der gemeinsamen Schmargendorfer Zeit. Die DEFA hatte wohl über den Stoff bereits den Daumen gesenkt, als der Chef des Mitteldeutschen Verlages in einer sicherlich nie bereuten Eingebung sein Lektorat das Manuskriptbündel gründlicher prüfen ließ. Dort erkannte man das über den Tag hinaus Erregende der Geschichte.

Bruno Apitz hat uns einmal über eine Reise nach Indien erzählt, auf der ihn der Schriftsteller Stefan Heym begleitete. Heym erwähnt in seinem biografischen »Nachruf«, den er nicht in der Ich-Form, sondern als S. H. schrieb, ein Gespräch, das er mit Apitz auf dieser Reise über den Wert seiner literarischen Idee führte. »Ob sie da oben denn nicht gemerkt hätten, erkundigt sich S. H., dass er in seiner Fabel sämtliche Elemente eines Bestsellers gehabt habe: das Kind, das hilflose, und die große Spannung, wird das Unternehmen gelingen, und den Sieg der Schwachen über die Starken? Nein, davon habe niemand gesprochen, erwidert Apitz, und auch er habe, als er das Buch schrieb, von derart Elementen keine Ahnung gehabt, nein. Ein literarischer Glückspilz, geht es S. H. durch den Kopf; doch korrigiert er sich sofort, bedenkend den Preis, den der Mann für sein Glück bezahlt hat …«

Mein Lebensalter ist gerade zweistellig geworden, also darf ich wohl damit angeben, dass ein berühmter Schriftsteller fast zur Familie gehört. Ich verschweige aber, dass er der Großmutter bei seinen Besuchen statt Blumen ein Kuvert mit Geldscheinen zusteckt, dessen Inhalt unser bescheidenes Lebensniveau je ein Weilchen hebt.

Bruno kriegt mit, dass an unserem Erkerfenster zum 1. Mai keine rote Fahne hängt, dass ich zur Christenlehre gehe und an Wochenenden meine Mutter dränge, mit mir eines der Westkinos zu besuchen, wo man 1:1 mit Ostgeld bezahlen kann.

Er weiß auch, dass wir meinen Vater in Westberlin besuchen, wo der mit seiner neuen Lebensgefährtin eine Tennisplatz-Kneipe betreibt. Manchmal gibt Gert König meiner Mutter ein paar Westmark für meinen Unterhalt. Wenn wir zu ihm fahren, trage ich immer ein Jackett, damit ich an der verborgenen Futterseite des Revers meine Pionierauszeichnungen anstecken kann. Sobald ich für Augenblicke mit meinem Vater allein bin, drehe ich den Kragen um und zeige sie vor. Dann kann es geschehen, dass er mir übers Haar streicht, etwas von Stolz nuschelt und dass ich, was auch immer passieren würde, nie schlecht über ihn denken solle. Mir scheint dann, er habe Heimweh und verschweige etwas. Aber ein paar Herzschläge später fordert er mich im gewöhnlichen Geschäftston auf, den Anwaltsgattinnen auf dem Court die Bälle aufzusammeln. Man zahlt 60 Pfennige die Stunde. Eine, die mir für die Stunde nur einen Fünfziger geben will, dreht ihre Armbanduhr heimlich zurück. Als ich den Groschen nachfordere, ist sie empört. Fünfzig Pfennige West sind zwei Mark Ost, viel Geld für einen Bub von drüben. Bloß nach Hause! Vor der Hinfahrt haben wir bereits die Rückfahrkarten in Ostgeld gelöst.

Als ich Bruno die Geschichte vom gestohlenen Groschen erzähle, hebt er den Zeigefinger. Nicht um aus hundert Jahren Arbeiterbewegung die Logik von Ausbeutung zu entwickeln, sondern um hinter sein knappes »Merk dir das mal!« ein Ausrufezeichen zu setzen. Bei anderer Gelegenheit, als ich von unserem Pfarrer Marg schwärme, der auch Maler und Schriftsteller ist und der vor seinem Selbstporträt mit dem untergehenden Königsberg über die Apokalypse meditiert, sagt Bruno: »Frag ihn trotzdem mal, ob er je eine Waffe gesegnet hat.«

Behutsam nimmt Bruno Einfluss auf mein Denken. Er empfiehlt Bücher und versteht meinen Jubel, als sich Mutter und Großmutter

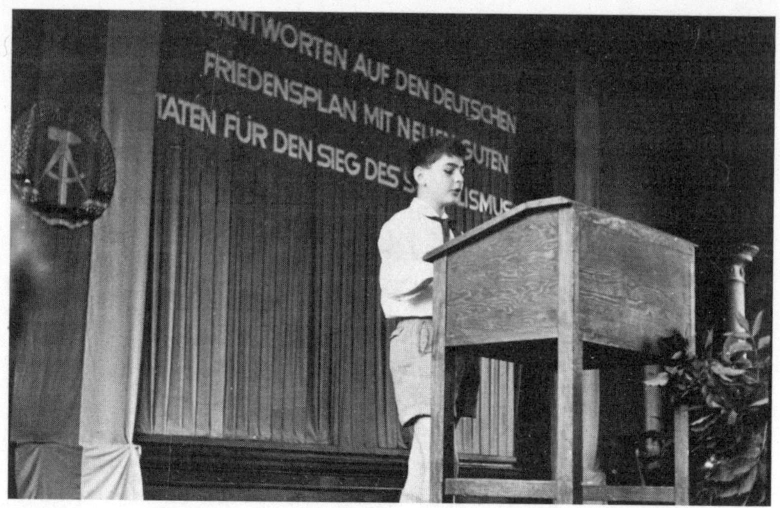

Im neuen Schuljahr lässt mich Großmutter dann zu den Pionieren

eine Gitarre für mich abgespart haben. Instrumente seien Gefährten, die man gut behandeln müsse. So wie er mit seiner Geige umging. Meine ersten Reimversuche bewertet er nie, aber er ermutigt mich, auch dann weiterzuschreiben, wenn mir jedes Wort misslungen erscheint. Besser als durch Schreiben könne man sich die Welt geistig nicht aneignen. Mutter und Großmutter schweigen ergriffen, als hätte eine väterliche Autorität dem Knaben ins Gewissen geredet, bevor es wieder um die alten Schmargendorfer Geschichten geht – um Oma Käthelein, Mutter Muze und um Egon.

Später lernen wir Marlis Kieckhäfer kennen, die Bruno Apitz geheiratet hat. Kiki, wie sie der Freundeskreis nennt, versteht sich gut mit meiner Mutter. Die beiden treffen sich hin und wieder. Oft bin ich dabei. Kiki gefällt mir. Sie ist um Jahrzehnte jünger als Bruno und gibt ihm bereitwillig von ihrer Lebenskraft ab. Ich finde das anrührend. Bruno greift spät nach einem Stück verpassten Lebens. Mitte der Sechziger wird Bruno Apitz' Tochter Sabine geboren. Ich bin seit 1967 Mitglied der SED. Bruno Apitz hat für mich gebürgt.

Als er 1979 stirbt, gibt es auf dem Friedhof in Berlin-Friedrichsfelde ein Staatsbegräbnis. Es läuft, sieht man von der subtilen Trauerrede ab, nach den immer gleichen Ritualen, die ich sonst stets hinnahm. Aber diesmal stört mich die Beliebigkeit der Zeremonie. Als die Soldaten der Nationalen Volksarmee Urne und Kränze zum Grab tragen, sehe ich das wie hinter einer Leinwand, auf der sich die eigenen Erinnerungen abbilden.

An der Haltung zum Roman »Nackt unter Wölfen« scheiden sich noch immer die Geister. Die Geschichte vom Buchenwaldkind, die in der DDR fast jeder gelesen oder als Film gesehen hat, blieb in der alten Bundesrepublik weithin unbekannt. Folglich konnte ich das größer werdende Konvolut abwertender Meinungen bundesrepublikanischer Literaturwissenschaftler und Feuilletonisten über »Nackt unter Wölfen« nur als einen Appell an Millionen Ostdeutsche verstehen, sich vom Einfluss dieses Romans zu lösen. Apitz habe darin die führende Rolle der Kommunisten im Lagerwiderstand und bei der Rettung des Kindes überbetont und heroisiert, die inneren Widersprüche und Zweifel der Häftlinge durch ein Übermaß an Bewusstsein und unproblematisierter Gesinnungstreue geglättet.

Dabei beeindruckt in »Nackt unter Wölfen« gerade die einfache Menschlichkeit der Gefangenen, die die riskante Rettung des Kindes vor die Einhaltung der Parteidisziplin stellen. Bedenkt man das Erscheinungsjahr, so wäre darin eher ein antistalinistischer Zug des Romans zu erkennen. Mit Recht lässt Apitz die Gefangenen als moralische Sieger in die nun anbrechende Zeit gehen und stellt seinen Roman in den Kontext des Antifaschismus in der DDR. Dabei schreibt Apitz ohne die Ambition und möglicherweise auch ohne die Fähigkeit, die in die Lagerhölle geworfenen Existenzen seiner Helden in allen möglichen Verstrickungen auszuleuchten. Die Behauptung moralischer Ambivalenz seiner literarischen Figuren oder deren Zeichnung im lebenslangen Stigma unüberwindbarer Hoffnungslosigkeit hat er nie beabsichtigt. Den Vorwurf, Apitz' Roman mangele es an psychologisierender Gestaltungsfertigkeit, an sprachlicher Raffinesse, habe ich stets als Nachruf aus einer kalten Moderne empfunden.

Einige Nachkommen von Antifaschisten, die in der DDR erwachsen wurden, tun heute den antifaschistischen Geist des Landes ihrer

Kindheit und Jugend als *verordnet* ab. Mich verstört dieser Vorwurf. Unbestreitbar gab es erstarrte Rituale und geschichtlich verkürzte Traditionsaneignungen. Aber dem stand doch ein umso breiteres Konvolut an künstlerischen und dokumentarischen Zeitzeugnissen gegenüber, anhand derer man Siege und Niederlagen, Anstand und Verrat, Mut und Verzweiflung im antifaschistischen Kampf verinnerlichen konnte: Sonjas Rapport, Sorges Funksprüche, Korczaks Aufopferung, Stauffenbergs Bombe, Bonhoeffers christliche Gewissenstreue, »Die Mörder sind unter uns«, »Ehe im Schatten«, »Die Verlobte«, »Jacob, der Lügner«, »Ich war neunzehn« und eben auch »Nackt unter Wölfen«. Vielleicht wurden wir mit der Nase auf deren Lektion gestoßen, aber wir lernten sie doch! Wer nimmt daran Anstoß, dass Schulklassen ausflugsweise mit Bussen zu den KZ-Gedenkstätten gefahren wurden? Ist, wie sie den Ort verließen, nicht wichtiger, als wie sie hinkamen?

Aber, klingt es dagegen, wie verließen sie denn den Ort, dass Lichtenhagen und PEGIDA möglich wurden?

Trotz der fremdenfeindlichen Anschläge in Wort und Tat glaube ich daran, dass die ostdeutsche Bevölkerungsmehrheit ihre humanistischen Prägungen nicht verliert. Wem sie verschüttet wurden, braucht statt Ächtung die Begegnung mit einer Streitkultur der Andersdenkenden. Anstand und Vernunft gegen die demagogischen Pfiffe der Rattenfänger.

Und die jungen Neonazis im Osten? Die meisten haben ihre entscheidenden Erziehungseinflüsse in der Wende- und Nachwendezeit erhalten, gerieten in ein Klima von gesellschaftlichen Verwerfungen, Werteverlusten, Arbeitslosigkeit und nie gekannter Verlassenheit. In einem solchen Klima keimen trügerische Gefühle von Kameradschaft und Geborgenheit und drängen auf den braunen Leim. Und wenn's zur Sache geht, wo liegen die Risiken? Wo die Braunen aufmarschieren, droht ihnen die unfreiwillige Rückfahrt mit Bahn und Bus. Ihre Gegner riskieren Polizeiattacken und merkwürdige Gerichtsverfahren, wenn sie den Nazis die Straßen versperren. Trotzdem sind der Zulauf und die Buntheit des Widerstands ermutigend. Apropos verordneter Antifaschismus. Der Gesellschaft wäre er zu wünschen – durch das Verbot neofaschistischer Strukturen.

Verse im Stimmbruch

Irgendwann im Jahr 1963 hat die literarisch-musikalische Prominenz der benachbarten Käthe-Kollwitz-Schule einen Zettel an das Schwarze Brett unserer Schliemann-Schule geschlagen und angefragt, ob bei uns nicht jemand Lust hätte, an ihren Programmen mitzuwirken. Ich bin damals in der 10. Klasse, habe etwas Unterricht in klassischer Gitarre gehabt und – viel wichtiger – unter Kuratel meines Freundes Thomas Natschinski die gängigsten Griffe am Gitarrenhals geübt. Außerdem habe ich in ein großes Heft, auf das ich »Meine Gedichte« geschrieben habe, bereits mehr Werke eintragen können, als eine Hand Finger hat. Was also liegt näher, als Klaus-Dieter Adomatis, einem Wortführer der Programmplaner an der Kollwitz-EOS, mein Gesamtwerk vorzustellen. Adomatis mag den Überfall nicht, verspricht aber, meine Sachen in seinen Kreisen herumzuzeigen.

Bald finde ich mich tatsächlich in einem solchen Programm wieder. Von meinen Gedichten stehen alle halbwegs vorzeigbaren auf dem Ablaufzettel. Eins handelt von zwei Amerikanern, einem Schwarzen und einem Weißen. Der Schwarze hat dem Weißen in den Schützengräben des Zweiten Weltkrieges das Leben gerettet, der Weiße dem Schwarzen in den späteren Bürgerrechtskämpfen den Schädel eingeschlagen. Ein anderes erzählt von einem Liebespaar, das sterben musste, weil es den gelben Stern trug. Die Verse im Metrum so unsicher wie im Reim, die Themen an fremden Lehnen – ich trage alles so unbekümmert vor, wie ich es aufgeschrieben habe.

Mit dem Publikum habe ich dasselbe Glück wie alle, die zu dieser Zeit ihr literarisches Coming-out wagen. Es ist fast gleichaltrig und spendet schon Beifall, wo es die aufrichtige Suche nach einem vernünftigen Gedanken auch nur vermutet. Es verlangt keine Perfektion. Das Unfertige, nicht zu Ende Gedachte, noch zu Verarbeitende steht hoch im Kurs. Vielleicht weil die im Saal ja selbst alle auf der Sinnsuche sind und etwas aufschnappen wollen fürs Leben in dem unfertigen Land und in der fragilen Welt. Die Abzählreime der Kindheit sind verbraucht, und das uns vorgekaute poetische Angebot der Fünfziger ist suspekt. Was wir erleben und erwarten, verlangt neue Wörter und Wendungen. Wir machen uns auf die Suche nach Ausdruck, fallen in alte Töne zurück und hangeln uns zu neuen vor. Unsere Verse sind im Stimmbruch.

Ich sitze also auf einer Bühne mit anderen Beginnern wie Jörn Fechner, Uwe Karpa und Peter Grünstein im Halbrund. Die Mimen Wolfgang Heinz, Irma Münch und der geringfügig ältere junge Dichter Heinz Kahlau sollen unserem unbeholfenen Treiben ein professionelles Gerüst geben. Bald hört man von vielen solcher Veranstaltungen im Land. 1964 nehme ich an einem »Zentralen Leistungsvergleich junger Erzähler« in Leipzig teil. Ein Mentor, der später in den Auseinandersetzungen um seinen »Rummelplatz« selbst eine Ermutigung bräuchte, schenkt mir eine Gedichtanthologie mit seinen Arbeiten und wünscht gutes Gelingen künftiger Versuche. Es ist Werner Bräunig. Seine Verse, von mir noch überlesen, stehen für die Schwere dieses Beginnens und sind wohl auch der Code für sein Anecken: *Von Träumen bunt, / von Kälte wund, zuckendes Herz.*

Im selben Jahr wird der Literaturwettbewerb der Berliner Jugend ins Leben gerufen. Unter dem Titel »Offene Fenster« veröffentlicht Edwin Kratschmer jährlich einen Band mit Gedichten von Schülern und anderen jungen Leuten. Hier liest man Namen sehr junger Autoren, die aus literarischen oder anderen Gründen im Gedächtnis bleiben werden: Matthias Biskupek, Gabriele Eckart, Jürgen Fuchs, Hubertus Giebe, Kerstin Hensel, Henry-Martin Klemt, Steffen Mensching, Lutz Rathenow, Regina Scheer, Kirsten Steineckert, Frank Viehweg, Mathias Wedel. Wer unsere damaligen Texte unvoreingenommen wieder liest, wird bei den Eigenarten von Denkweisen und Stil einen gemeinsamen Nenner nicht leugnen: Ansprüche ans Leben. Kurt Demmler wird später schreiben: *Denn wir müssen alle weiterkommen / und da dürfen wir nicht zaghaft sein. / Jedes Ziel, kaum erreicht, / ist schon wieder fortgeschwommen …* Ehrlich soll es auf dieser Reise zugehen und gerecht. So sehr sich die Aufbrüche ähneln, so divers werden die Wege und Ankünfte sein.

Eigentlich ist die sogenannte »Lyrikwelle« in der DDR durch Ereignisse in der Sowjetunion angestoßen worden. Nikita Chruschtschow hatte auf dem XX. Parteitag der KPdSU die Verbrechen Stalins enthüllt. Junge Künstler um Jewgeni Jewtuschenko und Bulat Okudschawa sind aufs Podium gestiegen und haben mit Majakowskischer Direktheit ihre kritischen Anmerkungen zur Zeit und Zeitgeschichte gemacht. Solche Töne erregten Aufmerksamkeit und schallten bis in die DDR, wo Stephan Hermlin in der Akademie der Künste im Jahr 1962 Verse junger Dichter aus der DDR bekannt machte – von Volker Braun, von Bernd Jentzsch, von Rainer Kirsch. Auch Lieder von Wolf Biermann erklangen. Dieses Ereignis wurde von der damaligen Parteiführung als so starker Tobak empfunden, dass sie sich bei nachfolgenden Lyrikabenden ein milderes Rauchkraut wünschte.

Das mag nun auch für die Veranstaltungen der Berliner Oberschulen gelten. Ich aber habe keine Ahnung von einem solchen Wunsch. Dass sich zwei aufgeregte Deutschlehrer mal bemühten, Wolf Biermann von einer Veranstaltung fernzuhalten, habe ich wohl bemerkt, aber von dem kenne ich fast nichts. Die »Drahtharfe« und seine LP mit Wolfgang Neuss erscheinen erst 1965. Dafür habe ich von seinem Geltungsdrang gehört, der im Freundeskreis damals noch als erfrischende Aufmische durchgeht. Aber der Mann, der angeblich schon durch seine bloße Anwesenheit jede Veranstaltung an sich ziehen kann, bleibt unserem Schülerabend fern. Super! Da fallen wir mehr auf.

Biermann treffe ich nur einmal persönlich. Etwas später, als sich der Schriftstellerverband um uns junge Federn zu kümmern beginnt. Paul Wiens druckt in der Verbandszeitschrift »Neue Deutsche Literatur« Schreibversuche ab, darunter auch ein paar Verse von mir. Und die Autorin Hanna-Heide Kraze lädt einige von uns in den Klub des Kulturbundes »Johannes R. Becher« ein, um dem Verband später über literarische Talente in der »Generation unter 20« berichten zu können. Becher-Klub – eine noble intellektuelle Adresse mit einer guten Speisekarte. Wir fühlen uns angemessen geehrt.

Der Dialog zwischen Kraze und Nachwuchs hat gerade begonnen, als Wolf Biermann die Tür aufreißt und schreit: »Was höre ich, ihr habt neue Sachen? Zeigt her!« Ich singe unvorsichtig eine Eigenschöpfung, die mit den Zeilen endet: »Jede Straße hat zwei Seiten. / Die bessere Seite gehen wir.« Biermann guckt finster und fragt, ob ich das politisch meine. Als ich das arglos bejahe, meint er: »Dann ist es leider falsch.« Hanna-Heide faucht den Wolf an, er solle sich da nicht reindrängen. Aber der ist nun schon bedient und verabschiedet sich mit der Aufforderung, wir sollten frecher sein und nicht zu sehr auf die Alte hören. Hanna-Heide ist stinksauer. Auch ich beschließe, Biermann lebenslang nicht zu mögen. Natürlich im Affekt.

Schon im nächsten Augenblick denke ich, das wird kaum einzuhalten sein. Aber komisch: Immer wenn ich mich korrigieren will, kommt etwas dazwischen. Anfangs mein parteiischer Gehorsam nach seiner Ausweisung, später seine angepasste (west)deutsche Überheblichkeit. Als er schließlich den Irakkrieg verteidigt und dessen Gegner beschimpft, ist eh alles zu spät. Ich ertappe mich bei einem bittersüßen Gefühl von Bestätigung. Aber das ist leider so verfehlt wie einst die Hoffnung der Altvorderen, gemeinsam mit dem Liedermacher wären wir auch die besungenen Probleme los.

Die frühen Sechziger empfinde ich als eine flirrende Zeit. Es wird mir später schwerfallen zu unterscheiden, was damals gefühlt und was bewusst war. Klar ist, dass ich vieles schwerer und später kapiere als Freunde und Schulkameraden, die aus den *informierten Elternhäusern* kommen. Die schnappen bei Tisch Gesprächsfetzen auf oder lassen brisante Lektüre aus den Arbeitszimmern der alten Herrschaften mitgehen. Ihre Ansichten flüstern sich zuweilen herum wie Stille Post, mit dem bekannten Effekt am Ende. Aber sie liefern auch gute Stichworte für eigenes Nachdenken.

Zum Beispiel der 13. August 1961. Ich spucke Galle über die Nachricht vom Mauerbau, denn mein Vater lebt ja im Westen, und wenn sich meine Mutter die lächerlich geringen Alimente nicht persönlich von ihm abholte, war schnell Ebbe in der Haushaltskasse. Da ich mich für die Ebbe schäme, ist noch Mitte der sechziger Jahre die fehlende

Reisefreiheit mein Hauptargument für die Ablehnung der Mauer. Meine Bekanntschaften aus den *informierten Elternhäusern* stauchen mich zurecht und stellen komische Fragen. Warum wir vor 1961 den Schülerausweis zeigen mussten, wenn wir im Osten ein Pfund Butter für die einheimische Mark kaufen wollten? Wegen der Schieber und Spekulanten. Warum die Medizinstudenten in Leipzig oder Berlin ihre zukünftigen Westarbeitsplätze eher in der Tasche hatten als ihren Abschluss? Um das Gesundheitswesen im Osten zu destabilisieren. Der Massenexodus rüber zu den fetteren Weiden sollte uns ausbluten. Die Mauer sei der hässliche Reflex darauf. Die Einschränkungen müsse man hinnehmen. Das Bauwerk gäbe uns eine Atempause für die Gesundung der Wirtschaft und später für eine freiere Entwicklung aller Sphären der DDR-Gesellschaft. Und als ich noch immer um Klarheit ringe, beruhigt mich Barbara Honigmann, die alle Babu nennen, leicht genervt mit dem Hinweis, auch ihre Eltern hätten am 13. August »Na endlich!« gerufen.

Babu hat immer recht. Sie ist sechzehn und gehört zum Freundeskreis von TEAM 4, von dem noch die Rede sein wird. Ich sehe sie zu Veranstaltungen und werde einmal auch nach Karlshorst in das elterliche Haus eingeladen. Dort hinterlasse ich aber zwei schlechte Eindrücke. Erstens beantworte ich Babus Frage nach meinem Lieblingskomponisten mit Richard Wagner. Ich habe gerade in der Staatsoper die »Meistersinger« gesehen und an der Kasse in Fünfzig-, Zehn- und Fünfpfennigstücken bezahlt, was die Kassiererin in Rage und einen Westberliner Musikprofessor in Verzückung versetzte. Babu wähnt mich nun als Liebhaber von teutscher Blechscheiße und schüttelt sich. Zweitens habe ich auf ihren Wunsch hin die ganze Kladde meiner Gedichte geöffnet und muss erleben, wie sie beim Lesen die Hände zusammenschlägt und ausruft: »Diese Aufbaulyrik ist ja scheußlich!«

Der Tag wäre prickelnder verlaufen, hätte ich mich mit ihr über die Geschichte ihrer Eltern unterhalten können, die zum 13. August »Na endlich!« gerufen haben. Über ihren Vater, Dr. Georg Honigmann, Sohn eines jüdischen Arztes, emigriert nach England, wo er bis zu seiner Rückkehr in das Nachkriegsdeutschland als Journalist arbeitete. 1949 erhielt Honigmann den Auftrag, die »BZ am Abend«

zu gründen. Später ging er zur DEFA und leitete das Berliner Kabarett »Die Distel«.

Noch spannender wäre wohl ein Gespräch über ihre Mutter, Lisa Honigmann, gewesen, die während meiner Visite kurz im Zimmer erscheint. Vorausgesetzt, Babu hätte damals schon ein Quäntchen von dem gewusst und preisgegeben, was sie vier Jahrzehnte später in »Ein Kapitel aus meinem Leben« erzählen wird. Denn die kleine Gestalt, die da im Türrahmen steht, ist eine der rätselhaften Frauen des 20. Jahrhunderts. Schließlich hieß ihr zweiter Ehemann Kim Philby und war der berühmte britische Meisterspion im Dienste der Sowjetunion. Sie hat ihn in Wien kennengelernt. In ihrer Wohnung im 9. Bezirk, wo allerlei kommunistisches Gedankengut heimisch war und auch schon mal die KPÖ-Leitung tagte. Philby hatte Babus Mutter geheiratet, um der zeitweilig inhaftierten Kommunistin den Schutz eines britischen Passes zu geben. Vermutlich stand sie im Dienst des sowjetischen Geheimdienstes, hat aber stets dementiert, Philby als Agenten angeworben zu haben. Vielmehr sei die sowjetische Auslandsaufklärung selbst an den elitären Kreis von Cambridge-Studenten um Kim Philby, der marxistischem Gedankengut zuneigte, herangetreten. Erst 1935 habe Philby Babus Mutter deutlich erklärt, für wen er arbeite.

Sich als junge Kommunistin aber der konservativen Karriereplanung des Ehemannes, an der Moskau strickte, unterzuordnen, konnte nichts anderes sein als eine seelische Tortur; ihre nachprüfbare politische Prägung in Wien hingegen eine Gefährdung des Legendenaufbaus für Philby. Wie lebt man so? Wie lange bleibt man unter der Maske man selbst, ab wann wird die Maske Haut? Und was bleibt, wenn der Masterplan der Agentur die Trennung braucht? Oder das Zusammenbleiben – wie ich später fragen werde, als ich Christel und Günter Guillaume kurz nach ihrer Haft und Rückkehr in die DDR als verständnisvolles Ehepaar kennenlerne und nach den öffentlichen Ehrungen alsbald auseinandergehen sehe.

Rätselhaft auch, wie man als geschiedene Ehefrau eines Kim Philby, der noch lange nicht enttarnt ist, im frei zugänglichen Ostberliner Stadtteil Karlshorst leben durfte. Was führte zu diesem seltsamen

Plazet des KGB, wo doch die Berliner Mauer noch nicht gezogen war? Es ist so verrückt. Da steht jemand sekundenlang mit der selbstverständlichsten Unscheinbarkeit in der Tür. Nichts verrät, wie sehr diese Person und ihr Umkreis die Zeit aufgewühlt haben, und du schaust kaum auf. Als du es nach Jahrzehnten erfährst, hast du nur dieses flüchtige Bild in Erinnerung und bedauerst dessen Unschärfe angesichts der gestochenen Bilder aufgearbeiteter Geschichte.

In der Mitte der sechziger Jahre ist viel vom NÖS, dem »Neuen Ökonomischen System der Planung und Leitung der Volkswirtschaft« die Rede. Und vom Tod Erich Apels. Das NÖS, mit dem Walter Ulbricht der DDR-Wirtschaft mehr Flexibilität verleihen will, beinhaltet die Vernetzung von zentraler staatlicher Planung und Leitung der Grundfragen der Volkswirtschaft mit einer DDR-typischen, im RGW geradezu demonstrativ eingeforderten Eigenverantwortung der sozialistischen Warenproduzenten bis hin zur Organisation ihrer Geschäftsbeziehungen. Ziele sind mehr Effektivität des Wirtschaftens, Stimulierung des ökonomischen Denkens und der materiellen Interessiertheit der Werktätigen durch ein sozialistisches ökonomisches System, das weder sich spontan regelnde Marktwirtschaft noch rein administrativ geführte Wirtschaft sein soll.

Was heute mit neuem Interesse hinterfragt wird, ist uns in den sechziger Jahren eine staubtrockene Kost. Der soeben zum NÖS herausgegebene Wälzer Walter Ulbrichts samt Vorwort von Günter Mittag klingt in unseren Ohren parteichinesisch, ist in das ewiggleiche Dietz-Rot gebunden und wird nirgendwo als Bückware gehandelt. Was ich damals müde durchblättere, wird Jahrzehnte später spannende Lektüre sein. In der Sowjetunion hat man nach Chruschtschows Sturz genauer gelesen und findet Ulbrichts Eigensinnigkeiten unerhört. Alle Angriffe der DDR auf das Dogma einer rein administrativen Planwirtschaft werden als ketzerisch wahrgenommen und nach Schamfristen makuliert.

Anfang Dezember 1965 nimmt sich Erich Apel, der Vorsitzende der Staatlichen Plankommission und einer der führenden Köpfe bei der Ausarbeitung des NÖS, das Leben. Der Wirtschaftskurs der UdSSR gegenüber der aufmüpfigen DDR ist rigider geworden. Der nervlich angeschlagene Apel hat dem Druck in den extrem kontroversen Verhandlungen für ein neues bilaterales Wirtschaftsabkommen nicht standgehalten. Ich erschrecke bei der Nachricht, die ungeschminkter als die öffentlichen Verlautbarungen herumgeflüstert wird. Hat ein Kommunist das Recht, so aus dem Leben zu gehen? In Feindeshand, um nicht Verrat zu begehen, vielleicht. Aber aus Verzweiflung über den Freund und Verbündeten? Kann es eine so große politisch motivierte Seelenqual geben?

Viele Jahre später, als ich ins ZK der SED gewählt werde, händigt man mir auch eine Pistole aus. Ihre Annahme ist Pflicht. Aber außer zu den obligatorischen Schießübungen bei der Volkspolizei trage ich sie nie am Körper. Sie ist mir fremd und bleibt im Panzerschrank eingeschlossen. Eine Ultima Ratio bei politischer Verzweiflung, persönlichen Nöten, unheilbarer Krankheit? Der Kopf spielt das mal durch, um es sogleich entrüstet zu verwerfen. Sonderbar: Bei solchen Gedankenspielen liegt die Pistole immer an der eigenen Schläfe. Dass man sie, wofür sie vermutlich ausgegeben wurde, auf andere Menschen richten kann, kommt mir nicht in den Sinn. Die Absurdität dieses Waffenbesitzes wird am Ende nur durch die Art übertroffen, mit der die Volkspolizei während der Modrow-Regierung unsere Pistolen wieder einsammelt: in einem offenen Weidenkorb, der besser für Brote und Obst taugen würde. Jedes Ministeriumspapier wird sicherer und diskreter befördert.

Im September 1963 fasst das Politbüro den Beschluss »Der Jugend Vertrauen und Verantwortung«, kürzer Jugendkommuniqué genannt. Der Umgang mit den »Hausherren von morgen« soll von Gängelei und Bevormundung gereinigt werden. Die wenigsten von uns haben sich in den Text des Kommuniqués vertieft, aber was da über moderne Musikrichtungen wie Jazz oder Rock'n'Roll zu lesen ist, das weiß dem Sinn nach bald jeder. Niemand wolle der Jugend vorschreiben, ihre Gefühle und Stimmungen beim Tanz nur im Walzer- oder Tangorhythmus auszudrücken. Welchen Takt die Jugend wählt, ist ihr überlassen – Hauptsache, sie bleibt taktvoll!

Die Nagelprobe lässt nicht lange auf sich warten. Zu Pfingsten 1964 finden sich in der DDR-Hauptstadt eine halbe Million FDJler, viele Nichtmitglieder und 25 000 westdeutsche oder Westberliner Jugendliche zum Deutschlandtreffen ein. Nicht weit von den offiziellen Veranstaltungen bilden sich überall im Stadtzentrum spontane Diskussionsgruppen. Jugendliche aus Ost und West stehen herum und reden sich die Köpfe heiß. Auch ältere Passanten mischen sich ein. Nicht alle nach dem Geist des Jugendkommuniqués. Denn wenn ihr belehrender Zeigefinger weggelacht wird, fallen die alten Sätze wie *Ihr seid ja noch grün hinter den Ohren* oder *Du wasch dich erst mal, und wenn du mir dumm kommst, schneide ich dir persönlich die Haare*, was auf den konvergenten Widerspruch der Jungen beider Deutschländer stößt. Die meisten Älteren beschwichtigen aber und hören den Diskutanten interessiert zu.

Die aus dem Westen erkennt man an Nietenhosen und NATO-Planen, wie der DDR-Jargon seinerzeit Jeans und Nylonkutten bezeichnet. Manche Träger dieser Kleidungsstücke haben sich mit der Überzeugung in den Kreis gestellt, ihre Rhetorik würde leichtes Spiel haben mit dem eingelernten Vokabular der fremdblauen Übermacht. Aber sie kriegen es mit Redeweisen zu tun, in denen ein kaum vermutetes Selbstbewusstsein ebenso aufscheint wie die Lust, etwas Vernünftiges aus dem Leben in dem halt anders tickenden kleineren Deutschland zu machen. Nach den tausendmal hingenommenen Schmähvokabeln wie SBZ und Soffjettzone löst irgendwann das tausenderste Mal Trotz aus. Und Trotz steht bei der Stolzwerdung des Menschen ja häufig Pate.

Gern würde ich mitreden, aber die Worte und Widerworte fliegen zu schnell hin und her. Ich lerne: Es genügt nicht, ein starkes Argument zu haben, man muss auch fähig sein, es rechtzeitig abzufeuern. Ich bin in der FDJ, aber anders als die meisten ringsum, deren Meinungen ich eigentlich zuneige, trage ich das Blauhemd nicht. Und während ich selber beginne, das seltsam zu finden, trudele ich durch drei glückliche Tage in Berlin. Ich genieße die schöne Atmosphäre, zu der auch die neuen Töne auf Bühnen und aus Lautsprechern gehören.

Eigentlich sind es keine neuen Töne, sondern neu ist, dass sie auch bei uns zu hören sind. Anfang der Sechziger hat der Triumphzug der Beatmusik begonnen. Trends der Tanzmusik waren bislang offene Schubfächer in einer Mode-Kommode gewesen, aus denen man sich aktuell bediente und die sich bis zum Revival, manchmal auch endgültig wieder schlossen. Was wir nun von den Beatles hören, ist nicht einfach so ein Trend und auch mehr als Musik. Es ist eine unerhörte Einmischung in unser Sein. Eine Revolte gegen Enge und ältlichen Beharrungseifer, gegen Kitsch und Schnörkel in Kunst und Leben. Poesie von der Straße, klare Sprache und hämmernder Geradeaus-Ton, ehrlich und provokant.

»I Want To Hold Your Hand« und »She Loves You« werden über Nacht zu Weltjugendliedern. Mit diesen Songs im Ohr beginnen innerhalb und außerhalb des englischen Sprachraums die Nachahmer zu üben. Sie finden ihr Publikum mit Leichtigkeit. Diese Beat-Avantgarde ist auch in Berlin präsent, natürlich nicht live, aber im Äther.

Der Berliner Rundfunk hat für die Tage des Deutschlandtreffens ein eigenes Studio eingerichtet, das er schmucklos DT 64 nennt. Den erfolgsverwöhnten Westberliner RIAS muss es geschmerzt haben, denn viele im Osten und manche im Westen, die vorher den Senderwähler bei RIAS arretiert hatten, drehen jetzt am Rädchen. Und tatsächlich finden die Macher von DT 64 einen frischen Ton, bringen die Musik, die alle hören wollen. Dazwischen gibt es lockere Kommentare. DT 64-Reporter mischen sich unter die Leute und senden ganz ohne Scheu vor Quertönen ihre Gespräche live.

Die Resonanz ist so groß, dass aus dem zeitweilig eingerichteten Studio ab 29. Juni 1964 ein Jugendsender wird. Hörbar motivierte junge Redakteure machen ihn zu einem dauerhaften Publikumsrenner, schließlich zu einer Legende. Teil dieses Erfolges ist, dass DT 64 neugierig beobachtet und fördert, was sich im kulturellen Umfeld der Jugend bewegt; Junge Lyrik, Hootenannies, Singebewegung, Beat-Tendenzen. DT 64 ist nahe bei den Autoren und Gruppen, hält in Klubs und Tanzsälen ungeniert das Mikrofon auf. Man will Entwicklung vorführen. Die Redakteurin Marianne Oppel wird auf diese Weise für die Singebewegung zur Instanz. Die von ihr herausgegebenen

DT 64-Liederbücher liegen heute noch bei allen in Reichweite, die hin und wieder zur Klampfe greifen. Und wenn Rockgruppen aus der alten DDR Jahrzehnte später auf die Bühne gerufen werden, dann ist es – machen wir uns und ihnen nichts vor – vor allem wegen der Ost-Rock-Hits, die DT 64 zu seiner Zeit in die Ohren pflanzte. Nach der Wende stehen dessen Überlebenschancen schlecht. Ein Foto wird – wie der bald zur Schlachtbank geführte Sender selbst – Kultstatus erhalten. Es zeigt ein Telefonhäuschen mit dem Graffito »DT 64 – ihr seid das Volk!«

Der neue Tonfall in der Jugendpolitik erlaubt zum Deutschlandtreffen 1964 auch den Auftritt einer tschechoslowakischen Beat-Formation auf dem Alexanderplatz. Drei Köpenicker Oberschüler hören zu und träumen. Als sie wieder wach sind, planen sie die Gründung einer Band, die sich im Herbst 1964 tatsächlich formieren und die Entstehung einer Beat- und Rockszene in der DDR stark beeinflussen wird: TEAM 4.

Vierter bei TEAM 4

Die drei Oberschüler auf dem Alexanderplatz sind Thomas Natschinski sowie seine Freunde Gerrit Gräfe und John Knepler – beide, wie Thomas, aus der Alexander-von-Humboldt-Oberschule in Köpenick. Thomas beschreibt, wie das Trio vor der Bühne die Münder nicht zukriegt vor Staunen darüber, was eine Band aus dem sozialistischen Nachbarland alles kann und darf. Und wie John aus heiterem Himmel den kühnen Spruch wagt: »Was die können, können wir auch.« Johnny hat gut reden. Er spricht perfekt Englisch, und er kann mehr als drei Griffe auf der Gitarre. Anders als gewünscht muss er an den Bass, weil die Lead-Gitarre Thomas vorbehalten bleibt. Gerrit wird ans Schlagzeug genagelt. Das alles aber erfahre ich erst später, als Thomas mich überredet, als Vierter an Bord zu gehen.

Überredet ist die korrekte Vokabel, denn ich zögere anfangs stark. Reicht das Talent? Falls nicht, wären die ständigen Weltreisen zwischen Schönhauser Allee und Wendenschloss, wenn zu proben ist, wohl eine Fehlinvestition von Zeit und Kraft. Thomas bleibt unbeeindruckt und argumentiert entwaffnend: »Wir sind doch Freunde!« Sobald er die Wirkung seiner Worte spürt, verstärkt er sie durch zwei schmeichelhafte Sachargumente. Tolle Texte kämen aus meiner Feder, und beim gemeinsamen Griffebimsen in der Schönhauser hätte ich mir ein sehr brauchbares Rhythmusgefühl antrainiert. Das müsste nun alles ans Licht.

Ich habe das Ja schon auf der Zunge, als mich der Schlag aus einer ganz anderen Richtung trifft. Woher soll ich für eine E-Gitarre das Geld nehmen? Unsere Familienkasse ist dauerhaft indisponiert. Gut, meint Thomas, dann hätten wir halt ein Problem, aber das wäre finanziell, also lösbar. Zu dem Zeitpunkt ist es vor allem ein theoretisches Problem. Denn vors Bezahlen haben die Götter zigtausend Widrigkeiten bei der Beschaffung von Instrumenten im Allgemeinen und einer

E-Gitarre im Besonderen gesetzt. Als nach Monaten dem Handel die nötige Band-Ausrüstung abgerungen ist, löst sich wie von Feenhand auch mein finanzielles Problem. Gerd Natschinski spendiert eine strahlend rote E-Gitarre. Ich strahle auch, als er sie mir freundlich, nicht gönnerhaft, überreicht.

Wie sollen wir uns nennen? Ein Name mit Schlagergeruch kommt selbstverständlich nicht in Frage. Wir suchen etwas Einfaches, Einprägsames und kommen auf »TEAM 4«. »TEAM« suggeriert Zusammenhalt und ist englisch. »4« sagt, dass wir vier sind und uns ’64 gegründet haben. Einfach ist der Name schon mal. Einprägen muss er sich noch.

Vierter bei TEAM 4 – das heißt Vierter in der Reihenfolge der abgegebenen Ja-Stimmen bei Gründung. Ansonsten sind wir Gleiche unter Gleichen, Thomas vielleicht etwas gleicher – als Vorarbeiter. Aber er kehrt den Bandleader selten hervor. Er schlägt uns Songs und Sounds vor, er schlägt auch den Takt vor, aber er schlägt uns nie vor, zum Teufel zu gehen, wenn das Chaos wieder mal perfekt ist und die Tonbandmitschnitte nach Löschung schreien. Eigentlich nur in solchen Momenten unserer Verzweiflung kriegen Thomas’ Ermunterungen einen Tonfall wie »Von mir aus macht doch, was ich will«. Und das machen wir dann auch, nicht zum Schaden der Band.

Wir proben anfangs in Gerd Natschinskis Arbeitszimmer. Ein außergewöhnlicher Vorgang, weil dieser Ort des väterlichen Schöpfertums ohne ausdrückliche Einladung eine No-Go-Area ist. Wir dürfen alle technischen Utensilien benutzen, die das Kabinett hergibt. Aber das hilft zunächst wenig, weil unser Equipment noch nicht vollständig ist. Wir improvisieren und nehmen die Naturklampfen zur Hand. Gerrit trommelt auf dem Resonanzboden eines Banjos. Das Arbeitszimmer ist holzgetäfelt und schallisoliert. Warum dürfen wir da rein? Will der perfektionistische Komponistenvater, auf dessen Flügel stets Hunderte säuberlich gespitzte Koh-i-Noor-Bleistifte auf die Notierung von Einfällen warten, einfach die Leiden seines feinen Gehörs mindern? Oder ist die Überlassung seines Heiligtums wirklich eine Investition in die Zukunft des Filius und seiner Gruppe?

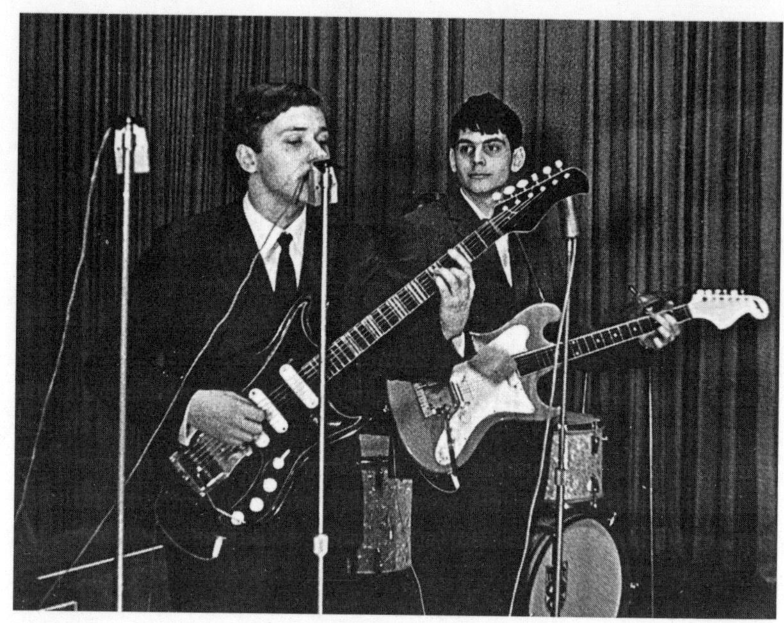

Noch fein mit Schlips und Kragen: die Anfänge von TEAM 4

Die Hitschmiede von Gerd Natschinski als »Kinderstube« von TEAM 4 – da ist Wohlerzogenheit vorprogrammiert. Keine Brausereste aufs Furnier, kein trotziger Rotz auf den Fußboden, kein wütend in die Raumecke geschleuderter Trommelstock. Wir proben auf Socken, so dass die grimmig in den Teppich getretenen »Stomps« die Aggressivität von Katzenpfoten haben. Der Komfort der »Kinderstube« ist piekfein, wir fühlen das unterbewusst. Aber dass es Musikeleven, die nie im Dreck spielten, später an natürlicher Widerstandskraft mangeln könnte, hätten wir für eine überflüssige Warnung gehalten. Für uns sind Probenraum, Catering und kompetente Ratschläge zum Nulltarif ein Segen.

Ein Segen ist auch John Kneplers Fähigkeit, englische Songtexte nach dem Gehör korrekt zu dechiffrieren und aufzuschreiben. Diese sprachliche Fähigkeit verdankt er seiner Mutter, die Engländerin ist. Sein Vater, der zur Gründungszeit von TEAM 4 schon sehr berühmte Musikwissenschaftler Georg Knepler, hat sie während seiner

Emigration in England kennengelernt. Geboren in Wien, hat Johns Vater an verschiedenen Theaterhäusern in Österreich und Deutschland musikalisch gearbeitet, Arbeiterchöre an der Donau geleitet und von 1931 bis 1933 schon einmal in Berlin gelebt. Aus England nach Wien zurückgekehrt, wo er als Kulturreferent der Kommunistischen Partei Österreichs arbeitete, übersiedelte Georg Knepler 1949 in die DDR, wurde Rektor der Hochschule für Musik in Berlin, später Professor an der Humboldt-Universität und Akademiemitglied. Seine Frau Florence hat ihn in die DDR begleitet, und John ist zweisprachig aufgewachsen. Das ist der Hintergrund, weshalb »Play With Fire« oder »A Hard Day's Night«, die wir bald im Repertoire haben, keine phonetischen, sondern inhaltliche Aneignungen sind. Anders gesagt: Wir verstehen, was wir singen.

Mustergültig befolgen wir die im Juni 1964 herausgegebene »Verordnung über die Tanz- und Unterhaltungsmusik«, indem wir bereits unsere ersten, noch seltenen Auftritte zunehmend mit eigenen Liedern und Instrumentalstücken bestreiten. Paragraph 1 dieser Verordnung bestimmt nämlich: »Die Programme öffentlicher Veranstaltungen von Tanz- und Unterhaltungsmusik sind derart zu gestalten, dass mindestens 60 Prozent aller aufgeführten Werke entweder, soweit sie urheberrechtlich geschützt sind, von Komponisten geschaffen wurden, die ihren Wohnsitz in der Deutschen Demokratischen Republik oder anderen sozialistischen Ländern haben, oder urheberrechtsschutzfrei sind.«

Die westdeutschen Autoren, die sich einer zunehmenden amerikanischen Konkurrenz ausgesetzt sehen, beneiden ihre DDR-Kollegen um eine solche protektionistische Klausel. Sie ist vor allem aus Devisenknappheit und erst in zweiter Linie aus Furcht vor hereinflutenden westlichen Kultureinflüssen erlassen worden. Später wird der zweite Grund bedeutsamer werden. Die Aufführungspraxis in der DDR ist nun ein weites Feld für Mogeleien. Gefälschte AWA-Aufführungslisten (AWA = Anstalt zur Wahrung der Aufführungsrechte auf dem Gebiet der Musik; DDR-Pendant der westdeutschen GEMA) enthalten plötzlich haufenweise Eigenschöpfungen, die zwar bei der AWA registriert, aber nie gespielt werden. Manchmal gibt es von den fingiert gemeldeten DDR-Stücken nicht mehr als die Titel und die geforderten Anfänge von Text und Refrain. Dafür gehen dann Westtitel über die Bühne. Und erkleckliche MDN-Tantiemen in die Taschen der Bandautoren. (MDN = Mark der Deutschen Notenbank; so heißt zeitweilig die DDR-Währung.) Der Staat hat zwar keinen finanziellen Schaden, sondern spart noch Valuta, aber er kontrolliert trotzdem. Die Strafen können im Wiederholungsfalle bis zum Spielverbot führen.

TEAM 4 ist hier also fast sauber. Natürlich grasen wir auf der satten Wiese des Beatles- und Stones-Repertoires am liebsten, aber das Tanzpublikum macht auch keinen Sitzstreik, wenn unsere eigenen Sachen dran sind. Einige Lieder brauchte ich nur aus der Schublade zu ziehen. Im Sommer 1964 habe ich auf einer Wiese in Philadelphia Text und Melodie für ein »Abendlied« geschrieben. Nicht dem Philadelphia in Amerika, sondern dem kleinen Dorf bei Storkow in der Mark Brandenburg, wo ich schon als Kind mit meiner Mutter auf dem Bauernhof der Familie Fischer jedes Jahr den Urlaub verbrachte. Das war ein stets erschwingliches Vergnügen.

Der Bauer ist ein Hüne, seine Hände und Füße haben einzeln die Größe der Familienbibel, aus der seine Schwiegermutter mir zu allen Tageszeiten vorlesen will. Aber ich ziehe es vor, dem Bauer aufs Feld zu folgen, im Karpfenteich zu angeln oder auf dem Kutschbock mitzufahren, wenn es in die Stadt geht. Fischers Hof ist nicht sonderlich in Schuss. Dafür kann er, die Mütze auf Krawall gedreht, stundenlang zechen und die Bauern der Umgebung vortrefflich unterhalten. Im Umkreis von zehn Kilometern ist er jedes Kneipers gerngesehener Gast.

Als ich allein nach Philadelphia fahren darf, begleite ich ihn manchmal bei seinen Sauffahrten in die umliegenden Dörfer. Er spendiert mir Bockwurst und Brause, und nach dem zehnten Bier stellt er mich gern als seinen Sohn vor. Seine Frau kann keine Kinder kriegen. All die betrunkenen Bauern wissen das, aber keiner widerspricht dem Riesen aus Philadelphia, der so schöne Saalrunden schmeißt. Ich merke mir bei den Hinfahrten immer den Heimweg, denn wenn wir mit unseren Fahrrädern, die nur noch den Schrottpreis wert sind, über die dunklen Waldwege nach Hause fahren, kann es sein, dass Bauer Fischer das Rad seitlich an eine Fichte lenkt und dort, die Füße in den Pedalen, einschläft. Dann wecke ich ihn nach angemessener Frist, und die Fahrt geht weiter.

Auf einer solchen Heimfahrt ist der Sternenhimmel so hell und die Luft so parfümiert wie nur ein einziges Mal zuvor am Ende des Schuljahres. Mir fällt auch wieder das Mädchengesicht zu dieser Nacht ein. Da ist es nur ein kleiner Schritt zur ersten Zeile vom »Abendlied«, das ich am nächsten Morgen auf der Wiese in die Kladde schreibe: *In den Bäumen ist heute ein Raunen, / und ich gehe mit dir ganz allein. / Deine schwarzen Augen staunen. / Jeder Stern scheint vergoldet zu sein.* Die Melodie entsteht mit den Zeilen. TEAM 4 übernimmt den Song und spielt ihn zusammen mit dem »Lied von uns«, dessen apodiktischer Schluss *Jede Straße hat zwei Seiten, / die bessere Seite gehen wir* Wolf Biermann auf die Palme bringen wird.

Um diese Zeit schreibe ich auch das unveröffentlicht gebliebene Lied »Die Zeit ist längst vorbei«. Bei einem unserer ersten Auftritte in einem Köpenicker Klubhaus steht es auf dem Programm, aber ich vermassele es. Ich verspiele und versinge mich derartig, dass wir den Titel abbrechen und Hunderte Teenager unsanft aus den Träumen dieses Schmusetitels werfen müssen. Die Resonanz ist gallig, und wir schieben schnell einen »Stomp« nach, das ist ein gehämmertes Instrumental mit Stube-Kammer-Küche-Harmonien, bei dem nichts zu vergeigen ist. In der Pause, schon beim Abgehen, stößt mich Johnny zornig in die Seite: »Deinen eigenen schönen Song verhaust du.«

In diesem Moment ist *verhauen* ein schlechtes Stichwort. Vor meinen Augen fängt irgendwer im Saal eine Prügelei an. So etwas kann leicht eskalieren und auf dem Schuldkonto der armen Beatband auf der Bühne verbucht werden. Wegen meiner künstlerischen Fehlleistung eh in Rage, werfe ich mich das erste und einzige Mal in meinem Leben zwischen fremde Fäuste und sehe prompt so viele Sterne, dass die Rhythmusgitarre für den Rest des Abends auszufallen droht. Natürlich kommen doch Volkspolizei, Stadtbezirksgericht und Zeugenstand. Der mir die Sterne verpasst hat, steuert mich im Gerichtsflur an und meint: »Tschuldijung, haste jetze 'n Zahn wenijer?« Der Zahn war ein weißes Pfeffi-Dragee, ein lässlicher Preis also für den intakten Leumund von TEAM 4.

Nach ein paar Monaten haben wir es ins Fernsehen geschafft. In einer BASAR-Sendung spielen wir das »Lied von den Träumen«. Der Text kommt auch von der Philadelphia-Wiese. Thomas hat die Musik gemacht und singt nun: *Unsre Träume, die verwehen nicht im Wind, / weil wir wissen, dass sie morgen Wahrheit sind …* Im Chorus werfen wir viele »Du-Du-Du-Du's« ein und beweisen in Lied und Smalltalk, dass wir Großverbraucher des Wörtchens *Optimismus* sind. Bald stellt auch DT 64 diese Träumerei und das »Lied von uns« vor, und VEB Deutsche Schallplatte zieht im März 1966 mit einer Single nach.

Eine eigene Platte ist natürlich das Edelste auf der Welt! Nur unser alter Plattenhändler Grabka in der Schönhauser Allee, nichts als Umsatz im Kopf, schüttelt sich, als er das Cover sieht. Dabei entspricht die zweifarbige Plattenhülle eigentlich unserer Intention nach Einfachheit. Ein dezent typenverklebtes schreibmaschinegeschriebenes »team4« in Magenta, das sich in Endlosschleife randlos über die gesamte Vorderseite des Covers ergießt. Darüber ein großes, schwarzes »TEAM« in tänzelnden Versalien und einer durchsichtigen plastischen »4«. Halleluja, sagt Grabka, so verarschen sie euch schon beim Start! Ich sage ihm nicht, dass die Idee von uns kommt.

Jene BASAR-Sendung bleibt mein einziger Fernsehauftritt mit TEAM 4. Im Jahr 1965 steige ich aus der Band aus. Die gesundheitlichen Gründe, die ich angebe, sind gemogelt und sollen den drei Freunden meine Entscheidung verdaulicher machen. Ich bleibe Texter der Gruppe, will mich aber von jeglichem Bühnen- und Probenstress verabschieden. Es wird aber anders kommen, denn als sich im folgenden Jahr der Berliner Hootenanny-Klub gründet, stehe ich wieder auf der Bühne. Hier aber gilt: Was du schreibst, probst und singst, folgt, wenn überhaupt, deinem eigenen Plan.

Bei TEAM 4 übernimmt Detlev Haak meine Rhythmusgitarre. Gleichzeitig kommt Martin Just in die Band, mit einem Gerät, das Claviset heißt, auf vier Holzbeinen steht und sich als Oldtimer heutiger Keyboards denken lässt. Martin singt auch und bringt einen neuen Ton ins Repertoire. Heiter und lakonisch, was auch dem Texter zupass kommt, wenn man nur an den spöttischen Titel »Marlen« denkt. Ende 1965 stößt Petra Rechlin zeitweilig zu TEAM 4. Sie singt auf der ersten

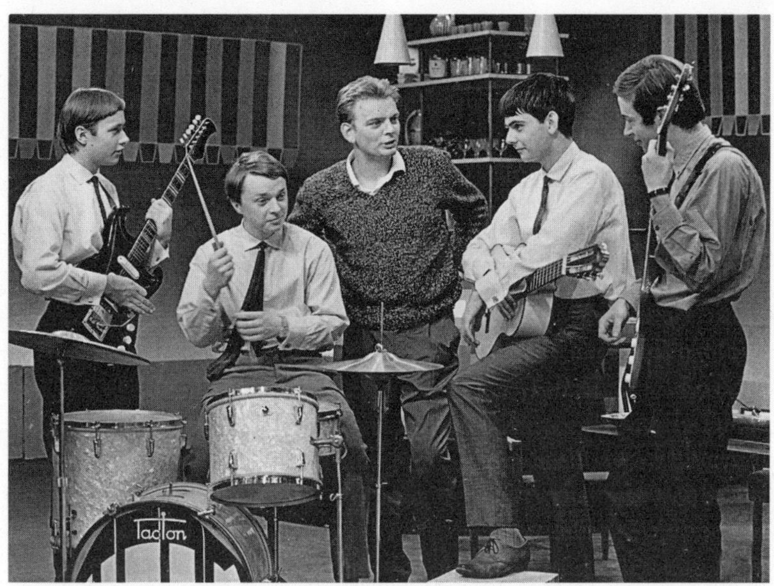

TEAM 4 – Thomas Natschinski, Gerrit Gräfe, Hartmut König und John Knepler in der TV-Sendung BASAR mit Jürgen Juhnke

Single das »Lied von uns«, hat aber keine Zukunft in der Band. Im Sommer 1966 verlässt auch Johnny Knepler TEAM 4, um in Weimar Architektur zu studieren. Und so kommt es, dass sich mit Thomas, Gerrit, Detlev, Martin und – nun für John im Boot – Fred Krüger eine neue Mannschaft an die Einspielung der ersten LP »Die Straße« begibt.

Fred Krüger, später künstlerischer Leiter des Oktoberklubs, ein talentierter Komponist und Gitarrist, erzählt mir zu dieser Zeit hinter vorgehaltener Hand, dass sich die Heiterkeit von Martin Just in seltsamem Kontrast zu der sorgsam verschwiegenen Geschichte seines Elternhauses befindet. Sein Vater, Gustav Just, hätte in der DDR aus politischen Gründen im Zuchthaus Bautzen gesessen. Aber das dürfe man Martin schließlich nicht anlasten. Ich solle mir um Himmels willen auch nichts anmerken lassen, denn die Hähne krähten schon nicht mehr danach. Also verhalte ich mich wie die anderen in der Band und schweige.

Später weiß ich, wie wichtig eine Nachfrage gewesen wäre, um DDR-Geschichte präziser kennenzulernen, als sie gelehrt wurde. In dem Jahr, als Martin zu TEAM 4 kommt, erscheint die »Geschichte der deutschen Arbeiterbewegung«. Darin wird für Mitte der fünfziger Jahre die Bildung konterrevolutionärer Gruppen in Berlin und anderen Städten behauptet. In ihnen hätten sich »vom Volk isolierte Intellektuelle« zusammengefunden, »die Programme zur Beseitigung der Arbeiter- und Bauernmacht entwarfen. Bevor sie den Frieden gefährden und die sozialistischen Errungenschaften des Volkes aufs Spiel setzen konnten, wurde ihnen von den Sicherheitsorganen der Republik das Handwerk gelegt.«

Da ich aber nicht frage, weiß ich auch nicht, dass Martins Vater diesen Kreisen zugerechnet wird, und plage mich folglich nicht mit dem Widerspruch, wie einer vom Schlage Gustav Justs, der als Neulehrer, als SED-Funktionär, als 1. Sekretär im Vorstand des Deutschen Schriftstellerverbandes doch stets im Parteiauftrag mit Menschen gearbeitet hat, plötzlich in volksfremde Isolierung geraten sein soll. Als würde das über einen hereinbrechen wie eine tückische Krankheit.

Um die Wendezeit wird Gustav Just mit seinen Erinnerungen als »Zeuge in eigener Sache« an die Öffentlichkeit treten. Über die Zeit der Verhöre wird er schreiben: »Vor mir sitzt mein Feind, der mir an die Gurgel will, der mich mit allen Mitteln, vom gütlichen Zureden bis zu gemeinen Tricks und Drohungen, reinlegen will. Der Kampf war ungleich. Er hatte einen ganzen Apparat hinter sich, vertrat die herrschende Macht, ging abends nach Hause zu seiner Familie, vielleicht mit ihr ins Kino, ins Theater oder Konzert, kam früh frisch rasiert und ausgeruht ›zum Dienst‹. Ich wurde zurück in die Zelle geführt, isoliert, von der Außenwelt abgeschnitten, zerquält von Sorgen um meine Frau und die beiden Kinder, den damals zehnjährigen Martin und die siebenjährige Katharina, die ihren Vater vermissen mussten …«

Spät macht mir diese Verzweiflung zu schaffen. Ich sehe das Unrecht, das Martins Vater widerfuhr, gewiss als Auswuchs schärfster Konflikte im Kalten Krieg. Die Ereignisse 1953 in der DDR sowie 1956 in Polen und Ungarn haben bewirkt, dass bei der DDR-Führung alle

Alarmglocken schrillten, wenn in der Bundesrepublik unverhohlen nach Systemüberwindung in der DDR durch Streiks und die Etablierung einer Gegenregierung gerufen wurde. Aber Konterrevolution gedeiht vor allem auf dem Nährboden instabiler innerer Verhältnisse. Und was anderes taten Leute wie Just, wenn auch wenig konform mit den herrschenden Moskauer und Berliner Denkgewöhnungen, als danach zu fragen, wie die inneren Verhältnisse in der DDR beschaffen sein müssten, um vom Gros der Bevölkerung als gute und gerechte Lebensweise akzeptiert und verteidigt zu werden? Gar als beispielhaft zu gelten für die westdeutsche Gesellschaft innerhalb einer damals noch angestrebten deutschen Konföderation, die Adenauers Kalkül allerdings bereits im Rhein versenkt hatte?

Martins Vater forderte »mehr Demokratie, mehr Humanität, mehr Effektivität in der Wirtschaft und eine auf ein vereinigtes, demokratisches, für eine sozialistische Entwicklung offenes Deutschland gerichtete Politik«. Dazu sollten die »Wiederherstellung der Länder als Vorstufe einer Konföderation … Reduzierung der Wirtschaftsplanung … Eigenständigkeit der Betriebe, wirtschaftliche Rechnungsführung, Arbeiterräte, gewählte Betriebsleiter, Marktbeziehungen untereinander … keine forcierte Kollektivierung der Landwirtschaft … Abschaffung der Zensur … Verlagerung der Aufgaben des Ministeriums für Staatssicherheit ins Innen- und Verteidigungsministerium … Schluss mit den Repressalien gegen die Kirche … wahrheitsgetreue, offene Berichterstattung der Presse …« angestrebt werden. Manches war politisch naiv. Einiges ging – welches Paradoxon zwischen Verfolgung und Aufgreifen einer Idee! – in das Ulbrichtsche NÖS ein und mit diesem wieder unter.

Heißt das Fazit also »verpasste Chance«? Da war keine Chance. In den politischen und ideologischen Zerreißproben der Zeit spuckten die herrschenden Verhältnisse auch Ideen und Vorschläge in die Gosse, die vielleicht gute Nahrung für eine demokratische sozialistische Entwicklung hätten sein können. Wo sie Eigenarten eines DDR-spezifischen Weges behaupteten, hatten sie aber wegen der unlösbaren Bindungen der DDR an das sowjetische Gesellschaftsmodell keine Aussicht auf Verwirklichung. Die Ideengeber – selbst SED-Mitglieder – durften keine mehrheitliche Zustimmung in ihrer eigenen Partei und beträchtlichen Teilen der Gesellschaft erwarten. Abgesehen von der SED-Führung war auch an der Parteibasis, selbst in den Blockparteien und in parteilosen Kreisen eine viel stärkere innere Bindung an die Sowjetunion vorhanden, als es heutige DDRologen einräumen. Sie resultierte aus Dankbarkeit für die Befreiung vom Hitler-Faschismus und zugleich der Überzeugung, Teil eines von Moskau geführten, gerechteren Weltsystems zu sein. Einer Ordnung, die sich anschickte, Kapitalismus, Kolonialismus, Neokolonialismus und das lebensgefährliche, Ressourcen fressende Wettrüsten zu überwinden.

Weitreichende gesellschaftliche Experimente auf die eigene Kappe zu nehmen würde nur der Einheit und Geschlossenheit dieses Bundes entgegenwirken. Diesen Irrtum teilte ich mit vielen sehr lange, weit über Prag '68 hinaus. Ende der achtziger Jahre wirkte die zur Litanei gewordene Losung »Von der Sowjetunion lernen heißt siegen lernen« wieder belebend. Gorbatschow rief zum Umdenken auf und reklamierte stärkeren Respekt für die Lebensforderungen der Menschen in den Ländern der Gemeinschaft, so als wollte er dem Sozialismus seine Perspektive zurückgeben. Sein O-Ton: »Entschlossen haben wir Kurs auf die Beschleunigung der wirtschaftlichen und sozialen Entwicklung, auf die Erneuerung und die Säuberung unseres Lebens von allem genommen, was die sozialistische Ordnung daran hindert, ihr mächtiges politisches, wirtschaftliches und geistiges Potential zu entfalten.«

Klang das nicht wie ein guter Fahrplan für den sozialistischen Bruderzug? Dessen Insassen schöpften Hoffnung, Aussteiger sprangen wieder auf oder hielten sich nahe den Trittbrettern. Aber energisch bremsten die Bremser, bald war da mehr Abrieb als Beschleunigung. Dabei immer noch genügend Anfeuerung des lieben Heizers: *Gorbi! Gorbi!* Aber die Kupplungen lösten sich, die Waggons rollten auf Nebengleise. Irgendwann kam der siegreiche Gegenzug des großen Geldes und seiner Politiker. Und wer saß da im Salonwagen und tafelte mit den Mächtigen? Unser geliebter russischer Heizer. Kein Blick, kein Bedauern. *Kunststück*, sagten die Bremser mit bitterem Vergnügen und unterschieden nicht die frühlingsfrischen Ideen von dem Mann, der sie nach der Predigt in eigenen Nöten verraten hatte.

Aus allem ist zu lernen. Aus der Erinnerung an Martin dies: Gesellschaftspolitischer Disput darf nicht in Handschellen enden. Mein Mitgefühl für Gustav Just indes war verbraucht, sobald die Gründe öffentlich wurden, aus denen der nunmehrige Sozialdemokrat als Alterspräsident des Brandenburger Landtages ausschied: Teilnahme an einem faschistischen Erschießungskommando in der Ukraine.

Zurück zum TEAM 4. Nicht nur die Besetzung der Gruppe ändert sich. Auch der sich gerade etablierende Bandname wird das Jahr 1967 nicht überstehen. In der DDR-Kulturpolitik tobt ein Kampf gegen Anglizismen, von dem die Beat- und Unterhaltungsmusik besonders betroffen ist. Anfangs rede ich mir ein, es ginge um die Förderung deutschsprachiger Titel und die striktere Befolgung eines Reinheitsgebotes der deutschen Sprache. Aber die Kampagne steuert in einen widersinnigen ideologischen Aktionismus. Die Kassierung des schönen Wortes TEAM gehört dazu. Die vom Musikalienhändler Grabka gescholtene Plattenhülle hat nun Seltenheitswert. Künftig wird »Thomas Natschinski und seine Gruppe« draufstehen, wo TEAM 4 drin ist. Ohne dieses Zugeständnis wäre wohl die erste LP nicht erschienen. So aber kommt »Die Straße« 1968 auf den Markt und trägt neben dem AMIGA-Label auch das Signet der Illustrierten »Für Dich«, was ihrer Verbreitung nützt.

»Die Straße« ist der Titel des Aufmachersongs und nicht zufällig auch der ganzen Scheibe. Ich habe die Straße als Metapher für den Weg gesetzt, der zu meinem Ideal führt. Einer sonnendurchfluteten Stadt voll menschlicher und gesellschaftlicher Wärme. Noch ist die Straße im Bau, viel Arbeit und Sorge sind nötig, damit wir in jene Stadt gelangen können, die sich ständig verändern wird. Ich habe diesen Traum gern geträumt. Auf diesen Nenner habe ich alles zu bringen versucht, was ich damals und auch später gedacht und getan habe. Ich ahnte früh, dass man auf dieser Straße stolpern, aber nicht, wie prinzipiell man fallen kann. Und dass Aufstehen und Weitergehen eine schmerzhafte, in gewisser Weise auch befreiende Tortur sein wird.

Als zwanzigjähriger Texter falle ich aber nicht hin, sondern auf. Thomas, seine Gruppe und ich haben Abonnementsplätze in »Melodie und Rhythmus«, »Neues Leben«, in der »Jungen Welt«, eigentlich im ganzen Medienwald der DDR. Das schmeichelt mehr, als es erschreckt. Uns ist schon bewusst, was wir meiden und was wir anstoßen wollen. Dem Schlagerkommerz der fünfziger und sechziger Jahre den Rücken kehren. Neue Themen und Schreibweisen ausprobieren, wenn wir Beatmusik mit deutschen Texten anbieten. Deutsche Texte sollen nicht nur Eigenständigkeit demonstrieren, sondern den Transport von Inhalten erleichtern. Jeder soll im Detail verstehen können, was die Strophen sagen wollen. AMIGA unterstützt das und druckt erstmals die Liedtexte der LP »Die Straße« auf der Plattenhülle ab.

Wir bemühen uns um alltägliche Themen. Die Arbeitswelt ist in der frühen deutschsprachigen Beatmusik noch tabu. Ich finde das schade und probiere es mal. Auf der ersten LP mit »Ich bin in diese Stadt gekommen« und auf der zweiten (»Geschichten«, erschienen 1970) mit »Unten auf dem Feld«. Als auf der dritten LP (»Wir über uns«, erschienen 1971) mit »Arbeitstag fängt an« und »Auf dem Bau« aber gleich zweimal Neuland betreten wird, scheint der Bogen überspannt. Doch von »Thomas Natschinski und seiner Gruppe« wird es eh keine neue Langspielplatte mehr geben. Was noch folgt, sind Auskopplungen der frühen Jahre.

Neben der Arbeit für die Gruppe haben Thomas und ich an einem Film zu tun, dessen Erfolg sein Premierenjahr 1968 erstaunlich überdauern wird. Der DEFA-Regisseur Jo Hasler soll den Musikfilm »Heißer Sommer« drehen und seinem bevorzugten Komponisten Gerd Natschinski die Idee einreden, weitere Komponistenkollegen an dem Film zu beteiligen. Diesen Kollektivwahn muss Gerd Natschinski natürlich ablehnen. Um die Studioleitung aber nicht völlig zu düpieren, schlägt er dafür die Beteiligung seines Sohnes vor. Das wird angenommen, und so erhalten die Haustexter von Vater und Sohn die Aufträge für die Songtexte. Nach fein gegliedertem Proporz, versteht sich, und immer entlang der Story.

Thomas und ich haben nicht die schlechtesten Szenen erwischt, wir gehen an die Arbeit und sind ganz zufrieden mit dem, was Frank Schöbel, Chris Doerk und Ingo Graf zu singen haben. Aber das Lied »Woher willst du wissen, wer ich bin?«, ein Duett für Chris und Frank, erfordert eine Nacharbeit. Die Zeit drängt, und ich liege mit vereitertem Blinddarm im Krankenhaus Prenzlauer Berg neben einem Choreografen, der pausenlos von Frank Schöbel schwärmt und ihm gern begegnen würde. Regisseur Jo Hasler schickt Chris und Frank unangekündigt zu mir ans Krankenbett, damit wir die Änderungen besprechen. Das Traumpaar der DDR-Unterhaltungskunst zieht einen Rattenschwanz von medizinischem Personal nach sich. Als es das Krankenzimmer betritt, fällt der Choreograf in Ohnmacht und wähnt sich in der nächsten Welt. Wir erledigen die Korrekturen in weniger als einer Viertelstunde.

Die letzte gemeinsame Arbeit, bevor Thomas zur Armee eingezogen wird, sind Arrangements und Einspielungen für ein »Porträt in Liedern« von mir, das bei AMIGA erscheint. Thomas verliert bei der Armee viel schöpferische Zeit. Es hätte der Wehrgerechtigkeit kaum geschadet, wenn man der Kontinuität seiner Arbeit entgegengekommen wäre. Als er zurückkehrt, gibt es die aus TEAM 4 hervorgegangene Gruppe nicht mehr. Er versucht mit »Brot und Salz« ein Comeback, schreibt auch schöne Titel für Gaby Rückert oder Jürgen Walter, spielt eine Weile bei Karat und komponiert erfolgreiche Filmmusiken.

1986 führt uns die Arbeit an der Kinderplatte »Im dunklen Bauch von Walfisch Jonas« noch einmal zusammen. Ich habe Thomas eine kleine gereimte Geschichte mit Liedern zur Vertonung angeboten, deren Veröffentlichung das Schallplatten-Label AMIGA erwägt. Thomas findet den Stoff frisch. Er komponiert, arrangiert und holt sich für die Aufnahmen Marion Sprawe, Gunther Emmerlich, als Erzähler den herrlichen Klaus Piontek und als Gitarristen Jürgen Ehle. Danach treffen wir uns gelegentlich zu Veranstaltungen und zum Plausch. Gemeinsame Projekte gibt es nicht mehr. Als die DDR untergeht, scheint sich auf die Freundschaft ein Schatten von Fremdheit gelegt zu haben, der mich grämt.

Mokka, Milch und Hootenanny

Wer sich Mitte der sechziger Jahre für einen neuen, kommunikativeren Umgang mit Liedern interessiert, vielleicht selbst Songs schreibt oder vergessene in Erinnerung ruft, der hält Genregrenzen für zweitrangig und Popularität für relativ. Perry Friedman, Ende der fünfziger Jahre aus Kanada in die DDR gekommen, hat in seinen Hootenanny-Programmen Songs von Pete Seeger, Joan Baez oder Bob Dylan neben deutsche und internationale Volkslieder gestellt und die Leute im Saal dazu gebracht mitzusingen. (Für das amerikanische *Hootenanny* findet sich kein adäquates deutsches Wort. Vielleicht kommt *Rundgesang* dieser Veranstaltungsform, bei der das Publikum zum Mit-Akteur wird, am nächsten.) Bald stehen auch Gisela May und Lin Jaldati, Christel Schulze, Barbara Kellerbauer und Reiner Schöne auf solchen Hootenanny-Bühnen.

Bei Programmen von DT 64, VEB Deutsche Schallplatte, Konzert- und Gastspieldirektion, zu Talentwettbewerben und auf Lyrik- und Liederabenden haben sich junge Leute kennengelernt, die ihr Interesse an diesem neuen Umgang mit Liedern verbindet und die für sich ein Forum suchen: Jörn Fechner, Reinhard Heinemann, Reinhold Andert, Nora Löhr, Wolfgang Gregor, Bettina Wegner, Jürgen Pippig, der sich später Jürgen Walter nennen wird, Uta Schorn und einige andere wie auch ich.

Für den am 15. Februar 1966 gegründeten Berliner Hootenanny-Klub hat sich ein passabler Ort zu gemeinsamen Auftritten und Debatten gefunden. Unser Domizil befindet sich im hinteren Teil des Kinos »International« in der Karl-Marx-Allee, der als Wohngebietsklub »International« firmiert, aber im Schatten des bekannten Uraufführungskinos ziemlich gedöst hat. Über Nacht ist der »International«-Klub vor allem für Schüler und Studenten der Hauptstadt eine bekannte Adresse. Man kommt vorbei, kann zuhören und mitmachen. Impro-

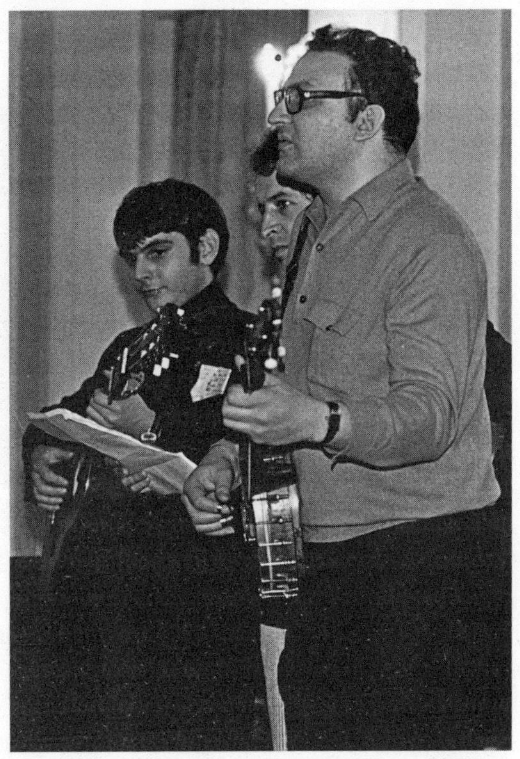

Mit Perry Friedman

visation beherrscht die Abläufe. Jazzer, Chanson- oder Beat-Musiker, die sich anfangs nur umschauen wollen, bleiben länger und geben den Programmen musikalischen Halt. Sehr zur Freude des Senders DT 64, der regelmäßig Mitschnitte von den Klubveranstaltungen verbreitet. Auch TEAM 4 sucht die Nähe zum Hootenanny-Klub. Dessen Popularität wird so groß, dass auch die nebenan gelegene Mokka-Milch-Eisbar, der Thomas Natschinski und ich ein Liedchen widmen, von ihr profitiert und irgendwann Kultstatus erlangt.

Die Mokka-Milch-Eisbar war in den frühen Sechzigern gebaut worden und bot auf zwei Etagen etwa dreihundert Eis-Essern und Shake-Trinkern Platz. Das war zu knapp, nachdem der Treff zu einer gefragten Adresse geworden war. 1990, nach dem Tod der HO, wurde die Mokka-Milch-Eisbar Spielmasse der Treuhand und verwahrloste.

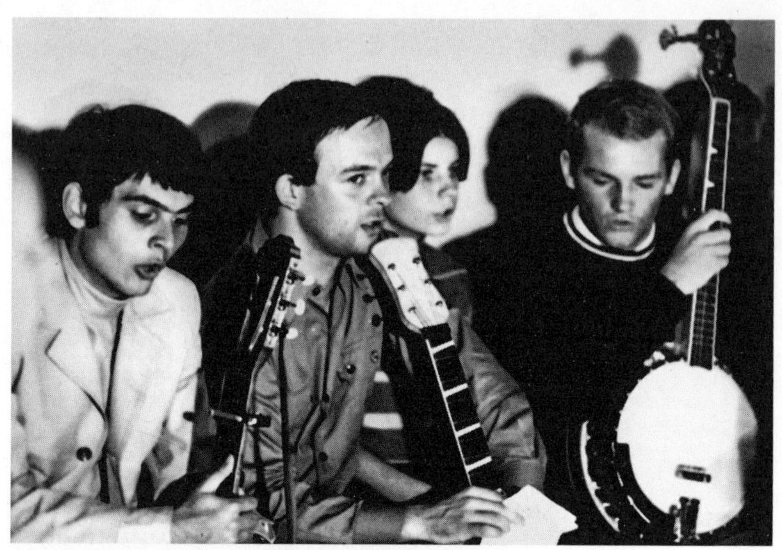

Hootenanny: mit Lutz Kirchenwitz und Reinhard Heinemann

Die denkmalgeschützte Leuchtreklame schien nach 1995 für kurze Zeit wieder auf. Im Februar 1996 zerstörte ein Brand den Hort alter Erinnerungen.

Der Hootenanny-Klub hört auf das sanfte Kommando der staatlich bezahlten Domizil-Chefin Anne Fröhlich. Alles fügt sich ihrer angenehmen, femininen Autorität, die sie wohlüberlegt, ohne jeglichen Anflug von Sturheit oder gönnerhaftem Eigensinn ausspielt. Im Timbre der gelernten Schauspielerin regelt sie das Nötige: Grundzüge des Programms, kommunikative Anordnung des Gestühls und bei viel Gewusel am Einlass auch den Aufstieg in die Klubräume über ein Treppenhaus, in dem Wülste von Übertragungskabeln für klaustrophobische Ausbrüche sorgen. Bald hat sich ein Pulk ehrenamtlicher Helfer um Anne gebildet, den sie mit ihrer unnachahmlichen Unaufgeregtheit befehligt. So gewinnt sie etwas Zeit, um das zu tun, was Gitta Nickel später in ihrem Dokumentarfilm »Lieder machen Leute« so freundlich abbilden wird: Sie feilt an unserer sprachlichen Artikulation und bringt uns etwas Fundamentales fürs Singen und Leben bei: wie man richtig atmet. Als ich sie nach drei Jahrzehnten wiedersehe, verweigert sie jede Altersangabe. Jedenfalls muss sie vorbildlich geatmet haben, denn sie sieht aus und bewegt sich so, als sei vor dreißig Jahren die Zeit stehen geblieben.

Im Klub passieren erstaunliche Dinge. Da stellen sich Leute ans Mikrofon, die man im Alltag nicht nach der Uhrzeit fragen würde, um sie nicht zu erschrecken. Wenn sich aber das Lampenfieber gelegt hat, kommen ihnen innige, komische, traurige, zornige Zeilen mit nie gekannter Leichtigkeit über die Lippen. Die Atmosphäre im Klub schafft Vertrautheit.

In gewisser Weise scheinen Hootenannies nach einer frühen Devise Volker Brauns zu funktionieren: »Kommt uns nicht mit Fertigem«. Die Lust, Maß zu nehmen und weiterzudenken, zu widersprechen und etwas vorzuschlagen, ist groß wie das Bedürfnis, mit den Gedanken und Gefühlen anderer zu sympathisieren. Die Antennen stehen auf Empfang und Sendung. Mitmachen verdrängt passives Konsumieren. Singen besiegt den Mitklatschtrieb des deutschen Unterhaltungspublikums. Auch erscheint das Unfertige viel nahbarer. Pubertäre Schlichtheit gilt als authentisch. Klauen bei Dylan & Seeger & Guthrie & Co ist so erlaubt wie nötig. Beschränkung auf drei Harmonien zur Vereinfachung des Rundgesangs – akzeptabel, Fehltritte im Gestrüpp von Melodie oder Rhythmus – kein Malheur. Aber Tümelei und verlogenes Pathos werden ausgelacht. Aufrichtigkeit, Ehrlichkeit, freies Heraussprechen von Meinungen und Gefühlen – das macht Hootenannies so anziehend. In Berlin, bald auch in Dresden und überall, wo diese neue Mode ihr Publikum findet.

Lutz Kirchenwitz, ein Schüler in unserer Schliemann-EOS und Mitbegründer des Berliner Hootenanny-Klubs, erinnert sich in seinem Buch »Folk, Chanson und Liedermacher in der DDR«, dass in den Programmen jener frühen Zeit »dezidiert politische Lieder« nur »einen Bruchteil des Repertoires« ausgemacht hätten. Wenn »dezidiert politisch« meint, ganz konkrete politische Vorgänge aufzugreifen, dann bilden zu jener Zeit Lieder wie »Sacco und Vanzetti«, »Joe Hill«, »Spaniens Himmel« oder die »Moorsoldaten« tatsächlich den kleineren Teil des Repertoires, internationale Folklore, wiederentdeckte deutsche Volkslieder und amerikanische Protestsongs hingegen den größeren. Die Songs des »anderen Amerikas«, die wir von Pete Seeger, Bob Dylan und Joan Baez kennen, sind besonders faszinierend. Millionen Menschen haben sie in aller Welt gegen nukleare Aufrüstung, Vietnamkrieg und Rassenverfolgung gesungen. Da fühlen wir uns hingezogen. In die Weite dieses Einverständnisses, aber intuitiv auch in die Weite der Welt.

»We Shall Overcome« – universeller kann man die Hoffnung auf Wandel nicht besingen.

Den Text an sich hätte auch jeder reaktionäre Haufen zu seiner Hymne machen können. Aber das Lied ist, wie viele dieser Art, von seinen Autoren und Interpreten stets in demokratische, linke Zeitbezüge gestellt worden, so dass es schwerlich politisch gewendet werden konnte. Solche Songs haben eine politische Aura. Als ich in jenen frühen Jahren über Wirkungen von Liedern nachdenke, vermute ich, sie werden bei einem breiten thematischen Konsens größer. Mit dieser Ahnung schreibe ich zwei Friedenslieder. Eins geht so:

Es wächst das Brot uns
nicht von allein.
Und auf den Feldern reift
uns kein Krug voll Wein.
Das Wasser fließt nicht
von selbst bergauf.
Und auch die Kriege hören nicht von selber auf.

Ich stelle dieses Geschöpf zwar auch selbst vor, aber andere singen es x-mal besser. Nora Löhr und Wolfgang Gregor nehmen es ganz innig und erfinden für das schmale Liedchen ein lautmalerisches Intermezzo, das sie bei Esther und Abi Ofarim oder Peter, Paul and Mary entlehnt haben mögen, um in der zweiten Strophe anzukommen:

Schön ist die Rose.
Und schön das Licht.
Schön ist der Morgenwind,
schön ist dein Gesicht.

Schön ist die Welt,
wenn sie friedlich ist.
Schön ist der Frieden, wenn du seiner sicher bist.

Das andere heißt *Schau her!* Sein Refrain ist zum Mitsingen geschrieben, was auch prompt funktioniert:

Schau her, schau her:
So wär die Welt, wenn Frieden wär.

Eine kantige, jazzbetonte Fassung beider Lieder bietet Reiner Schöne an und nimmt sie 1966 gemeinsam mit dem Klaus-Lenz-Sextett für eine AMIGA-Single auf. Den aus Thüringen stammenden singenden Schauspieler habe ich bei Veranstaltungen im Berliner Hootenanny-Klub kennengelernt. Da ließen sein professioneller Gesang und aggressiver Gitarrenschlag aufhorchen. Aber er will wohl andere Wege gehen, meint, die Hootenanny-Mode würde ihn aufhalten. Und als eines Abends die Chanson-Komponistin Chris Baumgarten die versammelte Hootenanny-Gemeinde in stimmbildnerischer Absicht den lautmalerischen Text *Juppdudammmihalojubidosibratschimokakdilumdamufalassischumbaprufalarirumbörumbörumbohedippeldoppeldappelhahahahahabratschimo* zur Melodie von »Drei Gäns im Haberstroh« singen lässt, schnellt Reiner Schöne genervt aus dem Schneidersitz und wendet sich für immer zum Gehen. Erst aus dem Saal. Später aus dem Land. Im Unterschied zu anderen wird ihm in der Bundesrepublik eine beachtliche Karriere gelingen. Und, als ihm das nicht reicht, auch in den USA.

Wer im Berliner Hootenanny-Klub aktiv ist, den trifft man in der Hauptstadt bei diversen Song- und Lyrik-Events an. Einige sind hochkarätig. Joan Baez gibt am 1. Mai 1966 ein DDR-Gastspiel und verlässt, demonstrativ bei Wolf Biermann – im Saal der lautestete Mitsänger von »We Shall Overcome« – eingehängt, den Auftrittsort. Pete Seeger gastiert am 3. und 4. Januar 1967 in der DDR-Hauptstadt und trifft sich auch mit dem Hootenanny-Klub. Anlässlich seines Todes im Januar 2014 wird der Mitteldeutsche Rundfunk eine Aufzeichnung des Deutschen Fernsehfunks von dieser Begegnung senden. Sie fand noch im später abgerissenen Zentralen Klub der Jugend- und Sportler an der Karl-Marx-Allee statt, einem Ort, der einige frühe Hootenannies erlebt hat. Thomas Natschinski und ich, beide neunzehn, sitzen andächtig nebeneinander und starren auf Petes Banjo-Picking. Die Kamera schwenkt zu bekannten Gesichtern, alle um ein halbes Jahrhundert jünger. Jahrzehnte, in denen so viel geschehen ist, sich Wege gekreuzt und getrennt haben.

Wir singen Petes »Where Have All the Flowers Gone?«, das unerschütterliche »Guantanamera«, einen Teil seines Spiritual-Repertoires, das er schon bei den »Weavers« im Programm hatte, das traurige »Sometimes I Feel Like A Motherless Child«. Ich höre erstmals »My Name Is Lisa Kavelage«, die Geschichte einer jungen Deutschen aus Nürnberg, der in der Nachkriegszeit wegen mangelhafter Auseinandersetzung mit der Nazizeit die Einwanderung in die USA verweigert wurde. Sie lernte später ihre Lektion und erhielt die Einreise in die USA, wo sie sich an Protestaktionen gegen den Vietnam-Krieg beteiligte und vor Gericht gestellt wurde. Dort erzählte sie ihre Geschichte und schwor, sich nie wieder in eine Massenschuld verwickeln zu lassen, um aufrichtig antworten zu können, falls sie erneut gefragt wird: »Wo warst du, als …«. Pete hatte ihre Worte gelesen und vertont. Schließlich die »Moorsoldaten«, das Lied aus dem Konzentrationslager Börgermoor, das Pete eben erst vor Tausenden in New York gesungen hat. Er hatte den deutschen Text gelernt, glaubte, in Amerika ein kaum bekanntes Lieddokument vorzustellen und war erstaunt, wie viele im Saal mitsangen. Wir fühlen uns mit Pete eins in diesem Antifaschismus, der uns keine ideologische Bürde, sondern aufrechte Gesinnung ist. Am Ende bedanken sich Mitglieder des Hootenanny-Klubs mit meinem Song »Schau her!«. Victor Grossman übersetzt Pete Seeger den Inhalt, der stimmt in den Refrain ein. Und der neunzehnjährige Autor fällt vor Freude vom Stuhl, als der Meister seine Worte in den Mund nimmt.

Pete Seeger wird sich nach diesem Auftritt eine Weile mit mir schreiben. Er schickt Texte und Noten. Auch den Song über Lisa Kavelage, den ich in meiner Studentenzeit viel singen werde. Magazine wie »Sing Out« erreichen ohne Zolleinwände die Schönhauser Allee 27, manchmal mit einer kleinen handgemalten Banjo-Vignette. Nach Prag '68 bricht der Kontakt ab; zu sehr hat sich Petes Neugier auf unseren Teil der Welt, von der er im Januar 1967 gesprochen hatte, abgekühlt.

Weniger spektakulär sind die selbst organisierten Auftritte und Werkstattgespräche, zu denen auch Gäste befreundeter Klubs und wohlgesonnene DDR-Künstlerprominenz eingeladen werden. Aber zwischen zwei Hootenanny-Veranstaltungen kann ein Monat liegen – eine viel zu lange Zeit für unsere Ungeduld. Also schauen wir auch andernorts rein, wo Literatur und Musik zur Diskussion gestellt werden. Zum Beispiel im Lyrikclub Pankow. Vinetastraße 62 – die Adresse.

Mit zeitlichem Abstand erscheinen die Vorgänge in dieser Nordberliner Kellerklause wie eine Lektion literaturgeschichtlicher Heimatkunde. Der Klub wurde 1965 von Nils Werner, einem Satiriker mit »Eulenspiegel«-Erfahrung, gegründet. Die meisten Teilnehmer bewerten wohl seine organisatorischen Verdienste um die heute spektakulär anmutenden Klubveranstaltungen höher als den literarischen Wert seiner Gedichte vom »Wenner und Hätter«, die er immer wieder vorträgt. Ihm steht mit Jo Schulz ein Schriftsteller zur Seite, der nicht nur in verschiedenen literarischen Genres zu Hause ist, sondern auch ein von vielen Teilnehmern geschätztes behutsames pädagogisches Talent besitzt. Ich kenne Jo bereits als Hausautor von Gerd Natschinski. Manchmal hat er mich nach TEAM-4-Proben in Wendenschloss in seinem Wartburg zur Schönhauser Allee mitgenommen. Später wird er mich zur Mitgliedschaft im Schriftstellerverband der DDR ermutigen und beim Aufnahmeprozedere mein Bürge sein.

Ein Stück Heimatkunde? Wem die DDR mehr als ein Aufenthaltsort war, der tat immer gut daran, noch in den provokantesten Fragen der DDR-Literatur eine erfreuliche und bedenkenswerte Einmischung in die Gesellschaftsentwicklung zu sehen. Und in den Haltungen ihrer Produzenten und Interessenten ein quirliges, nie zufriedenes Zuhausesein. Als ich den Pankower Klub besuche, habe ich diese Sicht glücklicherweise noch. Schülerverse wie »Neues vom Provokateur«, wo schönfärberische Arbeiterdarstellungen aufs Korn genommen werden, mögen es bezeugen. Als Kulturfunktionär werde ich sie leider verlieren und unbeabsichtigt dazu beitragen, dass verbesserungsbesessene Autorenhaltungen in Resignation oder gar in einen Heimatverlust münden, der sich innerhalb und außerhalb des Landes zutragen kann. Darüber werde ich später reden.

Wie Gesellschaftliches sich in Literatur spiegelt und auf welche Weise sich beides aneinander verändert, ist gedrängt in der Vinetastraße 62 zu erleben. Hier bildet sich im Nukleus alles ab, womit DDR-Kunst die politischen Verhältnisse prüfen und erschüttern wird.

Anfangs überwiegt meines Erachtens ein affirmativer Grundsatz, mit dem man das Terrain der gesellschaftlichen Möglichkeiten erkunden will. Hier liegt noch ein Zusammenhalt, ein gemeinsamer Startpunkt für die dann strahlenförmig auseinanderstrebenden Suchläufe nach Orientierung und Individualität. Man holt sich literarische Autoritäten zur Lesung und Debatte: Peter Hacks, Volker Braun, Stephan Hermlin, Günter Kunert, Sarah Kirsch, Heinz Kahlau, Franz Leschnitzer. Auch Komponisten wie Siegfried Matthus und Wolfgang Lesser, der Maler und Bildhauer René Graetz oder die Grafikerin Doris Kahane werden eingeladen.

Es bleibt nicht aus, dass einstige Reibungspunkte zwischen Kunst und Kulturpolitik zur Sprache kommen, von der Formalismus-Debatte über Hacks' Probleme mit seinen Stücken »Die Sorgen und die Macht« oder »Moritz Tassow« bis zu Hermlins Lesung junger Lyrik 1962 in der Akademie der Künste, die in ihren rebellischsten Tönen einen Generationskonflikt im DDR-Sozialismus thematisierte. Etwa wenn Wolf Biermann *an die alten Genossen* appellierte, ihrem Werk ein gutes Ende zu setzen, *indem ihr uns den neuen Anfang lasst.* Der Abend kostete Hermlin seine Ämter in Akademie und Schriftstellerverband, bewirkte aber durch sein Reizpotential das Entstehen jener *Lyrikwelle* mit, die nun auch den Lyrikclub Pankow trägt.

Aus dem festeren Mitgliederkreis habe ich vor allem Thomas Brasch, Uwe Greßmann, Regina Scheer, Wolfgang Tilgner, Bettina Wegner sowie Barbara und Clement de Wroblewski in Erinnerung.

Mit Ausnahme von Uwe Greßmann, der so früh stirbt, werden sich unsere Wege noch einige Male kreuzen.

Dass der Zorn junger Leute auf der Suche nach dem *Ich* ausbricht, wenn sie über ihre Väter definiert werden, hat mir Thomas Brasch bestätigt. Ob ähnliches auch für Bettina Wegner zutrifft, weiß ich nicht. Jedenfalls geht der Siebzehnjährigen der Ruf voraus, sie sei die nervende Tochter eines *hohen Tieres*. Der Vater entpuppt sich aber als Chefredakteur der von der Gesellschaft für Deutsch-Sowjetische Freundschaft (DSF) herausgegebenen Zeitschrift »Freie Welt«, also als ein mäßig *hohes Tier*, und seine Tochter als bescheiden und ziemlich geradeaus. Sie hat noch wenig Eigenes zum Vortragen, aber sie spielt für unsere Verhältnisse gut Gitarre und bedient sich vor allem aus dem Folksong-Repertoire. Beim Sprechen berlinert sie auffällig. Vielleicht, um sich via Straßenton mit der zuhörenden Runde gemein zu machen. Mindestens anfangs, manchmal zeitlebens, gibt es diesen Angstgraben zwischen Podium und Publikum. Jeder auf der Bühne kennt ihn und versucht, ihn auf seine Weise zu überwinden. Bettina Wegners Bemühungen, nicht sonderlich aufzufallen, scheitern aber gerade an dieser Bemühtheit.

Was sie sagt und singt, ist reizvoll, weil in ihren zurückgenommenen Tönen eine Erwartung zu liegen scheint. Unklar, welche das ist. Wir müssen uns beobachtet haben, denn sie sagt später, in dem Buch »Der Lyrikclub Pankow«, über mich: »Hartmut … war völlig offen in beide oder in fünf Richtungen, und in welche er dann gegangen ist, das waren diese … wie Frau Steineckert oder die FDJ-Bonzen …« Ganz so richtungslos bin ich damals nicht, wohl aber auf der Suche, wie Bettina auch.

Wir sind fast gleichaltrig, und vielleicht denken wir, gerade volljährig, noch ziemlich ähnlich. Wir sehen uns im Hootenanny-, später Oktoberklub, dem sie bis 1968 angehört. Im Sommer jenes Jahres schockieren die Ereignisse in Prag. Wie andere aus ihrem Bekanntenkreis protestiert Bettina gegen den Einmarsch der Truppen aus Warschauer Vertragsstaaten. Sie verteilt Flugblätter, wird wegen »staatsfeindlicher Hetze« zu einer Haftstrafe auf Bewährung verurteilt und an der Berliner Schauspielschule exmatrikuliert. Sie »bewährt« sich in der sozialistischen Produktion, findet neue künstlerische Podien und bezahlt ihren Protest gegen die Ausbürgerung Biermanns mit einer weiteren Verengung ihrer Arbeitsmöglichkeiten.

1983 übersiedelt sie nach Westberlin. Vier Jahre später lese ich in einem Artikel des »Tagesspiegels«, der mir per Ausschnittdienst auf den FDJ-Zentralrats-Schreibtisch kommt, wie sehr Bettina die Zensur der Verkaufbarkeit beklagt und meint: »Einer Ideologie wollt' ich mich nicht unterwerfen, jetzt unterwerf ich mich doch nicht freiwillig wegen Kohle.« In diesem Moment wünsche ich mir das Unmögliche. Die Zeit spult sich um ein Jahrzehnt zurück, und die Verhältnisse geben mir wie allen die Chance, Wege klüger zu gehen. Am Ende des Jahrhunderts wird mir Bettina den Handschlag verweigern und nur noch den Achtzehnjährigen kennen wollen, der auf seiner Klampfe *Schau her!* spielte. Egal, könnte man denken, man hat schon so viele Hände in der Hand gehabt, ginge es nicht um mehr.

Sowohl im Lyrikclub Pankow als auch im Hootenanny- und späteren Oktoberklub begegne ich Thomas Brasch. Er ist an der journalistischen Fakultät der Karl-Marx-Universität in Leipzig exmatrikuliert worden, weil er sich despektierlich über Vertreter der Staatsmacht geäußert hat, arbeitet danach im Straßenbau, kellnert, dichtet und inszeniert. Etwas später wird er als Fernstudent der Hochschule für Film und Fernsehen in Babelsberg angenommen.

Das alles ist nicht nach dem Geschmack seines Vaters, Horst Brasch, der in der DDR hohe Ämter bekleidet. Er hat seinen Sohn früh auf die Kadettenschule geschickt, weil ihm die militärische Ausbildung in der Nationalen Volksarmee als beste Garantie einer geradlinigen Erziehung nach den Prinzipien des Marxismus-Leninismus erschien. Aber der väterliche Ertüchtigungsplan scheiterte an der Eigenwilligkeit des Sohnes. Thomas akzeptiert keine Kommandos. Was er denkt und tut, ist feinnervig ergrübelte Haltung. Die ist links und pro-sozialistisch, indem sie den Alltag nach den Maßgaben der marxistischen Klassiker abklopft.

Damals finde ich, er urteilt über manchen Missstand zu rigoros. Und auch über seinen Vater, dessen Sozialismusbejahung er für erstarrt hält. Er behauptet das mit bitterer Ironie. Wer wie ich ohne

Vater aufgewachsen ist, erschrickt bei solchen schroffen Tönen, als würden sie einen weiteren Missklang in die nie verwundene Sehnsucht nach einem guten Vater-Sohn-Verhältnis tragen. Aber Thomas' These, wer das Gesellschaftsziel vergötze, verliere das Augenmaß für die Zustände des realen Lebens, ist mir nicht fremd. In der Oberschulzeit habe ich etwas geschrieben, das durch Paul Wiens' Auslese in der »Neuen Deutschen Literatur« gedruckt wird: *Geblendet von der Größe/unserer Sache/vergessen manche das Kleine/und das Große/rückt ferner.* Diese und andere Zeilen gebe ich Thomas Brasch zu lesen. Ich suche seinen Rat, weil er präzise denkt, gut schreibt und ohne jegliche Arroganz verbessert oder verwirft.

»Zu Beginn hatte er (König) sich immer an Thomas Brasch gewandt, wenn es um Texte ging. Sie haben sich hingesetzt und verbessert«, erinnert sich Braschs Vertraute Bettina Wegner, irrt aber in der Weiterrede: »... dann kam die FDJ und sagte, so ginge das nicht. Dann war er (König) richtig im Zwiespalt. Aber am Ende hatte er die FDJ-Version.« So ist es damals nicht. Die Diskussionen werden unter den Klubmitgliedern und beratenden Profis ausgetragen. Da regen sich divergierende Meinungen, woraus Zwiespalt entstehen kann.

In den Gesprächen mit Thomas Brasch geht es übrigens nicht allein um konkrete Texte. Wir reden auch über Denkrichtungen, Haltungen, »liedwürdiges« Material. Thomas Brasch will soziale Konkretheit in den Songs. Den Ton meines antirevanchistischen Liedes »Denn sie lehren die Kinder« hält er für gelungen aggressiv und meint eh, dass eine wache antifaschistische Gesinnung moralische Lebensmaxime zu sein hat. Aber von Versen zur DDR-Gegenwart fordert er eine andere Denkqualität. Mehr Auseinandersetzung mit den Brüchen zwischen Ideal und Wirklichkeit. Themen gäbe es genug: gezinkte Planerfüllung, verzerrte Wettbewerbe, Machtmissbrauch, Privilegien, zumal sich die Begünstigten als Arbeiterklasse etikettierten. Er sagt das nicht wütend oder eifernd, wohl aber mit einer ironischen Miene, die dogmatisch verfestigte Gemüter vermutlich in Wallung bringen kann.

Ich mag darin weder Zynismus noch resignierende Häme erkennen. Eher einen guten Funken Widerstandslust, Provokation. Während eines solchen Gesprächs blickt er auf, weil ihn ein apart gekleidetes und sehr gut riechendes Mädchen im Vorübergehen gestreift hat. Er fragt mich, wer das sei. Es ist die Tochter des Bauministers. Nun ist unser Gespräch beendet. Thomas streicht sich übers Gesicht und entfernt sich blitzschnell mit einer Geste, die nur heißen kann: Wir reden ein anderes Mal weiter. Frauen gehen vor.

Wir sehen uns nicht oft. Thomas schreibt kaum etwas für den Hootenanny- oder späteren Oktoberklub. Unter Pseudonym entsteht zwar nach Dylans »Masters of War« der Song »Vom Pflanzen und Ernten«, der im Klub gesungen wird und den Werner Sellhorn 1968 in seinen Auswahlband »Protestsongs« aufnimmt, wo sich auch mein »Friedenslied« und »Denn sie lehren die Kinder« wiederfinden. Ab 1967 studiere ich in Leipzig an derselben Fakultät, die Thomas exmatrikuliert hat. Deshalb bin ich seltener in Berlin. Im Sommer 1968 erfahre ich, dass Thomas wie Bettina Wegner und Sanda Weigl wegen Aktionen gegen den Einmarsch von Truppen des Warschauer Vertrages in der ČSSR verhaftet worden ist.

Sanda Weigl, eine kleine, unscheinbar wirkende Person aus dem Familienumfeld von Helene Weigel, hatte uns durch ihre volle, wandlungsfähige Stimme beeindruckt. Im Klub konnte sie »Mann der Arbeit aufgewacht!« oder das russische »Tatschanka« abfeuern und auf der TEAM 4-Debüt-LP »Die Straße« ganz andere, sehr melancholische Töne anschlagen. Dass sie an der Seite von Thomas Brasch einmal Pläne zur Besetzung des Berliner Ensembles geschmiedet haben soll, wie sich später herumtuschelt, ist ihr kaum zuzutrauen. Nach ihren Aktionen gegen den Einmarsch in der ČSSR werden die drei wie andere aus ihrem Freundeskreis zu Haftstrafen verurteilt. Thomas kriegt reichlich zwei Jahre.

Als seine Strafe 1969 zur Bewährung ausgesetzt wird, treffen wir uns wieder. Wir reden anfangs über die Fakultät für Journalistik. Thomas bestreitet, dass man das Metier an der Leipziger Einrichtung lernen kann. Ich widerspreche unter Hinweis auf jedermanns Eigenverantwortung für Ideen und Talent. Aber Thomas hat mit diesem Thema abgeschlossen. Nun geht es wieder um *Väter.* Erwachsenwerden ohne Vater, sage ich, schuf bei mir eine Sehnsucht nach anderen Macht-

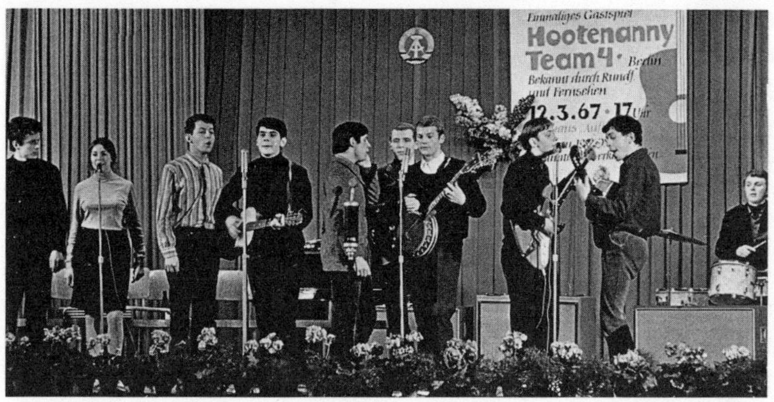

1967er Hootenanny unter Beteiligung von TEAM 4 (v. l.: M. Just, U. Schorn, J. Pippig, H. König, D. Haak, F. Krüger, R. Heinemann, T. Natschinski, K. Goldstein, G. Gräfe)

wörtern, als sie Mütter sprechen können. Sehnsucht nach einer anderen Art, beachtet und bemessen zu werden. Vielleicht härter. Nicht mit kalter Härte, eher mit einem achtsam reklamierten Vorsprung an Erfahrung.

Thomas atmet tiefer. Ich weiß damals nicht, dass ihn der eigene Vater 1968 angezeigt hat. Was ist aber, wendet er ein, wenn sich die Erfahrungen der Väter und der Söhne bis zur Weißglut reiben? Wenn sich der vermeintliche Vorsprung als Abweg erweist? Als eine Irre, deren Richtigkeit mit nichtsfragender Unerschütterlichkeit nur noch behauptet wird? Ich erwidere, Intoleranz könne in jedem Alter erworben werden. Und auf Irrwege schicken uns vielleicht auch Fehldiagnosen unterwegs im unerforschten Terrain. Man müsse aber doch sein Leben aushalten können, sagt Thomas. Und wie ginge das zwischen den granitenen Ansichten von Vätern, die gar nichts mehr in Frage stellten außer den Widerworten der Kinder? Und dann explodiert sein ungeheuerlicher Satz: »Die Vernehmer und Gefängniswärter haben für die Diskussion mit mir mehr Zeit und intellektuelle Mühe aufgewandt, als das meinem Vater je nötig erschien.«

Ich kenne Horst Brasch nur vom Sehen, werde ihm erst später in seiner Funktion als Generalsekretär der Liga für Völkerfreundschaft der DDR begegnen. Aber ich spüre schon damals, um ihn allein geht es nicht mehr. Der Konflikt ist seiner familiären Dimension längst entwachsen. Eine Söhne*generation* fordert die Väter*generation* heraus. Mahnt die Korrektur der Gesellschaft nach den Maßgaben der kommunistischen Ideale an, die ihr verbogen oder gar verlassen erscheinen. Ich will darin einen noch behebbaren Mangel an besonnener Kommunikation erkennen. Ich möchte, dass sich das einrenkt. Aber irgendwann wird der Riss antagonistisch. Mich macht das wahnsinnig. Thomas spürt das auch. Plötzlich sagt er: »Immer wenn ich dich sehe, bekomme ich ein schlechtes Gewissen.« Ich bin zu überrascht, um nachzufragen, wie er das meint. Ist es, weil ich ihm in meinen politischen Hoffnungen so unverletzt erscheine und er seinen Stachel ungern in diesen Idealismus stößt? Oder weil er sagen will: Eigentlich müsste ich dir den Hintern versohlen, damit du wach wirst. Vielleicht habe ich auch einen V-Effekt nicht verstanden.

Später, Thomas ist nun ein Dichter von europäischer Geltung und lebt im Westen, beeindruckt mich seine Unwilligkeit, alle Bindung und positive Erinnerung an den »Ort seiner Jugend« dem Fegefeuer zu überlassen, auf das der antikommunistisch agierende Teil der DDR-Dissidenz seine Scheite legt. Bei der Übergabe des Bayerischen Filmpreises wird er ausgepfiffen, weil er seiner DDR-Ausbildungsstätte, der Babelsberger Filmhochschule, so ostentativ dankt. Und als Marcel Reich-Ranicki in seinem Artikel »Macht Verfolgung kreativ?« im Feuilleton der FAZ Christa Wolf (anlässlich ihrer Laudatio auf den Kleist-Preisträger Brasch) vorwirft, sie habe den Geehrten zu Unrecht für die DDR in Anspruch genommen, und ihr überdies fehlenden »Mut und Charakterfestigkeit« bei »eher bescheidene(n) künstlerische(n) und intellektuelle(n) Möglichkeiten« attestiert (Frankfurter Allgemeine Zeitung vom 12.11.87), erklärt Thomas Brasch: »Ich bin nach wie vor Bürger der DDR, und alle zurückliegenden Konflikte zwischen mir und verschiedenen Institutionen meines Landes waren immer Konflikte über das Wie des Sozialismus, nie über eine Alternative zu ihm. Die so oft schmerzhaften Auseinandersetzungen, an denen auch Christa Wolf teilnahm, bedürfen so wenig des Kommentars des Literaturchefs der FAZ, wie ich dessen Schutzes bedarf. Dass ich in West-Berlin lebe, heißt nicht, dass ich mich zum

Anhänger der Geldgesellschaft zurückpervertiert habe, sondern dass ich wie viele Schriftsteller aus vielen Ländern den Ort meiner Jugend für eine Zeit verlassen habe, um nicht zu stagnieren. Wie Christa Wolf bin auch ich davon überzeugt, dass eine Gesellschaft, die sich unter großen Schwierigkeiten und in ständiger Veränderung der jahrhundertealten Last der Ausbeutung entledigt, die einzige produktive Möglichkeit in sich birgt. Dass Christa Wolf mir in diesem Jahr den Kleist-Preis zusprach, ist eine große Ehre für mich. Dass der Obengenannte sie beleidigt, sollte eine Ehre für sie sein.« (Zitiert nach: Frankfurter Rundschau vom 14.11.1987)

Der in den Westen gesiedelte Dichter Günter Kunert weist Brasch in einem Offenen Brief wegen solcher »unzeitgemäßer Worte« zurecht, denen er »Signalcharakter« zutraut. Zu fürchten wäre, meint Kunert, »dass für manche, die sich vom Ort ihrer Jugend oder auch reiferen Alters entfernt haben, dieser Ort zum verlorenen Paradies« werde. Dabei handele es sich aber »nach wie vor nur um den ersten Kreis der Hölle«. Brasch indes ahnte den Vorhof der Hölle zeitlebens anderswo.

Ein Foto zeigt ihn bei der Beerdigung seines Vaters auf dem Friedhof der Sozialisten in Berlin-Friedrichsfelde. Im Sommer '89 steht er näher bei Margot Honecker und den Mitgliedern des Politbüros als jemals sonst seit seiner Kindheit und vermutlich auch näher, als ihm lieb ist. Aber er ist an das Grab gekommen.

Die Lehrer tanzen

Wir haben es geschafft. Der Abiturjahrgang 1966 der Berliner Heinrich-Schliemann-Oberschule kämpft sich durch seinen Abschlussball. Wir hängen zertanzt und unterschiedlich betrunken in den Stühlen und wundern uns über die Agilität der Lehrer. Aber die erleben solche Abgänge jedes Jahr und teilen sich ihre Kräfte ein. Ihr Abschied wirkt dennoch nicht routiniert. Einige Gläser früher haben sie uns zum letzten Mal nach Berufsplänen und Studienaussichten gefragt und die Antworten so sorgfältig gewogen, als bestünde eine Verantwortung für unsere zukünftigen Wege fort. Sie haben uns Sprüche in lausig hektographierte Exemplare der Abi-Zeitung geschrieben und sich über die Unverschämtheiten amüsiert, die ein Anonymus auf die Matrize getippt hat: *Der Tag ist gekommen, an dem wir die Anstalt, in der unsere Genies verkümmerten, verlassen können. Die besten Jahre haben wir nun hier verplempert, doch die Zukunft wird uns dafür entschädigen. Wir sind in diesen vermoderten Mauern reif geworden. Mögen eure rachelüsternen Gehirne weiterhin die hinterhältigsten Kniffe zur geistigen Versklavung des eingefangenen Individuums erfinden, uns macht es nichts mehr aus. Euer nichtswürdiges Tun vermochte uns nicht bei der freien Entfaltung unserer phänomenalen, überdimensionalen Geister zu hemmen.*

Selbst der Direktor, der sich, wenn die Schüler im Januar nach Friedrichsfelde zu Karl und Rosa ziehen, hinter einer Litfasssäule am Bahnhof Frankfurter Allee die Abgänge notiert, hat seine Mundwinkel nach oben befohlen. Und, lieber Beckmesser, der du unsere DDR-Leben nach frühem Aufruhr umgräbst, schone deine Kräfte! Der Anonymus machte nichts als Comedy. Unsere Lehrer haben wir gern. Ich liebe die meisten bis auf den heutigen Tag. Sie sind denkwürdige Unikate, anders unvergesslich als die Pauker in der »Feuerzangenbowle«, denn sie haben bei den Bärten der Genossen Marx,

Engels, Lenin und WU die alten Zöpfe privilegierter Förderung aus innerer Überzeugung gekappt. Noch ihr skurrilster Eigensinn fügte sich am Ende stets dem kollektiven Vorsatz, so zu handeln, als hinge von ihnen persönlich das Schicksal jedes Menschenkindes ab, das bei ihnen die Schulbank drückt.

Ich bin nicht sehr betrunken, aber es ist besser, wenn ich sitze. Ähnlich ergeht es wohl dem Gros des Jahrgangs, denn von meinem Platz aus übersehe ich die Tanzfläche und da bewegen sich aus den vier Parallelklassen nur noch einige Mädchen. Bei Damenwahl zu vorgerückter Stunde haben sie ihre Lieblingslehrer aufgefordert. Der weibliche Lehrkörper zieht den männlichen Rest aufs Parkett. Die Lehrer tanzen ausgelassen, als wollten sie sich nun doch ein paar Jahre Schwerstarbeit von Leib und Seele laden.

Je länger ich hinschaue, desto unklarer erkenne ich, wer da tanzt. Irgendwann ordne ich den Tänzern willkürlich Köpfe zu und zoome mir die Gesichter heran. Schließlich auch von Lehrern, die im Saal gar nicht anwesend sind, wohl aber in der Erinnerung. Und die Erinnerung montiert deren Porträts zu denen der Anwesenden.

Russischlehrer L. mit der roten Wodkanase tanzt im Dreivierteltakt. Er kommt jeden Morgen aus Westberlin – wenige Jahre nach der Mauerziehung gibt es noch solche Pendler – und weckt seine Schüler mit irgendeinem Donner. Zum Beispiel Majakowskis *Tische oratory, wasche slowo towarischtsch Mauser! – Still da, ihr Redner, du hast das Wort! Rede, Genosse Mauser!* Proletarische Gesinnung, aber Etikette wie am Zarenhof. Den Jungs lässt er zum Geburtstag Glückwünsche auf edel parfümiertem Karton zukommen, wie es ihn nur im Westen gibt.

In seinem Arm die Kollegin R. Wenn sie Puschkins »Sendschreiben an Sibirien« rezitiert, zeichnet sie den Melodiebogen der Verse in der Luft nach und presst ihren Schülern das Gelöbnis ab, die Weichheit Puschkinscher Sprache lebenslang zu lieben. Tatsächlich wird sich mir dieses »Priidjot shelannaja pora« – »Es kommt die gewünschte Zeit« dauerhaft einprägen, als wolle es in düsteren Lebenslagen für ein neues Feuer der Funke sein.

Lateinlehrer G., Parteisekretär der Schule, schleudert mit der fachgerecht gesteigerten Schimpfkaskade »Flegel … Oberflegel …

höchster Flegel« seine Federtasche gegen den Absender nerviger Widerworte. Originell, bedenkt man, dass andere Parteisekretäre mit Ulbrichtzitaten um sich werfen.

Sportlehrerin M. will uns an die Härte des Lebens heranführen und bereitet das schöngeistig vor. Begreift eure Grenzen, dann kennt ihr auch das Feld davor. Denn »niemand weiß, wie weit seine Kräfte gehen, bis er sie versucht hat«, so steht's im *Werther*. Dann teilt sie Boxhandschuhe aus und hält sich die Augen zu, wenn Schläge treffen.

Mathelehrer Z. hat den Zeigefinger immer schon oben, bevor er etwas erklärt. Es müsste mal regnen im Klassenraum. Alles staubt, der Stoff, die Formelketten, die Kreide und selbst der Lehrer Z., der sich im Pausengeläut vor seinem Formelgewirr verbeugt. Denn alles ist Formel, sagt er. Das ganze Leben – eine große Formel. Du verstehst sie oder auch nicht, sie wirkt ohnehin. Du treibst und bist nicht getrieben, wenn du sie kapierst. Du bist ein Gott der Materie, wenn du sie in Formeln bringst. Aber ich verstehe an Einstein bestenfalls, warum er der Welt die Zunge zeigt. Und komme prompt in die mündliche Matheprüfung. Lehrer Z. bemerkt sofort, dass ich kaum das Thema verstehe. Da lenkt er mich durch das Labyrinth und stellt nur Fragen, denen die korrekten Antworten innewohnen. Wie liebe ich nun seinen Zeigefinger. Wie schätze ich seine feingeistige Unterscheidung zwischen Prüfungsangst und Dummheit.

Zäh wie Pech klebt an Zeichenlehrer E. eine blöde Geschichte. Vor Jahren hat er statt des Radiergummis einen anderen Gummi aus der Kitteltasche fallen lassen. Natürlich versehentlich, aber direkt auf die Schulbank zweier Mädchen, die vergnügt aufkreischten und in der nächsten Hofpause Stille Post spielten. Missgünstiges Ondit vererbte das von Jahrgang zu Jahrgang. In unserer Abi-Nacht wirbelt der Lehrer E. die Schulsekretärin herum, so, wie er im Unterricht mit weichem Bleistift Kreise zeichnen lässt, um Schülerhände zu lockern. Wie oft malten ein paar Idioten Brustwarzen in die Kreise und durften hoffen, dass der Lehrer E. errötete. Mein Banknachbar André, der von seiner Mutter Doris Kahane ein schönes Zeichentalent vererbt bekam, und ich gehören nicht dazu. Wir sahen Bilder von Michelangelo bis

Womacka und Architektur vom Aachener Dom bis Staatsratsgebäude, bestimmten Stile und Farben, malten und tuschten und montierten Collagen bis ans Ende unserer Phantasie. Lehrer E. hat von meinen Liedversuchen gehört und zeichnet mir eine Schallplatte mit Fragezeichen in die Abi-Zeitung.

Das bringt mich zu Musiklehrer F., der händeringend vor unserer Klasse steht. Anfangs denkt er, uns Töne beizubringen komme der Verfütterung von Perlen an Grunztiere gleich. Er ist ungeduldig. Wir mögen nicht jedes Lied, und nicht jeder Schüler trifft jeden Ton. Schon gar nicht, wenn er sich als Solist vor die Klasse stellen muss. Aber da sind diese Negro Spirituals in lässigem Englisch: *I'm Gonna Lay Down My Burden/Down By The Riverside.* Und da dürfen wir endlich die Bürden der elenden Vorsingerei ablegen, der gemeinsame Gesang nimmt Fahrt auf und macht Spaß. Leichter fallen uns nun auch Volkslieder. Nur die meisten Jugendlieder wirken alt. Sie sind keine Perlen im Trog. Da müsste eigentlich was zu machen sein.

Französischlehrer P. hält bei uns keinen Unterricht, aber jeder lüftet die Mütze vor ihm. Das war einmal anders. Da war er ein belächelter Kauz, der seine Aktenmappe suchte und geistesabwesend fragte, ob es schon zum Läuten geklingelt hätte. Aber dann gab er eine Lektion im Fach Menschlichkeit. Und die ging so: Die hübscheste Schülerin seiner Klasse will ihren Eltern in den Westen folgen. Warum und wie die Eltern gegangen sind, wissen wir nicht. Ihr Entschluss versetzt viele Jungs, deren Werbungen noch längst nicht abgeschlossen sind, in Schockstarre. Auf die DDR will das Mädchen nichts kommen lassen, nur ohne die Eltern nicht in ihr leben. Der Direktor redet dem Mädchen ins Gewissen, spricht von einer komplizierten Entscheidung für den Sozialismus und der Chance, das Neue aufzubauen. Sie schämt sich und meidet seinen Blick. Da richtet der Genosse P. seinen krummen Rücken auf und sagt, Kinder gehörten nun mal zu ihren Eltern. Und die ganze Welt bräuchte doch Leute, die sie veränderten. Wenn wir das Mädchen nicht gehen ließen, würde es zu denen aber nie gehören. Die Fürsprache des Lehrers verbreitet sich augenblicklich, was ihre Wirkung verdoppelt.

Und als unsere Mitschülerin fahren darf und sich unter Tränen verabschiedet, wird der Lehrer P. wie auf ein unsichtbares Zeichen von jedermann gegrüßt. Für den Dienst, den er seiner Schülerin erwies und damit der Schule und seinem Land. Denn wo die DDR in ähnlichen Fällen von den Grundsätzen des Genossen P. abwich, setzte sie sich ins Unrecht.

Chemielehrer F. ist Christ, jedenfalls habe ich ihn einmal zu Weihnachten in der Segenskirche gesehen. Vermutlich folgt er dem Lehrplan, als er uns eine Unterrichtsstunde über die Wirkung von Massenvernichtungswaffen gibt. Er beginnt mit den Chemiewaffen. In einem Ton, der sachlich-kühl ist, als spräche er von technischen und stofflichen Details einer Versuchsanordnung. Die Rede ist von organischen und anorganischen Stoffen, die, flüssig, dampf- oder gasförmig, als Haut-, Lungen- oder Nervengifte sich auf Menschen, Tiere, den Boden, die Gewässer, auf alle Natur legen. Dann folgen die B-Waffen, die mit ihren Viren, Bakterien oder Pilzen als Krankheitserreger jede Kreatur angreifen, die Umwelt und alle Lebensgrundlagen samt Saaten und Trinkwasser verseuchen sollen. Schließlich die Atomwaffen, deren Detonationspotentiale die der chemischen Sprengstoffe millionenfach übertreffen. Ihre Stoßwellen sowie Licht-, Hitze- und Kernstrahlungen haben Sofort- und Nachwirkungen von unvorstellbar grausamer Effizienz. Sobald unser Lehrer die kalkulierten Wirkungen dieser Waffen auf Menschen beschreibt, ändert sich sein Ton. Er verbirgt seine Erregung nicht. Seine Rede stockt, als misstraute er der Kraft von Worten, als meinte er, Worte würden sein Wissen und seine Vorstellungen von der Apokalypse nur ungenügend beschreiben. Dabei war selten etwas klarer als die Moral dieser Stunde. In Lehrer F.s Gesicht liegt Genugtuung, als wir nach dem Pausenzeichen schweigend den Chemieraum verlassen.

Nach dieser Lektion trage ich das Ostermarsch-Abzeichen. Im Fernsehen Ost wie West waren Zehntausende Menschen zu sehen, die gegen die Bombe demonstrierten. In Westdeutschland sangen sie mit Fasia Jansen und Dieter Süverkrüp:

Marschieren wir gegen den Osten? Nein!
Marschieren wir gegen den Westen? Nein!
Wir marschieren für die Welt,
die von Waffen nichts mehr hält.
Denn das ist für uns am besten.

Das finde ich auch und stecke mir also den schwarz-weißen Button an, den mir ein Bekannter von drüben mitgebracht hat. Der Direktor hat ein Problem damit, ruft mich in sein Arbeitszimmer und stellt mir die eigentümliche Frage: »Wo eigentlich liegt Aldermaston?«

Es klingt wie *alte Masten.* Ich verstehe Bahnhof und zucke mit den Schultern.

»Wenn du nicht weißt, was du dir ansteckst, dann ist das Mode, nicht Meinung.«

»Aber das Abzeichen tragen doch alle, die gegen den Atomkrieg sind.«

»Das bin ich auch, aber ich trage ein anderes Abzeichen.«

Ich denke: »Jeder besorgt sich eben, was er kann«, sage aber: »Was soll sich da beißen?«

In meinem Freundeskreis, wo die Eltern fast ausnahmslos der SED angehören, fehlt das Ostermarsch-Abzeichen in keiner Bude. Und wenn wir die Gitarren von den Wänden nehmen, dann können selbst die Tapeten in »We Shall Overcome« und »Sag mir, wo die Blumen sind« einstimmen, so oft haben wir das gesungen. Das ist unsere Welt, in der sich von Liebe und Gerechtigkeit träumen lässt und in der die Beatles unseren Köpfen mehr zumuten als eine neue Frisur. Meine ersten Verse haben ja auch diesen Ton:

Wir gössen die Gärten, statt Kugeln aus Blei
und sängen auch Lieder von heute dabei.

Kein Zweifel: Der Direktor ist von einem anderen Stern.

Er aber weiter: »Aldermaston liegt in Großbritannien. Ein Kernforschungszentrum. Da fingen die Proteste Ende der fünfziger Jahre an. Und da gehören sie auch hin. Nach England, Amerika,

Westeuropa mit Westdeutschland gleich nebenan. Und wo leben wir?«

Er weiß es doch – gleich nebenan. Ich nehme den Button nicht vom Revers, und er verlangt das auch nicht. Er sieht natürlich die Frage in meinem Gesicht: Was soll da falsch sein?

Da sagt der Direktor vom anderen Stern: »Denk doch mal so herum. Wer warf die erste Atombombe? Und fiel sie jemals wieder auf ein Volk, nachdem die Sowjetunion sie auch hatte? Stell dich mit deinem Protest nicht an den falschen Zaun.«

Irgendwann ist Mitternacht. Alles kreist nun heftiger. Ich verabschiede mich. Die Nachtluft ist kühl. Ich laufe ein Stück. Dann nehme ich ein Taxi, das fährt mich nach Hause in die Schönhauser Allee. Dort war mein Anfang, und von dort aus geht es weiter.

Das rote Haus

Was macht man nach dem Abitur? Diese Frage darf man sich nicht zu spät stellen, sonst sind die Anschlusszüge abgefahren. Wer studieren will, muss Eignungsgespräche absolvieren, es sei denn, er hat Eltern, die außer der Reihe etwas regeln können. Ich habe eine Mutter bei der Post. Die kann nichts regeln außer einem geordneten Telegrammverkehr. Soll ich überhaupt studieren? Oder lieber Geld nach Hause bringen?

Man hat sich im VEB Kühlautomat Mühe gegeben, mich in meiner Oberschulzeit zum Kühlanlagenbauer auszubilden. Ich habe mit »Sehr gut« abgeschlossen, was keineswegs heißt, ich hätte den Beruf erlernt. Die Ansicht im Volksbildungsministerium, man könne das in vier Jahren nebenbei schaffen, bei einem Wochentag Lehre im Betrieb und einigen Praktika, war ein gut gemeintes, aber irriges Experiment. Mir war auch die Lehre als Koch angeboten worden, und ich hatte mich fast dafür entschieden, als mich der Direktor vom anderen Stern überredete, doch einem Kernberuf der Arbeiterklasse den Vorzug zu geben. Am Ende kann ich nun keineswegs Kühlschränke bauen oder reparieren, was zu Hause ähnlich gut ankommen würde wie ein professionelles Händchen am Kochtopf. Ich habe vielmehr in Johannisthal Werkstücke gefeilt und im Praktikum an Kühlanlagen für die Trawlerserie der Stralsunder Volkswerft herumgeschraubt. Trotzdem sehe ich meinen Auftritt im Blaumann nicht als verlorene Zeit an, sondern als lehrreichen Blick in ein mir unbekanntes Milieu.

Während ich diese Berufstätigkeit für die Zukunft verwerfe, wird in unserem Generationenhaushalt entschieden, dass ich studieren soll. Dafür sei man bereit, sich einzuschränken, Onkel Bruno brächte seine Kuverts, und ich kriegte ja auch etwas Geld für meine Lieder. Das zusammen plus Stipendium sollte reichen. Studieren – aber was? Philosophie. Das wollen die meisten aus meinem Bekanntenkreis.

Mutter und Großmutter sind irritiert und argumentieren mit dem Adjektiv *brotlos*. Ihre Mimik hellt sich auf, nachdem ich durch mein Bewerbungsgespräch an der philosophischen Fakultät der Humboldt-Universität gerasselt bin und den Rat erhalten habe, mich in ein paar Jahren wieder vorzustellen, wenn mir weitere empirische Kenntnisse zugegangen seien. Zu dritt schlagen wir im Duden nach, was *empirisch* heißt, und begrüßen dann den Bescheid der Kommission.

Nun kommt mein Schulfreund André Kahane ins Spiel, der, seit er Schliemann-Schüler wurde, mein Banknachbar ist. Gemeinsam mit seinen Eltern und seinen Geschwistern, dem Bruder Peter, der später bei »Ete und Ali« und anderen DEFA-Spielfilmen Regie führt, und der Schwester Anetta, die heute in der »Berliner Zeitung« Kolumnen schreibt, wohnt er in Pankow. Sein Schulweg ist viel weiter als meiner, und so bleibt er manchmal bis in den frühen Abend bei uns zu Hause. Die Großmutter kocht Eintöpfe, die wir beide mögen. Wir machen unsere Hausaufgaben und reden viel.

Gelegentlich bin ich auch bei André zu Hause. Seine Mutter Doris ist Grafikerin und zeigt mir ihre Blätter. Irgendwann zeichnet sie von mir ein Porträt, das die »Junge Welt« abdruckt. Ein anderes Mal schenkt sie mir den Abzug eines Frauenporträts aus der Zeit ihres Indien-Aufenthaltes. Andrés Vater, Max Kahane, war in Indien und auch in Brasilien Korrespondent des »Neuen Deutschlands«. Nun ist er dessen Chefkommentator. Einmal, als ich bei André zu Hause bin, empfangen seine Eltern gerade ausländische Gäste. Man begrüßt und unterhält sich in fließendem Englisch. Alle Floskeln der Diplomatie fallen hier zugunsten überschwänglicher Wiedersehensfreude unter Genossen aus. Abtastender Smalltalk ist überflüssig, und schon während der Umarmungen im Flur kündigen sich die Themen an, die – für mich ein Stück spannende fremde Welt – mit ins Wohnzimmer genommen werden. Der Vorgang fasziniert mich. Welterfahrung im ganzen Wortsinn, weites Denken, Aufrichtigkeit in Argumentation und Einsicht, ästhetische Feinsinnigkeit und Gewandtheit in der eigenen und in fremden Sprachen sind Eigenschaften, die ich mir für das eigene Leben wünsche. Das geistige Klima, das bei André und bei anderen Freunden aus intellektuellen Elternhäusern selbstverständlich ist und von den Beteiligten kaum noch als Vorzug wahrgenommen wird, wirkt auf mich anziehend. Es sind Lektionen, die ich mir suchen muss.

Max Kahane nimmt sich hin und wieder Zeit für ein Gespräch. Noch in der Weimarer Republik ist er KPD-Mitglied geworden, ging in die Prager Emigration, dann als Interbrigadist nach Spanien und ist nach Lagerhaft und illegaler Arbeit in Frankreich schon 1945, pünktlich zur Stunde Null, nach Deutschland zurückgekehrt. Er verfolgte als Berichterstatter den großen Nürnberger Kriegsverbrecherprozess und hat die Nachrichtenagentur ADN mitbegründet. Mir gefällt seine leise Art, die zu dem aufregenden Lebenslauf scheinbar kontrastiert.

Einmal habe ich auch den Eindruck, er fühle sich beengt und sorge sich um die Qualität seiner journalistischen Arbeit, wenn er sagt: »Doris macht ja noch sehr schöne Sachen. Aber ich ...« Durch diesen sanften jüdischen Kommunisten, der seine Abstammung nicht thematisiert, ist ein halbes Jahrhundert Lebensmühe gegangen, und er hat für seine Überzeugungen entbehrungsreichen Einsatz nicht gescheut. Und doch hat er in der Brustgegend, wo andere ihre Orden schon wie eine unantastbare Bilanz durch die neue Zeit tragen, noch Raum für Zweifel. Max Kahane gibt mir den Tipp, mich für eine Volontärstelle im »Neuen Deutschland« zu bewerben. Ich folge seinem Rat und werde angenommen.

Das Zentralorgan des ZK der SED hat damals seinen Sitz in der Mauerstraße, nicht weit entfernt vom Brandenburger Tor. Ich fahre mit der U-Bahn vom Senefelder- zum Thälmannplatz, dann ist es nur ein kurzer Fußweg zu dem Altbau, dessen Farbe Rot zum Betriebszweck passt. Den imposanten Haupteingang erreicht man über eine Treppe. Beim Hinaufgehen überspringe ich jede zweite Stufe, denn ich denke, gleich geht's los mit dem Artikelschreiben. Aber ich lande erst mal in der Setzerei. Und als ich beinahe schon spiegelverkehrt lesen kann, werde ich auch noch in die Korrektorei versetzt.

Hier arbeiten fast nur Frauen. Die sagen selbst, dass nach jahrelanger Tätigkeit ein Dachschaden kaum ausbleibt. Ich halte das für geflunkert. Aber tatsächlich geht es in ihrer Werkstatt seltsam zu.

Meistens wird paarweise gearbeitet. Eine liest den Text vom Fahnenabzug, die andere vergleicht mit dem Manuskript. Damit es schnell geht, wurden Kürzel eingeführt. Die vorliest, sagt zum Beispiel nicht *Doppelpunkt*, sondern *Doppel* und nicht *Semikolon*, sondern *Semi*. Und *Anführungs-* oder *Abführungszeichen* werden artikuliert, indem man mit dem Bleistift je zweimal auf die Tischplatte klopft. Und das ist längst nicht alles. Als ich zum ersten Mal erlebe, wie zwei Korrektorenpaare in einem Raum durcheinander sprechen und klopfen, während hinter ihnen ein Fünfter beide Parts in sich vereint und dabei brabbelnd den Kopf hin- und herbewegt wie zu einer immerwährenden Verneinung, muss ich auflachen.

Die Korrektoren kriegen eine Prämie, wenn sie keine Fehler durchlassen. Angeblich soll einmal ein Korrektor bei dem Wort *ZK* den einzig möglichen Buchstabendreher übersehen haben, was Untersuchungen nach sich zog. Der arme Kerl soll daraufhin auch beim privaten Zeitungslesen das Wort *ZK* immer laut ausgesprochen haben. Man stelle sich das im Alltag vor, in der Straßenbahn oder im Café. Das Wörtchen *ZK* hatte schließlich im DDR-Journalismus keinen Seltenheitswert.

Dann durchlaufe ich verschiedene Redaktionen. Zuerst die DDR-Abteilung, die sich um das Geschehen in den Bezirken kümmert. Wir wollen die Leser herausfinden lassen, welche die älteste Stadt der DDR ist. Ein Historiker der Humboldt-Universität hat ermittelt, dass Arnstadt am frühesten urkundlich erwähnt wurde. Vor der Auflösung stelle ich auch andere verdächtige Städte in der Zeitung vor. Bei meinen Recherchen besuche ich im Norden den Pfarrer einer Kirche romanischen Ursprungs, der sich die Augen reibt, als ich mich als ND-Reporter vorstelle. Ich verspreche, ihm meinen Artikel zu schicken, unterlasse das aber, als die Korrektorei statt *romanisch* den Satzfehler *romantisch* durchgehen lässt. Das ist peinlich, führt aber nicht zum Verlust der Prämie.

Die außenpolitische Redaktion leitet der beliebte Peter Lorf mit großer Ruhe und einem feinen Gespür für Nuancen in den internationalen Affären, die von dem neuen für Außenpolitik zuständigen ZK-Sekretär Axen und Außenminister Winzer oft gröber analysiert an die

Redaktion gegeben werden, als sich die Korrespondentenmeldungen und andere Nachrichten aus den verschiedenen Ländern lesen. Linie und Nachrichtenlage sind ein kompliziertes Gemenge. Aber Peter Lorf kann sich auf seine Spezialisten für Länder und Kontinente verlassen, damit die Balance auf der Linie klappt.

Einer ist mir besonders zugetan. Lothar (genannt Kolja) Killmer. Er ist der Abteilungsspezialist für Afrika, hat den Kontinent ausgiebig bereist und sich schwer an das mitteleuropäische Klima zurückgewöhnt. Er trägt Watte in den Ohren und eine fellgefütterte Weste zu Oberhemd und Fliege. Sein Frühstücksbrot hackt er mit dem Fahrtenmesser in Würfel, die er auf der Messerspitze vom Brett spießt. Er bietet mir ein paar Würfel und einen ungefilterten Kaffee an, bevor er mir bei der Auswahl des Materials für die Kurznachrichten aus aller Welt hilft.

Er weiß, dass er als kauzig gilt. Man erzählt mir, er habe einmal vor ND-Mitarbeitern in einem Vortrag über Länder und Leute des schwarzen Kontinents auch ornithologische Eindrücke vermittelt. Nach der fünften Vogelstimmenimitation hätten die Kollegen ihre Heiterkeit nicht mehr unterdrücken können, worauf Kolja seinen Vortrag wutschnaubend beendete.

Der Vogelfreund hat seinen russischen Spitznamen wohl wegen seiner frühen Begeisterung für Lenin und die bolschewistische Revolution erhalten. Zwanzigjährig war Kolja wegen Mitgliedschaft in einer antifaschistischen Widerstandsgruppe verhaftet und ins KZ Sachsenhausen gebracht worden. Auf einem der Todesmärsche gelang ihm die Flucht. Nach der Befreiung studierte er an der Leipziger Universität Gesellschaftswissenschaften, um bereits im Oktober 1949 in die Abteilung Außenpolitik des »Neuen Deutschlands« einzutreten. Wenn er mir nun über seine Zeit in Kairo erzählt, wo er nach der Suezkrise als Afrika- und Nahostkorrespondent Quartier bezog, dann scheint mir, ich bereiste mit ihm den Kontinent und hörte den Pulsschlag der antikolonialen und sozialen Freiheitsbestrebungen. Er ist ein faszinierender Erzähler, durchdrungen von Gerechtigkeitssinn.

Der russophile Kolja spielt Balalaika und lädt mich zum gemeinsamen Essen und Musizieren nach Hause ein. Anja, seine zwanzig

Jahre ältere Frau, hat – ungelogen – russische Eier gemacht. Wir singen *Durchs Gebirge, durch die Steppe zog unsre kühne Division.* Kolja verhakelt sich im Balalaika-Schlag. Aber er ist so lebhaft bei der Sache, als wäre er wieder der burschikose Wandervogel, der mit seiner Begeisterung eine reife Frau erobern kann. Er gebärdet sich ungestüm wie sein neunzehnjähriger Gast und genießt diesen Moment sichtlich.

Im Steno- und Schreibmaschinenkurs, wo sich Volontäre aller Zeitungen der Hauptstadt begegnen, lerne ich Annette kennen. Sie ist bei der »Berliner Zeitung« angenommen worden. Ihr Vater, Gerhard Leo, ist mir aus der ND-Redaktion bekannt, wo er sehr verehrt wird. Wegen seines Kampfes in der französischen Résistance ebenso wie wegen seiner brillanten journalistischen Aufarbeitung deutscher und französischer Geschichte in der Nachkriegszeit. Annette ist die älteste seiner drei Töchter und spricht ein gutes Französisch. Manchmal, wenn wir uns treffen, hören wir Chansons, und bald haben wir Lust, Lieder nachzudichten. So gerät Georges Brassens' »Le Vent« als »Der Wind« ins Repertoire mancher Singeklubs. Und Jean Ferrats »Potemkine« erhält, wie ich noch heute finde, eine gut singbare deutsche Fassung. Jürgen Walter, mit seiner Vorliebe für französische Chansons, nimmt sie bei AMIGA auf:

Matrosen – geübt in den Waffen und hart.
Ihre Herzen warn ledern vom tosenden Wind.
Knapp dem Tode entronnen auf mancher Fahrt,
da verstanden sie, dass man nicht immer entrinnt.
So seh ich vor mir das Bild von Potjomkin.

Gelungene Zeilen schütten Glückshormone aus. Aber eines Tages, als ich bei Annettes Familie zu Hause in Friedrichshagen bin, bemerkt Gerhard Leo unsere gedrückte Stimmung. Was los ist? Der schon erwähnte Kampf gegen Anglizismen in der DDR-Alltagskultur, der auch den Namen TEAM 4 fressen wird, hat begonnen. Wäre das nur eine Feinreinigung von Sprache, die unnötiges Englischsprech begrenzen will, würde man es hinnehmen wie das Reinheitsgebot für deutsches Bier. Aber das Ganze droht zu einer ideologischen Kampagne auszuwachsen, in der bereits über Heiligtümer wie »We Shall Overcome« die Nase gerümpft wird. Und ausgerechnet ich, der diesem Lied so viele Impulse für seine eigenen Songs zu verdanken hat, liefere dem ND dazu ein willkommenes Statement: Das Protest-Lied dürfe in der DDR nicht zur Hymne werden. Es sei progressiv in den kapitalistischen Ländern. Aber unsere Hymnen müssten wir uns selber machen. Nun sitze ich mit hängenden Ohren bei der ND-Edelfeder zu Hause. Im Zentralorgan hat er ja nichts gesagt, aber jetzt kneift Gerhard Leo seine kleinen Augen noch listiger zusammen und meint, solchen Quatsch dürfe man erst gar nicht an sich ranlassen. Das verneble nur das Gehirn. Spricht's, reicht die Gitarre rüber und singt mit uns die amerikanische Bürgerrechtshymne von der ersten bis zur letzten Strophe in der bekannten Fassung von Pete Seeger.

Der Nasenstüber trägt sich kurz vor meinem Abschied von Annette zu, die ich später nur noch einmal wiedertreffen werde. 1983 in Paris auf einem linken Volksfest. Da bin ich schon FDJ-Funktionär. Wir reden freundlich miteinander, bis sich Annettes Gesicht schlagartig verhärtet und sie mich auffordert, aus dem Tonfall unseres Gesprächs keine falschen Schlüsse zu ziehen. Unsere politischen Wege könnten getrennter nicht sein. Damals, in der quirligen Atmosphäre des Festes und der Stadt, verdränge ich diesen Biss. Aber vergessen kann ich ihn nicht.

Den damals schon geahnten Grund finde ich bei ihrem Sohn Maxim bestätigt, der einige Jahrzehnte später in dem Buch »Haltet euer Herz bereit« seine ostdeutsche Familiengeschichte schreibt. Seine Mutter sei in immer tiefere Konflikte mit ihrer Partei geraten, deren Führung sie Wirklichkeitsleugnung vorwerfe und aus der sie mit der Begründung austrete, die Organisation sei erstarrt, von ihr gehe kein Leben mehr aus. Ich bin inzwischen ein Funktionär dieses Systems und dieser Partei und stehe in dem offenbar begonnenen Abstoßungsprozess auf der anderen Seite. Zum Gewebe der Nomenklatura Abstand zu halten, mag angehen. Aber zu ihrem Vater?

Ich frage mich das, weil ich Gerhard Leo in den Olymp meiner Vorbilder aufgenommen hatte. Wegen seines mutigen Beispiels im antifaschistischen Widerstand und wegen seines souveränen Auftretens in der DDR-Gesellschaft. Ich meinte immer, dass in diesem Bild die träge Befolgung politischer Dogmen keinen Platz hatte, wohl aber die intelligente Skepsis gegenüber fragwürdigen Erscheinungen. Auch der Enkel, als er sich seinem Großvater über dessen MfS-Akte nähern will, stößt beim Studium auf frappante Beispiele eines unangepassten Denkens und Verhaltens. Manches überrascht mich. Nie hatte ich gewusst, dass Gerhard Leo in seiner Düsseldorfer Zeit als kommunistischer Redakteur vom KPD-Chef Max Reimann in den Nachrichtendienst der Partei geholt wurde, um den Aufbau eines neuen westdeutschen Geheimdienstes und die Rolle ehemaliger Gestapo- und SD-Mitarbeiter darin aufzuklären. Als Gerhard Leos Informanten enttarnt wurden, operierte dieser bereits von Berlin aus, und er sah sich Anfang der fünfziger Jahre einer Kaskade von Verdächtigungen ausgesetzt. Der DDR-Aufklärungschef, Markus Wolf, meinte, dass Leo »der Typ eines Intellektuellen mit vielen bürgerlichen Schwächen« sei und »daher trotz seiner Intelligenz nicht in der Lage war, die Arbeit eines qualifizierten Residenten zu leisten«. Ein anderes Dossier unterstellte, Leo sei ein schwankendes Element, diskutiere im ADN negativ über Maßnahmen des ZK der SED und verlange Pressefreiheit in der DDR.

Ein Major Kienberg wollte festgestellt haben, dass sich Leo von der Partei entfernt habe, und schlug weitergehende operative Maßnahmen gegen ihn vor, was aber eine unbekannte schützende Hand unterband. Man möchte diese Hand dankbar ergreifen. Ich habe Paul Kienberg, der später als Leiter der Hauptabteilung XX im MfS sowohl für die Zusammenarbeit mit dem Zentralrat der FDJ als auch mit dem Ministerium für Kultur zuständig war, in meinen damaligen Funktionen kennengelernt und stets den größtmöglichen Abstand gesucht. Es wollte mir nie in den Kopf, wie ein Mensch, der so borniert denkt und wirr redet, eine derart einflussreiche Funktion in seinem Ministerium innehaben konnte.

Dieser Kienberg vermerkte 1956 auch Leos Kontakt zum Petőfi-Klub, der ja zu den Wegbereitern der blutigen Unruhen in Ungarn gehörte. Überdies wurde aus dem ADN aktenkundig, dass Gerhard Leo die im selben Jahr stattfindenden eruptiven Ereignisse in Polen nicht als Folge externen gegnerischen Drucks, sondern als Diskussionsprozess innerhalb der polnischen Arbeiterpartei beurteilte. Das alles war damals ein starker und gefährlicher Tobak, zumal er von einem jüdischen Genossen mit dem Stigma der West-Emigration stammte. Blieben Gerhard Leos Ein- und Widersprüche am Generationentisch wirklich unerkannt und mussten in den Akten entdeckt werden? Oder waren sie doch der kärgliche Kitt im Vater-Tochter-Drama, über das nun der Enkel urteilt: »Ihre Verbindung zu ihm ist wie ein Strick, der sie noch mit ihrem alten Leben verbindet, der sie daran hindert, ganz sie selbst zu sein. Gerhard ist das letzte Überbleibsel ihrer Abhängigkeit, und sie selbst sagt später, erst der Untergang der DDR habe sie endlich aus ihrem Kindsein erlöst.«

Ich überlegte erst, ob ich meine Betroffenheit lieber verschweigen sollte. Aber familiäre Rollen verlieren das Tabu der Privatheit, wenn sie mit der Suggestion in den öffentlichen Raum gestellt werden, sie seien das Miniaturbild einer sich zerreibenden Gesellschaft.

Nach der Ernennung Gerhard Leos zum Chevalier der französischen Ehrenlegion im Jahre 2004 treffe ich ihn in der Kunstgalerie seiner zweitältesten Tochter und gratuliere ihm, wie es viele Anwesende tun. Er nimmt das mit bescheidener Geste hin. Aber hinter einer kleinen Abwehr ist der Stolz auf gerade diese Ehrung unverkennbar. Und darin auch die Freude, dass sein Leben, das in Zeiten der Résistance so früh zu Ende sein konnte, seinen Sinn behielt. Er sagt nämlich: *Es hat sich gelohnt.* Als der Enkel sein Buch zu schreiben beginnt, hat Gerhard Leo durch einen Schlaganfall sein Sprachvermögen verloren. Da kommt keine Widerrede mehr. Es sei denn, man nimmt sein Leben dafür.

Zurück zum ND. Hier verbringe ich die längste Volontariatszeit in der Kulturredaktion, der Klaus Höpcke vorsteht. Der spätere »Bücherminister« hat anderthalb Jahre zuvor seinen scharfen Artikel gegen Biermann, »der nichts so fürchtet wie Verantwortung«, veröffentlicht, dem weitere Auseinandersetzungen und 1976 der Entzug der DDR-Staatsbürgerschaft folgen werden. Noch deutet man in der Kulturredaktion die anhaltende kontroverse Diskussion des Artikels unter den Künstlern als Reibung von Positionen.

Filmredakteur Horst Knietzsch habe ich erzählt, dass ich den Dokumentaristen Karl Gass kennengelernt habe, glücklicherweise aber verschwiegen, was daraus folgte: eine sogenannte Filmmusik. Gass hat einen Streifen in Arbeit, der »Bei uns im Mai« heißt und 1966 fertiggestellt ist. Er zeigt, was in der DDR außer am 1. und 8. Mai noch so los ist im Wonnemonat. Ich hätte den Vertrag nie unterschreiben dürfen, ich kann ja gar keine Filmmusik. »Ist dir eigentlich schon aufgefallen, dass ich deine Arbeit mache«, fragt Gass nach einiger Zeit. Das stimmt, er hat ein paar aktuelle Songs von mir ins Szenarium gepackt. Aber er ist sowieso der Bestimmer, lässt mich Honorar kriegen und im Abspann stehen. Als der Mai-Film läuft, sagt Knietzsch, nun hätte der Karl nach so vielen tollen Sachen auch mal reichlich danebengegriffen. Kein Wort zur »Filmmusik«, das muss er überlesen haben.

Ansonsten weiß man in der Redaktion natürlich, dass ich Lieder schreibe. Als aus dem Berliner Hootenanny-Klub der Oktoberklub hervorgeht und daran programmatische Vorstellungen über den Umgang mit dem politischen Lied geknüpft werden, ist der Volontär zugleich ein Kommentator dieser Vorgänge.

»Sag mir, wo du stehst« und »Denn sie lehren die Kinder« stehen auf dem Programm der Volksbühnenveranstaltung vom 4. März 1967, über die ein sechsköpfiges ND-Team eine ganze Seite gestaltet. Ich gebe ein handschriftliches Notenbild von »Sag mir, wo du stehst!« dazu und brauche mich nicht zu wundern, dass ich fortan in der Kulturredaktion mein Spezialthema weghabe.

Manchmal ruft mich Chefredakteur Rudi Singer in sein Dienstzimmer, einfach um zu reden. Er fragt mich am Anfang, ob ich mit der Ausbildung zufrieden bin, will aber eigentlich wissen, was Neunzehnjährige denken und erwarten. Rudi Singer gehört zum Kreis jener Menschen, deren Ausstrahlung einen Raum ausfüllen kann. Er hat eine noble Sprache, am ehesten dem Hamburgischen zuzurechnen, wo er gebürtig ist, kaum hingegen dem Bayerischen, wo er nach Gefängnis, Emigration, Arbeitslager und Internierung 1945 der KPD in hohen Funktionen wieder auf die Beine half. Er ist nicht ganz gesund und wird, fünfundsechzigjährig, zu früh aus dem Leben gerissen. Damals habe ich den Eindruck, er sieht im Volontär den Erfüllungsgehilfen seines Traums. Des Traums von einem sozialistischen Deutschland, in dem die Jugend all die Gleise in eine gute Zukunft verlängert, die seine Generation gelegt hat.

Als die Grundorganisation des ND nach einjähriger Kandidatenzeit über meine Aufnahme als SED-Mitglied abstimmt, bin ich ein schneller Tagesordnungspunkt. Nur dass der Erfolgsautor von »Nackt unter Wölfen«, Bruno Apitz, und Max Kahane meine Bürgen sind, erregt etwas Aufmerksamkeit.

Auch weiß niemand in der Grundorganisation von dem Vorfall im Sommer 1966, der sich im Berliner Premierenkino des DEFA-Films »Spur der Steine« abgespielt hat. Ich saß in einem Nachmittagsdurchlauf, der, im Gegensatz zur Abendvorstellung, noch den Abspann erreichte, aber bereits durch unsinnige Zwischenrufe einer von der SED-Bezirksleitung gelenkten Protestfront gestört wurde. Als dies Empörung beim interessierten Publikum hervorrief, begannen noch im Kino erregte Wortwechsel, die sich nach Filmende bis auf den Kinovorplatz fortsetzten. Ich fand die Ablehnung des Films unverständlich und den offensichtlich organisierten Protest hinterhältig. In der allgemeinen Erregung fragte ich recht laut in den Raum, ob ich nicht besser meine Kandidatenkarte abgeben sollte. Ich sah, wie sich Zeigefinger auf mich richteten, erschrak über meine Courage und trollte mich in Richtung U-Bahn. So vermied ich weitere Diskussionen. Wie die meisten Buhrufer, die nach erledigtem Auftrag dem Abendbrot zustrebten.

Nachdem ich also als SED-Mitglied aufgenommen bin, neigt sich das erste Jahr meines Volontariats dem Ende zu. Ein zweites müsste folgen. Aber das ND schickt mich vorzeitig zum Journalistik-Studium nach Leipzig und erwartet mich möglichst bald als Redakteur zurück.

Ich war auch neunzehn

Ob ich den Studienbeginn noch verlegen soll? Ich habe im »Neuen Deutschland« einen Anruf von Konrad Wolfs Team erhalten, das die Dreharbeiten zu seinem neuen Film vorbereitet. Man äußert die Bitte des Regisseurs, ich solle zu Probeaufnahmen für die Hauptrolle kommen. Natürlich verschlägt es mir die Sprache, dann versuche ich es mit einer Ablehnung. Ich wolle lieber zum Journalistik-Studium nach Leipzig. Konrad Wolf würde man aber nichts unbesehen ablehnen, lautet die Entgegnung. Am nächsten Tag hätte ich das Drehbuch nebst Termin für Probeaufnahmen auf dem Tisch. Eingehängt.

So lese ich am Folgetag die Story zum ersten Mal, die als »Ich war neunzehn« in die deutsche Filmgeschichte eingehen wird. Als ich die Lektüre für ein Mittagessen unterbreche, finde ich, an meinen Arbeitsplatz zurückgekehrt, den ND-Filmredakteur Horst Knietzsch in das Drehbuch vertieft. Als er mich nach einer Weile bemerkt, fragt er, wie das Skript auf meinen Tisch komme. Das meint wohl, auf den falschen Tisch. Ich sage, Konrad Wolf habe es geschickt, ich solle die Rolle des Gregor probieren. Aber wegen des Studiums müsse ich wohl ablehnen. Horst schüttelt den Kopf: »Konrad Wolf lehnt man nichts ab. Geh mal hin, dann wirst du schon sehen.«

Also fahre ich zu den Probeaufnahmen. Ich werde geschminkt und in eine Uniform der Roten Armee gesteckt. Es ist schwer, ein passendes Käppi zu finden. Man zeigt mir den Text der Szene, die geprobt werden soll. Werner Bergmanns Kamera beginnt zu suchen. Und dann kommt Konrad Wolf, setzt sich auf einen Hocker gegenüber und fragt: »Aufgeregt?«

»Das auch. Vor allem aber baff. Wie kommst du auf mich?«

»Manchmal reicht ein Moment, damit man was probiert«, ist die Antwort.

Welcher Moment? Eigentlich hatten wir uns nur einmal gesehen. Das war bei einer Hootenanny-Veranstaltung im »Distel«-Kabarett.

Ich spielte auf der Bühne nicht mit und saß wie Konrad Wolf im Rang. Jörn Fechner sang unten mein »Friedenslied«, und plötzlich war ihm inmitten des Vortrags der Text abhanden gekommen. Also rief ich Jörn vom Rang aus den Vers zu, was zwar Körperbewegungen im Saal hervorrief, aber dem Lied zu seinem Ende verhalf. Konrad Wolf meinte beim Rausgehen, das sei eine ziemlich freche Aktion gewesen. War das der Moment, der ausgereicht hatte, um mich probeweise in die Rotarmisten-Uniform zu stecken?

Konrad Wolf hat eine Szene ausgesucht, die ich auch nach vielmaligem Ansehen des Films als eine der schwierigsten empfinde. Bevor wir aber beginnen, erzählt er vom Frühjahr 1945, als er, eben neunzehnjährig, in jener Uniform nach den Moskauer Exiljahren wieder brandenburgischen Boden betreten hatte. Wie dieser Zwiespalt quälte, Deutscher und Rotarmist zu sein, gerade erwachsen geworden mit zwei Heimaten auf der Seele. Ein Besatzungsoffizier, der je nach Ansicht seines deutschen Gegenübers als Verräter, Rächer oder Befreier galt. Und dass der Hass auf die Faschisten Halt zu machen hatte beim Umgang mit der Bevölkerung, die aus Bunkern und Kellerlöchern starr vor Angst in eine ungewisse Zeit gekrochen war. Und dass den Rotarmisten Tränen in den Augen gestanden hätten, wenn sie den aus Lagern und Gefängnissen befreiten Antifaschisten begegneten, wobei sie wegen deren körperlichen Verfassung selbst einen kräftigen Händedruck scheuten. Und dass er, der dem großartigen Wesen der Russen so nahegekommen war, immer wusste, dass dieses Wesen die Herzen der Deutschen nur mühsam erobern würde. Aber dass die Freundschaft halten konnte wie jede aufrechte Gesinnung, die sich in den Turbulenzen der Zeit überprüft. So soll und kann ich mir den Gregor Hecker vorstellen, der mit einem Agitationstrupp das Kriegsende zu beschleunigen versucht und in dessen Gestalt Konrad Wolf autobiografische Züge legt.

Erst dann sprechen wir die Szene. Der neunzehnjährige Rotarmist hat einen alten Antifaschisten zu überzeugen, auf einem befreiten Flecken Land das Bürgermeisteramt zu übernehmen. Der möchte wegen seiner Unerfahrenheit im Regieren ablehnen. Aber politische Zuverlässigkeit muss in der Stunde Null genügen. Als wir probieren, übernimmt Konrad Wolf den Part des Antifaschisten. Ich versuche in meine Stimme respektvolles Bitten, schließlich ungeduldiges Drängen zu legen, denn der Vormarsch erlaubt keinen langen Halt. Wir wiederholen die Szene mehrere Male. Ich habe zum Schluss kein gutes Gefühl. Aber Konrad Wolf lässt sich nichts anmerken und begrüßt bereits die junge Schauspielerin Jenny Gröllmann, die ebenfalls zu Probeaufnahmen ins Atelier gekommen ist. Sie lacht, als sie mich in dem Rotarmisten-Aufzug sieht. Sie hat ein unvergleichliches Lachen.

Ich habe dieses Lachen erlebt, als sie ihren frühen Lebenspartner Thomas Goguel kennenlernte. Thomas, dessen Vater im KZ Börgermoor die Melodie zu dem berühmten »Moorsoldatenlied« erfunden hatte, saß mit uns in größerer Runde in einer Berliner Altbauwohnung, als zu später Stunde Jenny Gröllmann erschien. Mit eben jenem Lachen, das sofort die Blicke auf sich zog und etliche Gespräche verstummen ließ. Alle Jungs waren für einen Moment aus anderweitigen Aufmerksamkeiten gerissen. Thomas aber hielt diesen Augenblick den ganzen Abend lang fest. Man konnte beobachten, wie sich die Blicke zwischen den beiden zu der Verabredung aufluden, ihre jeweiligen Begleitungen zurückzulassen, um aus der Tür in ein Stück Zusammenleben zu gehen.

Eine Weile nach den Probeaufnahmen treffe ich Jenny auf den Stufen zur U-Bahnstation Senefelderplatz und frage sie beim Handschlag, ob sie ihre Rolle bekommen habe. Kein großer, aber ein einprägsamer Part. Ein Flüchtlingsmädchen, das bis in die brandenburgische Stadt Bernau vor den Toren Berlins gekommen ist, meldet dem jungen sowjetischen Kommandanten den Tod einer alten Frau und bietet sich ihm aus Angst vor Vergewaltigung freiwillig an. »Lieber mit einem als mit jedem«, hat sie zu sagen und berührt damit ein Thema, das gerade noch Konrad Wolf aufgreifen darf.

»Ich hab meine Rolle gekriegt. Aber du deine nicht«, sagt Jenny unnötig spitz und wippt winkend die Treppe abwärts. Ich weiß ja, dass Jaecki Schwarz die Hauptrolle spielen wird. Als ich wegen der Absage angerufen wurde, hatte ich mich über meine Enttäuschung gewundert, wo ich doch über diesen Ausgang doppelt froh sein sollte. Ich hatte nicht das Talent für die Rolle, und meinem Studium stand nun auch nichts mehr im Wege. Als der Film Anfang 1968 in die Kinos kommt, sehe ich ihn in Leipzig vor ausverkauftem Haus. Das ergreifende Charakterbild des jungen Deutschen, der sein Geburtsland befreit, erzählt in einem konzentrierten, auf schwülstiges Pathos verzichtendem Stil, überzeugt das Publikum. Es applaudiert noch, als sich der Vorhang bereits geschlossen hat.

Später, als ich schon einige Zeit im FDJ-Zentralrat arbeite, begegne ich dem sowjetischen Publizisten Wladimir Gall. Er erzählt gern und schnell in fließendem Deutsch. Er hat unsere Sprache sowie das Fach Weltliteratur in Moskau studiert. Seinen Universitätsabschluss erhielt er an dem Tag, als der Krieg begann. Seinen Freund Konrad Wolf lernte er bei Einsätzen an der Front kennen. Er ist der sowjetische Parlamentär, der, wie es eine Filmepisode beschreibt, die Wehrmachtsoffiziere der Zitadelle Spandau auffordert, die Festung kampflos aufzugeben, um Leben zu schonen. Von ihm höre ich auch zum ersten Mal die Geschichte, wie der kommandierende sowjetische General den Jüngling Wolf zu sich beordert, um ihn zum Stadtkommandanten von Bernau zu ernennen, und seine Entschuldigung hinzufügt, dass er ihm nicht die Heimatstadt Stuttgart geben könne, denn dort stünden die Amerikaner.

Wladimir Gall wird den künstlerischen Erfolg seines Kriegskameraden mit Freude verfolgen. »Keine Titel, Auszeichnungen und Preise konnten ihm den Kopf verdrehen, er war ein Mensch ohne Dünkel und Überheblichkeit«, wird sich Wladimir nach Wolfs frühem Tod erinnern.

Das Gegenteil muss wohl denjenigen nachgesagt werden, die Jenny Gröllmann mit der unbewiesenen Behauptung in den Tod gehen ließen, sie hätte dem Ministerium für Staatssicherheit ehrenrührig als informelle Mitarbeiterin gedient. Ein halbes Jahrzehnt nach dem Untergang der DDR hat der Schauspieler Ulrich Mühe, dessen Ehe mit Jenny Gröllmann 1990 geschieden wurde, in einem Interview für das Filmbuch »Das Leben der Anderen« diesen Vorwurf erhoben. Wollte Regisseur Florian Henckel von Donnersmarck, der seinen Hauptdarsteller Mühe dazu gebracht hatte, über seine Ex-Frau zu reden, dem auf Hollywood-Geschmack gestutzten Streifen noch ein geeignetes PR-Dressing verpassen? Mühe spielt in dem Film einen Offizier der DDR-Staatssicherheit, der Künstler auszuspähen hat. Da wäre die Stasi-Gattin am realen Küchentisch des ahnungslosen Mimen ein Schmankerl für den Boulevard.

Auf wessen Knochen das ging, zeigt Petra Weisenburger in ihrem Dokumentarfilm »Ich will da sein«, der den Weg der Jenny Gröllmann bis in ihre letzten Tage beschreibt.

Ich sitze im gut besuchten Kino und halte die Bilder vor Wut kaum aus. Auf dem Totenbett erst dirigiert die Bescholtene ihr Leben in einer Gelöstheit, zu der sie, noch besser bei Kräften, schwerlich gelangen konnte. Denn wie sollte es erträglich sein, wenn das eigene Leben bei geringen Chancen zu öffentlicher Gegenwehr an den beruflichen und kommerziellen Erfolg im Leben der anderen verfüttert wird, die endlich um einen Oscar tanzen werden? Ulrich Mühe, todkrank wie Jenny, wird nicht übersehen haben, dass namhafte Kollegen und ein Teil seines Publikums sich abwandten.

Patronenhülsen an der Wolga

Die Kulturabteilung des FDJ-Zentralrates läutet an, ob ich Lust hätte auf eine poetische Dienstreise in die Sowjetunion. Es ist November 1966, und der 50. Jahrestag der Großen Sozialistischen Oktoberrevolution verlangt auch in den Reimen nach Vorlauf. Ich umarme das Telefon, denn so weit gereist bin ich noch nie. Mit Jugendtourist mal nach Poznań und Warschau. Paar Złotys in der Tasche für Bigoscz und Eis, und nach vier Tagen retour zum Ostbahnhof. Das war ein Hopser gegen den Flug ins Herz der Weltrevolution.

Der Jungflieger Rust wird einmal direkt vor den Kremltoren landen, wir anderen müssen am Flughafen Scheremetjewo umsteigen. Christa Alten, Gerd Eggers, Gottfried Herold, Heinz Kahlau, Joochen Laabs, Joachim Rähmer, Wolfgang Tilgner, Hannes Würtz und ich fahren mit dem ungeheizten Bus über die Wolokolamsker Chaussee und kratzen den gefrierenden Atem von den Scheiben. Vorbei am Monument der Panzersperren, wo der Marsch der Hitlertruppen auf Moskau zum Stehen kam. Weiter auf breiten Straßen ins Zentrum. An den Ampeln halten Linienbusse auf Augenhöhe, aber unsere brüderlichen Blicke werden unter den Tüchern und Schapkas nicht wahrgenommen. Aus einem Grund, den jeder lieben muss, der schreibt. Alle Fahrgäste lesen. Die jungen und die alten, die sitzenden und die stehenden, die kurzsichtigen und die weitsichtigen, die mit lächelnden und die mit zornigen Lesefalten auf der Stirn. Das kann ja schön werden.

Aber der sowjetische Mensch, vor allem der männliche, hat noch eine andere Leidenschaft, die ihm ein »Mineralnyi Sekretar« später austreiben will. Sie nennt sich »Wässerchen«. Wer von uns an Bord der Aeroflotte sein Wässerchen noch ausgeschlagen hat, der kommt bei der Begrüßung durch unsere Gastgeber nicht drumrum. Ein Gläschen auf … Juri Adrianow vom Fernsehen in Gorki, Victor Bajanow,

Maschinist aus dem Kussbass, Wladimir Dagurow aus einer Autonomen Sozialistischen Sowjetrepublik, deren Namen ich selbst mit Wodkazunge nicht aussprechen kann, geschweige denn, dass ich weiß, wo die liegt: Kabardino-Balkarskaja ASSR, die vier Moskauer, Oleg Dmitriew aus der Redaktion »Junost«, Wladimir Kostrow von der »Smena«, der Ingenieur Felix Tschujew und die Philologin Larissa Wassiljewa (später eine Freundin von Raissa Gorbatschowa), weiter Aida Fjodorowa aus dem Krasnojarsker Gebiet, Alexander Kuchno, dessen Wiege im Altai-Gebirge stand, und Wladislaw Schoschin vom Leningrader Institut für Weltliteratur. Eins auf … geht gar nicht.

Ohne Schmu wären wir alle so standunsicher wie Heinz Kahlau vor dem Puschkin-Denkmal. Dort legen wir einen Kranz nieder. Kahlau, dem nicht auszureden war, wenigstens die Kranzschleife zu richten, legt sich augenblicklich dazu. Ich denke an meine Russischlehrerin, die uns ewige Bewunderung für Puschkin schwören ließ. Stehende Bewunderung scheint den Russen lieber zu sein. Liegende geht zur Not auch. Nur nicht auf dem Roten Platz. Der Bus macht so lange eine Stadtrundfahrt, bis promilleseitig keine Bedenken mehr bestehen, das Heiligste anzufahren.

Dieser Platz ist nicht normal. Weil die Geschichtsbilder, die hier aufscheinen, so übermächtig sind. Allein die neueren: Lenin nimmt 1919 – mit lässig über die Schulter gehängtem Mantel – Militärparaden ab und trifft die Abgesandten der Ungarischen Räterepublik. Generalissimus Stalin lässt auf der Siegesfeier 1945 die erbeuteten faschistischen Standarten in den Staub werfen. Chruschtschow verbannt Stalin aus dem Mausoleum und begrüßt auf dem gesäuberten Schrein Juri Gagarin, den ersten Menschen im All. Stalin darf vor der Kreml-Mauer in Erinnerung bleiben. Chruschtschow, der ungeliebte Herold des XX. Parteitages und Richter des Mörders Berija, der Schuhpolterer im UNO-Plenum und leidenschaftliche Propagandist von Mais und windigen Offenställen, darf das nicht. Der neue erste Mann der Sowjetunion, Leonid Iljitsch Breschnew, will sich und Stalin das nicht antun.

Diese Schwäche verwundert bei so viel anfänglicher Energie. Damals denke ich, Breschnew konsolidiert die sowjetische Wirtschaft, füllt die Läden, hört auf seine Militärs, ohne ihnen hörig zu sein, und lässt auf internationalem Parkett den Schuh am Fuß. Die Rückschritte erkenne ich nicht. Meine Großmutter schneidet sein Bild aus der »Neuen Berliner Illustrierten«, pinnt es über den Notruf der Volkspolizei und lernt bei mir russische Vokabeln sowie den Reim *Nina, Nina. Tam kartina …*

So salopp wie heute kann ich damals über die SU weder denken noch reden. Mein Bild von diesem Land ist ehrlichen Herzens sakrosankt. Sowjetunion, das ist der große Bruder, das Schutzschild unserer sozialistischen Vaterländer. Sie trug die Hauptlast bei der Zerschlagung des Faschismus. 27 Millionen Tote des Zweiten Weltkrieges waren Bürger der UdSSR, jeder Zehnte ihrer Vorkriegsbevölkerung. Sowjetsoldaten befreiten Auschwitz und standen vor der Reichskanzlei, als Hitler sein Gift nahm. Die *Freunde* haben das Atomwaffenmonopol der Amerikaner gebrochen, damit aus dem Kalten Krieg kein heißer wurde. Und sie haben in ihren asiatischen Republiken der Welt eine Alternative zu feudaler und kolonialer Rückständigkeit aufgezeigt.

Ich komme aus keinem Elternhaus mit russischer Lebensart, wie es einige in meinem Bekanntenkreis gibt. Emigration oder binationale Heirat der Eltern haben dort bewirkt, dass russisch gedacht, gesprochen, gelesen und gekocht wird. Eine Reise in die SU ist denen immer auch eine Heimreise. Mein Russisch hat einen deutschen Klang. Ich bleibe ein fremder Freund, so sehr ich dieses Land und seine Menschen auch liebe.

Bis zum Ende des Jahrhunderts werde ich siebenmal auf dem Roten Platz gestanden haben. Sechsmal werde ich äußerlich keine Veränderungen bemerken. Die Sowjetfahne auf dem Kreml. Die Geschäftigkeit am GUM-Kaufhaus, die Foto-Blitzlichter an der Basilius-Kathedrale, die Rasanz der privilegierten Limousinen, die Wachablösungen zu den Gongschlägen der Kreml-Uhr, die endlosen Schlangen vor dem Lenin-Mausoleum und einige Bürger Berechtigte, die sich vordrängeln dürfen. Das siebte Mal wird statt der roten Fahne mit Hammer und Sichel die russische Trikolore wehen; im GUM wird außer Touristen nur die Nomenklatura des neuen, zumeist gestohlenen

Reichtums einkaufen; in der endlich geöffneten Zarenschatzkammer wird sich unser Museumsführer vor Katharinas Krönungsgewand verneigen und einen Fluch auf Gorbatschow und Jelzin ausstoßen, die das stolze Reich in Stücke gehauen haben.

Nach und nach melden sich die Historienfotos aus dem Hinterkopf zur nochmaligen Prüfung von Sachverhalten. Sachverhalten, die einmal so klar erschienen, aber nun von Fragen und Zweifeln aufgeraut sind. Es sind verstörende Fragen, die man vor anderen Genossen verbergen und aus dem eigenen politischen Kosmos verdrängen möchte. Die Militärs hinter Lenin, wie lange haben sie noch zu leben? Marschall Tuchatschewski, von Faschisten und Weißgardisten verleumdet, 1937 auf Befehl Stalins hingerichtet. Marschall Blücher, dessen Division, wie wir begeistert singen, durchs Gebirge und durch die Steppe zog und ihren Feldzug erst am Stillen Ozean beendete – 1938 während eines unter Verantwortung von Berija geführten »Verhörs« erschlagen. Acht Zehntel der Führung der Roten Armee sind liquidiert, als Hitlerdeutschland die Sowjetunion überfällt. Stalin hat kein Ohr für Richard Sorge und andere, die den Termin der Invasion benennen. Er hat – um Zeit zu gewinnen – einen Pakt mit Hitler geschlossen und ist gelähmt, als die Faschisten ihn brechen. Und wie viele Erschlagene, Erschossene seines Terrors fehlen auf der Parade, als sich Stalin, der vergötterte Held des Großen Vaterländischen Krieges, die Trophäen des Sieges vor die Füße werfen lässt?

Chruschtschows Geheimrede auf dem XX. Parteitag der KPdSU ist ja nicht geheim geblieben. Das Gröbste hörte ich Mitte der sechziger Jahre, und später gelangte ich an den Text. Da steht es eisig: Von den 139 auf dem XVII. Parteitag gewählten Mitgliedern und Kandidaten des Zentralkomitees wurden 98 (hauptsächlich in den Jahren 1937 und 1938) verhaftet und erschossen. Über die Hälfte der Delegierten wurden wegen konterrevolutionärer Verbrechen festgenommen. Dazu die mysteriösen Umstände der Ermordung des beliebten Leningrader Parteiführers Kirow und der seltsame Tod all derer, die zu einer Aufklärung hätten beitragen können. Die gewaltsame Umsiedlung ganzer Völkerschaften in dem Wahn, von ihnen ginge während der faschistischen Aggression eine kollektive Bedrohung aus. Nach dem Krieg die »Leningrader Affäre« mit ihren tödlichen Angriffen auf die Parteiorganisation gerade jener Stadt, deren Widerstand gegen die deutsche Belagerung in der antifaschistischen Welt so hohe Achtung errungen hatte. Schließlich die erfundene »Ärzteverschwörung«, mit der Sowjetführern angeblich nach dem Leben getrachtet wurde und die nur deshalb keine Justizmorde forderte, weil Stalin rechtzeitig starb.

Irgendwann habe ich das alles mit Beklemmung gehört. Und verdrängt. Aus Furcht vor den unerhörten Fragen, die sonst hätten folgen müssen. Wie viel Substanz bleibt übrig zur Verteidigung der *Sache*, in deren Namen das geschah? Und wird der Makel, der sich auf die *Sache* gelegt hat, im Menschengedenken je tilgbar sein? Geschichte – das ist auch geronnenes Blut. Aber vergossen wozu? Auf Freiheitsbarrikaden? In den Schützengräben überfallener Heimaterde? Oder im Blutrausch einer Kamarilla? Die Bitternis ist verschieden. *Gespendet* oder *geschändet*. Die *Sache* selbst muss den Unterschied erkennbar machen. Redet Chruschtschow deshalb schockierenden Klartext? Oder schiebt er sich mit Geschichtsklitterung an die Macht, wie Losurdo in »Stalin – Geschichte und Kritik einer schwarzen Legende« behaupten wird? Hatte Stalins Repression die Zerschlagung einer Konterrevolution zum Ziel? Nichts überzeugt mich davon. Ich befürchte vielmehr: Je dichtere Beschwichtigungsnebel über Stalins Verbrechen gelegt werden, desto schwerer wird sich die erneute Ausbreitung einer kommunistischen Perspektive gestalten.

Auch wenn man die Sowjetunion Stalinscher Zeit nicht auf Verbrechen reduzieren kann – die *Sache* braucht ihre Katharsis! Aber wo führt sie hin? Die alten Mächte in einem Panzer von Lüge und Dreck werden sich in ihrem Glück suhlen. Hat solche Offenheit dann Befreiung oder Apathie, Stärke oder Schwächung zur Folge? Und versteht die Welt überhaupt, dass das *System Stalin* am Pranger steht, nicht die Idee *Sozialismus*? Chruschtschow selbst muss diese Frage gequält haben. Warum sonst würde er seine unerhörte Anklage, die er gegen einen mächtigen Block von Enthüllungsgegnern durchgesetzt hat, mit der Beschwichtigung schließen, Stalin hätte der internationalen Arbeiterbewegung auch große Dienste erwiesen. Die ganze Tragödie bestünde in dessen Glauben, den Interessen der Partei, der werktätigen Massen, der Sicherung der Errungenschaften der Revolution zu dienen. Dieses Appeasement, das zugleich eigene Verstrickungen herunterspielt, ist den Chruschtschow-Gegnern nicht ausreichend. Der vorlaute Ukrainer wird gestürzt. Übrig bleibt ein ambivalentes Stalinbild, das die ganze Breschnew-Ära durchzieht und auch Erich Honeckers Geschichtsauffassung bis zum Lebensende prägt.

Später, als ich Mitglied des ZK der SED bin, gibt uns Honecker einen Brief von Wilhelm Pieck an Manuilski, datiert am 28.5.1939 und die Verhaftungen von Emigranten betreffend, zur Kenntnis. Der Brieftext lautet: »Ich hatte am 5. April im Einverständnis mit dem Genossen Dimitroff an den Genossen Berija die schriftliche Bitte gerichtet, mir eine Unterredung mit ihm zu gewähren, in dem ich ihm eine Reihe von Fällen verhafteter Emigranten vortragen wollte, von denen ich und die anderen verantwortlichen deutschen Genossen in der Komintern überzeugt sind, daß sie sich keiner verbrecherischen Handlung gegen die Sowjetunion schuldig gemacht haben. Ich hatte ihm eine Liste von Namen dieser Emigranten mit beigefügter Charakteristik übermittelt. Leider habe ich bis heute, obwohl nahezu zwei Monate verflossen sind, keine Antwort auf meine Bitte erhalten. Da ich bereits im vorigen Jahre Mitte April mit dem gleichen Ersuchen mich an Jeschow gewandt hatte und ebenfalls keine Antwort erhielt, so möchte ich mich in dieser Angelegenheit an den Genossen Stalin wenden. Aber vielleicht ist es besser, wenn du zunächst erst mit dem Genossen Berija sprichst, ob er eine solche Unterredung mit mir machen will oder nicht. … Die Angelegenheit ist sehr wichtig, und ich bitte um Deine Hilfe. Pieck.« Will sagen, dass die KPD vergeblich versuchte, den Stalinschen Rechtsbeugungen entgegenzuwirken. Aber andererseits hält Honecker noch in seinen späten »Moabiter Notizen« nur eine »bestimmte Phase« der Stalinzeit für »schmerzlich« und entschärft bewusst die innen-, außen- und wirtschaftspolitische Komplexität der Chruschtschowschen Abrechnung.

In diesem Geist verweigert der »Junge Welt«-Chefredakteur Hans-Dieter Schütt in den achtziger Jahren den Abdruck von Anti-Stalin-Passagen aus den Memoiren Erwin Geschonnecks, was den alten kommunistischen Mimen in einen Affront zur FDJ bringt. In einem handschriftlich verfassten Brief bittet der seinen Freund Erwin Burkert, dem Jugendverband mitzuteilen, er breche die Zusammenarbeit mit dem Zentralrat der FDJ ab. Dessen Einwendungen gegen seine Autobiografie seien »entwürdigend und mir, einem alten Genossen, gegenüber mehr als verletzend«. Aber Schütt agiert wohl in einem Glauben, den zur Selbstberuhigung die meisten von uns angenommen und verteidigt haben: Stalins Erbe ist bewältigt. Wer zu lange rückwärts schaut, versteuert sich vorn. Das Schiff des Menschheitsfortschritts ist auch in schwerer See unsinkbar.

Zu unserer poetischen Dienstreise 1966 jedenfalls legt sich kein Schatten auf meine Begeisterung vom großen Bruderland. Abgesehen vielleicht von den Deshurnajas, die wenig Freundschaft auf den Zimmern dulden. Wir haben aber in Parks und Cafés oder unterwegs zu den Haltepunkten unserer Visite mehr Gesprächsgelegenheiten als Vokabeln. Und wer wie Heinz Kahlau gut herausgebrachte Sammlungen seiner Gedichte vorweisen kann, der sieht sich schon am ersten Tag von den sowjetischen Dichtern umringt. Sie prüfen Einband, Typografie, Druckqualität, schnuppern am Papier und sind des Lobes voll. Von ihnen sind nur Broschüren erhältlich, auf deren Ausstattung wenig Wert gelegt wurde. Aber wenn es um Auflagen geht, wendet sich das Blatt. In der SU ist Poesie ein Lebensmittel. Ware täglichen Bedarfs, wo Inhalt vor Verpackung geht.

Wir Deutschen haben bereits vor der Abreise einige Verse unserer Gastgeber nachgedichtet. Ich habe mich am Stapel der Interlinearübersetzungen bei dem Sibirier Alexander Kuchno bedient. Im Altai-Gebirge geboren, in Nowosibirsk groß geworden, veröffentlichte er im »Sibirischen Licht« frühe Gedichte. Sein Erstlingsband heißt »Der blaue Spritzer von Vergissmeinnicht«. Ich mache es ja nicht unter »Sag mir, wo du stehst« oder »Die bessere Seite gehn wir«. Ich agitiere. Er fabuliert. Die autobiografische Geschichte vom kleinen Telegrammboten zum Beispiel. Ein Kind, das im Krieg Todesnachrichten austrägt und auf dem Telegrafenamt gerügt wird, weil ihm die schmerzgelähmten Empfänger den Erhalt nicht quittierten.

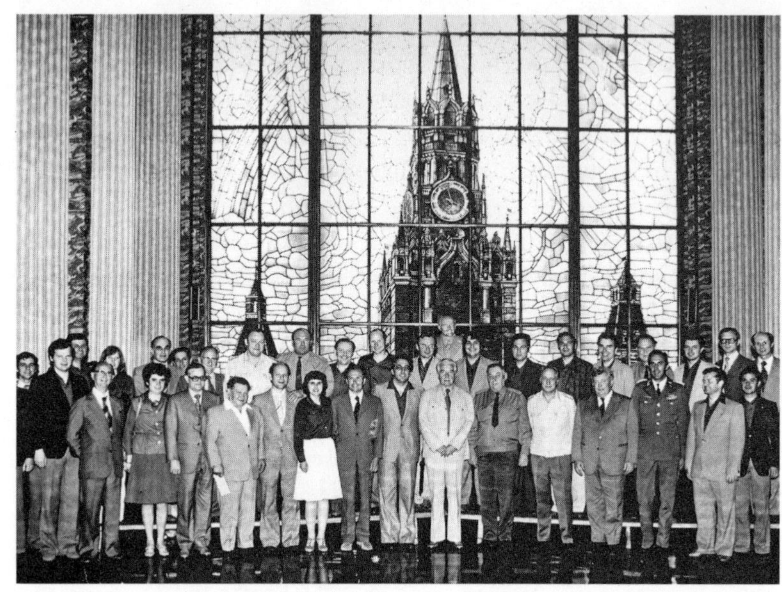

Teilnehmer am Wolgograder Freundschaftsfestivals beim Empfng in der sowjetischen Botschaft

Diese Ballade hat sich allerdings schon Gerd Eggers aus dem Stapel gezogen. Ich übertrage eine noch frühere Erinnerung Kuchnos: *Als ich ein Kind war und die Erde / in Farben sah, mir unbekannt, / fiel ich in meinem zweiten Winter / vom alten Russenofen. Und / ich hab geschrien. Ich hör den Schrei nicht. / … Nichts hat noch Antlitz oder Stimme, / was damals war. / Nur das Gefühl / des Falls blieb wach und wurde mächtig / und nannte sich Verwundbarkeit …* Stärke in eigener Verwundbarkeit zu suchen, einem großen Herzen Müdigkeit zu prophezeien, wenn es im Steppenfrieden einem unruhigen Stern folgt – was mag das für ein Mensch sein, der so schreibt? Ein lustiger, gerader Typ, wie ich bald sehe. Einer, der sich für die Städte, durch die wir kommen, den sibirischen Staub nicht von den Schuhen putzt, sich in aufgeplusterten Sälen unwohl fühlt, im Park dagegen zärtlich das Tannengrün berührt und tiefer atmet. In Verse über eine Pappel legt er das Werde-Und-Vergehe aller Entwicklung: *Doch ist ein Zweikampf jede Stunde, / und jeder Augenblick war Schlacht. / Die Erde lebt, und ihre Stärke / gebiert sie aus dem Kampf mit sich.* Die Seele weitet sich in den Landschaften, sagt der anderthalb Jahrzehnte ältere Kommunist und lässt mich ahnen, wie nahe sein Rot ans Grün gebaut ist. Das hätte ich mir besser merken sollen.

Inzwischen fahren wir durch Zentralrussland nach Orjol. Die Stadt Turgenjews, sagen unsere Begleiter. Wäre es Sommer, könnten wir die endlosen Kornfelder, die in Hitlers Eroberungsplänen waberten, in ihrem Gelb sehen. Aber das »Unternehmen Zitadelle« misslang. Orjol wurde pünktlich zur Erntezeit 1943 von der Roten Armee zurückerobert. Orjol ist das russische Wort für Adler. Die Wehrmacht nannte es in ihren Lageberichten *Orel.* Wie oft hat mich dieses furchtbar resistente, verräterische *Orel* in westdeutschen Medien aufgeschreckt, zu Zeiten, als die deutschen Grenzen noch weit hinten in Volkspolen behauptet wurden.

Nach unserem Programm im Uhrenwerk ergibt sich ein Gespräch mit einem Mädchen, nicht älter als ich, das den Krieg und die Besetzung also nur aus Erzählungen kennen kann. Spröde Sätze anfangs. Selbst als junger Deutscher, zumal aus der befreundeten DDR, spüre ich, dass zwei Jahrzehnte nach dem Krieg noch nicht jeder Handschlag verzeiht. Dieses Mädchen, das mir eigentlich aus dem Weg gehen wollte und am Ende ihr Stück Leben doch ohne Scheu erzählt, habe ich vor Augen, als ich »Abend in Orjol« schreibe. Es bleibt aber eine fiktive Geschichte, die Thomas Natschinski vertont und Jürgen Walter singt.

Als wir nach Woronesch kommen, zieht die offizielle Stadterklärerin einen weiten Bogen von der Festung gegen die Krimtataren, über die Schiffswerft Peters des Großen, der auf den Flüssen Woronesch und Don dem Asowschen und Schwarzen Meer zustrebte, bis zu Iljuschins Fliegerflotte, die hier gebaut wird. Als wir unter uns sind, tragen die Dichter mit gedämpfter Stimme ihre Ergänzungen vor: Es ist auch die Heimatstadt Iwan Bunins, des ersten Russen, der den Nobelpreis für Literatur bekam. Und es ist ein Verbannungsort Ossip Mandelstams. Hier sind seine berühmten »Woronescher Hefte« entstanden.

Die gedämpfte Stimme ist unnötig. Bunin, der russische Realist, hatte Sowjetrussland zwar den Rücken gekehrt und ist in französischer Erde begraben, aber die alte Heimat hat ihn »rehabilitiert«. Auch Ossip Mandelstams Name muss nicht mehr geflüstert werden. Ich weiß, dass er während des Stalinterrors ums Leben kam, habe aber außer ein paar Gedichten in dem Volk-und-Welt-Band »Zwei und ein Apfel« nichts von ihm gelesen. Wie Achmatowa, Babel, Blok, Pasternak oder Zwetajewa ist Mandelstam bei den Diskussionsrunden in einigen *informierten Elternhäusern* meiner Freundschaften wie ein Schatz behandelt worden, der auch in der DDR endlich gehoben werden müsste. Der Aufenthalt in Woronesch erinnert mich daran. Also lege ich dieses Thema in die sich füllende Truhe meines Halbwissens, um es hervorzuholen, wenn die Zeit reif ist.

Verflucht! Die Zeit war immer reif. Nur ich brauchte zwei Jahrzehnte, bis mich ein kleines Reclam-Bändchen an diese Ablage erinnerte. Ich lese, mit welcher Furcht und Begeisterung sich Mandelstam an die Revolution bindet. *Nun, wir versuchen es: Herum das Steuer. Es knirscht, ihr Linkischen – los, reißts herum!* Für ein menschenwürdiges Leben auf Erden. *Der Himmel zehn war uns die Erde wert,* dichtet Celan nach. Der Poet Mandelstam will im Leben ein »normaler Fahrgast« sein. Aber wie kann er das zu jener Zeit, wenn er ein gespaltenes Herz dem Lorbeer vorzieht? Sein Wesen muss antistalinistisch sein. Er entkommt dem Kremlgeorgier eine Weile. Aber als er ihn direkt angreift, bedeutet das Verbannung und Tod. *Versucht nur, reißt mich los von dieser Zeit, / Ich garantier, ihr brecht euch nur den Hals,* hatte er geschrieben. Welche Prophezeiung über die Lebenszeit der Antipoden hinaus!

Und dann Wolgograd, das bis 1925 Zarizyn und bis 1961 Stalingrad hieß. Die flinke Balalaika-Musik, die während der Reise südwärts eingespielt wurde, bricht ab, sobald wir die Vororte sehen. Als klänge sie zu heiter für die Begegnung mit der Stadt und ihrem Martyrium. Alle Gespräche sind verstummt. Die Welt hat auf diese Stadt geschaut, als sich das Schicksal des Krieges wendete. In Erdlöchern verteidigt, von Haus zu Haus, von Etage zu Etage umkämpft, ist das siegreiche Stalingrad als Fanal bejubelt worden. Dem verfluchten Faschismus war Einhalt geboten worden. Um den Preis von Leichenbergen – Rotarmisten, Stalingradern, Aggressoren. Das ist keine einfache Erde. Man geht auf ihr nicht wie auf einem gewöhnlichen Stück Land. Man rühmt den Sieg und betrauert die Toten. Ich ahne, dass man diese Stadt anders verlassen wird, als man sie betreten hat, und werde mich so wenig irren, wie später an einem anderen Ort: Hiroshima. Aber dort hat sich kein Kriegsschicksal gewendet. Dort sind die toten und verseuchten Menschen dem »Feldversuch« einer neuartigen Waffe zum Opfer gefallen. Ein irrsinniges Verbrechen. So hat Trauer ihre Facetten, wenn sie nach Ursachen gräbt.

Wir sind am Pawlow-Haus, benannt nach dem Sergeanten, unter dessen Leitung Abchasier, Georgier, Kasachen, Russen, Tadschiken, Tataren, Ukrainer und Usbeken diesen strategischen Punkt verteidigten. Beim Wiederaufbau wurden zur Wolga hin auch Steine des alten Gebäudes verwandt. Zur Wolga hin, dem umkämpften Schicksalsfluss, der zu den Ölquellen am Kaspischen Meer führt und auf dem dringender Nachschub für die Rote Armee transportiert wurde. An ihrem Ufer zieht sich die Stadt hin, und wir gehen eine kleine Strecke. Wie man Muschelgehäuse findet an anderen Stränden, treten wir hier auf Patronenhülsen. Andere werfen sie zurück in den Fluss, ich behalte eine *na wsegda* – für immer.

Unser Gefährte Wladislaw Schoschin schreibt über diesen Moment, was Heinz Kahlau nachdichtet: *Die hier gestorben sind, haben als Totenhemd – Tang. / Statt Gras deckt sie Schmieröl – auf ihren Rückenwirbeln / gehen die Menschen am Ufer der Wolga entlang.* Unsere Gefühle sagen wir dem Publikum im Traktorenwerk »Dscherschinski«, einem Objekt, das in der Schlacht um Stalingrad auch bitter umkämpft war. Obwohl längst nicht alle Wunden verheilt sind, hört man uns aufmerksam zu und will uns glauben. Kuchno, der Sibirier, der die Tannen streichelt, sagt am Abend: »Mit jedem teilen wir nicht unseren Wein!« Dabei trinken wir an diesem Abend keinen Tropfen.

Ich werde noch zwei weitere Male in Wolgograd sein. Im Januar 1976, als Station einer Reise, auf der mich Egon Krenz dem Leninschen Komsomol als zukünftigen internationalen Sekretär der FDJ vorstellt.

Natürlich unter der Hand, ich bin ja noch nicht gewählt und darf das eigentlich gar nicht wissen. Aber der sowjetische Botschafter in der DDR, Abrassimow, der die Krenz-Delegation mit einem Empfang Unter den Linden verabschiedet, spielt sein liebstes Spiel. Er demonstriert, dass er in Kommendes längst eingeweiht ist, und begrüßt mich in künftiger Funktion. Egon Krenz druckst. Aber Abrassimows Indiskretion bestätigt nur, was ich schon aus der Internationalen Abteilung des Zentralrates gehört habe.

Ich glaube, der Botschafter ist auch bei seinen Leuten gefürchtet. Beim Essen sitzt neben mir ein General der sowjetischen Streitkräfte in Deutschland. Er hat sich an einer Fischgräte verschluckt und bekommt Atemnot. Jeder vernünftige Mensch würde augenblicklich die Tafel verlassen und Hilfe suchen. Aber ein General geht bei Abrassimow nicht vom Tisch. Er läuft zwar rot und blau an und steht kurz vor der Ohnmacht. Aber in höchster Not krempelt er lieber den Uniformärmel hoch, versenkt beinahe seine vollständige Hand im Schlund, fasst die Gräte, hält sie zwischen zwei Fingern und triumphiert: *Wot ona! Da isse!* Er stürzt, als Abrassimow nicht guckt, ohne Prost den lange eingeschenkten Wodka herunter. Er hat nun zwar keinen mehr, als man die Generalsekretäre hochleben lässt. Dafür lebt der General, und das ist momentan dringlicher.

Kurzum: Abrassimow tritt auf wie ein Statthalter und trägt nicht zu Unrecht den Spitznamen »Regierender Botschafter«. Später soll sich Erich Honecker in Moskau über ihn beschwert haben, so dass ihm Generalsekretär Andropow bedeutete, er dürfe sich auf Abrassimows Nachfolger Kotschemassow freuen. Den kannte Honecker gut aus der internationalen Jugendbewegung. »Wir brauchen einen Botschafter, keinen Gouverneur«, hatte Andropow Kotschemassow zum Abschied bedeutet.

Doch zurück: Ich weiß nun, was aus mir werden soll, und fliege mit Egon Krenz im härtesten Winter nach Moskau. Wieder Roter Platz, Kremlmauer und Lenin-Mausoleum. Betriebsbesuche, offizielle Gespräche beim Leninschen Komsomol, wo ich den Eindruck habe, man beäugt mich genauer und denkt sich: *So ein Greenhorn soll Internationaler werden?* Und so ein Pechvogel dazu. Ein Kellner, der den

Braten auf russische Weise vom großen Silbertablett herunterserviert, gießt mir einen Liter Soße über den Anzugrücken. Die Soße ist so lau, dass ich nichts bemerke. Und die treue Präsent-20-Jacke aus bewährtem Polyester-Tuch, einst zum 20. Jahrestag der DDR kreiert, saugt alles fleckenlos auf. Deshalb trage ich sie bereits wieder, als wir zu einem Abstecher an die Drushba-Trasse aufbrechen, den DDR-Abschnitt der Erdgasleitung, der von Orenburg bis zur Westgrenze der UdSSR führt und seit März 1975 als »Zentrales Jugendobjekt« gebaut wird. Gewiss, hier wird gutes Geld verdient, und wer seinen Einsatz beendet hat, dem winken Wohnung und Trabi. Aber zwischen Kälteschocks und mückigen Schlammschlachten behauptet sich auch das stolze Gefühl, mitzubauen an einem Jahrhundertprojekt.

Als wir – nun habe ich endlich den Faden wieder – nach Wolgograd kommen, ragt auf dem Mamajew-Kurgan die Gedenkstätte mit der schwertführenden Mutter Heimat. An diesem Hügel wollen uns bei 40 Minusgraden die Ohren abfallen. Der Winter ist um vieles kälter als bei meinem ersten Besuch. Aber, wie ich höre, nicht eisiger als in den Schützengräben des Winters 1942/43. Während unseres Besuches wird beschlossen, das IV. Festival der Freundschaft zwischen der Jugend der UdSSR und der DDR 1977 in dieser Stadt zu veranstalten.

Das ehemalige Stalingrad ist auch deshalb keine zufällige Wahl, weil neben dem 60. Jahrestag der Oktoberrevolution noch ein anderes Jubiläum bevorsteht. Im Juli 1947, fast auf den Monat genau dreißig Jahre vor dem geplanten Freundschaftstreffen, war Erich Honecker als FDJ-Vorsitzender zusammen mit einigen anderen Sekretariatsmitgliedern in die Sowjetunion gereist. Es war die erste offizielle Abordnung der deutschen Jugend, die nach dem Kriege die UdSSR besuchte. Dieser »Friedensflug nach Osten« hatte sie neben Moskau und Leningrad auch nach Stalingrad geführt. Und wenn wir noch nach drei Jahrzehnten spüren, dass nicht alle Wunden des Krieges geheilt sind, so ist vorstellbar, mit welchen Gefühlen die Komsomolzen seinerzeit diesen jungen Deutschen begegneten.

Nach der Rückkehr hatte Erich Honecker einen Satz gesagt, der sich mir einprägte: »Über die Gräber von Millionen blühender Menschenleben, über Trümmer und Zerstörungen, über jahrzehntelang geschürten Hass und unmenschliche faschistische Grausamkeit hinweg reichte sich die Jugend die Hand zur Verständigung und zur Freundschaft.« Die Saat, die damals in den geschundenen Boden kam, empfand ich als ein gutes und gerechtes Versprechen. Ich wollte helfen, es einzulösen. Das nun vorzubereitende Freundschaftsfestival bot eine Gelegenheit dazu.

Die Aufmerksamkeit für das Wolgograder Festival konnte in der DDR-Öffentlichkeit kaum größer ausfallen. Erich Honecker persönlich verabschiedete die FDJ-Delegation im neugebauten Palast der Republik. General Heinz Keßler, Chef des Hauptstabes der NVA, und Vize-Minister Robert Menzel, die 1947 zu Honeckers Begleitung gehörten, bestiegen als Ehrengäste die Interflug-Maschine ebenso wie Ernst Thälmanns Tochter Irma, Akademiepräsident Konrad Wolf und DDR-Außenminister Oskar Fischer. Alle hatten sich in eine Festivalkleidung gezwängt, deren grober blauer Stoff auch für eine Kulturrevolution getaugt hätte.

In Wolgograd angekommen, versammeln wir uns am Obelisken für die gefallenen Kämpfer, unweit des Platzes, wo einst Paulus kapitulierte. Dann marschieren wir vom Leninprospekt zum Zentralstadion, wo die Eröffnungsfeier stattfindet. Hunderttausende Wolgograder säumen die Straßen auf dem Weg dorthin. Die spätere FDJ-Geschichtsschreibung wird keinen jubelnden Empfang vermerken, sondern über die Reaktion der Einwohner schreiben: »In Gesten, Worten und Blicken drückten sie ihre Freude darüber aus, dass die junge Generation der DDR aus der Vergangenheit entscheidende Lehren gezogen hat …«

Für so manche Reaktion wäre das Wort *Hoffnung* angebrachter als *Freude*, aber die verhaltene Beschreibung entspricht durchaus der Stimmung. Sie ist nicht unfreundlich und erst recht nicht feindlich. Aber in die Begrüßung mischt sich noch immer sichtbare Trauer. Es stehen ja nicht nur junge Leute am Straßenrand. In so vielen Familien sitzen die Gefallenen, die Toten des Krieges noch am Tisch. Wir alle bemerken das. Selbst die Mädels vom Ballett des Friedrichstadtpalastes ändern ihren Laufstil und lächeln anders. Am übernächsten

Tag überreichen uns die Komsomolzen einen Strauß Getreideähren, die frisch auf dem letzten minenberäumten Feld geschnitten wurden. So langlebig ist der verschüttete Tod. Der legendäre Sergeant Jakow Pawlow, sowjetischer Ehrengast des Festivals, beschwört unsere Freundschaft als Zukunftsgaranten.

200 Wolgograder Familien haben deutsche Festivalteilnehmer nach Hause eingeladen. Die Besuche dürften organisierter verlaufen sein als der, zu dem eine Zentralratskollegin und ich spontan eingeladen werden. Von einem unbekannten Bürger in eine Gegend, wohin aufzubrechen sich der Fahrer zunächst weigert. Unser nicht mehr ganz nüchterner Gastgeber bittet uns in ein schiefes Holzhaus und ruft »Mama, gosti prishli – Gäste sind gekommen.« Mama antwortet mit jenem sehr russischen Fluch, den man ungern übersetzt, um hinzuzufügen: »Schick sie zum Teufel, du hast genug Schnaps gehabt.« Er aber: »Mama, es sind deutsche Gäste.« Darauf die Mama: »Wehe, wenn du Witze machst!« Sie schlurft herein mit einer Flasche Wodka, die der Sohn öffnet. Nun macht unser Fahrer den ersten Klimmzug am Fenster und schaut, ob wir noch leben.

Als die halbe Flasche geleert ist, unternimmt der Fahrer den zweiten Klimmzug. Wir wissen inzwischen, dass es hier draußen mit der Fleischversorgung stockt und dass es an Baumaterial fehlt. Gern wäre Mama an den Straßenrand gekommen, um die jungen Deutschen zu begrüßen. Aber es sei ein Kreuz mit dem Bus und den Beinen, umso schöner, dass wir den Weg gefunden hätten und ob wir nicht mal vom Dörrfisch probieren möchten, der aus der Küche riecht. Nun macht der Fahrer keinen Klimmzug mehr, sondern holt uns aus dem Haus. Draußen entschuldigt er sich. Wofür denn bloß? Für einen Blick hinter den Rand des Spielfeldes? Mama und Sohn winken uns hinterher.

Und wenn wir schon bei Einladungen sind – noch dies: Die Reise des DDR-Außenministers mit der FDJ-Delegation hat im sowjetischen Außenministerium überrascht. Dass der Oskar Fischer so etwas mit sich machen lässt! Er kommt zwar aus der FDJ und wird seine lieben Erinnerungen haben. Aber sich in diese unglaubliche graublaue Kluft aus Kulturrevolutionsstoff stecken zu lassen und fast ohne Protokoll mit den Youngstern zu marschieren, das versteht im Hause Gromyko niemand. Man hält Fischers Besuch dort also für mehr oder weniger privat und schickt ihm einen Verbindungsmann niederen Grades zur Seite. Dementsprechend agiert der Minister vergnügt, völlig ohne Tross, und lässt sich eines Vormittags von Wolgafischern einladen. Es muss aber nicht nur Störfleisch und kleine schwarze Eier gegeben haben, sondern auch reichlich Wässerchen. Jedenfalls traue ich meinen Augen nicht, als ich den Außenminister bei hellem Sonnenschein im Park mit hübscher Schlagseite auf dem Rückweg zum Hotel erlebe. Mutterseelenallein und in allerbester Laune. Ich halte respektvollen Abstand, muss aber nicht behilflich sein und denke: Wenn sich Fischer zweier Länder so schön einen ansaufen, muss das wohl eine Spezialform des proletarischen Internationalismus sein.

Am Mamajew-Hügel geht das Festival in den Abendstunden des 30. Juni zu Ende. Mit Schumanns »Träumerei« wird man im Inneren der Ruhmeshalle empfangen, wo eine übergroße Hand die Fackel mit der Ewigen Flamme hält. Diese leise, zarte Musik höre ich noch immer, wenn ich an Stalingrad denke. Aber die Melodie will sich nicht auf spätere Erinnerungen übertragen. Nach dem Zerfall der Sowjetunion sehe ich in Moskau, nahe am Arbat, einen ordengeschmückten Veteranen des Großen Vaterländischen Krieges betteln. Im Schnee kniend, während die Stretch-Limousinen der Neureichen auf ihrem Weg zu den Nachtklubs matschigen Dreck in seine Richtung werfen. Ist deshalb der Stalingrader Held der Sowjetunion Jakow Pawlow zu später Zeit ein Priester der rechtgläubigen Kirche geworden? Manchmal möchte man heulen.

Prinzip Oktoberklub – die frühen Jahre

Singebewegung ist ein zäher Kitt. Triffst du heute sangesfreudige Ostleute, die ihre DDR-Erinnerungen nicht durchs Klo gespült haben, und einer greift zur Klampfe, dann sind bei den meisten noch die alten Texte da, und die ewigen zweiten Stimmen mischen sich wie gestern in den Gesang. Mitleidiges Lächeln, wenn Zaungäste des Okzidents das ostalgisch finden.

Was ranken sich aber auch für merkwürdige Szenen um die eine Parole! Um einen Satz, den ich noch nach zwei Jahrzehnten höre. Die Polizeibeamtin nach der Verkehrskontrolle sagt ihn und die Neurologin mit dem Hämmerchen in der Hand, der Klomann mit dem ML-Hochschulabschluss beim Münzenlegen oder der sächsische Prokurist beim Köpfen einer Rotkäppchen-Flasche zum Geschäftsabschluss: *Ich war auch mal im Singeklub.* Laut die einen, scheu – *mal ganz unter uns* – die anderen. Aber immer mit diesem verschworenen Lächeln, das selbst in fremden Runden vertraute Kreise bilden kann.

Und nicht einmal die in verschiedenen politischen Lagern recycelten Kader der SED oder der aufgesogenen Blockparteien bilden da eine Ausnahme. Selbst ein Staatssekretär der Neuzeit und seine Gattin, leicht beschwipst, outen sich. Nach dem dritten Glas kommt noch seine Entourage aus der Deckung: *Wir waren alle mal im Singeklub!* Dann leuchten die Augen im Übermut: *Los, wir singen jetzt mal die ollen Kamellen!* Und sie können tatsächlich noch alle Strophen von »Bella Ciao« und »Partisanen vom Amur«, vom »Oktobersong« und von »Spaniens Himmel«. Der Staatssekretär stockt nur – ich hatte ihn aber gewarnt – bei »Avanti popolo«, wo Hacks' deutsche Textübertragung den Kommunismus hochleben lässt. Damit im Munde darf man natürlich nicht angetroffen werden. Aber davon mal abgesehen: Man hat so viel verdrängt und möchte doch nicht alles abstreifen wie trockene Haut.

Mit jahrzehntelangem Abstand scheint sich zu zeigen, wie nachhaltig die Singebewegung in vielen Ostbiografien als ein politischer und kultureller Orientierungspunkt gewirkt hat. Zum einen durch die Besinnung auf existentielle Inhalte. Das Nachdenken über das Woher und Wohin der eigenen Person und der Gesellschaft, über die Hoffnungen und Gefährdungen der Welt, über Siege, Niederlagen und Solidarität, über den Alltag von Schule und Betrieb, über Liebe und Gemeinschaftssinn.

Und auch die Formen dieser Freizeitgestaltung im Klub machten zumeist Spaß. Sie verbanden individuelle Initiative mit kollektiver Arbeit an Programmen und Projekten. Inhalte wie Methoden sind vielfach in Erinnerung geblieben. Sie haben sich gewiss an den gesellschaftlichen Auf- und Abbrüchen gerieben. Wer allerdings sein Mütchen an der Singebewegung kühlen wollte, erklärte deren langen Nachhall mit der Behauptung, dieser sei ja gerade die robuste Ablagerung all jener Infiltrationen, aller Verführungen zur Bejahung des realsozialistischen Trotts.

Zweifellos hat die SED, vor allem über die FDJ, von Anfang an auf die Entwicklung der Singebewegung Einfluss genommen. Diese Hinwendung zu Liedern bündelte schließlich ein deutliches Freizeitinteresse Jugendlicher und verfügte über ein beachtliches meinungsbildendes Potential. Die verständnisvollsten Riegen in der SED und im Jugendverband waren erfreut, dass Jugendliche keinen Bogen mehr um entstaubte linke Liedtraditionen machen und neben akzeptablen Neuschöpfungen der Mittelgeneration auch Eigenes ins Repertoire stellen wollten. Sie bemühten sich, die Suche nach weniger ritualisierten Formen jugendlicher Freizeitkommunikation zu verstehen, zu tolerieren und zu fördern. Andere, oft mit dem größeren Einfluss, irritierte die Buntheit. Wollten sich diese unchorisch singenden, nonkonformistisch skifflenden und jazzenden Combos vom Gleichschritt der Sozialismusbejahung entfernen? Nur vom Gleichschritt. Auf den Sozialismus wollten sie außer einem langen Leben nichts kommen lassen. Diese Dialektik erschloss sich in den Führungsriegen leider nicht jedem. »Helfende Hände« richteten manches Unheil an. Ich selbst im Funktionärsmantel habe mich auf der Suche nach Kompro-

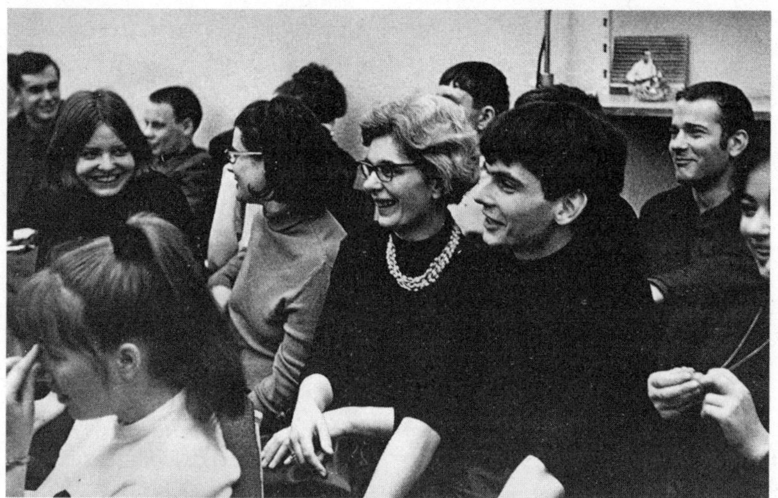

Mit meiner Mutter im Publikum einer frühen Hootenanny

missen auch im Gestrüpp von Zugeständnissen und Verhinderungen verheddert.

Wir schreiben aber erst mal das Jahr 1967. Noch bin ich kein Funktionär, sondern Volontär im ND, als der Berliner Hootenanny-Klub im Frühjahr zu seiner Marke kommt: *Oktoberklub*. Diese Taufe hat prinzipiellere Hintergründe. Für den 4. März ist in der Berliner Volksbühne am Rosa-Luxemburg-Platz eine von Werner Sellhorn zusammengestellte Veranstaltung »Jazz & Folksongs« vorbereitet. Die Plakate sind gedruckt. Als Mitwirkende werden Manfred Krug, Gerry Wolff, Eva-Maria Hagen, die Jazz-Optimisten Berlin sowie vom Berliner Hootenanny-Klub Uta Schorn, Jörn Fechner, Hans-Georg Pape und Kurt Goldstein angekündigt. Was da in der Nachfolge von »Jazz und Lyrik« beziehungsweise »Jazz-Lyrik-Prosa« auf die Bühne gebracht werden soll, hat in der Wahrnehmung der zentralen und der Berliner Parteiorgane ein Geschmäckle.

Einerseits sind diese Sellhorn-Projekte ungeheuer populär. »Hase im Rausch« und »Kuh im Propeller« aus dieser Reihe sind bereits im repetierenden Volksmund angelangt. Andererseits haftet der Reihe das Stigma einer prominenten Pro-Biermann-Aktion an. Der beteiligte

Eberhard Esche erinnert sich in seinem Buch »Wer sich grün macht, den fressen die Ziegen«, wie Jurek Becker mit der Nachricht in die Garderobe gestürzt sei, man wolle Biermann zur Veranstaltung nicht reinlassen. Krug und Esche hätten sich geeinigt, ihn in ihrer Mitte durchzuschleusen, aber zweimal sei ihnen der Biermann weggenommen und schließlich aufs Polizeipräsidium verbracht worden. Worauf sich die Mitwirkenden solidarisch weigerten, das Programm zu beginnen, bis Biermann seine unversehrte Freilassung durchtelefonierte.

Das Publikum mochte seinen Groll bei dem nun einsetzenden fulminanten Bühnengeschehen vergessen. Nur die politischen Gremien vergaßen eben nicht. Außerdem läuft gerade eine Kampagne gegen Anglizismen. Ein casus belli ist das Wörtchen *Folksong* als Substitut für *Volkslied.* Man argwöhnt, der Gebrauch von *Folksong* erschwere den nötigen Abstand zum pazifistischen Protestsong. Kurzum: Sellhorns »Jazz & Folksongs« wird abgesetzt. Zum plakatierten Termin soll eine neu konzipierte Veranstaltung über die Volksbühne gehen, in der der bereits angekündigte Hootenanny-Klub mitwirken soll. Weil aber *Hootenanny* mit *Folksong* in dieselbe anglizistisch-pazifistische Ecke gestellt ist, erhält Siegfried Wein als Kulturverantwortlicher der FDJ-Bezirksleitung Berlin den Auftrag, mit dem Klub über eine Namensänderung zu reden.

Sigi Wein verabscheut Holzhammermethoden und unterbreitet dem verblüfften Klub einen eigenen Namensvorschlag. Wenn es in Westberlin einen »ça ira«-Klub mit dem Flair französischer Revolutionsideale gäbe, warum im DDR-Berlin nicht einen Klub mit den geistigen Bezügen zur Oktoberrevolution? Die reichten schließlich von Lenin und den Amur-Partisanen bis zu Majakowski, Lissitzky und Eisenstein. *Oktoberklub.* Klingt originell und könnte sich einprägen. Der Vorschlag wird angenommen. Es sind nur noch wenige Tage bis zur Volksbühnenveranstaltung. Der Klub sagt seine Teilnahme unter dem neuen Namen zu.

Die gewendete Veranstaltung am 4. März leidet indes unter einer konzeptionellen Unart. Sie ist eine politische Kopfgeburt und lässt ungenügend Raum für jene Lockerheit und Spontaneität, die man aus dem Hootenanny kennt. Von der FDJ-Bezirksleitung Berlin organi-

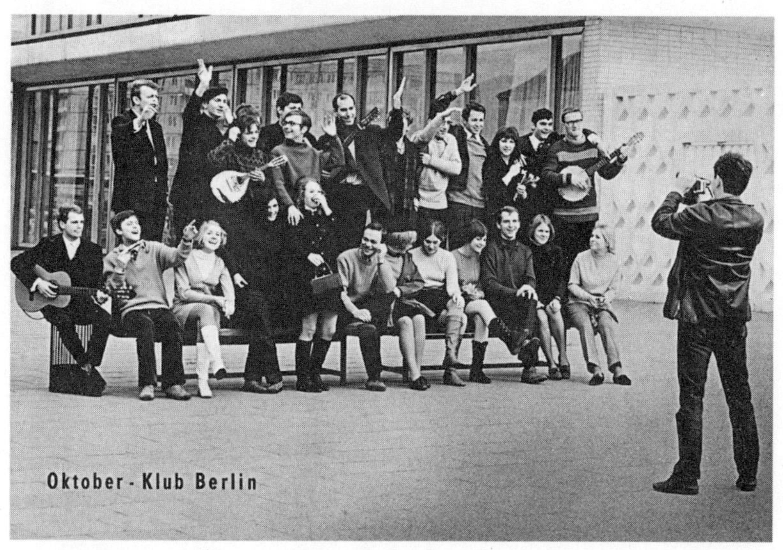

Oktoberklub, 1968

siert, soll sie eine Initialzündung für die ganze Republik sein. Unser ND hat für seine Sonderseite, die am übernächsten Tag erscheint, sechs Berichterstatter entsandt. Klaus Höpcke, Katja Stern und die anderen überschreiben ihren Aufmacher mit »Drum links, zwei, drei«. Es wäre zum Loswalzern, würde man Brechts Fortsetzung »wo dein Platz, Genosse, ist« nicht mitdenken. Die alten, ehrlichen Kampflieder könnten eine akzeptable geschichtliche Grundierung sein. Aber sie werden rituell verramscht und mischen sich unter Fünfziger-Jahre-Töne, die vor allem das Erich-Weinert-Ensemble der Nationalen Volksarmee beizusteuern hat. Und dennoch birgt diese Veranstaltung einen guten Funken. Sie führt den Spaß an Volksliedern vor, bringt Dorit Gäbler dazu, das kleine Liedchen »Icke« nach einem Text von Gisela Steineckert auf Publikumswunsch an der Bühnenrampe zu wiederholen, schlägt den Bogen zum französischen Chanson oder lässt Kurt Demmler, damals Medizinstudent in Leipzig, mit seinem »Alptraum« über das Schwarzfahren in Straßenbahn und Leben sinnieren. Von mir sind »Sag mir, wo du stehst« und »Denn sie lehren die Kinder« im Programm.

Zum Glück springt vor allem dieser Funke von der Volksbühne auf das über, was man bald *Singebewegung* nennen wird. Denn zwischen Rostock und Suhl schießen nun Singeklubs wie Pilze aus der Erde. An Schulen und Unis, in Betrieben und Einrichtungen, überall da, wo es einen Probenraum und eventuell ein bisschen Fördergeld gibt, tut sich was. Manchmal spontan, manchmal mit etwas Druck aus der Leitung. Anfangs trifft vielleicht eine Gitarre auf zehn Gesangsstimmen, bevor sich andere Instrumente aus der Deckung wagen. Man singt nach, was DT 64 sendet, probiert irgendwann was Eigenes. Und der Oktoberklub mag es mögen oder nicht, er ist als Leithammel für diese neue Bewegung ausgemacht.

Hootenanny – das konnten viele nicht aussprechen. Aber Oktoberklub – das kriegen alle Zungen hin. Jeder weiß natürlich auch: Oktoberklub ist eine politische Marke. Aber den meisten ist das gerade recht, denn die namensstiftende Revolution und ihre Folgen sind zu jener Zeit auch sinnstiftend. Nicht für jeden, aber für dieses ungestüme Liedervolk sehr wohl. Da steht also der Oktoberklub im Rampenlicht und im Alltag. Er will sich nicht blenden lassen. Von den Scheinwerfern nicht, und von medial gezuckerten, konfliktarmen Alltagsbildern auch nicht. Aber das alles ist leichter gewollt, als auf die Bühne gebracht.

Das Jahr 1967 hetzt den Oktoberklub und auch mich von Blitzlicht zu Blitzlicht. Reportagen über Singeklubs haben in den Tageszeitungen, Wochenjournalen und Illustrierten, aber auch in Rundfunk und Fernsehen Hochkonjunktur. Als schnelles Medium stellt der Rundfunk neue Lieder vor und wird auch durch Veranstaltungsberichte und Features zum Informationskanal für die Klubs. DT 64, einst Initiator des »Treffs mit Perry« und später Funkpartner des Hootenanny-Klubs Berlin, ist besonders aktiv und wird Namensspender für mehrere Liederbücher, die bei den Singeklubs und ihrem Publikum zu Fibeln avancieren.

Der Tenor des kaskadenartigen Medienechos ist unterschiedlich. Mal wird das gesellschaftliche Engagement der Klubs aktuellen Ereignissen wie den Volkskammerwahlen im Juli 1967 angeheftet – so bin ich der »Neuen Berliner Illustrierten« als einer von 700 000 Erst-

»Sag mir, wo du stehst«

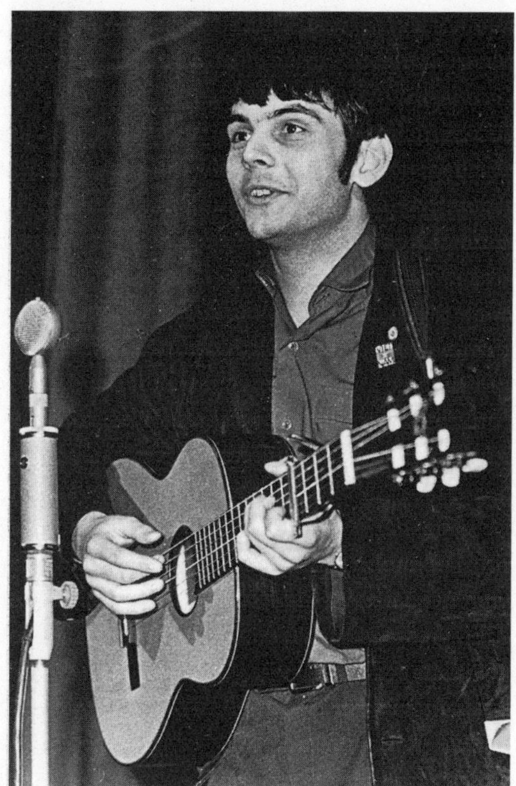

wählern ein Titelbild wert, das sich meine Großmutter einrahmt –, mal glauben Journalisten etwas Modellartiges in dieser Bewegung zu entdecken. Fast mehr als um das Künstlerische geht es in ihrer Wahrnehmung um ein Training von eingreifendem Denken, von kollektiver Planung und Organisation, um eine selbstbewusste Behauptung von Idealen. Und das alles in lockeren und kommunikativen Bindungen. Könnte das nicht beispielgebend für eine demokratische, sozialistische *Lebens*kultur sein? Ansteckend auch für die Verhältnisse in anderen Bereichen der Gesellschaft? So oder so – die fulminante Medienpräsenz hat ihre Tücke. Sie stellt Charaktere auf die Probe. Eine Welle von Sympathie für die Singebewegung wird in Bewegung gehalten. Aber wie weit wird sie tragen?

In Karl-Marx-Stadt gibt es 1967 ein Pfingsttreffen der FDJ. Kurt Demmler hat das Lied dazu geschrieben: *Was machen wir zu Pfingsten, wenn die Wiesenblumen blühn? Wir fahren nach Karl-Marx-Stadt über Autobahnen und Schien'. Und das Blau unsrer Fahne ist das Sonntagshimmelblau* … Am Vorabend jedenfalls gießt es in Strömen, und ein Songabend mit Barbara Kellerbauer, Gerry Wolff, Thomas Natschinski samt seiner Gruppe und mir droht ins Wasser zu fallen. Er wird in die neue Werkhalle von VEB Germania verlegt, 3000 Zuschauer pilgern dorthin, genießen die unvermeidliche Improvisation und singen sich dicht gedrängt in den nächsten Tag. Wer dabei ist, wird sich an diesen Abend vielleicht am ehesten wegen dieser Umstände erinnern.

Am 2. Juni 1967 wird der Student Benno Ohnesorg auf einer Demonstration gegen den Besuch des Schahs von Persien in Westberlin erschossen. Hat die Polizei am Vormittag wenig Neigung gezeigt, die Prügelattacken der Schah-Anhänger, genannt »Jubelperser«, gegen Demonstranten vor dem Rathaus Schöneberg zu unterbinden, so fällt der wohlkalkulierte Einsatz der Polizei gegen die abendlichen Demonstranten vor der Deutschen Oper umso brutaler aus. Denen ist lediglich ein kleiner Schlauch als Bewegungsfläche auf dem der Oper gegenüberliegenden Gehweg offengehalten, um gegen den mit CIA-Hilfe an die Macht gelangten Schah Mohammad Resa Pahlawi und sein Mörderregime zu protestieren. Als der Schah vorfährt, schirmen ihn schnell die Mauern des Opernhauses ab. Und als er mit Gattin Farah Diba, dem Liebling des Boulevards, die ersten Klänge der »Zauberflöte« hört, geht es draußen zur Sache. Westberlins Polizeipräsident Duensing wird die Demonstrantenschar später mit einer Leberwurst vergleichen, in deren Mitte man hineinstechen müsse, damit sie an den Enden auseinanderplatze.

Wer an diesem Abend aus der Wurstpelle rauskommt, wird von der Polizei gejagt. Einer der Greifer ist der Beamte Karl-Heinz Kurras. Er ist auf dem Parkplatz in der Krummen Straße anwesend, wo Kollegen bereits mit Gewaltorgien zugange sind. Der Student Benno Ohnesorg, der sich bislang abseits gehalten hat, mag nicht wegsehen.

Er hat sich von seiner schwangeren Frau verabschiedet, um zu ergründen, was auf diesem Parkplatz geschieht. Als Augenzeuge wird auch er geschlagen. Dann schießt ihm Kurras in den Kopf. Eine junge Frau beugt sich über den am Boden Liegenden.

Dieses Bild von Ohnesorgs Tod geht anderntags durch die Zeitungen und trifft auch mich ins Mark. Die infamen Schuldzuweisungen durch das »Gutbürgertum« widern mich an. Die Studenten hätten selber die Härte provoziert. Sie ernteten nur die Früchte ihrer antidemokratischen Gesinnung. Der Todesschütze Kurras bleibt auf freiem Fuß und kann sich des mitfühlenden Verständnisses seiner Polizeibehörde, der Springer-Presse und aller Träger des »gesunden Volksempfindens« sicher sein.

Entrüstung entlädt sich zuweilen in Liedern. Ich denke an den Song »Who Killed Norma Jean?« und habe schnell die Zeile »Wie starb Benno Ohnesorg?« und nach kurzer Zeit den ganzen Text zu Papier gebracht:

Wie starb Benno Ohnesorg,
Student in Westberlin?
Was wisst ihr über ihn?
Wie starb Benno Ohnesorg?

Er starb auf breiten Straßen mit Dreck.
Sein Blut, sein Blut wusch den Dreck nicht weg.
Er wollt ihn auch gar nicht wegwaschen.
Er hatte die Hände in den Taschen,
solang, bis die Polizei kam.
Und als er die Hand aus der Tasche nahm,
da tat es so mancher andre Student,
der seitdem vieles besser kennt …

Ich kann noch nicht wissen, welche Initialzündung jener 2. Juni 1967 in der westdeutschen Nachkriegsgeschichte auslösen wird, aber ich ahne, dass die Ereignisse dieses Tages lange in der Erinnerung bleiben werden. In den politischen Auseinandersetzungen jener Zeit erscheinen sie als ein Langzeit-Argument all derer in West wie Ost, die in der Bundesrepublik die Verfestigung einer repressiven Innen- und Außenpolitik befürchten. Als am 8. Juni 1967 Ohnesorgs Sarg in einem schwarzen Cadillac über die Autobahn von Berlin nach Hannover gefahren wird, ist das sich auf DDR-Seite formierende Spalier kaum ein spontanes Gebilde. Aber die Anteilnahme, egal, auf welchen Wegen sie an den Straßenrand kam, ist aufrichtig. So habe ich die Vorgänge jahrzehntelang im Gedächtnis.

Als im Mai 2009 aus Unterlagen des Ministeriums für Staatssicherheit eine Tätigkeit des Todesschützen Kurras für das MfS offenbar wird, lese ich die Nachricht wie betäubt von einem (eingebildeten?) Hohngelächter, das sich auf den Fall und damit auch auf mein Lied legt. Ich hatte mit ihm auf Veranstaltungen in Ost und West, drüben auch in sozialdemokratischen, parteipolitisch ungebundenen christlichen und liberalen Kreisen Betroffenheit ausgelöst. Einzelne Zeilen hatten sich eingeprägt, man findet sie zuweilen noch heute in Reminiszenzen. Erst 2007 war Uwe Soukups Buch erschienen, das mit der Liedzeile »Wie starb Benno Ohnesorg?« titelte. Und nun dieser Fund?

Freilich, die Welt gähnt, wenn ein Polizist für die andere Seite arbeitet. Armseliger Geheimdienst, der das nicht kann. Und weltfremd der einäugige Moralist. Aber was dem tödlichen Schuss folgte – das Erstarken der Außerparlamentarischen Opposition, die Bewegung 2. Juni, die Rote Armee Fraktion, deren besinnungslose Gewalt eine unmenschliche Antwort auf die Restauration reaktionärer Verhältnisse gab – war das alles das Werk eines Agent provocateur? Ich glaubte das nie. Es ist auch kein Beweis dafür in den Unterlagen der DDR-Staatssicherheit gefunden worden, sonst hätte man ihn der Öffentlichkeit genüsslich vorgerieben.

Eher lässt sich ahnen, welche dämpfende oder zerstörerische Wirkung eine frühe Kenntnis von Kurras' Verbindungen zum MfS auf die sich radikalisierende Studentenbewegung hätte ausüben können. Das politische Establishment hätte fraglos diese frühe Stasi-Keule benutzt, um die inhaltlichen Forderungen der Studentenbewegung und der APO gegen den Nazi-Mief, gegen Demokratieabbau und imperialistische Unterdrückungskriege à la Vietnam zu skandalisieren. Wie wäre es um die Kämpfe bestellt gewesen, die nicht in den Terrorismus abglitten, sondern der Nachkriegsentwicklung Westdeutschlands eine Hoffnung gegeben und geholfen haben, Charaktere zu bilden, die am Scheideweg von humanistischer und neoliberaler Gesinnung ihre Ideale behaupteten? Ich meine, der Schuss auf Ohnesorg bleibt in moralischer Verantwortung derer, die ihn damals mit antikommunistischem Eifer provozierten oder in Kauf nahmen. Durch ihre Billigung und Vertuschung des Vorgangs, die der »Spiegel« im Januar 2012 dokumentierte, ist Kurras immer ihr Mann geblieben.

Am 25. Juni 1967 schneidet das DDR-Label AMIGA eine Veranstaltung des Oktoberklubs mit und veröffentlicht daraus die erste Porträt-LP des Klubs. Die 22 Songs auf der Scheibe bilden mit dem vom Oktoberklub herausgegebenen ersten »Octav«-Heft eine Art »Grundrepertoire« für Singeklubs oder sind Anregungen für eigene Texte und Kompositionen. Neben dem erwähnten »Wie starb Benno Ohnesorg?«, finden sich von mir »Sag mir, wo du stehst«, »Friedenslied« und »Schau her« auf der LP.

Im September 1967 veranstaltet der FDJ-Zentralrat in Halle die erste Werkstattwoche der Singeklubs. Diese Tage begründen eine jährliche Tradition, die erst mit der DDR untergeht. Ich fahre mit dem Oktoberklub an die Saale. Alles macht Spaß, die Begegnungen mit den anderen Klubs, die Programme und die Debatten darüber, Komponisten- und Texterbuden mit Wolfgang Lesser, Gisela Steineckert und Jo Schulz. Der Oktoberklub persifliert den DDR-Schlagerwettbewerb 1967 mit dem Werk »Stolz lacht das Pferd«. René Büttner (späterer Chef des Schallplattenlabels »Amiga«), Reinhard Heinemann (späterer Leiter des Büros »Festival des politischen Liedes« und noch späterer Generaldirektor des Komitees für Unterhaltungskunst der DDR) sowie Jörn Fechner und Wolfgang Gregor bilden den Background. Sabine Fehse, die sich Jahre später in Westberlin das Leben nehmen wird, und ich haben die Verse zu singen. Wir verspotten das inhaltliche Niveau dieses Wettbewerbs, für den die »im Geschäft stehenden« Schlagertexter und Komponisten zumeist ungenießbare

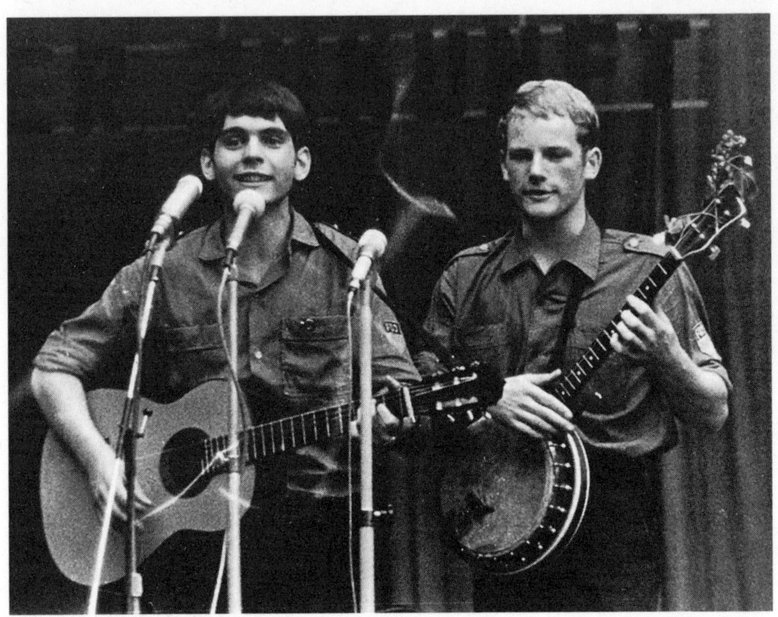

Mit Reinhard Heinemann

Werke einreichen. Thomas Natschinski und ich versuchen es einmal subtiler mit dem Song »Student in einer fremden Stadt«, den Ingo Graf singt. Der schafft es sogar auf das Siegertreppchen, aber ganz oben rekelt sich natürlich der Mainstream. Jedenfalls verbreiten wir in Halle mit dem *stolzen Pferd* gute Laune.

Vielleicht hat sie auch Kulturminister Klaus Gysi ergriffen. Das würde erklären, warum er sich am sonnigen Nachmittag, wohl nach ein paar Gläschen Unstrut-Wein, in ein öffentliches Rosenbeet setzt und den Passanten freundlich zuwinkt. Natürlich winken die Menschen einem solchen Minister zurück. Gregor Gysi, dem ich die Episode nach Jahrzehnten erzähle, glaubt sie mir aufs Wort. Weniger amüsiert ist damals die Generaldirektion der AWA, als sie die Anmeldung für das *stolze Pferd* erhält. Als Komponist habe ich sie unter ausdrücklichem Bezug auf den Schlagerwettbewerb 1967 eingereicht sowie als Textautoren Gisela Steineckert, Jürgen Pippig, Lutz Kirchenwitz, Volkmar Andrä, René Büttner und mich angegeben.

Wegen einiger düpierter Schlagerautoren reagiert die AWA gereizt, sagt notgedrungen die Auswertung des Titels zu, mutmaßt aber, sie werde wegen mangelnder Aufführungen mit dem Werk wenig Arbeit haben. Geirrt, der Song hält sich eine ganze Weile auf der Bühne und in Medien.

Am Abend dann, für jedermann offen, das Liebesliedersingen im Hof der Moritzburg. Ich treffe noch heute Leute, die an jenem Abend ihren Lebenspartner kennengelernt haben. Hof und Burgfassade sind matt beleuchtet, ebenso das Laubwerk eines alten Baumes, unter dem die Mitwirkenden gegen Lampenfieber und ständig verstimmte Instrumente kämpfen. Das Publikum rückt so nahe zusammen, wie man es später nur noch bei der Rockballade »Als ich fortging« erleben wird.

Nahe zusammengerückt sind derweil auch meine zukünftigen Kommilitonen, denen ich vor dem eigentlichen Beginn des Journalistikstudiums in die Kartoffelernte nachfahre. Ein Zettel mit der Aufschrift »Jetzt nicht« verhindert ein bisschen Schlaf im Dreierzimmer, und auch im Heuschober ist alles in Bewegung. Die Gesichter hinter Tür und Heu werde ich schnell kennenlernen. Schon nachmittags am Erntewagen die einen und dann im Hörsaal die anderen. Der Umzug nach Leipzig bildet in den Erinnerungen an meine frühen Jahre im Hootenanny- und Oktoberklub eine Zäsur. Aber ich bleibe dem Klub erhalten.

Und bildet seine Leute

Die vorzeitige Delegierung zum Studium bereitet ein Problem. Ich habe mir in Leipzig auf die Schnelle keine Bleibe suchen können. Nun hat die Zimmer-Vermittlung der Uni nur noch Bedauern im Angebot. Doch augenblicklich naht Rettung in Gestalt einer alten Proletarierfrau, vielleicht so, wie ich mir Brechts Waschfrau Schmitten vorstelle. Sie hat ihre Schürze abgebunden, um sich mit ihren krummen Beinen in die Stadtmitte zu schleppen und mich im breitesten Sächsisch zu fragen: »Wissen Se manschemal, was ma machen muss, wemma e Zimmer vermieden will?« Man gibt es mir. »Sehr freundlisch, der junge Herr. Aber es is ne ganz eenfache Kemmenade. Un ich sach's lieber gleisch, das Klo is draußen uff der Etasche.« Wann kann man denn einziehen? »Wenns heute obend rescht wär?« Nach dem Schreibkram steht ihr ein breites, gesundes Lachen im Gesicht. Ich sage: »Nehmen wir uns ein Taxi zu Ihnen nach Hause.« Sie entsetzt: »So fang ma gar nisch erscht an. Mir fahrn midder Vier nach Stödderitz. Taxe, da hör isch schon das Geläschter der Leite im Haus, wemmer wie Großgotz vorfahrn!«

Also mit der Tram in Richtung Mölkauer Straße. Die liegt inmitten einer quadratisch sortierten alten Arbeitersiedlung, glücklich verschont von den Bomben des Krieges. Ohne einen Baum, mit grauen Fassaden und tristen Höfen. Aber man weiß, wo man bleibt, und es gibt einen Konsum, einen Fleischer, eine vogtländische Hutzenstube und eine Poliklinik in der Nähe. Vor allem aber eine Station des Trolleybus, der mich zur journalistischen Fakultät bringen kann. Und eine Frau Wirtin vom Feinsten, sofern ihre Güte und ihre Seele gemeint sind. Ich habe diese Marie Olzmann vom ersten Augenblick an ins Herz geschlossen. Und die Sympathie steigert sich mit ihren Lebensgeschichten, die sie schon beim ersten Blümchenkaffee zu erzählen beginnt. Mit vielen Ausschmückungen und Details. Und was für den

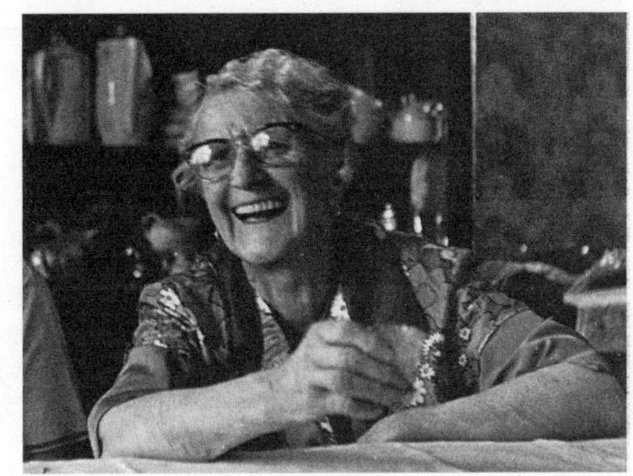

Meine Vermieterin: Ich habe diese Marie Olzmann vom ersten Augenblick an ins Herz geschlossen

Anfang zu viel ist, das hat sechs Jahre Zeit, sich beim Kränzchen und Küchengeschwätz auszubreiten. Sie mag mich offensichtlich auch und wird schon ein Jahr vor meinem Studienende in Tränen ausbrechen, wenn sie an Abschied denkt.

Marie ist Genossin. Aber sie geht zu keinen Versammlungen. Ihr Parteileben war und ist das Leben selbst. Da, wo man den Mund aufmachen muss für alles, was man für gerecht und gut hält. Ihre Parteigeschichte bringt sie so zusammen: »Erscht warn mer SPD, dann wurdden mer KPD, dann so was Verrüggtes wie VKPD, dann wieder KPD und nachm Kriech wurdden mer SED.« Bierernst zählt sie die Stationen an den Fingern ab. Aber bei der folgenden Geschichte hat sie Lachtränen in den Augen: »Im erschten Weltkriech hadde mei Mann een Leitnant, een elenden Menschenschinder un eidlen Fatzge, der sisch jeden Schlammspridzer vom Schdiefel pudzen ließ. Da haddem mei Guder nachts in Schdiefel gepisst, das is rausgegomm, und da hamsen in Garzer gesteggt. Und misch hamse uffs Wehramt bestellt un de Schditze gestrischen. Un da hab'sch gesacht: Dann steckt eusch eure Schditze doch sonst wohin. Und damit ihrsch nur wisst: Isch hätt nisch nur gepisst, isch hätt och geschissen.«

Genau dieses erledigt meine Wirtin heutzutage zeremoniell. Sie nimmt ihr Hörgerät aus dem Ohr und belegt das Etagenklo eine halbe Stunde. Irgendwann beginnt sie zu singen. Küchen- und Kampflieder. Eines Tages komme ich aus der Uni und höre die gebrüllte Zeile *Dem*

Garl Liebknescht, dem haben mir's geschworen … Ich frage auf der ersten Etage die Vermieterin meiner lieben Kommilitonin Gabriele Otto, was denn da los sei. *Na se heern doch – de Merri sitzt uffn Dopp und scheißt de Revolutschion.* Ja, und das Hörgerät! Wenn Marie zu Bett geht und das Fiepsding auf den Tisch gelegt hat, würde sie keinen Flintenschuss hören. Sobald sie glaubt, ich sei daheim, sperrt sie die Haustür zu. Schlüssel im Schloss. Wenn sie sich irrt, muss ich mir ein anderes Nachtquartier suchen. Das ist ärgerlich, wird aber durch die Vorteile aufgewogen, die Wirtins Schwerhörigkeit einem jungen Untermieter in anderen Lagen bietet.

Die journalistische Fakultät erreicht man mit dem Trolleybus nach zwanzig Minuten. Sie ist an der Tieckstraße in einem Villenkomplex untergebracht und trägt – vor allem in westdeutschen Kolportagen – den Beinamen »rotes Kloster«. Mit *Kloster* kann nur Bruderschaft im Geiste gemeint sein, denn zölibatär oder anders asketisch geht es bei uns nicht zu. Und *Rot* – lass den Bedürftigen ihre ideologische Ekelfarbe – ist für uns junge, idealistische Genossen eher ein Signal, die Welt etwas aufzuhellen. Mit dem Nicknamen lässt es sich leben.

Die Studenten kommen von den verschiedenen Medien der DDR und werden nach dem Grundlagenstudium in Rundfunk-, Fernseh- oder Presseseminaren zusammengefasst. Sie kennen durch ihr Volontariat die journalistische Praxis im Lande und zweifeln kaum am Prinzip journalistischer Parteilichkeit oder an der Leninschen Forderung, die linke Presse habe ein kollektiver Organisator und Propagandist der revolutionären Entwicklung zu sein. Als Pressefreiheit gilt die ungehinderte, wahre Darstellung der menschlichen und gesellschaftlichen Entwicklungsprozesse nach den Maßgaben unseres marxistisch-leninistischen Weltbildes. Protokollarische Bleiwüsten und eine immerwährende Kaskade von Erfolgsmeldungen nerven die meisten von uns, aber wir halten das für überwindbare Missbildungen.

Wir träumen davon, den Klumpatsch irgendwann loszuwerden, und versuchen Proben aufs Exempel. Ein *journalistisches Übungssystem* erlaubt uns inhaltliche und stilistische Laborarbeiten. Aber Kunststück! Sie müssen ja in keiner Redaktionskonferenz draußen verantwortet werden. BILD und anderer Boulevard sind indiskutabel, aber wenn uns ein »Spiegel« in die Hand fällt, dann wünschen wir uns dessen sozialistischen Stiefbruder an den Kiosken. Denn wo du hinguckst, findest du Themen, die wie Schätze gehoben werden müssten, um den Lesern das Gefühl zu geben, sie seien Zeugen und Mitgestalter eines widersprüchlichen, spannenden, unerhörten Vorgangs der Weltgeschichte. Vitalität in der Gesellschaft braucht den entdeckenden Biss. Der DDR-Journalismus bietet aber zu viel Vorgekautes, als misstraue er der Fähigkeit der Leute, anhand der Fakten Richtiges von Falschem, Ehrliches von Verlogenem zu trennen.

Wer es am Institut mit dem Biss übertreibt, kann in Ungnade fallen. So wie einst Thomas Brasch trifft es zu meiner Zeit den Bruder der Diseuse Vera Oelschlegel – Axel –, der den Lehrmeinungen seine *Theorie vom unbequemen Studenten* entgegenwirft. Er propagiert den permanenten Widerspruch als Erkenntnismethode. Aber wo die Lateiner mit ihrem *de omnibus dubitandum est* ihr Recht kriegen, da will man das dem erregten Axel noch lange nicht zugestehen. Was er an Selbstverständlichkeiten ungeduldig herausschreit, wird von den entscheidenden Ohren als Angriff auf die Richtigkeit der Lehre gehört. Und wir verteidigen ihn nicht. Wir verteidigen unser Schweigen und nennen das parteilich.

Dekan der Fakultät ist Emil Dusiska, wegen seiner Karriere im Parteiapparat der SED auch Duzetka genannt. Man erzählt sich, seine wissenschaftliche Laufbahn sei die Folge eines missverstandenen Scherzes gewesen. Er betraf Walter Ulbricht. Der hatte in der Agitationskommission des ZK ein – nach Dusiskas Ansicht – unausgereiftes Entwicklungsprojekt für die Hauptstadt vorgestellt. Darauf soll der bekennende Spreestädter Dusiska dem Leipziger Staatenlenker vorgehalten haben, die Sachsen sonnten sich in Schnapsideen, die die Berliner dann ausbaden müssten. Was hätte also für Ulbricht näher gelegen, als die Berliner Spottdrossel nach Sachsen zu befördern?

Dass sich der so gebackene Medienprofessor in der Messestadt wohlfühlt, darf bezweifelt werden. Er hat noch viele Koffer in Berlin, aber niemand außer seiner Frau will ihn dort zurückhaben. So bleibt er Dekan der Fakultät und ab 1968 – die Hochschulreform bringt neue Titel – Direktor der Sektion Journalistik der Karl-Marx-Universität.

Die meisten Studenten mögen ihn und sehen ihm Kauzigkeiten schon deshalb nach, weil ein Professor ohne Macken langweilt. Wie die Partei hat auch Emil in der Eigenwahrnehmung immer recht. Das haftet dem *berufenen Professor für Argumentation*, wie er sich gern nennt, zwanghaft an. Kein Wunder, dass die Studentenschaft darauf lauert, ihn bei Irrtümern zu ertappen. Und einmal geschieht es tatsächlich, dass ihm jemand coram publico einen logischen Fehler nachweist. Und was macht der *Professor für Argumentation*? Er hebt den Zeigefinger und sagt: »Na siehst du!« Da wissen wir: Er kann auch Demagogie.

Emil wähnt sich unter Beobachtung. Hält ihn die Zentrale in wissenschaftlicher und ideologischer Hinsicht noch für befähigt, die Leipziger Kaderschmiede des sozialistischen Journalismus zu leiten? Als Wissenschaftler ist ihm immer bewusster geworden, wie sehr die Ideale von einem lebensnahen, attraktiven Journalismus durch die Maßgaben der Realpolitik eingeschnürt werden. Er spricht das nicht aus, dringt aber in der Ausbildung auf eine überzeugendere Argumentation und einen besseren sprachlichen Stil. Hat das ZK von seinen Zweifeln Wind bekommen? Einige Mitstudenten sind Kinder von hohen Parteifunktionären und einflussreichen Journalisten. Welche Sprüche fallen da an den Wochenendtafeln zu Hause? Will Emil das ergründen, als er die Nomenklatura-Kinder eines Tages in seinem Dienstzimmer versammelt?

Den Sinn der Runde erklärt er so: Manche Eltern hätten auf der eiligen Karrierestraße ihre Kinder mit dem goldenen Familiennamen allein gelassen und sie nicht gelehrt, wie man diese Bürde abstreift oder gar in Stolz verwandelt. Da hätte er ihnen die Hauptwörter stellvertretend ins Stammbuch schreiben wollen: Souveränität, anerkannte eigene Leistung, reiche Individualität, Bescheidenheit und Solidarität. In der Mensa ist aber nur von einer Privataudienz für Studenten Erster Klasse die Rede.

Dabei gibt es das Charaktergift im Leben der Nomenklatura-Kinder wirklich. Es fängt harmlos an. Die Mitstudentin aus dem Politbüro-

»Städtchen« in Wandlitz könnte auch am Berliner Ostbahnhof von der Fahrbereitschaft abgeholt werden. Sie zieht es vor, bereits in Leipzig in das bequeme Auto der Staatssicherheit zu steigen. Die Eltern haben Limousine bestellt, wo sie auf Reichsbahn hätten bestehen müssen. Oder Nicolae und Elena Ceauşescus Sohn Nicu, den ich kennenlerne, als ich beim Internationalen Studentenbund arbeite. Auf einer Bukarester Jugend-Umwelt-Konferenz vertrete ich den ISB und er offenbar seine Familie. Umgeben von Hofschranzen und Securitate flegelt er sich in die Bankreihe hinter mir. Als ich mich erhebe, um einen Point of information zu beantragen, passt ihm das nicht. Er packt mich am Jackensaum, zieht mich auf den Sitz zurück und schlägt dann die Hände gegeneinander, als wolle er sich lästigen Staub abstreifen. Politisch sollen wir Brüder sein. Aber wie mich dieser Zarewitsch anwidert! Selbst der Jugendminister und 1. Sekretär des Kommunistischen Jugendverbandes, Ion Traian Stefanescu, der mich danach zu einem Gespräch zitiert, kann keine Entschuldigung wagen.

Ich kenne aber auch Gegenbeispiele. Geradezu allergisch reagiert Erich und Margot Honeckers Tochter Sonja, die ich zu den XI. Weltfestspielen in Havanna kennenlerne, auf jeden Anflug von Tochterkult und Vorrechten. Auch Jan, der Sohn des tschechoslowakischen Präsidenten Gustáv Husák und in den siebziger Jahren als Internationaler Sekretär mein Amtskollege, gibt sich redlich Mühe, als autarke Figur wahrgenommen zu werden. Markus Wolf gerät auf dem Sofioter Flughafen mit seiner Tochter Tanja in Streit. Eine Troika ihrer Mitstudenten – mein bulgarischer Freund Nenno, meine damalige Freundin Winnie und ich – liegen dem Agentenlenker in den Ohren, mit dem Sonderflugzeug allein nach Hause zu fliegen und Tanja etwas Spaß unter Gleichaltrigen zu gönnen. Seine Zustimmung hängt an einem strikten Zeigefinger: Wehe, du bemühst auch nur einen Mann oder eine Maus von den bulgarischen Diensten. Tanja schwört's auf der Stelle.

Prominenz der Eltern kann eine Bürde sein. Ist man aus eigener Kraft in den Spotlights, schmeichelt und nervt das zugleich. Welche neuen Lieder? Welche Meinung zu diesem oder jenem Ereignis? Klaus Hilbig vom DDR-Fernsehen lässt in Leipzig einen Porträtfilm über

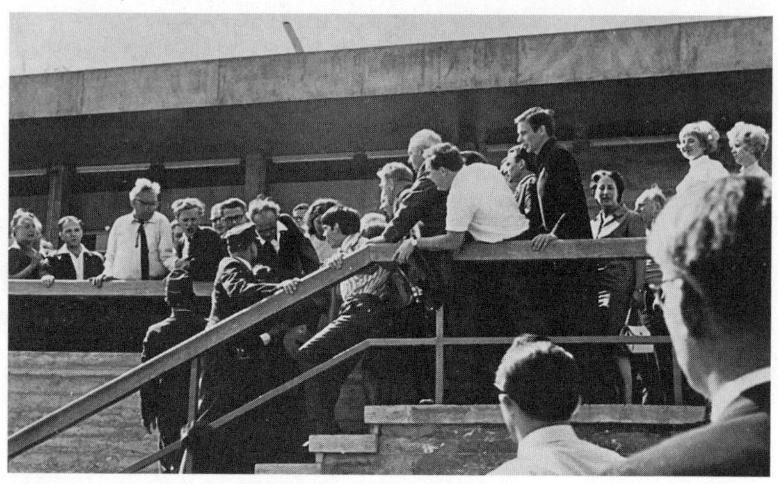

1968 an der bayerischen Grenze: keine Einreise für antifaschistische Widerstandskämpfer auf dem Weg nach Dachau

mich drehen. Regisseurin Wilkening bebildert den Song »Sag mir, wo du stehst« mit einer sich im Vollkreis drehenden Kamera. Die spöttische Metapher zur Liedzeile »Denn wenn du im Kreis gehst, dann bleibst du zurück!« ist einer der wenigen Einfälle des Films. Ich kümmere mich um den Singeklub der Universität, fahre aber auch zu Auftritten des Oktoberklubs. AMIGA veröffentlicht neue Texte, die Thomas Natschinski vertont hat. Auch die Premiere des Musikfilms »Heißer Sommer«, zu dem ich Liedtexte beigesteuert habe, fällt in meine Studentenzeit.

Auftritte, die SED-Bezirksleitung nennt sie *Agitationseinsätze,* führen mich nun öfter nach Westdeutschland. Einmal werde ich an der bayerischen Grenze hopp genommen, was am nächsten Tag groß in den Zeitungen steht. Zusammen mit antifaschistischen Widerstandskämpfern aus allen Bezirken, die zu einem Gedenktag nach Dachau fahren wollen, verstopfe ich den Grenzübergang Rudolphstein. Die Grenzbeamten haben noch nie so viele Ikarus-Busse auf einem Haufen gesehen, und offenbar hat ihnen auch keiner gesagt, dass sie kommen. Die Busse werden aufgehalten, die alten Genossen geraten in Wallung und fangen an zu singen. Natürlich nicht »Schwäbsche Eisebahne«,

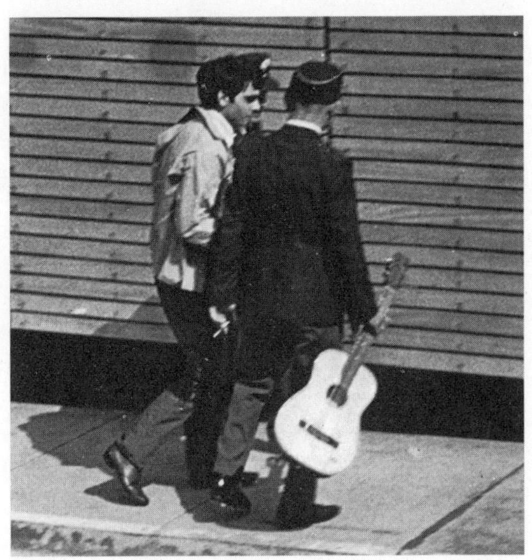

Wenn Lieder stören: Sänger hopp genommen, Gitarre beschlagnahmt

sondern »Spaniens Himmel« und »Moorsoldaten«. Ich spiele die Gitarre dazu, bis sie beschlagnahmt wird. Während des Gerangels sichert ein guter Geist den Kapodaster, jenes famose Gerät, mit dem man sich auf höheren Gitarrenbünden Barrégriffe erspart. Das Modell, das die ganze Folkwelt benutzt, gibt es bei uns nicht, sondern nur da, wo man uns nicht reinlassen will. Eine zweite Gitarre hätte ich zur Not, einen zweiten Edelkapodaster nicht. Wir müssen umkehren. Am nächsten Tag werde ich wegen des Vorfalls vom Philosophiedozenten überschwänglich im Hörsaal begrüßt. Das ist mir vor den Mitstudenten ein bisschen peinlich. Denn die meisten kommen ja nicht dorthin, wo sie dann vielleicht nicht reingelassen werden.

Wo ich hingehöre, kann jeder sehen. Noch zum Tanzen im Studentenkeller »Kalinin« trage ich das Parteiabzeichen, sofern Jacke Pflicht ist. Einer von der »Jungen Gemeinde« walzt heran und fragt, seit wann man seine Gesinnung am Rockaufschlag trägt. Woher wüsste ich, dass er »Junge Gemeinde« ist, würde nicht an seinem Revers die Erdkugel mit dem Kreuz blitzen? Treffen sich zwei *Bonbons* auf Augenhöhe. Der Junge bemerkt meinen Blick auf seinen Glaubensknopf, stutzt und tanzt weg.

Eines Tages geht das Gerücht um, ich hätte Geld wie Heu. Ich bin verdutzt. Durch meine Platten und Auftritte kriege ich zwar Tantieme von der AWA, aber die werden nicht monatlich, sondern in großen Intervallen ausgeschüttet. Im Zahlmonat entrichte ich darauf brav meinen Parteibeitrag. Man schreibt die Einkünfte in eine Liste und zahlt seine Prozente darauf. Einmal trage ich mich als Erster ein. Jemand nach mir vertieft sich in meine Angabe, multipliziert sie mit 12 und flüstert Königs vermeintlichen Jahresverdienst durch die Studienjahre. Das muss ich nun durch sehr frühe Einträge in jenen Monaten auswetzen, in denen ich nur »Stip« habe. Und wenn die AWA löhnt, zahle ich eben auf den letzten Drücker. Dafür übernehme ich manchmal Rechnungen im nahen Café Schröer, wo wir uns stundenlang über die Welt und deren mächtige Unterabteilung Damenwelt unterhalten.

Als die Fakultät im Zuge der Hochschulreform zur Sektion und Dekan Dusiska zum Direktor gewandelt werden, besucht Politbüromitglied Werner Lamberz die Feierstunde. Lamberz ist gerade der für Agitation und Propaganda, also auch die Medien, verantwortliche ZK-Sekretär geworden. Er hat wie Honecker in der FDJ seine Karriere begonnen und ist dem Jugendverband sehr zugetan. Nach dem Festakt zupft er mich am Ärmel, um sich nach dem Niveau der Leipziger Studentenausbildung zu erkundigen. Emil Dusiska steht dabei und will für mich antworten. Aber der spitze Lamberz verordnet ihm Sendepause. Ich bin wegen des schroffen Tons verlegen.

Lamberz fordert offene Worte. Ich lobe, was mir gefällt, füge aber an, dass unser Labor nicht die Praxis ist. Ja, die DDR verdiene bessere Medien. Da bliebe noch eine gewaltige Aufgabe, sagt Lamberz mit einem Augenzwinkern, als wolle er dieses Thema zu einem geeigneteren Zeitpunkt vertiefen.

Als Erich Honecker seinen Ziehvater Ulbricht beerbt, wird Lamberz bald als dessen Kronprinz gehandelt. Er ist in der Partei sehr beliebt. Seine souveräne Ausstrahlung hat sonst niemand im Politbüro. Und es scheint, als hätte Lamberz nicht nur für den Journalismus eine Medizin im Safe. Ist es eine Frage der Zeit, bis er den Wind auffrischt?

Wird er sich in seiner Parteigruppe am Werderschen Markt durchsetzen? Die Hoffnung erlischt 1978, als Werner Lamberz in Libyen bei einem Hubschrauberabsturz ums Leben kommt. Seine Vertrautheit mit Gaddafi und anderen Führern der arabischen Welt, die in der Partei so geschätzt wurde, ist ihm zum Verhängnis geworden.

Wer im Januar zu Karl und Rosa nach Friedrichsfelde kommt, wird an seiner Erinnerungstafel besonders viele rote Nelken sehen. Eine Botschaft, die wohl meint: »Ach, der Lamberz hätte bestimmt ganz anders ...« Hätte er wirklich? Als die Ausbürgerung Biermanns und der Umgang mit den Protesten das intellektuelle Klima in der DDR zu vergiften begannen, ahnte Lamberz – wie Hager, aber wie sonst kein anderer in der Parteiführung – die Folgen. Er stellte sich, von einem singenden Schauspieler heimlich mitgeschnitten, der Diskussion. Er sah Fehler und wollte ihre Wirkung mildern, aber am Grenzfluss unserer Wahrheiten erschöpften sich auch seine Bemühungen um Korrektur.

Und das ist es eben – Innehalten am Rubikon. Eine Ahnung flüsterte wohl, die Gründe unserer Unzulänglichkeiten könnten wir nur jenseits der zu eng gewordenen Horizonte beheben. Aber dorthin traute ich mich nicht. Meine Sehnsucht nach einem starken politischen Halt, nach festen Wurzeln in der unfertigen, erst noch werdenden neuen Gesellschaft hinderte mich, dieser Ahnung zu folgen. Die Furcht vor Zweifeln und Irrgesängen obskurer Circen war viel stärker als die Neugier. Ich wollte Klarheit und wenig Verwundbarkeit auf dem Weg, um den ich so gerungen habe. Irrtümer unterwegs durften uns nicht lähmen. Die Zukunft würde sie korrigieren. Jetzt mussten wir weiterkommen! Erst spät wurde diese Selbstermutigung zur zynischen Parole der Verzweiflung. Als nicht mehr zu leugnen war: Die Zeit hat eben nicht jeden Fehler korrigiert. Unkorrigiertes – schlimmer: Unkorrigierbares hat sich abgelagert in den Adern unseres Entwurfs von der Zukunft. Vielleicht für lange Zeit, bis die Idee, der wir folgen wollten, mit anderer Macht zum Durchbruch dringt.

So ein Unkorrigierbares fällt in mein erstes Studienjahr. Am 30. Mai 1968, zwei Minuten vor 10 Uhr, wird die im Krieg nur leicht beschädigte Universitätskirche gesprengt. Martin Luther hatte St. Pauli zur evangelischen Universitätskirche geweiht. Johann Sebastian Bach deren Orgel geprüft. Durch ihr gut erhaltenes spätgotisches Interieur ist sie ein Denkmal von Rang. Das stürzt nun in Sekunden zu Schutt. Berühmte Leipziger Studenten, auf deren geistiges Erbe wir uns berufen, haben den Ort beehrt: Münzer, Brahe, Leibniz, Telemann, Lessing, Goethe, Fichte, Seume, Schumann, Mehring, Liebknecht. Deren Konflikte mit der Dummheit von Macht hätten uns bewegen sollen, gegen die Bilderstürmerei am Karl-Marx-Platz zu protestieren. Aber nicht mal innerer Widerstand regt sich in mir, als der namenspendende Klassiker so schlecht geehrt wird. Und so werde ich ihm später auf dem Londoner Highgate-Friedhof nichts Besseres aufs Grab legen können als ein paar Blumen. Denn in jenen Maitagen halte ich Parteidisziplin. Es gibt einen Beschluss. Er wird nicht ohne Abwägung gefasst worden sein. Eine sozialistische Moderne verlangt ihre Räume. Kommilitonen, die beim Internationalen Bachwettbewerb ihr Protestband hochhalten, sind doch nur Stichwortgeber für die westliche Anti-DDR-Propaganda. Ich sitze zum Zeitpunkt der Sprengung in meinem Trolleybus und höre wie die meisten Leipziger die Detonation von so weit her, dass man sie auch für ein Gewittergrollen halten könnte.

Und es schweigen größere Geister. Zum Beispiel Altmagnifizenz Georg Mayer. Der Professor für Volkswirtschaftslehre, Rektor der Universität von 1950 bis 1963, wandelt durch Leipzig als Legende. Die Studenten lieben seinen Spruch von den *Drei Mayers*. Der geht nach meiner Erinnerung so: *Als ich noch studierte, gab es drei Mayer, einen Rauf-Mayer, einen Sauf-Mayer und einen Weiber-Mayer. Und alle drei war ich.* Er trägt einen Schmiss der schlagenden Verbindung aus der Jugendzeit im Gesicht und zelebriert ihn als Nachweis, dass im Leben nichts so enden müsse, wie es begann. Er redet frei und formt dennoch druckreife, lebendige Sätze, die aus den Verengungen des aktuellen politischen Vokabulars ausbrechen.

Im Übrigen hält er keine Rede, in der ein Bezug auf die *Drei Mayer* fehlt. Wenn sich der Volltext »*Als ich noch studierte …*« am Rede-Anlass zu sehr reibt, muss das Kürzel genügen. Alle eingeweihten Zuhörer lauern auf die *Drei Mayer*. Natürlich weiß der Redner, der sein Pulver nie zu früh verschießt, wie viel Aufmerksamkeit dadurch für die Gesamtansprache akkumuliert wird.

Altmagnifizenz umgibt sich gern mit Studenten. Vor dem Gasthaus Coffeebaum, wo er häufig verkehrt, pflegt er Kommilitonen oder solche, die sich dafür ausgeben, zum Bier einzuladen. Dann hört er zu und erzählt. Manchmal hält er auch im Studentenklub »Kalinin« eine Plauderstunde. Die ist mindestens so amüsant wie unter demselben Dach ein Abend bei den »Academixern«, dem Kabarett um Jürgen Hart. Außerdem kostenlos. Wer will, kann vorher in der Studentenmensa sein Gaudi haben. Er muss dafür aber einen Platz finden, wo ein bestimmter Kellner serviert. Alle bestellen bei dem armen Kerl ganz unterschiedliche Speisen. Er schreibt sich nichts auf und bringt jedem das Falsche. Man protestiert nur zum Schein, denn das kulinarische Roulett ist ja das Spiel und der Einsatz nicht riskant. Im »Kalinin« kostet alles ähnlich wenig.

Im Talk erklärt dann der Rektor a. D. süffisant, dass die Journalistik eigentlich gar keine Wissenschaft sei. Er habe einer Fakultät gleichlautenden Namens seinerzeit nur zugestimmt, damit Hermann Budzislawski ihr Dekan werden konnte. Es folgt eine knappe Eloge auf diese noble Erscheinung linker Publizistik. Sie birgt eine dürftig bemäntelte Trauer über aktuelle Qualitätsverluste und endet mit der Ermahnung an die Damen und Herren der journalistischen Fakultät, B.'s geistiges und politisches Format als Orientierung zu verinnerlichen. *Scheibe abschneiden* nennt er das.

Aber wie hoch hängen denn diese Trauben? Widerständiger, aufrührerischer Geist in existentiell brisanten Lebenslagen, die die Geschichte uns erspart oder – je nach Ansicht – vorenthält, hat Budzislawski einst zur Hochform geführt. Allein die Herausgabe der »Neuen Weltbühne« während seiner Prager und Pariser Emigration oder in Amerika sein Ghostwriting für die einflussreiche Dorothy Thompson, die ja auch Roosevelt mit Wahlreden bediente, muss Neid erwecken. Vielleicht hat Mayer auch B.'s Stolz gemeint, mit dem der einstige Sozialdemokrat und Westemigrant zu Beginn der fünfziger Jahre seine ideologische Gesinnung bei Parteiüberprüfungen behauptete.

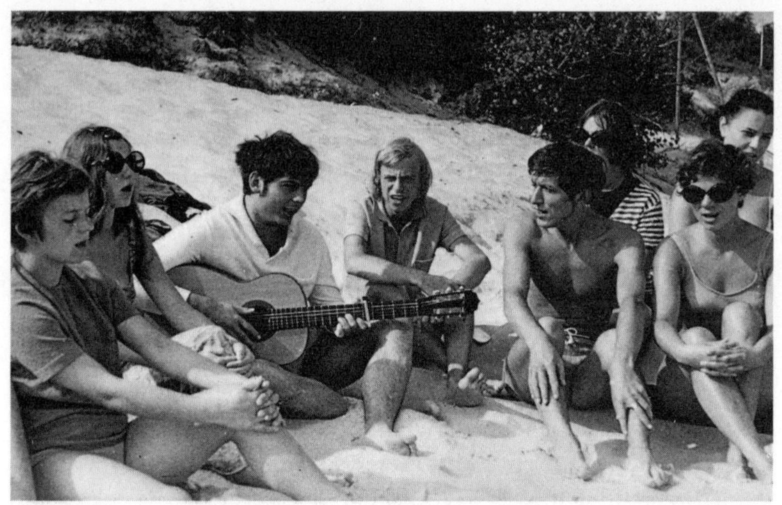

Urlaub mit dem Singeklub der Karl-Marx-Universität an der Ostsee

In den Universitätsräumen an der Tieckstraße wabern noch Erinnerungen an ihn. Wie auch an einen anderen Großen: Wieland Herzfelde, von dessen Lektionen zur neueren Literatur ältere Absolventenjahrgänge noch immer schwärmen. Während der Gratulation zu seinem 90. Geburtstag spreche ich ihn darauf an. Aber der Mitbegründer und Leiter des legendären Malik-Verlages winkt ab. Aus Schwäche, aus Bescheidenheit oder in Erinnerung freudvollerer Lebenspassagen. Wer weiß?

Als ich mein Studium beginne, ist Paul Fröhlich 1. Parteisekretär im Bezirk Leipzig. Er ist wegen seines Dogmatismus und seiner kunstfeindlichen Ausfallschritte gefürchtet. Vor allem die Bands um Klaus Renft stehen im Mittelpunkt eines Wechselspiels von Verbot und Laisser-faire, dessen zugespitzte Gefechte in der zweiten Hälfte des Jahres 1965 auf Geheiß Paul Fröhlichs ausgetragen werden. Als ich 1967 nach Leipzig komme, habe ich von den Beat-Demonstrationen im Oktober 1965 in der Innenstadt gehört, und ich bemerke schon bei meinen ersten Kontakten in der FDJ-Bezirksleitung ein Gefühl von Ratlosigkeit und Resignation. Der Ansehensverlust des Jugend-

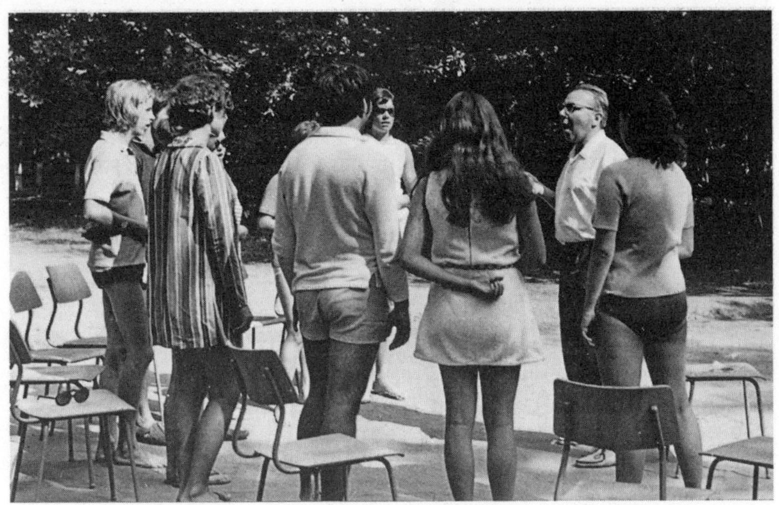

Probenlager mit dem Thomaskantor Hans-Joachim Rotzsch

verbandes gibt meinen Gesprächspartnern zu denken. »Machen wir bei den Gitarrengruppen denn alles verkehrt?«, sinniert Friedbert Barthel, der 1. Bezirkssekretär der FDJ. Er erwartet keine Antwort. Ich frage ihn trotzdem, ob nicht Abrüstung an die Stelle von Konfrontation treten sollte. Zuerst müsste man die Gruppen vom Pranger holen.

Mit unserem Singeklub der Uni können wir auf Bitte von Klaus Renft etwas dafür tun, dass sich ein fragiler Schutz um seine Combo legt. Ich habe Klaus, der eigentlich Jentzsch heißt, sich aber nach seiner Großmutter Renft nennt, erst in Leipzig kennengelernt. Zu meiner Zeit bei TEAM 4 gab es kaum Verbindungen zu anderen DDR-Gruppen. Auch nicht zu den Leipziger »Butlers«, von denen wir nicht einmal wussten, dass sie aus einer verbotenen Erstauflage der Klaus-Renft-Gruppe hervorgegangen waren. Auch bestanden beträchtliche konzeptionelle Unterschiede. Während die anderen Gruppen internationale Titel möglichst 1:1 nachzuspielten, hatte TEAM 4 ein eigenes deutschsprachiges Repertoire aufgebaut.

1968 also sucht Renft die Kooperation zwischen seiner Gruppe und dem Singeklub der KMU. Er kommt nicht als schlitzohriger Bittsteller. Auf der Suche nach seinem gesellschaftlichen Platz ist er ein

Pendler zwischen Subversion und Mediation. Er sagt mit grinsendem Ernst, die Gesellschaft benötige auch einen Spiegel, einen Widerhaken, ein Korrektiv. Hier fände seine Musik ihre Aufgabe. Nicht neben, sondern in der Gesellschaft. Er bietet musikalische Hilfe an und erhofft sich mehr Spielräume für das Eigene. Ich denke, so wie der Oktoberklub von TEAM 4 profitierte, täte auch dem Uni-Ensemble professionelle Hilfe gut. Das ist aber nicht der einzige Grund, weshalb wir das Angebot annehmen.

Renft ist ja nicht nur eine Combo. Renft ist zum Prellbock zweier Auffassungen von Jugendkultur geworden, die sich mit Vorliebe am Musikalischen abarbeiten. Die Gruppe schleift den ganzen Rattenschwanz an Beat-Irritationen, noch dazu in der Leipziger Hardcorefassung, mit sich herum. Das ganze Auf und Ab der jugendlichen Musikszene, die sich vom deutschen Schlagermief emanzipieren wollte, sitzt ihr in den Knochen: die frühen Kampagnen gegen den Jazz und nahezu alles Anglo-Amerikanische, aus dem sich der Beat entwickeln wird, dazu Aktionen à la »Blitz kontra NATO-Sender« mit den umgedrehten oder abgesägten Antennen.

Dann kommen neue Töne in Walter Ulbrichts Jugendpolitik, als die Grenzen geschlossen sind und die wirtschaftliche Lage der DDR Besserung verspricht. 1963 das Jugendkommuniqué, das sich auf ein weites Feld jugendlicher Interessen einlässt und gegen Gängelei und erhobene Zeigefinger wendet. In solchem Klima stellen sich auch die Weichen in puncto populäre Musik neu. Als die Revolution der Beatles durchschlägt, gelten deren Maßstäbe nun gerade nicht als Vehikel ideologischer Diversion. Das Deutschlandtreffen 1964 und der aus ihm entstehende Jugendsender führen vor, was alles geht.

Der Jugendverband verabschiedet ein Papier zur »Arbeit mit den Gitarrengruppen«, das die Gemüter der Kulturadministratoren spaltet. Auf der einen Seite die Befürworter neuer Formen der Jugendkultur. Auf der anderen Seite die Reliquienbewahrer eines tümelnden Laienschaffens sowie die Kassenwarte des inhaltlich wie stilistisch ausgelaugten tanzmusikalischen Mainstreams. Beim Triumph der aktuellen »Gitarrenbewegung« fürchten sie um ihre Pfründe. Ihren Widerspruch drapieren sie ästhetisch. Vor allem nehmen sie habituelle Erscheinungsbilder auf der Bühne zum Anlass für staatlichen Exorzismus. Die Flucht aus Schlips und Glitzerjacken in legere, dem Tagesgeschmack des Publikums angeglichene Bühnenkleidung ist kaum zu beanstanden. Der sich auf Knien im Rhythmus windende Achim Mentzel und der auf dem Rücken liegend spielende Renft aber sind Ausbunde von Dekadenz!

Es ist bis heute verblüffend, wo zu jener Zeit die inhaltlichen Streitfronten verlaufen. Als Volontär im »Neuen Deutschland« lese ich einen Artikel, der »Butlers' Boogie – Unmusikalische Betrachtung über eine Leipziger Gitarrengruppe« heißt und von dem ND-Reporter Heinz Stern stammt. Bereits im April 1965 erschienen, folgt er angriffslustig dem Geist des Jugendkommuniqués, indem er das Genre Beatmusik wie andere Formen der Tanzmusik aus dem Ideologiekonflikt Sozialismus versus Kapitalismus heraushält und der Relegationsfront falsch verstandene Prinzipien sozialistischer Kulturpolitik vorwirft.

Renft hat nach dem Verbot seiner ersten Band mit den Butlers 1963 einen zweiten Anlauf gewagt. Angesichts neuer Vorwürfe und Spielverbote muss ihm Heinz Sterns Schützenhilfe im Zentralorgan höchst gelegen kommen. Aber Stern hat bei dem schwelenden Streit über Freizügigkeiten in der Jugendkultur in ein Wespennest gestochen. Vor allem der für Jugendfragen zuständige ZK-Sekretär, Erich Honecker, stichelt gegen Ulbrichts lockere Zügel. Klaus Höpcke, damals Leiter der Kulturredaktion, bestätigte mir in späteren Gesprächen, wie verbissen um Sterns Statement gestritten wurde.

Gemeinsam mit den Butlers und Vertretern der Leipziger FDJ-Bezirksleitung stellen sich Stern und Höpcke in Leipzig der Diskussion, verteidigen die ND-Position gegen deren Kritiker, die zweifellos mit Paul Fröhlichs Plazet agieren. Und – Chapeau für meine Volontariatsredaktion! – die Butlers werden demonstrativ zum ND-Pressefest eingeladen. Aber selbst das ändert nichts daran, dass sich in der zweiten Jahreshälfte die Waagschale anders neigt. Beim Konzert der Rolling Stones am 15. September 1965 wird die Westberliner Waldbühne zerlegt. Alle Vorurteile gegen den Beat haben nun Hochkonjunktur. Das Reizwort *Gammler* kommt in Mode. Staatsmacht und

Frisöre führen es im Munde, wenn jugendlicher Renitenz das Haar gestutzt wird.

Am 21. Oktober erhalten Renft und die Butlers vom Rat der Stadt ein unbefristetes Spielverbot. Leipziger Jugendliche sehen darin einen staatlichen Angriff auf den Beat und ihre Tanzmöglichkeiten in der Stadt. Flugblätter und Flüsterpropaganda rufen zum Protest. Und so kommt es am 31. Oktober 1965 zu jenen Zusammenstößen von Beatfans und Sicherheitskräften in der Leipziger Innenstadt, die als Beat-Krawalle in die DDR-Rockgeschichte eingehen. Walter Ulbricht schwenkt auf die von Erich Honecker vorgegebene harte Gangart um, kritisiert den Zentralrat der FDJ für seinen Wettbewerb der Beat-Gruppen und das Ministerium für Kultur wegen allzu wahlloser Vergabe von Auftrittsgenehmigungen.

Auf dem 11. Plenum des ZK der SED, von dem viele Langzeitschäden des geistigen und kulturellen Lebens in der DDR ausgehen, spielen die Ereignisse um den Beat eine wesentliche Rolle. Der Zentralrat der FDJ streut sich Asche aufs Haupt. Walter Ulbricht möchte nun mit der *Monotonie des yeah, yeah, yeah* Schluss machen. Die FDJ fördert die Hootenanny-/Singebewegung auch in der Absicht, das im Beatbereich eingebüßte Terrain zu kompensieren und schafft damit ein Podium für Autoren und Interpreten wie Kurt Demmler oder Tamara Danz, die die spätere Rock-Entwicklung in der DDR prägen werden. Auch Gerulf Pannach, mit dem ich zum Ende der sechziger Jahre noch im Blauhemd auf Leipziger Bühnen stehe, kommt aus der Singebewegung. Seine kritischen, immer verzweifelter werdenden Texte tragen Jahre später zum erneuten Aus für die Renft-Combo bei. Aber so weit ist es noch nicht. Renft hat gerade seine neue Band installiert und sucht mit ehrlicher Haut seine Chance. Ihm ist Unrecht widerfahren, für dessen Wiedergutmachung sich vielleicht gerade ein Fenster öffnet.

Also proben wir gemeinsam. Die zaghafte Musik-Allianz spricht sich in Leipzig herum. Und vielleicht ist das tatsächlich ein Grund dafür, warum Renfts Combo später in relativer Ruhe ihre schönsten Lieder schreiben kann: »Zwischen Liebe und Zorn« oder Peter »Cäsar« Gläsers »Wer die Rose ehrt«; zu den X. Weltfestspielen

»Ketten werden knapper« und nach Pinochets Putsch das »Chilenische Metall«. Ich höre Renfts Songs mit dem Gefühl, dass sie textlich alles an Tiefe und Qualität übertreffen, was zu jener Zeit entsteht.

Dieses Niveau kann ich nicht erreichen. Meine frühen Exkursionen mit TEAM 4 sind Geschichte. Hatte ich jemals geträumt, ich könnte als Song-Texter mein Brot verdienen?

Ich freue mich auf meine journalistische Arbeit in Prag mit einem festen Salär in Mark und Kronen. Und so erreichen mich die verkürzten Meldungen über neue Auseinandersetzungen mit Renft denn auch schon an der Moldau. Es geht nicht um Musik, sondern um neue Pannach-Texte. Republikflucht, Spatensoldaten – lauten die Reizworte. Die Renft-Gruppe wird 1975 erneut verboten, Klaus folgt seiner griechischen Liebe nach Westberlin. Cäsar wechselt die Band und besucht mich, bevor auch er ausreist, noch einmal im FDJ-Zentralrat Unter den Linden. Er wirkt müde und verbittert. Er hat getrunken. Er wirft mir vor, die »Leipziger Jahre« verraten zu haben. In unseren gesellschaftlichen Apparaten, deren Teil ich nun sei, flösse kein Blut mehr. Er wisse nicht wohin, nur bleiben könne er nicht. Irgendwann stürmt er grußlos aus dem Zimmer.

Als er wieder grüßt, ist ein Vierteljahrhundert vergangen. Er hat mich bei einem DDR-Rock-Revival auf dem Gendarmenmarkt im Publikum entdeckt und schickt einen Gruß von der Bühne mit der Bemerkung, nicht immer seien wir die besten Freunde gewesen. Er sagt nicht, wir wären Feinde geworden. Und auch Renft, der in der Endzeit der DDR zusammen mit Bärbel Bohley in das FDJ-Gästehaus an der Pistoriusstraße kommt, um zu reden, zeigt keine Feindschaft und keinen Zorn. Was ihnen zum Triumph gereichen könnte, bleibt kaum verhohlene Traurigkeit über verlorene Jahre und Ideale in einem verlorenen Land.

Renft spricht von Beklemmung. Draußen war es nicht, wie es drinnen hatte sein sollen. Das Drinnen, das nie sterben wollte, drängte sich mit aggressiver Wehmut gegen das Draußen, in das man nicht wollte. Was soll nun werden in anderer Zeit? Wo ist noch Wirkung, außer am Ohr der alten Freunde, die sich zartbitter erinnern?

Also du bist der, der immer die Lieder macht?

Im Oktober 1968 erhalte ich einen Anruf von Hans Rodenberg, Mitglied des Staatsrates. Ich möge ihn im Amtsgebäude besuchen. Es ginge um das Singen unter der Jugend.

Ich fahre also mit der U-Bahn zum Alex und laufe in Richtung Marx-Engels-Platz. Habe eine Bahn verpasst und bin spät dran. Als ich Rodenbergs Büro erreiche, werde ich zu Recht erzogen: »Pünktlichkeit ist die Höflichkeit der Könige.« Der Gastgeber hat eine sonore Stimme. Ich weiß, dass er Schauspieler war und mit der Intendantin des Theaters der Freundschaft verheiratet ist. Er fragt interessiert nach meinem bisschen Biografie. Dafür erzählt er Episoden aus seiner fünf Jahrzehnte längeren Lebenszeit. Spannende, berührende Geschichten. Am Ende ist er Staatsratsmitglied und sagt, warum er mich eingeladen hat.

»Genosse Hartmut! Wir freuen uns, wie sehr das Singen mit neuer Frische zur Jugendkultur gehört. Du bist uns ein Exponent dafür. Wir werden eine Staatsratstagung zu den Aufgaben der Kultur abhalten. Und der Genosse Ulbricht möchte dich als Teilnehmer dabei haben. Otto Gotsche (Schriftsteller und Sekretär des Staatsrates) wird dir eine Einladung in den Hausbriefkasten stecken lassen.«

Sie ist schon da, als ich nach Hause komme. Das Kuvert mit dem Staatswappen ragt übermütig aus dem Schlitz, man hätte es klauen können.

Auch zur Staatsratstagung starte ich auf den letzten Drücker. Alle Teilnehmer sind schon auf ihren Plätzen, die Gänge menschenleer. Mit dem Zeigerschlag finde ich den Tagungssaal. Hans Rodenberg empfängt mich verärgert. Man sitzt spätestens fünf vor auf seinem Platz. Und milder: »Da du der jüngste Teilnehmer bist, nimmst du bitte zum Essen am Tisch vom Genossen Ulbricht Platz.« Und wo ist das? »Du läufst einfach den anderen hinterher.« Die Tagung beginnt.

Das meiste von dem, was verhandelt wird, werde ich vergessen. Nur das verstörte Gesicht von Wolfgang Heinz nicht. Er ist Intendant des Deutschen Theaters und hat gerade mit Adolf Dresen Regie bei einer aufsehenerregenden Faust-1-Inszenierung geführt. Nun will eine Gruppe um Alfred Kurella wissen, in welches modernistische Deutungsdilemma der große Renaissance-Mensch Faust am sozialistischen Staatstheater geraten sei. Der Mime und Theaterleiter von unbestrittenem Rang antwortet mit unterdrückter Wut. Die Arbeit an einem Stück sei mit der Premiere nicht abgeschlossen. Daraufhin kommt Entspannung in die Runde, in der ich viele berühmte Künstler erkenne, die man sonst nur in der Zeitung, in DEFA-Filmen oder im Fernsehen sieht.

Zur Pause suche ich das Kabinett mit den zwei Buchstaben in der Richtung, die dem Strom der Tagungsteilnehmer entgegengesetzt ist. Das ist ein Irrtum, und ich komme, man ahnt es, als Letzter in den Speisesaal. Walter Ulbrichts Tischrunde ist bereits ins Gespräch vertieft. Das heißt, alle außer ihm. Kulturminister Klaus Gysi und Anna Seghers, die ihm zu beiden Seiten am nächsten, aber mit jeweils reichlichem Abstand platziert sind, plaudern im Oval mit den anderen. Walter Ulbricht hingegen blickt auf einen leeren Stuhl ihm gegenüber. Der ist symmetrisch, also mit gleich großer Distanz, zu seinen Nachbarstühlen gestellt. Das ist der freie Platz, der mir zugewiesen wird. Die Suppe ist serviert.

Walter Ulbricht hat eine Nudel im Bart. Loriots Sketch, die mich später an die Begegnung erinnern wird, ist noch nicht auf dem Zelluloid. Der Anblick ist hilfreich intim und lockert die Anspannung, mit der wohl jeder so platzierte Tisch-Genosse zu kämpfen hätte.

Guten Tag, sage ich. *Guten Tag*, sagt Walter Ulbricht, flüchtig aufschauend.

Nach einer gefühlten Ewigkeit beginnt er das Gespräch.

»Also du bist der, der immer die Lieder macht?«

»Ich schreibe auch Lieder. Aber wir sind ein ganzer Klub von Leuten, die texten, komponieren und singen.«

»Klub? Wieso denn Klub? – Sicher doch ein Chor?«

»Nicht direkt ein Chor. Eben Leute, die gemeinsam Programme gestalten, Lieder schreiben und singen. Ziemlich locker das Ganze.«

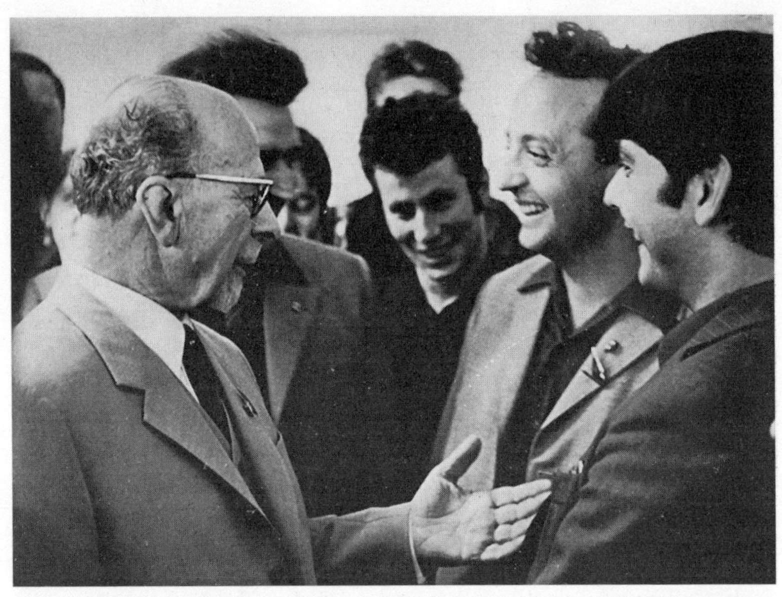

»Also du bist der, der immer die Lieder macht?« Mit Walter Ulbricht und Günther Jahn (halb verdeckt) im Mai 1971 zum IX. Parlament der FDJ

»Alles schön und gut. Aber ein Klub ist das nicht. Sagen wir, es ist so eine Art chorische Bewegung.«

Es ist auch keine chorische Bewegung, aber das Hauptgericht wird serviert.

Als die Kellner abgeräumt haben, setzt Walter Ulbricht das Gespräch fort: »Ich habe ganz andere Probleme, ja!« Das ist selbstverständlich. »Ich habe da eine Kommission, die hat nichts weiter zu tun, als zu gucken, wo es in der Welt Weltniveau gibt. Wenn die – sagen wir – eine Woche, zwei oder drei Wochen gar nichts tut, ist das ihr Problem. Aber wehe, ich kriege raus, dass es irgendwo in der Welt Weltniveau gibt, und die hat das nicht rausgekriegt, dann geht's ihr an den Kragen.« Freilich weiß ich das Gröbste über das NÖS, das Neue Ökonomische System der Planung und Leitung der Volkswirtschaft, und kann mir zusammenreimen, wie sehr erfolgreiches Auftreten auf dem Markt und Kenntnis internationaler Standards und Innovationen zusammenhängen. Aber ich erkenne hinter dem leichtfertig belächelten Tonfall unseres Staatenlenkers noch nicht die hintergründigen Dimensionen seines Denkens.

Der Nachtisch muss sich beeilen. Lotte Ulbricht, die sich nicht an unseren Tisch setzen ließ, hat die Tagungsfäden fest in der Hand. »Genosse Staatsratsvorsitzender, hast du mal auf die Uhr geguckt?«

Walter Ulbricht sagt: »Da haben wir uns ganz schön verplauscht.« Steht auf und führt den Zug der Staatsratsmitglieder und Gäste zurück in den Tagungsraum. Klaus Gysi endlich weiß, wo das dringlich gesuchte Kabinett ist. Dort sagt er: »Na, da hast du ja einen prominenten Tischpartner erwischt.«

»Er hat mir von einer Kommission erzählt, die für ihn das Weltniveau sucht.«

»Ja, solche Kommissionen hat er gerne«, sagt Gysi. Das klingt ein bisschen despektierlich.

Aber ich kann mich irren.

Ich begegne Walter Ulbricht noch ein zweites Mal – im Mai 1971 auf dem IX. Parlament der FDJ. Da ich in Leipzig studiere, bin ich ein Delegierter dieses Bezirks. Als für die Presse das obligate Protokollfoto *Genosse Ulbricht im Kreise von Jugendlichen seiner Geburtsstadt* gemacht werden soll, schickt mich FDJ-Chef Günther Jahn in diese heikle Runde. Heikel deshalb, weil Walter Ulbricht kurz zuvor von seiner Funktion als Erster Sekretär des Zentralkomitees der SED entbunden wurde. Formal geschah das »auf eigenen Wunsch«, um »diese Funktion in jüngere Hände« zu geben. Faktisch aber handelte es sich um eine Entmachtung, auch wenn Walter Ulbricht zum Vorsitzenden der SED gewählt wurde und überdies Staatsratsvorsitzender blieb. Neuer Erster Sekretär ist Erich Honecker. Wie das alles vorbereitet wurde, lerne ich später. Aber im Umfeld des Fototermins spüre ich: Es knistert im politischen Gebälk. Keiner will sich den Mund verbrennen.

Günther Jahn sagt: »Hartmut, das Beste wird sein, du erzählst dem Genossen Ulbricht über die Singebewegung. Einfach frei von der Leber weg.«

»Und wenn er das gar nicht hören will?«

»Nur zu! Über die Singebewegung!«

Der Palast der Republik ist noch nicht gebaut. Parlamente der FDJ – wie auch die SED-Parteitage – finden in der Werner-Seelenbinder-Halle, nicht weit vom Friedrichshain, statt. Der Fototermin ist in einem der Rückzugsräume des Tagungspräsidiums anberaumt. Günther Jahn, der am liebsten stumm geblieben wäre, steht natürlich auch in dieser Runde und weiß, dass er zumindest das Eis brechen muss. »Der Genosse König will dir was von der Singebewegung der FDJ erzählen.« Walter Ulbricht schaut rüber, den Körper leicht nach hinten gebeugt, die Hände über dem Bauch verschränkt. Die Augen altersmüde und von Wasserwölkchen getrübt.

»Ja, was soll ich erzählen? Wir sind so ein Klub. Der Oktoberklub …«

»Klub? Was soll das heißen – ein Klub? Seid ihr vielleicht ein Chor?«

»Nein, kein Chor. Ein Klub eben, wir machen gemeinsam Programme, schreiben Texte und Musik und singen.«

»Ja, aber ein Klub ist das nicht.«

»Aber ein Chor auch nicht.«

»Na gut, vielleicht trifft es chorische Bewegung besser?«

»So ähnlich«, sage ich, weil Günther Jahn mit den Augen rollt. Ich lerne etwas über Langzeitgedächtnis im Alter und frage mich später noch oft, warum Walter Ulbricht das Wörtchen *Klub* derart suspekt war. War es wegen dieser *Petöfi-Klubs* oder der polnischen, tschechischen und deutschen Abarten, die von Zeit zu Zeit den Sozialismus therapieren wollten und in deren Nähe wir keinesfalls geraten durften? Eine unnötige Sorge.

Am Tag nach dem Fototermin jedenfalls kauft meine Großmutter alle in der DDR-Hauptstadt erhältlichen Tageszeitungen und schneidet die eigentlich identischen Lichtbilder aus. Der Enkel mit Ulbricht. War schon richtig, den Jungen, wenn auch spät, in die Pioniere gehen zu lassen.

Nicht allein Peter Hacks' unverstellter Blick auf die Ära Ulbricht hat mich beschämt. Eigentlich konnte man alles wissen, sein Urteil jederzeit an Dokumenten schärfen, wenn man nur souverän genug war, dem Zeitgeist zu trotzen, sobald der zu radieren begann. Aber ich sah nur, dass der Zeitgeist Stadien und Chemiewerke nicht mehr nach lebenden Staatsmännern benennen wollte, dass er sich anschickte, die sozialen Lebensbedingungen zu verbessern und sich verstärkt der Jugend zuzuwenden. Meine Euphorie verwies eine ausgewogene Bewertung der politischen Eigenarten und Brüche Walter Ulbrichts in die Warteschleife. Darin seine Deutschlandpolitik, seine ökonomischen Versuchsanordnungen, sein ambivalentes Verhältnis zu den Ideen in Prag und manches andere, was heutige Neugier auf frühe sozialistische Geschichte und linke Potentiale wieder erfragt. Mit diesem unbemerkten Mangel kam ich in der Ära Erich Honeckers an. Wegen der wirtschaftlichen Probleme, der Wohnungsknappheit, der Versorgungsengpässe legte ich meine Hoffnungen in die Politik des VIII. Parteitages.

Zwischen Dimitroffstraße und Senefelderplatz

In der Schönhauser Allee, auf der Höhe der heutigen Kulturbrauerei, müht sich die U-Bahn in Richtung Pankow auf ihren Hochtrakt. Stadteinwärts versinkt sie, wie es sich für eine Underground gehört, in der lärmschluckenden Erde. In dieser Gegend spielte ich als Kind, wurde ich eingesegnet, atmete ich den ungeheuren Lindenduft, spielte ich mit Thomas Natschinski Verstecken und Gitarre. Die Heimat der Kindheit *zwischen Dimitroffstraße und Senefelderplatz* (so heißt später der Rausschmeißer unserer ersten LP »Die Straße«) ist für mich noch in den Teenagerjahren eine magische Gegend. Im Radius von kaum einem Kilometer um den Punkt, wo die Gelbe steigt und fällt, wohnen interessante Leute. Wenn ich sie kennenlerne, hat das mit meinen frühen Liedversuchen zu tun. Wenn sie mich faszinieren, muss es an ihrer Erscheinung, ihrer Gedankenwelt, ihrer Sprachkultur liegen, an ihrer Lebensgestaltung, umgeben von Menschen und Dingen anregenden Formats.

In der Schönhauser 27, wo ich – oft mit Freunden – Lieder schreibe und probe, wird es zuweilen bedenklich eng. Euphorie und Verzweiflung können schneller umschlagen als ein Aprilwetter. Wie erhält das, was gesagt werden soll, eine brauchbare Form? Wir haben Vorbilder, aber die liefern Fertiges, längst Geformtes, während uns Maßgaben zur *Formung* fehlen. Wir brauchen Ratschläge für unterwegs.

Zufällig stoße ich auf den literarischen Zirkel, den die Berliner Arbeiterschriftsteller Emmi und Bruno Jacob in ihrer Wohnung veranstalten. In der Hagenauer Straße, gelegen im tiefsten Prenzlauer Berg. Emmi war einst Kurier für Rosa Luxemburg. Meine Großmutter Katharina, deren wilde Tante Meta jene Rosa einst zu Gast hatte, genehmigt sich unter der Woche mal einen Kaffee mit Likör bei ihr. Aber da geht es nicht um Rosa, sondern um Männer. Bruno hat's mit seinen erotischen Fotos, verrät Emmi. Wenn er man so saftig dichten würde! Leider, sagt eine Anekdote, reimt er lieber Sachen wie: *Was singt die Amsel in der Früh? Joliot Curie, Joliot Curie!*

Das Rentnerehepaar lebt bescheiden. Ein reparaturbedürftiger Tisch, eine Plüschgarnitur, eine Galerie verschlissener Stühle vor dem nippesbeladenen Büffet bilden das Ambiente für die Begegnungen einiger Laienschreiber verschiedenen Alters mit einem Dichter von bereits außergewöhnlichem Rang. Er ist vor einem Jahrzehnt aus München in die DDR übergesiedelt, in der er lebenslang den historisch spannenden Entwicklungsraum für seine schriftstellerische Arbeit sehen wird. Es ist Peter Hacks. Von ihm stammt auch obige Anekdote, in der er noch angibt, sein Honorar als Zirkelleiter sei das Anrecht auf einen bequemen Jacobschen Sessel gewesen.

Tatsächlich sitzt er darin mit sichtlichem Behagen und raucht bei konzentriertem Zuhören zu viele Zigaretten. Nahezu jeder Kommentar ist ein Bonmot. Fein wie seine Sprache ist seine Kleidung. Er hält die Beine qualvoll grazil übereinander geschlagen, wie es keiner Diva vollendeter gelingen kann. Als ich ihn später in der Schönhauser Allee 129 inmitten seiner Antiquitäten besuche, frage ich mich erst recht, welche Lust ihn ausgerechnet in die Jacobsche Wohnstube zieht und warum er uns vor Ferienzeiten inständig ermahnt, die Rückkehr an den literarischen Wackeltisch nicht zu versäumen. Die Antwort lautet wohl: Der gern schönen Zeugnissen der Vergangenheit nahe ist, umgibt sich auch mit einem schönen Zeugnis der Gegenwart und nennt es *befreites Bildungsstreben.* Auch wegen dieser Erwartung hat er die Deutschländer gewechselt.

Ihm gilt gebrochenes Bildungsprivileg als Chance für Literatur. Also fasziniert es ihn, wenn Leute aus gewöhnlichen Verhältnissen, die Jacobs und alle am Tisch, Verse zum geistigen Inventar ihrer Lebensweise zählen. Kollegen, denen er mangelhafte Beherrschung des Metiers vorwirft, mag er mit seinen scharfzüngigen Urteilen in die Nähe der Schlachtbank treiben. Wir hingegen sind auf dem Bitterfelder Weg. Uns lenkt er, wenn es die Mühe lohnt, mit freundlicher Behutsamkeit zu Korrekturen an Sinn und Form unserer Arbeiten. Logisch, witzig, ohne jeden verletzenden Stachel. Achselzucken oder

Widerrede sind gestattet, können aber bewirken, dass der Meister seiner Argumentation dann doch einen ironischen, nicht zynischen, Ton beimischt.

Ich habe Hacks' Bearbeitung des Stückes »Der Frieden« nach Aristophanes in Bessons Regie am Deutschen Theater gesehen. Behielt die Ovationen des Publikums in Erinnerung und eines der ergreifendsten Lieder, die ich je hörte: *Die Oliven gedeihn, / Der Krieg ist vorbei, / Es tönt die Schalmei, / Der Frieden zog ein. / Wir würzen den Wein / Mit Zimt und Salbei, / Die Oliven gedeihn, / Der Krieg ist vorbei.* Ich saß reglos im Theatersessel und schluckte an der Schönheit dieser Botschaft, die Fred Düren als Trygaios dem Knaben an seiner Seite und dem Publikum im Saal auf den Weg gab. Für mich: auf den Lebensweg. Ich wusste gar nicht, wie ich mit diesem Gefühl von Beseeltheit umgehen sollte, und schämte mich fast dafür. Aber dann sah ich, dass Leute ringsumher Tränen in den Augen hatten. Vor weniger als zwei Jahrzehnten tobte in Berlin noch Krieg. Die meisten hatten ihn wohl erlebt. *Der Krieg ist vorbei* haben wir später immer wieder gesungen.

Günter Margo, ein wenig beschäftigter Schauspieler, aber vom legendären Intendanten Wolfgang Langhoff stets im Ensemble des Deutschen Theaters gehalten, hatte meiner Mutter zwei Steuerkarten für die Vorstellung geschenkt. Margo war nicht verheiratet und suchte in der Schönhauser 27 hin und wieder Anschluss. Besonders gern kam er in der Pfifferlingszeit und aß pfundweise Pilze zu wenig Kartoffeln. Vor dem Dessert zeigte er Rollenfotos herum, die wir seit vielen Mahlzeiten kannten. Aber wir bestaunten sie höflich wie am ersten Tag.

Irgendwie mochten wir den sonderbaren Kauz. Die Nazis hatten ihn wegen seiner jüdischen Abstammung ins KZ gesperrt. Deshalb konnte sich sein Berufstraum erst in der Nachkriegszeit am Deutschen Theater erfüllen. Meistens übertrieb er seinen Ruhm. Einmal schwärmte er bei Tisch von einem Gastspiel in Paris, wo ihn das Publikum in einer Rolle gänzlich ohne Text bejubelt hätte. Wir lächelten mitleidig. Aber Eberhard Esche, in seinem Erinnerungsbuch »Der Hase im Rausch« die Inszenierungskünste Benno Bessons rühmend, beschämt uns Jahrzehnte später mit der Wahrheit der Episode. »Wenn Besson auch nicht in jedem Falle die Schauspieler gut behandelte, liebte er sie doch auf eine Weise, die seinen Inszenierungen und damit ihnen nützte. Er nahm keine Rücksicht auf die Kleinheit einer Rolle, er machte jede groß. Erinnert sei an Günter Margo, dessen stummer Auftritt im Bankettbild des ›Drachen‹ das Pariser Publikum zum Szenenapplaus veranlasste.«

Am Nachmittag des 4. Oktober 1965 stehe ich vor Hacksens Wohnungstür in der Schönhauser Allee. Die Zeitungen haben angekündigt, dass am Folgetag die Uraufführung eines neuen Stückes des Zirkelleiters bevorsteht. Allerdings in der Volksbühne, wo Günter Margo keine Steuerkarten kriegt. Ohnehin ist es keinem Sterblichen möglich, für »Moritz Tassow« noch eine Karte zu bekommen. Ich muss es also bei dem unsterblichen Autor versuchen.

Hacks öffnet in einem edlen Hausrock. Seine Überraschung bleibt freundlich. Er lässt mich auf einer bequemen Couch Platz nehmen, wo seine Frau Anna Elisabeth Wiede ihre Haltung leicht strafft, als der fast volljährige Besucher eintritt. Mit und ohne Hacks hat sie – wenn auch stets in seinem Ruhmesschatten – einigen literarischen Erfolg. Zum Beispiel singen wir inbrünstig ihren deutschen Text vom roten Heer am Ebro, das bei Nacht den Fluss überschritt, und jenem Spanien, das einmal die Freiheit sehen wird. Allerdings redet man über ihre Erscheinung mehr als über ihre Kunst. So erzählt man, sie sei – gerade mit Hacks in der DDR angekommen – zu einem offiziellen Empfang im Unterkleid, besetzt mit verführerischer Spitze, erschienen. Ein Erzähler war sicher, sie hätte nichts Schickeres im Schrank gehabt. Ein zweiter bestand auf intellektueller Provokation.

Ich kann mir beides vorstellen, als sie zum Tee einlädt. Aber Vorsicht! Man sagt auch, wer bei Hacksens zum 5-Uhr-Tee höflich sein will, müsse fünf Tassen Tee trinken. Ich fasse mich deshalb kurz und sage, eine Unklarheit zu Enzensberger hätte mich an die Tür des Zirkelleiters geführt. Als ich meine Frage stelle, grinst Hacks. Er würde mir zutrauen, die Antwort allein zu finden, sagt er und überreicht ein Suhrkamp-Bändchen aus dem Regal.

»Ich hätte aber noch eine zweite Frage.«

»Wenn Sie die zweite Frage, die vermutlich unverschämt ist, verschlucken«, sagt Hacks, »dann gebe ich Ihnen eine Karte«.

So beobachte ich anderntags ein merkwürdiges Treiben im Foyer der Volksbühne. An normalen Theatertagen stehen gut angezogene Menschen zwischen Garderobe und Einlass und nippen an einem Getränk. Die Gespräche sind gedämpft. Heute scheint eine Betriebsversammlung stattzufinden. Das Foyer ist voller Individuen, an denen Ausgehanzüge und Paillettenkleider außerirdisch wirken würden. Sie gehören zur Belegschaft des VEB Kunsterzeugung der DDR. Verschiedene Abteilungen sind vertreten. Man grüßt sich schon von weitem und steht, je nach Abteilung, Temperament oder Eingebundenheit in gewisse Kreise, grüppchenweise beieinander. Was knistert da? Ich ahne, weshalb sich die Sinne dieses Publikums derartig spannen, bevor noch auf der Bühne das erste Wort gesprochen ist. Es muss die Erwartung eines neuen Wirbels sein, den Hacks seinem in Ungnade gefallenen Stück »Die Sorgen und die Macht« folgen lassen könnte.

Drei Jahre ist es her, seit die Premiere der »Sorgen« am Deutschen Theater zum Eklat geführt hat. Die Inszenierung von Wolfgang Langhoff war verboten worden. Der Regisseur hatte sein Intendantenamt, der Autor seinen Job als DT-Dramaturg verloren. Was war da auf wessen Fuß gefallen? Ein Bekannter aus *informiertem Elternhaus* lästerte seinerzeit, die Partei fürchte sich vor ihrer führenden Rolle. Mag sein, dass er damals auch einen Happen des Inhalts gucken ließ. Nachlesen konnte ich erst später.

Max Fidorra, ein Brikettierer, und sein Trupp verdienen gutes Geld, weil sie der gefertigten Menge alle Qualität opfern, die für die nahe Glasfabrik nötig ist. Dort stocken die Produktionsanlagen, und die geliebte Glasarbeiterin Hede verdient in dem Maße wenig, wie Fidorra und Kollegen üppig Kasse machen. Liebe aber lässt den Proleten für Qualität sorgen, was nicht nur die Umkehr der Einkünfte bewirkt, sondern ihn bald einen Abrieb an Ehre, Geist, Muskel- und Lendenkraft fühlen lässt. Ein übler Vorgang in unemanzipierter Zeit. Am schlimmsten in den Augen der Anleiter ist aber die Minderproduktion von Briketts, denn Zahlen machen den Bericht.

In der Behauptung geistloser, zahlenfetischistischer Obrigkeit, meinte mein Bekannter, hätte eben der Hase im Pfeffer gelegen. Hacks intellektuelle Wollust hätte zu tief gestichelt. Die Verbesserung der Güte der Produktion erfordere die Verbesserung der Güte der Partei. Wer dürfe denn so etwas ungestraft behaupten? Egoismus, Sabotage, Konterrevolution drohten wie Pest, wenn das Neue von inkompetenten Händen aufgehalten würde. Wer traut sich denn, solche Drohungen auszustoßen? Die Vorkoster spuckten solches Bitterkraut aus, ohne noch Fidorras Neuerungsvorschlag, nämlich das aufkeimende Verantwortungsbewusstsein und die Solidarität der Arbeiter, die doch alles zum Guten wenden, am Gaumen gewürdigt zu haben. Da mochte Hacks, wie im drittgeschriebenen »Sorgen«-Prolog zu lesen ist, hundertmal behaupten, des Dichters Stimme sei die *Speise der Engel und das Arsen der Ratten; die Trommel der Unbotmäßigen und der Mairegen der Bekümmerten; das Festkleid der Wahrheit* – wenn sich in des Dichters Wahrheit die Hoffnungssüße neuer Zeit durch so viel Galle fressen musste, wem war sie am Ende noch süß? Und mit welcher Offenheit behauptet der Dichter ferner, wie einen *Schiefer … den Abdruck halbfertiger Vögel über die Zeit* retten zu müssen. Vulgo: Die Partei gehört in die Besserungsanstalt, und der Sozialismus ist ein flugunfähiger Vogel. Bedenkzeit, Herr Hacks!

Wer aber Hacks Bedenkzeit wünschte, wusste nicht, dass alle Zeit für Hacks Bedenkzeit war. Nur hieß das selten, dass er sich korrigierte. Und so ist auch »Moritz Tassow« ein starkes Lehrstück – über die gefährliche Schwebe von Sieg und Niederlage der neuen Ordnung im Osten. Die Komödie erklärt den Schaden, den revolutionäre Romantik anrichten kann. Der taubgeglaubte Sauhirt Moritz Tassow spricht im Nachkriegssommer 1945 urplötzlich wieder. Und wie er spricht! Ruft zum Sturz der Junkerschaft auf, verjagt den Gutsherrn, übereignet dessen Habe dem Volk, zieht ins Schloss und bereitet den Übergang zur klassenlosen Gesellschaft vor. Der Kommunist Mattukat, von der Roten Armee bezirkszuständig gemacht, ist anfangs fasziniert vom rebellischen und sprachgewandten Sauhirten und bestimmt ihn zum Vorsitzenden der Bodenkommission. Moritz Tassow aber zieht der Stückelung des Landes die Gründung der Kommune »3. Jahrtausend« vor, sabotiert also die Bodenreform. Die Gargentiner Kommune kann nicht leben. Zeit und Zeitgenossen sind noch nicht bereit für die Verwirklichung dieses Menschheitsideals. Es wächst das

Chaos, in dem der alte Gutsinspektor die Verschiebung der rittmeisterlichen Maschinen in den Westen vorbereitet. Es murren die Landarbeiter, die Klein- und Mittelbauern. Man revoltiert gegen Moritz Tassow, der steht so allein in der Niederlage, dass er nur noch Schriftsteller sein will, als sich die Verhältnisse in Gargentin den historischen Realitäten fügen.

Eigentlich bin ich der Besson-Inszenierung naiv gefolgt, freue mich für den Zirkelleiter über den Szenenapplaus, der sich über manches Geraune schiebt. Am Ende Beifallsstürme, vereinzelt auch Rufe wie »Das sind also unsere Helden?« Die proletarische Schriftstellerin Berta Waterstradt verlässt unter türschlagendem Protest das Parkett. Solche Ablehnung überrascht mich. Gewiss tut sie dem Zirkelleiter unrecht. Moritz Tassow siegt doch nicht. Er ist ein sympathischer Phantast, der Notwendigwerdendes zur Unzeit erzwingen will. Vielleicht ähnelt er Che. Stürzt sich mit heißem Herz in zu frühe Kämpfe. Und weil ihn keine Kugel da rausreißt, schriftstellert er seinen Schieferabdruck vom stolzen, freien Vogel Zukunft. Flugunfähig jetzt, aber lüftetauglich morgen. Sein frühes Scheitern indes bringt uns etwas bei: dass revoluzzerhafte Ungeduld ein Halbbruder der Reaktion ist. Das geht doch anstandslos durch jedes marxistische Nadelöhr. Warum also Buhrufe gegen den Zirkelleiter?

Manche Zustimmung und fast aller Protest verhaken sich an anderer Stelle: an der programmatisch erscheinenden Nachfolge des Bezirksbevollmächtigten Mattukat. Diesem achtbaren kommunistischen Kämpfer folgt der Apparatschik Blasche, dem das Stück nur die Qualitäten des mit F beginnenden Reims zuweist. Der empfiehlt dem Vorgänger, seine ehrenvollen Narben zu pflegen und hat im Stück sogar das letzte – gesprochene – Wort: *Der blasse Mond hat ausgeschienen. / Aurora rändert rötlich die Ruinen. / Das Alte stirbt oder verkrümelt sich. / Der neue Mensch bleibt auf dem Plane. Ich.* Das kriegt die schnellen Lacher. Aber ist es des Stückes letztes Wort? Wird nicht eine Karikatur des neuen Menschen in die Verantwortung gestellt, damit jeder Zuseher ab sofort sorgfältiger auf die Qualitäten der Wagenlenker achtet? So klar und rein kann ich, als ich achtzehn werde, noch denken. Es steht außer Frage: Dem Zirkelleiter ist nichts vorzuwerfen.

Beflügelt gehe ich über den Luxemburg- und Senefelderplatz nach Hause. Ich werde mich mit Blumen beim Zirkelleiter bedanken. Anderntags lese ich in der »Berliner Zeitung«, dass ich einem großartigen Ereignis beigewohnt habe. Ernst Schumacher schreibt Euphorisches zur Uraufführung und vertieft einige Tage später noch sein Lob. Vorher aber nimmt der Autor meine handelsüblichen Blumen an der Wohnungstür entgegen. »Es war toll!«, sage ich. »Und der Beifall war viel lauter als das Gebuhe.«

»Also haben Ihnen die beiden Komödien gefallen«, lächelt Hacks. Was dem alles Komödie ist!

Fast ein halbes Jahrhundert später entnehme ich den nun veröffentlichten Dokumenten zu »Moritz Tassow« all die kleinlichen Argumente gegen die Spielbarkeit des Stückes, dabei die Profilierungsattitüden der schwächeren Talente, die ängstliche Seelenlosigkeit, seltener die um Durchsetzung bemühte Schlitzohrigkeit von Kulturverantwortlichen. Ich bin betroffen, weil ich das bis in die Wortwahl aus jener späteren Zeit kenne, in der ich selbst an der Verfestigung solcher Verhältnisse beteiligt war.

Einen Steinwurf von Hacks entfernt lebt Gisela Steineckert. Hinter ihren Fensterscheiben sieht man die Fahrgäste der U-Bahn auf Augenhöhe. Die mütterliche Autorin mit dem dunklen Augenaufschlag habe ich beim Oktoberklub kennengelernt. Sie teilt die Altberliner Wohnung mit ihrer Tochter Kirsten und einem Kind des Dichters Heinz Kahlau, das ihr anvertraut ist. Eine weibliche Troika, zu der sich zeitweilig Jürgen Walter gesellt, als er noch Pippig heißt. Jürgen ist ein guter Bekannter aus dem Oktoberklub. Wir haben eine schöne Lehrzeit. Ich mache mit Gisela Lieder. Mit Kirsten auch, aber nicht nur.

Herrgott, denke ich, wenn man den Fahrgästen der Hochbahn ins Gesicht schauen kann, was sehen die wohl umgekehrt? Aber meine Erinnerung als Vielfahrer der Linie Pankow-Thälmannplatz gibt Entwarnung. Nur die Phantasie des Texters hat einmal mehr gesehen als Schränke und Tapeten, als ich für Thomas Natschinski den Liedtext »Marlen« erfand. Kirsten schläft ohnehin in einer kleinen, den Blicken verschlossenen Kemenate, die in Vorzeiten für das Dienstmädchen gut war. Dem Hacks hat Kirsten auch gefallen. Ich darf gar nicht daran denken. Bald verlasse ich seinen Zirkel.

Gisela nimmt sich Zeit zum Reden – über Texte, Lebensarten und Liebeskram. Und als Jürgen nicht mehr bei ihr wohnt, sitze ich öfter mit einem 1. Bezirkssekretär der SED im Wohnzimmer. Der ist ein bisweilen ungehobelter Typ. Hin und wieder bleibt Zeit für ein Gespräch, bis Mutter und Tochter sich aufgebrezelt haben. Der Bezirkserste und ich reden dann über Belangloses. Keine Politik. Das kommt erst ein Jahrzehnt später. Auch sage ich im »Neuen Deutschland«, meiner Volontariatsredaktion, kein Sterbenswörtchen über die Bekanntschaft aus dem Wartesaal. Klatsch ist auch bei uns schnell rum. Natürlich nicht gedruckt. Aufgeschrieben schon eher.

Ist es der reife Dichter von nebenan, dem Kirsten in ihrer »Ode der Eva« adieu sagt? Beim Vertonen ihrer Zeilen bilde ich mir das ein: *Ich muss dich jetzt vertreiben aus meinem Paradies.* Und was will sie so früh über meine Tugenden wissen? *Ich will den Apfel schenken / einem der treuer ist / der nicht ohne Bedenken / statt meiner die Schlange küsst.* 1967, als das Liedchen entsteht, sieht man uns jedenfalls oft zusammen auf Lesungen und Songabenden.

Unruhiges Prag

Zu Silvester 1967 fahren Kirsten und ich an die Moldau. Während der Vorbereitungen auf den DEFA-Musikfilm »Heißer Sommer« habe ich in der Dramaturgie erstmals den Namen Hanuš Burger gehört. Das ist ein Prager Autor, der Deutsch so gut wie Tschechisch spricht und vor ein paar Jahren nach Shakespeares »Was ihr wollt« das DEFA-Lustspiel »Nichts als Sünde« geschrieben hat. Seitdem gilt er als hoffnungsvolle Quelle für heitere Stoffe. Im Augenblick sitze er an irgendeiner Aschenbrödel-Adaption. Ich solle mich mit ihm bekannt machen, vielleicht würde daraus eine Zusammenarbeit erwachsen. Kirsten könne mitfahren.

»Ihr kommt zu einer verrückten Zeit«, empfängt uns Burger. »Es weht ein hübsches Lüftchen. Ihr könnt das vielleicht nicht merken. Aber wir spüren das.« Er erwähnt einen vor der Premiere stehenden tschechischen Film. »Ich bin gespannt, wie die Partei reagiert, was ›Rudé Právo‹ schreibt. Ach, wie wir auf dieses Lüftchen gewartet haben!« Der Mann geht auf die Sechzig zu und tanzt bei diesen Worten wie ein Eleve über den Budějovické náměstí, wo die Straßenbahn ins Prager Zentrum abfährt. »Was uns ein bisschen Sorge macht«, sagt er noch, »sind die Platzanweiser aus dem Westen, die uns heimleuchten wollen. Aber unser Licht machen wir schon selber.« Damit schickt er uns *Lüftchen holen* am Wenzelsplatz, am Graben und am Altstädter Platz, auf der Karlsbrücke, der Kleinseite, der Burg. Weder Kirsten noch ich kennen Prag.

Welche Geschäftigkeit treibt die Stadt! Welcher Puls belebt die kleinen, geschichtswindigen Gassen! Aber in Prag verträgt Geschwindigkeit keine Hektik. Ist dann die schwejksche Gelassenheit quirlig genug für Burgers *Lüftchen*? Wir verlieren diesen Gedanken über Orangensaft, Ölsardinen und Dorschleber, die in den Auslagen der Feinkostgeschäfte angeboten werden. Wir durchstöbern die traumhaft bestückten Schallplattenläden. Leider müssen wir die uns laut Zollerklärung zustehenden Kronen für den Silvesterabend aufsparen. Für einen Kaffee aber sollte es reichen.

Es gibt keinen freien Tisch. Wir setzen uns zu einem Gast, der uns in französischer Sprache begrüßt, dann aber in gutem Deutsch nach dem Zweck unseres Aufenthaltes fragt. Unsere Bekanntschaft nervt etwas, macht aber Andeutungen, die Rechnung begleichen zu wollen. So ertragen wir den Anschein profunder Kenntnis der goldenen Stadt, Europas und des halben Erdballs. Dann spitzen wir die Ohren. In Prag befände er sich zum Studium der wandernden Steine, um mit Brecht zu sprechen. Wer es verstünde, in die Welt hineinzuhorchen, der müsse jetzt an diesem Ort sein. Ist er vielleicht ein Platzanweiser?

Der Franzose bestellt Cognac. Schnell haben wir einen Schwips und reden über Kunst. Das aktuellste Thema ist Volker Schlöndorffs Film »Der junge Törless« nach Musils Vorlage. Den ganzen Film werden wir später sehen. Die uns bekannten Ausschnitte mit Mathieu Carrière in der Titelrolle müssen jetzt zum Mitreden genügen. »Ja, ja, mein Freund Schlöndorff«, sagt unser Gegenüber. »Wir kennen uns gut aus Paris. Hat einen erstaunlichen Coup gelandet. Hoffentlich keine Eintagsfliege.« Und wechselt das Thema. Was wir heute, am Silvesterabend, vorhätten? Keine Ahnung. Nichts bestellt. Also lädt er uns ins »Vltava« ein, das stadtbekannte Tanzcafé »Moldau« in der Nähe des Flussufers. Dabei blinzelt er mir zu: »Dann tanzen wir abwechselnd mit Kirsten und haben einen schönen Abend.« Ich denke, ich höre nicht richtig. »Sie werden sich doch bis zum Abend eine Frau besorgen können.« Sogleich nickt der Mann. »Auch kein Problem! Schöne Frauen gibt's genug in Prag.«

Eine sitzt schon am Tresen und will rauchen. Unser Freund springt auf und gibt ihr Feuer. Und da sie sich auf Französisch bedankt, lädt er sie in dieser Sprache für den Abend in unsere »Vltava«-Runde ein. Sie schaut kokett zu uns rüber und lacht. Da tritt aus dem Off ein leger gekleideter Best Ager auf die Dame zu, legt ihr den Arm um die Taille und stellt sich vor: »Guten Tag, Schlöndorff.« Nachdem sich unser Tischgenosse erholt hat, feiern wir zu fünft. Das einzig

Aufregende des Abends bleibt die Bekanntschaft mit dem Star des neuen deutschen Films.

Aber der schweigt viel, zumal seine Begleiterin Kringel an die beschlagenen Fensterscheiben malt. Dabei könnte er doch mal loslegen, über die mexikanische Indianerbraut Yolanda vom Stamm der Chihuahuas erzählen, die Mitte der Sechziger keine Geringere als Brigitte Bardot in »Viva Maria!« gedoubelt hat und sich anschließend mit ihm, dem Regieassistenten, verlobte und nach Europa verflüchtigte. Nicht ohne von ihren Brüdern zwei Revolver für alle Fälle zugesteckt bekommen zu haben. Das wäre doch eine gute Story zum Pilsner Bier. Aber es ist tote Hose. Bald nach Mitternacht ist der frustrierte Franzose verschwunden. Schlöndorff fährt uns in Richtung Krč nach Hause. Zum Bedauern seiner agiler gewordenen Begleitung steigen wir wirklich aus.

Hanuš Burger lacht, als wir ihm am nächsten Tag die Geschichte erzählen. Schlöndorff also in der Stadt. Das *Lüftchen* spreche sich herum. Die sensiblen Weltgeister würden neugierig. Und sich zur Seite wendend, als spräche er zu seiner Schulter, sagt er: »Vielleicht hat sich am Ende doch alles gelohnt.« Ich kenne ähnliche Worte von Louis Fürnberg, die wir inbrünstig singen. Aus ihnen allerdings spricht Gewissheit: *Alles hat am Ende sich gelohnt.* Dagegen Burgers irritierendes *Vielleicht*! Wir müssten danach fragen, aber der Satz scheint nicht zu uns gesprochen. Alles Expressive an unserem Gastgeber ist plötzlich einer Innerlichkeit gewichen, die man ungern stört.

Um es vorwegzunehmen, aus der Zusammenarbeit kann nichts werden. Das Jahr 1968, dessen Frühling in der Tschechoslowakei militärisch beendet wird, treibt Burger nach München zu einem der vielen Aufenthalte in seinem lebenslangen Transit. Und falls er 1967, im Moment einer Hoffnung, tatsächlich zu seiner Schulter gesprochen hat, dann wird es wegen der Last gewesen sein, die in seinem ungewöhnlichen Leben dort gelegen hat.

Denn inzwischen weiß ich, was damals unerzählt blieb. Was Burger aus kommunistischer Überzeugung in seinen Heimaten und Exilen zu schultern bereit war und durch seine Zeit trug. Durch Jahre der Weimarer Republik in ihren zunehmenden nationalistischen und antisemitischen Zügen. Durch das vom Faschismus infizierte Europa. Durch ein amerikanisches Exil, wo im Vorklima des Kalten Krieges gerade die frühen Antifaschisten verfolgt wurden. Durch eine tschechoslowakische Nachkriegsheimat, die dem Westemigranten mit spiegelverkehrtem Argwohn begegnete und den Traumatisierten an die Grenzen seiner Gesinnungstreue trieb. Spätestens dann, als an Slánský und seinen Genossen Stalins Paranoia befriedigt wurde.

Kirsten und ich wissen das Wenigste darüber, als Burger uns in den ersten Januartagen 1968 über Zinnwald in die DDR zurückfährt. Ich behalte ihn als einen freundlichen, weltgewandten, eher unspektakulären Autor in Erinnerung. Diese Erinnerung ist nach mehr als zwei Jahrzehnten verblasst. Erst die Lektüre von Stefan Heyms autobiografischem »Nachruf« rückt mir seinen Namen wieder ins Gedächtnis. So stoße ich auch auf Burgers Memoiren mit dem – bedenkt man die konjunktivische Frage an die Schulter – aufschlussreichen Titel: »Der Frühling war es wert«. Burgers Wegmarken berühren eindrucksvoll noch immer unverdaute Zeitgeschichte.

Plötzlich hat er auch wieder jenes angenehme Lachen von damals, als er am Budějovické náměstí seinen Frühling träumte. Das liegt wie ein Firnis auf den Licht- und Schattenfarben der erzählten Lebenszeit. Linksengagierte Theaterarbeit in Deutschland und der Tschechoslowakei. Riskante Kuriertätigkeit in Berlin. Entsetzen über den Münchener Verrat. Die Arbeit hinter der Kamera, um die Zerstückelung der tschechischen Heimat zu dokumentieren. Nach versagtem Visum für die Sowjetunion das Exil in den USA. Die Heirat mit dem jüdischen Mädchen, das er verlieren, aber nie vergessen wird, weil Chagall ihr Haar für die Ewigkeit gezeichnet hat. Der Eintritt in die US-Armee. Die Landung in Frankreich, der Jubel im befreiten Paris. An der Seite des Sergeanten Heym die Appelle an den Feind, die Waffen zu strecken und am Leben zu bleiben. Die vergeblichen Anwerbungsversuche des OSS (Office of Strategic Services), der sich später zur CIA mausern wird. Die Nachstellungen in der McCarthy-Zeit, die Zuflucht im Filmstab des jungen UNO-Apparats.

Mit seiner neuen Frau, einer gebürtigen Deutschen, und der ungeborenen Tochter kehrt er nach Prag zurück – in den Sog der

Säuberungswellen. Genossen, mit denen Burger bekannt ist, sind mit Slánský verhaftet. Burger weiß, wie nahe ihm der OSS gekommen war. Sollten andere Genossen weniger standhaft geblieben sein? Waren Feinde in die Partei eingedrungen? Und was bedeuteten die aus dem Großen Saal des Pankrácer Gerichtsgebäudes live im Rundfunk gesendeten Selbstbezichtigungen?

Perfide Konstrukte. Anderthalb Jahrzehnte nach den Hinrichtungen wird man die Dementis in den Abschiedsbriefen lesen können. Und die bleierne Zeit ist selbst nach Chruschtschows Rede auf dem XX. Parteitag nicht vorbei. Für manche Genossen heißt es: Weiterleben ohne Wiederherstellung von Ruf und Ehre, ohne mahnende Aufarbeitung. Dieser Dorn hält jahrzehntelang eine Sehnsucht wach, die Burger in den sechziger Jahren mit Dubčeks Namen verbindet.

Als wir im Sommer ’68 mit dem Zug zu den IX. Weltfestspielen der Jugend und Studenten nach Sofia fahren, erleben wir vor allem in den eurokommunistisch belegten Sektionen des Newski-Stadions eine Sympathiewelle für die tschechoslowakische Delegation. Dennoch wird das Festival von den Prager Ereignissen nicht geprägt. Auf der Hinfahrt mit dem Sonderzug hat uns auf dem ersten tschechischen Bahnhof hinter der DDR-Grenze eine zeitlos schrammelnde böhmische Blasmusikkapelle begrüßt. Wir haben ihr zugewinkt. Irgendwer sammelte die »2000 Worte« ein, die in deutscher Sprache in den Zug gelangt sind.

Bei unserer Rückfahrt sind die tschechischen Bahnhöfe menschenleer. Als Warschauer Vertragsstaaten wenige Tage später militärisch intervenieren, höre ich davon im Kreise der Steineckerts und anderer Autoren, die im Petzower Schriftstellerheim ihren Urlaub verbringen. Die Reaktionen sind so divers, wie sie es unter Intellektuellen bleiben werden. Die Ereignisse polarisieren. Einige Mitglieder des Oktoberklubs, die mit Freunden ihren Protest an Häuserwände schlagen, werden verhaftet. Andere singen mein »Sag mir, wo du stehst« vor der Kamera als Aufruf, die Maßnahmen des Warschauer Vertrages zu unterstützen. Ich werde um keine öffentliche Zustimmung gebeten. Verweigert hätte ich sie kaum.

Burger verlässt sein Land unter Tränen. *Abgehauen* ist die knappe Auskunft der DEFA.

Damals liegt mir das Wort Verrat so leicht auf der Zunge wie die zornige Frage: Wie habt ihr denn eure Ideen verteidigt? Habt mit Hammer und Sichel die Verkrustungen der Gesellschaft abgeschlagen und im Taumel übersehen, dass der Klassenfeind dieselben Instrumente inzwischen an die Säulen legte? Habt ihr sie nicht gefürchtet – die Janusköpfigkeit, die kreidesanften Elogen unserer Gegner? Furcht hätten wir, klingt es zurück, wenn das Volk den Kommunisten nicht mehr vertraute. Dann wäre unsere Sache zu Ende.

Eine große Niederlage später frage ich mich, welche neuen Aufbrüche zu unseren sozialen Zielen hätten denn keine Risiken geborgen? Und hätte sie jemand eher wägen können als die Völker, die auf neue, avancierte Weise leben wollten? Mag sein, dass jenem Frühling und vielleicht noch einem reiferen Sommer am Ende doch die Kälte gefolgt wäre, in der wir längst leben. Aber ich wünschte mir, jener Moment der Geschichte hätte Beispiele erneuerter sozialistischer Lebensart zugelassen. Dass wir Leute wie Burger nicht verjagt hätten. Vielleicht krähten dann junge Hähne fordernder neue Tage ein.

Das Deutschland nebenan

Das Deutschland nebenan erschien mir immer fremd. In meiner Kinderzeit lag es hinter der Bernauer Straße im Berliner Stadtbezirk Wedding. Der gehörte zum französischen Sektor. Tiefer ins Deutschland nebenan kam ich selten. Nur wenn wir meinen Vater in seiner Lichterfelder Tenniskneipe besuchten, um ein paar Westmark Unterhalt abzuholen. Oder wenn wir am Kudamm in ein Kino gingen, wo man 1:1 in DDR-Geld bezahlen konnte. Die Rückfahrkarten waren vor der Hinfahrt bereits gelöst. Verlor man sein Billett, kostete das den Gegenwert von einem Dutzend Ostschrippen.

Wie verfluchten wir diesen Umtauschkurs! Ein Paar Wiener Würstchen im Westen war eine leichtsinnige Ausgabe. Ich begann, die fein drapierten Auslagen, die bunten Lichter und aufreizenden Gerüche zu hassen, weil unsereins die Preise nicht zahlen konnte. Umgekehrt verhalf der Kurs den Westberlinern zu billigem Kauf. Schon die Westjungs kamen über die Bernauer Straße und kriegten für einen umgetauschten Kupferzehner drei Eiskugeln. Unser Groschen reichte nicht für eine. Allerdings war die Weile kurz, in der ich meine Nase an den Fensterscheiben drüben rieb. Bald forderte der Stolz Abstand. Noch kein politischer Stolz. Eher eine Auflehnung gegen das verdammte Minderwertigkeitsgefühl. Rüberzugehen wie so viele kam für unsere Familie nicht in Betracht. Meine Mutter war glücklich in ihrer Arbeit. Großmutter rubelte heiter ihren kleinen Westverdienst um. Und im August 1961 war eh die Grenze dicht.

»Halt dich fern von der Bernauer«, sagte meine Großmutter. Aber ich ging selbstverständlich hin. Sah, wie dem Stacheldraht Steine folgten und wie man die Fenster der Osthäuser, die scharf an der Sektorengrenze lagen, zumauerte. Ich hörte, dass die kleinen Westkinos wie »Vineta«, das wir »Finne« nannten, pleitegingen, weil Ostpublikum und Senatsstütze ausblieben. Anfangs dachte ich, wenn sich das

Grenzregime erst mal eingerichtet hat, werden Alimente ein hinreichender Grund sein, um zum Vater durchgelassen zu werden. Großmutter empörte sich neuerdings, dass sie an ihrer Charlottenburger Putzadresse übers Ohr gehauen wurde. Der Gedanke machte ihr Spaß, dass die Gnädige nun das Vierfache in DM für eine Westfrau kalkulieren musste. Und allmählich schwand sogar der Gram über die Abwesenheit duftenden Bohnenkaffees, glänzender Damenstrümpfe und zartschmelzender Schokolade. »Alles halb so schlimm«, sagte die Großmutter, »wenn nur kein Krieg kommt!«

Das Grenzregime erlaubte dann doch keine Reisen zu den Alimenten. Die hätten auch bald nach Köln führen müssen, wo mein Vater nach der Mauerziehung eine neue Existenz suchte. Seine Westberliner Lebensgefährtin Ilse hatte er in einem Scherbenhaufen von Hoffnungen zurückgelassen. So kalt und mitleidlos, dass es die tüchtige, starke Frau fast aus dem Leben warf. Als das Passierscheinabkommen zwischen der DDR und dem Senat den Westberlinern Verwandtenbesuche im Osten ermöglichte, erklärte Ilse meine Großmutter zu ihrer Tante. Das war Weihnachten 1963. Niemand konnte die Berechtigung der Antragsteller prüfen, die sich nun lawinenartig – schlimmstenfalls im Pkw – in den Osten wälzten. Die Infrastruktur der DDR-Hauptstadt war hart am Infarkt. Die Schönhauser Allee erstarrte im Stau. Taxis fuhren auf den Bürgersteigen. Ilse war mit der S-Bahn gekommen. Sie heulte mit Mutter und Großmutter bis zum Essen über die Verkommenheit der Männer. Dann gab es ungarischen Wein, und das Thema wurde spezieller: mein Erzeuger. Ich erwartete die Geißelung seines fiesen Charakters. Aber was hörte ich? Zärtliche Erinnerungen an Engelstugenden. Ich dachte, die reden meinetwegen so mild und verließ den Tisch. Aber die Elogen auf den Mann, der beide Frauen mit einem Fußtritt verabschiedet hatte, wollten kein Ende nehmen. Und der Sechzehnjährige fragte sich, welche Gabe eines Mannes bei Frauen diese Sorte Vergissmeinnicht zum Blühen bringen kann. Und war die erblich?

Ich schaute auf die verstopfte Schönhauser Allee. Warum sind all die echten und unechten Verwandten gekommen? Pflichtschuldigkeit? Schnell die Sarotti-Kringel an die Ostfichten gehängt, und als Gutmensch heim unter die Edeltannen? So sah es nicht aus. Die Menschen sehnten sich danach, zusammen zu sein. Ein deutsches, ein koreanisches, ein Problem aller geteilten Völker. Ich ahnte nicht, wie gedenktäglich diese Sehnsucht im Westen und wie alltagsverloren sie im Osten werden würde. Unvorstellbar, dass Leute auf der Mauer einmal tanzen würden, um, wieder abgestiegen in den Alltag, mit den Jahren verkatert festzustellen, wie hartnäckig das Symbol der Teilung in den Köpfen und Lebensbedingungen den Abriss seiner materiellen Hülle überdauert.

Drei Monate nach der Passierscheinlawine war mein Vater tot. Gestorben in Wuppertal, beerdigt in Köln. Seine Witwe schickte uns die Rechnung des Bestatters, in deren Begleichung wir uns teilten. 26 DM für das Auto des Pfarrers. So kam also der KPD-Polizist mit Gottes Segen zum Schnäppchenpreis unter die Erde! Meine Mutter, mitfühlend wie pragmatisch, fand auch zu Sibylla, der letzten Frau meines Vaters, ein vernünftiges Verhältnis, wenn auch die Post ihr einziger Mittler war. Sibylla half bei der Regelung meines kleinen Erbes. Hin und wieder schickte sie ein Päckchen. Ihre Briefe, zuerst angenehm fragend, wurden mit der Zeit desinteressierter und blieben schließlich aus.

Die Mauer war alltäglich geworden. Man rieb sich vielleicht an ihrem Sinn. Man konnte um Kopf und Kragen dagegen anrennen. Aber das änderte nichts. Die Westmächte sahen nüchtern, was die Mauer war: Konfliktdämpfung an der Naht der Systeme. So schnell wie die konnte ich mich gar nicht mit dem Bauwerk abfinden und stänkerte ideologisch. Aber wie schon berichtet, nahmen mich Freunde aus den *informierten Elternhäusern* ins politische Gebet, und ich gewann Einsichten, die manche Ratgeber in ihren späteren Lebenskehren wieder verloren.

1967 fahre ich zum ersten Mal nach Westdeutschland. Es ist Ende Oktober, und mit dem IKARUS-Bus überquert die Grenze bei Helmstedt einiges, was diesem Monat seinen Namen verdankt. Der *Oktober*klub (verstärkt vom umbenannten TEAM 4) mit seinem *Oktober*song, dazu reichlich Agitmaterial zum 50. Jahrestag der *Oktober*revolution, Letzteres wegen der westdeutschen Kontrollen etwas abseitig gelagert.

Ein weißer Strich quer zur Autobahn markiert, wo die sozialistische Staatenwerdung Halt gemacht hat. Schade eigentlich, denke ich noch.

Die Grenzer bei uns haben so viel *Oktober* natürlich freundlich behandelt. Die Grenzer drüben fassen unsere Ausweispapiere mit spitzen Fingern an, halten aber den Berg von Instrumenten für ein Indiz unserer Harmlosigkeit und lassen uns in ihr Land einfahren.

Auf dem Weg nach Hannover besuchen wir die KZ-Gedenkstätte Bergen-Belsen. Das steht nicht auf dem Programm, aber wir haben um diesen Abstecher gebeten. Unsere Gastgeber vom DGB und von der Kampagne für Abrüstung ermöglichen das gern. Sie tragen ihre Vorbehalte gegen vieles in der DDR offen vor, aber um den Antifaschismus in unserer Gesellschaft beneiden sie uns. In der Bundesrepublik waren braune Eliten schnell wieder an den Hebeln der Macht. Gehlen im Nachrichtendienst, Globke als Adenauers Staatssekretär. Kiesinger, der seine Ohrfeige von Beate Klarsfeld erst noch erhalten muss, als Bundeskanzler.

Dagegen hat der Rabbinersohn und ZK-Sekretär Albert Norden bereits 1965 in der DDR-Hauptstadt ein international beachtetes Braunbuch über die einflussreiche Präsenz von Kriegs- und Naziverbrechern in der westdeutschen Gesellschaft vorgestellt. Es nennt fast zweitausend Namen von Politikern, Militärs, Beamten aus Justiz, Diplomatie, Polizei, Verfassungsschutz und wäre noch umfangreicher geworden, hätten die DDR-Rechercheure die Akten des in Westberlin gelegenen Document Centers einsehen können.

Westlich des weißen Striches behelligt die Gelisteten und die Ungenannten kaum ein offizieller Arm. Mittäterschaft ist zur ohnmächtigen Gefangenheit in Hitlers Terrornetz weichgespült worden. Justitia missbraucht ihre Augenbinde. Systemische Strickleitern aus dem braunen Sumpf und ein staatstragender Teppich aus Beschwichtigung und Verharmlosung von Schuld – nicht zuletzt dieser Gründungsmakel der westdeutschen Republik hatte mich apolitisches Christenkind einmal zu den Roten getrieben. Nun fröstelt es mich hier, so hysterisch das Jahrzehnte später klingen mag. Am Wetter liegt es nicht. Es kann ja nichts dafür, dass es von der ARD in den Vorkriegsgrenzen angezeigt wird.

Wir haben Auftritte in Hannover, Hamburg und Bremen. Sie fangen mit »Sag mir, wo du stehst« an und hören mit dem »Oktobersong« auf. Dazwischen gibt es Liebes-, Volks-, Arbeits- und Trinklieder, Songs aus dem spanischen Bürgerkrieg, Jewtuschenkos »Meinst du, die Russen wollen Krieg?«, Lieder von Theodorakis und Martís »Guantanamera«. TEAM 4 begleitet uns und gibt eigenes wie »Die Straße« dazu. Junge Leute aus dem Osten sind hier selten. Man ist neugierig auf uns, und wir haben Lampenfieber. Der Beifall reißt uns aber raus und lockert die nachfolgenden Gespräche – in Freizeitheimen, Begegnungszentren und sogar einem Klub des Christlichen Vereins Junger Männer.

Wegen eines jungen Mannes kommt uns in Hamburg unsere Sängerin Monika abhanden. Wir denken, die Welt müsse bei einem solchen Ereignis augenblicklich stillstehen. Aber die Alsterstadt pulst ungerührt. Abgehauen? Nach den Maßgaben unserer Erziehung ist das Verrat.

So herrscht auf der Heimfahrt gedrückte Stimmung. Ich steige später in den Zug nach Leipzig, wo ich studiere. Die Kommilitonen lesen Zeitung und wissen, in welcher für sie unzugänglichen Region ich war. Ob sie mir dieses Privileg verübeln, wenn ich nicht damit angebe? Sie haken es ab.

Danach lassen die Westabteilungen des Zentralrats der FDJ und der Leipziger SED-Bezirksleitung meinen blauen Reisepass häufiger freistempeln. Mit dem Oktoberklub, verschiedenen Leipziger Ensembles oder Solisten wie dem Liedermacher Kurt Demmler, der Brecht-Interpretin Helga Sylvester oder dem Kabarettisten Jürgen Hart, der erst viel später seinen Sachsen singen lässt, trete ich in Republikanischen Clubs, bei den Jungsozialisten und Naturfreunden, später vor allem bei der neu gegründeten Sozialistischen Deutschen Arbeiterjugend auf. Einmal begleite ich den vortragenden Philosophiedoktor unserer Fakultät. Der kommt vor dem linken Westpublikum, wo ihm jeder ungeniert auf der Zunge herumtreten darf, in Höchstform und schöpft erst wieder Atem, wenn ich singe. In Köln besuchen wir das Grab meines Vaters. Ich schweige, weil mich Erinnerungen plagen. Ich glaube, der Doktor denkt über etwas nach. Aber er wird unseren Abstecher keinem verraten.

Langweilig sind die Touren allein. In der Truppe machen sie Spaß, weil man bei erschwinglichem Westbier und mitgebrachtem Ostkorn sein Bild von dieser ungewohnten Welt zusammenfügt. Jeder seins. Nur Kurt Demmler sitzt nie dabei. Der geht in seine kleinen halbseidenen Kinos.

1971 treffe ich auf der Mai-Feier der DKP Duisburg den langjährigen Ersten Sekretär des ZK der KPD Max Reimann. Die Kommunistische Partei Deutschlands ist 1956 vom Bundesverfassungsgericht verboten worden. Erst im September 1968 konnte sich in der Legalität mit der DKP wieder eine deutsche kommunistische Partei konstituieren. Nach dem Auftritt ist etwas Zeit für ein Gespräch.

Der gebürtige Elbinger sagt: »Als ich so alt war wie du, hatte ich schon meine erste Festungshaft hinter mir. Wegen spartakistischer Umtriebe«. Das hört sich an wie: *Früher Knast stählt die Gesinnungstreue.* Aber die Weiterrede hat einen anderen Klang: *Wie viel Lebenszeit hat man uns gestohlen!* 1948 zum Vorsitzenden der KPD gewählt, ist er in Westdeutschland Mitglied des Parlamentarischen Rates. Nach Gründung der Bundesrepublik leitet er die KPD-Bundestagsfraktion. Ein unbequemer Warner vor der sich ankündigenden Spaltung Deutschlands und dem Wiedererstarken der Monopolkräfte, die dem Faschismus vor anderthalb Jahrzehnten die Steigbügel gehalten haben. Seine störenden Interventionen tragen ihm erst die Verfolgung durch die Besatzungsbehörden der Tri-Zone, später die Verachtung der C-Politiker im Bundestag ein. Letztere nennen ihn Anführer von Vaterlandsverrätern und spielen im Geist das KPD-Verbot durch.

In Duisburg spreche ich ihn auf zwei Anekdoten an, die ich gelesen habe. Als einer seiner Brüder starb, wurde Reimann gerade per Haftbefehl von der britischen Besatzungsbehörde gesucht. Trotzdem kam er auf den Friedhof, um Abschied zu nehmen. Britische und deutsche Uniformierte warteten darauf, ihn zu verhaften. Aber sie übersahen die Lücke in der Friedhofshecke, durch die Reimann entkam. Nun sagt der 72-Jährige: »Untergrund hin und her. Die Trauer war halt stärker. Und das Schnippchen war mal was zum Schmunzeln, wo es doch sonst so wenig zu lachen gab im Kalten Krieg.«

Die zweite Begebenheit: Max Reimann hatte im Bundestag die Oder-Neiße-Linie als Friedensgrenze verteidigt. Im Entrüstungstaumel der Abgeordnetenmehrheit, den Franz Josef Strauß mit guten Reisewünschen nach Moskau anheizte, schoben sich zwei Gestalten in Lumpenkleidung durch den Plenarsaal. Als »Heimkehrer« begrüßt, sollten sie Reimann am Reden hindern. Die KPD-Fraktion ging dazwischen und verteidigte außer ihrem Vorsitzenden eine europäische Realität, zu deren Anerkennung die offizielle BRD noch einige Jahrzehnte benötigen wird. Die »Heimkehrer«, die den persönlichen Beifall Adenauers fanden, entpuppten sich aber als im Bahnhofsmilieu angeheuerte Kleinkriminelle und wurden in der Presse bespöttelt. »Junge«, sagt Reimann, »ich komme aus Elbing, ich kenne da jeden Stein. Aber dass das jetzt polnisch ist, da kann ich nicht für. Das liegt am Weltkrieg, und den haben die Nazis angezettelt. Damals im Bundestag hab ich mir gesagt: Was buhen die dich aus. Du hast doch gegen den Krieg gekämpft. Und wer damals das Maul gehalten hat, soll jetzt nicht über die Folgen heulen.«

Das KPD-Verbot fand ich schon ungerecht, als ich noch Pastor Margs Konfirmandenstunden besuchte. Weil deutsche Kommunisten, die im antifaschistischen Widerstand die größten Opfer gebracht hatten, mit altem Jagdeifer verfolgt wurden. Wenn der Zufall es wollte, konnten sie von denselben Richtern in dieselbe Zelle geschickt werden, aus der sie zum Kriegsende befreit wurden. Und jeder Fingerzeig auf diese Schande prallte an einer entschlossenen antikommunistischen Allianz ab. Von Adenauers Christenfront bis in Schumachers SPD, von den »nationalen« Stammtischen bis zu den Nadelstreifen im Banken- und Aufrüstungsgeschäft. Wenn ich heute als Bedenken gegen ein NPD-Verbot höre, die Nazis würden sich schnell und vielleicht gefährlicher reorganisieren, dann liefert die traurige Effizienz des KPD-Verbotes den gegenteiligen Beweis. Illegalität schwächt die politischen Einflussmöglichkeiten und die Strukturen einer Partei nachhaltig. Im Falle der KPD hat das die Nachkriegsentwicklung in Westdeutschland um eine besonnene kritische Stimme gebracht. Das war Kalkül. Nach der Befreiung vom Hitlerfaschismus noch immer eine starke Kraft, hatte sie sich allen Spaltungs- und Remilitarisierungsplänen in der

Tri-Zone und späteren Bundesrepublik am entschiedensten widersetzt und damit einer anfangs tief in der Bevölkerung verwurzelten Stimmung entsprochen. Sie hatte vor dem Einsickern von Altfaschisten in die Nachkriegsstrukturen von Politik und Gesellschaft gewarnt, deren Spätfolgen bis heute spürbar sind. Solchen Plädoyers einen Maulkorb zu verpassen, war ein Ziel des Verbots. Die Kriminalisierung jeglicher Verbreitung linken Gedankenguts, die man unter dem Stichwort »Ersatzorganisation« in die Nähe der verbotenen Partei bringen konnte, war die andere Verlockung. Auch sie hatte strategisches Potential. Kritische Diskurse in der Gesellschaft sollten sich künftig vor dem Stigma der »Radikalisierung« zu hüten haben. Die psychologischen und rechtlichen Wirkungen eines solchen Verbots sowie die existentiellen Folgen für den Einzelnen sollten empfindliche Schneisen in die Reihen der Kommunisten schlagen. Und so ist es auch gekommen.

Als ich im Mai 1968 auf Schloss Borbeck bei Essen zur Konstituierung der Sozialistischen Deutschen Arbeiterjugend eingeladen bin, spricht deren künftige Leitung um »Rolli« Priemer halblaut von einem Versuchsballon. Man wolle testen, auf welche Widerstände die noch für dasselbe Jahr geplante Gründung einer legalen Deutschen Kommunistischen Partei stoßen könnte. Der äußeren Sicherheit einer wasserumschlossenen Bastion wie Schloss Borbeck hätte es zum Gründungsakt nicht mehr bedurft. Die Staatsmacht lässt den Ballon unbehelligt, vermutlich sogar erleichtert in die politische Atmosphäre aufsteigen.

Ich habe im Nachhinein gehört, dass es unter den Mitgliedern und Sympathisanten der KPD heftige Diskussionen um die Gründung der neuen KP gegeben hatte. War die Preisgabe des edlen Namens KPD nicht ein unzulässiges Zugeständnis an eine rasche Legalität? Knickte man nicht vor den Pragmatikern im bürgerlichen Lager ein, die das Fehlen einer legalen KP im Land für nicht mehr zeitgemäß hielten, aber eine Neugründung der blamablen Aufhebung des KPD-Verbots vorzogen? Welchen Rat hatte die SED gegeben?

Am 26. August 1972 werden die XX. Olympischen Sommerspiele in München eröffnet. Aus diesem Anlass gibt es auch ein internationales

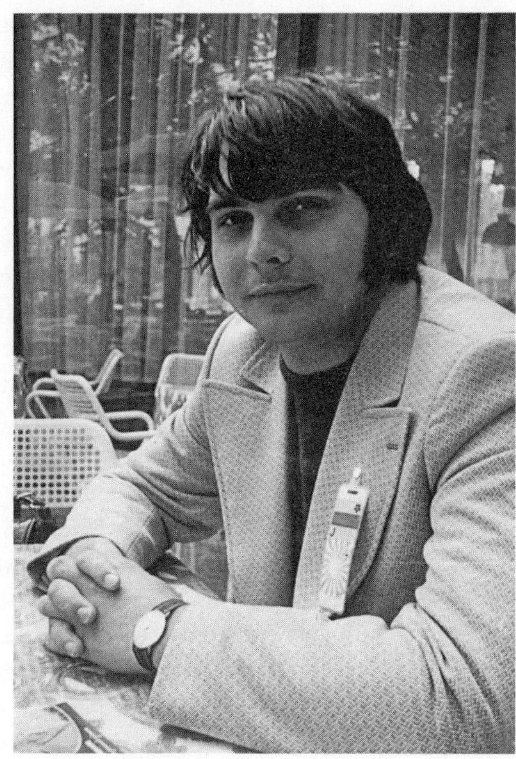

Während der Olympischen Sommerspiele 1972 in München

Jugendlager für Sportenthusiasten. Da wäre ich fehl am Platz, sollte ich nicht mit einer Singegruppe aus Leipzig das Kulturprogramm des DDR-Kontingents bestreiten. Die Münchener Spiele sind für das Sportland DDR eine Genugtuung. Nach Olympia 1968 in Mexiko-City hat das IOC beschlossen, zukünftig zwei deutsche Olympiamannschaften anzuerkennen. Bei den sportlichen Erfolgen der DDR hieß das, viel Schwarz-Rot-Gold samt Ährenkranz und Becherhymne würde an der Isar zum Himmel steigen. Zum Himmel schreien, empörten sich die Hallsteinianer, während die besonnenen Stimmen in dem 44:4-Entscheid des IOC nur einen Nachvollzug der Weltmeinung sahen.

Vor den Münchener Spielen machte die DDR in der BRD den Flaggentest. Weltklasse-Turnerinnen wie Karin Janz oder Erika Zuchold folgten den Einladungen westdeutscher Sportgemeinschaften. Im März 1969 hatten Mainzer Polizisten in Zivil noch die DDR-Fahne kassiert. Als ich später zu einem ähnlichen Anlass in der Musikerabteilung mitfuhr, brauchte Rundfunksprecher Herbert Küttner keinen Protest mehr in den Saal zu rufen. Der Flaggenkampf war entschieden.

Also tragen wir vor dem Weichbild der bayerischen Alpen das DDR-Emblem ziemlich stolz auf der Brusttasche unserer Kostüme und Anzüge. Die sind aus Präsent-20-Stoff geschneidert, einem unverwüstlichen Material, das vom hohen Stellenwert der Chemie in der volkseigenen Textilindustrie kündet. Der Olympiaanzug wird mich später um die halbe Welt begleiten. Er ist umwerfend praktisch. Knitterfest und bügelfrei. Den Wirren der Körperentfaltung gehorsam angeschmiegt und immer bereit, vergossenes Bier oder herrenlose Bratensoße spurlos in sich aufzunehmen.

Im Jugendlager gibt die Bundeswehr das Essen aus. Einige Soldaten flachsen mit unseren Mädchen. Hier verwaschen sich die Feindbilder, wie es bei einer Olympiade schicklich ist. Aber die Atmosphäre der Entspannung wird von entsetzlichen Vorgängen gestört. Auf meinem Weg zu den Volleyballwettkämpfen fordert mich die Polizei auf, in Deckung zu gehen. Es ist der 5. September. In der Frühe haben bewaffnete Terroristen der Gruppe »Schwarzer September« das Quartier der israelischen Olympiamannschaft gestürmt. Sie fordern die Freilassung arabischer Häftlinge aus den israelischen Gefängnissen, was die Regierung Golda Meirs ablehnt.

Natürlich erfährt man die Einzelheiten erst später, aber von Überfall ist bereits die Rede, als ich umkehre. An den Vortagen hatte ich gesehen, wie Autogrammsammler und anderes neugieriges Volk ungehindert über die Mauern des Olympischen Dorfes klettern konnten. Die Sicherheitspannen kulminieren am Abend auf dem Flughafen Fürstenfeldbruck, wo alle israelischen Geiseln, fünf Terroristen und ein Beamter nach einem gescheiterten Befreiungsschlag der Polizei ums Leben kommen. »The games must go on«, erklärt IOC-Präsident Avery Brundage. Während der Olympischen Trauerfeier sind die Flaggen auf halbmast gesetzt. Ich finde die Aktion des »Schwarzen September« widerwärtig. Gewiss ist die Verzweiflung der Palästinenser über das Unrecht israelischer Besatzungspolitik nachvollziehbar, aber Terror rückt jede politische Lösung in weitere Ferne. Zum ersten Mal habe ich in größter Schärfe ein Problem vor Augen, das mich in der internationalen Arbeit später stets begleiten wird.

Die DDR-Fahne geht in jenen Tagen noch aus einem anderen schmerzlichen Anlass auf halbmast. Als der Opfer gedacht wird, die am 14. August beim Absturz einer INTERFLUG-Maschine nahe Berlin-Schönefeld ums Leben gekommen sind. Wenig später lassen die Veranstalter die westdeutsche Flagge folgen. Eher aus politischem Kalkül. Aber zum Trotz aller Abgrenzung, die sonst unser Verhalten prägt, empfinde ich diese Geste als angenehm.

Unser Programm im Begegnungszelt besuchen Jugendliche aus über dreißig Ländern. Deshalb haben wir viele international bekannte Songs auf der Titelliste. Für die Deutschsprachigen lassen wir die »Brünnlein« fließen, die Spanischen kriegen ihr »Guantanamera«, die Englischen klatschen zu »Down by the Riverside«, die Sowjetischen und andere Russischkundige stehen bei »Glocken von Buchenwald« auf, weil es dort heißt: *Menschen der Welt, erhebt euch für eine Minute.* Eine gute alte Hootenanny mit viel Welt im Zelt. Auf diese Töne können sich die meisten einigen. Und das ist auch gut so. In einem Jahr sollen in Berlin die Weltfestspiele stattfinden.

Guten Morgen, UNO!

Juni 1970. An der Sektion Journalistik werde ich für einen Anruf vom Zentralrat der FDJ ins Direktorat gerufen. Die Kulturleute läuten öfter an. Aber diesmal ist es die Abteilung Internationale Verbindungen, und was man mir mitzuteilen hat, ist kaum zu glauben. Ich soll mit einer DDR-Jugenddelegation nach New York fliegen. Die Vereinten Nationen begehen ihren 25. Jahrestag, und die 24. Vollversammlung hat beschlossen, aus diesem Anlass zu einer World Youth Assembly, einer Weltjugendversammlung, am UNO-Sitz einzuladen. Der Clou: Auch Abordnungen von Nichtmitgliedsstaaten, Nationalen Befreiungsbewegungen und internationalen Jugendorganisationen dürfen teilnehmen.

Ich bin sprachlos. Kein offizielles Gesicht der DDR konnte sich bislang am UNO-Sitz zeigen. Beide deutsche Staaten gehören den Vereinten Nationen noch nicht an, die DDR hat keine diplomatischen Beziehungen zu den USA. Lediglich ein Journalist unseres Allgemeinen Deutschen Nachrichtendienstes wird geduldet. Ich muss meinen Luftsprung den Umstehenden erklären. Jeder versteht meine private Freude, aber noch mehr die politische Sensation zu einer Zeit, in der die DDR um ihre internationale Anerkennung ringt. Am 23. Juni schickt mir dann ein Mister Mills als Executive Officer der Weltjugendversammlung auf dem Kopfbogen der Vereinten Nationen die Einladung. C/o Zentralrat der Freien Deutschen Jugend, Democratic Republic of Germany.

Das Visum könnte man sich im Allied Travel Office in Westberlin besorgen, was wir aber wegen gewisser Statusprobleme dieser Institution vermeiden wollen. Am liebsten hätten wir ein Visum der USA im DDR-Pass. Wir wollen es an der amerikanischen Botschaft in Prag versuchen. Unsere fünfköpfige Delegation – Frank Bochow, damals mein Vorgänger als internationaler Sekretär des FDJ-Zentralrates, die Oberschülerin Angelika Holán, die Ärztin Dr. Käte Sima, der als Maschinist firmierende Mitarbeiter des Außenministeriums Hagen Arnold und ich – fliegen an die Moldau und werden von Mitarbeitern des tschechoslowakischen Jugendverbandes SSM empfangen. Die sprechen recht offen über die Probleme ihres Verbandes zwei Jahre nach '68.

In der US-Botschaft füllen wir die üblichen Fragebögen aus. Ob wir geschlechtskrank oder Mitglied einer kommunistischen Vereinigung sind, wird in einem Komplex erfragt, der sich auch mit »ansteckende Krankheiten« überschreiben ließe. Die Stifte üben sich in Gelassenheit. Der Konsularbeamte schickt sein Kabel nach Washington, und irgendwann händigt er uns mit freundlichen Reisewünschen auf separatem Papier ein sogenanntes Visum B II aus. Das berechtigt zum Aufenthalt innerhalb eines gewissen New Yorker Stadtradius, rund um den UNO-Sitz bis hin zum Flughafen. Es gilt nicht für andere Teile der USA. Wir fragen pflichtschuldig, warum es die Visa nicht bis in unsere Reisepässe geschafft hätten. Der Beamte lächelt: »Weil unsere Länder keine diplomatischen Beziehungen unterhalten. Aber auch so sollten Sie bei der Einreise keine Probleme haben.« Er will uns bestimmt beruhigen, denn das US-Visum ist nur eine Empfehlung an die vor Ort entscheidende Grenzbehörde.

Die ČSA-Maschine ist eine der ersten, die nach einem heftigen Gewitter in New York landen kann. Tatsächlich ist UNO für den Grenzbeamten ein Zauberwort. Keine insultierenden Fragen, wie ich sie bei anderer Gelegenheit hören werde. Wir lassen uns akkreditieren und beziehen unser Quartier im Internat einer Schwesternschule nicht weit vom East River. Spartanisch, aber kostenfrei. Die Betten haben Räder. Bei Begegnungen mit Delegiertinnen wird man darauf achten müssen, dass sie arretiert sind. Wir essen in der UNO-Kantine zu Mittag. Sie heißt DDR – Delegates Dining Room. Die Gemüseplatte hat leider nur heißes Wasser gesehen und doch einen halben Tagessatz gekostet. Also ab sofort kleine Bistros!

Die Assembly beginnt am 9. Juli. UNO-Generalsekretär U Thant hält seine Begrüßungsrede. Ein großer Wurf, auch wenn man sie fast ein halbes Jahrhundert später wieder liest und in ihre Jahre stellt. In

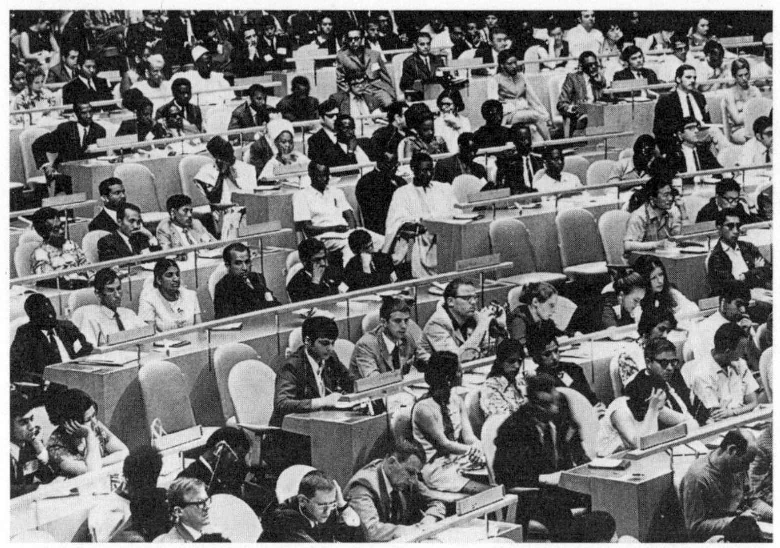

Plenarsaal der Vereinten Nationen: die FDJ-Delegation bei der Eröffnung der Weltjugendversammlung, 1970

seiner Lebenszeit, sagt der Birmane, sei die Menschheit um viele großartige Errungenschaften reicher geworden. Satelliten im Weltraum, Menschen auf dem Mond, Werkzeuge auf dem Meeresgrund, Elektronik, Kybernetik, Spaltung des Atoms, bahnbrechende medizinische Erfolge, allein in den vergangenen zwanzig Jahren die Verdopplung der Weltbevölkerung bei drastischer Senkung der Sterblichkeitsrate, eine Verdreifachung der Industrieproduktion, eine Vervierfachung des Welthandels. Aber Millionen Tote in den Weltkriegen und trotz Abrüstungsdebatten der UNO immer noch jährliche Rüstungsausgaben von 200 Milliarden Dollar, der Schrecken einer »Overkill capacity«. Die Atmosphäre radioaktiv belastet, der Wasserhaushalt schädlichem Eingriff ausgesetzt. Die Älteren, im Hochgefühl der Erfolge, würden ihr Erbe verteidigen. Aber die Jungen zeigten auf Ungerechtigkeit, Verschwendung, den Mangel an Liebe und Verständnis, auf Zukunftsblindheit, antiquierte Sozialsysteme und die Abwesenheit einer politischen Ordnung, die den profunden Veränderungen auf der Welt Rechnung trägt.

Der Generalsekretär weiß noch nicht, mit welcher Vehemenz sich jugendlicher Unmut auf dem Forum, das er gerade eröffnet, entladen wird. Und doch klingt es, als fordere er ihn geradezu heraus: »Wenn ihr hier seid … in einem beispiellosen weltweiten Treffen, mit Prinzipien, Zielen und vollständig neuen, eigenen Methoden, dann deshalb, weil das Gefühl sehr stark geworden ist, dass etwas in den Angelegenheiten der Welt nicht gut läuft … Es wird eure Aufgabe sein, sich mit den profunden Gründen der gegenwärtigen Unzufriedenheit auseinanderzusetzen.«

Und dann nennt er die größten Brandherde. Den Nahen Osten, wo die vor zweieinhalb Jahren angenommene Resolution des Sicherheitsrates noch immer unerfüllt ist, und Südostasien, wo der Vietnamkrieg tobt. Als er schließlich ausruft, unsere Jugend, unsere Selbstlosigkeit und unser Idealismus möge uns mit der Inspiration all der früheren jungen Generationen segnen, die der Welt in ihrer Geschichte neue Wege und Ausgänge aus alten Denkweisen und Zwängen gezeigt haben, und gar die Vokabel »Revolutionäre« in den Mund nimmt, da haben mindestens zwei Drittel der Delegierten ein virtuelles Che-Guevara-Barett in die Stirn gezogen. Und die professionellen UNO-Dolmetscher, denen man nachsagt, sie könnten beim Übersetzen lascher Regierungsstatements leichte Kriminalkost nebenher lesen, sparen viel Büchergeld. Die scharfen, undiplomatischen Klartextkaskaden der jungen Interventen, die auch keine Rücksicht auf das am Mikro aufblinkende »Langsamer!« nehmen, fordern ihre volle Konzentration.

Wer den Kongressverlauf genauer verfolgt, reibt sich über diese Jugend-UNO die Augen. So räumt der Abschlussreport der 1. Kommission über Weltfrieden nach einer Debatte von Delegierten aus über hundert Ländern, nationalen Befreiungsbewegungen sowie internationalen Jugend- und Studentenorganisationen zu einigen Punkten Meinungsverschiedenheiten ein, resümiert aber, die Kommission habe »klar erkannt, dass die Ursachen für Krieg und die Bedrohung des Weltfriedens in den imperialistischen Aggressionen und in der Unterdrückung der Völker durch Kolonialismus, Neokolonialismus, Rassismus und Apartheid gesehen werden müssen«.

Und dann geht's Schlag auf Schlag: Verurteilung der US-Aggression in Vietnam, Laos und Kambodscha. Solidarität mit dem palästinensischen Kampf für nationale Befreiung. Ablehnung der Expansionspolitik Israels und Forderung nach dessen Rückzug aus den besetzten arabischen Gebieten. Verurteilung kolonialer Unterdrückung wie in Mosambik, Angola, Guinea-Bissau. Kampf gegen die Apartheid-Regimes in Südafrika und Rhodesien. Ablehnung der interventionistischen Politik der USA in Lateinamerika, einschließlich der ökonomischen Blockade gegen Kuba. Forderung eines effektiven Systems der europäischen Sicherheit in Europa auf der Grundlage der existierenden Realitäten und bestehenden Grenzen, auch der Grenze zwischen der BRD und der DDR. Verurteilung der (damals noch) faschistischen Regimes in Spanien und Portugal. Einsetzung der Volksrepublik China in ihre vollen UNO-Mitgliedsrechte. Aufnahme beider deutscher Staaten in die Vereinten Nationen. Rückgabe des Panamakanals an seine rechtmäßigen Eigner und vieles mehr, was eine friedensbewegte, antiimperialistische Seele erfreuen kann.

Die meisten Forderungen finden sich in einer abschließenden Botschaft an die 25. Generalversammlung der Vereinten Nationen wieder. Hinzu kommt die Forderung nach Abzug der Sowjetarmee aus der ČSSR, was die Teilnehmer aus den Ländern des Warschauer Vertrages gern abseitig gesehen hätten. Aber dass dieses ehrliche Anliegen eines großen Teils der Weltjugend aufgegriffen wird, macht es schwieriger, die geharnischten Proteste gegen aggressive weltpolitische Manöver der USA als bloße Überrumplungstaktik wohlgeschulter prokommunistischer Jungstrategen hinzustellen, wie es etwa die »New York Times« tut. Auch waren der Weltbund der Demokratischen Jugend und der Internationale Studentenbund, die üblicherweise als moskauhörig eingestuft werden, nur zwei von dreizehn Mitgliedern eines breit aufgestellten Vorbereitungskomitees. Zusammensetzung und Akzente der Weltjugendversammlung folgen einfach einer kritischen Weltsicht, die unter der Jugend eher Konsensus ist als am Tisch der *Mama Uno,* wo das politische Patt regiert.

In meiner Kommission 4, wo über das Thema »Mensch und Umwelt« und nebenbei auch über die Einflüsse von Presse und Massen-

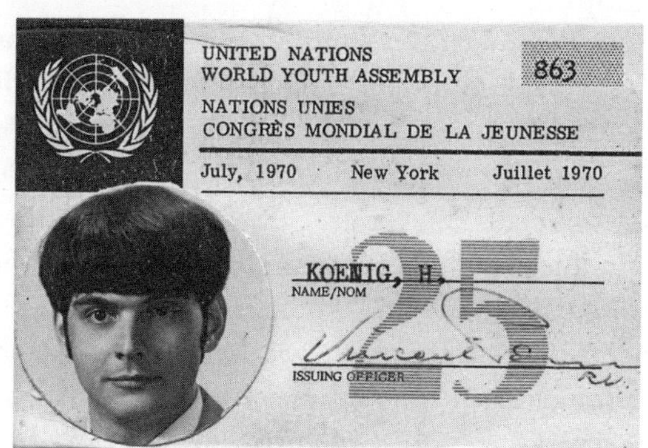

Teilnehmer-Ausweis für die Weltjugendversammlung

medien verhandelt wird, geht es vergleichsweise ruhig zu. Natürlich bin ich als Journalistikstudent dieser Kommission zugeteilt worden und habe schon zu Hause meine Rede ausgearbeitet. Ich hätte lieber abwarten und mein Statement vor Ort schreiben sollen. Nun habe ich mich zu früh gemeldet und muss den Diskussionsreigen mit meiner unerfahrenen Schreibtischrede eröffnen.

In Umweltfragen, die bei uns zu Hause stiefmütterlich behandelt und wirtschaftlichen Erwägungen untergeordnet werden, kenne ich mich schlecht aus und nehme deshalb Zuflucht zum Pressethema. Als ich mich dabei zu lange mit den zivilisatorischen Untaten der »BILD-Zeitung« aufhalte, unterbricht mich die irische Chairlady und erkundigt sich, ob ich beabsichtige, noch weitere unbekannte Presseorgane so ausführlich zu würdigen. Dieser Auftakt ist misslungen, so dass ADN-Korrespondent Wolfgang Meyer, das ist unser ständiger Solist in New York, die Hände über dem Kopf zusammenschlägt. Wie man eine solche Rede halten kann, mauzt er Frank Bochow an. Aber der sagt: »Na so schlimm ist es nun auch wieder nicht, wenn einer der Verschmutzung der Flüsse die Verschmutzung der Hirne voranstellt.« 41 Jahre später, als ich die Trauerrede für meinen Freund Frank halte, erinnere ich an diesen Trost. Wer solche Sätze bilden konnte, den musste man ins Herz schließen.

Nach der verpatzten Rede ist mir etwas anderes besser gelungen. Der griechische Komponist Mikis Theodorakis, kürzlich aus der Gefangenschaft der putschenden Obristen befreit, ist über den WBDJ zur Weltjugendversammlung gekommen, hat sich aber wegen der Anwesenheit von jugendlichen Abgesandten der Militärjunta aus den Debatten zurückgezogen. Dafür findet im Manhattan Center eine Solidaritätsveranstaltung zur Unterstützung des griechischen Widerstands statt. Pete Seeger ist dabei, auch Arthur Miller.

Bis 1968 hatte ich einen Briefwechsel mit Pete geführt. Er schickte mir Liederhefte und Noten und einmal sogar Harold Leventhal persönlich ins Haus, den legendären Musik-Manager. Der stand einfach so mit netten Grüßen von Pete an der Wohnungstür in der Schönhauser Allee und bat mich, ihn zum sowjetischen Ehrenmal nach Treptow zu begleiten. Wieder so eine Sensation fürs Leben, die ich gar nicht gleich erkannte und die mich erst viel später den Atem anhalten ließ. Denn was wusste ich schon über Leventhals Vita, sein linkes Credo vor, während und nach der McCarthy-Ära, seine prägende Zusammenarbeit mit Pete Seeger und den Weavers, mit Woody Guthrie, Peter, Paul and Mary, Joan Baez oder Bob Dylan, mit Martin Luther King und der amerikanischen Bürgerrechtsbewegung? Wegen seiner kommunistischen und gewerkschaftlichen Sympathien oft an den Pranger gestellt, hat er sich in seiner Pionierarbeit für die amerikanische Folk- und Protestsongbewegung nie beirren lassen. Zum Treptower Ehrenmal mochte der US-Soldat des Zweiten Weltkrieges wohl deshalb gehen, weil er die antifaschistische Waffenbrüderschaft mit der Roten Armee über die Auswüchse des Kalten Krieg nicht vergessen wollte.

Die DDR-Delegation meint, ich solle im Manhattan Center mittun – und habe doch nicht mal meine Gitarre dabei. Also reiche ich einen Zettel auf die Bühne, ich sei König aus der DDR und könnte zwei Theodorakis-Lieder vortragen, wenn mir Pete Seeger seine Gitarre leihen möchte. Er kenne mich und würde es wohl riskieren. Ich bin dann fast so schnell auf der Bühne wie mein Zettel. Pete Seeger bringt seine Gitarre in eine mitteleuropäische Stimmung. Ich singe »Die ganze Erde uns« in der deutschen Übertragung von Bernd Jentzsch mit den donnernden Versen *Bald werden wir im Land die Glocken läuten. Die ganze Erde uns, und kein Stück unsren Feinden!* Und »Die Front der Patrioten ruft«. Letzteres war unlängst, nur mit

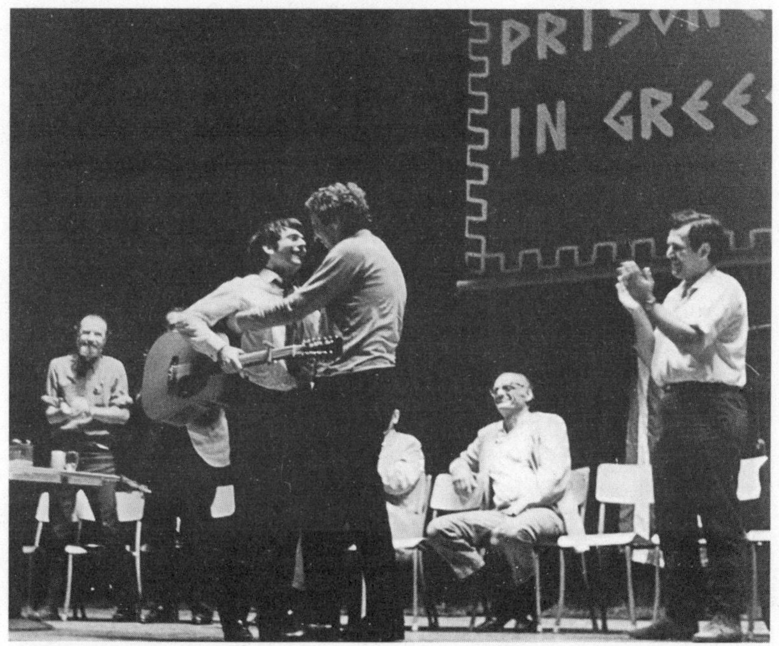

Manhattan Center in New York: auf Pete Seegers Gitarre Lieder von Mikis Theodorakis (v. l.: Pete Seeger, Hartmut König, Mikis Theodorakis, Arthur Miller, Moderator)

Theodorakis' Stimme und Schlaghölzern aufgenommen, von dessen griechischem Internierungsort in die DDR gelangt und von mir noch am Tage des Erhalts nachgedichtet worden, damit es am Abend im DDR-Fernsehen gesendet werden konnte.

Der Beifall im Manhattan Center ist erfreulicher als der in der 4. Kommission. Einige Leute stehen auf den Stühlen. Theodorakis drückt mich fest. Diese Begegnung wird ein Nachspiel haben. Als ich Mikis fast ein Jahrzehnt später in Berlin wiedertreffe und ihn zum Festival des politischen Liedes einlade, knüpft er sein Ja an eine Bedingung: Er müsse den »Canto General«, den er nach Texten von Pablo Neruda komponiert hat, aufführen dürfen. Ich halte das allein aus Zeitgründen für unmöglich. Wie es dann doch zu diesem denkwürdigen Ereignis im Berliner Palast der Republik kam, ist eine andere Geschichte.

Vor dem Manhattan Center besuchen wir noch das Biltmore Theatre in der 47. Straße, irgendwo zwischen Broadway und 8th Avenue. Hier läuft die Premierenfassung des Musicals »Hair«. Die Autoren haben generös zur Finanzierung der Weltjugendversammlung beigetragen und deren Teilnehmer nun in eine Vorstellung eingeladen. »Hair« ist längst eine Weltnummer, und den Ruf »Let The Sun Shine In« haben wir auch in unseren Studentenbuden befolgt. Ich tat's wegen der Musik. Die Hippie-Philosophie blieb mir suspekt. In New York verstehe ich zwar ihre Wurzeln besser, aber Rausch war mir keine akzeptable Haltung.

Als die Darsteller im letzten Bild vor der Pause ihre Kleider nicht mehr tragen sollen, stürzen Statisten in Polizeiuniform in den Saal, richten ihre Stabtaschenlampen auf die Gesichter im Parkett und rufen: »Das ist obszön. Sie alle sind verhaftet.« Vom sicheren Rang aus kann ich sehen, wie Gennadi Janajew in der ersten Reihe zusammenzuckt. Er scheint das einen Augenblick lang für bare Münze zu halten, und als Chef des Komitees der Jugendverbände der Sowjetunion befürchtet er wohl die Folgen skandalöser Schlagzeilen in den USA. Damals sehe ich Janajew übrigens zum ersten Mal, er wird später in der Jugendarbeit mein Kollege und noch später Gorbatschows Stellvertreter im sowjetischen Präsidentenamt sein, bevor er als Chef des Moskauer Notstandskomitees – vulgo: Chefputschist gegen Gorbatschows Politik – seine politische Karriere in einem Moskauer Gefängnis beendet. Warum ich seine schisserhafte Reaktion im Biltmore Theatre nicht vergessen habe? Vermutlich, weil sie nicht zu seiner großrussischen Machtpose passte, die mich während unserer Zusammenarbeit in der Jugendbewegung stets irritierte.

Zu Weltversammlungen gehören Empfänge. Sie sind für Delegationen mit kleinem Taschengeld – die größte DDR aller Zeiten gehörte zeitlebens zu den größten Geizkragen bei Valutareisemitteln – ein wahrer Segen. Man bedient sich kostenlos an den Buffets. New Yorks Bürgermeister, John V. Lindsay, lädt denn auch mit dem ausdrücklichen Hinweis »lots to eat, soft drinks, beer« in seine Residenz an der East End Avenue ein. Dort gibt es dieselben Pappteller wie zuvor bei U Thants Empfang, zu dem der UNO-Generalsekretär jeden einzelnen Teilnehmer mit Handschlag begrüßte. Seinen Händedruck empfand ich als sehr sanft. Andere nannten ihn lasch und meinten, er weise auf einen Charakterzug hin, mit dem Kompromisskandidaten für derartig hohe Ämter im internationalen Machtvakuum ausgestattet sein müssten.

Wir sind noch bei einem anderen Generalsekretär zu Gast. Dem der Kommunistischen Partei der USA. Gus Hall zeigt uns das Fenster, von dem aus sein Büro vom FBI beobachtet wird, und serviert einen selbstgemachten Kartoffelsalat. Ist schon komisch. Der zu SED-Parteitagen wie ein US-Präsident durch Berlin kutschiert wird, hat hier eine Schürze umgebunden und bedient uns Staubkörnchen der Weltrevolution höchstpersönlich. Das veranlasst Frank Bochow zu einem weiteren schönen Satz: »Guck mal, was hier die Generalsekretäre alles selber machen dürfen!«

Das Haus, in dem sich die kubanische UNO-Vertretung befindet, wird observiert wie Satans Festung. Einer Festung gleicht sie auch, gewiss keiner satanischen. In den Fenstern Sandsäcke, übersichtliches Mobiliar mit aufmunternden Bild- und Schriftbotschaften an den Wänden. Und die Runde, die hier zu Gast ist, bunt wie das antiimperialistische Spektrum der Assembly, fühlt sich auf eigentümliche Weise in dieser städtischen Zitadelle zu Hause. Es gibt viel Rum, wahlweise entschärft durch Coca Cola. Eine komische Koexistenz, dieses braune Gesöff, denke ich, solange ich noch denken kann. Denn in der Mischung sind die Verhältnisse so unklar wie schon bald die Konturen des Raums und der Anwesenden. Die schönste Frau der Konferenz, eine Palästinenserin, hat mich um einen Cuba Libre gebeten, aber die Balance verlässt mich in der Saalmitte und will sich erst wieder auf der nächsten Besuchsstation einstellen. In der bulgarischen Mission. Hier kümmert sich die stellvertretende UNO-Botschafterin, Elena Gawrilowa, mütterlich um mich und verbietet mir, eine in der Jackett-Tasche aufgefundene Havanna-Zigarre anzuzünden. Elena spricht perfekt deutsch. Ihr Mann, ein in Bulgarien bekannter Partisanengeneral, ist in New York der Missionshausmeister. Theoretisch finde ich diese familiäre Konstellation revolutionär. Bochow belehrt

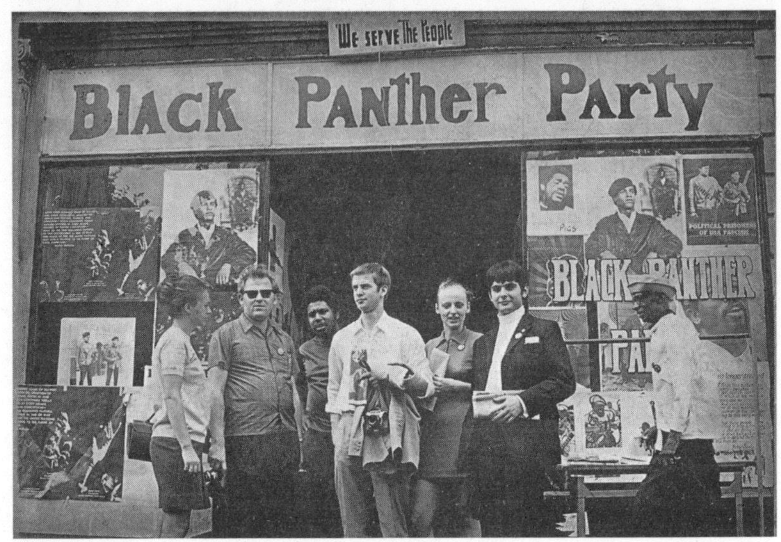

New Yorker Stadtteil Harlem: vor dem Office der Black Panther Party

mich über Getränke: *Auf Empfängen säuft man ein Glas weniger, als man verträgt.* Als ob er selbst immer mitzählen würde. Und außerdem – wie singt der Oktoberklub? *Ein Vorsatz, der ist wie ein Aal. Du fasst ihn, aber halt ihn mal!*

In bestimmte New Yorker Stadtteile wie Harlem soll man in jenen Jahren nicht ohne schützende Begleitung gehen. Wir halten uns daran und können, sicher eskortiert, die Büros der »Black Panther Party« und der »Young Lords« besuchen. Die Black Panthers sind nach blutigen Bürgerrechtskämpfen der schwarzen Bevölkerung und der Ermordung von Malcom X Mitte der sechziger Jahre – ursprünglich zur Selbstverteidigung – gegründet worden. Sie hatten aber in ihrem 10-Punkte-Programm weitgehende politische und soziale Forderungen erhoben und wurden immer wieder mit konkreten Initiativen an der Basis aktiv. Vom FBI mit Fiebereifer verfolgt, unterwandert und falschen Verdächtigungen ausgesetzt, ist die Partei Anfang der siebziger Jahre politisch und materiell sehr geschwächt.

Die Young Lords Party versteht sich als puertorikanische Befreiungsorganisation. Der siebenundzwanzigjährige Robert Lemus,

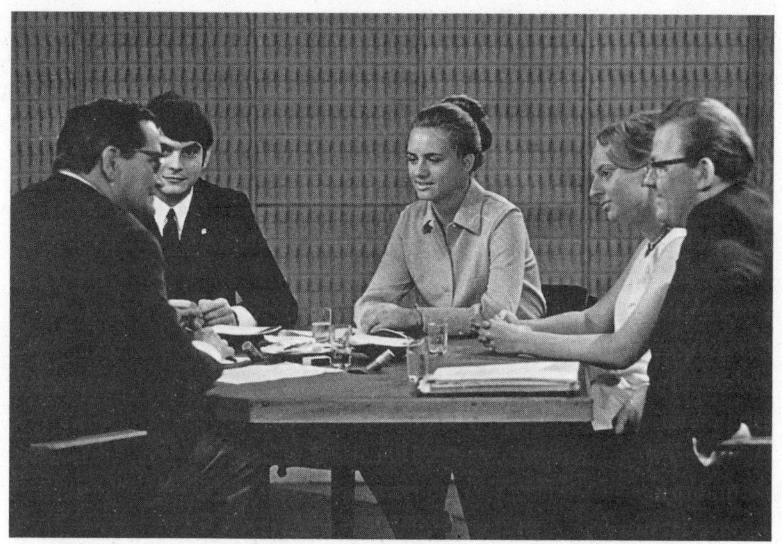

Im Fernsehstudio mit Karl-Eduard von Schnitzler

Captain der Young Lords, führt uns durch das spanischsprachige »Barrio« von Ost-Harlem, erzählt von blutigen Razzien der Polizei. Die Young Lords wehren sich dagegen und verbinden, wie die Black Panthers, in ihrem Programm politische mit sozialen Anliegen. Sie fordern Bildungschancen, menschenwürdige Wohnbedingungen und Gesundheitsfürsorge.

Am Ende der Weltjugendversammlung wird der restriktive B II-Status unserer Visa aufgehoben, und wir könnten die USA frei bereisen. Wir fahren aber nur nach Redding im Bundesstaat Connecticut. Nicht weil Mark Twain hier vor sechzig Jahren sein aufregendes Leben beendete, sondern weil uns eine amerikanische Familie per UNO-Vermittlung in ihr Haus eingeladen hat. Der sechzehnjährige Sohn chauffiert uns zum Anwesen. Wir treffen auf nette, gebildete Leute – nur wo die DDR liegt, müssen wir ihnen auf dem Atlas zeigen. Sie haben Steaks auf den Grill gelegt, später spielen wir Tischtennis und erzählen beim Whisky ein bisschen von unseren unterschiedlichen Leben. Eine so herzliche Gastfreundschaft empfand ich auch am russischen Ladogasee. Wie sich Menschen ähneln können, wenn sie ihre Feindbilder beiseitestellen. Die konsumierten Schnapsmengen unterscheiden sich allerdings beträchtlich.

In die DDR zurückgekehrt, haben wir einen großen Bahnhof. Dass wir das Universalitätsprinzip der Vereinten Nationen, das staatlich noch unerfüllt ist, personifizieren durften, macht uns zu einer politischen Kostbarkeit. Karl-Eduard von Schnitzler lädt uns zu seinem traditionellen, im Fernsehen übertragenen Sonntagsgespräch des Deutschlandsenders ein. Anders als in manchen späteren Folgen seines »Schwarzen Kanals« findet er einen sachlichen, anregenden Ton. Vielleicht liegt es an dem Cognac, den er uns zuvor als gute Stimulanz empfiehlt und selbst maßvoll genießt.

Tatsächlich löst schon ein Gläschen die Zunge, als wir über die jugendlichen Attacken in New York berichten, die scharf waren wie ein Chili-Kompott. Und so ungenießbar für den Mainstream in der UNO, dass die seither nie wieder plante, das Experiment zu wiederholen. Vielleicht eine unnötige Vorsicht, denn größere Kontingente der Jugend schütteln heute verständnislos den Kopf, wenn man ihnen von der unbändigen Lust ihrer Altvorderen auf so wunderbaren Tumult erzählt. Wie, um Himmels willen, könnte sich eine solche Lust wieder aufrichten?

Prag, Platz des 17. November

Im Sommer 1973 übersiedle ich nach Prag. Ich habe meine Dissertationsschrift fertiggestellt, jedoch noch nicht verteidigt. Nach Plan sollte ich in die Redaktion des »Neuen Deutschlands« zurückkehren. Allerdings hat Frank Bochow, der die internationale Arbeit der FDJ verantwortet, Andeutungen gemacht, man wolle im Zentralkomitee der SED meinen Einsatz als Chefredakteur der »Welt Studenten Nachrichten« anregen. Die WSN werden vom Internationalen Studentenbund in Prag herausgegeben und versprechen neben einem angenehmen internationalen Lüftchen schlanke Anleitungsstrukturen. Während ich mir diese Idee schönredete, war sie von der Einsatzkommission, die im allesplanenden Sozialismus die Absolventen an ihre künftigen Arbeitsstätten lenkte, bereits entschieden. Diesmal wie auch später hatte ich keine Karriereplanung betrieben. Umso neugieriger falle ich nun in die zugeteilte Aufgabe.

Das Umzugsgepäck ist auf Zukunft sortiert. Ich bin noch nicht verheiratet. Aber Winnie, meine zukünftige Frau, ist schwanger und wird nachkommen. Sie studiert im letzten Semester und erhält gerade noch vor der Geburt ihr Diplom als Fernsehjournalistin. Wir haben uns im »roten Kloster« kennengelernt. Besser gesagt: Wir sind uns dort begegnet, kennengelernt haben wir uns an Orten mit Musik und Kerzen. Ich habe dem DDR-Fernsehchef, Heinz Adameck, eingeredet, dass er für die große Tschechoslowakische Sozialistische Republik mit den Magistralen Prag und Bratislava mehr als *einen* Korrespondenten benötigt. Und meine Zukünftige koste schließlich nur Gehalt, kein Wohngeld. Adameck telefonierte nach wenigen Tagen sein Einverständnis.

Dann komme ich im Prager Stadtteil Krč an. In der Antala staška hat uns der ISB eine Zweiraumwohnung zugewiesen. In der Nähe liegt das Nusletal mit seinen freundlichen Häuschen und Villen im Stil der zwanziger oder dreißiger Jahre. Unser Reihenhaus trägt die Uniform der Fünfziger. Egal. Es ist Sommer, und im Hofgarten gibt es Blumen und Bäume. Paradiesisch im Vergleich zur Stickluft rund um unsere Studentenbude im Leipziger Stötteritz. Wer die Wohnungsnot in der DDR kennt, versteht das Glücksgefühl, wenn sich der Schlüssel zur ersten eigenen Wohnung im Türschloss dreht.

Die Prager Metro ist noch im Bau. Am Budějovické náměstí fährt die Straßenbahn Nummer 4, die mich ins Stadtzentrum bringt. Ich erinnere mich an den Prager Aufenthalt mit Kirsten vor fünf Jahren und denke an Hanuš Burger, der nicht weit von hier aus Begeisterung für Dubčeks *Lüftchen* über das Trottoir tänzelte. Er lebt nun in München. Die sichtbaren Spuren des militärischen Eingreifens im Sommer 1968 sind längst beseitigt. Anfangs versuche ich zu ergründen, was in den Menschen an Erinnerung zurückblieb, was sie denken, wenn sie das Wort *Sozialismus* sagen oder hören. Leider bin ich mit niemandem so vertraut, dass ich eine offene Antwort erwarten kann. Im ISB-Apparat, wo ich die meisten Kontakte habe, redet man vorsichtig von Konterrevolution. Als der Dubček-Vertraute Josef Smrkovský, zur Zeit des Faschismus Führer der illegalen Kommunistischen Partei, 1951 als Mitglied des Parteipräsidiums verhaftet, zu lebenslanger Haft verurteilt, später freigelassen und 1968 wieder ins Parteipräsidium aufgenommen, im Januar 1974 in Prag stirbt, gibt es keine offizielle Notiz.

Der Internationale Studentenbund hat seinen Sitz in der Vocelova. Anders als in dem pompösen Neubau am Platz des 17. November, Ecke Pařížská, in den wir später umziehen werden, sitzen wir hier auf engstem Raum. Fast wie noch eben in den Studentenbuden, zwischen Bergen von Papier, Flaschen und Geschirr. Kommt uns jemand aus der Dritten Welt besuchen, kann ihn kein pompöser Eindruck verschrecken. Der Platz des 17. November, unweit der ehrwürdigen Karls-Universität, ist vielleicht aus historischen Gründen die geeignetere Adresse, wenn nur der Neubau nicht so piekfein wäre.

Welche Historie? Nachdem Hitlerdeutschland am 1. September 1939 mit dem Überfall auf Polen den Zweiten Weltkrieg begonnen hatte, beteiligten sich überall Studenten an antifaschistischen

Pressekonferenz der Chile-Kommission des ISB 1973 in Prag (mit Generalsekretär Fahti El Fadl – Mitte – und dem chilenischen Vertreter Alejandro Yanes)

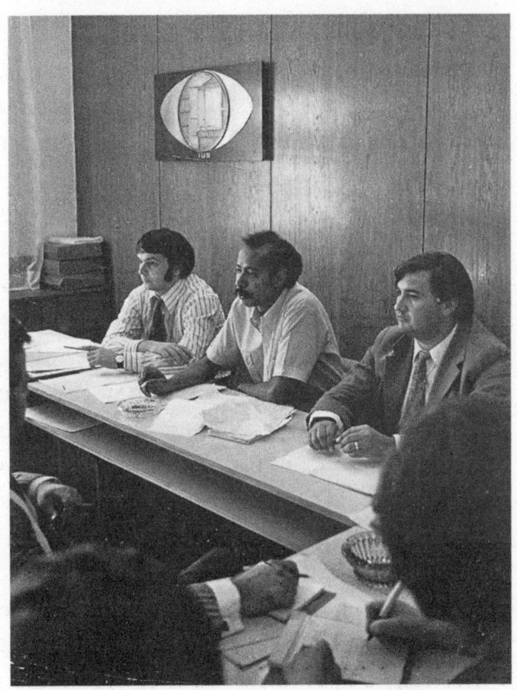

Bewegungen und Aktionen. So auch der Prager Medizinstudent Jan Opletal. Am 28. Oktober 1939, dem Jahrestag der Proklamation der Tschechoslowakischen Republik, schloss er sich einem Protestmarsch durch Prag an und wurde von den deutschen Okkupanten tödlich verwundet. Sein Begräbnis am 15. November nahmen Tausende Prager, darunter viele Studenten und Hochschullehrer der Karls-Universität, erneut zum Anlass, um gegen die Besetzung ihrer Heimat zu demonstrieren. Daraufhin umstellten SS und Gestapo am 17. November die Prager Studentenheime, verhafteten Studenten und Hochschullehrer, von denen sie 1200 in Konzentrationslager deportierten. Die tschechischen Hochschulen und Universitäten wurden geschlossen.

So prägte sich dieser Tag im Gedächtnis des weltweiten antifaschistischen Widerstands ein, besonders unter der studentischen Jugend. Und als sich im Jahre 1941 in London deren Abgesandten zum Internationalen Studentenrat zusammenschlossen, erklärten sie den

17. November zum Weltstudententag. Bereits ein Jahr später wurde er international begangen. Jan Opletals Name blieb beispielhaft präsent für eine junge Intelligenz, die im Krieg und im Widerstand gegen den Faschismus ums Leben kam. Kommilitonen in aller Welt nahmen dieses Vermächtnis auf, wollten das Morden beenden, den Faschismus zerschlagen und der Welt eine gerechte Zukunft geben.

Alle Hoffnungen, diese Gemeinsamkeit würde in der Nachkriegszeit Bestand haben, trafen auf harten Gegenwind. Dem Sieg der Anti-Hitler-Koalition folgte der Kalte Krieg. Er hatte sich am Antikommunismus der führenden Westmächte entzündet. Am Popanz der roten Gefahr sollte zerschellen, was sich in der antifaschistischen Aktionseinheit – keineswegs reibungslos – an Vertrauen aufgebaut hatte. Winston Churchill hatte dafür mit seiner berüchtigten Rede in Fulton im März 1946, in der er ein anglo-amerikanisches Bündnis gegen den östlichen Kommunismus forderte, die rhetorische Einleitung gegeben.

Allerdings ließ sich dieses politische und ideologische Kalkül angesichts der im Kampf gefestigten Bindungen nicht im Handstreich verwirklichen. Noch im März und im November 1945 hatten Studentenvertreter aus 13 respektive 38 Ländern die Gründung einer neuen internationalen Studentenorganisation angeregt. Ein internationales Vorbereitungskomitee, dem Vertreter der Studentenverbände der vier Hauptmächte der Anti-Hitler-Koalition sowie weiterer 35 Nationen Europas, Asiens, Lateinamerikas und des Commonwealth angehörten, hatte dann einen Internationalen Studentenkongress für August 1946 nach Prag einberufen. Auf ihm wurde der ISB gegründet und der Tagungsort wegen seiner historischen Bedeutung zum Sitz der Organisation bestimmt.

Früh gab es Bestrebungen einiger westlicher Studentenfunktionäre, den ISB auf politikferne, »rein studentische« Belange zu reduzieren. Aber allein schon der blutige Krieg der Kolonialmächte gegen nationale Befreiungsbewegungen zwang zur politischen Stellungnahme, oft gegen den Willen nationaler Studentenführungen, die seinerzeit regierungskonform agierten. So dauerte es ein halbes Jahrzehnt, bis mit der Internationalen Studentenkonferenz (ISK) eine Gegenorganisation zum Internationalen Studentenbund installiert war. Sie löste sich auf, nachdem 1967 ihre Finanzierung durch den amerikanischen Geheimdienst CIA enthüllt wurde. Das war sechs Jahre bevor ich beim ISB zu arbeiten begann. Inzwischen hatten sich die Beziehungen zu einer Reihe nationaler Studentenverbände, die dem ISB einst den Rücken kehrten, entspannt. Die Kontakte zu anderen internationalen und regionalen Jugend- und Studentenorganisationen sowie Nichtregierungsorganisationen, vor allem unter dem UNO-Dach, hatten sich intensiviert. Die Schatten des Kalten Krieges waren kürzer geworden, aber auf den Wegen zu neuer Kooperation noch immer unsere Begleiter.

Das tschechische Wort für November heißt *listopad*, erinnert an Blätterfall, die Natur des Monats, der in reifen Farben untergehen lässt, was sich doch wieder erneuern kann. Ich habe diese Jahreszeit mit ihrem herben Geruch von moderndem Laub und zerstoßenen Kastanien immer geliebt. Der Hoffnungen und Sehnsüchte wegen, die in ihm aufgehoben sind. Aber *listopad* ist in Prag eben auch ein politisches Vermächtnis. Als ich an die Moldau komme, drängt – ich tue nichts dazu – die Geschichte des Studenten Opletal in mein Gefühl von Ankunft. Sein Leben und sein Tod haften an meiner Arbeit. Und an der Stadt, die mir umso heimischer wird, je mehr ich sie als frühes antifaschistisches Podium, spätere Transitstation oder Asyl deutschsprachiger Intellektueller entdecke: F.C. Weißkopf, John Heartfield, Wolfgang Langhoff, Hanns Eisler, Egon Erwin Kisch, Erwin Piscator, Max Brod, Anna Seghers, Ludwig Renn, Louis Fürnberg, Jan Koplowitz, Stefan Heym. Und noch heute, wenn ich in Lenka Reinerovás oder Hanuš Burgers Erinnerungen lese, die Narodní entlanggehe oder in der Alt-Prager Kneipe »Zu den zwei Katzen« Svicková mit Knödeln bestelle, will sich dieses alte Gefühl von *listopad* einstellen.

Die Presse- und Informationsabteilung des ISB ist international besetzt und verfügt über einen hervorragenden Dolmetscherdienst. Die Korrektursprache für die WSN, die auch in Französisch, Spanisch und Deutsch erscheinen, ist Englisch. Ich finde mich ganz gut zurecht, kann Eigenes in meiner Muttersprache verfassen und verbessere meine Sprachfähigkeiten, indem ich die Ausgaben vergleiche. Die Redaktionssekretärin, eine Tschechin, spricht, wie die meisten

Angestellten, deutsch und trägt zehnmal im Jahr die Skripte und grafischen Vorlagen ins Dresdener Druckhaus. Soviel Bequemlichkeit ist Gift für meinen Vorsatz, perfekt Tschechisch zu lernen. Den vom ISB bezahlten Lehrer schicke ich zu oft nach Hause, und heute, wo mich die Erinnerung mindestens einmal im Jahr an die Moldau treibt, ärgere ich mich über meine einstige Faulheit.

Zehn WSN-Ausgaben im Jahr bringen niemanden zur Erschöpfung, sagte mein Vorgänger. Ich habe noch keine Meinung dazu, bin ja erst ein paar Tage im Amt. Da brennt in Santiago de Chile der Regierungspalast »Moneda«. Die Junta um General Pinochet hat die frei gewählte sozialistische Regierung Salvador Allendes weggeputscht und überzieht das Land mit blutigem Terror. Wie sehr hatte ich den Erfolg Allendes herbeigesehnt. Ich sah die Freude des einfachen Volks in dessen Rhythmus auf den Straßen, aber ich spürte auch die Gefährdungen, denen das politisch und sozial ambitionierte Volksfrontexperiment ausgesetzt war. Darüber schrieb ich ein Lied, das ich mit dem Oktoberklub sang: *Chile tanzt. / Allende zog ein in die Arbeiterstuben. / Allende hat sich in Bauernhütten verschanzt. / Neben Gewehren atmet das Volk und tanzt.*

Erst ein paar Wochen zuvor, zu den X. Weltfestspielen in Berlin, hatten wir in die Lieder der befreundeten, längst weltbekannten chilenischen Gruppe Inti Illimani eingestimmt. In das Entsetzen über die chilenische Tragödie mischt sich Erleichterung, dass sie – wie »Quilapayún« immer noch im Ausland – den Blutorgien entkommen ist. Anders als Víctor Jara und Tausende Aktivisten und Sympathisanten der Unidad Popular, die im Moment der Nachricht von Allendes Tod oder in den kommenden Stunden und Tagen verschleppt, gefoltert, erschlagen werden.

Mit dem chilenischen Vertreter, Alejandro Yanez, beraten wir, was man von Prag aus tun kann. Das ISB-Sekretariat bildet eine Chile-Kommission, deren Mitglied ich werde. Sie soll die Studentenaktionen international koordinieren. Ich schlage zwei Projekte vor. Eines ist die Víctor-Jara-Gedenkveranstaltung in der Berliner Volksbühne, die im Februar 1974 während des Festivals des politischen Liedes mit so vielen Teilnehmern stattfindet, dass selbst alle Aufgänge des Theatersaals

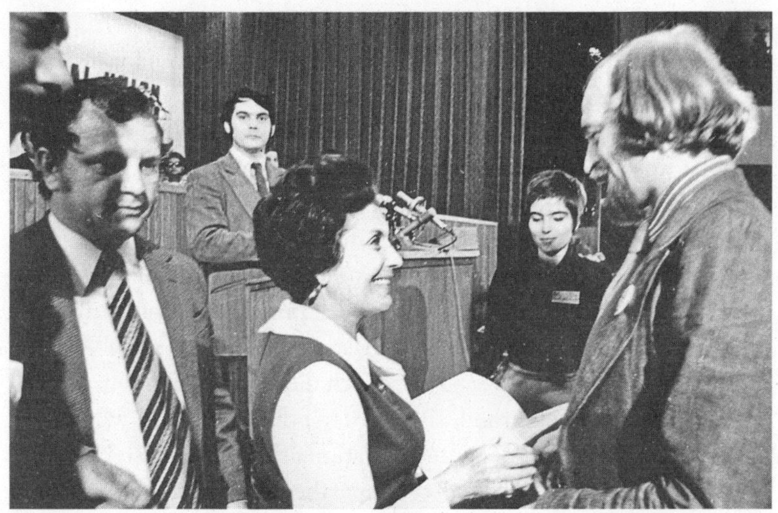

Mai 1974 in Budapest: Hortensia Bussi de Allende übergibt die Preise des »Internationalen Pablo-Neruda-Wettbewerbs«

belegt sind und es des Einspruchs von Werner Lamberz bedarf, damit die Feuerwehr das Konzert beginnen lässt. Joan, die Witwe Víctor Jaras, ist gekommen und Carlos Altamirano, der Generalsekretär der Sozialistischen Partei Chiles. Joan steht mit ein paar roten Nelken vor all denen, die in diesem Moment mit ihr trauern.

Der zweite Vorschlag: Ein internationaler »Pablo-Neruda-Wettbewerb«, zu dem Arbeiten verschiedener Genres eingereicht werden können. Im Mai 1974 werden in Budapest von Hortensia Bussi de Allende, der Witwe des aus dem Amt geputschten Präsidenten, die Preise übergeben. In ein Buch über den Verrat der Generäle schreibt sie mir einen Dank. Für eine Idee aus sicherer Deckung, während Widerstand in Santiago den Kopf kostet, wirkt er unverdient, und dennoch berührt er mich sehr.

Meine Zeit in Prag ist weltpolitisch ereignisreich. In Portugal fegt eine »Bewegung der Streitkräfte« den Diktator Caetano aus dem Amt. Eine von Salazar geerbte, inzwischen vier Jahrzehnte währende Gewaltherrschaft findet ihr Ende. Ein Lied, das schlichte »Grandola vila morena«, ist der im Radio übertragene Ruf zum Losschlagen gewesen.

Über Nacht bereichert dieser Song das progressive Liedrepertoire auf allen Kontinenten. Die Nelkenrevolution öffnet die Gefängnisse für die politischen Gefangenen und gibt dem Volk seine demokratischen Freiheiten. Der Führer der Streitkräftebewegung, General António de Spínola, war als Kritiker der unmoralischen und finanziell ruinösen Kolonialpolitik des Regimes kein Unbekannter. Nun legt die Nelkenrevolution die Grundlage für deren Überwindung.

Die Euphorie der nationalen Befreiungs- und antikolonialen Solidaritätsbewegungen ist im Moment des portugiesischen Aufbruchs groß. Auch ich bin angesteckt. Bei späteren Reisen nach Angola, Mosambik und Guinea-Bissau werde ich die kräftezehrenden, oft blutigen Kämpfe kennenlernen, die bei der politischen und wirtschaftlichen Konsolidierung der jungen Nationalstaaten zu bestehen sind. Die CIA und das südafrikanische Apartheidregime lancieren starke Gegenbewegungen. In der bipolaren Welt ist den Siegelbewahrern der kapitalistischen Hemisphäre der portugiesische Ruck zu links geraten. Die KP um den legendären Álvaro Cunhal ist unerwartet stark, die Einflusspotentiale der sozialistischen Staaten auf strategisch bedeutsam werdende Teile Afrikas haben sich über Nacht verstärkt. Bei meinem nächsten Aufenthalt in Berlin stößt Frank Bochow mit mir auf den Triumph der Nelken an. Später wird er als DDR-Botschafter nach Lissabon entsandt.

Die beiden deutschen Staaten werden in die UNO aufgenommen. Im Nahen Osten ist wieder Krieg, der sich vornehmlich auf der Sinai-Halbinsel und auf den Golanhöhen abspielt. Die Israelis drängen die syrischen Streitkräfte auf dem Golan hinter die Linien von 1967 bis kurz vor Damaskus zurück. Den späteren Waffenstillstand überwacht eine UNO-Truppe. Die Türkei marschiert in Nord-Zypern ein. Die griechische Militärjunta stürzt. Mikis Theodorakis, Melina Mercouri und andere Regimegegner kehren in ihre Heimat zurück. USA-Präsident Nixon wird durch den Watergate-Skandal zum Rücktritt gezwungen. Jassir Arafat, der Führer der PLO, darf erstmals vor der UNO reden und wird wie ein Staatsoberhaupt behandelt. Die sozialistischen Länder und viele Staaten der Dritten Welt haben das mit ihrem Mehrheitsvotum erzwungen.

Am 1. Mai 1975 ist Saigon befreit, die Grenzen zwischen dem Norden und dem Süden werden geöffnet. Innerhalb von acht Wochen haben 80 Länder die Provisorische Revolutionsregierung Südvietnams anerkannt. Die Auseinandersetzungen der eurokommunistischen Parteien mit dem Führungsanspruch der KPdSU in der kommunistischen Weltbewegung verschärfen sich. Ich denke, was zerfleischen wir uns so verbissen und übersehen die Überfälligkeit eines Denkens, das die Parteien in ihren nationalen Bedingungen akzeptiert und auf ihrem linken Marsch nicht bevormundet. Die Schlussakte der Konferenz über Sicherheit und Zusammenarbeit in Europa wird in Helsinki unterzeichnet. Hitlers Achsenfreund Franco stirbt, und Spanien atmet auf. Spannende Jahre im Kalender eines, der auszog, um am Weltenlauf linkerseits ein Nanomillimeterchen mitzuschrauben.

Nach drei Jahren in Prag soll ich internationaler Sekretär der FDJ werden. Auch diesen Karrieresprung habe ich nicht angestrebt. Will ich den vielleicht unumkehrbaren Berufseinstieg in die Politik überhaupt? Ich bejahe das aus Neugier und Interesse an den internationalen Vorgängen jener Jahre. Die Welt drängt nach links. Den Richtungssinn empfinde ich als befreiend. Der Spruch: *Wir sind überall auf der Erde! Auf der Erde leuchtet ein Stern,* den Reinhold Andert und ich am Vorabend der X. Weltfestspiele getextet haben, ist und bleibt mir eine große Ermutigung.

Auf dem Heimflug von der Moldau an die Spree versuche ich, Resümee zu ziehen. Was hat dem einstigen Christenkind sein kontroverses *Weltbild* aufgebaut? Das Stöbern in Philosophie und Geschichte, das Interesse an Biografien legendärer Links-Anwälte, die Liedermacherei. Aber eben auch das Reisen. Ich bin mir der privilegierten Lage bewusst, meine Weltanschauung durch das Anschauen der Welt überprüfen zu können. Ich weiß auch, dass zur Attraktivität des Sozialismus die Abschaffung dieses Privilegs gehören muss. Und dennoch freue ich mich, dass es mir in neuer Funktion erhalten bleibt. So wird es kommen, dass ich außer Australien, wo ich kein Visum erhielt, und der Antarktis, wo wir keinen Bruderverband ausmachen konnten, alle Erdteile bereisen kann.

Kooperation vor Abgründen

Im Oktober 1973 fahre ich für den Internationalen Studentenbund zum Weltkongress der Friedenskräfte nach Moskau. Er ist ein Treffen jener gesellschaftlichen Kräfte, die sich in ihren Heimatländern an Deeskalations- und Abrüstungsdebatten beteiligen. Künstler, Wissenschaftler, Geistliche, Sportler, Gewerkschaftler diskutieren im Kreml, im Hotel Rossija und an anderen Orten der Hauptstadt und später auch in weiteren Teilrepubliken der Sowjetunion über den sensibelsten Punkt auf der Weltagenda.

Die bipolare Welt steht vor Abgründen, die sich in der Paranoia des Kalten Krieges schauderhaft vertieft haben. Ein zügelloser Rüstungswettlauf hat Overkill-Kapazitäten an nuklearen und anderen Massenvernichtungswaffen geschaffen, die die Menschheit gleich mehrfach auszulöschen drohen. Jede weitere Hochrüstung würde nicht nur die globalen Risiken verstärken, sondern enorme Ressourcen der nationalen Wirtschaften binden. Aus beiden Gründen ist die Sowjetunion an wirksamen Schritten der Rüstungsbegrenzung und Abrüstung interessiert und hat wiederholt radikalere Vorschläge unterbreitet als die USA, die sich nur schwer vom Konzept des Totrüstens ihres politischen Gegners trennen wollen.

So sind es vor allem die Initiativen aus dem Osten, die die Weltfriedensbewegung beeindrucken. Die Counterstrategie der Abrüstungsgegner stellt sie als ideologische Fangarme dar. Aber bei den Konferenzteilnehmern aus der kapitalistischen Welt entdecke ich keine Sorge, als politische Handlanger Moskaus heimzukehren. Ich arbeite mit einer amerikanischen Schülerin an einen Statement und höre von ihr manche erregte Aufrechnung von Vergangenem. Vom Koreakrieg bis zur Berlin-Blockade, vieles in seinen Verkürzungen schwer hinnehmbar. Aber ihr Satz *Vergangenheit darf Zukunft nicht auffressen* ist in der Friedensfrage brauchbarer Konsens.

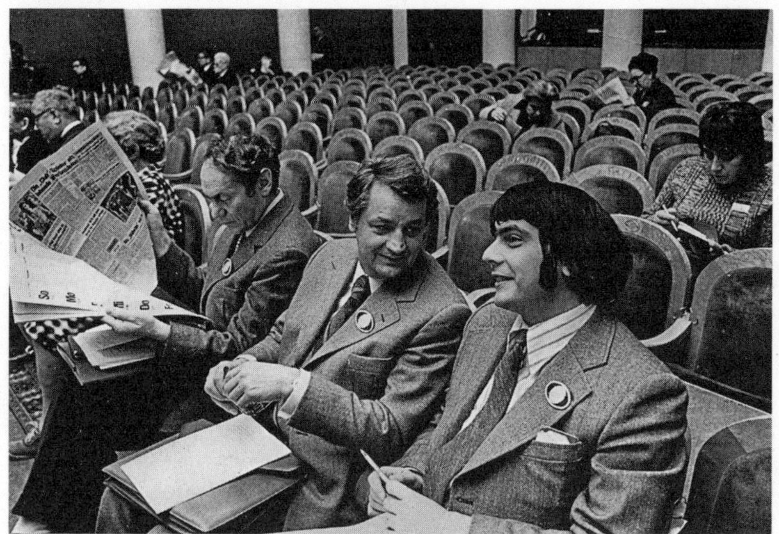

Im Gespräch mit Horst Drinda beim Weltkongress der Friedenskräfte 1973 in Moskau

In unserem Verständnis von friedlicher Koexistenz vereinen sich Aspekte kollektiver Sicherheit mit der Auslotung sinnvoller Kooperation in Wirtschaft, Kultur und Kommunikation. Nach dem Untergang des sozialistischen Weltsystems osteuropäischer Prägung wird unter linken Kräften die Frage gestellt werden, inwiefern die Länder unserer Gemeinschaft gerade die Sinnfrage der Kooperation fahrlässig entideologisiert beantwortet haben. Und ob Partikularinteressen und nationale Egoismen sozialistischer Bruderländer, die die Gemeinschaft ungenügend eindämmte, nicht ein fruchtbarer Boden für den Spaltpilz einer gewandelten antikommunistischen Strategie waren.

Die hatte neuerdings einer Weichspülung des sozialistischen Status quo gegenüber den früheren Roll-back-Szenarien den Vorzug gegeben. Sie schürte Belastungen in den Beziehungen der volksdemokratischen, später sozialistischen Länder, die durch die ambivalente sowjetische Haltung in der Deutschlandfrage, das Verhältnis zu Titos Jugoslawien, die Eskalation der sowjetisch-chinesischen Streitigkeiten oder die Entwicklungen in der ČSSR entstanden waren. Und sie zog divergierende wirtschaftliche und entwicklungspolitische Interessen ins Kalkül, wenn sie ihre individuellen »Behandlungspläne« konzipierte. Die in den sozialistischen Ländern herrschende Ideologie wurde nun als private Ansichtssache in das Spektrum aller auf der Welt existierenden Ismen eingereiht. Das geschah im Vertrauen darauf, dass beim Systemvergleich die noch immer überlegene Wirtschaftskraft und die konsumtiven Vorzüge des Kapitalismus die Errungenschaften und emanzipatorischen Potentiale des sozialistischen Anlaufs überstrahlen würden. Nüchtern betrachtet: Was sich als »Wandlung durch Annäherung« in die Weltgeschichte schob, war ein kluger, offensiver Schachzug der Gegenseite.

Heute meine ich, die Führungen der sozialistischen Länder versagten bei der Enthüllung und Zurückweisung dieses strategischen Manövers. Anstatt offensiv Positionen sozialistisch-demokratischer und ökonomischer Erneuerung einzunehmen, klammerten sie sich an den weltpolitischen Status quo. Sie betonten zu Recht die zwischenstaatlichen Sicherheitsaspekte, während sie fahrlässig die ideologischen Folgen dubioser, zuweilen panischer Entscheidungen in der Wirtschaft und auf anderen Feldern der Kooperation als beherrschbare Etappenmanöver in den Skat drückten. Beschwert durch die im Wettrüsten noch verschärften ökonomischen Ungleichgewichte der Systeme, geschwächt durch Querelen in der sozialistischen Staatengemeinschaft und in der kommunistischen Weltbewegung, schließlich irritiert von Richtungskämpfen im Kreml nach Breschnews Tod, verloren die Führungen der sozialistischen Länder ihre Offensivität und vermochten es auch nicht mehr, einig und entschieden vorzuführen, dass vor allem der Sozialismus das politische und soziale Gefüge der Welt vor einem ungezügelten imperialistischen Globalstreben schützt.

In den siebziger Jahren gilt mir jedoch das magische Dreieck Frieden – kollektive Sicherheit – Kooperation als entscheidende Bedingung dafür, dass der Sozialismus sich auf die Entwicklung seiner konstruktiven Potentiale konzentrieren kann und ihm die mit der Hochrüstung verbundenen sinnlosen volkswirtschaftlichen Aufwendungen erspart bleiben. In diesem Bewusstsein will ich in der internationalen Jugend- und Studentenbewegung für die Belange der Friedensbewegung tätig sein.

Ein Meilenstein für das staatliche und gesellschaftliche Hinwirken auf dieses Ziel ist die Unterzeichnung der KSZE-Schlussakte in Helsinki am 1. August 1975. Als nichteuropäische Länder sitzen auch die USA und Kanada am Konferenztisch. Ich habe das Bild vor Augen, wie Erich Honecker, durch die Maßgaben des Alphabets von Helmut Schmidt und Gerald Ford flankiert, seine Unterschrift leistet. Sein helles Jackett ragt neben dem dunklen Tuch seiner Nachbarn hervor, die Körpersprache hingegen signalisiert gerade in dieser exponierten Umgebung Gleichheit und Normalität. Wer in der DDR seine Heimat sieht und in der Anerkennungswelle, die sich in Honeckers Amtszeit rasant ausbreitete, den überfälligen Einsturz westdeutscher Alleinvertretungsansprüche, der genießt diesen Anblick.

Finnland, aus seiner Geschichte und Lage heraus als Austragungsort für die KSZE prädestiniert, übte schon früh seine Rolle und empfing im August 1970 die Delegierten einer Europäischen Jugendsicherheitskonferenz. Es war üblich geworden, multilaterale Vorhaben der Staaten auf der Jugendebene zu testen. Das Klima war ermutigend, und so fand bereits im Dezember 1971 in Florenz eine weitere Internationale Jugendkonferenz für Europäische Sicherheit statt.

Diesmal bin ich dabei. Noch nicht als Funktionär der FDJ, sondern mit einer Songgruppe meines Studienortes Leipzig, die zugleich vom Kommunistischen Jugendverband Italiens zu Auftritten in den toskanischen Städten Certaldo und Pistoia eingeladen ist. Die Konferenz wird im ehrwürdigen Palazzo Vecchio, der einstigen Residenz der Medici, eröffnet. Podgorny, Stoph, Brandt, Kreisky und andere Staatenlenker grüßen telegrafisch. Bürgermeister Bausi seufzt über den schweren Weg zum dauerhaften Frieden. Die Einberufung einer gesamteuropäischen Konferenz für Sicherheit und Zusammenarbeit wird unterstützt, der Faschismus in Spanien, Portugal und Griechenland verurteilt, die Anerkennung der DDR und die Aufnahme beider deutscher Staaten in die UNO gefordert, das Vereinigte Königreich wegen seiner Besatzermentalitäten in Nordirland gerügt und UNO-Generalsekretär U Thant aufgefordert, Einfluss auf die Beendigung der militärischen Auseinandersetzungen zwischen Indien und

Pakistan zu nehmen. Jede Formulierung im politisch breiten Teilnehmerspektrum muss erstritten werden. Ich gewinne Spaß am Metier.

Auch begegnet man hier Leuten, aus denen später TV-affine Politiker werden. Aus dem westdeutschen konservativen Lager zum Beispiel Matthias Wissmann von der Jungen Union, deren Bundesvorsitzender er zwei Jahre später sein wird. Als die FDJ-Delegation am Vortag einen Kranz für ermordete antifaschistische Widerstandskämpfer niedergelegt hat und das KP-Organ »Unita« nur über Begegnungen der KP-Jugend mit westdeutschen Teilnehmern berichtet, empört sich unser Delegationsleiter Frank Bochow. Die diplomatische Zurückhaltung seines späteren Botschafterlebens ist ihm noch fremd, deshalb macht er seiner Seele auf dem Klo des Kongresspalastes auf derbe Weise Luft: »Ist mal wieder ein Glanzstück unserer eurokommunistischen Freunde. Ochsen wie Wissmann werden sich ins Fäustchen lachen.«

Der Angesprochene, später Wissenschafts- beziehungsweise Verkehrsminister der alten Bundesrepublik und noch später Cheflobbyist der bundesdeutschen Autoindustrie, zieht an der Klo-Spülung und tritt kopfschüttelnd aus der Box. Dann geht er das vermutlich dem späteren Verteidigungsminister Volker Rühe erzählen, der auch auf der Teilnehmerliste steht. Ich merke mir, dass öffentliche Klos keine sicheren Orte für interne politische Statements sind.

Als ich beim Internationalen Studentenbund arbeite, werde ich dessen Vertreter bei den regelmäßigen Treffen für europäische Sicherheit und Zusammenarbeit in Brüssel und Lüttich, die ein breites Spektrum gesellschaftlicher Kräfte unter Leitung des Kanonikus Goor zusammenführen. Auch hier begegnet man interessanten Leuten wie dem ehemaligen polnischen Premier Józef Cyrankiewicz, der im Juni 1950 zusammen mit Otto Grotewohl den Görlitzer Vertrag über den Grenzverlauf an Oder und Neiße sowie zwei Jahrzehnte später mit Willy Brandt den Staatsvertrag zwischen Polen und der BRD unterzeichnete. Er hatte die Konzentrationslager Auschwitz und Mauthausen überlebt, war am Widerstand der Lagerinsassen beteiligt. Im Zusammenhang mit der Ablösung Gomułkas verlor auch Cyrankiewicz seine Spitzenstellung. Er fungiert nun als Vorsitzender des Gesamtpolnischen Friedenskomitees. In dieser Eigenschaft, wenngleich in der Aura alter Bedeutung, nimmt er an den Beratungen in Belgien teil.

In Lüttich lerne ich auch James Aldridge kennen, den britischen Autor australischer Herkunft, dessen Ruhm seiner Erscheinung nicht anhaftet. Sich ein wenig im Hintergrund haltend, als Literat und Journalist aber genau beobachtend und immer gern zu einem Gespräch bereit, finden wir ihn bei einer Erfrischung im Foyer des Tagungsgebäudes. Wir laden ihn zu einem Essen ein. Wir, das sind mein irakischer Kollege Labeed, Vizepräsident des ISB, und ich. Wir haben uns während anderer gemeinsamer Reisen etwas angefreundet. Vor allem, als wir im Anschluss an den Moskauer Weltkongress der Friedenskräfte die Sowjetrepublik Georgien besuchten. Labeed ist als irakischer Kommunist unter Saddam Hussein verfolgt worden und hat, wenn er sich nicht am ISB in Prag aufhält, Zuflucht in Hafez al-Assads Syrien gefunden. Dort darf die irakische KP legal arbeiten. Er schilderte mir, wie bei den Kommunistenverfolgungen im Irak seine Genossen abgeschlachtet in den Gossen lagen, und machte mir Vorwürfe, dass die DDR mit Saddams Regierung diplomatische Beziehungen pflegt. Nicht erregt, eher resigniert.

Wir folgen Aldridge in ein superteures Fischrestaurant, und der Autor bestellt drei Hummer, die er zum Glück dann auch bezahlt. Dieses Meerestier rangiert jenseits unseres Budgets und unserer kulinarischen Erfahrung. Aldridge bemerkt sogleich, dass wir das Werkzeug nicht beherrschen, und gibt uns eine diskrete Unterweisung. Danach essen er und Labeed das Schalentier mit äußerstem Genuss. Ich hingegen verrenke mir den Magen an meinem offenbar verdorbenen Exemplar. Bei der Erholung im Hotelzimmer versuche ich, den Roman zu rekapitulieren, den ich von James Aldridge gelesen habe: »Der Diplomat«. Er spielt 1946 vor dem Hintergrund antibritischer Unruhen im bisherigen Machtbereich Teherans, als deren Urheber das britische Außenministerium Moskau ausmachen möchte. Den Roman hatte ich in die Hand genommen, als mich die alten CIA-Aktionen gegen den frei gewählten iranischen Premierminister Mossadegh interessierten, der im Iran die Ölindustrie verstaatlicht hatte.

Friedensbewahrung, Abrüstung und Kooperation haben auch die sogenannten Internationalen Nichtregierungsorganisationen im Jugendbereich (International Youth and Youth Serving Non Governmental Organizations – IYNGO's) auf der Agenda, die mit dem UNO-System zusammenarbeiten. Sie treffen sich regelmäßig am Genfer Sitz der Vereinten Nationen. Bald nach meiner Ankunft in Prag erhalte ich den Auftrag, den ISB auf deren Tagungen zu vertreten.

Genf ist ein schweineteures Pflaster, und erst die Buchung eines erschwinglichen Pensionszimmers macht den Kopf frei für die Arbeit. Meine misslungene Rede bei der Weltjugendkonferenz der UNO in New York ist nun über drei Jahre her, aber sie drückt noch wie ein Kloß im Hals. Am Anfang jedenfalls. Die Verhandlungssprache ist Englisch. Das Vokabular ist auf ein paar Hundert politische Begriffe eingedampft, aber auch die muss man erst mal schlafwandlerisch sicher draufhaben. Sonst sind Anträge, denen du keinesfalls zustimmen darfst, angenommen, ehe du dich versiehst.

Irgendwann habe ich mich freigeschwommen, werden die Tagungen, Konferenzen und Kommissionsschlagabtausche mein Berufsalltag. Das Vokabular wandert mit. Und auch wohlbekannte Tagungsgesichter tauchen an wechselnden Orten wieder auf. Deshalb wächst selbst zu Kontrahenten manchmal eine Vertrautheit, die es angesichts der weltanschaulichen oder politischen Differenzen eigentlich nicht geben dürfte.

In den siebziger Jahren nehme ich an einer Friedenskonferenz in Finnland teil. Die DDR-Delegation wird von Albert Norden geleitet, der im Politbüro für Auslandsinformation und die Arbeit des DDR-Friedensrates zuständig ist. Er reist mit einem Flugzeug der Regierungsstaffel. Ich würde wegen anderer Verpflichtungen den Flieger der Delegationsmehrheit nicht schaffen, deshalb nimmt mich Albert Norden mit an Bord. Seinen persönlichen Begleitern muss ich versprechen, ihrem Chef während des Fluges Gesellschaft zu leisten und ihn gesprächsweise von ihrer Anwesenheit abzulenken. »Am besten, du redest mit ihm über die Singebewegung.« Das klingt wie Günther Jahns gleichlautende Aufforderung, als ein Protokollfoto mit dem entmachteten Walter Ulbricht anzufertigen war.

Aber wir kommen ja sowieso auf die Singeklubs zu sprechen. Mein Gegenüber befürchtet zu Recht, dass Friedensbekenntnisse schnell zu Lippenbekenntnissen würden, wenn neben all den Losungen der emotionale Appell fehlte. Die ältere Generation schöpfe ihre Sorge noch aus eigenen Erlebnissen des Krieges. Die Wachsamkeit der Nachgeborenen hingegen verinnerliche sich nicht ohne eine emotionale Ansprache, die sich vornehmlich aus der Geschichte und den Künsten speise. Da könnten Friedenssongs Erstaunliches leisten. Er nennt Brechts »Anmut sparet nicht noch Mühe« und Bechers Beschwörung, *dass nie eine Mutter mehr ihren Sohn beweint*. Letztere ohne zu bedenken, dass der Text der DDR-Nationalhymne nicht mehr gesungen wird. Dass er aber den Oktoberklub in diese Reihe stellt, freut mich. Zumal das einer sagt, dessen politische Eloquenz legendär ist. Auf profunder Bildung, bestechender Geschichtsanalyse und einem geschliffenen Argumentationsstil fußend, war sie in der Zeit seines größten Einflusses vor allem auf die Deutschlandpolitik gerichtet. Nun deutet sich sein körperlicher Verfall an. Vor dem Abflug hat es ihm Mühe bereitet, die Gangway hinaufzugehen. Seine Stimme kann kaum noch seine Gedanken tragen. Seine Aufgabenfelder sind schmaler geworden. Erstmals denke ich zaghaft (später öfter und ratloser) über die gerontologischen Probleme der obersten Führung nach.

Angst vor einem als Makel geltendem Machtverlust und die Furcht, außerhalb der Funktion auf vertrauliche Informationen verzichten zu müssen, machen das freiwillige Ausscheiden greiser Führungsmitglieder obsolet. Ein »Rat der Alten«, der im politischen Off nützlich agieren könnte, ist in der damaligen DDR kein Denkmodell.

Seit ich wusste, dass mich Albert Norden mitnimmt, war ich wieder neugierig auf dessen Biografie: Rabbinersohn, Jahrgang 1904, nach dem Gymnasium Mitglied der KPD, später für verschiedene kommunistische Presseorgane tätig, in der Emigration redaktionell an antifaschistischen, linken Blättern beteiligt, in Frankreich interniert, in die USA geflohen, nach Kriegsende mit dem dreijährigen Sohn Johnny (den ich ein Vierteljahrhundert später im Umfeld des Oktoberklubs kennenlerne) nach Deutschland zurückgekehrt. In Berlin Pressearbeit in leitenden Funktionen. Als Jude und Westemigrant gefährdet, in den

Sog der Slánský-Prozesse zu geraten, wird er aus der Schusslinie genommen.

Da wir unter vier Augen reden, könnte ich ihn nach dieser Zeit fragen. Aber das traue ich mich nicht. Das Thema ist weitgehend tabu, und vermutlich würde ich auch keine andere Antwort erhalten, als was er ungefragt erzählt. Er sei 1952 mit einer anderen verantwortungsvollen Aufgabe betraut worden (gemeint ist eine Professur an der Humboldt-Universität zu Berlin). Aus dieser Deckung heraus kam er wieder in verantwortliche Parteifunktionen, in denen er unter anderem für die Westarbeit der SED zuständig war. Das ganze Erklärungszeremoniell der nicht immer deckungsgleichen Moskauer und Ostberliner Deutschlandpolitik, die Enthüllung westdeutscher Expansions- und Remilitarisierungsbestrebungen stammen aus seiner geschliffenen Feder, sind mit intelligenter Stimme der Öffentlichkeit vorgetragen worden.

Das Bild, wie er das Braunbuch über die in der Bundesrepublik unbehelligt wieder in politische, wirtschaftliche oder andere Verantwortlichkeiten gelangten Nazis und Kriegsverbrecher vorstellte, begleitete mich, als ich zum ersten Mal in die BRD fuhr. Ich staunte, wie die weichen Gesichtszüge des Mannes sich zu schneidender Härte fügen konnten, wenn er zu Staudtes Warnung »Die Mörder sind unter uns« Namen nannte. Ich weiß bis heute nicht, warum sein Schriftzug unter dem von Erich Honecker initiierten Bittbrief an Breschnew fehlt, Walter Ulbricht abzulösen. Fürchtete man seine Weigerung zu unterschreiben, oder wollte man ihn diesem Gewissenskonflikt nicht aussetzen? Als wir im Flugzeug sitzen, ist das noch lange kein Thema. Später wünsche ich mir, es wäre tatsächlich die Furcht vor seiner Weigerung gewesen.

Brüderschaft

Wenn wir Bruderverbände sagten, dann meinten wir Brüderschaft im politischen Lager. Nicht immer mit identischen, aber mit nahen Positionen. Da die Bruderverbände in der Regel Jugendorganisationen von kommunistischen und Arbeiterparteien waren, spiegelte deren Verhältnis untereinander, zur Sowjetunion und zum sozialistischen Lager stets die Auffassungen ihrer Parteien wider.

Am intensivsten waren die Verbindungen unter den Jugendverbänden der sozialistischen Gemeinschaft. Der Leninsche Komsomol und das Komitee der sowjetischen Jugendorganisationen (KMO), Letzteres für die internationalen Beziehungen zu Jugend- und Studentenvereinigungen außerhalb der sozialistischen Gemeinschaft zuständig, nahmen großen Einfluss auf die Inhalte und die Koordination unserer Arbeit. Wir akzeptierten das prinzipiell und unterließen manche Einwendungen, die zum Beispiel beim rumänischen Jugendverband ständiger Politikstil waren. Die führende Rolle des Großen Bruders empfand ich auch persönlich als richtig und zweckmäßig, weil mir ein geschlossenes, wohlabgestimmtes Agieren unserer Verbände unerlässlich erschien. Mir wäre keine Kraft in den Jugendbewegungen unserer Gemeinschaft eingefallen, die diese Rolle sonst hätte einnehmen können.

Deshalb fand ich es auch logisch, dass mich Egon Krenz in Moskau als zukünftigen internationalen Sekretär der FDJ vorstellte. Ich vermutete Skepsis bei Leuten, die einen sowjetischen Bildungshintergrund in meiner Biografie vermissten. Etwa einen Abschluss am berühmten Moskauer Institut für Internationale Beziehungen, den manche meiner zukünftigen Mitarbeiter vorweisen konnten. Doch mit Jewgeni Tjaschelnikow stand dem Komsomol ein wunderbar offener und bescheidener Mensch vor, der nicht nach dieser Elle maß. Er ist den meisten Mitgliedern der damaligen FDJ-Führung bis auf den heutigen Tag nahe geblieben. Komsomolzen seiner Art begegnete man auf allen Etagen der Zusammenarbeit.

Ich sprach ganz gut Russisch. In der Schule hatte ich die Kapitulation vieler Klassenkameraden vor dieser komplizierten Sprache mit ihren sechs Fällen und renitenten Betonungen nie mitvollzogen. An der Universität festigte ich meine Kenntnisse. Frei sprechen lernte ich aber erst in der internationalen Arbeit, auf Tagungen und Konferenzen, bei Begegnungen und Korrespondenzen. Viele *Freunde,* wie wir die sowjetischen Genossen im politischen Umgang nannten, wurden es dann auch im persönlichen Wortsinn.

Natürlich war ich auch Mitglied der Gesellschaft für Deutsch-Sowjetische Freundschaft, aber da diese Organisation leider recht anämisch agierte, bevorzugte ich persönliche Kontakte wie Freundschaftstreffen, familiäre Runden oder brieflichen Austausch. Dennoch war DSF für mich immer mehr als das Kürzel der blassen Organisation. DSF war Charaktersache. Und sie blieb es erst recht, als die in der DDR stationierten Truppen der sowjetischen Armee so unwürdig nach Hause geschickt wurden. Oder als NATO-Staaten mit Deutschlands unseliger Beteiligung ohne UNO-Mandat das russlandfreundliche Belgrad bombardierten. Oder als man den Russen die Olympischen Winterspiele in Sotschi madig machen wollte.

Während ich das schreibe und die Osterweiterungspläne der NATO die Ukraine in das Dilemma einer blutigen Lagerentscheidung zwischen EU und Eurasien zwingen, bohrt wieder das alte DSF-Gefühl, obwohl das S längst aus dem Begriff gefallen ist. Es macht mich wütend, wenn sich eine neue »Koalition der Willigen« unter USA-Führung anschickt, Russland zu demütigen und den Antirussismus als neue Spielart des Kalten Krieges zu präsentieren.

Zur Wahrheit gehört allerdings auch, dass diese als unverbrüchlich apostrophierte Freundschaft im Alltag der politischen Arbeit nicht frei war von Belastungen und Prüfungen, die man schwer verstand. In der großen Politik mag es die tödliche Verzweiflung Erich Apels über eine nach dem Sturz Chruschtschows gewendete ökonomische Strategie und sehr kontroverse Dispute über ein langfristiges bilaterales Wirtschaftsabkommen gewesen sein, bei Ulbricht und

Honecker Zurechtweisungen in der Deutschlandpolitik. Aber auch in meiner Liga war zu erleben, dass taktische Auffassungen divergierten oder bei gewissen Freunden politischer Führungsanspruch und charakterliche Veranlagung disharmonierten.

Ungern denke ich daran, wie mich der sturzbetrunkene sowjetische ISB-Vertreter im Sekretariat aus unerklärlichem Anlass zusammenfaltete. Weil ich (SU = sakrosankt) den Tränen nahe war, nahm mich der Iraker Labeed zur Seite: »Er ist nicht die Sowjetunion. Er ist ein Arschloch.« Tags darauf nuschelte der so Genannte: »Hol dir alle Spritzen in den Hintern. Du fährst auf Erkundungsmission nach Afrika.« Konnte heißen »Entschuldige bitte, dafür gibt's eine interessante Reise« oder »Geh mir eine Weile aus den Augen«.

Auch Gennadi Janajew, den ich zum ersten Mal während der UNO-Weltjugendversammlung 1970 in New York erlebt hatte, war leider nicht von der charakterlichen Makellosigkeit Tjaschelnikows. Als Kollegen habe ich ihn oft genug sachlich überzeugend erlebt, aber Sympathie wollte sich nie einstellen. Bei einem Madrider Solidaritätstreffen für Chile verpasste er seinen Redeaufruf, weil er mit seiner engeren Entourage ins Kino gegangen war. Die eurokommunistisch eingestellten Veranstalter des Treffens sahen das sowjetische Rederecht süffisant als verwirkt an. Aber auch ich fand diese Nichtachtung des Solidaritätsgedankens unerhört. »Du machst Witze«, sagte der zurückgekehrte Janajew, als ich ihm seine Lage schilderte. Von wegen! Nur mit Mühe waren die kopfschüttelnden spanischen Jungkommunisten zum Einlenken bereit.

Während der XI. Weltfestspiele in Havanna ließ Janajew unseren Amtskollegen von der Föderation der Sozialistischen Jugendverbände Polens strammstehen und machte ihm laute Vorhaltungen, dass der polnische Verband entgegen allen Absprachen mit dem Bundesjugendring der BRD Beziehungen aufgenommen hatte. Wir wollten diese Zusammenarbeit tatsächlich vermeiden, solange die westdeutsche Dachorganisation die von uns als revanchistisch eingestufte Deutsche Jugend des Ostens als Mitglied führte. Natürlich war es unangenehm, dass gerade die polnischen Freunde in dieser Frage ausscherten. Aber coram publico und in dieser unbeschwerten

Festival-Atmosphäre, mit Conga, Castro und Mojito, war die öffentliche Standpauke ein Affront. Ich weiß nicht, was Jahre später dazu geführt hat, dass unser fröhlicher, hintersinnig spöttelnder polnischer Kollege aus dem Leben schied. Jedenfalls hat er so nicht mehr erleben müssen, wie sein einstiger Chef, der Vorsitzende der Föderation der Sozialistischen Jugendverbände Polens, Jerzy Smajdziński, in dessen Gesellschaft wir so viele Gläser auf den Niedergang des Imperialismus geleert hatten, nun der atlantischen Führungsmacht zuprostete. Nach der Wende in Polen wollte er als Verteidigungsminister seine französische Kollegin Mores lehren, weil Frankreich wie Deutschland Bushs Allianz der Willigen nicht in den Irakkrieg folgte. Unsereins rieb sich über den gewendeten Eifer Smajdzińskis, der 2010 als Insasse von Lech Kaczynskis Regierungsmaschine auf dem Weg nach Katyn tödlich verunglückte, verwundert die Augen.

Noch zwei andere uns gut bekannte Frontmänner der Jugendbewegung Volkspolens gelangten in höchste Nachwendeämter. Der einstige Jugendminister, Aleksander Kwaśniewski, wurde Präsident der Republik, und der Vorsitzende des Landjugendverbandes, Lezcek Miller, war zeitweilig Ministerpräsident. Ich staunte. In Deutschland durfte man höchstens Kultursekretärin einer FDJ-Gruppe gewesen sein, um in höchste Staatsämter zu gelangen. Unsere polnischen Altgenossen aber zogen die Schultern ein, als später enthüllt wurde, dass während ihrer Amtszeit die CIA ihre Gefangenen in illegale Foltergefängnisse auf polnischem Boden verbringen durfte. Der Straßburger Gerichtshof für Menschenrechte verurteilte Polen deswegen unter anderem wegen des Verstoßes gegen das Folterverbot. Unsereins würgt an seinen Fehlern. Die alten Kampfgefährten bereuen nicht einmal die Verbrechen im Umfeld ihrer zynischen Verwandlungen.

Aber zurück zu Janajew. Während eines Berliner Aufenthaltes rief der Chef des Komitees der sowjetischen Jugendverbände eines Morgens aufgeregt in meinem Büro an. Eine durchzechte Nacht im Hotel sei soeben mit einem Eklat zu Ende gegangen. Ein Delegationsmitglied habe in seinem Beisein der Zimmerfrau einen pfundschweren Aschenbecher ins Kreuz geworfen, als sie es wagte, den Umtrunk zu stören. Die Hoteldirektion habe angekündigt, sich beim sowjetischen

Botschafter Abrassimow zu beschweren. »Alterchen, ich beschwöre dich, mach alles, um sie davon abzubringen.«

Nie hätte ich Janajew einen derartig devoten Tonfall zugetraut. Aber hier ging es um Karrieren. Ich rief im Hotel an und erreichte eine gütliche Einigung ohne Abrassimows Notiz. Viele Jahre später, als Janajew auf Gorbatschows Drängen Vizepräsident der Sowjetunion wurde und während des Moskauer Putsches glücklos dem Notstandskomitee vorstand, ging mir durch den Kopf, dass jener Aschenbecherwurf auch ganz andere Auswirkungen auf die Weltgeschichte hätte haben können. So aber führte Janajew die Gruppe ranghoher sowjetischer Funktionäre an, die Gorbatschow am 19. August 1991 für abgesetzt erklärten, jedoch in wenigen Tagen scheiterten. Janajew wurde inhaftiert und 1994 begnadigt. Im September 2010 erlag er in Moskau einem Krebsleiden.

Doch überwiegen bei weitem die glücklichen Erlebnisse. Ich höre noch, wie mir die gewitzte Irkutsker Ideologiesekretärin des Komsomol an den Ufern von Baikal und Angara ihre Heimatliebe gesteht. Die Heimatliebe! Und ich bin gerade nicht verheiratet! Ihr Kraftfahrer versucht noch sein Bestes: »Sie hat ein zauberhaftes Kind, aber keinen Mann. Sie reibt sich auf in der Arbeit. Ich kaufe für sie ein und nehme ihr Wege ab. Aber was ist das schon? Sie braucht ein bisschen privates Glück. Nimm sie mit. In Deutschland ist doch jetzt eine andere Zeit. Im Krieg bin ich bis nach Berlin gekommen. Du kannst ja nichts dafür, was war. Dir würde ich sie geben.« Der Alte ist herrlich, aber es muss bei der Heimatliebe bleiben. Und so gibt er mir statt der Ideologiesekretärin wenigstens eingelegte Kremplinge mit auf den Heimflug, die ich aber in Moskau verschenke.

Mir fallen die usbekischen Kolchosbauern ein, die unter weinbewachsenen Traversen eine Tafel mit einfachsten Köstlichkeiten aufgebaut haben und sagen: Erst essen und trinken! Dann redet es sich fröhlicher über Politik. Oder im Sternenstädtchen die Kosmonauten, die vom blauen Planeten schwärmen und mit ihrer exklusiven Sicht auf den Globus von Frieden reden. Sie sind Weltstars und geben sich doch alle Mühe, so nicht zu erscheinen.

Oder, als ich das zweite Mal verheiratet bin, mit Birgit und Töchterchen Katharina im Urlaub auf der Krim die familiären Ausflüge. Freunde des Komsomol haben uns eingeladen und im Kofferraum ihrer Dienst-Wolgas 5-Liter-Gläser mit Samogon, Selbstgebranntem, zum Picknick befördert. Gorbatschows Anti-Alkohol-Kampagne ist im vollen Gange, und ich spüre körperlich, um wie viel mehr Hochprozentiges im Umlauf ist, seit den alten Saufzeiten abgeschworen werden soll. Wir trinken und singen. Die Freunde sind voller Hoffnungen und Erwartungen, die sich an jüngsten Enttäuschungen entzündeten. Katharina erklimmt einen Feldstein, reckt den rechten Arm richtungsweisend nach vorn und ruft: »Ich bin Lenin!« Alle Russen und Ukrainer prosten ihr lachend mit dem unerlaubten Klaren zu.

Tage später müssen wir auf der Rückreise zu mitternächtlicher Stunde in Kiew zwischenlanden und übernachten. Erst ein paar Wochen sind seit der Atomkatastrophe in Tschernobyl vergangen. Gorbatschows Glasnost reichte nicht bis an diesen unheiligen Ort. Wir kannten zwar den Vorfall, aber nicht seine Ausmaße. Nun sehen wir auf dem Weg zum Hotel in Kiews Innenstadt Armeeangehörige, die in voller Schutzkleidung die Straßen waschen. Es ist ein gespenstischer Anblick, und doch will er sich zu den guten Impressionen gesellen, weil wir neben allem Unbehagen Hochachtung für die aufopferungsvolle Arbeit der Helfer empfinden. Und da wissen wir noch gar nicht, wie rasant die tödliche Gefahr, in der sich Helfer befinden, mit der Nähe zum Unglücksort zunimmt.

Es ist hier nicht der Raum, die Kontakte zu den Jugendorganisationen in den Ländern der damaligen sozialistischen Gemeinschaft ausführlich zu schildern. Sie waren, abgesehen von unseren Gastaufenthalten zu Kongressen der Bruderorganisationen, von bilateralen Freundschaftstreffen und Konsultationen zur Kursbestimmung in der internationalen Jugend- und Studentenbewegung, vor allem auf den Erfahrungsaustausch über das Alltagsleben der Jugend gerichtet. Freizeit, Kultur und Jugendtourismus. Ökonomische Initiativen in den Betrieben, etwa zur Materialökonomie und Rationalisierung der Produktion. Bi- und multilaterale Aufbau-Projekte wie die Erdgastrasse.

Förderung junger Wissenschaftler und Erfinder. Entwicklungen unter der Land- und der Schuljugend, im studentischen Milieu, bei den bewaffneten Kräften. Unterstützung junger Familien. Das waren Themen auf der Agenda. Die Treffen wurden als Ideenbörsen geschätzt. Man goutierte oder verwarf, erbat mehr analytisches Material und schaute sich vor Ort um. So führte beispielsweise das Interesse für die FDJ-Singebewegung und das Festival des politischen Liedes in der ČSSR und in Bulgarien zu vergleichbaren Initiativen.

Aus dem Kreis der sozialistischen Länder Europas nahmen die Jugendverbände Albaniens und Jugoslawiens an derlei Konsultationen nicht teil. Das abgeschottete Albanien verweigerte sich der internationalen Jugend- und Studentenbewegung prinzipiell, während der Bund der Sozialistischen Jugend Jugoslawiens den Eindruck jeder Einvernahme durch den sozialistischen Staatenblock zu vermeiden suchte. Er engagierte sich international vor allem dort, wo im breiteren Teilnehmerkreis die Interessen der nichtpaktgebundenen Länder und Staaten der Dritten Welt tangiert waren. Bilaterale Kontakte mit Verbänden aus dem RGW-Bereich nahm der Jugendverband der SFRJ auch auf höchster Ebene wahr.

Eine meiner »Erprobungsreisen« vor der Übernahme des internationalen Ressorts im FDJ-Zentralrat war ein Freundschaftsbesuch unter Leitung von Egon Krenz in Belgrad und Sarajevo. Nach damaligem föderativem Proporz stand der jugoslawische Jugendverband unter Leitung des Kossovaren Azem Vlasi. Abgesehen davon, dass der Besuch atmosphärisch sehr angenehm verlief, blieben alle einvernehmlichen und kontroversen Standpunkte unverändert. Ich hatte den Eindruck, die jugoslawischen Gesprächspartner wollten uns die Vorteilhaftigkeit ihres Verzichts auf Gleichschritt und Uniformität in der Jugendarbeit demonstrieren, als sie von der Kraft der Individualität des einzelnen Mitglieds sprachen. Was hier im Vagen blieb, sprach die jugoslawische Delegation zum X. Parlament der FDJ 1976 im Klartext an. Die oberste FDJ-Leitung reagierte verärgert und beschwerte sich beim jugoslawischen Botschafter. Nachdenken wäre besser gewesen.

Hammel und Sichel

Apropos Blauhemd. Wenn wir bei linken Jugendverbänden in Westeuropa zu Gast sind, müssen wir am Abreisetag unsere FDJ-Shirts zurücklassen. Das Tuch ist ein Renner, daran ändern weder der Einmarsch von Warschauer Vertragsstaaten in der ČSSR etwas noch die eurokommunistischen Abkühlungen. Ich erinnere mich gut: Als die französischen Jungkommunisten von den X. Weltfestspielen 1973 mit dem Zug nach Hause fuhren, hatten sie ihre eingetauschten FDJ-Hemden übergestreift oder als Fahnen in den Fahrtwind gehalten. So passierten sie Westberlin und riefen: Heiß – heiß – heiß! Das Festival war heiß!

Manchmal in Paris oder Florenz, in Athen oder Nikosia begegnet man nun den verblichenen Hemden wieder und vergleicht deren Popularität unwillkürlich mit dem oftmals unpersönlichen, rituellen Verhältnis vieler FDJler zu ihrer Verbandskleidung. Denn so unrecht hatten die jugoslawischen Genossen 1976 mit ihrer Befürchtung nicht, verordnetes Blau könnte irgendwann stumpf werden. Was sind Fertiggerichte aus der Verbandsküche gegen den eigenen Spaß am Herd?

Wie sehr Selbermachen in den westeuropäischen Bruderverbänden inhaltliche, finanzielle und organisatorische Voraussetzung für den Erfolg ihrer Arbeit ist, erfahre ich bei Reisen nach Belgien, Finnland, Frankreich, Griechenland, Irland, Italien, Spanien, Zypern oder in die BRD, von denen hier nur selektiv berichtet werden kann.

Beim Kongress des Kommunistischen Jugendverbandes Italiens 1978 beschwört dessen Nationalsekretär, Massimo D'Alema, die stimulierende Wirkung vieler vermeintlich kleiner Basisaktionen auf die Akzeptanz der politischen Linie des Gesamtverbandes. Ich sehe das Bild des anderthalb Jahre Jüngeren vor mir, der im Kontrast zu seiner schmächtigen, zurückhaltenden Erscheinung eine fulminante Redebegabung besitzt. Damals steht er einem starken und selbstbewussten

Verband vor, dessen Mitglieder mit erhobener Faust kräftige »Avanti popolo« abfeuern, wobei ihre Stimmkraft zornig anschwillt, wenn die Zeile *Es lebe der Kommunismus und die Freiheit* an der Reihe ist.

Ein reichliches Jahrzehnt später wird der einst kommunistische Funktionär zum Mitbegründer der linksdemokratischen PDS, der Partito Democratico della Sinistra, und später über das Ulivo-Wahlbündnis in das Amt des italienischen Ministerpräsidenten gelangen. Noch später wird er für die Sozialdemokratische Fraktion im Europaparlament sitzen und der Regierung Prodi als Außenminister dienen. Man reibt sich die Augen, was Karriereeifer schafft. Aber Neid will nicht aufkommen, bedenkt man den unvermeidbaren Verlust von Idealen im Getümmel jener bunten Front, die sich zur Rettung der Besitz- und Machtverhältnisse an den Futtertrögen der Politik versammelt.

Zweimal, 1984 und 1988, bin ich beim Kommunistischen Jugendverband Griechenlands zu Gast. Events der KNE sind straff organisiert und lassen dennoch viel Raum für spontane Bewegung. Ein besonderes Feuerwerk ist das Festival der Verbandszeitung »Odigitis«. Mikis Theodorakis dirigiert auf der Bühne und stimmt seine zu Volksliedern gewordenen Songs an. Niemanden hält es auf den Bänken, alle singen die Texte von der ersten bis zur letzten Zeile mit. Auch der Dichter Jannis Ritsos ist neben KP-Generalsekretär Harilaos Florakis aufgestanden, aber nicht, um zu singen, sondern um besser sehen zu können. Sein Blick hält bei einem Mädchen am Bühnenrand inne, und der Autor hinreißender Liebesgedichte beobachtet es so konzentriert, als wolle er dessen Kontur auf einer seinen berühmten Steinzeichnungen festhalten.

Man weiß ja, wie herrlich er hinsehen kann: *Unter ihrem Kleid/ ist sie nackt/in ihrem Kleid/nackter als nackt …* Er nippt an seinem Glas und streicht sich über den Bart. Seine Werke sind in alle großen Weltsprachen übersetzt, seine Texte vielfach vertont. Seine Gesinnung bog sich nicht unter Verbannung und faschistischer Verfolgung. Er wurde gerade wie ein Popstar begrüßt. Jannis Ritsos schrieb auch den von Mikis Theodorakis vertonten Text, den ich auf der Protestveranstaltung gegen die griechische Militärjunta am Rande der Weltjugendversammlung der UNO 1970 in New York vorgetragen habe: *Mit Flammenblättern grüßt uns die Sonne jeden Tag. / Der Himmel ist unsere Fahne jeden Tag. / Wie viele sind jetzt eingesperrt, / wie viele haben sie umgebracht. / … Keiner kann uns je die Erde nehmen. / …*

Das ist anderthalb Jahrzehnte her. Aber als Mikis von der Bühne steigt, erzählt er Jannis Ritsos, wie Pete Seeger mir damals seine Gitarre borgte und wie schön das Lied auf dem edlen Instrument des Meisters im New Yorker Manhattan Center geklungen hat. »Ach so«, sagt Jannis Ritsos abwesend. Er malt, ohne aufzusehen, etwas in seine Kladde.

Die erste FDJ-Delegation in Athen war nur ein kleiner Trupp, die zweite, vier Jahre später, füllt bereits eine halbe Maschine der Interflug. Das Reisebüro »Jugendtourist« hat – immer noch zu wenigen – Jugendlichen diesen Traum erfüllt.

Wer in offizieller Mission im Ausland ist, stattet üblicherweise dem DDR-Botschafter einen Besuch ab. In Athen treffe ich also Horst Brie, Mitbegründer der FDJ in Großbritannien, als Zwanzigjähriger in die KPD eingetreten, nach dem Krieg in der DDR in verschiedenen Funktionen des Jugendverbandes und der SED tätig. Nun steht er seit drei Jahrzehnten im diplomatischen Dienst. China, Nordkorea, Japan und Griechenland seine Stationen. Aus alten Zeiten, wie man hört, ein guter Bekannter von Erich Honecker. Er will nicht wissen, was die halbe Interflugfüllung junger Leute in seinem Gastland treibt, sondern fragt in seine kapriziösen Tabakspfeifenkringel hinein, wie sich die DDR zukünftig einen freien Reiseverkehr ins kapitalistische Ausland denke. Ich sage, das sei ein großes Problem und eine halbe Interfliege gewiss nur ein Tropfen auf den heißen Stein. Da ich aber bezweifle, dass er solche Fragen zu Hause stellt, und weil Botschafter im Ausland ja ihre Staatsoberhäupter vertreten, empfehle ich ihm, seinen Chef Erich Honecker in Berlin doch lieber direkt zu fragen. Nun ist das Gespräch beendet. Egon Krenz wird mir später erzählen, er habe Horst Brie zur Wendezeit in der Kaufhalle getroffen und der habe ihm den Handschlag verweigert. Die Schultern einst höherer Ränge eignen sich eben vorzüglich als Ablagerungsplatz kollektiver Scherben.

1984 nehme ich als Gast am Kongress der Vereinigten Demokratischen Jugendorganisation Zyperns (EDON) in Nikosia teil. Mit 14 000 Mitgliedern ist die Jugendorganisation der AKEL, der Fortschrittspartei des werktätigen Volkes, damals der zahlenmäßig stärkste Jugendverband der Insel. In Nikosia kann man seit der Teilung Zyperns nicht mehr landen, und man weicht über den Airport Larnaka aus. Türkenführer Rauf Denktaş hat in einer einseitigen Erklärung eine Türkische Republik Nord-Zypern ausgerufen, die kein Staat der Erde außer der Türkei offiziell anerkennt. Nicht nur das Land, sondern auch die Hauptstadt ist geteilt. Man zeigt uns die Demarkationslinie in Nikosia, die, verglichen mit den Grenzsicherungen an der Berliner Mauer, sehr provisorisch anmutet. Wir stehen vor einem Ziegelplateau, auf dem türkische Soldaten Wache schieben und uns auf den Kopf spucken könnten. Eine Passage in den okkupierten Landesteil und retour ist politisch und reisetechnisch unmöglich.

AKEL wie EDON kämpfen für ein friedliches, einheitliches und demilitarisiertes Zypern und fordern die Auflösung der ausländischen Militärbasen, denn sie fürchten, ihre dem Konfliktraum des Nahen Ostens vorgelagerte Insel könnte in einen unsinkbaren Flugzeugträger verwandelt werden. Scharf kritisieren sie deshalb die Entscheidung des zyprischen Staatspräsidenten Kyprianoú, für den Transport amerikanischer, französischer, britischer und italienischer Truppen in den kriegsverwüsteten Libanon den Flughafen Larnaka zur Verfügung zu stellen. Kyprianoú schweigt zu diesen Vorwürfen. Er weiß um die meinungsbildende Kraft der AKEL sowie ihres Jugendverbandes und empfängt EDONs Gastdelegationen mit demonstrativer Freundlichkeit.

Schließlich sind es wieder die von der Basis organisierten Feten und Begegnungen, die uns zyprische Heimatliebe als eine Mischung aus kultureller Traditionspflege und Kampf gegen die vielfältigen Angriffe auf die staatliche Integrität und das soziale Leben des Volkes präsentieren. Dabei begegnen wir auch Mitgliedern der Freundschaftsgesellschaft Zypern-DDR, zumeist Absolventen unserer Universitäten, die als Ärzte oder Ingenieure in der zyprischen Wirtschaft willkommen waren. Manche haben in der DDR geheiratet und

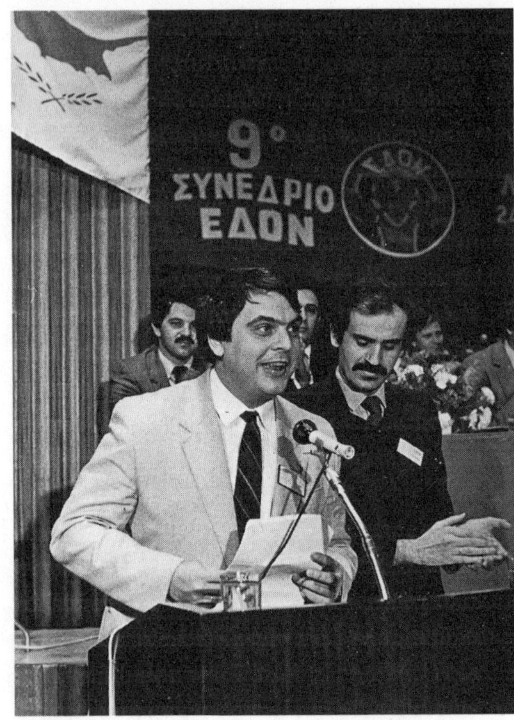

Auf dem EDON-Kongress 1984 in Nikosia

bringen ihre Frauen und Kinder zum Picknick an jenen Traumstrand mit, an dem Aphrodite aus dem Meer gestiegen sein soll. Tags darauf zeigen sie uns recht eigennützig eine Schnapsfabrik mit Probierausschank, die praktischerweise der AKEL gehört. Ich finde aber, deren Produkte können mit dem Selbstgebrannten der orthodoxen Geistlichen des nahen Klosters nicht mithalten. Unser dortiger Gastgeber, der Erzbischof Makarios in Aussehen und Habitus wie ein Zwillingsbruder ähnelt, hat uns mit einem fulminanten Walnusslikör begrüßt. Er vermeidet politische Erklärungen, kleidet in seinen Toast jedoch eine Hommage an sein vor sechs Jahren verstorbenes Ebenbild. Und damit sind wir in Gedanken bei der Dramatik der jüngeren Geschichte Zyperns.

Makarios, der die nazideutsche Besatzungswillkür auf dem griechischen Festland erlebte, kehrte nach dem Weltkrieg auf die Insel seiner Geburt zurück, wo er seit 1950 der griechisch-orthodoxen Kirche als Erzbischof vorstand. Er unterstützte den Kampf gegen die britische Herrschaft. Nach deren Beendigung ging er als erster Präsident der souveränen Republik Zypern in die Geschichte ein und empfahl sich bald als geachteter Staatsmann und Akteur der Bewegung der Nichtpaktgebundenen. Zur Zeit der griechischen Militärdiktatur war er bestrebt, deren Ungeist von der Insel fernzuhalten, so dass die Athener Junta unter Ioannidis – manche meinen, in Abstimmung mit der CIA – einen Putsch gegen Makarios initiierte. Die geplante Ermordung misslang jedoch, der Erzbischof flüchtete nach Paphos und wurde nach dem Sturz der Athener Junta und Karamanlis' Amtsübernahme vom griechisch-zyprischen Bevölkerungsteil bei seiner Rückkehr an die Staatsgeschäfte enthusiastisch begrüßt. Allerdings hatte die türkische Seite den von der Athener Junta inspirierten Putsch in Zypern zum Anlass genommen, um im Sommer 1974 den Nordteil der Insel zu besetzen. Das führte zu chaotischen Fluchtbewegungen beider Bevölkerungsgruppen und veranlasste Makarios, bis zu seinem Tode nach einem Ausweg aus der Tragödie Zyperns zu suchen.

Die vereinigten Schnäpse aus der AKEL- und der Klosterbrennerei beginnen zu wirken, als wir wieder den Wagen besteigen. Warum fahren wir eigentlich auf der linken Straßenseite? Ach ja, das britische Erbe!

Auch die Sozialistische Deutsche Arbeiterjugend, unsere Bruderorganisation in der alten Bundesrepublik, veranstaltet schöne Festivals der Jugend, auf denen die FDJ jedes Mal politisch und kulturell präsent ist. Die Resonanz reicht weit über den sonstigen Einfluss der SDAJ in der westdeutschen Jugendbewegung hinaus. Das liegt an der Attraktivität der Programme und dem Volksfestcharakter dieser Jugendtage – einer Atmosphäre, die dem großen Vorbild der Pressefeste der »L'Humanité« in Paris folgt, ohne deren legendäres Niveau – man denkt an Auftritte von Pablo Picasso bis Pink Floyd, Joan Baez bis Jacques Brel, Leonard Cohen bis Stevie Wonder – erreichen zu können. Aber die Festivals in Westdeutschland sind tolle Erlebnisse im breiten Spektrum der Friedensbewegung und der antiimperialistischen Solidarität. Auf einem dieser Feste zieht mir der Duft von gegartem Hammel in die Nase, und Liedzeilen von Franz Josef Degenhardt bringen sich augenblicklich in Erinnerung: *Kommt an den Tisch unter Pflaumenbäumen, / der Hammel ist gar überm Lauch … / Denn unsre Sache, die steht nicht schlecht.* Die Sache und die Genüsse sind ein edles Gemenge, denke ich und bilde aus Jux das Begriffspaar *Hammel und Sichel.* Jetzt, wo ich es aufschreibe, meutert selbst der Computer und mahnt stilistisches Überdenken an.

Aber so schlecht ist die neologistische Einmalschöpfung doch gar nicht. Der Kampf für eine gerechte Sache und die Sinnlichkeit des Alltags, die politische Denkweise und eine reiche Empfindungswelt im Einklang – ist das nicht die Empfehlung der drei bärtigen Klassiker für ein sinnvolles Leben? Man muss voneinander lernen. Möglichst vieles von der linken Veranstaltungs- und Feierkultur in Athen, Dortmund, Paris, Dublin, Brüssel, Nikosia, Amsterdam oder Florenz. Und vor allem die ungewohnten Open-Airs sind Anregungen für Zuhause.

Afrika trommelt Freiheit

Als ich mit dieser Niederschrift beginne, werden mehr als vierzig in Washington versammelte afrikanische Staatschefs Zeugen einer verzweifelten Aufholjagd. Präsident Obama hat es über das chaotische Management geerbter und neu entfachter Krisen versäumt, dem Kontinent seiner Vorväter strategische Aufmerksamkeit zu widmen. Hingegen hat die Volksrepublik China dem enormen Potential des Erdteils außenpolitische und wirtschaftliche Priorität eingeräumt. Sie empfiehlt sich als ein Partner, der Kooperation nicht durch Aggressionskriege, Putsche oder geheimdienstlich gestrickte Konspirationen erzwingt, sondern investitionsfreudig nach bilateral nützlichen Konzepten arbeitet.

Durch den »globalisierten« Zugriff internationaler Monopole hingegen nehmen die Gefährdungen des Kontinents wieder zu. Der Entzug von Boden und Wasser ruiniert die einheimischen Landwirtschaften. Der Aufbau nationaler Industrien rangiert hinter den Absatzinteressen der Multis und ihrem Rohstoffbedarf. Dieser Neokolonialismus hat Hunger und Elend sowie ethnische und religiöse Kriege zur Folge. Ich sah Afrika zu hoffnungsvolleren Zeiten.

Im November 1975 besteige ich in Amsterdam eine Maschine der KLM, der Royal Dutch Airlines, die auf dem Wege nach Rio de Janeiro in Monrovia zwischenlanden soll. Gemeinsam mit Bassie Bangura, dem Vertreter Sierra Leones im Internationalen Studentenbund, will ich in Monrovia und anschließend in Accra, Lomé, Lagos und Freetown die Lage der nationalen Studentenorganisationen eruieren, zu denen teilweise die Verbindungen abgebrochen sind. Bassie hat mich vor der Abreise in meiner Prager Wohnung besucht, um mich auf das unbekannte Terrain vorzubereiten. Dani, der Sohn aus meiner ersten Ehe, hat noch nie einen dunkelhäutigen Afrikaner gesehen. Also habe ich ihm erklärt, dass Bassies schwarze Haut lebenslang waschecht ist.

Als mein Kollege vor der Wohnungstür steht, macht Dani die Probe mit Spucke am Zeigefinger und glaubt mir mal was.

Ich habe Glück, dass mich die KLM überhaupt einsteigen lässt, denn natürlich hat kein einziges afrikanisches Visum den Weg in meinen blauen DDR-Pass gefunden. Ich komme neben zwei katholischen Mönchen zu sitzen, deren addierte Leibesfülle die gesamte Sesselreihe einnimmt. Entsprechend genervt bin ich nach der Landung, wo ratlose Einreisebeamte meinen Pass bestaunen. Kein Visum, aber die Maschine bereits auf dem Weiterflug. Bassie verhandelt. »Gut«, sagt der Immigration Officer, »kaufen Sie einen Impfausweis für 20 Dollar.« Ich zahle und gelange ins Land. Der Flughafen liegt weit draußen. Der Chef der Liberian National Students Union holt uns mit einem Wagen der hauptstädtischen Universität ab und entwirft ein Kolossalbild seiner Organisation, das wir in der Realität nirgends kennenlernen werden. Schließlich sind wir überzeugt: Die Organisation ist der Briefkasten unseres Begleiters.

Immerhin ist er ein bemühter Guide und schildert die politische Lage in seinem Land einprägsam. Ich bin neugierig, wie weit die US-amerikanischen Einflüsse in die Gegenwart reichen. Schließlich ist die Gründung der Kolonie Liberia der Versuch der Regierung und verschiedener Interessengruppen der Vereinigten Staaten gewesen, ihre befreiten Sklaven wieder auf deren Ursprungskontinent anzusiedeln. Gleichzeitig sollte sie die Kolonisierung der übrigen Bevölkerung im Interesse der US-amerikanischen Handelsinteressen unterstützen. Aber die Ex-Sklaven riefen 1847 die Unabhängigkeit Liberias aus. Sie unterdrückten die Aufstände der Einheimischen mit Hilfe der Amerikaner und Briten, die sich ihre Hilfe gut bezahlen ließen. So kam Firestone zu seinen gewaltigen Anbauflächen für Kautschuk. Das Entstehen dieses und weiterer Wirtschaftszweige modernisierte wiederum das Land und hatte die Konzentration von Arbeitskräften sowie deren organisierte Interessenvertretung zur Folge.

Die seit 1878 regierende True Whig Party ist während meines Besuches noch fest im Sattel, und Regierungschef Tolbert hat die Hälfte seiner Amtszeit noch nicht erreicht. Unser Guide sagt, es gäre in der Gesellschaft. Die afrikanische Bevölkerung wehre sich gegen die

Korruption und Auslandshörigkeit der kleinen, allesbestimmenden amerikanisch-liberianischen Elite. Überall sehe ich Elend. Stinkende Hütten verfallen in Sichtweite der Hauptstraßen. Minderjährige Prostituierte belagern die Hotels. Die Kleinkriminalität macht einsame Spaziergänge unmöglich. »Das ist der Bodensatz der Vergangenheit«, sagt unser Begleiter. »Aber die Zeichen stehen auf Sturm.« Wenn es stimmt, dass er ein CIA-Zuträger ist, was man nach unserer Rückkehr kolportiert, dann spielt er seine Rolle als Revoluzzer recht gut.

Beim Weiterflug gibt's am Airport wieder Trouble. Der Passbeamte sagt: Abflug unmöglich, wir hätten uns in Monrovia ein Ausreisevisum besorgen müssen. Bassie verhandelt schon wieder. »Wissen Sie was«, sagt der Beamte, »kaufen Sie einen Impfpass für 20 Dollar.« Diesmal müssen wir beide blechen.

In Ghana ist gerade kein Putsch. Accra macht einen friedlichen Eindruck, und wenn wir aus dem Taxi schauen, bietet sich, verglichen mit den liberianischen Impressionen, ein Anblick himmlischer Sauberkeit und Ordnung. Auf den Straßen herrscht inzwischen Rechtsverkehr. »Ghana goes metric« verkündet ein Riesenposter am Straßenrand und erinnert uns daran, wie zäh sich Relikte aus der Kolonialzeit ins Zeitalter der Republik hinüberretten konnten. Denn die alte Goldküste, nun Ghana genannt, wurde bereits 1957 völkerrechtlich unabhängig und drei Jahre später Republik.

Kwame Nkrumah, der mit seiner Convention People's Party bereits Anfang der fünfziger Jahre siegreich aus Wahlen hervorgegangen war und den Weg entschiedener Selbstbestimmung eingeschlagen hatte, war – wie der Kongolese Patrice Lumumba – bereits ein Held unserer Pioniernachmittage gewesen. Beide im Zielvisier einer inneren und äußeren Reaktion, wurde Lumumba ermordet, während Nkrumah nach einem Putsch in Sékou Tourés Guinea Asyl fand. Aber die Anti-Nkrumah-Regierungen strauchelten über deftige Korruptionsfälle sowie ihre Unfähigkeit zum Krisenmanagement bei fallenden Kakaopreisen.

Die Gesellschaft war frustriert und begrüßte deshalb den nächsten Putsch, diesmal angeführt von Oberst Acheampong. Das mit

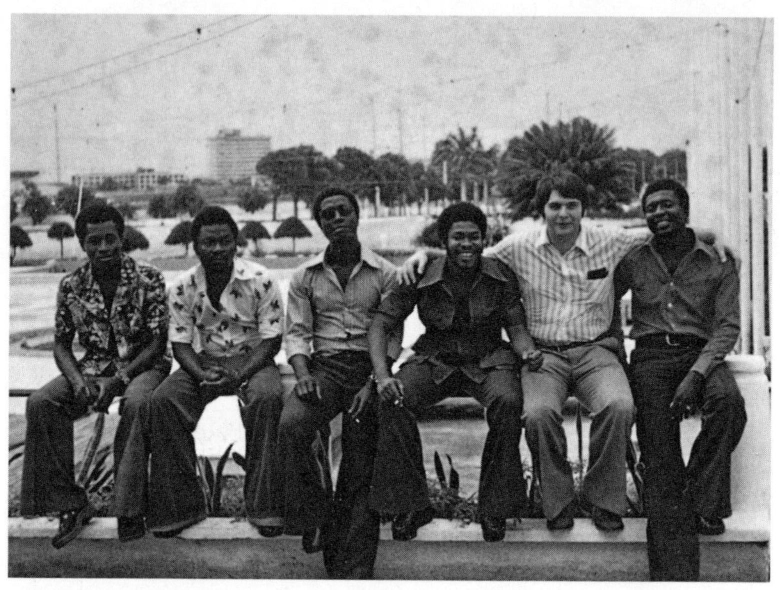

Mit Vertretern der Allafrikanischen Studentenunion 1975 in Accra (Ghana)

seinem Umsturz geschaffene Klima ist während unseres Aufenthaltes noch überall zu spüren. Wir deuten es als eine Hoffnung der einfachen Leute auf einen gerechter verteilten Wohlstand und den dafür nötigen souveränen Umgang mit den eigenen Ressourcen. Zudem haben sich die eingetrübten Beziehungen zu den sozialistischen Ländern wieder verbessert. Nicht zuletzt die Funktionäre unseres Mitgliedsverbandes GHANASO sowie der in Accra ansässigen Allafrikanischen Studentenunion haben diese politischen Klimaveränderungen als Segen empfunden. Die Gespräche erfordern weniger Zeit, als gedacht. Wir schlendern mit den Studentenvertretern durch Accra und picknicken auf dem Campus bei leichtem Bier und einem Eintopf, dessen Konsistenz Bassie zu kennen scheint und ich nicht wissen will. Als uns die Gastgeber am Flughafen verabschieden wollen, stellen wir entsetzt fest, dass unser in Prag ok-gebuchter Flug nach Togo seit Jahren eingestellt ist. Eine Mannschaft der Allafrikanischen Studentenunion bringt uns deshalb mit dem Auto ins Nachbarland. Der Weg führt über Straßen, die von üppiger Vegetation gesäumt sind und uns, wenn wir rasten, eine Sinfonie von exotischen Tierlauten vorführt. Was für ein herrlicher Ausflug, verglichen mit ein paar Flugminuten über dem amorphen Baumteppich am Boden.

Der zurückliegende 11. Kongress des ISB konnte keinen togolesischen Studentenverband als Mitgliedsorganisation auflisten. Das Schicksal der nationalen Studentenvereinigung unter der Militärregierung von Staatspräsident Eyadéma blieb ungewiss. Unsere Anlauf-Adresse in Lomé entpuppt sich als eine Hühnerfarm. Obwohl wir den Namen der uns benannten Kontaktperson nur flüstern, blicken sich die Umstehenden ängstlich um, als vermuteten sie in unserem Schlepptau die gefürchtete Geheimpolizei.

Unverrichteter Dinge fahren wir ins »Hotel«. Das verbliebene Reisegeld zwingt uns zum Haushalten. Und Bassie, auf den am Ende unserer Reise eine vielköpfige Familie wartet, geizt mit jedem Dollar. Er hat ein heruntergekommenes Logis gebucht, das sich als stadtbekanntes Stundenhotel erweist. Man hat uns zur Nacht etwas Stroh in zwei Zimmerecken gestreut und übel riechende Decken hingeworfen. Ich muss wenigstens auf einer Schlafstatt mit drei bis vier Füßen bestehen. Man schleppt aus den Gemächern der Puffmutter eine Ottomane herbei, die aus der deutschen Kolonialzeit stammen dürfte – bei fahlem Licht besehen eine nette Antiquität.

Auf nach Lagos! Am Flughafen Lomé reicht man uns unsere ok-gestempelten Flugscheine zurück. Die Maschine der Air Afrique sei überbucht. Auch eine US-Reisegruppe weist man ab, deren Protest schnell rassistische Töne annimmt. Das Check-in-Personal wird daraufhin taubstumm. Bei einem gelernten DDR-Bürger, der das Wörtchen Solidarität so gewinnend aussprechen und das Auftreten der Yankees so treffend als rassistische Arroganz geißeln kann, findet es aber seine Sprache wieder. Wie viel Plätze? Zwei. Gebongt. Wir gelangen an Bord und staunen. Die Maschine ist zur Hälfte leer.

Als wir Lagos vom Meer aus anfliegen, ist die nigerianische Millionenstadt in Abendlicht getaucht. Natürlich gibt es wieder Irritationen bei der Passkontrolle, schließlich aber ein Transitvisum für 24 Stunden. Sagt jedenfalls der Immigrationsbeamte, dessen Stempelkissen sehr lange keine Farbe getrunken hat. Einreisedatum also unergründlich. Ein Wagen der DDR-Vertretung bringt uns in die Residenz des Botschafters. Damals kann man solche Fahrten nach Einbruch der Dunkelheit noch riskieren. Später sind sie wegen häufiger Überfälle lebensgefährlich. In der Residenz soll uns jemand vom »Klub Junger Denker«, der sich als nationaler Studentenverband ausgibt, in Empfang nehmen.

Ich frage die Botschaftsmitarbeiter, ob ihnen ein solcher Verein bekannt ist. Kopfschütteln und leise Bedenken, sich irgendeinem unbekannten Jungen Denker anzuvertrauen. Der ist aber bereits im weißen Citröen vorgefahren und nennt sich Tokes. Gegen alle Bedenken steigen wir ein und werden erst unruhig, als sich der Wagen immer tiefer in den Stadtmoloch und schließlich in slumartige Straßenzüge wagt. Bettelnde Hände greifen durch die geöffneten Wagenfenster. Schließlich halten wir vor einem zweistöckigen Steinhaus, an dem wir das Wort *Hospital* lesen. Der Geruch macht uns benommen. Wir warten im Dienstzimmer auf den Klinikchef, der ein Sponsor des Young Thinkers Club sein soll. Dem Himmel sei Dank! Auf seinem Schreibtisch grüßt eine Lenin-Büste, und an der Wand hängt ein Diplom in kyrillischen Buchstaben mit Hammer und Sichel. Eine Entführung fällt wohl aus.

Der Doktor ist ein netter Typ. Er sagt: »Willkommen, comrades! Hierher verirrt sich sonst kein Weißer, ohne Begleitung wär er auch am Arsch. Aber keine Sorge, bei uns seid ihr sicher. Ihr werdet müde sein, ich bin es auch, nach zwölf Stunden im OP. In den Avenues würde ich im Geld schwimmen, hier schwimmen wir nur in Elend und Schulden. Tokes wird euch ins Hotel bringen. Es gehört einem Genossen.« Es ist schon wieder ein Stundenhotel. Die Wände sind aus dünnem Holz. Aber Tiefschlaf legt sich über alle Geräusche.

Am nächsten Tag fahren wir in die Geschäftsviertel von Lagos. Tokes führt uns zu Bankern und Rechtsanwälten, Kaufleuten und Maklern. Alles Sponsoren. Wir machen Smalltalk und wundern uns, wie viel feinster Anzugstoff und fettes Uhrengold die Jungen Denker alimentieren. Wir sind am Meer und erblicken ein Dutzend schrottreifer Tanker auf Reede. Sie hatten Zement geladen und sind mit den

Jahren selbst versteinert. Die Versicherungen blechen. »Hässlich in der Landschaft, aber nett zum Geldverdienen«, sagen die Gesprächspartner. Hier ist alles zu spät. Wann endlich treffen wir auf revolutionäre Aktivisten des Young Thinkers Club?

Am nächsten Tag verkündet Tokes beim Frühstück: »Heute gibt's eine Studentenkundgebung. Da können wir ein bisschen agitieren fahren.« Wir nehmen ein Taxi zum Campus. Eine Eingebung lässt mich den Fahrer bitten, auf uns zu warten. Welche Kundgebung? Der Innenhof des Campus ist menschenleer. Tokes stellt sich in dessen Mitte, formt die Hände zum Sprachrohr: »Ich bin's, ›Tokes for the masses‹!« Keine Reaktion. »Hier spricht ›Tokes for the masses‹. Hört, was die Abgesandten des Internationalen Studentenbundes euch zu sagen haben! Hoch die internationale Solidarität!« Da fliegt die erste Flasche. Nach einer Weile Schockstarre der zweite Versuch: »Kommt herunter! Was sollen denn die Genossen aus Prag von uns denken? Hier spricht ›Tokes for the masses‹!« Nun hagelt es eine Batterie von Flaschen. In der Ferne heult eine Polizeisirene. Zeit, sich daran zu erinnern, dass in Nigeria eine Militärregierung herrscht. Wir möchten die aktuelle Toleranz gegenüber marxistischen Agitationsversuchen lieber nicht testen. Bassie und ich besteigen das Taxi und beschließen, nicht ewig auf Tokes zu warten. Aber der kommt schon angerannt, den Saum seines Kaftans in den Händen. Als wir den heranbrausenden Polizeiwagen passiert haben, lehnt sich Tokes im Fond des Taxis zurück, zündet sich eine Zigarre an und seufzt: »So schwer ist hier die politische Arbeit. Wir werden große materielle Unterstützung benötigen.«

Wir haben unser 24-Stunden-Visum überschritten. Aber der Sichtvermerk von der Einreise gibt kein Datum preis. Ohne Beanstandung knallt der Schalterbeamte seinen Exit-Stempel auf das Passpapier, der noch unleserlicher ist als das Eingangs-Pendant. Verschieben sie hier selbst die Tinte?

Als wir in Freetown landen, ist Bassies Gepäck verschollen. Ein großes Unglück für den Vater von sieben in Sierra Leone verbliebenen Kindern. Bald ist Weihnachten, und für jedes hat er Geschenke gekauft. Wir haben kurze Gespräche mit der Nationalen Union der Studenten

Sierra Leones, dann verschwindet mein Reisegefährte im Landesinneren. Das Geld ist knapp geworden. Ich habe mir ein einfaches Zimmer im Zentrum genommen. Obwohl ich mich strikt nach der Devise »Koche es, pelle es, oder lass es!« ernährt habe, werde ich von einem üblen Magen-Darm-Infekt mit Fieberkrämpfen und Schüttelfrost geplagt. Keine DDR-Botschaft vor Ort. Welchen Arzt konsultieren, beinahe ohne Geld? Bloß keine Quarantäne, lieber auf schnellstem Wege nach Hause! Eigentlich wollte ich zurück nach Prag, aber eine hilfreiche PANAM-Disponentin bucht mich auf den nächsten Flieger nach Berlin-Schönefeld. Die INTERFLUG macht auf dem Wege von Conakry in Freetown einen Zwischenstopp. »Lassen Sie sich unbedingt den Differenzbetrag erstatten«, sagte die Dame in amerikanischen Diensten. »Die Ostdeutschen fliegen zu Dumping-Preisen.« Natürlich hatten politische Erwägungen zur Einrichtung dieser Linie geführt. Die Maschine ist komfortabel leer. Mir geht es sofort besser, denn im heimischen Flieger ist man schon vor der Landung zu Hause.

Ende 1979 kehre ich nach Westafrika zurück. Die Reise führt mich nach Guinea und Guinea-Bissau. Die Revolutionäre Volksrepublik Guinea hat unter der Führung von Sékou Touré einen sozialistischen Entwicklungsweg genommen. Neben diversen innenpolitischen Auseinandersetzungen und Säuberungen, pikanterweise auch im Militär, hatte Tourés Führung im November 1970 eine Invasion portugiesischer Truppen und im Exil lebender Guineer überstanden. In Conakry erleben wir nun den Jahrestag der Niederschlagung dieser Aggression. Im Stadion, auf den Straßen und Plätzen herrscht ausgelassene Volksfeststimmung.

Ich erlebe Miriam Makeba, die weltbekannte südafrikanische Sängerin, live vor einem frenetisch applaudierenden Publikum ihrer Exilheimat. Schon zu den Weltfestspielen 1973 und im Folgejahr beim Festival des politischen Liedes war sie in Berlin zu Gast. Sékou Touré gibt einen Empfang im Palast des Volkes und betont seine Verbundenheit mit den sozialistischen Ländern. Wir ahnen nicht, dass sich in weniger als drei Jahren diese Bindungen lockern und die Offerten kapitalistischer Staaten an die Führung des bauxitreichen Landes zunehmend Gehör finden werden. Damals sitzen wir unbeschwert im Kreise unserer Freundschaftsbrigade bei einem Affenbraten, den ich am liebsten nicht anrühren möchte. »Zier dich nicht«, meint die Brigadistenrunde. »Affenbraten schmeckt doch fein mit Rotkohl und Salzkartoffeln.«

In unserer Wahrnehmung des bewaffneten Kampfes gegen die portugiesische Kolonialmacht rangierte Guinea-Bissau mit den Kapverden stets hinter Angola und Mosambik. Und doch überlas ich nicht, was der Sozialdemokrat Mário Soares bereits ein Jahr vor der Nelkenrevolution geschrieben hatte: »Die portugiesische Kolonie, in der die Befreiungsbewegung den bislang wohl größten Erfolg hatte, ist wahrscheinlich Guinea-Bissau. Amílcar Cabral, der im Januar 1973 ermordete Generalsekretär der P.A.I.G.C., stellte mit einer Gruppe von Kämpfern seit 1955 eine sehr solide politische und militärische Organisation auf die Beine … Im Übrigen sind in Guinea-Bissau die politischen und administrativen Strukturen der befreiten Gebiete am weitesten entwickelt.«

Ein halbes Jahrzehnt später treffen wir die Leitung der Afrikanischen Jugend »Amílcar Cabral«, um eine Vereinbarung über Freundschaft und Zusammenarbeit abzuschließen. Problembewusstsein und Organisationsgrad der JAAC erinnern an das Reifezeugnis, das Soares der Befreiungsbewegung des kleinen Landes ausgestellt hatte. JAAC-Nationalsekretär João de Costa beschwört die vorrangige Entwicklung der Landwirtschaft, wobei die kolonialistisch geprägten Monokulturen dringend überwunden werden müssten. Es gelte, Landwirtschaft und Industrie harmonisch zu entwickeln, in Stadt und Land eine effektive Selbstverwaltung zu etablieren, den Analphabetismus zu bekämpfen und das Bildungswesen nach den Erfordernissen der nationalen Entwicklungsstrategie auszurichten. Wir besuchen das Berufsausbildungszentrum Bra, wo unsere Freundschaftsbrigade junge Fachkräfte schult. Sie steht bei der Landesführung in hohem Ansehen.

Auf dem Weg zu einem Gespräch beim PAIGC-Nationalratssekretär Otto Schacht denke ich, ein Deutschstämmiger hat es in Bissau bis in die oberste Parteiführung geschafft. Aber der Genosse Otto ist mindestens so schwarz wie mein einstiger Kollege Bassie. Aus seinem Exkurs über die nächsten Aufgaben glaube ich einen versteckten Hinweis auf Abweichungen von dem ehernen Grundsatz Cabrals herauszuhören, die Führung habe dem Volk zu dienen und nicht umgekehrt. Ist das eine Anspielung auf wachsende Bürokratisierung oder gar jene Machtkämpfe, die bereits im kommenden Jahr in einem Putsch der Militärs kulminieren werden?

Mit einem Hubschrauber der Streitkräfte fliegen wir auf eine der Hauptstadt Bissau vorgelagerte Insel im Atlantischen Ozean. Einheimische Piloten navigieren, Kubaner gucken ihnen über die Schulter. Unten streifen wir durch Dörfer und Plantagen, schwimmen mit der Helikopter-Besatzung im Meer. Der guineische Pilot wird von einem Sägefisch angegriffen, ein kubanischer Kollege übernimmt rückwärts das Steuer. Inselbauern mit Obst, Gemüse, lebenden Hühnern und Ferkeln im Gepäck leisten uns an Bord laute Gesellschaft. Anderntags klemmt sich ein Delegationsmitglied beim Strecksprung in den Pool den Rückennerv ein und ist bewegungsunfähig. Zum Glück praktizieren junge Ärzte aus der DDR im nahen Klinikum. Sie kommen ins Hotel, hebeln eine Zimmertür aus den Angeln, fixieren den Patienten mit Handtüchern und spritzen ihm ein Schmerzmittel. Und das kurz vor dem Abflug. Aber das Bodenpersonal am Flughafen Bissau und die Aeroflot bemühen sich rührend um den bleichen Passagier. Beim Umstieg in Moskau steht ein Krankenwagen auf der Rollbahn. Nur in Schönefeld ächzt eine weibliche DRK-Korpulenz auf der Gangway: »Trage is nich. Die paar Schritte musses gehen! Also Abmarsch!«

Im März 1986 starte ich nach Mosambik, um an der II. Nationalkonferenz der OJM, des Jugendverbandes der Frente de Libertacao de Mocambique (FRELIMO), teilzunehmen. Vor Maputo werden an Bord alle Lichter gelöscht und die Fensterklappen geschlossen. Der Anflug führt über feindliches, von der RENAMO kontrolliertes Gebiet. Dieser sogenannte »Mosambikanische Nationale Widerstand«, der vom Apartheidregime in Südafrika ausgehalten wird, ist wegen seiner Sabotageaktionen zu Lande und in der Luft gefürchtet.

Der Kongress macht Spaß. Dafür sorgt Mosambiks Präsident Samora Machel höchstpersönlich. Seit 1970 steht er an der Spitze der

FRELIMO. Er führte das Land nach erbitterten militärischen Auseinandersetzungen mit der Kolonialmacht 1975 in die Unabhängigkeit. Dabei waren die Niederlagen Lissabons so einschneidend gewesen, dass sie für die Nelkenrevolution im April 1974 einen politischen Nährboden bildeten. Seit Ausrufung der Volksrepublik Mosambik bekleidet Samora Machel das Präsidentenamt. Er führt weiterhin die FRELIMO, ist Regierungschef, Vorsitzender der Volksversammlung und Oberbefehlshaber der Streitkräfte. Beim OJM-Kongress kann man den Eindruck gewinnen, er habe zeitweilig auch die Leitung des Jugendverbandes übernommen. Als der Kongressverlauf etwas lahmt, schnellt er aus seinem Stuhl, um bis zum Tagungsende lebhaft Regie zu führen. Er stellt Fragen in die Delegiertenrunde, provoziert Diskussionen zwischen Präsidium und Saal.

Einmal wendet er sich an unsere Delegation: »Hallo, FDJ! Was kostete 1945 in der DDR ein Ei?« Da gab es noch keine DDR, und die Antwort ist auch falsch: »50 Pfennige.«

»Niemals«, schreit Samora Machel. »Ich habe den Genossen Honecker gefragt, und der muss es ja wissen. Fünf Mark kostete ein Ei. 50 Pfennige, das war später, als der Sozialismus konsolidiert war! Und so wird es auch bei uns sein.« Sagt's und stimmt einmal mehr die FRELIMO-Hymne an. Alles springt auf und tanzt. Und die Präsidentenaugen funkeln. Der gelernte Krankenpfleger hat Bärenkräfte. Ich spüre das bei der Umarmung nach meiner Rede. So hat mir, abgesehen von Mikis Theodorakis auf der Bühne des New Yorker Manhattan Centers, noch keiner die Luft abgeschnürt. Gern schäkert er mit den hübschesten Mädchen auf den vorderen Plätzen, nicht ohne zuvor seine Uniform zurechtzurücken. Natürlich ist er eitel. Mein Freund Jürgen Matkowitz, der mit seiner Rockgruppe »Prinzip« bei anderer Gelegenheit vor dem Präsidenten auftrat, erzählte mir, er habe beim Konzert eine ramponierte rote Latz-Jeanshose getragen. Die habe Mosambiks Nummer 1 so sehr gefallen, dass er sie ihm abschwatzen wollte.

Die Lebenslust und Agilität Samora Machels vor Augen, fällt es mir ein halbes Jahr später schwer, die Nachricht von seinem Tod zu begreifen. Von Verhandlungen aus Lusaka kommend, ist er mit einer

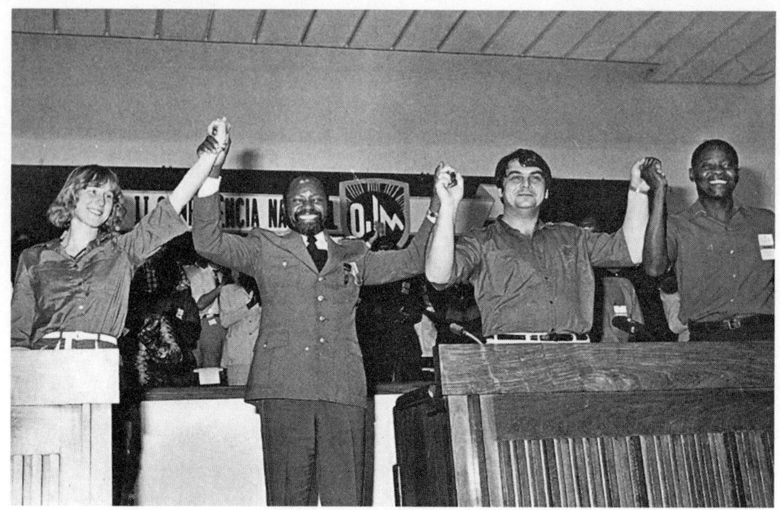

Mit dem mosambikanischen Staatspräsidenten Samora Machel auf der II. Nationalkonferenz des Jugendverbandes OJM 1986 in Maputo

TU134A in den Lebombobergen auf südafrikanischem Territorium abgestürzt. Es gibt Hinweise darauf, dass der Apartheidstaat seine Finger im Spiel hatte. Nach Südafrikas Befreiung wird Präsident Nelson Mandela nahe der Absturzstelle in Transvaal eine Gedenkstätte für seinen mosambikanischen Freund einweihen, dessen Witwe Graça er 1998 heiratet. Als die Nachricht seiner neuen Ehe verbreitet wird, scheint mir, als würden die Heiterkeit und die kämpferische Beseeltheit der beiden großen afrikanischen Staatsmänner in der Nähe dieser tapferen Frau zueinander fließen.

Beim Tode Nelson Mandelas, die Abschweifung sei gestattet, sehe ich Graça Machel seinen Sarg berühren, mit einer zärtlichen Geste, als wolle sie bedeuten: *Ruh dich aus. Was jetzt schief läuft, musst du nicht mehr verantworten.* Zuvor hat in Johannesburg die Trauerfeier für den Helden von Robben Island einen Haufen verkehrte Welt vorgeführt. Während das Volk mit erhobener Faust die Nationalhymne sang, kauten die erbenden Kinder desinteressiert Bubblegums. Der amerikanische Präsident Obama hielt eine verlogene Rede. Wer

Guantanamo auf dem Schuldkonto hat, konnte die Ächtung politischer Kerkerhaft nicht glaubwürdig fordern. Dafür bewirkte Mandela noch im Tode, dass sich Barack Obama und Raúl Castro auf Augenhöhe begegneten. Obama reichte dem kubanischen Erzfeind die Hand. Eine neue Politik? Sobald sich seine Überraschung gelegt hatte, quittierte Castro das Ganze mit einem spitzbübischen Lächeln. Den Gesichtsausdruck kenne ich aus früheren Begegnungen in Havanna, als er noch die rechte Hand seines regierenden Bruders war. Aber das ist eine andere Geschichte.

Mitte der achtziger Jahre fliege ich auf Einladung der Jugendorganisation JMPLA in die Volksrepublik Angola. Die regierende Movimento Popular de Libertação de Angola, seit dem Tode des Dichters und Arztes Agostinho Neto von José Eduardo dos Santos geführt, hat komplizierte Kämpfe hinter sich. Und die Destabilisierungen der jungen Volksrepublik dauern an. Vor und nach der portugiesischen Nelkenrevolution 1974 konkurrierten die Gruppierungen der FNLA unter Führung von Holden Roberto sowie der UNITA Jonas Savimbis mit der MPLA. Die aus der Erhebung gegen den Diktator Caetano hervorgegangene portugiesische Regierung hatte mit den drei Bewegungen im Vertrag von Alvor vereinbart, Angola am 11.11.1975 in die Unabhängigkeit zu entlassen. Nachdem sich aber die FNLA mit Hilfe Zaires im Norden festgesetzt hatte und ebenso wie die UNITA von der CIA finanziert wurde, um eine Machtübernahme der als marxistisch geltenden MPLA zu verhindern, war der Vertrag Makulatur geworden. Die MPLA, ihrerseits mit Waffenlieferungen aus der UdSSR unterstützt, konnte Luanda selbst dann halten, als südafrikanische Invasionstruppen auf die Hauptstadt vorrückten. Sie verkündete am festgelegten Tage die Unabhängigkeit Angolas. Kubanische Kämpfer halfen der MPLA, die Vorstöße von FNLA und UNITA sowie der südafrikanischen Interventen zu stoppen und weitere Landesteile einzunehmen. Die Kumpanei der CIA-gestützten Contras mit dem Apartheidregime wurde in ganz Afrika voller Zorn verfolgt. Deshalb erkannte die Organisation der Afrikanischen Einheit auch die von der MPLA regierte Volksrepublik Angola alsbald völkerrechtlich an.

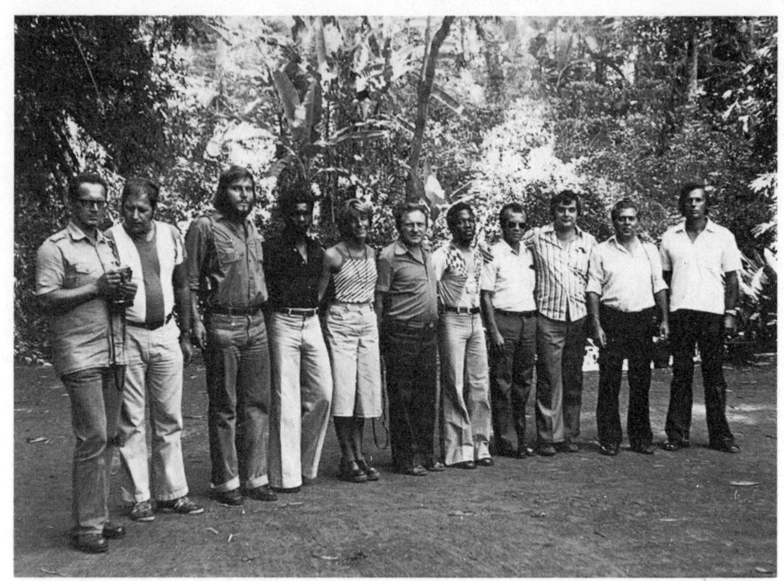

Treffen mit der FDJ-Freundschaftsbrigade und afrikanischen Partnern in Angola

Luanda und die Städte im Landesinneren, die wir passieren, haben noch ihre kolonialen Silhouetten. Aber die Infrastruktur wirkt marode. Der Exodus der portugiesischen Fachkräfte ist überall zu spüren. Die FDJ-Brigadisten, junge Entwicklungshelfer aus der DDR, genießen mit ihrem technischen Know-how in kleinstädtischen und ruralen Umgebungen den Ruf von Medizinmännern. Neben ihren eigentlichen Tätigkeiten reparieren sie Kranken- und Sozialstationen, flicken kommunale Strom- und Wasserleitungen oder bringen Transportmittel und Swimmingpools zum Laufen. Auf der Reise erlebe ich, wie ihr Geschick sogar Leben rettet.

Wir sind von Luanda aus in das nördliche Uige aufgebrochen, eine für ihre Kaffeeproduktion berühmte Stadt. »Der Weg dorthin ist sicher«, sagen die kubanischen Militärberater. »Kein Kontakt mit konterrevolutionären Banden.« Sie fragen dennoch, ob wir bewaffnet sind, und schütteln verständnislos den Kopf, als wir das verneinen. »Typisch deutsch, das Wasser fünfmal abkochen, aber in den Urwald fahren ohne Knarre!« Am Rande des Wegs, den unser Jeep zu nehmen

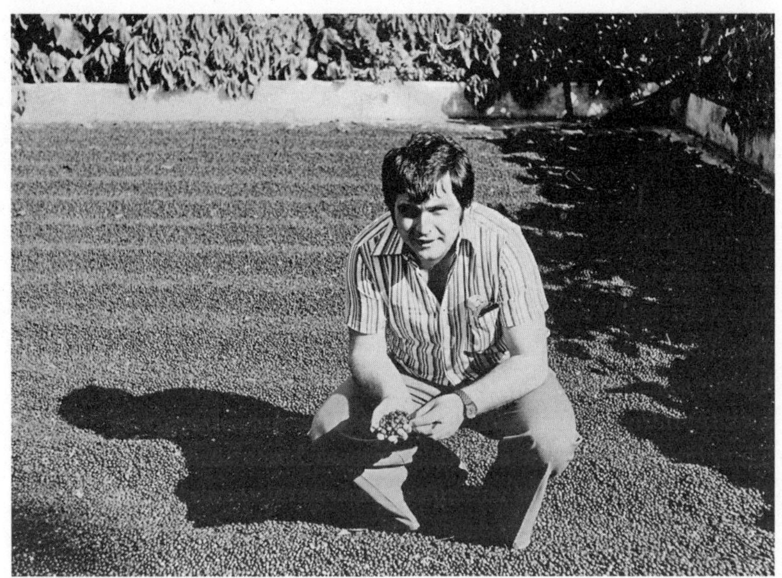

Kaffee-Ernte in Angola

hat, wächst mannshohes Gras. Unwillkürlich erschrecken wir, wenn ein Windstoß hindurchfährt. Auch der Armist mit der Kalaschnikow im Anschlag ist nervös. Das Gelände ist unübersichtlich. Zudem benimmt sich der angolanische Fahrer eigenartig. Er schlägt den Jackenkragen hoch. Bald greift er zum Schal, dann zur Mütze und zu den Handschuhen. Seine Hände zittern. Malaria. Ein Begleiter aus der FDJ-Brigade übernimmt das Steuer und wird es erst am Krankenhaus in Uige wieder aus den Händen geben. Der Patient kommt in die Notstation, aber das Transfusionsgerät ist defekt. Die Brigadisten, ausgebildet an LKWs, reparieren mit ihren Wurstfingern das filigrane Teil. Der afrikanische Arzt übernimmt rechtzeitig den Rest der Lebensrettung.

Am Abend sind wir von der Freundschaftsbrigade eingeladen. Am meisten haben die Jungs die blonde Assistentin des Einsatzstabes erwartet, der in Luanda residiert. Einer hat sich sogar einen Blumenkranz binden lassen und trägt ihn im Haar, als die junge Schönheit auf vielfachen Wunsch das wehmütige Lied »Unsere Heimat, das sind nicht nur die Städte und Dörfer …« vorträgt. A capella und mit einer Sanftmut, an der selbst die größten Haudegen zu schlucken haben. Sie alle leben und arbeiten, im Vergleich zu den von Exportfirmen entsandten DDR-Spezialisten mäßig entlohnt, monatelang fernab von Freundinnen und Familien. Die Romantik, vielleicht das wichtigste Motiv ihrer einstigen Bewerbung, ist im Alltag beruflicher, klimatischer und gesundheitlicher Anspannungen längst einem solidarischen Pflichtgefühl gewichen, das lieber zupackt als lamentiert. Zurück in Luanda, beschwert sich die Botschafterfamilie, dass ihr die Brigadisten in dreckigen Schuhen die Teppiche versauen und den Amtswhisky wegsaufen. Ich sage, sie könnten den Whisky ruhig im Safe einschließen. Allerdings würden wir den Brigadisten dann untersagen, die Botschaftskarossen zu reparieren.

All diese Erinnerungen berühren eine Zeit großer Hoffnung. Wir glaubten, der nationalen Befreiung in Afrika würde unweigerlich die soziale folgen. Die sozialistische Staatengemeinschaft lenkte einen großen Teil ihrer ideologischen und materiellen Hilfe auf die jungen Nationalstaaten und Befreiungsbewegungen. Mit ihrer Konsolidierung würde sich das Kräfteverhältnis in der Welt zugunsten des gesellschaftlichen Fortschritts verändern. Gewiss, vor Ort wurde manche Euphorie gedämpft. Aber die Hoffnung übte sich in Geduld. Als das sozialistische System in Europa zerbrach und die Hilfstransfers ausblieben, orientierten sich die afrikanischen Volksrepubliken neu. Obwohl sie ihre Geschichte offiziell nicht verleugneten, standen Rekapitalisierung und erneute Auslieferung der nationalen Ressourcen und Absatzmärkte an die Großkonzerne aus Übersee auf der Tagesordnung: massenweiser Aufkauf von Ländereien für die Biospritproduktion oder den Getreideexport, ruinöse Rodungen, neue Abhängigkeiten durch Monokulturen oder diskriminierende Wasserwirtschaft, Hungerlöhne und Kinderarbeit für fremden Extraprofit, als Gegenwert eine marginale, verlogene Entwicklungshilfe.

Das alles wirft die Frage auf, ob der afrikanische Kontinent seine kolonialen Fesseln abgestreift hat, um in den neokolonialen Bindungen unserer Zeitrechnung seine einstigen Träume zu begraben.

Solange Perspektivlosigkeit zur Flucht zwingt, ist die Befreiung Afrikas fern. Jeder Tote, der vor Lampedusa oder Griechenlands Inseln aus dem Wasser gezogen wird, sollte uns daran erinnern. Und wer möchte ausschließen, dass sich unerträglich gewordene Lebensverhältnisse in nationalen Empörungen und transkontinentalen Fluchtorkanen entladen, gegen die die heutigen Wanderungen ein Luftzug sind? Richtiger »Wind of Change« bläst anders.

Aussichten im Nahen Osten

In den achtziger Jahren besuche ich, noch zur Regierungszeit von Hafez al-Assad, zweimal Syrien. 1985, um am Kongress der »Union der Jugend der Revolution« teilzunehmen, und 1987 als Delegationsleiter zum III. Freundschaftstreffen der Jugend beider Länder. Reisen durchs Land führen mich auch nach Kuneitra auf den Golanhöhen, rund 70 Kilometer von der Hauptstadt Damaskus entfernt. Die einst blühende syrische Stadt wurde im Sechstagekrieg 1967 von israelischen Streitkräften besetzt, die sie vor ihrem Abzug 1974 schleiften. Nun steht Kuneitras Ruinenfeld an der UN-kontrollierten Pufferzone zwischen dem israelisch annektierten Teil des Golan und Syrien als steinerne Anklage gegen Tel Avivs Politik der verbrannten Erde.

Von einem Abhang aus sieht man den israelischen Wachturm und die Patrouillenfahrten der Jeeps mit dem Davidstern. Wir halten uns im Hintergrund, während Einwohner syrischer Dörfer aus der Umgegend über Megaphone mit ihren Familienangehörigen auf der israelisch besetzten Seite zu kommunizieren versuchen. Wir verstehen ja die Worte nicht, aber wir sehen, wie sich die Frauen von Zeit zu Zeit umdrehen, um ihre Tränen fortzuwischen. Eine berührende, ohnmächtige Geste inmitten der Tragik des nun Jahrzehnte währenden Nahostkonflikts.

Das Verhältnis zwischen den arabischen Ländern und Israel ist ein weltpolitischer Brennpunkt, solange ich zurückdenken kann. Er tangierte stets auch die internationale Arbeit der FDJ. Wir verurteilten den expansionistischen Kurs der israelischen Führung und forderten die Rückgabe der okkupierten Gebiete. Wir unterstützten das Selbstbestimmungsrecht der Palästinenser, einschließlich ihrer Forderung nach einem eigenen, souveränen Staat. Wir mahnten ein menschenwürdiges Leben der palästinensischen Flüchtlinge in den Nachbarländern an und nannten die israelische Verweigerung eines gerechten

Zusammenlebens zwischen der arabischen und jüdischen Bevölkerung zionistisches Verhalten. Nicht, um die legitime Existenz des Staates Israel, den die zionistische Bewegung immer angestrebt hatte, in Frage zu stellen, sondern in der Überzeugung, der Zionismus veranschlage nationalistischen Egoismus höher als ein friedliches, staatlich gefestigtes Zusammenleben zwischen Juden und Arabern im ehemaligen britischen Mandatsgebiet von Palästina.

Zugleich bedrückt mich der Gedanke, dass jede Kritik der israelischen Nahostpolitik als rassistisch und friedensgefährdend im Mainstream politischer Kommentare fast unisono als antisemitisch diffamiert wird. Als gäbe es nicht auch in Israels Gesellschaft jene zukunftsbesonnenen Kräfte, die sich in die legitimen Interessen beider Seiten hineindenken und nach einem belastbaren Ausgleich streben. Nur dieser Impetus auf arabischer und israelischer Grabenseite könnte der Region einen Frieden schenken, nach dem sich die vernünftige Welt sehnt. So sehr die jüngste Verwüstung des Gaza-Streifens durch israelische Kommandovorstöße, die Einmauerung der palästinensischen Bevölkerung, die forcierte landräuberische Siedlungspolitik Tel Avivs den arabisch-palästinensischen Widerstand weiter anheizen, so wenig sind Terror gegen die jüdische Bevölkerung, sind antisemitische Hetze oder die Infragestellung des Existenzrechts Israels hinnehmbar.

Wenn ich an Syrien denke, dann sehe ich pulsierende Städte und Landstriche, Damaskus selbst mit der berühmten Umayyaden-Moschee und seiner altstädtischen Zauberwelt, den Bädern, von denen eines länger ununterbrochen in Betrieb ist, als die deutsche Hauptstadt Lenze zählt. Dann die herrlichen Suks, mit Früchten, Gewürzen oder Schmuck aus den nahen Handwerksschmieden. Ein Hauch von arabischer Märchenwelt, der freilich schon um die Ecke in der Rasanz des modernen Damaszener Alltags aufgeht. Wie unantastbar friedlich der anmutet, während doch hinter der nahen libanesischen Grenze die Waffen toben. Unvorstellbar in Damaskus, einem Ort, der friedlich und tolerant erscheint, obwohl Syrien in den Bürgerkrieg des Nachbarlandes verstrickt ist.

Labeed, der vertraute irakische Kommunist, hatte mir berichtet, dass seine Partei nicht in seiner Heimat, wohl aber in Syrien legal

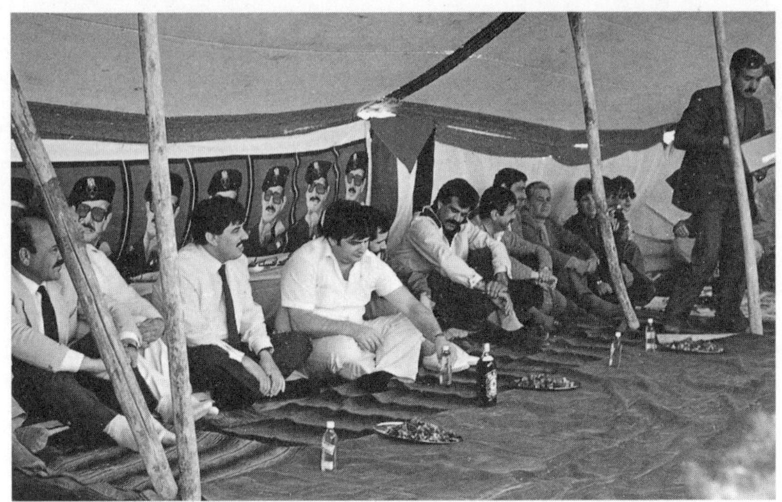

Picknick in Palmyra

arbeiten darf. Dies mag ein Privileg sein, das aus dem lange währenden Streit der syrischen und irakischen Zweige der Baath-Partei um Richtung und Vorherrschaft resultiert. Andererseits ist im schützenden Umhang der herrschenden Baath-Partei in Syrien die Betätigung, ja sogar Regierungsbeteiligung nichtoppositioneller Kräfte, darunter der KP, möglich. In Maalula, dem Gebirgsort unweit von Damaskus, wo die Einwohner noch das Aramäische beherrschen und die christlichen Gemeinschaften frei agieren können, aber auch andernorts wird glaubhaft beteuert, dass religiöse Toleranz Staatskalkül ist.

Abgesehen von der Muslimbruderschaft, die einst blutig daran gehindert wurde, dem nach sozialistischen Entwicklungszielen ausgerichteten säkularen Syrien unter Anwendung von Gewalt eine religiös-islamistische Verfassungsdefinition zu oktroyieren, sind die Glaubensrichtungen erkennbar frei in ihrer Entfaltung. Bevorzugt blieb stets die Minderheit der Alawiten, der Präsident Hafez al-Assad entstammt. Jeder weiß das, aber zu Zeiten meiner Besuche scheint dieses Phänomen im gesellschaftlichen Bewusstsein weniger zu wiegen als der im Alltag noch spürbare, in den Folgejahren jedoch abnehmende Wohlstand.

Von der Hafenstadt Tartus kommend, wo eine sowjetische Marinebasis von den amerikanischen und israelischen Nahoststrategen als permanenter Casus Belli observiert wird, erreichen wir die alte Kreuzfahrerburg Krak des Chevaliers. Erbaut vom Emir von Homs, setzten sich Kreuzfahrer auf ihrem Wege nach und von Jerusalem darin fest. Trotz Neubauten und Restaurierungen, mit denen in den folgenden Jahrhunderten etliche Erdbebenschäden behoben wurden, blieb die Burg eine besondere Kostbarkeit des Weltkulturerbes. Das unabhängig gewordene Syrien hatte es aus den Händen Frankreichs, der einstigen Mandatsmacht von Völkerbunds Gnaden, übernommen und archäologisch betreut.

Aber vor allem Palmyra! Der sagenumwobene Handelsort an der Seidenstraße, der durch seine privilegierte Lage aufblühte und in den Vorherrschaftskämpfen späterer Jahrhunderte geschleift wurde, bietet dem Auge ein faszinierendes Bild. Die Ruinen des Baal-Tempels, die Relikte der Prachtstraße, der Thermen, der Agora, des Römischen Theaters. Und der Boden noch immer reich an ungehobenen Schätzen, die den Wissenschaftlern wie den illegalen Ausgräbern samt ihren skrupellosen Hehlern noch im Traum erscheinen. Eigentlich auch uns, wo wir doch gerade mit dem Hintern drauf sitzen und unseren Tee mit reichlich Zucker und Wüstensand trinken.

Es sind diese Erinnerungen, die mir drei Jahrzehnte später in den Sinn kommen, als die Bilder vom Krieg in Syrien durch die Medien gehen. Ich will den Begriff *Bürgerkrieg* nicht verwenden. Zwar werden als Auslöser der Gemetzel politische und soziale Spannungen in der syrischen Gesellschaft genannt, die durch wirtschaftliche Turbulenzen – infolge von zentralistischem Missmanagement, Ölpreisschwankungen, Missernten, erhöhten Militärausausgaben, wachsender Arbeitslosigkeit, zugleich dem Wegfall vorteilhafter ökonomischer Beziehungen mit der zerstobenen sozialistischen Staatengemeinschaft – noch verstärkt wurden. Nach dem Tode seines Vaters war Baschar al-Assad daran gegangen, die im Ansatz vorhandenen Reformideen, einschließlich der Entwicklung des privaten Sektors, zu verwirklichen. Die geschürten Proteste, die nach einer politischen Neuausrichtung westlicher Prägung riefen und undifferenziert in die

Wundertüte »arabischer Frühling« eingeordnet wurden, hatten indes einen ganz anderen Hintergrund.

Katar umwarb Syrien. Es plante den Bau einer Pipeline durch Saudi-Arabien, Jordanien und Syrien bis in die Türkei, um sein Erdgas auf optimierten Transportwegen nach Europa zu verkaufen. Das mit Syrien traditionell verbundene Russland befürchtete einen verstärkten Einfluss der Golfstaaten und der USA in der Region und trug Baschar al-Assad seine Bedenken vor. Der entschied sich nach der Interessenslage seines Verbündeten und favorisierte nun ein russisch-iranisches Projekt. Das sah vor, iranisches Gas durch den Irak und Syrien in den Libanon zu leiten, um Europa von dort aus zu beliefern. Die Option dieser Achse alarmierte die USA, die – Enthüllungen von Wikileaks zufolge – Überlegungen zum Sturz Assads anstellten. Die CIA begann damit, oppositionelle Gruppen in Syrien zu unterstützen.

Die USA, ihre europäische und israelische Entourage sowie die um ihren Einfluss besorgte saudiarabische und Emiratenherrlichkeit erinnerten sich daran, dass sie allerlei Hühnchen mit der jahrzehntelang sozialistisch orientierten Assad-Regierung zu rupfen hatten. Sie drangen auf Systemänderung. Und so ist das, was viele als *Bürgerkrieg* wahrnehmen, tatsächlich ein politischer und religiöser Stellvertreterkrieg, dessen Auswüchse den Anstiftern und Claqueuren des Aufruhrs inzwischen in alle Glieder gefahren sein dürfte. Denn apokalyptische Kalifatsphantasien des sogenannten »Islamischen Staates«, Massenmorde, Flucht und Vertreibung ganzer Bevölkerungsschichten, zugleich eine weltweite Rekrutierung von IS-Mordgesellen in deklassierten muslimischen Migrantenkreisen mit der ständigen Gefahr terroristischer Rückkopplung in ihren einstigen Aufnahmeländern – das ist die Ernte der CIA-geführten Destabilisierung.

Nie zu vergessen die unfassbaren materiellen und immateriellen Schäden in den Kampfgebieten, die Ruinenfelder in Aleppo oder Homs, in dem geschändeten Palmyra wie in so vielen anderen Städten und Ortschaften Syriens. Ist denn nichts aus dem Debakel gelernt worden, das seinen Lauf nahm, als die USA mit ihrer »Koalition der Willigen« völkerrechtswidrig im Irak intervenierten?

In der zweiten Jahreshälfte 1989 reise ich nach Bagdad. Der Krieg mit dem Iran ist vorüber. Ich habe nach der Flugroutenvorschrift, die damals für Dienstreisen von DDR-Bürgern galt, den Weg über Belgrad und weiter mit der irakischen Fluglinie nach Bagdad zu nehmen. An Bord des irakischen Fliegers ist nach den jugoslawischen Airport-Kontrollen nochmals eine ruppige Leibesvisitation fällig. Aber gut, der Krieg zeigt noch Wirkung, und die Angst ist groß.

Die Hauptstadt des Zweistromlandes pulsiert beiderseits des Tigris, der bis hierher schiffbar ist. Eigentlich bin ich etwas enttäuscht, weil die Erinnerung an die Kindheitsgeschichten aus 1001 Nacht, von Aladin und Ali Baba, beim Sightseeing nicht die passende Kulisse finden wollen. Alles ist so riesig und breitflächig, angefüllt mit dröhnendem Verkehr und am Abend voller Menschen. Man sagt, der Volksjubel über die Wende im achtjährigen Krieg mit dem Iran falle nüchterner aus, als die Hussein-Führung sie feiert.

Gerade ist hier mit großem Pomp ein Triumphbogen eingeweiht worden, »Schwerter von Kadesia« genannt. Er erinnert an die siegreiche Schlacht gegen die Perser im Jahre 636 nach Christus, meint aber den aktuellen Triumph über die iranischen Mullahs. Es ist ein lächerlicher Koloss. Zweifach ein Unterarm, der Saddam Husseins Extremität exakt repliziert, daran die gigantisierte Präsidentenhand, die ein Schwert hält. Angeblich sei sogar der Daumenabdruck des irakischen Gröfaz eingearbeitet worden, nachdem Stahl von allerhand »Märtyrer«-Waffen geschmolzen und die Pranken daraus geformt waren. Übrigens mit britischer Hilfe, weswegen der Originaldaumenabdruck im Lande Ihrer Majestät lagern soll. Erstaunlich, dass er entgegen einem englischen Angebot nicht zur Bestimmung der angezweifelten Identität Saddams benutzt wurde, als man das zottelige Individuum mit den Gesichtszügen des gestürzten Machthabers aus seinem Erdloch zog, um es vor Gericht zu stellen und am Galgen zu hängen.

So sehr der Bagdader Alltag im Jahre 1989 Normalität ausstrahlt, ich kann mich von den bedrückenden Bildern politischer und ethnischer Verfolgung nicht freimachen, die Labeed geschildert hat. Zum »Dritten Internationalen Babylon-Festival«, einem vergleichbar unbedeutenden kulturellen Event am Tigris, hat mich außer Neugier die Präsenzpflicht eines Vertreters aus der DDR geführt. Die Tageszeitungen bringen ein Protokollbild unter Saddams Porträt. Es ist ein Schnappschuss vom Fließband. Die Freundschaft zwischen der DDR und Irak, die sich einst an ähnlichen sozialistischen Idealen entzündet hatte, ist im diplomatischen und kommerziellen Alltag abgenutzt, die arabische Welt und die Stellung Iraks in ihr haben sich verändert. Deshalb ist Zurückhaltung bei innenpolitischen Diskussionen geboten.

Auch auf irakischer Seite pflegt man politischen Pragmatismus. Auf dem Rückflug sitze ich neben dem Rektor der Bagdader Universität. Der sagt, die Existenz zweier deutscher Staaten sei ein Faktum, und man halte zu den politischen Positionen der DDR. Aber für ihn ganz persönlich sei es unvorstellbar, wie das deutsche Volk schon so lange getrennt leben könne. Gut oder schlecht: Wir können beide nicht in die Zukunft schauen. In wenigen Jahren wird der Irak im Zweiten Golfkrieg unterliegen. Im März 2003 werden die USA mit ihrer »Koalition der Willigen« in das Zweistromland eimarschieren. Die Lüge von Massenvernichtungswaffen in Saddams Händen soll das Aggressionsziel verhüllen: Zugriff auf Iraks Öl. Deutschland und Frankreich werden zu den »Willigen« nicht gehören. Eine glückliche Facette bundesdeutscher Politik, bedenkt man die unselige Bombardierung Belgrads einige Jahre zuvor.

Bagdads einstige Unversehrtheit habe ich in Erinnerung, als die Berichte über Tod und Verwüstung als Folge des Angriffskrieges um die Welt gehen. Ich sehe das Chaos morbider staatlicher Verhältnisse unter amerikanischer Statthalterschaft, die rigorose Ausschaltung höherer militärischer Ränge, die Entwurzelung der baathistischen Amtsträger, stattdessen eine Personalpolitik, die Vasallentreue vor die Fähigkeit zur politischen und religiösen Aussöhnung stellt. All das zeigt, wie brachial die USA auf ihren politischen und ökonomischen Vorteil dringen, um hernach die Völker verantwortungslos in dem Zustand zurückzulassen, in den sie sie militärisch gezwungen haben. So erklärt sich auch der irakische Anteil am Erstarken der IS-Kräfte, die nicht nur die Destabilisierung auf der arabischen Halbinsel forcieren, sondern auch den Rest der Welt zu aufwendiger Terrorabwehr zwingen.

Im Februar 2015 lese ich im »Berliner Kurier«, dass ein ehemaliger irakischer Sicherheitsberater den Strick, mit dem Saddam Hussein 2006 am Galgen gehängt wurde, als »Symbol der Freiheit« aufbewahrt hat und meistbietend verhökern will. Interessenten aus Kuwait, Iran und Israel hätten 6,2 Millionen Euro geboten, aber der Strick-Dieb will mehr.

Wie sehr am Amtsverlust der Kopf hängen kann, hatte ich vor Saddams Schicksal schon am Beispiel führender Funktionäre der Volksdemokratischen Republik (Süd)Jemen gelernt. Am Golf von Aden hatte sich die VDRJ mit ihrer sozialistischen Entwicklungsrichtung unseren Hoffnungsträgern in der Region hinzugesellt. Ein Blick auf die Karte genügt, um die geostrategische Aufmerksamkeit zu verstehen, die die konkurrierenden Weltachsen dieser Entwicklung beimaßen. Am Ausgang des Roten Meeres müssen alle Schiffe, die den Suezkanal durchfahren wollen, das Nadelöhr am Horn von Afrika passieren. Gegenüber Aden grüßt Djibouti, altes Land von Afar und Issa, das Frankreich damals noch immer besetzt hält. Die Briten haben sich dagegen aus der südjemenitischen Hafenstadt bereits 1967 zurückgezogen. Aus internen Kämpfen der an die Macht gelangten Nationalen Befreiungsfront gingen Abd al-Fattah Ismail als Generalsekretär und Salim Rubai Ali als Staatspräsident hervor. Zu ihrer Amtszeit komme ich im März 1974 mit einer Delegation des Internationalen Studentenbundes in die VDRJ.

Aden ist eine faszinierende Stadt, in der sich arabische, afrikanische und europäische Einflüsse mischen. Die schönsten Frauen, sagt man, kommen aus Somalia jenseits des Golfs. Die Hektik der Händler lässt die Kat-kauenden Träumer am Straßenrand kaum aufhorchen. Aber das alles sehe ich später, erst einmal bin ich spät dran für das ISB-Event. Auch der südjemenitische Studentenchef, eigentlich der Gastgeber, erscheint auf den allerletzten Drücker. Die verärgerte ISB-Führung ist bereits unerkannt in den hinteren Reihen des Versammlungsortes platziert worden. Nun fährt der Staatspräsident vor, und der kopflose Vorsteher des nationalen Studentenverbandes ergreift meine Hand und stellt mich Salim Rubai Ali offenbar als General-

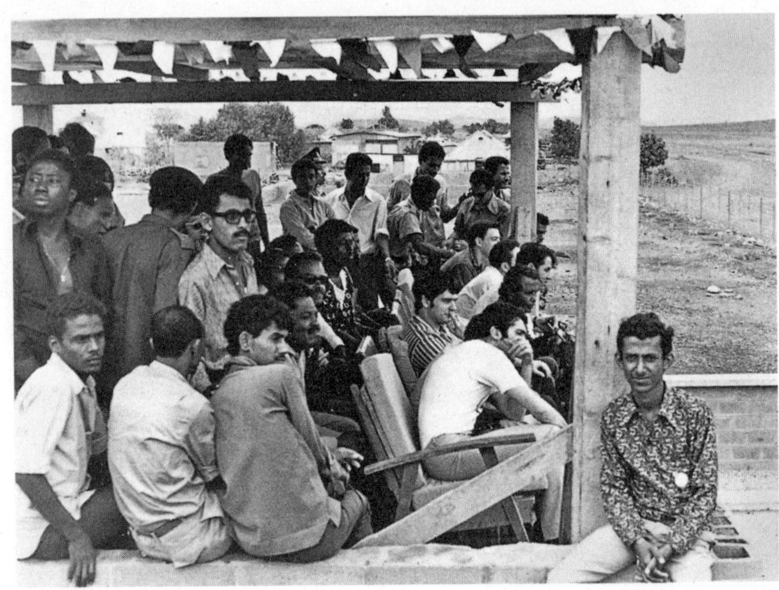

Bei einer paramilitärischen Übung im 3. Gouvernerat der Volksdemokratischen Republik (Süd)Jemen

sekretär des ISB vor. Der nimmt meine Hand und führt mich unter den Klängen der Nationalhymne zur ersten Reihe. Vorbei an meinen Chefs, die sich vor Lachen kaum auf den Beinen halten können.

Im weiteren Verlauf mache ich allerdings lauter Fehler. Lehne das Rauchzeug ab, das mir der Staatspräsident anbietet, und winde mich, als er mir zum Bankett die besten Stücke eines wohlschmeckenden Fisches in den Mund schieben will. Niemand hat mir gesagt, dass Füttern hier Gästeehrung ist. Die Aufmerksamkeit des südjemenitischen Staatenlenkers verebbt augenblicklich. Das Gespött des Prager ISB-Apparats hingegen bleibt mir jahrelang erhalten.

Wir fahren anschließend durch das Land. Im 3. Gouvernerat erleben wir eine paramilitärische Übung, bei der mit scharfer Munition geschossen wird. Die Waffen sitzen hier sehr locker, das macht auch die Berater aus den sozialistischen Ländern unruhig. Vier Jahre nach unserer komischen Begegnung wird Salim Rubai Ali in einem »Genossenfeuer« hingerichtet. Abd al-Fattah Ismail fungiert danach als

Staatspräsident und Generalsekretär der Jemenitischen Sozialistischen Partei, wird aber nach weniger als zwei Jahren von seinem Ministerpräsidenten gestürzt. Die politischen Fraktionen beider Kontrahenten, die die Verbundenheit der VDRJ mit der Sowjetunion nie in Frage stellten, verwickeln das Land sechs Jahre später in bürgerkriegsähnliche Auseinandersetzungen. Ismail kommt in ihnen um. Nicht zuletzt die Auflösungserscheinungen in der Sowjetunion führen dazu, dass sich im Jahre 1990 die beiden jemenitischen Staaten zu einem bis heute instabilen politischen Gebilde vereinen.

Zwischen den früheren antiimperialistischen Erhebungen und den heute in der Begriffswelt »Arabischer Frühling« zusammengezogenen Entwicklungen liegt ein langer, widersprüchlicher Weg. Das sozialistische Weltsystem, auf das sich das Gros der Befreiungsbewegungen berief, ist kollabiert. Der als überlegen propagierte Wertekanon des kapitalistischen Westens erscheint vielen Arabern plötzlich alternativlos. Im Juni 2009 malt Obama an der Kairoer Universität das Bild einer freien und demokratischen arabischen Welt nach dem amerikanischem Ideal der Gleichheit aller Menschen. Er suggeriert ein Leben in politischer und sozialer Gerechtigkeit. Die eloquente Verheißung gleichberechtigter gesellschaftlicher Teilhabe klingt wie ein ideelles Geschenk ausgerechnet jener westlichen Führungsmacht, die durch geostrategische Wilderei, durch das eigennützige Schüren politisch oder religiös gefärbter regionaler Konflikte, durch verlogenen Krieg plus unverantwortlicher Besatzungsmentalität, nicht zuletzt durch die Stützung der reaktionärsten Oligarchien doch gerade zur Anhäufung jener Probleme beigetragen hat, gegen die in nahezu allen Ländern der arabischen Welt rebelliert wird. In der Rolle des Wertespenders sind die USA fehlbesetzt, während die Welt gespannt – und angesichts radikalislamistischer Verwerfungen zunehmend besorgt – auf den arabischen Aufruhr blickt. Der loderte im Dezember 2010 in Tunesien auf und berief sich dort – zumindest indirekt – auch auf das ambivalente Erbe eines Mannes, dem ich im Sommer 1975 begegnete: Habib Bourguiba, »Vater« der Unabhängigkeit und langjähriger Staatspräsident Tunesiens.

Eigentlich war ich für die Reise nicht vorgesehen. Die DDR-Vertretung auf einer Studentenkonferenz anlässlich des »Internationalen Jahres der Frau«, die nicht zufällig in der frauenfreundlichen, laizistisch geprägten Republik am Mittelmeer stattfindet, sollte eigentlich weiblich sein. Aber alles ging holterdiepolter, und für einen weiblichen Reisekader konnte auf die Schnelle kein Visum besorgt werden. So fiel die Wahl auf mich. Zwar habe ich mir gerade den linken Arm gebrochen und trage nun einen Gipsverband, aber die Reise ist gebongt, und man rät mir, den steifen Arm unter meiner guten alten Präsent-20-Jacke verschwinden zu lassen. Das tue ich dann auch, natürlich nicht am Strand. Da glänzt die Gips-Bandage sichtbar bis zur Nase, als ich den Arm auf den Kopf lege, um bei kleinem Wellengang baden zu können. Und ehe ich mich darüber noch ärgern kann, wird die Geste zum inoffiziellen Gruß aller Konferenzteilnehmer, fast wie ein Pioniergruß mit links.

Als uns der Staatspräsident einlädt, muss der Arm natürlich in die Jacke gezwängt werden. Habib Bourguiba ist in Monastir geboren und empfängt hier in einem Palast von gemäßigter Noblesse. Irgendwie passend zu seiner trügerisch jovialen, gemütlichen Erscheinung. Eher schon lassen die amtlichen Bilder des Führers der Sozialistischen Destur-Partei den harten und autokratischen Stil erkennen, mit dem er das Land führt, oppositionelle Bestrebungen stets niederhielt, zeitweise auch die Kommunistische Partei verbot und die nationale Kaderpolitik nach Gutsherrnart lenkte. Intern redet man bereits von wirtschaftlichen Schwierigkeiten, die vor allem die Gewerkschaften elektrisieren.

Zunehmende Arbeitslosigkeit, besonders unter der Jugend, Teuerungswellen bei Grundnahrungsmitteln und andere Verschlechterungen des Lebensniveaus werden radikalen islamistischen Bestrebungen den Boden bereiten und 1987 dem Ministerpräsidenten Zine el-Abidine Ben Ali als Vorwand dienen, Habib Bourguiba abzusetzen und unter Hausarrest zu stellen. Was aus den Hoffnungen, die viele in die angekündigten Demokratisierungsprozesse Ben Alis setzen, werden wird, tritt im Dezember 2010 zutage, als sich ein verzweifelter junger Gemüsehändler verbrennt und damit das Signal für den »Arabi-

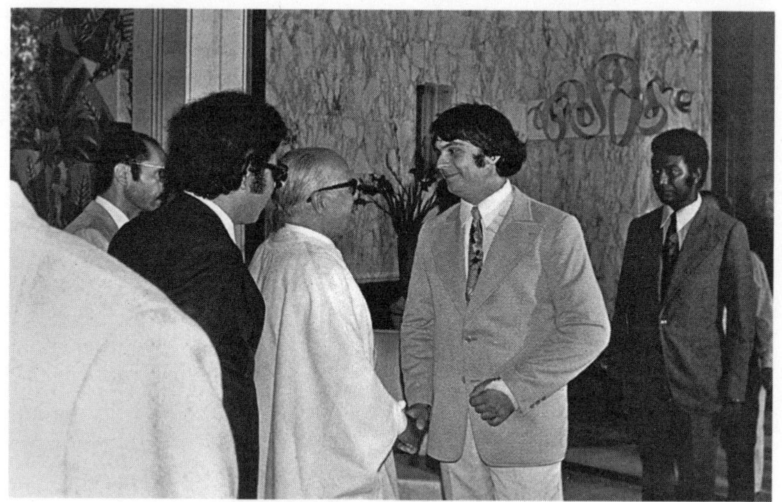

Beim tunesischen Staatspräsidenten Habib Bourguiba, 1975

schen Frühling« setzt. Ben Ali, der sich maßlos bereichert und den autokratischen, repressiven Führungsstil Bourguibas perfektioniert hat, wird aus dem Land getrieben. Habib Bourguiba hingegen bleibt omnipräsent. Straßen und Plätze, auch der Flughafen von Monastir tragen seinen Namen.

Aber als wir 1975 in der Begrüßungsreihe stehen, ist das alles unerledigte Geschichte. Je mehr ich mich dem Landesvater nähere, desto nervöser betrachtet seine Sicherheit meinen gipssteifen Arm in dem rundgestrickten Kunststoffsakko. Schließlich tritt sie mit einem freundlichen Pardon näher und klopft die Extremität etagenweise ab. Alles ok, nun steht einem präsidialen Handschlag und einer weiteren zwölfjährigen Machtausübung des alten Herren nichts mehr im Wege. Was er post mortem über die tunesische Rebellion als Wiege eines »Arabischen Frühlings« dächte? Klingt es aus seinem Mausoleum vielleicht so: Ben Ali wie ein Hund verjagt, das ist gottgefällig! Aber wer fällt dem frisch erweckten Terror der religiösen Eiferer in den Arm? Und wer bändigt die arabischen Völker, wenn sie sich nach all den Schlächtereien auf eine echte soziale Revolution besinnen, die sie dauerhaft eint?

Von Peking Hauptbahnhof nach Pjöngjang

Alle Welt schaut nach Asien, wo die Volksrepublik China zur Supermacht aufstieg. Die USA sahen sich veranlasst, ihre strategischen Aufmerksamkeiten neu zu ordnen, um die vom roten Reich der Mitte ausgehenden Kraftfelder einzudämmen. Niemand hat übersehen, dass die einst einer größeren sozialistischen Gemeinschaft zugerechneten Staaten Vietnam, Laos, Kampuchea, Nordkorea, Mongolei sowie frühere asiatische Sowjetrepubliken längst eigene Wege gehen, die von isolationistischer Mangelwirtschaft im Falle der Demokratischen Volksrepublik Korea über privatwirtschaftliche Marktöffnungen bis hin zur prokapitalistischen Umorientierung ihrer Gesellschaft reichen. Auf diesem Kontinent sortieren sich die Einflusssphären der Großmächte neu.

Derweil haben ihre Eseleien im Umgang mit Russland die Europäische Union auch um interessante außenpolitische und wirtschaftliche Gestaltungsräume in Eurasien gebracht. Russland hatte eine Achse der gedeihlichen Zusammenarbeit von Lissabon bis Wladiwostok angeboten. Die EU ließ sich leider auf eine Phalanx der Konfrontation ziehen. Welche Chancen hätten sich durch die Nutzung avancierter Technologien, die gemeinsame Erschließung neuer Rohstoffquellen, die Errichtung marktnaher Produktionsstätten sowie durch die riesigen Handelsvolumina des Doppelkontinents für alle Seiten eröffnet!

»Wladiwostok« – Beherrschung des Ostens – hätte das Zauberwort für einen schon verloren geglaubten Kraftzuwachs Europas sein können. Arbeitsteiliger Wirtschaftserfolg hätte den kontinentalen Zusammenhalt gestärkt und den in Zeiten einer schwachen EU erzeugten nationalen Narzissmus eingedämmt. Dem fremdelnden Amerika der verbrauchten Ideale wäre eine vitale Alternative entgegengesetzt worden. Die EU sollte zusehen, wie sie das Pech auf ihren Flugfedern wieder loswird. Dann wird sich zeigen, ob ihr die strategische Allianz zwischen China und Russland ein späteres Andocken erlaubt. Die Entwicklungen auf dem asiatischen Kontinent sind und bleiben ein Faszinosum.

Im Juli 1987, ich bin damals Kultursekretär der FDJ, reise ich nach China – fast drei Jahrzehnte, nachdem sich Mao Tse-tung mit dem »Großen Sprung nach vorn« einen illusionären wirtschaftlichen Aufschwung erhofft hatte und das gesellschaftliche Entwicklungsmodell der Sowjetunion überragen wollte. Das Fiasko der Volkskommunen, deren Mitglieder neben der ländlichen Arbeit in wenig effektive lokale Industrieprojekte gezwungen wurden (Stahlkochen auf dem Hühnerhof), der katastrophale Einbruch der landwirtschaftlichen Produktion mit den »Drei bitteren Jahren« tödlicher Hungersnöte als Folge, die Periode der Sanierung mit Deng Xiaoping als bekanntestem Akteur, die verhängnisvolle Kulturrevolution als Retoure der maoistischen Kräfte, mit der nicht nur Deng gestürzt, sondern die intellektuelle Elite des Landes gedemütigt oder eliminiert wurde, der geheimnisvolle Flugzeugabsturz des »Kronprinzen« Lin Biao, der die aufgeputschten Massen im Entree zur roten Mao-Fibel auf die Worte des Vorsitzenden eingeschworen hatte – all das ist Geschichte. Ebenso die Rückkehr Dengs in die politische Bedeutung und die nach dem Tod Zhou Enlais forcierten fraktionellen Machtkämpfe, der erste Zwischenfall auf dem Tiananmen-Platz 1976, als dessen vermeintlicher Spiritus rector Deng erneut in Ungnade fiel, um nach Maos Tod und der Ausschaltung der Viererbande erneut fest im Sattel der Macht die Vier Modernisierungen (in Landwirtschaft, Industrie, Landesverteidigung sowie Wissenschaft und Technik) voranzutreiben. Mit den Wirtschaftsreformen werden die Volkskommunen aufgelöst, wird die Eigenverantwortung in der landwirtschaftlichen Produktion mit staatlichen Ablieferungsquoten und freiem Verkauf der Mehrproduktion gefördert, werden sinnvolle lokale Industrievorhaben im ländlichen Bereich angesiedelt, um Arbeitsplätze zu schaffen und die Abwanderung in die Städte zu begrenzen.

Die Richtungskämpfe zwischen Befürwortern einer forcierten Marktorientierung und Politikern, die die sozialen Folgen solcher

Verhältnisse in der Volkswirtschaft befürchten, bleiben erhalten. Tatsächlich sind gravierende Unterschiede im Lebensniveau, Umweltfrevel, Korruption und Günstlingswirtschaft prägende Erfahrungen im Alltag einfacher Menschen.

Nixons China-Besuch 1972, eigentlich dazu gedacht, die Entfremdung zwischen der Volksrepublik und der Sowjetunion zu vertiefen, ist Ausdruck eines außenpolitischen Umdenkens. Inzwischen wurde die VR China in ihre legitimen Rechte als UNO-Mitglied und Vetomacht im Sicherheitsrat eingesetzt. Das wird sich besonders nach der Normalisierung der chinesisch-sowjetischen Beziehungen als politischer Bumerang erweisen und das Taiwan des geflohenen Guomindang-Führers, Tschiang Kai Schek, international dauerhaft isolieren. Michail Gorbatschow wird erst 1989 nach Peking kommen, während Erich Honecker – nach Moskauer Gusto regelwidrig – mit seiner Visite schneller war, hatte er doch gemeint, dass ein gutes Verhältnis der sozialistischen Staatengemeinschaft zur Volksrepublik China überfällig sei. Sein Staatsbesuch eröffnete einen regen Austausch, der sich auch auf die Jugendverbände erstreckte. Somit ist unsere Delegationsreise ein erfreuliches Follow-Up.

In Peking begrüßt uns der agile internationale Sekretär des ZK des Kommunistischen Jugendverbandes. Er hat vor zwei Jahren die Dreißig überschritten, was nach den Maßstäben sozialistischer Kaderpolitik als recht jung für eine derartig herausragende Funktion erscheint. Aus bäuerlichem Milieu stammend, hat er in Peking Wirtschaftswissenschaften studiert, um nun schon ein halbes Jahrzehnt für die Zentrale des KJV zu arbeiten. Er ist in der Parteiführung bestens vernetzt, kehrt das aber nicht hervor. Behutsam geht er mit der Periode der sowjetisch-chinesischen Konflikte um, in deren Sog auch das Verhältnis unserer Länder geriet. Der Blick ist nicht auf Vergangenes gerichtet, sondern auf das, was wir damals als zukünftig ansehen.

Das Gesicht eines solchen Gesprächspartners merkt man sich lange, erst recht, wenn der einen so steilen Aufstieg in der nationalen und Weltpolitik nimmt wie unser damaliger Begleiter Li Keqiang. Heute lenkt er als chinesischer Ministerpräsident an der Seite Xi Jinpings die Geschicke der Volksrepublik. Als mir der ehemalige

DDR-Botschafter in Peking den Aufstieg Li Keqiangs prophezeite, war mir zwar die DDR abhanden gekommen, aber nicht die Fähigkeit zur Freude über den hoffnungsvollen Sprung des einstigen Kollegen in die hochbrisante Verantwortung einer Regierungskunst, die anregende Alternativen zum US-dominierten Wertekanon des Westens setzen kann.

Im Sommer 87 essen wir mit dem Premier in spe aber erst mal Peking-Ente, bevor wir das Land bereisen. Wir sind in Betrieben, Agrarkollektiven, medizinischen Einrichtungen und Familien zu Gast. Bei der Frage nach der Ein-Kind-Politik, mit der die Bevölkerungsexplosion gemindert werden soll, wackelt vor allem bei unseren ländlichen Gesprächspartnern die Nasenspitze – wie früher bei meiner Mutter, wenn sie mir eine halbe Wahrheit verschwieg. Auch staunen wir über die Kleinstproduktionen von Textilien mit den Logos großer Markenfirmen, die auf schäbigen Wäscheleinen trocknen. Aber im Unterschied zu den sinnlosen Minihochöfen der Mao-Zeit soll diese Produktionsweise rentabel sein.

Dann sind wir in Shanghai, wo im Mai 1949 die Volksbefreiungsarmee Mao Tse-tungs einmarschierte und die spätere Kulturrevolution ihren Ausgang nahm, deren Erben in Gestalt der Vierbande hier eine wichtige Bastion hatten. Letzteres wird aber weder vom Stadterklärer noch in den offiziellen Gesprächen, zu denen wir eingeladen sind, thematisiert.

Über den Dächern der Stadt dreht der stellvertretende Bürgermeister, Huang Ju, die große Scheibe, die uns am Tisch die Auswahl chinesischer Speisen erleichtert. Bei Seegurke und geschmorter Ochsensehne bittet uns der Gastgeber, es doch Erich Honecker gleichzutun, der während seines Staatsbesuches im selben Bankettsaal den Song von den III. Weltfestspielen in Berlin, eines seiner Lieblingslieder, angestimmt hatte. Der Song ist nicht unsere Stilistik. Mir fällt nur noch die Liedzeile ein, in der das *siegreiche China ins Stadion zieht*. Aber gerade auf diese Schlüsselzeile kommt es an, wie ich einem späteren Bericht von »China im Aufbruch« entnehme.

Auch der Sekretär des ZK der KPCh Chen Paixian lädt zum Empfang. Außer den Vorwürfen gegen Vietnam, Grenzstreitigkeiten und

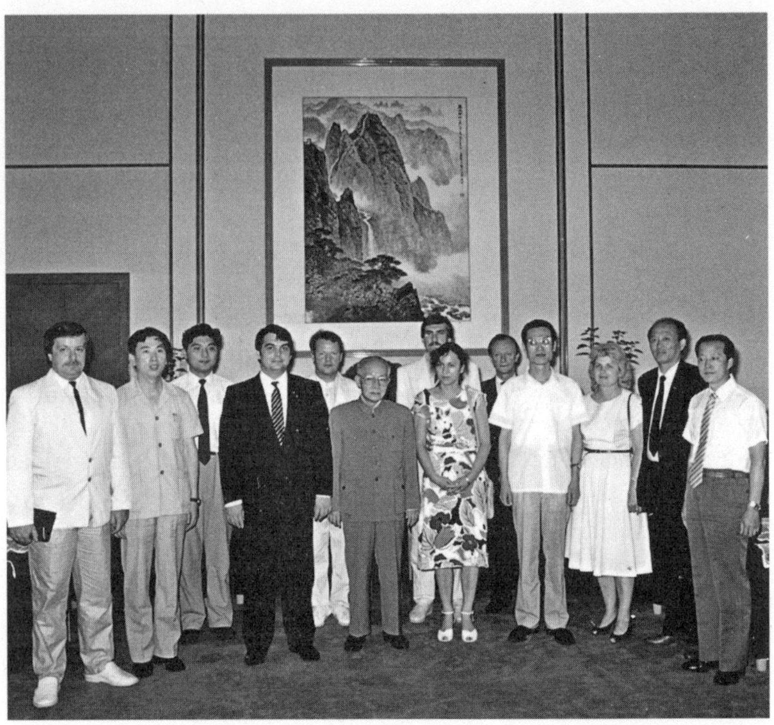

Empfang beim Sekretär des ZK der KP Chinas Chen Paixian in Shanghai

den Einmarsch in Kampuchea betreffend, sind seine Ausführungen in gutem Einvernehmen. Schließlich holt der Gastgeber noch zu einem Hieb gegen das benachbarte Indien aus. Als ich Mut zur Widerrede sammle, schickt mir der Chef des Jugendverbandes einen raschen Blick mit der Botschaft: *Lass es bitte. Einem alten Genossen widerspricht man hier nicht!* Ich folge dem Rat und ernte Wohlwollen.

Dabei weiß ich spätestens seit dem Besuch des 2. Sekretärs des Kommunistischen Jugendverbandes Chinas in der DDR, wie sensibel nicht nur politische, sondern auch kulturelle Nuancen zu beachten sind. Die chinesische Delegation wollte in Berlin gern einen Zirkus besuchen. Leider gastierten alle auswärts, so dass der neu gebaute Friedrichstadtpalast mit seinen zirzensischen Einlagen ins Programm kam. Was wir nicht wussten: damit auch ein auf illuminierter Wasserfontäne einschwebendes Nacktmodell, das den offiziellen Geschmack unserer Gäste klar verfehlt hätte.

Der legendäre Palast-Intendant Wolfgang Struck hatte mir die Augenweide erst kurz vor Vorstellungsbeginn stolz angekündigt. Zum Glück war an jenem Tag die Wasserfontäne defekt und konnte den Akt nicht auf die Bühne heben. Ich war erleichtert. In der Pause lud Wolfgang Struck die chinesische Delegation zum Umtrunk in die Intendanz, um mit eindeutiger Geste den Ausfall zu entschuldigen: »Ihr wisst ja gar nicht, was für pralle Dinger euch da entgangen sind!« Die errötete Delegationsdolmetscherin muss aber etwas übersetzt haben wie: *Die junge Bühnenarbeiterin, die euch die Blumen überreichen sollte, ist leider im Lift stecken geblieben*. Jedenfalls nickten unsere Gäste verständnisvoll.

Aber zurück nach Shanghai. Die Stadterklärerin sagt, Albert Einstein hätte hier erfahren, dass ihm der Nobelpreis verliehen werde. Ich erfahre Unerfreulicheres, nämlich dass wir auf der Rückreise nach Peking einen halben Tag Verspätung haben werden.

Das macht den Flug unerreichbar, mit dem Birgit, so heißt meine zweite Frau, und ich in den Urlaub nach Nordkorea reisen wollen. Wir planen um auf Eisenbahn. Mit dem Nachtzug fahren wir von Peking Hauptbahnhof nach Pjöngjang. Warum bedauert man uns wegen des längeren, dafür aber viel aufregenderen Reiseweges in den benachbarten Bruderstaat?

Als wir am Morgen den Grenzfluss passieren, fährt unser Zug einem grellen Scheinwerferlicht der nordkoreanischen Grenztruppen entgegen. Wir wundern uns über so viel Wachsamkeit, schließlich kommen wir doch aus Freundesland herüber. Auf dem Grenzbahnhof müssen wir aussteigen. Die Kontrolleure inspizieren den Zug, während wir einer Handvoll staunender eidgenössischer Globetrotter dringend davon abraten, die Grenzprozeduren zu fotografieren. Die lachen: *Davon habt ihr ja Ahnung!*

Für mich ist es der zweite Besuch. Ich hatte mich in die Geschichte der Heimat Kim Il Sungs eingelesen. Aber die Lektüre beantwortete nicht alle Fragen, die die Beobachtung des Alltags aufwarf. Zum Beispiel das Rätsel, welcher Rangordnung die von jedermann getragenen, aber unterschiedlich ausgestatteten Abzeichnen mit dem Bildnis des Staatsgründers folgen. Niemand wollte es mir je erklären. Ich sah Verkehrspolizistinnen im weitläufigen Straßenbild einen zeitweise nicht vorhandenen Verkehr regeln. Warum ist hier alles so unendlich groß und zackig? Meine Bitte, eine Familie besuchen zu dürfen, versandete stets in einem Lächeln. Als ich einmal unbegleitet das Hotel verließ, zog ich nach wenigen Augenblicken eine Schar von Kindern hinter mir her, die mit Fingern auf mich zeigten und Worte riefen, die erwachsene Passanten einschreiten ließen.

Wenn jenseits der offiziellen Freundschaftsbegegnungen eher Distanz als Neugier das Verhalten gegenüber Fremden prägte, war das ein Auswuchs jenes Strebens nach nationaler Eigenständigkeit, das als Juche-Ideologie propagiert wird? Einen rechtgläubigen Internationalisten wie mich, der auch staatlich besiegelte Freundschaften persönlich erleben wollte, machte das betroffen. Erklärungen suchte ich in der koreanischen Geschichte. Die Jahrtausende währenden äußeren Bedrohungen, namentlich durch die mächtigen Nachbarn China und Japan, dürften eine Wurzel jener strengen Eigenbesinnung sein. Selbst zu seinen sozialistischen Verbündeten China und Sowjetunion, und zwar nicht nur dann, als die großen Mächte sich zeitweilig entfremdeten, hielt die DVRK eine erstaunliche Äquidistanz. Der rigorose Zentralismus in der politischen und wirtschaftlichen Führung des Landes könnte bei aller staatssozialistischen Eigenart die Anlehnung an ein zentralbürokratisches Regierungsprinzip sein, das Koreas Existenz Jahrtausende lang in kaum veränderten Grenzen sichern half. Die pompöse Entwicklung Pjöngjangs wiederum ist eine Folge des desaströsen Koreakrieges, der 1950 begann und die Stadt dem Erdboden gleichmachte. Die USA haben auf Pjöngjang mehr Bomben abgeworfen, als die Stadt Einwohner zählte. Von 400 000 Menschen überlebte nur jeder fünfte. Alle altstädtischen Strukturen waren ausgelöscht. Die heutige Metropole konnte nur ein Neubau sein, dessen trotzige Dimensionen den damaligen Auffassungen von einer großzügigen sozialistischen Moderne entsprachen.

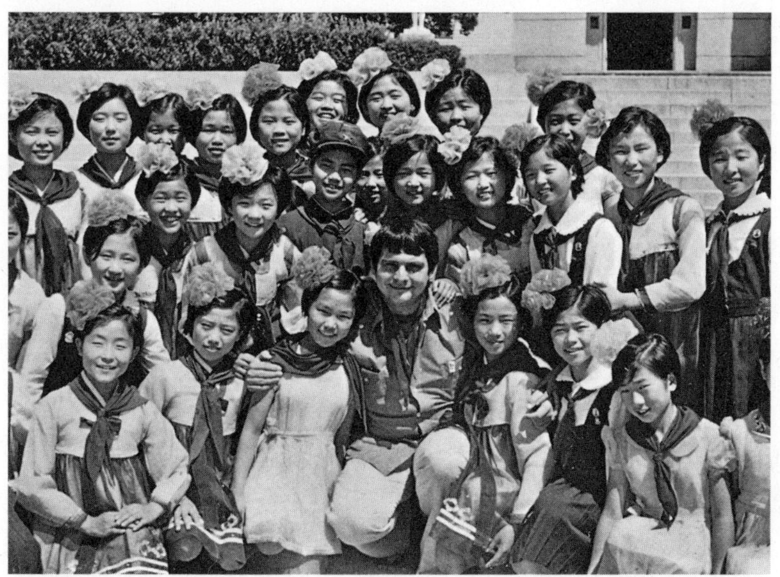

Mit Pionieren aus der DVRK bei meiner ersten Nordkorea-Reise

Der dreijährige Krieg und seine Folgen prägen bis heute das Leben beiderseits des 38. Breitengrades, der die Grenze zwischen Nord- und Südkorea markiert. Es gibt keinen Reise- oder Postverkehr. Manche Familien im Norden haben ihre Angehörigen im Süden seit dem Kriegsende nicht mehr gesehen, wissen oft nicht einmal, ob sie noch leben. Ein Symbol dieser Teilung heißt Panmunjom. In dem kleinen Ort nahe der Stadt Käsong wurde 1953 das bis heute gültige Waffenstillstandsabkommen unterzeichnet. Formal leben Nord- und Südkorea noch im Kriegszustand.

Direkt auf der Grenzlinie stehen Verhandlungsbaracken. Die im UNO-Blau gestrichenen gehören in Gänze zu Südkorea, die andersfarbigen zur DVRK. Nur wenn in einem der Schuppen offizielle Gespräche stattfinden, bildet die Mitte des Verhandlungstisches die Grenze. Das ist nicht der Fall, als wir ein nordkoreanisches Exemplar betreten, wo am äußersten Ende, quasi »drüben«, ein DVRK-Soldat Wache schiebt. Auf halber Höhe ist durch das Fenster zu sehen, wie der amerikanische Soldat mit dem Namensschild »Knox« seinen großen Zeh

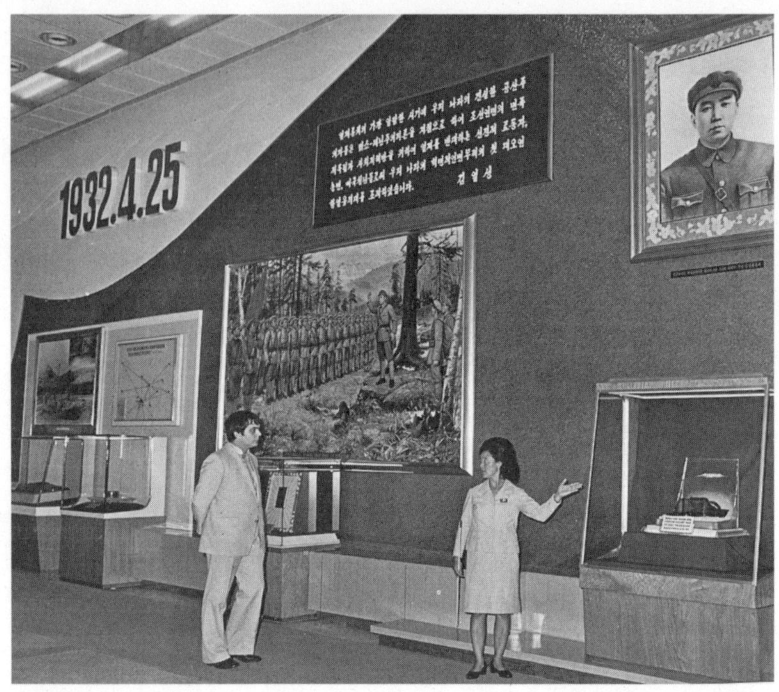

Im Kim-Il-Sung-Museum

auf dem wirklichen Grenzstrich reibt und für uns einen Bubblegum aufbläst. Komisches Gefühl, den zwei Köpfe kleineren Nordkoreaner anzusehen, der sich vor Herrn Knox aufgebaut hat und ebenfalls den großen Zeh auf die weiße Linie schiebt. Physische Augenhöhe ist unmöglich. Aber auf die kommt es hier nicht an.

Urlaub braucht auch Natur. Koreas Norden ist reich davon: der Päktusan, das Diamantgebirge, die Ufergebiete des Taedong. In schöner Landschaft liegt … ein Museumstrakt, in dem die Geschenke präsentiert werden, die Kim Il Sung in den Jahrzehnten seiner Machtausübung erhalten hat. Natürlich ist der Besuch ermüdend, und das Erschrecken nimmt kein Ende, als sich dem mehrstündigen Rundgang ein weiterer im Museum des als Nachfolger aufgebauten Sohnes Kim Jong Il anschließt. Aber später, bei koreanischer Küche, gebratenem Bohnenkäse, stäbchengerechten Fisch- und Fleischhappen samt dem unvermeidlichen Kimtschi und der Reisschale mit der Suppe zum Schluss, stellt sich Landestradition in ihrer versöhnlichen Seite vor.

Birgit und ich gehen im Park noch ein bisschen spazieren, und wir wollen es mit dem Händchenhalten, das hier in der Öffentlichkeit suspekt ist, nicht übertreiben. Trotzdem veranlasst unser durchaus keusches Bild die anderen Parkbesucher, entlang des Weges ein Spalier zu bilden und zu applaudieren. Da gehen wir in respektvollem Abstand lieber nach Hause in unser Zimmer mit dem Kim-Bild und werden uns keine Extrawürste mehr braten. In den warmen Nächten ist Einschlafen schwer, zumal die Nachtarbeit der Bauarbeiter-Stoßbrigaden von patriotischen Liedern begleitet ist. Die vorwiegend jungen Leute kommen aus allen Landesteilen und errichten in der Kwangbok-Allee und an anderen Orten der Stadt Wohnhäuser, Hotels, Sport- und Kultureinrichtungen, die für die Ausrichtung der XIII. Weltfestspiele benötigt werden. Wie Pjöngjang zu der Ehre kam, dieses Jugendfestival auszurichten, ist eine besondere Geschichte und geht auf eine Idee Erich Honeckers zurück.

Spätestens seit den Weltfestspielen der Jugend und Studenten 1973 in Berlin hatte die Festivalbeteiligung eine politische Breite erreicht, die schon die Auswahl künftiger Austragungsorte zu einem Politikum machte. Pjöngjang war gewiss kein Sehnsuchtsort für sozialdemokratische, liberale oder christdemokratische Jugendverbände. Erich Honecker hatte das wohl nicht bedacht, als er die Hauptstadt der DVRK vorschlug. Dafür war seine Idee auf andere Weise pfiffig. Die südkoreanische Hauptstadt Seoul war als Austragungsort der nächsten Olympiade ausgemacht, und Honecker als Staatsoberhaupt einer der weltweit erfolgreichsten Sportnationen wollte ein ähnliches Debakel wie die politisch motivierten Boykotte der Olympischen Spiele in Moskau und Los Angeles vermeiden. Unsere Sportler waren damals um ihre Trainingserfolge und viel schmückendes Edelmetall gebracht worden, die DDR um den international beachteten Flaggen- und Hymnensegen. Deshalb schlug Erich Honecker Kim Il Sung vor, die Weltfestspiele in Pjöngjang abzuhalten, wenn der dafür die Spiele in Seoul unbeanstandet passieren ließe. Und so geschah es.

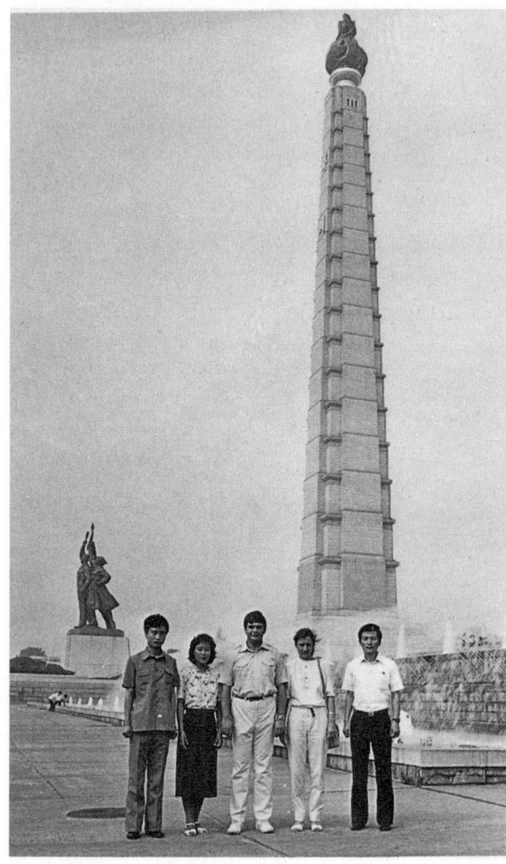

Vor dem Juche-Turm in Pjöngjang

Im Sommer 1989, als sich das Kim-Il-Sung-Stadion mit reichlich Weltjugend füllt, bin ich schon stellvertretender Kulturminister, weiß aber, wie Eberhard Aurich, der Egon Krenz als FDJ-Chef nachgefolgt ist, und Jochen Willerding als internationaler Sekretär mit Engelszungen für das umrätselte Pjöngjang geworben haben. Dabei war ihnen der Deal zwischen Honecker und Kim Il Sung, der vielleicht für ein besseres Verständnis gesorgt hätte, gar nicht bekannt.

Als Gast der FDJ-Delegation komme ich also ein drittes und womöglich letztes Mal nach Pjöngjang. Mir scheint, der Personenkult um Kim Il Sung ist in den Festivaltagen eingedämmt. Trotzdem muss sich die verdutzte Katarina Witt, die den Lenker der DVRK im DDR-Festivalklub begrüßen soll, von einem Vorauskommando die Hände desinfizieren lassen. Aber in Gottes Namen – wenn es die Spiele in Seoul doch wert waren. Als wir heimfliegen, wissen wir nicht, dass die Zeit der DDR-Embleme auf Olympiaden oder Weltfestspielen ausläuft. Nach der deutschen Vereinigung sagt man, etwas Vergleichbares stünde den beiden Koreas bevor. Aber die Rufe verebben einstweilen.

Hiroshimas Schatten

Im Jahre 1985 werde ich zum Kongress der Sozialistischen Jugend Japans eingeladen. Zwei Jahrzehnte ist es nun her, dass uns der Chemielehrer F. mit seiner Lektion über die Vernichtungspotentiale der ABC-Waffen ins Gewissen geredet hat. Ich muss an seinen Appell denken, als uns ausländischen Delegationen im Anschluss an den Kongress Rundreisen durch das Kaiserreich angeboten werden. Ich frage nach Hiroshima. Das läge zwar außerhalb des Budgets, sagen die Gastgeber, aber wenn wir mit Bambusmatten in einem preiswerten japanischen Hotel zufrieden wären, würden sie das hinkriegen.

Tatsächlich fahren wir mit dem Shinkansen-Express in die einstige Todesstadt. Ich bin auf Stille eingestellt, aber in der pulsierenden Millionenstadt umspült uns so lauter Verkehr und Menschenpulks eilen mit einer derartigen Geschäftigkeit vorbei, dass ich fürchte, der Ort passt nicht zum Gedenken. Aber es gibt sie doch – diese Stille. An der Ruine des einstigen Hauses zur Förderung der Industrie, dem Sangyo Shorei Kan, finden wir sie. Das Geschäftszentrum wurde 1915 eingeweiht. Dreißig Jahre später überragte das Stahlgerüst seiner Kuppel die in Schutt und Asche liegende Stadt. Am 6. August 1945 morgens hatte der US-Bombenschütze Tom Ferebee die erste Atombombe, die je gegen menschliche Ziele zum Einsatz kam, über Hiroshima ausgeklinkt. Keiner weiß genau, wie viele Menschen sofort starben. Japanischen Angaben zufolge waren es mindestens 130 000. Das Hypozentrum des Abwurfs lag nur wenige hundert Meter vom Sangyo Shorei Kan entfernt, dessen Überreste heute zur Mahnung erhalten werden.

Als ich aufschaue, ist der Himmel über der Kuppel wolkenlos blau. Ich habe gehört, dass auch die Bombe aus einem derartigen Blau gefallen sei. Urplötzlich, ohne Warnung und Erbarmen. Japanische Schüler, die überlebten, haben aufgeschrieben, womit sie in der

Vor der Ruine des Sangyo Shorei Kan: Ort des Gedenkens an die Opfer des Atombombenabwurfs in Hiroshima

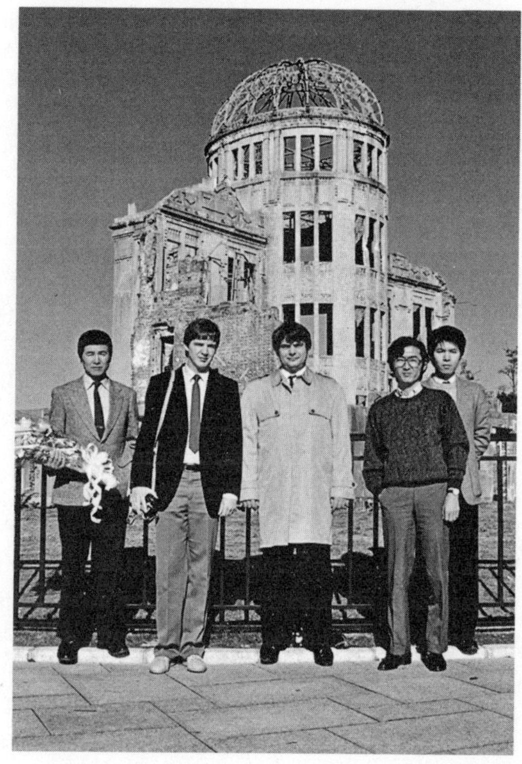

Minute des Atompilzes beschäftigt waren: mit der Mütze eine Libelle fangen, den Rock flicken, sich an das Knie des Vaters lehnen. Ich lese das neben Fotos von Mitsuo Matsushige, den einzig erhaltenen Lichtbildern, die den infernalischen Zustand Hiroshimas noch am Tag des Bombenabwurfs festhielten. Der Fotograf sagt, dass seine Tränen die Bilder im Sucher verschwimmen ließen, was die Momentaufnahmen fast ihre Schärfe gekostet hätte. Aber sie gingen klar um die Welt und ließen stets neue Generationen die Frage nach der moralischen Rechtfertigung dieses Waffentests so kurz vor Japans Kapitulation stellen. Denn was waren die Einäscherungen Hiroshimas und Nagasakis anderes als militärische Feldversuche, mit denen die Zerstörungskraft irregeleiteter Kernkraft gemessen und als Drohkulisse im sich andeutenden Ost-West-Konflikt vorgeführt werden sollte?

Und da ist sie auch wieder: Die Frage meines *Direktors vom anderen Stern*, auf welches Volk die Atombombe noch gefallen sei, seitdem die Sowjetunion sie auch hatte. Auf keins. Mit einem Mann, dem die Erde das verdankt, habe ich vor meiner Japan-Reise gesprochen. Und zwar im Zentralkomitee der SED, dessen Kandidat ich zu jener Zeit war.

In einer Tagungspause esse ich ausnahmsweise in der ZK-Kantine zu Mittag und setze mich an den Tisch, an dem der berühmte Physiker und Atomspion Klaus Fuchs seine Suppe löffelt. Er gehört dem ZK seit den sechziger Jahren an. Ich hätte ihn gern früher angesprochen, aber er gilt als schwer zugänglich und wortkarg. Umso reizvoller erscheint ein Gespräch mit dem scheuen Helden, der geheimste Atom-Dossiers an Stalin weiterreichte.

Ich weiß, dass er der Sohn des Theologen Emil Fuchs ist, der vor meiner Studienzeit an der Leipziger Universität als Professor der Theologischen Fakultät lehrte und dessen Buch »Marxismus und Christentum« uns als kultiger Lesestoff galt. Am Mittagstisch grüßt Klaus Fuchs zurück, aber sein Blick signalisiert, dass er allzu große Vertrautheit nicht wünsche und Fragen zu den in der Öffentlichkeit verborgenen Seiten seines Lebens keinesfalls beantworten werde. Also rede ich über unser frühes Interesse am Buch seines Vaters, er erkundigt sich nach dem Oktoberklub. Ich erzähle ihm von der Fangfrage meines Direx. Die scheint ihm zu gefallen, und er entschließt sich doch zu einem knappen Statement über die Motive seiner geheimen Übermittlungen. Die Atombombe hätte eine so unvorstellbare Vernichtungskraft erreicht, dass er meinte, keine Großmacht dürfe ein Monopol auf sie besitzen. Da der Westen nicht bereit war, sein Wissen auch der Sowjetunion zu offenbaren, bestand Handlungsbedarf.

An diese Worte muss ich denken, als ich Ende der neunziger Jahre Markus Wolfs Lebenserinnerungen lese. Ich bin dem früheren Chef der MfS-Auslandsaufklärung zu DDR-Zeiten und auch danach einige Male begegnet und war stets von seinem Scharfsinn, seiner Bildung und Eloquenz beeindruckt. Lange habe es ihn beschäftigt, schreibt er, dass sich Klaus Fuchs geweigert habe, über seine nachrichtendienstliche Tätigkeit zu reden. Wenige Jahre vor seinem Tod habe Fuchs sich aber auf eine persönliche Bitte Erich Honeckers bewegen lassen, sein Schweigen zu brechen. Wolfs Aufzeichnungen und andere inzwischen zugängliche Dokumente runden sich zu einem Bild von Klaus Fuchs, das ich bei unserer Begegnung im ZK so nicht hatte.

Nach dem Studium der Mathematik hatte er in den Reihen der KPD am illegalen antifaschistischen Kampf teilgenommen. Er emigrierte nach Großbritannien, arbeitete bei Max Born und promovierte in Edinburgh. Ab 1941 am britischen militärischen Atom-Projekt in Birmingham beteiligt, nahm er durch die Vermittlung von Jürgen Kuczynski über dessen Schwester, Ruth Werner, Kontakt zum sowjetischen militärischen Nachrichtendienst GRU auf. Nachdem er die britische Staatsangehörigkeit erhalten hatte, arbeitete er bis 1946 in Los Alamos unter Leitung von Robert Oppenheimer am amerikanischen Nuklearwaffenprojekt mit. Nach seiner Rückkehr an das britische Atomforschungsinstitut in Harwell leitete er die Abteilung Theoretische Physik bis zu seiner Verhaftung im Jahre 1950. Man fragt sich, warum Klaus Fuchs nicht aus Gewissensgründen seine Mitwirkung an der Entwicklung der Atombombe einstellte. Wohl weil er wusste, dass andere an seine Stelle treten würden und der Bau der Bombe nicht mehr zu verhindern war. Weil er befürchten musste, dass die Anti-Hitler-Koalition am Antikommunismus der Westmächte zerbrechen und die Welt in einen gefährlichen Interessenskonflikt geraten würde – den Kalten Krieg.

Ein anderes Motiv kann ich mir auch nach den knappen Worten am Mittagstisch nicht vorstellen. Zumal er in derselben Diktion Markus Wolf seine Beweggründe darlegte: »Ich habe mich nie als Spion gesehen. Ich konnte nur nicht verstehen, warum der Westen nicht bereit war, die Atombombe mit Moskau zu teilen. Ich war der Ansicht, dass etwas mit einem so ungeheuren Vernichtungspotential den Großmächten im gleichen Maße zugänglich sein musste. Die Vorstellung, dass eine Seite in der Lage sein sollte, die andere mit einer solchen Waffe zu bedrohen, fand ich einfach entsetzlich … Ich hatte nie das Gefühl, mir etwas zuschulden kommen zu lassen, als ich Moskau mein Geheimwissen zur Verfügung stellte. Es wäre mir wie ein sträfliches Versäumnis erschienen, das nicht zu tun.«

Wusste ich bei der Begegnung im ZK noch nichts von den politischen und menschlichen Verletzungen, die Fuchs derart verbittert und schweigsam gemacht hatten, so lüftet sich mit den weiteren Darlegungen des einstigen Chefaufklärers in seinem Buch »Spionagechef im geheimen Krieg« auch dieses Geheimnis. Wolf zufolge haben sowjetische Wissenschaftler erst vier Jahrzehnte nach der Zündung der ersten eigenen Atombombe in Kasachstan im Sommer 1949 eingeräumt, dass die frühe Herstellung des Kernwaffengleichgewichts zwischen den USA und der Sowjetunion nie ohne die Informationen von Klaus Fuchs möglich gewesen wäre. Zum Zeitpunkt dieses Statements war der aber schon tot. Die fehlende Anerkennung seitens der Sowjetunion, so vermutet Wolf, resultierte auch aus dem anfänglichen Verdacht Moskaus, Fuchs habe eine Mitschuld an der Verhaftung anderer Gewährsleute bis hin zur Verurteilung und Hinrichtung von Ethel und Julius Rosenberg getragen. Dies lässt auch der Brite Kim Philby, der nach dreißigjähriger Tätigkeit als sowjetischer Meisterspion 1963 enttarnt wurde und nach Moskau floh, in seiner Autobiografie »Mein Doppelspiel« durchblicken. Ein Mitstreiter aus FDJ-Tagen hat später mit Fuchs' einstigem sowjetischen Führungsoffizier in Moskau gesprochen und die Bestätigung erhalten, dass der deutsche Wissenschaftler zu Unrecht verdächtigt wurde. Der Führungsoffizier habe Fuchs das bei einem Besuch in Dresden privat mitteilen wollen, sei aber nicht über die Türschwelle gebeten worden.

Offiziell hat die Sowjetunion nie den Schneid besessen, sich bei ihrem Kundschafter zu entschuldigen. Fuchs war in Großbritannien zu vierzehn Jahren Haft verurteilt worden und nach seiner Begnadigung 1959 in die DDR gekommen. »Ich hatte Glück«, sagte er dazu am Mittagstisch, »dass die Briten mich verurteilten, die Amerikaner hätten mich auf den elektrischen Stuhl geschickt.« Das Schicksal der Rosenbergs vor Augen, zweifelt man nicht daran. Umso erfreulicher war die Entscheidung der DDR, Fuchs aufzunehmen und ihm ein Gefühl jener Rehabilitierung zu geben, die ihm Moskau versagte.

Mit diesem Wissen denke ich immer wieder: Wie frei atmet so einer? Durch das halbe Leben schuldlos mit dem Vorwurf des Verrats zu gehen und am alljährlichen Tag der Befreiung dennoch ehrlichen Herzens auf die siegreiche Sowjetunion zu trinken, obwohl der Toast im Leben nicht erwidert wird. *Ist doch noch komfortabel*, könnte das Heer von Kommunisten schreien, für die die Stalinzeit nur eine Handbreit kalter Erde auf Leib und Seele übrig hatte. *Auf die Sowjetunion hätten wir gerne das restliche Leben lang getrunken, aber ohne die Mörder am Tisch.* Wer wägt ein solches Erbe?

Hiroshima verlässt man anders, als man es betreten hat. Es ist, als würden einen die Schatten, zu denen die Menschen in der Sekunde ihres Todes verdampften, als Menetekel durch den Alltag der Gegenwart begleiten. *Verfolgen* wäre das falsche Wort, wenn das Gewissen diese Zeugnisse freiwillig in Erinnerung ruft. Ähnliche Schatten blieben mir auch von Stalingrad, von Auschwitz. Und sie blieben von Vietnam.

Vor einem Vierteljahrhundert fuhr ich das erste Mal durch Hanoi. Nur für ein paar Stunden auf dem Weg in die laotische Hauptstadt Vientiane. Der Krieg war längst vorbei. Ich wäre gern aus dem Bus gestiegen, für einen Tee oder die berühmte Pho-Suppe, für ein Gespräch. Aber damals blieb es bei dem kurzen Transit durch die Hauptstadt des David, von dem die ganze Welt mit Achtung sprach, weil es seinen Goliath mit unvergleichlicher Tapferkeit besiegt hatte. Damals pfiff ich eine Melodie von Dieter Süverkrüp und dachte den Text dabei: *Wenn dieser Morgen kommt / und dieser Tag / da wird ein Lachen sein / ein großes Lachen sein / jedoch viel Zorn noch übrig. / Wenn dieser Morgen kommt / und dieser Sieg / wird große Arbeit sein / im abgebrannten Land / doch es gehört dem Volke.*

Zur Jahreswende 2012/2013 bereise ich Vietnam drei Wochen lang. Aus dem Morgen ist längst Tag geworden, und die Welt hat sich verändert. Das sozialistische Lager zerrieben, seine verbliebenen Bastionen mangels ökonomischer Kraft eher ein ideeller Bund. Das Verhältnis zur Volksrepublik China wegen politischer und territorialer Spannungen getrübt. Der Kapitalismus kauft sich ein. Unser Reiseleiter hat in der DDR studiert, ist nach Vietnam zurückgekehrt und war lange Zeit

Produktionsdirektor eines größeren Werkes, bis das seine Eigentumsform änderte und er keine Anteile kaufte. Aus seinen Erzählungen höre ich manche Enttäuschung heraus. Frust, dass privates Geld der Macht zufließen kann – größeres Geld zu den Größeren und kleineres Geld zu den Kleineren. Auch das hätten die Wirtschaftsreformen mit sich gebracht. Aber von ihm wie von allen, mit denen ich rede, höre ich nicht, sie wollten zurück in die alte Zeit. Die Wiedervereinigung des Nordens und des Südens unter der Ägide Ho Chi Minhs begreift jeder als ein großes nationales Glück.

Unvergessen sind die grausamen Jahre des Krieges, aber auch die Hilfeleistungen aus aller Welt. Unterwegs weisen unsere Begleiter auf Relikte der DDR-Solidarität hin. Dezent, aber laut genug, damit die Reisenden, die nicht aus dem Osten in das größere Deutschland gekommen sind, es nicht überhören. Sie zeigen auf Straßen, Brücken, Fabrikanlagen. Am leichtesten erkennt man die Wohnhäuser. Die Referenzen bereiten mir eine Freude, so wie die altbekannten DDR-Soli-Plakate, die das Kriegsrestemuseum (was für ein Wortungetüm!) in Ho-Chi-Minh-Stadt ausstellt.

Ich denke an meine Leipziger Studentenzeit, als wir vor diesen Bildmotiven gemeinsam mit ausländischen Studenten im Ensemble »Solidarität« Brechts »Vorwärts und nicht vergessen« anstimmten oder auf dem Internationalen Jugendtreffen 1969 in Helsinki für die Beendigung des Vietnamkrieges sangen. Damals sprach ich mit dem stellvertretenden Delegationsleiter der an der Seite des Nordens kämpfenden Republik Südvietnam zu den Pariser Verhandlungen. In seinem Statement mischte sich eine kühle Lageanalyse mit der selbstverständlichen Erwartung einer künftigen Niederlage der USA und seiner Vasallen. Als diese am 1. Mai 1975 nach dem fluchtartigen Abzug der US-Truppen aus Saigon eintrat, hatte der Oktoberklub über Nacht ein Lied fertig: *Alle auf die Straße, rot ist der Mai! / Alle auf die Straße, Saigon ist frei!* Was für ein Jubel damals! Und welches Entsetzen fünfzehn Jahre später, als in Rostock Brandsätze gegen vietnamesische Mitbürger geschleudert wurden. Was musste über die jungen Brandstifter und ihre Claqueure gekommen sein, dass aus einstiger Empathie blindwütiger Hass entstehen konnte?

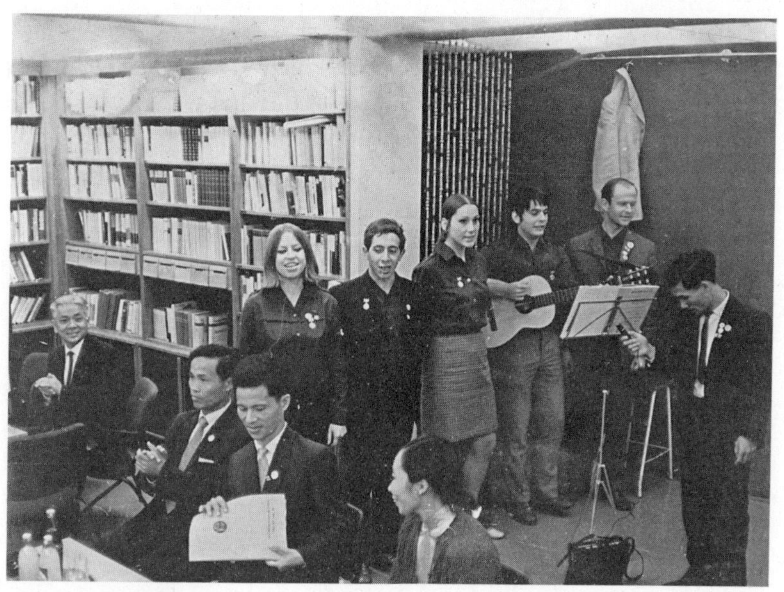

Helsinki 1969: Auftritt am Rande eines internationalen Jugendtreffens für die Beendigung des Vietnamkrieges

In Ho-Chi-Minh-Stadt zücken amerikanische Touristen den Geldbeutel, um einem von Napalm verstümmelten Mann ein Almosen in die Mütze zu werfen. Eine hilflose Geste angesichts des millionenfachen Leids, das ihre Landsleute über das vietnamesische Volk brachten. Ein Zehntel der Bevölkerung tot oder verletzt. Nach Bombardements, deren Zerstörungsenergien sich auf das Hundertfache von Hiroshima addierten. Nach dem Einsatz von Millionen Litern Herbiziden (nach Kanisterfarbe zynisch Agent Orange, White oder Blue genannt), die ganze Landstriche verseuchten und noch immer Folgekrankheiten wie Krebs und Leukämie bewirken. Ganz zu schweigen von den materiellen Verlusten an Häusern, Wohnungen, Fabrikanlagen, medizinischen Einrichtungen, Kulturdenkmälern oder infrastrukturellen Bauten.

Das offizielle US-Amerika hat bis heute nicht einmal so viel Scham übrig gehabt wie sein einstiger Kriegsminister McNamara, der sich am Lebensende fragte, wie man diese Schuld der Nachwelt erklären solle. In der vietnamesischen Nachkriegspolitik wünschte ich mir manchmal, der stolze David würde seinem Goliath weniger milde entgegentreten. Und was auf einer vietnamesischen Getränkekarte der Drink »B52« zu suchen hat, bleibt mir unerfindlich. Andererseits sehe ich an den Souvenirständen junge Europäer und Amerikaner T-Shirts mit Ho Chi Minhs Konterfei kaufen. Vermutlich als trendige Schweißfänger für künftige Diskobesuche. Vielleicht aber googeln sie auch nach der Historie dahinter und bahnen sich einen Weg durch das wohlfeile Gestrüpp des Vergessens, denke ich auf dem Weiterflug nach Hongkong.

Hier wie in Macao, wohin man mit einem kurzen Bootsausflug gelangt, ist die verschiedenartige koloniale Prägung unverkennbar. Die Übergabe der Territorien an die Volksrepublik China hat an deren wirtschaftspolitischen Ausrichtungen und an der Lebensweise der Einwohner wenig geändert. Für lange Übergangsfristen soll dieser Status quo erhalten bleiben. Ich erinnere mich auch an zufällige Gespräche in Taiwan, in denen meine Gegenüber eine ähnliche Lösung für die Zukunft ihrer Insel befürworteten. Hier wie dort reiben sich die sozialen Erfahrungen der Menschen erwartungsgemäß am Gesellschaftssystem der Volksrepublik. Andererseits werden die Perspektiven erwogen, die sich durch ein vereintes chinesisches Auftreten in der Weltarena eröffnen könnten. An Hongkongs Zeitungskiosken grüßt übrigens ein bekanntes Gesicht von den Titelseiten: Li Keqiang. Er war Mitglied der Pekinger Regierungsdelegation bei der Übergabe Hongkongs. Man darf gespannt sein, wie er hier künftig agieren wird.

Scheidung auf amerikanisch

Wenn die Rede von *den Amerikas* ist, klingt mir das auch politisch logisch. Die lange zu beobachtende Abdrift Lateinamerikas aus dem Einfluss des dominanten Nordens ruft nach dem Plural. Namentlich die USA haben die mittel- und südamerikanische Welt stets als Hinterhof ihres Anwesens behandelt, auf dem nach ihren Interessen zu tanzen war und wo aus sozialer Verzweiflung um keinen Preis ein emanzipatorischer Funke schlagen durfte. Kennedy hatte zu Beginn der sechziger Jahre von der gefährlichsten Gegend der Welt gesprochen. Da hatte die kubanische Revolution bereits ihr Feuerchen entfacht. Tim Weiners sensationellem Report »CIA. Die ganze Geschichte« verdanken wir eine minutiöse Auflistung, zum Teil erst die Enthüllung jenes monströsen Geflechts von Geheimoperationen, mit denen die USA auch in Mittel- und Südamerika ihre angemaßte Vormundschaft zu verteidigen suchten.

Verfolgung und Mord, Invasion und Destabilisierung souveräner Staaten, Alimentierung politischer Marionetten und konterrevolutionärer Marodeure, erpresserische Wirtschaftssanktionen und Verwicklung in etliche Coups d'État gegen Regierungen, die volksverbundene Politikansätze wagten, waren das Instrumentarium ihrer Interventionen. Man erinnert sich an die Putsche gegen die guatemaltekische Führung unter Arbenz (1954), die brasilianische Präsidentschaft Goularts (1964) und die Unidad-Popular-Regierung Allendes in Chile (1973), man hat militärische oder paramilitärische Aktionen wie die Landung in der kubanischen Schweinebucht und auf der Karibikinsel Grenada vor Augen, man denkt an die Ermordung Che Guevaras und die illustren Anschlagspläne gegen Fidel Castro, worin sich die Liste begangener Verbrechen nicht erschöpft. Die Völker Lateinamerikas haben das nicht vergessen und wurden die Zwangsehe ihres Halbkontinents zunehmend leid. Eine Scheidung mit der Option souveräner Partnerschaft ist längst von allen Denktabus befreit.

Wer nun die Renitenz solcher Sehnsüchte als kubanisches Gift mit Kurzzeitwirkung abtut, unterschätzt die Ausdauer der lateinamerikanischen Einheitsbeschwörungen Simón Bolívars. Ich fiebere heute mit Bolivien oder Venezuela, die eine Alternative zum Raubzug der internationalen Monopole und einheimischen Oligarchien wählten. In die Empathie mischt sich Sorge, denn der Kampf ist nicht entschieden. Progressive Entwicklungen sind rückläufig. Wieder scheppern Kochtöpfe wie einst, als sich die chilenische Oberschicht die Utensilien ihrer Mägde aushändigen ließ, um den Putsch der Generäle einzuläuten. Länder, auf die sich so viele Hoffnungen richten, leben noch vor den Abgründen ihrer alten Verhältnisse oder sind schon wieder in sie zurückgeworfen.

Die Schritte der Nationalisierung, der Landreformen, des sozialen Ausgleichs, der Stärkung indigener Interessen sind kaum unumkehrbar. Ineffizienz und Mangel, Produkte fremder Sabotage und eigener Fehler, grassieren neben Relikten von Bürokratie und Korruption. An ihrem Lebensalltag aber messen Völker den Erfolg gesellschaftlicher Korrekturen. Manchmal mit wenig Geduld. Gewiss ist auch Hoffnung eine Speise. Für die Seele, nicht den Magen. Tausendmal das Wörtchen *aber.* Ist das Schwarzmalerei? Eine Hyperreaktion vielleicht auf die Ignoranz gegenüber unseren Fehlern und Abwegen, die das Land, das ich Heimat nannte, ruinierten? Eben nicht! Lernten wir nicht, dass Sorge eine kluge Schwester des Wagemuts ist?

Abgesehen von meiner Prager Zeit beim Internationalen Studentenbund, verbrachte ich die ausgedehntesten Auslandsaufenthalte in Kuba, dessen Revolution zum Ausgang der fünfziger Jahre das Selbstbewusstsein Lateinamerikas elektrisiert hatte. Bereits im Dezember 1974 nimmt mich Egon Krenz in eine Delegation auf, die der Insel einen Freundschaftsbesuch abstattet. Wir wollen dem Jugendverband UJC vorschlagen, die XI. Weltfestspiele der Jugend und Studenten in Havanna auszurichten. Das trifft bei Luis Orlando Dominguez, dem damaligen Chef des Jugendverbandes, auf Gegenliebe. Als Gastgeber

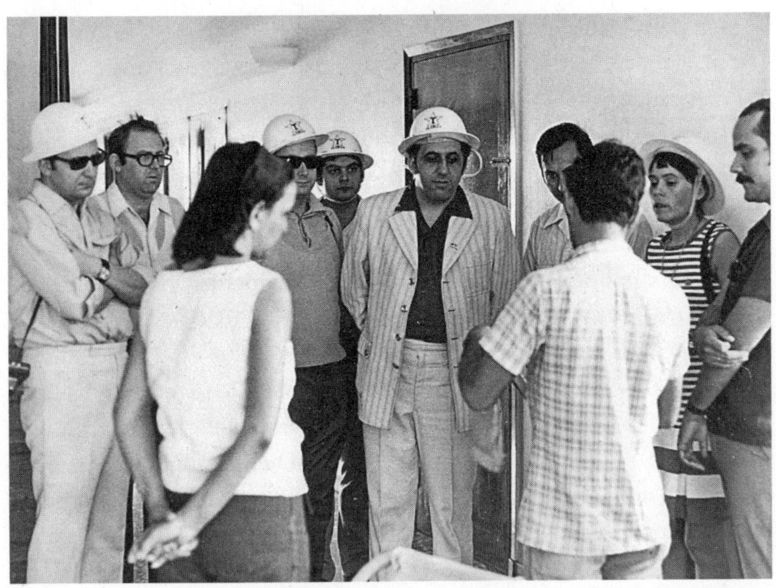

Dezember 1974 – Freundschaftsbesuch in Kuba: Eine FDJ-Delegation unter Leitung von Egon Krenz schlägt Havanna als nächsten Austragungsort der Weltfestspiele vor

der vorangegangenen Weltfestspiele in Berlin kommt der FDJ dieses Vorschlagsrecht zu.

Natürlich sind die logistischen Schwierigkeiten nicht zu übersehen, die die embargogeschwächte Wirtschaft der Insel einschließlich der ohnehin knappen Transportkapazitäten in der Hauptstadt, vor allem aber die An- und Abreise Tausender ausländischer Festivalteilnehmer auftürmen würden. Dagegen besticht die Vision, dass ein solches antiimperialistisches Festival vor der Haustür der USA als pfiffige Ohrfeige für deren angemaßte Weltgendarmenrolle sowie die antikubanische Droh- und Boykottpolitik wahrgenommen werden würde. Noch ist nichts entschieden, aber wir sind sicher, die politischen Argumente werden obsiegen. Deshalb herrscht eine ausgelassene Stimmung, als wir in der berühmten »Bodeguita del Medio« auf den Erfolg unserer Gespräche anstoßen.

Vor und nach der Revolution war die Kneipe ein bevorzugter Künstlertreff. Der bekannteste Stammgast: Ernest Hemingway. Er sprach dem Hausgetränk Mojito in enormen Mengen zu und schrieb auf den stets grafittigesättigten Innenputz angeblich den unsterblichen Werbespruch: »Mi mojito en la Bodeguita«. Der soll da noch immer stehen, aber ich kann ihn nicht finden. Ich habe eine Gitarre dabei, wir singen Martís »Guantanamera« und das unverwüstliche »Cuba, que linda es Cuba«, das mit hymnischen Elogen auf Fidel und die fünf Streifen mit Stern des kubanischen Staatswappens nicht geizt.

Über die Bodeguita sind unzählige Geschichten im Umlauf. Ich kann eine beisteuern, auch wenn sie das Erlebnis eines späteren Besuchs ist. Ich stehe an der Bar mit französischen Touristen, die gebannt der Erzählung einer älteren Compañera in grüner Kampfkleidung lauschen. Während sie sich in schneller Folge Mojitos spendieren lässt, schwärmt sie vom heroischen Kampf Seite an Seite mit Fidel, dem Helden der Revolution und der Frauen. Nie werde sie seinen romantischen Blick, seine warmherzigen Worte und seinen festen Händedruck vergessen … Bevor sie weitere Details aufblättern kann, kommt die Miliz und nimmt sie mit. Der Barmann erklärt den Vorgang: »Sie ist keine Revolutionärin. Sie ist eine Säuferin!« Er zählt das Trinkgeld und spült die Gläser.

Ein wirklicher Kämpfer aus dem engsten Kreis von Fidel und Raúl Castro fliegt mit uns nach Santiago de Cuba. Er heißt Juan Almeida Bosque, bekleidet den Rang eines Commandante der Revolution und hat alle wichtigen Stationen des Kampfes gegen die Batista-Diktatur in vorderster Reihe erlebt. Mit Fidel und Raúl Castro, die er an der Universität von Havanna kennengelernt hatte, stürmte er gegen die Moncada-Kaserne, war mit den Castro-Brüdern auf der Isla de Pinos inhaftiert und kehrte nach Amnestie und mexikanischem Zwangsexil mit den Castros, mit Che Guevara und anderen Revolutionären an Bord der »Granma« nach Kuba zurück. Als einer, der die Landung des kleinen Seelenverkäufers überlebt hatte, kämpfte er in der Sierra Maestra und befehligte die Santiago-Kontingente der Revolutionsarmee. Führend an der Zerschlagung der Invasion in der Schweinebucht beteiligt, rückte er in hohe Funktionen von Partei und Staat auf. Die trägt er aber nicht zur Schau. Er kommt in einer saloppen Windjacke auf den Flughafen, wo die Militärmaschine, in die wir einsteigen werden, mit einem Haufen Kalaschnikows und Munition beladen wird. Bei der Begrüßung bemerkt er unsere Verwunderung und grinst: *Alles in Ordnung!* Man denkt an die Anschlagsversuche auf Fidel und begreift, was hier alles zur Ordnung gehört. Irgendwer hat erzählt, dass das militärische Raubein auch ein begabter Liedermacher ist. Einige seiner Songs sollen in Kuba sehr populär sein. Aber wir trauen uns nicht, ihn um eine Kostprobe zu bitten.

Später lädt uns Raúl Castro, der in Abwesenheit seines Bruders die Regierungsgeschäfte führt, zu einem Picknick ein. Wir steigen in einen Bus, dessen Fenster klemmen. Raúl Castro unterschreibt irgendwelche Staatspapiere, die sich wegen des Fahrtwinds schlecht in den Vorlagenmappen halten. Es macht ihm Spaß, flüchtige Bogen einzufangen und auch im nicht ganz faltenlosen Zustand zu signieren. Im Zentralrat dürfen Briefe des 1. Sekretärs keinen einzigen Tippfehler enthalten, das Textbild muss in schnurgerader Linie nach den Bogenrändern ausgerichtet sein, und Eselsohren wären ein Fall für die Revisionskommission. Dabei sind wir ein Jugendverband!

Der Bus bringt uns zu einer Hazienda, wo das Picknick am Rande eines Swimming-Pools aufgebaut ist. Auch Raúl Castros Frau, Vilma Espín, ist mit den Kindern gekommen. In einem Liegestuhl hat es sich Blas Roca bequem gemacht, dabei die Schuhe ausgezogen und viel Spaß daran, dass sein dunkler Zeh aus einer schneeweißen Socke ragt. Die Schuhe hat er kurz mit einem Taschentuch gewienert. Gelernt ist gelernt. Er war Schuhputzer, bevor er sich gewerkschaftlich und bei den Kommunisten organisierte. Er hatte den Generalstreik gegen die Machado-Diktatur angeführt und war gerade Mitte zwanzig, als er die KP zu führen begann. Mit dem Unterton längst geklärter Unstimmigkeiten wird kolportiert, dass Blas Roca die halsbrecherischen Unternehmen der Castro-Brüder – wie den Moncada-Sturm – zunächst als intellektuellen Aktionismus, gar als kleinbürgerlichen Putsch abtat, später aber die Kommunisten mit Fidel Castros *Bewegung des 26. Juli* (benannt nach dem Datum der Moncada-Erstürmung) vereinte. Das war wohl maßgeblich auf die Vermittlung Raúl Castros zurückzuführen, der schon früh in der kommunistischen Bewegung aktiv war. Außerdem musste dem politischen Strategen Roca klar geworden sein, dass sich der »intellektuelle Aktionismus« zu einer veritablen kubanischen Revolution ausgewachsen hatte, die die Unterstützung des Volkes genoss. Blas Roca wird bis zu Beginn der achtziger Jahre als Präsident der Nationalversammlung fungieren.

Beim Picknick erzählt uns Raúl Castro, wie er in den Bergen seine spätere Frau umwarb. Das war 1958, als er die Zweite Front befehligte. »Wie schön sie war! Eine Blume unter uns rauen Kerlen! Man dachte an das Leben, wenn die Revolution gesiegt hat.« Vilma Espín hat drastischere Bilder. »So viel Liebe in so viel Staub. Wenn er seine Uniform auszog, stand die wie eine Eins im Wind!« So geht das eine Weile, auch die Kinder mischen sich ein, bis irgendwann die politischen Themen zurückkehren. Vilma Espín ist seit Gründung des kubanischen Frauenverbandes dessen Vorsitzende und wird es bis zu ihrem Tode bleiben. Sie ist keine Verwalterin der Zustände, sondern greift Reizthemen der Familiengestaltung und der Geschlechterbeziehungen auf. Vor allem hinsichtlich der Homosexualität wird sie auf ein gesellschaftliches Umdenken dringen. Sie behauptet ihre Rolle mit derselben Courage, mit der sie früh aus dem tradierten Frauenbild ihrer Gesellschaftsschicht ausscherte. Aus gutbürgerlichem Elternhaus in die Arme der Revolution – durchaus kein Sonderweg für kubanische Führer.

Unser Wunschkandidat Havanna macht das Rennen. In der DDR-Hauptstadt Berlin, traditionell am Austragungsort der vergangenen Weltfestspiele, beschließt ein Internationales Vorbereitungskomitee, dass die »XI.« im Sommer 1978 erstmals in Lateinamerika stattfinden werden.

Im zeitlichen Umfeld des Festivals habe ich einige Wochen in der kubanischen Hauptstadt zugebracht. Ich war gerade geschieden. In meinem Berliner Übergangskabuff wäre mir vermutlich die Decke auf den Kopf gefallen; im wirbelnden Havanna ersäufte ich die lähmenden Erinnerungen an Eheenttäuschungen und Scheidung in einem Fass voll preußischem Arbeitseifer und karibischer Nonchalance.

Hier, wie später in Nikaragua, stand ich auf befreitem Boden und erlebte die errungene Macht bei komplizierten Bewährungen im Alltag. Ich sah, dass Mangel nicht zwangsläufig revolutionäre Gesinnung frisst. Ich erlebte, dass dem Fluch auf die knappen Zuteilungen und die *Tiendas*, in denen man für Valuta-Pesos bevorzugt einkaufen konnte, immer noch der Toast auf Fidel folgte, dessen Rebellion die quasikolonialen Lebensverhältnisse der Batista-Diktatur von der Insel gefegt und dem Volk seine nationale Würde zurückgegeben hatte. Recht auf Arbeit und Wohnraum, ein sozial gerechtes Bildungs- und Gesundheitswesen, freier Zugang zu Kultur und Kunst waren im lateinamerikanischen Vergleich unleugbare Errungenschaften und wurden durchaus gegen gravierende Versorgungs- oder Transportmängel gewogen, auf die die US-Embargopolitik abzielte. Wenn man sich Zeit für Gespräche nahm, begriff man diese kubanische Gemütsmischung, schaute sensibler auf die Episoden der alltäglichen Umgebung, und die papiernen Losungen der unverbrüchlichen Freundschaft begannen zu leben. In solchen Momenten war ich froh, dass ich bei früheren Reisen nach Kolumbien und Mexiko etwas Spanisch gelernt hatte. Von diesen Aufenthalten will ich kurz erzählen, bevor Kuba wieder seinen Logenplatz einnimmt.

1976 kann ich zwar in meiner Rede zum Kongress der Kommunistischen Jugend Kolumbiens fast alle *Vivas!* akzentfrei ausrufen, aber den großen Rest lernt man eben nur im Alltag. Dafür ist zu jener Zeit Bogotá wegen der angespannten innenpolitischen Lage ein schlechter Ort. Tagelang sehen wir nur Konferenzsäle und Hotelzimmer. Auch Gennadi Janajew, der Chef des Komitees der sowjetischen Jugendverbände, fühlt sich in unserer Herberge abgeladen und sucht mit einer Flasche Rigaer Balsam Anschluss. Weniger bei mir, als bei unserem Vertreter im Weltbund der Demokratischen Jugend, Oswald Schneidratus, der aus einem deutsch-sowjetischen Elternhaus kommt und ein flüssigeres Russisch spricht als ich. Ossis Vater war Generalbaumeister der ukrainischen Stadt Tscherkassy gewesen und hatte eine Ukrainerin geheiratet. Er selbst war als Absolvent des berühmten Moskauer Instituts für Internationale Beziehungen von Außenminister Oskar Fischer höchstpersönlich für eine außenpolitische Karriere bei der FDJ empfohlen worden. Er hatte sich zu unserer Erheiterung mit Fliege, Hut und Sommerhandschuhen beim blaubehemdeten Zentralrat vorgestellt, im Gespräch aber einen blendenden Eindruck

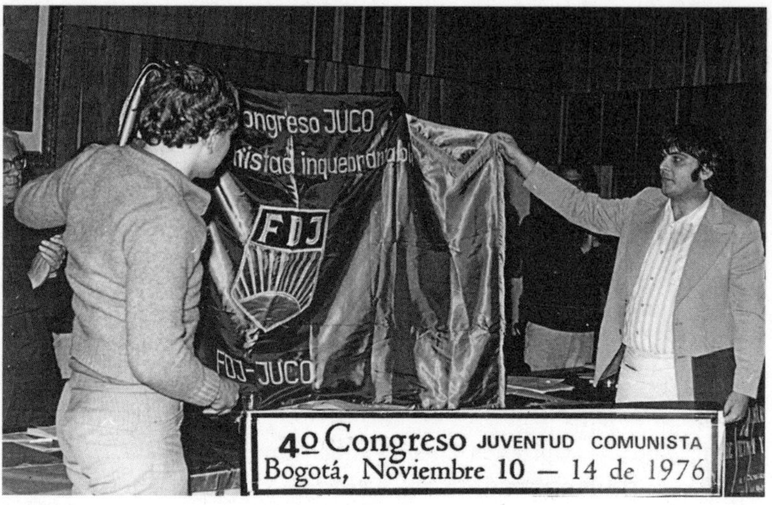

Beim Kongress der Kommunistischen Jugend Kolumbiens 1976 in Bogotá

hinterlassen. So kam ein angenehm respektloser Mitarbeiter in unser Boot.

Und dann dürfen wir uns doch noch im Lande umsehen, in Medellín, der Hauptstadt des Departamento Antioquia. Damals kann man diese Reise wagen. Der zweitgrößten Stadt Kolumbiens, die später als Namensgeber für das mächtige Kokain-Kartell Pablo Escobars oder der Ochoa-Brüder herhalten muss, stehen die blutigsten Kämpfe der Drogen-Mafia noch bevor. Dennoch ist die Kriminalitätsrate beängstigend hoch. Wir haben einen Vorteil: Es gibt hier eine Freundschaftsgesellschaft Kolumbien-DDR, deren Aktivisten uns die Stadt zeigen. Die breiten Boulevards und großzügigen Plätze der Blumenstadt ebenso wie die Armutsgegenden, in die wir uns allein nicht hineintrauen würden. Wer die Elendsbezirke der sozial Verstoßenen, der zerlumpten Ganoven, Huren und Zuhälter gesehen hat, wird später verstehen, warum das Medellín-Kartell in diesem Verzweiflungsrevier den Großteil seiner paramilitärischen Mörderbanden rekrutieren kann.

Im Oktober 1977 leite ich eine FDJ-Delegation zur ersten Freundschaftswoche der Jugend Mexikos und der DDR. Mein Spanisch hat

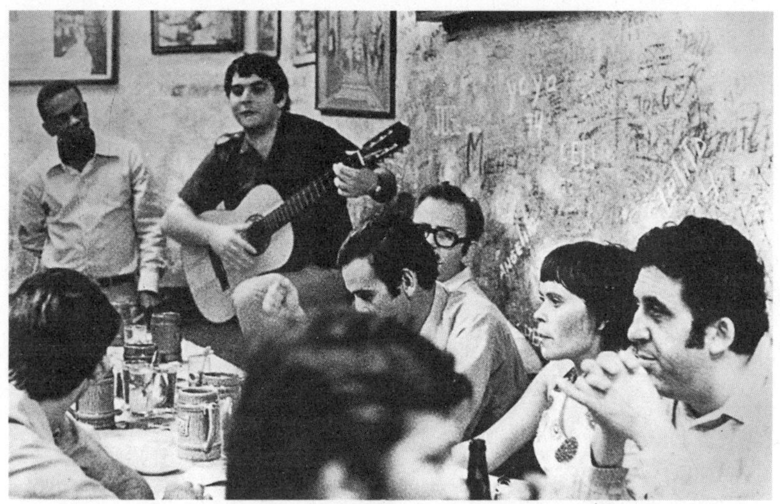

»Guantanamera« – in der Bodeguita del Medio, Havanna 1974

Fortschritte gemacht. Als Gäste des »Komitees für die Freundschaft der Jugend«, dem auch der Jugendverband der regierenden Partei PRI angehört, sondieren wir die politischen Schnittmengen, wie im heutigen Parteienvokabular Übereinstimmungen genannt werden. Wir sind überrascht, wie viele es gibt: in der Friedens- und Abrüstungsdebatte, bei der Bewertung nationaler Befreiungsbewegungen, in der Verurteilung imperialistischer Aggressionen.

Peter Lorf, den außenpolitischen Redaktionsleiter während meiner Volontariatszeit im »Neuen Deutschland«, treffe ich nun als DDR-Botschafter auf mexikanischem Boden wieder. Er hat gute Kontakte zur regierenden PRI. Diese Partido Revolucionario Institucional hatte sich in den zwanziger Jahren des vorigen Jahrhunderts aus einem Bündnis spätrevolutionärer Gruppierungen zu jener alles beherrschenden Kraft entwickelt, aus der in dem bundesstaatlich gegliederten Mexiko stets alle Präsidenten und Gouverneure hervorgingen. In der demonstrativen Herzlichkeit, mit der wir Roten empfangen werden, glauben wir einen Funken jenes Trotzes zu erkennen, der sich in den Beziehungen Mexikos zu den nördlichen Estados Unidos und deren internationaler Entourage erhalten hat.

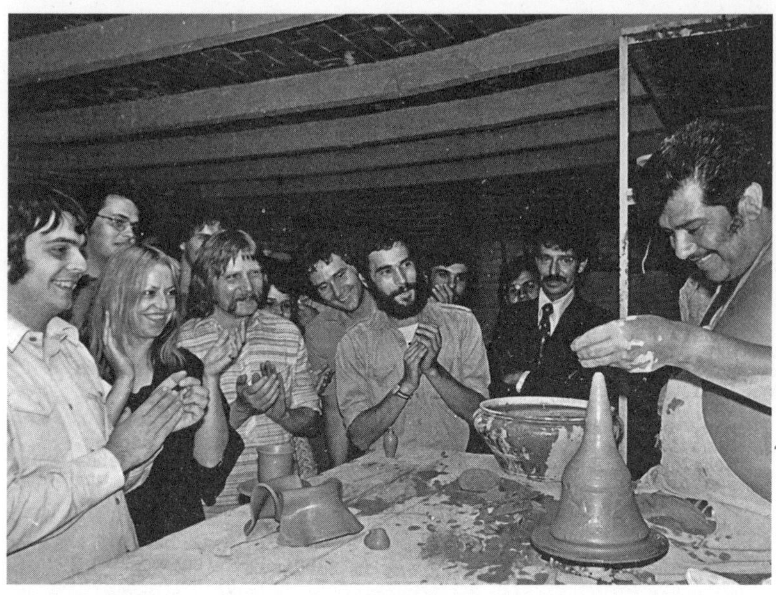

Jugendfreundschaftswoche Mexiko-DDR. Besuch einer Töpferwerkstatt in der Stadt Dolores Hidalgo

Unsere Reise durch das Land ist eine politische Geste und für uns zugleich eine unvergessliche Begegnung mit der mexikanischen Kultur. Wir reisen durch die Bundesstaaten Querétaro, Guanajuato und Michoacán, besuchen die heiligen Stätten der Mayas und Azteken, erleben den burlesken Totenkult, der die Verstorbenen in die farbige Welt der Lebenden einlädt. Wir schauen Maskenschnitzern und Töpfern, die alte indigene Handwerkstechniken bewahren, auf die Hände und stehen zeichenlesend vor den Wandbildern Diego Riveras. Ein Besuch in der Casa Azul, dem Frida-Kahlo-Museum, hätte unser Glück komplett gemacht, aber das ist zeitlich nicht einzurichten. Da bleibt die Casa ein Sehnsuchtsort. Aber auch so haben wir überall stolze politische und kulturelle Zeichen dieses Landes lesen können. Dem blondesten aller USA-Präsidenten werden sie vierzig Jahre später ein Buch mit sieben Siegeln sein. Eine Mauer soll vor Berührungen schützen. Armes Amerika!

Ein Wiedersehen mit Raúl Castro gibt es während einer Tagung des Internationalen Vorbereitungskomitees in Havanna, auf der Egon Krenz die Festivalstafette an Kuba weiterreicht. Raúl Castro lädt ihn und ein paar Mitglieder unserer Delegation zu einem Flug auf die Insel der Jugend ein. Das ist die umbenannte Isla de Pinos, auf der die Castro-Brüder nach dem Sturm auf die Moncada-Kaserne inhaftiert waren.

Raúl Castro hat davon erzählt, wie monoton der Alltag war und wie bescheiden die Lektüre der Gefängnisbibliothek. »Das einzige politische Buch, das es gab, war eine Stalin-Biografie. Aber die war von Trotzki.« Er spricht es aus wie Trokki und schüttelt sich dabei. Nun ist er verwundert, dass ich nicht mitkommen will, weil die internationalen Sekretäre aus den sozialistischen Ländern eine Einladung ihres kubanischen Kollegen erhalten haben. »Flieg trotzdem mit!« Lieber nicht. – Wäre ich doch nur! Scheiß preußische Disziplin! Die Sitzung fällt aus.

Als internationaler Sekretär der FDJ kriege ich eine Wunschliste des kubanischen Jugendverbandes zur materiellen Unterstützung des Festivals auf den Tisch. Ich bin noch nicht lange im Amt, und in meiner Unerfahrenheit sortiere ich die Liste nach Zuständigkeiten, schicke den Bedarf arglos an die einzelnen DDR-Fachministerien, bevor ich deren Vertreter in den Zentralrat einlade. Das ist natürlich eine Todsünde im planwirtschaftlichen Instanzenweg, aber sie funktioniert. Alle angeschriebenen Ministerien melden Erfüllung. Nur das Landwirtschaftsministerium will für Butter eine Freigabe der Plankommission. Als mir klar wird, was ich angerichtet habe, gelingt es mir, den Vorgang als unverbindliche Voranfrage abzutun. Egal, alles Gewünschte wird zur Verfügung gestellt. Und noch viel mehr: Aus der Staatsreserve werden Ikarus-Busse nach Kuba verschifft, fast alle Zentralrats-Wolgas nehmen den gleichen Weg und werden sich nach dem Festival als Geschenk unter die Oldtimer der kubanischen Metropole mischen.

Nach den materiellen Hilfsgütern kommen die Teilnehmer: 18 500 Delegierte von 2000 internationalen, nationalen und regionalen Organisationen aus aller Welt. Mehrere Maschinen der Interflug bringen die 1000-köpfige DDR-Delegation und 250 Touristen nach Havanna.

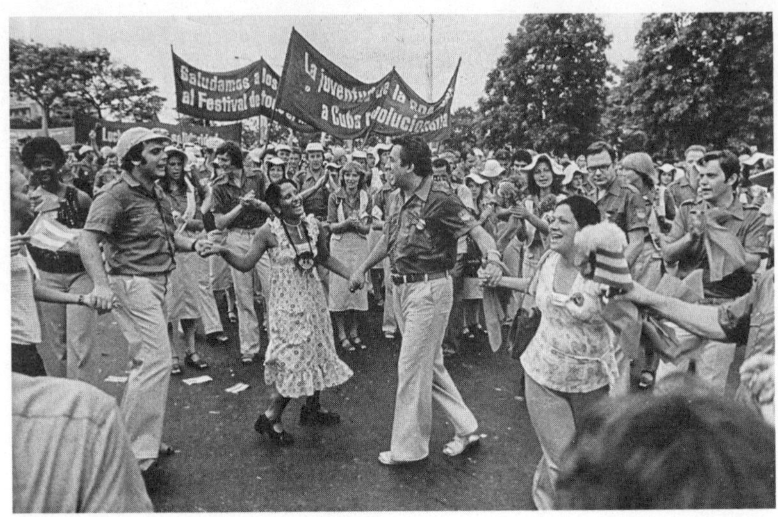

Mit Egon Krenz auf dem Weg zur Eröffnungsveranstaltung der Weltfestspiele in Havanna, 1978

Kurz vor der Eröffnungsveranstaltung geht ein tropischer Sommerregen auf die Stadt nieder, der das Programm gefährdet. Das Stadion ist mit einem Kunststoffteppich ausgelegt, einem DDR-Mitbringsel aus zweiter Hand. Nach einem Leipziger Turn- und Sportfest wurde er zerlegt und in Havanna wieder zusammengefügt. Das technische Know-How kennt nur ein privat arbeitender Spezialist, den wir den *Teppichkleber von Leipzig* nennen. Er wird herbeigerufen, als sich der Belag wie ein Buchtelkuchen unter den Regenschauern wölbt. Der besorgte Fidel Castro besichtigt das Malheur von der Tribüne aus durch seinen Feldstecher. Aber unser Teppichkleber hat eine Idee, bestellt ein paar Hundert Soldaten, die den Stadionbelag unter seinem Befehl so rollen und fegen, dass die Regenlachen abziehen. Fidel und die Militärs spenden begeisterten Beifall. Den Rest erledigt die wiederkehrende Sonne. Der Teppichkleber ist für die Dauer des Festivals ein Held und darf anschließend ohne größere bürokratische Umstände eine Kubanerin heiraten.

Als das Festival längst Geschichte ist und der damalige Chef des Jugendverbandes, Luis Orlando Dominguez, einen Spitzenposten zur

Entwicklung des Tourismus auf Kuba erhalten hat, höre ich von seiner Verhaftung. Wachsame Augen des CDR (Komitee zur Verteidigung der Revolution) haben auf seinen pompösen Lebensstil aufmerksam gemacht. Nach der Durchsuchung seines Anwesens wird er wegen korrupter Amtsführung zu einer hohen Haftstrafe verurteilt. In solchen Dingen ist die kubanische Führung nicht zimperlich. Auch verfolgt sie genauestens die politische Entwicklung der jüngeren Kader, die Schlüsselfunktionen in der kubanischen Gesellschaft einnehmen. Aus Gründen, die sich meiner Beurteilung entziehen, verlieren zwei hochrangige Staatspolitiker, die ich während meiner Aufenthalte in Kuba noch als Jugendfunktionäre kennenlernte, ihre Ämter: Carlos Lage, der in den engsten Führungskreis Fidel Castros aufgerückt war, und Roberto Robaina, der zur Visite des polnischen Papstes Außenminister war.

Meine letzte Lateinamerikareise vor dem Fall der DDR führt im Oktober 1988 zu einer Freundschaftswoche nach Nikaragua. Ich freue mich auf das Land, dem die DDR so eng verbunden ist. Die FDJ hat sich besonders beim Bau und bei der Unterhaltung des Krankenhauses »Karl Marx« in Managua engagiert. Mathias Dietrich, ein guter Freund aus gemeinsamen FDJ-Zeiten, ist in Nikaragua als DDR-Botschafter akkreditiert. Er spricht fließend Spanisch und streift für die Dauer einer Woche noch mal das Blauhemd über. Zu Beginn seiner Amtszeit hat er die Schickimicki-Dienstkarosse seines Vorgängers gegen einen geländegängigen Jeep getauscht. All das ist nach dem Geschmack der FSLN-Führer, die im Juli 1979 das Regime Anastasio Somoza Debayles durch eine Revolution stürzten und das Land auf einem demokratisch legitimierten Weg in neue gesellschaftliche Verhältnisse führten. Sie haben die Revolution gegen die Umsturzpläne der US-lancierten Contras erfolgreich verteidigt.

Das Söldnerheer ist kürzlich gezwungen worden, mit der sandinistischen Regierung in Sapóa einen Waffenstillstand zu vereinbaren. Aber seine Terrorakte halten an. Der Kampf gegen die Contras bindet enorme Kräfte, die bei der Stabilisierung des Wirtschaftspotentials und des Lebensstandards fehlen. Die Hälfte des Staatshaushaltes muss

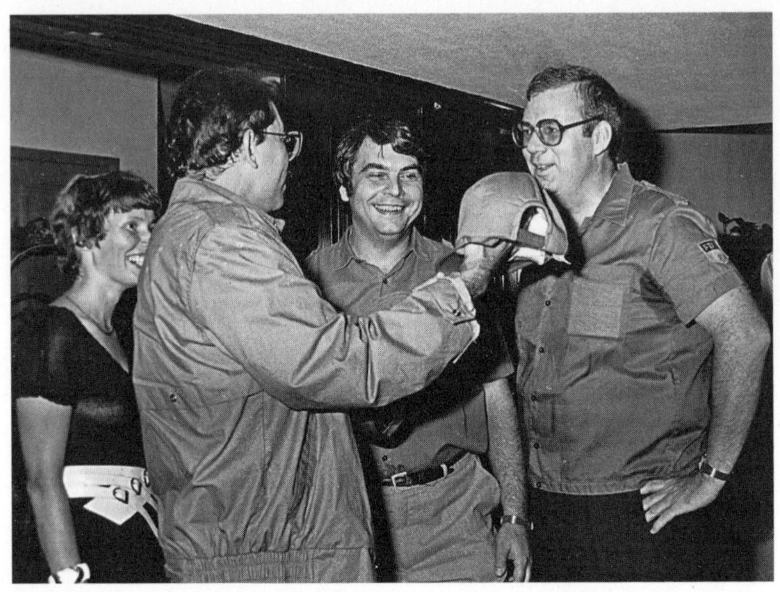

Mit DDR-Botschafter Mathias Dietrich (rechts) beim nikaraguanischen Präsidenten Daniel Ortega

noch immer für die Verteidigung ausgegeben werden. Allein 60 Prozent der Textilproduktion sind für den Armeebedarf eingeplant. Die seit 1982 durch den Krieg verursachten Schäden belaufen sich auf 12,2 Milliarden US-Dollar. Der Kampf gegen die Contras kostete bisher 55 000 Opfer an Toten und Verwundeten, machte 50 000 Menschen obdachlos und hinterließ 16 000 Kriegswaisen.

Ein gesunkenes Pro-Kopf-Einkommen und der alltägliche Mangel stehen unbestreitbaren Errungenschaften der Revolution – der Agrarreform zugunsten der landlosen Bauern, dem Aufbau eines kostenlosen Gesundheitswesens, der Durchsetzung der Rechte der Frauen oder der erfolgreichen Alphabetisierung der Bevölkerung – gegenüber. Aber unter dem Druck des aufgezwungenen Krieges sind die Erfolge rückläufig. Man erklärt uns, die Inflation habe auch 1988 wieder enorme Ausmaße erreicht. Eine Währungsreform, eine strenge Austeritätspolitik, die stärkere Eigenverantwortung der ökonomischen Einheiten und eine Begünstigung des direkt produzierenden Sektors gegenüber den Dienstleistungsbereichen sollen die negative Entwicklung der Gesamtwirtschaft aufhalten. Die sandinistische Bewegung führt darüber mit der Bevölkerung einen offenen Dialog. Sie wird bei den Wahlen 1990 der Unión Nacional Opositora von Violeta Barrios de Chamorro unterliegen, aber im Oktober 1988 neigt sich die Gunst der Bevölkerung noch mehrheitlich der FSLN zu.

Die nikaraguanische Befreiungsfront nennt sich sandinistisch und ehrt so den Namensgeber Augusto César Sandino, der im ersten Drittel des 20. Jahrhunderts mit seinem Befreiungsheer erfolgreich gegen die quasikoloniale Dominanz der USA kämpfte. Die US-Besatzungstruppen, die drei jahrzehntelang die Interessen der nordamerikanischen und einheimischen Oligarchen geschützt hatten, mussten 1932 das Land verlassen. Sandino erkannte die neu gewählte Regierung Sacasa an und stellte den bewaffneten Kampf ein. Aber Somoza, der damalige Oberbefehlshaber der Nationalgarde und Vater des später von der FSLN gestürzten Präsidenten, drehte die Uhren zurück. Er ließ Sandino ermorden, riss die Präsidentschaft an sich und sicherte seinem Clan eine bis 1979 andauernde diktatorische Herrschaft.

Besonders der Weg seines Sohnes »Tachito«, der 1967 erstmals die Präsidentschaft übernahm, war von mafiaähnlicher persönlicher Bereicherung und blutiger Verfolgung politischer Gegner gezeichnet. In seiner Raffgier schreckte er 1972 nicht davor zurück, internationale Hilfsleistungen, die den Erdbebenopfern der verwüsteten Hauptstadt Managua zugutekommen sollten, zu hinterziehen und sich durch schamlose Immobiliendeals zu bereichern. Auch der Mord an dem Verleger und Wortführer der bürgerlichen Opposition Pedro Joaquín Chamorro im Jahre 1978 wird ihm zugerechnet. Chamorros Tod war wie ein Weckruf für die Opposition, die erkannte, dass eine Überwindung der Diktatur mit friedlichen Mitteln nicht zu erreichen war.

Unter Führung der FSLN entbrannte ein opferreicher Kampf, dem das Somoza-Regime mit unvorstellbarer Grausamkeit begegnete. Die US-Administration hatte unter dem Eindruck einer internationalen Sympathiewelle für die Sandinisten von ihrem einstigen Ziehsohn Abstand genommen, was Ronald Reagan später nicht daran hinderte, gegen die im »Reich des Bösen« verortete FSLN-Regierung die Horden gemieteter Contras in Stellung zu bringen. Nun waren die USA wieder mit dem Somoza-Clan im Bunde. Denn der war mit der Staatskasse und einem Großteil seines mobilen Besitzes ins Exil geflohen und trug von dort aus revanchesüchtig zur Finanzierung der Konterrevolution bei. Eine alte Frau, mit der ich in Managua über die Diktatur spreche, sagt: »Irgendwann waren ›Tacho‹ und ›Tachito‹ (Spitznamen für Vater und Sohn Somoza; übersetzt: Mülleimer und Mülleimerchen) ja nur ein Spott auf ihre Leibesfülle. Bis uns klar wurde, das sind die Gefäße ihres Charakters.«

Mehrfach begegne ich Daniel Ortega, dem Vorsitzenden der FSLN und Präsidenten der Republik. An der Seite seines Bruders Humberto, der die Befreiungsfront militärisch führte, hatte er entscheidenden Anteil an der Ausbreitung der Revolution. Nach deren Sieg gehörte er der sandinistischen Regierungsjunta an, bevor er 1985 erstmals Staatspräsident wurde. Ich erlebe ihn in einem Diskussionsforum mit Jugendlichen, das unter dem programmatischen Titel »Mit dem Gesicht zum Volke« steht und landesweit seinesgleichen hat.

In diesen wöchentlichen Foren mit der FSLN-Führung, Ministern oder Funktionären der Massenorganisationen geht es um die große Linie, aber auch um Alltagsprobleme in politisch und ökonomisch angespannter Zeit. Keine Frage ist tabu. Die Antworten sind so rau wie ehrlich. Der Liedermacher Gerhard Schöne, der auch nach Nikaragua reist und ein solches Forum besucht, wird darüber ein umjubeltes Lied schreiben. Er wird es nach dem Veranstaltungsmotto »Mit dem Gesicht zum Volke« nennen und sich darin wünschen, Nikaragua möge diese politische Umgangsform zwischen Führung und Volk in die DDR exportieren.

Anderentags treffen wir Daniel Ortega im Krankenhaus »Karl Marx«, das kürzlich um einen Operationscontainer erweitert wurde. Teilnehmer und Besucher des Berliner Festivals des politischen Liedes haben dem Spital einen Krankenwagen spendiert. Junge Ärzte und Schwestern aus der DDR leisten hier ihren Solidaritätsdienst und sind quasi eine Spezialabteilung unserer Brigaden der Freundschaft, die weltweit arbeiten. Vor den poliklinischen Einrichtungen

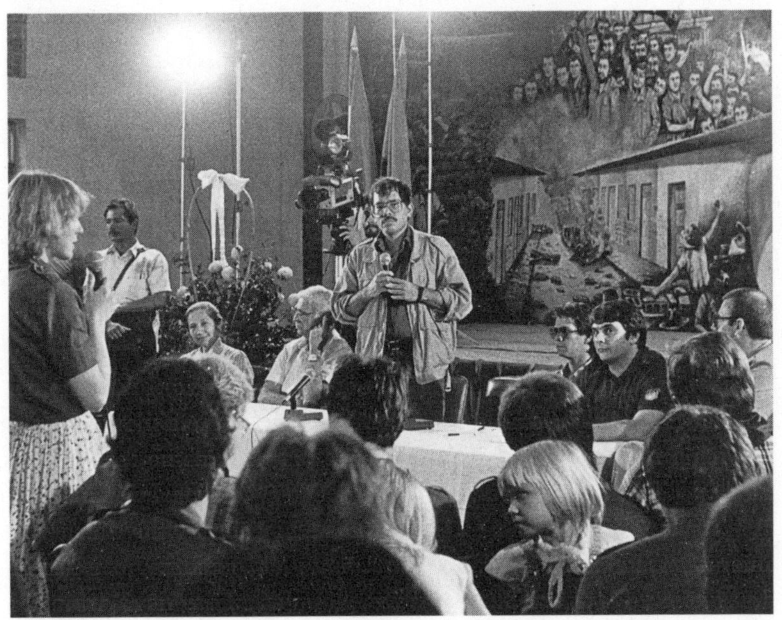

»Mit dem Gesicht zum Volke«: Präsident Daniel Ortega beantwortet Fragen von Jugendlichen aus der DDR und Nikaragua

stehen Patienten aus der Hauptstadt und ihrer Umgebung schon früh am Morgen Schlange. Schließlich sehe ich, den Tränen nahe, was die DDR-Aktion »Brillen für Nikaragua« bei den Menschen bewirkt, die ihre Sehkraft zurückerhalten haben. Sie tanzen vor Freude.

Manchmal kommt Daniel Ortega zu Fuß in die Residenz des Botschafters. Einmal aus heiterem Himmel für Radeberger Bier und Halberstädter Würstchen. Ein anderes Mal gemeinsam mit dem Vizekoordinator der FSLN-Nationalleitung, Comandante Bayardo Arce, und Innenminister Tomás Borge zu einer Geburtstagsfeier, die Mathias Dietrich für mich organisiert hat. Wir sitzen in kleiner Runde und singen bis in die späte Nacht allerlei Revolutions- und Volkslieder.

Bei anderer Gelegenheit treffe ich Fernando Cardenal, den einstigen Jesuitenpater und Aktivisten der FSLN, der Mitte der achtziger Jahre Erziehungsminister wurde. Er erzählt, dass er kurz nach der Übernahme seines Staatsamtes von den Jesuiten rausgeschmissen wurde. Ich hatte gelesen, dass ähnliches seinem Bruder Ernesto geschah, den wir später besuchen. Der weltberühmte Dichter und Verfechter der Theologie der Befreiung hatte früh seinen Platz in der revolutionären Jugend gefunden. Er konnte dem Zugriff des Diktators nur mit äußerster Not entgehen und lebte lange im Exil. Nach dem Sieg der FSLN kehrte er in seine Heimat zurück und trat in die sandinistische Regierung als Kulturminister ein.

Mit dem markanten dunklen Barett über wogendem Silberhaar empfängt er uns freundlich in seinem Arbeitszimmer. Aus der gemäßigten Ordnung von Bildern, Büchern und Manuskripten stechen die herrlichen Bauernmalereien hervor, die von der Insel Solentiname stammen und an die Zeit erinnern, als er dort Urformen des christlichen Zusammenlebens unter der Bevölkerung propagierte. Auf der Insel im Nikaraguasee ist auch das »Evangelium der Bauern von Solentiname«, eines seiner Hauptwerke, entstanden. Als Geschenk überreichen wir ihm eine Grafik von Nuria Quevedo, der in der DDR lebenden Künstlerin spanischer Herkunft. Er betrachtet das Blatt aufmerksam und hat seine Freude daran. Am Schluss revanchiert er sich mit einem jüngst entstandenen Gedicht, »El folder negro«, das nach unserer Rückkehr, ins Deutsche übertragen, in der »Jungen Welt« erscheint.

Ernesto Cardenal erzählt von der Alphabetisierungskampagne, die er als Kulturminister forciert hat. Lesen und Schreiben hätten auch die Fähigkeit gefördert, die Kunst zu verstehen und sie ins Leben einzulassen wie einen Freund oder Provokateur. *Provokateur* spricht er sanft aus, wie es seinem Wesen entspricht. Als Regierungsmitglied kurz nach dem Sieg der Revolution hat er den Verzicht auf Rache gepredigt. Mit seiner Theologie der Befreiung bejaht er aber die gewaltsame Rebellion gegen Ausbeutung und Tyrannei. Grund genug für Johannes Paul II., bei seinem Staatsbesuch im Frühjahr 1983 dem katholischen Priester und Minister, der vor ihm demütig auf die Knie gesunken ist, seinen Gruß zu verweigern und mit dem erhobenen Zeigefinger zu drohen. So wird Demut mit Demütigung beantwortet, die durch des Dichters Suspendierung vom Priesteramt später noch vertieft wird. Das ist der Mief der römischen Amtskirche, die

Zu Besuch bei Ernesto Cardenal

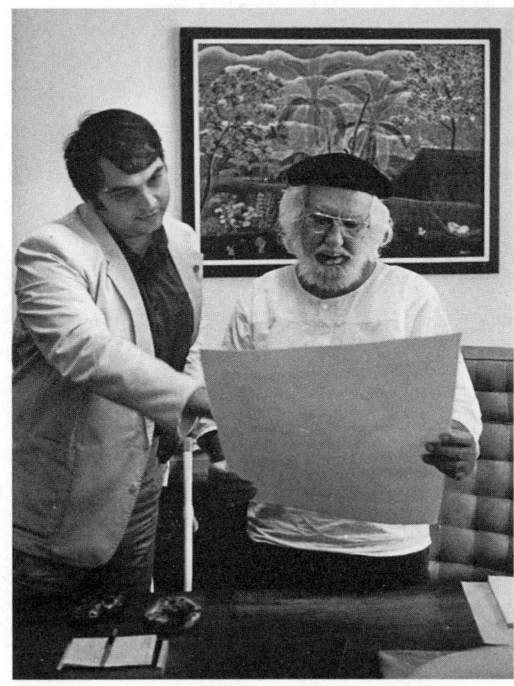

von Franziskus noch nicht gebissen wurde. Ich hätte mir gewünscht, Ernesto Cardenal hätte sich auf dem Flugfeld erhoben und Wojtyła den Hintern gezeigt. Aber das wäre ihm wohl als Hochmut gegen die allmächtige Mutter Kirche ausgelegt worden. Ein schlechter Rat im Kampf um die Herzen des einfachen Volkes, das dem Klerus an den Lippen hängt.

Als wir uns von Ernesto Cardenal verabschieden, begrüßen wir in seinem Vorzimmer den Schauspieler Dietmar Schönherr. Er baut mit dem Dichter in Nikaragua ein Kultur- und Entwicklungszentrum auf und grinst, als er unseren Gruß erwidert. Wegen der fremden Blauhemden vielleicht oder wegen der vertrauten deutschen Laute. Wer weiß? Als ich schon wieder in Berlin bin, erreicht mich über die nikaraguanische Botschaft ein Gruß von Ernesto Cardenal, geschrieben in ein *Poesiealbum* seiner Gedichte. Die Heftreihe, mit der der FDJ-Verlag »Neues Leben« Dichter des In- und Auslands für einen kleinen

Obolus vorstellte, empfand er als geniale Idee. Ich glaube, er nannte es eine *edle Abart der Groschenhefte.*

Es gehen zwei Jahre ins Land, und die DDR trudelt gegen ihr Ende.

Daniel Ortega verliert bei den Wahlen 1990 gegen die Oppositionsbewegung UNO. Während Ortegas sechzehnjähriger Abwesenheit von der Präsidentschaft entsteht zwischen der FSLN und der Regierung von Violeta Barrios de Chamorro keine Feindschaft, war doch die Ermordung deren Mannes einst ein Fanal zum Beginn des gemeinsamen bewaffneten Kampf gewesen. Es bleiben viele Wege der Kooperation offen.

Als Daniel Ortega 2006 wieder in das Präsidentenamt gewählt wird, gehört Ernesto Cardenal der FSLN nicht mehr an. Er hat die Bewegung aus Protest gegen den vermeintlich autoritären Führungsstil des Vorsitzenden verlassen. Als die alten Vorwürfe wegen Cardenals angeblicher Landbesetzungen auf Solentiname wieder aufleben und der Dichter seine Ressentiments gegen den Präsidenten verschärft, ist wohl das Tischtuch zerschnitten. Ich denke an die Begegnungen vor einem Vierteljahrhundert und bin traurig, dass sich latente Differenzen zu einem solchen Eklat ausweiten konnten.

Heute wird auch in linken Kreisen viel über den Bau einer Kanalverbindung zwischen dem Pazifischen Ozean und dem Karibischen Meer diskutiert. In Konkurrenz zum Panamakanal soll sie der Hochseeschifffahrt einen Weg bahnen. Argumente für einen ökonomischen Vorteil des Projekts stoßen auf Vorwürfe, der Bau verletze ökologische Vernunft und indigene Interessen. Die Regierung des armen Nikaragua weiß, dass sich die Durchfahrtsgebühren für den Panamakanal jährlich auf über eine Milliarde Dollar summieren, und träumt wohl von einer Goldader in ferner Zukunft. Wenn aber das größte Süßwasser-Reservoir der Region verseucht würde? Wenn die notwendigen Eingriffe in die Natur die Lebensgrundlagen der eingeborenen Bevölkerung zerstörten? – Die Ängste schlagen hoch. Vor einem Vierteljahrhundert erlebte ich, wie sich die nikaraguanische Führung den schärfsten Problemen zuwandte: »Mit dem Gesicht zum Volke«. Hat das noch seine Zeit?

Freizeit – Kultur – Lebensart

Als mir Egon Krenz gegen Jahresende 1978 eröffnet, ich solle im Sekretariat des FDJ-Zentralrats vom internationalen in das Kulturreferat umsteigen, bin ich nicht glücklich. Ich fürchte den Perspektivwechsel, der sich zwischen der eigenen künstlerischen Arbeit, auch wenn ich sie sehr eingeschränkt habe, und einem solchen kulturpolitischen Amt ergeben muss. Jedenfalls habe ich die Konflikte größerer Geister vor Augen, die in diese Doppelrolle geraten sind. Im schlimmsten Fall haben sie durch ihren unsensiblen Umgang mit den Amplituden, die DDR-Kunst unweigerlich um die enge Linie schlug, an politischer wie ästhetischer Glaubwürdigkeit eingebüßt. Vielleicht sollte ich dieser Warnung folgen. Aber meine Umgebung und schließlich auch ich selbst zerstreuen die Bedenken mit Hinweisen auf das weite Feld kultureller und künstlerischer Angebote, die – man mag das später biegen, wie man will – unter der Jugend weithin als interessant und freizeittauglich empfunden werden. Ist da nicht viel Raum für Kreatives?

Die X. Weltfestspiele haben eine weltoffene und kulturell anregende Atmosphäre geschaffen. Bereits das Deutschlandtreffen 1964 hatte solche Ansätze. Aber die waren infolge machtpolitischer Auseinandersetzungen in der Partei wieder verschüttet worden. Erich Honecker hatte Walter Ulbricht das liberale Jugendkommuniqué als ideologisches Versagen vorgeworfen, verfolgte nach dem Sturz des Ziehvaters aber nun selbst tolerantere Leitlinien in der kulturpolitischen Arbeit. Das betraf auch die FDJ, deren Freizeiteinrichtungen er zugleich eine verbesserte Infrastruktur und Ausstattung in Aussicht stellte. Also frage ich mich: Was geht da? Was kommt noch aus der Tube, wenn man mit Gefühl drückt? Je mehr ich den Fragezeichen nachsteige, desto reizvoller erscheint mir das Angebot, als das sich der Marschbefehl verkleidet hat.

Im Dezember 1976 hat die FDJ 2,2 Millionen Mitglieder, das sind nahezu zwei Drittel aller Jugendlichen in der DDR zwischen 14 und 25 Jahren. Das Durchschnittsalter beträgt 18 Jahre. Schüler und Studenten machen 48,4 % der Mitgliedschaft aus, während junge Arbeiter (22,8 %), Lehrlinge (17,7 %), Angestellte (7,3 %) und Genossenschaftsbauern (0,8 %) im Ranking folgen. Allein dieses Spektrum deutet die Diversität kultureller Interessen an. Alter, Wohnumfeld, soziale Strukturen, zugleich individuelle Neigungen und Talente verlangen nach einem differenzierten Angebot. Manche Zeitgenossen sprechen in früher Offenheit (andere in nachwendigem Korrekturdrang) der FDJ das Recht ab, der kulturellen Entwicklung Jugendlicher außer materiellen Hüllen auch eine politische und inhaltliche Tendenz zu geben. Ich finde den Einwand bigott. Wie die ihrer ideologischen Widerparts sind die kulturellen Entwürfe der FDJ neben allem Freizeitspaß und künstlerischer Erlebnisfreude auf die Gewinnung und Festigung von Überzeugungen aus.

Ein kulturelles Dienstleistungszentrum ohne ideologische Wirkabsicht soll und will die FDJ nicht sein. Daran halte ich mich. Trotzdem ist der Konflikt zwischen künstlerischer Arbeit und Verwaltung, zwischen dem klammheimlich bewahrten Verständnis für die Ausfallschritte von Kunst, wenn sie die Gesellschaft nach Widersprüchen und freieren Entwicklungsoptionen abklopft, und einem strengen Verfolg der kulturpolitischen Linie der SED unabweisbar. Dass der Konflikt mir auf der Seele liegt, kann an meinem Politikstil nicht erkennbar werden, denn ich halte mich mit bleiernen Füßen auf der Linie. Die Gründe? Persönlichen Ehrgeiz zu leugnen, wäre unredlich. Und doch zielt der Eifer in erster Linie auf unsere institutionelle Geltung im Kulturbetrieb.

Unter den beifälligen Augen der Partei hat die FDJ in den siebziger und achtziger Jahren ihren Einfluss auf das kulturelle Leben der Gesellschaft beträchtlich erhöht. Sie reagierte auf differenzierte Freizeitinteressen der Jugend und eröffnete dem Erleben und Gestalten von Kunst originelle Räume. Ein zügig entwickeltes Netz weitgehend selbstverwalteter Jugendklubs bot Podien für Gespräche, Tanz und Geselligkeit. Die FDJ organisierte Künstlerbegegnungen, initiierte

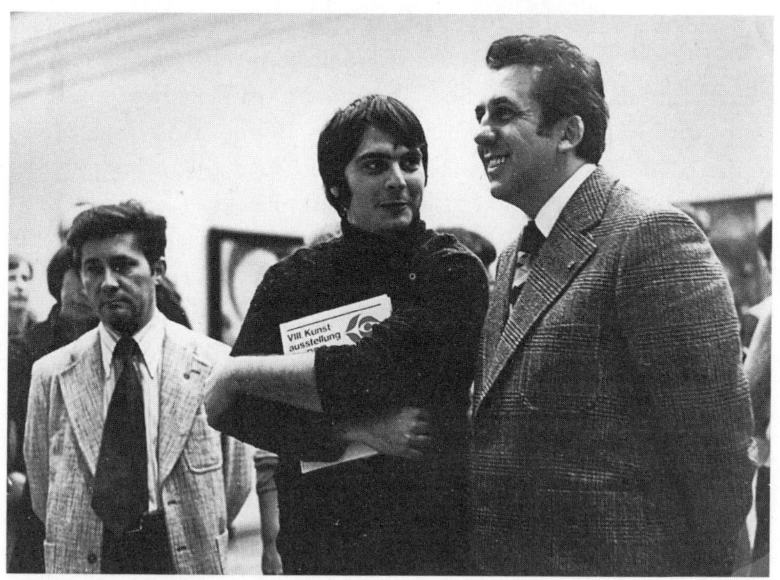

Mit Egon Krenz beim Besuch der VIII. Kunstausstellung in Dresden

Werkstätten und Leistungsschauen. Sie entwickelte eine national, partiell auch international beachtete Veranstaltungskultur.

Künstleragentur, Konzert- und Gastspieldirektionen, vor allem auch die Künstlerverbände und künstlerischen Ausbildungsstätten sind deshalb den kulturellen Initiativen der FDJ gegenüber aufgeschlossen. Mitte der Achtziger sind 70 Prozent der Kinobesucher Jugendliche über 14 Jahre. Zwei Drittel aller Kinder und Jugendlichen frequentieren die Bibliotheken. Ein reichliches Drittel des Theaterpublikums und 70 Prozent aller Aktiven in den 48 000 Volkskunstkollektiven sind junge Leute. Umso mehr schätzt man die materiellen und organisatorischen Potenzen, die der FDJ zugestanden werden, und kooperiert gern. Auf diese Weise werden in allen Kunstbereichen gemeinsame Projekte möglich, die den Künstlernachwuchs fördern und die Zugänge eines jungen Publikums zum kulturellen Erbe und Gegenwartsschaffen erweitern.

Politischer und weltanschaulicher Streit bleibt selten ante portas. Der von mir angeführte Zug der FDJ-Kulturfunktionäre tritt manchmal auf die administrative Bremse. Aus Borniertheit oder gutem Grund. Aber das Verhältnis von Ermöglichtem zu Verhindertem erscheint mir auch mit zeitlichem Abstand um ein Vielfaches günstiger, als heutige Nekrologe weismachen wollen. Befrage einfach jeder, der in der DDR aufwuchs, seine Erinnerungen. Jugendklub-Programme, Talente-Ausscheide, Werkstattwochen fast aller künstlerischen Genres, Tanzmöglichkeiten und andere kulturelle Angebote selbst für Schichtarbeiter, Theatertage der Jugend, »Rock für den Frieden« und andere Konzerte der DDR-Rock- und Pop-Szene, international hochkarätig besetzte Events, Aufführungen des Sinfonieorchesters der Musikhochschulen, Ausstellungen junger bildender Künstler, Poetenseminare im Schweriner Schloss, Singebewegung, Festivals des politischen Liedes, Liedersommer und Liedertourneen durch die Republik, Leistungsschauen junger Theaterleute, die vom Jugendverband zwischen Rostock und Suhl organisierten Begegnungen mit DDR-Künstlern und ihren Werken – sollte da nichts hängen geblieben sein, was eine faire Anerkennung verdiente? Bringen sich nicht unweigerlich Kulturerlebnisse solcher Herkunft in Erinnerung, wenn einer sein Leben in der DDR Revue passieren lässt und sich fragt, woher er einen Gutteil seiner ästhetischen Bildung und Genussfreude, seiner Erlebnisfähigkeit und Sensibilität bezog?

Und: Wären unseren Kindern oder Enkeln nicht zumindest strukturell vergleichbare Angebote zu wünschen? Die überkommenen Verhältnisse lachen sich schlapp. Freizeitangebote sind in die Kompetenz der Märkte zurückdelegiert, und die träfe allein bei dem Gedanken an subventionierte Eintrittspreise der Schlag. Günstige Erinnerungen der alten Ostgemeinde an ihren kulturellen Alltag in der DDR werden gern als ideologisch vergiftet abgetan. Bevor aber alles, was die FDJ kulturell auf die Beine stellte, in kenntnisarmen medialen Nachrufen verwurstet ist, wären für ein *Nach*Denken zu aufgeschlossenerer Zeit vielleicht die folgenden Einsprüche hilfreich.

»Lieder machen Leute« – die Singebewegung ab 1967

Von den Anfangsjahren der Hootenanny- und Singebewegung war bereits die Rede. Meine ersten beiden Semester in Leipzig sind absolviert, da werde ich im September 1968 zur Uraufführung von Gitta Nickels Dokumentarfilm »Lieder machen Leute« ins Berliner Filmtheater »International« eingeladen. Der Premierenort passt zum Streifen. Denn der Film belichtet die ersten Lebensjahre des Oktoberklubs, und die Hinterstuben des Kinos sind zu jener Zeit ja dessen Domizil. Gitta Nickel beobachtet mit Empathie, wie sich im Umgang mit Liedern die Denk- und Lebensweise junger Leute prägt, wie sich das Texten und Komponieren, die Repertoireerarbeitung auf die Persönlichkeitsbildung auswirken.

Die Dokumentaristin setzt am Beispiel des Oktoberklubs ins Bild, welche Hoffnungen sich seinerzeit auf die Verbesserung des geistigen Klimas in der DDR richten. Von dogmatischen Engen befreit, Konflikte und Widersprüche als Triebkräfte der Entwicklung annehmend, sollen neben den materiellen Errungenschaften auch die ideellen Verhältnisse des Sozialismus das Selbstbewusstsein und die Souveränität möglichst vieler Zeitgenossen festigen. Die Frage nach dem Freiheitsgrad macht die Runde. Da wird in der Jugend ein Zeichen gesetzt, das aufhorchen lässt. Der Oktoberklub, der sich klar den Sozialisten in der DDR zurechnet, will durch eine wirblige Denk-, Freizeit- und Veranstaltungskultur dazu beitragen, dass der lethargisch, rituell gewordene politische *Be*kenntnisalltag Jugendlicher zu einem *Er*kenntnisalltag wird, in dem sich politisches Engagement fundiert. Der Klub stellt Fragen und Forderungen an sich und die Gesellschaft. Er behauptet ein gerüttelt Maß an Eigensinn, während er sich in den politischen Strukturen engagiert.

In einigen Betrachtungen über die Singebewegung gelten die Jahre 1967 und 1968 als Zeit einer beklagenswerten Abkehr von der

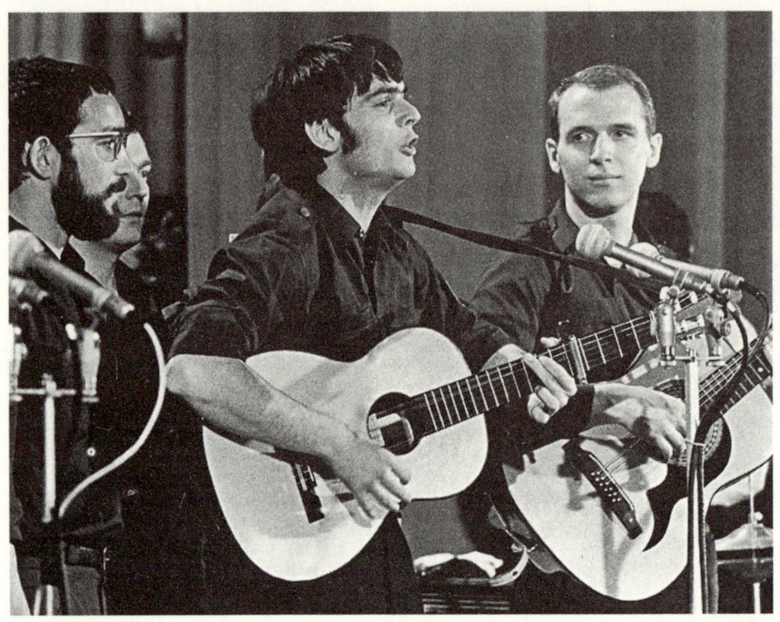

Auftritt mit dem Oktoberklub; links Karl-Heinz Ocasek und Georg Bach, rechts Fred Krüger

frühen Spontaneität und Selbstbestimmtheit der Hootenanny-/Singebewegung. Hier hätte eine politische Vereinnahmung begonnen, die dieses spontan entstandene Phänomen seine basisdemokratische Eigenart und den Großteil seiner Ausstrahlung gekostet habe. Zeitpunkt und Ausmaß bleiben Ansichtssache. Aber wahr ist, dass FDJ-Leitungen häufig »ihre« Klubs als operative »Stimmungstruppen«, als kulturelles Dressing für Versammlungen und Feierstunden auf die Bühne schickten. Andererseits lässt sich der Einfluss der FDJ nicht auf ihre Sünden reduzieren. Eher ist zu bezweifeln, dass die Singebewegung und ihr verwandte, teilweise aus ihr hervorgegangene Teile der Jugendkultur eine so breite Resonanz in der DDR-Gesellschaft gefunden hätten, wenn sie sich nicht auf die politischen und organisatorischen Potenzen des Jugendverbandes hätten stützen können.

Die Bindung der Singeklubs, später auch vieler Liedermacher, Folk-Gruppen, Liedtheater oder Rockgruppen an den Jugendverband hatte verschiedene Gründe, die sich aus den Gegebenheiten der DDR-Gesellschaft und ihres Kunstbetriebes erklären. Sie lagen vor allem in den materiellen und organisatorischen Möglichkeiten der FDJ. Dazu gehörte, dass sie den Genres – oft in Zusammenarbeit mit den Künstlerverbänden – gesellschaftlich beachtete Podien für Auftritte und Leistungsvergleiche bot. Auch Fördervereinbarungen waren begehrt. Öffentliche Auftritte waren ja seinerzeit an die Mitgliedschaft in einem Künstlerverband, an eine Auftrittsgenehmigung mit Einstufung – die berühmte »Pappe« – oder an die Mitwirkung in einem anerkannten Volkskunstkollektiv gebunden. Indem die FDJ als gesellschaftlicher Träger und Veranstalter firmierte, ersparte sie beispielsweise den Singeklubs eine Eingliederung in die häufig als tümelnd empfundene tradierte Volkskunstbewegung und organisierte neuartige Veranstaltungs- und Begegnungsformen.

In Leipzig, seit Herbst 1967 mein Wohn- und Studienort, arbeite ich mit dem Singeklub der Karl-Marx-Universität und dem Ensemble »Solidarität« ausländischer Kommilitonen zusammen und komme nun seltener nach Berlin. Meine Mitwirkung im Oktoberklub beschränkt sich auf Veranstaltungen zu dessen 2. und 3. Jahrestag (mit den Liedern »Der Film«, »Ich möchte leben können«, »Wer – wen«). Aus diesen Geburtstagsrunden geht 1970 das 1. Festival des politischen Liedes hervor, auf dem ich die Songs »Geh mal zu Fuß durch unser Land« und »Alle sagen drüben DDR« vorstelle. Die fortan jährlich veranstalteten Festivals des politischen Liedes werden sich nach Ansicht vieler progressiver Liedermacher und -sänger zu ihrem wichtigsten internationalen Podium mausern. Neu ist auch, dass an die Stelle von Leistungsvergleichen Werkstätten treten, in denen die Jurys durch Beratergruppen ersetzt sind. Statt »Einschätzungen« gibt es offene Diskussionen.

An den meisten dieser zentralen Werkstätten habe ich teilgenommen. In den ersten Jahren als Liedermacher, später als Kultursekretär der FDJ. Man durfte auf Neuschöpfungen ebenso gespannt sein wie auf die Art, mit denen die Klubs geschichtlich interessante Repertoirestücke belebten oder Lieder aus aller Welt in deutschen Fassungen

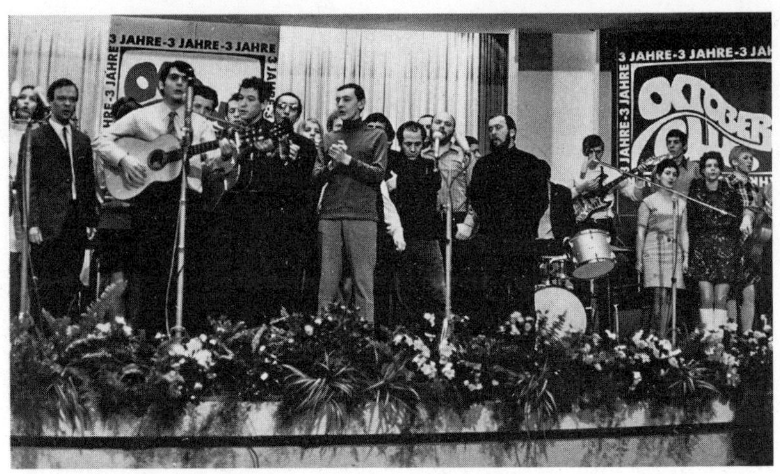

1969: Der Oktoberklub feiert sein dreijähriges Bestehen

vorstellten. Auf den Werkstätten wurde zugehört, gearbeitet und gefeiert.

Wer Eigenes vorgestellt hatte, saß wie auf Nägeln. Erwartete die Meinungen des Publikums und der Berater mit erhöhtem Herzschlag. Jede Melodie gab etwas Inneres preis. Jede Zeile war der zerbrechliche Versuch, eine intime Botschaft nach draußen zu tragen. Wollte das jemand wissen? War man mit seinen Ansichten auf dem Holzweg? Blamierte man sich vielleicht? Die »Weisen« der Beratergruppe wussten, was von ihren Sprüchen für das Seelenheil der Sänger abhing. Sie kritisierten, ohne zu verletzen. Sie mischten Lob mit Vorschlägen. Sie fällten keine Urteile, sondern gaben zu bedenken. Und man vertraute ihnen, weil ihre Empathie spürbar war und weil ihre eigene künstlerische Arbeit ein Maßstab sein konnte.

Da war Gerd Eggers, mit dem ich schon die poetische Dienstreise durch die Sowjetunion absolvierte. Ein erstaunlicher Lautmaler voll rhythmischer Begabung und zugleich sensibel für Zeitfragen. »Es ziehn die Söhne los« – ein ergreifender Text über die Kriegsverachtung der Russen – stellte ich stets Jewtuschenkos »Meinst du, die Russen wollen Krieg?« zur Seite. Kaum ein Texter konnte so gut auf Melodien zuschreiben wie er.

Außer Gerd Kern vielleicht. Der konnte das auch. Ich hatte mit ihm bereits bei Pastor Marg die Konfirmandenbank gedrückt, um ihm im Oktoberklub als Konvertitenbruder wiederzubegegnen. Er war ein Situationsschreiber. Wenn in den »Texterbuden« des Oktoberklubs Hektik war, weil das nächste Festival des politischen Liedes aktuelle Verse forderte, war das seine Stunde. Friedenslieder wie »Rauch steigt vom Dach auf«, »Es ist nun endlich an der Zeit« oder »Unter einen Hut« kamen aus seiner Feder. Oder »Höre, deine Erde bebt, Sandino«, geschrieben über das befreite Nikaragua mit starken Versen wie *Ja, es ist gefährlich, dein Volk kann lesen, dein Volk versteht seine Dichter.* Er war ein heiterer Typ, der nur in Depressionen verfiel, wenn ihn seine ewigen Geldsorgen drückten. Als ich schon im Zentralrat arbeitete, halfen wir ihm manchmal durch vorab honorierte Liedaufträge über gröbere Engpässe hinweg.

Klaus Hilbig, der bereits als Chefredakteur der Studentenzeitschrift FORUM gefragt hatte, ob Organisationsformen der Singebewegung nicht auch in anderen Bereichen der Gesellschaft Schule machen könnten, drang als Leiter der Beratergruppe auf politisch und sozial genaue Reflexionen der Wirklichkeit. Klare Ansage, was Fakt ist, keine Nebelschwaden – das war seine Devise.

Fritz Höft, ein begnadeter Chorleiter, studierte die Eigenarten der Singeklubs, wenn er ihre stimmlichen und interpretatorischen Fähigkeiten entwickelte. Er wollte von ihrer Arbeitsweise und ihrem Gestus lernen. Einer Perfektion des chorischen Zusammenklangs müsse mehr individuelle Diskussion bei der Repertoireerarbeitung, vor allem über die Zeitbezüge des Liedmaterials, vorausgehen. Dies wirke sich auf die Souveränität der Bühnenhaltung aus.

Lin Jaldati galt durch das Zeugnis ihrer Lieder, die wir immer im Bewusstsein ihrer erregenden jüdischen Lebensgeschichte hörten, als großartige künstlerische und menschliche Autorität. Als Rebekka Brilleslijper im Armenviertel der Amsterdamer Juden geboren, überlebte sie den antisemitischen Mordrausch der Nazis nach einer Odyssee durch verschiedene KZ's im Hungerlager Bergen-Belsen. Hier war sie auch der zu Tode geschwächten Anne Frank letztmalig begegnet. Und wenn sie nun ihre jiddischen Lieder sang, begleitet von dem

Pianisten Eberhard Rebling, dem Deutschen, der in die Niederlande emigriert war, mit dem sie in den Widerstand ging und den sie 1945 im befreiten Holland für ein gemeinsames Leben wiederfand, dann hörten wir aus aller Kunstfertigkeit stets den mahnenden Gestus: Nie wieder Faschismus! Die gemeinsame Tochter Jalda, schon früh Mitglied des Oktoberklubs, übernahm nach Lins Tod das künstlerische Erbe.

Marianne Oppel, die der Singebewegung stets einen respektablen Platz im Jugendradio DT 64 eingeräumt hatte, war mehr als eine mediale Lektorin. Sie stellte im Funk Unfertiges vor, zettelte dann aber Diskussionen über Verbesserungen an. Mit scheinbarer Leichtigkeit warf sie Themen in die Debatte, die vielleicht ein Lied wert waren.

Gisela Steineckert war der Singebewegung eine gute Autorin und Ratgeberin. Ich kannte sie seit Mitte der sechziger Jahre und war stets aufs Neue verblüfft, mit welcher Willensstärke sie sich künstlerisch und privat gegen Widrigkeiten durchsetzte. Sie redete unaufgeregt, eher mit erstauntem Augenaufschlag und spöttischem Hintersinn. Sie wusste früh, dass sie sich auf ihre mentale Kraft und ihren zähen Fleiß verlassen musste, wenn sie allein durch schriftstellerische Arbeit ihre Familie ernähren wollte. So rangierte Selbstzweifel, der schnell lähmen konnte, allemal hinter einem stolzen Selbstbewusstsein. Die unterhaltenden Genres hatten ihr stets besonders gelegen. Als »Eulenspiegel«-Redakteurin, Film-Szenaristin sowie als Texterin für viele Interpreten der Rock-, Pop- und Chanson-Szene mit dem Metier bestens vertraut, übernahm sie 1984 ein kulturpolitisches Amt. Sie wurde Präsidentin des den Künstlerverbänden nahezu gleichgestellten Komitees für Unterhaltungskunst der DDR. Auch dadurch sah sie sich Ende der achtziger Jahre dem Vorwurf gewisser Kritiker ausgesetzt, sie sei der Macht im Staate zu nahegekommen und habe die Künstler nicht glaubwürdig vertreten können. Dieser Vorwurf überzog zu Wendezeiten auch die Präsidentschaften anderer Künstlerverbände. Die ihn begleitenden fachlichen Herabwürdigungen waren selten frei von alten Rechnungen.

Dabei waren die Künstlerverbände in der DDR durchaus agile, respektierte Interessenvertretungen ihrer Mitglieder. In Werk- und

Richtungsdiskussionen, bei den für die freischaffenden Künstler lebenswichtigen Auftragsvergaben, auch in der Nachwuchsförderung sowie der Veröffentlichungs-, Aufführungs- und Ausstellungspolitik besaßen sie einen großen Einfluss. Ihre Präsidenten, vielleicht mit unterschiedlicher Überzeugungsgabe, verschafften sich Gehör in den Bürostuben der Kulturpolitik. Einer war besonders schnell auf der Palme: Willi Sitte, der dem Verband Bildender Künstler vorstand. Nicht erst in den gesellschaftlichen Zuspitzungen 1989, als er in der Kulturkommission des Politbüros die Verzweiflung der Künstler und ihre Forderungen an die Politik vortrug, sondern auch früher, etwa wenn es bei Kunstaustellungen der DDR um Künstlerpräsenz und Hängungen ging. Ich habe ihn auch einmal so erlebt. Vor einer Ausstellung junger bildender Künstler auf der Berliner Museumsinsel hatte die mitveranstaltende FDJ ein Bild von Trak Wendisch moniert. Johannes Heisig hatte es Willi Sitte gesteckt, und der war sofort mit Argumenten und einer Drohung zur Stelle: Wenn ihr das Bild abhängt, komme ich nicht zur Eröffnung. Dass er sowas wahrmachte, erlebten wir, als er, wegen eines anderen Schlagabtausches mit der FDJ vergnatzt, nicht auf der Leipziger Kulturkonferenz der FDJ erschien, sondern sich von Werner Tübke vertreten ließ. Und wie er Egon Krenz die Leviten las, als der sich für ein nationalpreisunwürdiges Pieck-Denkmal eingesetzt hatte, will ich weiter hinten erzählen.

Meine erste Rede als neugewählter Kultursekretär des Zentralrates der FDJ hielt ich im Januar 1979 auf einer Aktivtagung von Singeklubs aus allen Bezirken der DDR. Zu jener Zeit existierten etwa 3000 Klubs. Zu den Weltfestspielen 1973 waren es noch weit mehr als 4000 gewesen. Umfragen belegten bald, dass die »Singe« deutlich an Interesse eingebüßt hatte. In vielen Klubs hatte sich die Lebendigkeit der Anfangsjahre in routiniertes Auftrittsgebaren verkehrt. Die Zuhörer aber verlangten den Klubs inzwischen mehr ab: einen konkreteren Zeitbezug der Songs und größere Musikalität. Die im Umfeld der Weltfestspiele gehörte Weltmusik klang noch in den Ohren. Manche Klubs gaben auf. Insofern war die Aktivtagung ein Versuch des FDJ-Zentralrates, seine kulturelle Domäne zu beleben.

Wir trafen uns damals noch im alten Berliner Friedrichstadtpalast. Das Referat und der Verlauf der Tagung wurden von meiner Oberleitung als hoffnungsvoller Einstieg ins neue Amt gelobt. Ich hatte die Wirkungen der Singebewegung in der Gesellschaft, den Platz der von ihr geschriebenen, gepflegten oder wiederbelebten Lieder in der DDR-Kulturlandschaft, aber auch die Probleme im Alltag der Klubs ehrlich dargestellt. Dennoch fühlte ich mich nach der Rede nicht wohl. Ich hatte mich bewegen lassen, die in der Singebewegung mit Bedacht gemiedenen Fürnberg-Zeilen *Die Partei, die Partei, die hat immer recht …* als kraftvollen Impuls für die Gegenwart zu würdigen. Zwar wussten wir alle, aus welcher geschichtlichen Erfahrung heraus die Hymne entstand. Aber keiner von uns sang sie. Nicht nur, weil Irrungen der Partei inzwischen längst im Geschichtsbuch standen, sondern weil eine derartige Vergötzung der führenden Kraft in der Gesellschaft eben jene »nickenden Masken« hervorbringt, die ich im Song »Sag mir, wo du stehst« beklagt hatte. Nun aber klang das Zitat wie ein Verrat an unserem Vorsatz, in der Singebewegung mehr Widerspruch und produktiven Zweifel zu wagen. Außerdem verband ich die künftigen Erwartungen an die Singeklubs vorrangig mit der Vorbereitung zentraler Feierlichkeiten und Kampagnen der FDJ statt mit dem genuinen Spaß und der Originalität des eigentlichen Klublebens. Allein dadurch vermasselte ich die gewünschte Funkenbildung und lieferte Vorwürfen, der Jugendverband instrumentalisiere die Singebewegung, brauchbare Argumente.

Bei all dem Unbehagen verlor ich auch noch meinen Humor. Am Beratungstag hatten die Unbilden des Winters wieder kräftig zugelangt und neben der Volkswirtschaft auch die Anreise der Teilnehmer behindert. Nun wollte der Oktoberklub sein Programm mit dem Kinderlied »Schneeflöckchen, Weißröckchen« beginnen, um dem weithin als Hauptfeind des Sozialismus bespöttelten Winter ein augenzwinkerndes Ständchen zu bringen. Ich meinte, das gehe gar nicht, der Oktoberklub müsse mindestens mit einem Paukenschlag à la »Oktobersong« eröffnen – und ließ nicht mit mir reden. Der Klub ging auf die Bühne, brachte zuerst die »Schneeflöckchen« und schuf damit für den Rest der Veranstaltung eine heitere, aufgeräumte Atmosphäre. Das freute und beschämte mich.

Gelegentlich höre ich den Vorwurf, der Oktoberklub hätte sich ideologisch geschmeidig, gemeint ist: heuchlerisch, an die Vorgaben der FDJ und der sie lenkenden Partei gehalten. Der medialen Präsenz, der Orden und Ehrungen, der Westreisen zuliebe. Manche Mitglieder hätten sich deshalb verabschiedet, andere ehrgeizig ihren Platz im Kader der »Agitpropgruppe des FDJ-Zentralrates« verteidigt. Biermann nannte den Oktoberklub »Kaisergeburtstagssänger«, um später im Bundestag an sich vorzuführen, was er meinte.

Aber niemand im Oktoberklub, der in meinem Gedächtnis geblieben ist, verstellte sich. Dass wir das Gesellschaftssystem bejahten, beruhte auf Überzeugungen, die gemeinsam erstrittener Konsens waren. Der Oktoberklub verteidigte seine Prägung durch die Verhältnisse der DDR, wo immer er im In- und Ausland auftrat. Als aber die Erstarrungen in der DDR übermächtig wurden und die Hoffnungen brüchig, verschärften sich im Klub die Auseinandersetzungen um gesellschaftliche Korrekturen.

So geriet der Oktoberklub in die öffentlichen Turbulenzen, die der Disput zwischen einer kritischen Künstlerschaft und den in Abwehrreaktionen verkeilten Parteileitungen hervorgerufen hatte. Auf einer Festveranstaltung der SED-Kreisleitung Berlin-Weißensee zum 70. Jahrestag der KPD-Gründung hatte deren 1. Sekretär den Oktoberklub von der Bühne gejagt, als der es wagte, widersprüchliche gesellschaftliche Entwicklungsmomente – neonazistische Keime unter der Jugend, Mitläufertum versus Engagement – zu thematisieren.

Zur Abschlussveranstaltung der Werkstattwoche der FDJ-Singeklubs 1988 in Erfurt hatte der Klub eine Umdichtung der bekannten Kinderhymne »Anmut sparet nicht noch Mühe« von Brecht/Eisler ins Programm genommen. Vermutlich ohne Kenntnis der Brecht-Erben, die solchen Adaptionen fast nie zustimmten. Der Text hatte es in sich: *Unmut wächst trotz aller Mühe. / Leiden schafft uns der Verstand, / wann denn Gleiches bei uns blühe / wie im fernen Sowjetland.* Während sich inzwischen selbst in der Parteiführung die Geister an Gorbatschows

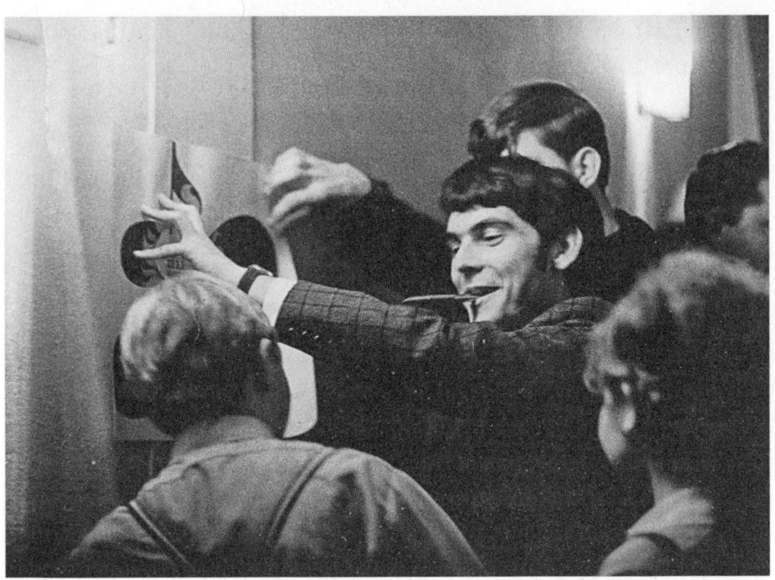

Werkstatt

Perestroika zu scheiden begannen, wollte der 1. Sekretär der SED-Bezirksleitung, Gerhard Müller, den Titel streichen lassen, scheiterte aber an der »Streik«bereitschaft der Mitwirkenden. Das Flaggschiff der Singebewegung war unausweichlich auf Konfrontationskurs zum bleiernen Block der Erneuerungsverweigerer geraten.

Die Singebewegung bleibt wohl vor allem als kollektives Phänomen in der Erinnerung. Ihre besten künstlerischen Orientierungen bezog sie aber aus den Liedern und Vortragsweisen ihrer bekanntesten Solisten.

Nochmals Perry Friedman, von dem wir vor allem zu Beginn so viel lernten. Der in die DDR übergesiedelte Kanadier hat beachtete Auftritte, so 1983 mit Harry Belafonte und Udo Lindenberg im Palast der Republik, und ist in den Medien präsent. Aber er arbeitet zu wenig an seinem Repertoire, was zu Ermüdungserscheinungen beim Publikum führt. Er bittet den Zentralrat der FDJ um Hilfe. Tatsächlich werden den inzwischen lustlosen Bezirksleitungen regelmäßig »Treffs mit Perry« in den Veranstaltungskalender gedrückt, und die »Brünnlein« fließen wieder kräftiger von Suhl bis Rostock. Zur Wendezeit wird Perry der FDJ politische Vereinnahmung vorwerfen und von Reinhold Andert den Ratschlag erhalten, auf die Beantragung einer Opferrente freundlich zu verzichten.

Reinhold Andert und ich kokettieren gelegentlich mit unserer Konvertitenbruderschaft. Reinhold hat irgendein bischöfliches Vorseminar besucht, wusste halbwegs, wie man Orgeln baut, und hangelte sich über sein Studium der Geschichte und der Philosophie immer tiefer in den Marxismus. Der Ex-Katholik und der Ex-Protestant treffen sich Mitte der sechziger Jahre auf den Podien der Hootenanny- und Singebewegung und finden auch persönlich einen guten Draht zueinander. Reinholds Stilistik unterscheidet sich von meiner eher hymnisch-belehrenden Schreibweise durch genau beobachtete, in Widersprüchen grabende, manchmal bis zur Satire getriebene Konkretheit.

Von Reinhold stammt auch der Begriff »DDR-konkret«, der zu einem Markenkern des von ihm mitbegründeten Oktoberklubs und anderer Formationen der Singebewegung wird. Ich denke an Anderts »Blumen für die Hausgemeinschaft«, wo sich die Sängerfigur die abendliche Unauffindbarkeit aller Nachbarn mit kuriosen privaten und gesellschaftlichen Unterstellungen erklärt. Dabei ist der NVA-Major gar nicht wegen weltpolitisch finsterer Verwicklungen außer Haus, der Konsum-Funktionär mitnichten beim heimlichen Westfernsehen auf Tauchstation, der ängstliche Herr Hasenpost keineswegs zum Chinesisch-Studium auf der Abendschule, der Hausvertrauensmann auch nicht auf der Flucht vor dem Vertrauen von Fräulein Krüger. Sie haben in Abwesenheit der Sängerfigur, die sich nun für das Liedchen schämt, ihre Kollektiv-Prämie vom Nationalen Aufbauwerk verprasst. Die Welt in der Episode, augenzwinkernde Tiefgründigkeit – das ist Reinholds Methode.

In seinen Zustandsbeschreibungen liegt lange eine große Hoffnung. Er schreibt in seinem Vaterlandslied: *Kennst das Land, wo die Fabriken uns gehören / wo der Prometheus schon um fünf aufsteht? / Dort kann man manche Faust auf manchen Tischen hören, / bevor dann wieder trotzdem was nicht geht. / Wo sich auf Wohnungsämtern*

Hoffnungen verlieren / und ein Parteitag sich darüber Sorgen macht, / wo sich die Leute alles selber reparieren, / weil sie das Werkzeug haben, Wissen und die Macht … Ich möchte dieses Land niemals verlieren, es ist mein Mutter- und mein Vaterland. Ein Redakteur hat das kürzlich als »aus der Zeit gefallen« bezeichnet. Aus der abgelenkten Erinnerung gefallen vielleicht. Aber aus der Zeit mit ihrem großen Gedächtnis? Irgendwann dringt das wieder hervor. Und gerade die Konkretheit der Andertschen Lyrik könnte beim Aufspüren unerledigter Visionen und dem Ausschluss alter Fehler behilflich sein.

Übrigens schätzte der Erfinder von »DDR-konkret« einen guten Hymnus durchaus. Ich denke an eine Begebenheit zu jener Zeit, als Reinhold eine Gruppe zur Herstellung neuer Songs für die X. Weltfestspiele 1973 in Berlin leitete. Wir treffen uns zufällig vor der Schönhauser Allee 27 und gehen auf ein paar Glas zu mir hinauf. Reinhold meint, Wodkatrinken ohne ein Lied zu schreiben wäre stures Saufen. Er summt eine Melodie von Professor Heicking, einem der Singebewegung zugetanen Komponisten. Außerdem hat Reinhold bereits den Vers *Wir sind überall auf der Erde* parat. Nun ist jedes Glas eine neue Zeile. Der Text steht gegen Mitternacht. Wir rufen den Melodienerfinder an und lallen das Lied durchs Telefon. »Besoffen seid ihr«, sagt der in seiner Nachtruhe Gestörte. Aber er ist versöhnt, als der Song zur inoffiziellen Weltfestspielhymne wird. Die offizielle darf es nicht werden, denn die hat Paul Dessau komponiert und sie höchstpersönlich Erich Honecker gewidmet. Den Text von Jens Gerlach (*Die junge Welt ist in Berlin zu Gast / und sie schert sich nicht drum, ob es dem Feinde passt)* singen aber nur die zur Interpretation verdonnerten Chöre. Dagegen lebt unser Lied noch viele Jahre – und soll heute sogar zum musikalischen Repertoire eines ostdeutschen Bestatters gehören.

Meine Freundschaft zu Reinhold hält auch, als Konrad Naumann, seinerzeit Mitglied des Politbüros und machtstrotzender 1. Sekretär der Berliner SED-Bezirksleitung, im Jahre 1980 aus sehr persönlichen Motiven eine böse Intrige gegen den Liedermacher mit der spitzen Zunge startet. Reinhold hat eine Liaison der hauptstädtischen Nummer 1 bespöttelt. Eigentlich mehr im Vorübergehen, aber das reichte aus, um seine politische und moralische Eignung als Genosse von der Bezirksparteikontrollkommission überprüfen zu lassen, die ihn prompt aus der SED ausschließt. Reinhold hat mit einer derartigen Infamie nicht gerechnet und ist am Boden zerstört. Viele alte Freunde meiden ihn plötzlich.

Ich treffe mich mit ihm in einer kleinen Tagesbar in der Leipziger Straße und beschwöre ihn, an seinen Überzeugungen festzuhalten. Er wäre eben ein Genosse ohne Parteibuch, nichts Seltenes in der Geschichte der Linken. Am Abend desselben Tages ruft mich der Präsident der Akademie der Künste, Konrad Wolf, zu Hause an. Er kenne Andert nicht persönlich, und ob er etwas für ihn tun solle. Ich bitte ihn darum, verschweige aber fairerweise nicht, mit wem er sich anlegt. Was daraus wurde, weiß ich nicht.

Natürlich wird Reinholds Ton rauer. Die meisten offiziellen Veranstalter haben ihn ausgelistet. Aber er braucht Geld zum Leben. Der Zentralrat der FDJ engagiert ihn noch einmal. Mehr aber kümmern sich andere Kollegen und Freunde um ihn, darunter Gerhard Gundermann. Ich verstehe bis heute nicht, warum Erich und Margot Honecker, mit deren Tochter Sonja Reinhold befreundet war und denen er während ihrer Verfolgungen zur Wendezeit ein Freund und Chronist sein wird, nichts für ihn getan haben.

In den Endjahren der DDR plädiert Reinhold für die Demokratisierung der sozialistischen Gesellschaft. Er verspottet anmaßende politische Innenansichten, aber er verkauft sich nicht und schreibt im »Sängerkrieg«: *Denn heute noch singen Kollegen / beim Fremdgehen gerne auf Knien / für ein paar fremde Münzen / und Plätze an Akademien. // Ich lobe die Heimat bei Fremden / leise, sie braucht keinen Applaus. / Und wenn ich dafür keinen Preis krieg, / dann fahr ich halt wieder nach Haus.* Als Reinhold seinen 70. Geburtstag begeht, feiert er mit uns zugleich sein halbes Jahrhundert Parteizugehörigkeit. Der Rausschmiss, den er nie als gültig verinnerlichte, hat ihn nicht aus seiner Gesinnung geworfen.

Gerhard Gundermann, der sein Offiziersstudium abbricht und in den Braunkohlentagebau geht, ist die prägnanteste Figur der Hoyerswerdaer Singeszene und bis 1988 in der »Brigade Feuerstein« aktiv.

Ich treffe ihn ein paar Mal, als ich noch Lieder schreibe. Später bin ich qua Amt an Gesprächen beteiligt, in denen der Veranstalter FDJ ihn zu Textänderungen bewegen will. Jedes Mal nimmt er die Debatten, so kleinlich und anmaßend sie auf unserer Seite auch geführt werden, als Gelegenheit, seine Gesellschaftsbeobachtungen gegen unser Denken zu stellen. Er wünscht sich, dass Vorschläge angenommen und in der Praxis auf ihren Nutzen überprüft werden. Er argumentiert klug und leidenschaftlich. Der Baggerfahrer spart nicht mit Autoritätszitaten aus seiner Arbeitswelt. Indolenz ist seine Sache nicht. Nicht selten eckt er an. Gundi, wie ihn alle nennen, wird 1984 aus der Partei ausgeschlossen. Die Organe des Bezirkes Cottbus organisieren in den letzten Jahren der DDR eine regelrechte Hatz gegen ihn und seine künstlerischen Mitstreiter. Kaum einer von uns erhebt laut seine Stimme. An diesem schäbigen Wegducken ändert wenig, dass ich im Zentralkomitee, als es nach der Entmachtung Erich Honeckers um das politische Schicksal anderer Mitglieder und Kandidaten des Politbüros geht, eine Anfrage an Werner Walde, den Cottbuser 1. Bezirkssekretär, richte. Was habe die Bezirksparteileitung nur geritten, eine bis zur polizeilichen Festsetzung reichende Verfolgung gegen Gundi Gundermann zu inszenieren? *Weißt du, Hartmut,* ist die Antwort, *in Kulturdingen habe ich viel Mist gebaut.* So viel Scherben.

Trotz Parteiausschluss und anderen Demütigungen zieht der Baggerfahrer höchst sensibel seine künstlerische Bahn. Veröffentlicht aufsehenerregende Tonträger, liefert Texte für die Rockband Silly, tourt mit seiner »Seilschaft« durchs Land, dessen Wechselbad er unter dem Beifall vieler Ostdeutscher subtil beschreibt. Als er 1998 stirbt, hinterlässt er ein Stück der wertvollsten Liedgeschichte der DDR und ihres unaufgeräumten Schattens.

Ähnliches gilt für den Nachlass eines anderen Liedermachers und Texters. »Kurt Demmler billiger« posaunt ein Vermarktungslabel ins Internet. Die Geltung seiner Texte indes entzieht sich solcher Marktschreierei. Die Erinnerung an ihn ist sehr präsent: Er schreibt schnell und viel, bedient den Oktoberklub und die Singebewegung sowie später – viel intensiver – beinahe alle namhaften Rockgruppen und Schlagersänger der DDR. Aber seine Produktivität geht kaum zu

Lasten seiner literarischen Qualität. Die selbst vorgetragenen Songs schneidert er sich meisterhaft auf den Leib und verinnerlicht bei Auftragsarbeiten die stimmliche Eigenart seiner Interpreten kongenial. Und wie er sich dabei an die Obergrenzen des Genreniveaus hält! Er beherrscht den zarten Ton der Liebeslyrik (»Zart soll es bleiben«, »Dieses Lied sing ich Maria«) ebenso wie die gesellschaftsphilosophische Metaphorik (»Die Kraniche fliegen im Keil« oder »Wer die Rose ehrt« für Renft). Er hat urkomische und spöttelnde Töne drauf (»Du hast den Farbfilm vergessen« für Nina Hagen oder den »Friseur Schniegelscher«, eine Parodie aus seinem eigenen Vortragsrepertoire).

Ich kenne ihn, seit er 1967 dem Oktoberklubs beitrat. Später treffen wir uns häufiger in Leipzig, wo wir beide studieren und Kurt ab 1969 als Arzt arbeitet. In jener Zeit schreibt Kurt der Singebewegung populäre Lieder ins Repertoire (»Was machen wir zu Pfingsten?«, »Hamse nicht noch Altpapier?«, »Lied aus dem fahrenden Zug zu singen«), engagiert sich im Ensemble »Solidarität« der Karl-Marx-Universität und stößt zu jener schnellen Einsatzgruppe, die die Bezirksleitung der SED zum Agitprop nach Westdeutschland schickt: Jürgen Hart, Helga Sylvester, Eike Sturmhöfel, Klavierspieler Rüger und ich. Er hält schon zu Hause gern kollegialen Abstand und gilt auch im privaten Umgang eher als Solist. Auf den Westreisen ist er nur während der Aufritte verfügbar. Er geht in die kleinen rosa Kinos, deren Programme er sich bei der Ankunft in jeder Tourneestadt notiert. Er hat aus irgendeiner privaten Quelle ein Westkonto, woraus er die Eintritte bezahlt. Als er es mir unterwegs erzählt, bittet er um Verschwiegenheit, was ich zu DDR-Zeiten auch einhalte.

Nach der Wende, als die Staatsanwaltschaft ihre Anklagen wegen Kindesmissbrauchs erhebt und Kurt sich 2009 in seiner Moabiter Zelle erhängt, frage ich mich, ob die frühen Beobachtungen folgenlos bleiben mussten. Wir ahnten doch, dass sich die Zartheit seiner Liebessongs eigentümlich antithetisch zu einer sich steigernden Manie verhielt. Erlebten wir einen Kranken, der unsere Hilfe brauchte? Wie viele Gerüchte wurden schon in den achtziger Jahren getuschelt! Waren sie hysterische Übertreibung oder neidische Stille Post? Niemand mochte danach graben. Im Falle von Kurt, der bereits den Protest zur

Ausbürgerung von Wolf Biermann unterzeichnet hatte, zur Wendezeit die Resolution der Unterhaltungskünstler unterschrieb und auf der Demo am 4. November 1989 auf dem Alexanderplatz einen Anti-MfS-Song vortrug, konnte eine derartige Vorhaltung gar als politische Retourkutsche missverstanden werden. Als stellvertretender Kulturminister hüte ich mich, in die Arbeit der Polizei und der Justiz einzugreifen. So geschieht der Versuch einer strafrechtlichen Aufarbeitung erst nach der Wende, als sich die Beweisgründe offensichtlich erhärtet haben.

Ich begegne Kurt vor seinem Suizid noch einmal auf einem Treffen von DDR-Unterhaltungskünstlern am Dämmeritzsee im Südberliner Friedrichshagen, das von dem früheren »Prinzip«-Frontmann Jürgen Matkowitz organisiert wurde. Er benimmt sich eigenartig, schleicht sich um die Gesprächsgruppen herum und fotografiert seine früheren Arbeitspartner mit seltsamer Geste. Persönlichen Gesprächen entzieht er sich. Er bewegt sich wie ein Aussätziger. Ein trauriges letztes Bild. Es ist wohl Konsens unter den Textern und Musikern, die künstlerische Brillanz und die menschliche Tragik Kurt Demmlers nicht gegeneinander aufzuwiegen. So halte ich es auch.

Welt – Musik – Festival

Erst als Songschreiber, später als FDJ-Funktionär freue ich mich jedes Jahr auf ein musikalisches Ereignis, von dem ich und viele meiner Freunde sagen werden, es habe einen guten Teil unserer Lebens- und Denkweise geformt. Ich meine das Berliner Festival des politischen Liedes. Die Geltung, die es einmal in der progressiven Musikwelt erlangen wird, ist bei seinen Anfängen nicht zu erahnen. Alles beginnt ganz harmlos mit Geburtstagsfeiern des Oktoberklubs in der Kongresshalle am Berliner Alexanderplatz. Im Februar 1968 sind zu »2 Jahre Oktoberklub« die Budapester Gerilla-Gruppe und Thomas Natschinski mit seiner Gruppe eingeladen, im Folgejahr hat man Sängerfreunde aus Polen, Ungarn, Spanien und Westdeutschland zu Gast.

Der Übergang in die siebziger Jahre vollzieht sich trotz – oder gerade wegen – des großen öffentlichen Erfolgs des Oktoberklubs nicht ohne Befürchtungen um seine künstlerische und organisatorische Stagnation. Der Klub selbst artikuliert sie. Erfahrungen aus der internationalen Liedszene auszutauschen, einen Ausschnitt engagierter Weltmusik auf die DDR-Bühne zu stellen, das könnte einen belebenden Impuls geben. Die Organisation eines Festivals würde den organisatorischen Zusammenhalt der Klubmitglieder fördern. Nach einem Anlass muss im Jahr 1970 nicht gesucht werden: Lenin wird 100. »Vorwärts die Zeit!«, zitiert nach dem Eislerschen »Zeitmarsch«, ist das Motto der Auftaktveranstaltung des Festivals Nr. 1 mit seinen Mitwirkenden aus sieben Ländern. 1970 glänzt in meiner Erinnerung die funkensprühende italienische Gruppe »Il Contemporaneo«, die uns das italienische Gewerkschaftslied »La Lega« ins Ohr setzt. Gisela May hört sich neue Lieder von Andert, Demmler und mir an, um dann mit eigenem Programm auf die Bühne zu gehen und Brecht, Tucholsky und Eisler für die schmeichelhafte These in Anspruch zu nehmen, die

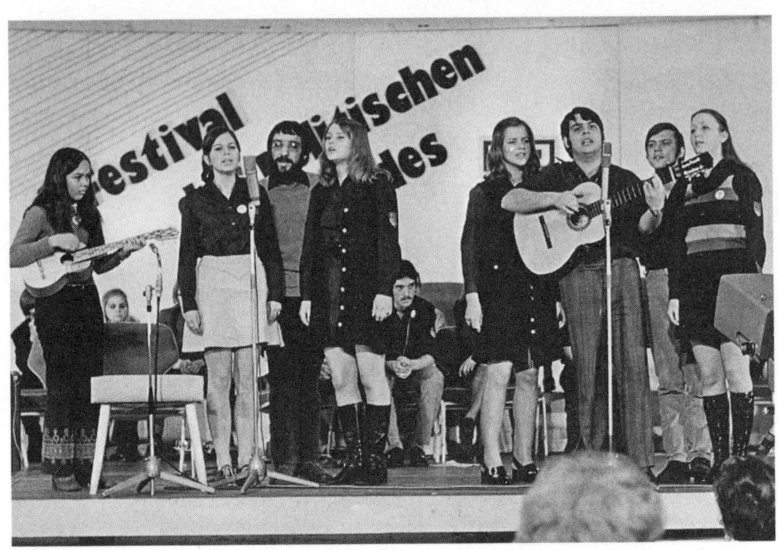

Auftritt des Oktoberklubs beim Festival des politischen Liedes

Singebewegung habe politische Aktualität und Verständlichkeit von den »Klassikern«, die sie die »Großen« nennt, gelernt.

Bereits das 2. Festival deutet ein weiteres Spektrum der inhaltlichen Botschaften und künstlerischen Professionalitäten an. Diese Vielfalt wird in späteren Jahren noch um die Begegnung mit jenen Genres bereichert werden, die im politisch engagierten Musikschaffen die Songgruppen, Liedermacher und Chansoniers ergänzen: Rock, Pop, Jazz, Blues, Liedtheater, Tanz, Puppenspiel … Peu à peu bildet sich die Bereitschaft des Publikums heraus, die Eigenarten der Genres und individuellen Stile im Kanon der politischen Liederwelt zu akzeptieren. Artifizielle Brillanz darf hinter der Authentizität politischer Aussagen zurückstehen. Das Dokumentarische aus den engagierten Laienszenen aller Welt wird solidarisch zur Kenntnis genommen.

Und doch: Schon das 2. Festival zeigt, dass es eben die gelungene Symbiose von Thema und Kunstfertigkeit ist, die nachwirkt. Wir erleben das bei der chilenischen Gruppe Quilapayún ebenso wie bei der Sängerin Isabel Parra, die beide die Wahl Salvador Allendes zum

Anlass einer großen Hoffnung nehmen. »Das neue Leben beginnt«, singen die Quilas. Und Isabel, Tochter der grandiosen Liedermacherin Violeta Parra (die uns das unsterbliche »Gracias a la vida« hinterließ), trägt ihr Lied »Im September kräht der Hahn« vor. Die finnische Gruppe Agit-Prop um den Komponisten Kaj Chydenius beeindruckt mit ihrem Lied »Spartakus«, das Regina Scheer nachdichtet: *Jesus gab den Menschen nur / den Traum vom Paradies. / Doch die Sklaven sahen, / dass die Welt sich ändern ließ.*

Das Bemühen um die Änderung der Welt – der sich mit den Jahren weitende Festivalkonsens –, ist auch der Kernpunkt von Diskussionsrunden mit bekannten Künstlern und Wissenschaftlern wie Volker Braun, Manfred Wekwerth, Dieter Klein. Programme für Veteranen der Arbeiterbewegung sowie Auftritte in Betrieben gehören zu den Neuheiten des Festivals Nr. 2, über das der Dokumentarfilmer Jürgen Böttcher seinen preisgekrönten Streifen »Song International« dreht.

Mit über 40 teilnehmenden Gruppen und Solisten aus 23 Ländern hat sich das Festival 1972 nun endgültig international etabliert. Nicht nur die politische Tendenz, sondern auch die Organisationsformen des Liederpodiums und die Begeisterungsfähigkeit seines Publikums haben sich in den »Fach«kreisen global herumgesprochen. Zu den X. Weltfestspielen der Jugend und Studenten, die für das Folgejahr in Berlin vorbereitet werden, soll deshalb das Festival eine sommerliche Spezialausgabe erhalten. Sie wird »Politische Lieder zu den X.« heißen, umgangssprachlich aber in das legere »PLX« (pe-el-ix) gewandelt werden. Viele Weltfestspiel-Delegationen haben Liedersänger dabei, so dass über 100 Gruppen und Solisten aus 45 Ländern und fünf Kontinenten auftreten. 10 000 Zuschauer allein in der alten Werner-Seelenbinder-Halle und eine unübersehbare Menge gegen Mitternacht auf dem Alexanderplatz, um Miriam Makeba, die chilenische Gruppe Inti Illimani oder das argentinische Quinteto Tiempo zu hören. Das Festivalgastspiel der »Intis« wie eine gleichzeitige Europa-Tournee der »Quilas« wird unsere chilenischen Freunde vor den Verfolgungen der Pinochet-Junta bewahren, die kurz nach dem Berliner Festival die Volksfrontregierung Salvador Allendes stürzt.

Die Volksbühne mit dem Luxemburg-Platz davor ist der Hauptspiel- und Begegnungsort von PLX zwischen Mittag und Mitternacht, dann laden Stadtparks und Innenhöfe zu spontanen Liederrunden ein. Die heimische Singebewegung erlebt im Festivalgetriebe das alte Hootenanny-Muster von künstlerischer Improvisation und spontanem Rundgesang und teilt mit ihrem Publikum das fast rauschartige Gefühl des Festivalmottos: Frieden, Freundschaft, antiimperialistische Solidarität.

Manche meinen, vor allem Fernweh, Sehnsucht nach Reisefreiheit und Lust auf ein bunteres, individuell freieres Leben hätten die Weltfestspiel-Atmosphäre mit so viel Spaß und Übermut der Blauhemden gefüllt. Träume eben. Wie oft habe ich den Einspruch innerlich abgewiesen. Später denke ich, die Euphorie der Festivaltage war sehr wohl ein Appell der Heranwachsenden, den alltäglichen Sozialismus mit mehr Buntheit und persönlichen Freiheiten auszustatten. Reinhold Andert und ich haben mit »Wir sind überall« das vielleicht meistgesungene Weltfestspiellied geschrieben. Ich will das Texten ja nicht aufgeben, weiß aber, dass ich mich von der Bühne verabschieden werde. In Prag wartet die Zäsur – die journalistische Arbeit beim Internationalen Studentenbund.

Auch die nachfolgenden Lieder-Festivals hätten ihre Solovorstellung verdient, nur bräuchte dies jenes eigene Buch, das in der Endzeit der DDR ungedruckt blieb. Für mich gibt es drei Essentials.

Zuerst: Die Begegnung mit den Schöpfern und Interpreten politischer Lieder ist ein ideelles Andocken an die Kämpfe der Zeit, an Siege und Niederlagen, die uns erregen und im eigenen geschichtlichen Bewusstsein einen Klang erhalten. Der Sieg der Allende-Regierung und der Putsch der Obristen-Junta in Chile mit den Liedern der »Intis« und »Quilas«, von Sergio Ortega, Isabel Parra oder Illapu. Der sandinistische Triumph über die Somoza-Diktatur in Nikaragua mit den Liedern der Gebrüder Godoy. Der ewig junge Traum von der lateinamerikanischen Einheit, für nationale Selbstbestimmung, indigene Würde und gegen die politische Umklammerung aus dem Norden mit Liedern von Mercedes Sosa, Atahualpa Yupanqui und Léon

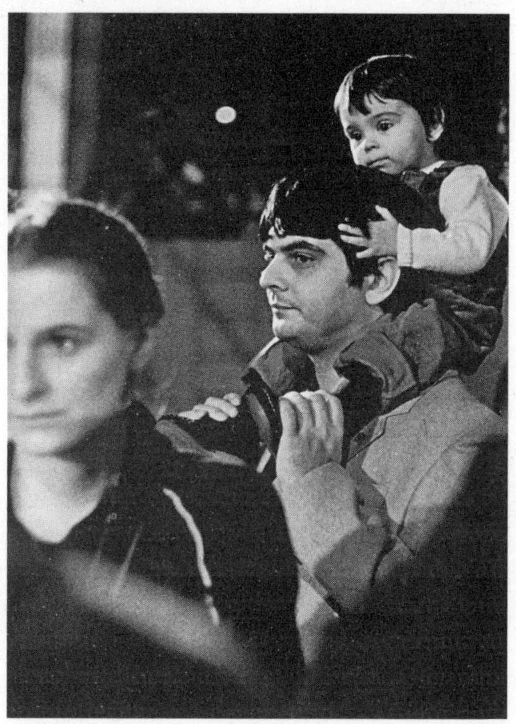

»Familienkirmes«: mit meiner Tochter Katharina beim Festival des politischen Liedes

Gieco (Argentinien), Amparo Ochoa (Mexiko), Alí Primera (Venezuela) oder den Gebrüdern Viglietti (Uruguay). Der kubanische Behauptungswille bei Manguaré, Silvio Rodríguez oder Pablo Milanés. Der Sieg der portugiesischen Nelkenrevolution mit dem Auftritt von José Afonso, der das Signal des Aufstandes »Grandola vila morena« schrieb. Die Flucht der US-Invasoren aus ihrem Indochina-Abenteuer mit den Songs der vietnamesischen Teilnehmer oder den Zeilen, die der Oktoberklub am 1. Mai 1975 einem politischen Gassenhauer aufsetzte: »Alle auf die Straße … Saigon ist frei.« Der Kampf gegen die Apartheid in Südafrika mit den umjubelten Auftritten von Miriam und Bongi Makeba, Abdullah Ibrahim (Dollar Brand) oder Letta M'Bulu.

Da sind die vieldimensionalen Zustandsbilder, die westeuropäische und nordamerikanische Sänger aus den gesellschaftlichen

Verhältnissen ihrer Länder zeichnen: Agit-Prop aus Finnland, Billy Bragg aus Großbritannien, Eric Bogle aus Australien, bots aus den Niederlanden, Bruce Cockburn aus Kanada, Fria Proteatern aus Schweden. Dazu die Stimmen westdeutscher Künstler: Franz Josef Degenhardt, Fasia Jansen, Dietrich Kittner, Dieter Süverkrüp, Hannes Wader.

Die Teilnehmer aus den sozialistischen Ländern Europas, sieht man von Beiträgen aus der DDR ab, rücken selten in den Focus des Festivalgeschehens. Die befreundeten Jugendverbände der sozialistischen Länder können selbst über ihre Entsendungen entscheiden. Ihre Kriterien bleiben oft unverständlich. Probleme und Konflikte des gesellschaftlichen Aufbaus sind bei den delegierten Programmen häufig ausgeblendet und die künstlerischen Mittel rar. Lediglich Shanna Bitschewskaja aus der Sowjetunion sowie Katarzyna Gärtner, Maryla Rodowicz, Czesław Niemen und die Gruppe »Anawa« (alle Polen) ragen heraus.

Wachgehalten werden auch proletarische und antifaschistische Traditionen, für die Künstler wie Esther Bejarano, Aleksander Kulisiewicz, Konstantin Simonow, Ernst Busch, Gisela May und Lin Jaldati stehen.

Mit der Zeit weitet sich in der Einladungspraxis der Begriff des *Politischen* in dem Sinne, dass alles, was nach unseren Maßstäben das Leben ethisch und kulturell bereichern kann, dazugehört. Schon die Teilnahme vieler obengenannter Gruppen und Solisten, besonders aber auch die Auftritte von Heinz Rudolf Kunze, Ina Deter, Liederjan, Zupfgeigenhansel (BRD), Herman van Veen (Niederlande), Angelo Branduardi (Italien), »1. Allgemeine Verunsicherung« (Österreich), »El Teatro del Arte Flamenco« (Spanien) oder Frederic Rzewski (USA) wären ohne diese Weitung kaum zustande gekommen.

Zwei Ereignisse von überragendem künstlerischem Rang sind mir in besonderer Erinnerung geblieben. Einmal das Programm von Pete Seeger im Februar 1986. Neunzehn Jahre, nachdem wir ihn das erste Mal in der alten Sporthalle an der Karl-Marx-Allee erlebt hatten und anderthalb Jahrzehnte, nachdem ich im New Yorker Manhattan Center auf seiner Gitarre Theodorakis-Lieder gespielt hatte, sehe ich ihn wieder. Er erscheint auf der Bühne des Metropol-Theaters geistig jung und elektrisiert wie immer. Er stimmt die legendären Songs an, die er auch unserer Singebewegung in die Wiege gelegt hatte, und er wendet sich, wie allezeit, akuten Zeitproblemen zu: Beendigung des ruinösen Wettrüstens, Kampf gegen die Apartheid in Südafrika, Befreiung Nelson Mandelas … Petes Festivalauftritt empfinde ich als eine inhaltliche und stilistische Klammer um alles, was seine Hootenannies bei uns anstießen und in einem Festival mündete, von dem er sagt, er fände es wunderbar und würde vielen davon erzählen.

Das zweite ist die Aufführung des »Canto General« 1980 im Großen Saal des Palastes der Republik. Dieses Oratorium von Mikis Theodorakis nach Texten von Pablo Neruda hat eine bewegende Entstehungsgeschichte. In ihr verbinden sich die Bemühungen des Komponisten, die universelle Dichtung Nerudas nach einer inhaltlich und musikdramaturgisch begründeten Textselektion auszudeuten und aktuelle politische Zeichen zu setzen. Aber auch die Berliner Aufführung selbst hat ihre Geschichte. Der Zufall will es, dass ich Mikis Theodorakis während seines DDR-Besuches 1979 im Foyer des Hotels Stadt Berlin wiederbegegne. Er ist wegen eines Termins in Eile, aber seine Gastgeber haben ihm keinen Wagen geschickt. Wir nehmen mein Auto. Die Fahrt ist kurz, und ich muss mich beeilen, ihn zum 10. Festival des politischen Liedes einzuladen. Er hat von unserem Liederpodium gehört und scheint zu überlegen. Beim Aussteigen sagt er: »Gut, aber nur, wenn ich eine Aufführung des Canto dirigieren darf.« Das war's dann, denke ich. Bis zum nächsten Festival bleibt nicht einmal ein Jahr, wie sollte das zu schaffen sein?

Aber die Phantasie malt schon ihre Was-Wäre-Wenn-Bilder. Die DDR mit ihrer exponierten solidarischen Haltung zur chilenischen Unidad Popular – wie sehr würde der Canto mit seiner von den Zeitläufen umgekehrten Widmungsgeschichte zu diesem Engagement passen! Man erinnert sich: Neruda, der die Allende-Regierung als Botschafter in Frankreich vertrat, hatte in Paris dem kürzlich auf internationalen Druck freigelassenen Mikis Theodorakis die Bitte Salvador Allendes übermittelt, nach Texten des »Großen Gesangs« ein Oratorium zu schaffen, dessen Uraufführung für das Nationalstadion von Santiago de Chile vorgesehen war. Theodorakis nahm den Auftrag enthusiastisch an.

Was die Unidad-Popular-Regierung dem griechischen Volk im Kampf gegen die faschistische Obristen-Junta als solidarische Geste widmen wollte, konnte in Santiago nicht mehr aufgeführt werden. Pinochets Militärjunta hatte die aus freien Wahlen hervorgegangene Allende-Regierung weggeputscht und das Zentralstadion von Santiago in ein KZ verwandelt, in dem auch der Sänger Víctor Jara ermordet wurde. Dagegen stürzte nur Monate später das Athener Obristen-Regime, und in einem Klima wiedererrungener bürgerlicher Freiheiten konnte Theodorakis sein Werk im August 1975 vor hunderttausend Zuhörern im Karaiskakis-Stadion von Piräus, nahe Athen, dirigieren.

Nun war es eine Hommage für den genialen Dichter und Nobelpreisträger, den Präsidentschaftskandidaten der Kommunisten, der im Wahlkampf hinter seinen Freund Salvador Allende trat und während der blutigen Wirren des Putsches starb. Vor allem aber war es eine Ermutigung aller Chilenen, die sich gegen die von der heimischen Oligarchie und nordamerikanischen Profiteuren besoldete Militärdiktatur auflehnten. Der Jubel im Stadion bewies zugleich die ungebrochene Popularität der Musik von Theodorakis. Weder Verhaftung und Internierung des Komponisten und früheren Chefs der Lambrakis-Jugend noch der lächerliche Armeebefehl Nr. 13, der im Juni 1967 die Wiedergabe seiner Lieder als »Bündnis mit dem Kommunismus« verbot, hatten die Verankerung seiner Musik im griechischen Volk um ein Jota gelöst. Ich denke auch an die Flut von Postsendungen aus der DDR, in denen seine Freilassung gefordert wurde. Eine Periode sektiererischer Ignoranz der SED-Kulturpolitik gegenüber seinem Werk, die Irritationen über sein unorthodoxes Verhältnis zur griechischen KP waren ausgestanden. Alles gute Gründe, mit der Aufführung des Canto General in Berlin einen Akzent zu setzen, der mehr sein konnte als ein bemerkenswertes musikalisches Ereignis.

Aber die Kürze der Zeit! Ich frage Reinhard Heinemann, der die ersten Festivals ehrenamtlich geleitet hat und gerade im Clinch mit seinen Oberen beim Fernsehen der DDR liegt, ob er versuchen wolle,

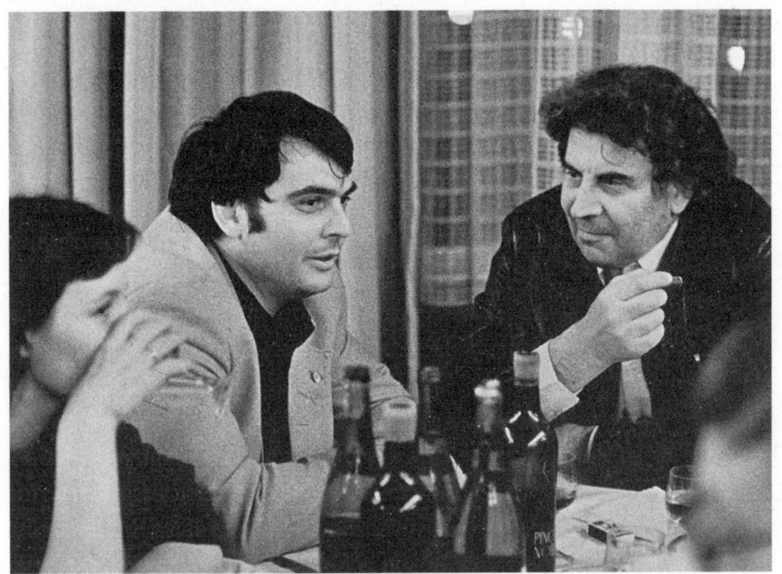

Im Gespräch mit Mikis Theodorakis

eine Aufführung des Canto zu organisieren. Er stimmt nicht ohne Bedenken zu und recherchiert schnell, dass es in Dresden unter der Leitung Peter Zachers bereits Vorarbeiten für ein ähnliches Projekt gibt. Diesem inhaltlichen und organisatorischen Vorlauf verdankt das 10. Festival maßgeblich seinen Programmhöhepunkt. Maria Farandouri, Heiner Vogt, der Rundfunkchor Berlin und eine international besetzte Gruppe von Instrumentalisten folgen dem Feinschliff von Mikis Theodorakis. Der hat einige Veränderungen zur früheren Aufführungspraxis vorgenommen und dem Chor nach der ersten Probe eine buntere Auftrittskleidung verordnet.

In der Nacht vor dem Aufführungstermin kann sich Mikis schlecht bewegen. Die ehrenamtlichen Festivalhelfer bringen ihn in die Krankenhausambulanz. Am Morgen steht aber fest: Er darf dirigieren. Der Große Saal des Palastes der Republik ist überfüllt. Theodorakis hat den Generalsekretär der griechischen KP, Harilaos Florakis, der sich als Gast des noch nicht beendeten PVAP-Parteitages in Warschau aufhält, nach Berlin zitiert. Als die Aufführung ausgeklungen ist, folgen die

Ovationen erst nach einem sehr lang erscheinenden Moment der Stille. Es ist, als müsse man aus einem Traum erwachen.

Nach Athen zurückgekehrt, wird Mikis schreiben: »Meine Teilnahme am X. Festival des politischen Liedes war eine der bewegendsten und wunderbarsten Erfahrungen meines Lebens. Im Saal befanden sich die Kinder, die uns Tausende von gemalten Blumen in die Gefängnisse der Junta geschickt hatten … Ich hörte und sah, wie die Jugend der ganzen Welt die Freiheit besang, und sagte mir: ›Unser Ringen und unsere Opfer sind nicht vergebens gewesen. Die Saat ist aufgegangen. Es besteht die Hoffnung, dass der Frieden und der Sozialismus morgen auf unserem Planeten für immer einen festen Platz finden …‹«

Es wird die Zeit kommen, in der er angesichts der gescheiterten europäischen Sozialismusprojekte eine solche Hoffnung nicht wiederholt. Und gefragt, ob er noch einer gesellschaftlichen Utopie, die irgendeinen realen Ansatzpunkt hätte, zustrebe, antwortet er mit Nein. Er habe sich genug in der politischen Arena verschleißen lassen. Er sehe seinen Beitrag nur noch in der ihn erfüllenden Musik. Aber wo trifft man ihn, als die EU-verordnete Verelendungspolitik die Griechen auf die Straße treibt? Marschierend bei seinen Landsleuten.

Das zweite Essential ist die Entwicklung einer alternativen Organisationskultur. Sie unterscheidet sich prinzipiell von der anderer DDR-Großveranstaltungen. Nach der Arbeitsweise des Hootenanny- und Oktoberklubs setzt sie auf ein hohes Maß an Eigenverantwortung ehrenamtlicher Mitarbeiter. Die verwenden nicht selten einen Teil ihres Jahresurlaubes darauf, Teilnehmer zu betreuen, Veranstaltungen zu planen, Kulissen zu schieben oder für die Festivalzeitung zu schreiben.

Die meisten Veranstaltungen sind im Nu ausverkauft. Man stellt sich freitags an, um sonnabends zur Kassenöffnung Karten für die angesagtesten Veranstaltungen zu bekommen. Aber die Februarnächte sind kalt, und so macht die Festivalleitung die »Anstehnacht« zum Event. Die Wartenden werden ins »Haus der jungen Talente« – das Organisations- und Klubzentrum des Festivals – eingelassen, um die

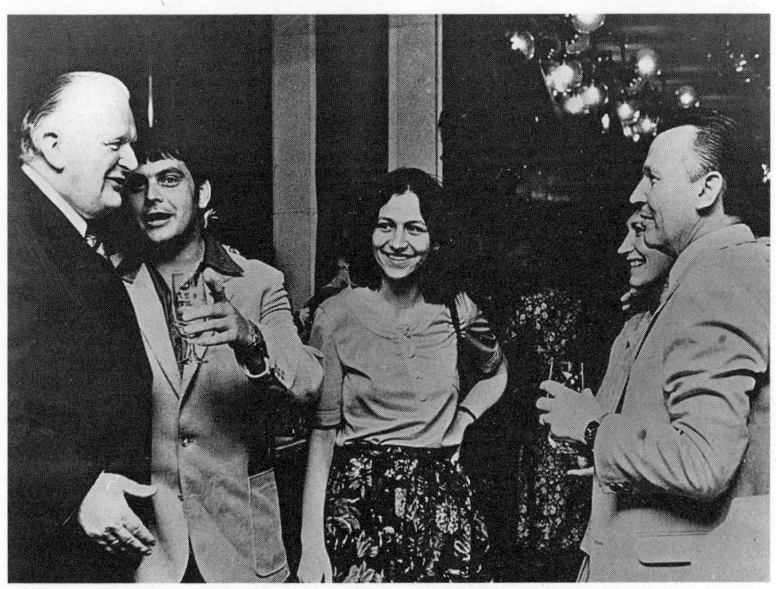

Im Palast der Republik – am Tag, an dem ich meine zukünftige Frau kennenlernte; rechts der Palastdirektor Günther Bischoff, mein Schwiegervater in spe

Nacht mit Musik und Tee zu verbringen. Wer keine Festivalkarten hat, kann noch vor der Eröffnungsveranstaltung zur »Vorstellsinge« ins Foyer des Palastes der Republik kommen. Eigentlich wollen sich die Festivalorganisatoren hier von den Qualitäten der eingetroffenen Gruppen und Solisten überzeugen, aber das Probepodium ist für alle Besucher des Palastes kostenlos und dessen Foyer stets gut gefüllt.

Hier bietet sich zudem manche Überraschung. 1987 zum Beispiel betritt ein junger Argentinier, den Mercedes Sosa mit nach Berlin gebracht hat, die Schnupperbühne unter der Gläsernen Blume. Keiner in der DDR kennt ihn. Aber dann singt er sein »Solo Le Pido A Dios« (Alles, was ich von Gott erbitte), das zum Hit des 17. Festivals wird. Heute gehört es zum Stammrepertoire der engagierten lateinamerikanischen Liedkultur, wurde in ein halbes Hundert Sprachen übersetzt. Anno 1987 reißt es die Besucher aus den schicken Lederbänken, von den ausladenden Freitreppen und parkabelegten Luxusböden des Volkshauses hoch. Ein selten so gedrängtes Publikum tanzt zum stampfenden Rhythmus von León Gieco. Neben mir wippt der Palastdirektor, Günther Bischoff, von dem ich erwähnen sollte, dass er da schon fast ein Jahrzehnt lang mein Schwiegervater ist. So locker habe ich ihn zuvor nur einmal erlebt: als ich ihm an den Fingern ein neues Enkelkind vorzählte und er mich bei grusinischem Kognak zum Verbleib in seinem Familienverband einlud.

Neben dem Palast der Republik, der Kongresshalle am Alexanderplatz und dem Haus der jungen Talenten (alle nennen es kurz: HdjT) sind mit den Jahren die Volksbühne, das Berliner Ensemble, Metropoltheater und bat sowie die Kinos Babylon und International, die Akademie der Künste und mehrere Kleinbühnen ständige oder zeitweilige Veranstaltungsorte geworden. Die Werner-Seelenbinder-Halle bleibt weiterhin Bühne für besonders nachgefragte Konzerte, etwa von Miriam Makeba oder Herman van Veen, nimmt aber mit ihren Haupt- und Seitenfoyers ab 1978 auch die Besucher der Polit- beziehungsweise Familienkirmes auf. Das sind volksfestartige Spektakel aus Liedern, Tanz, Marktständen und zirzensischem Allerlei. Mit Bedacht familienfreundlich konzipiert, schließlich trägt das Festivalvolk der frühen Jahre inzwischen die ersten Kinder auf dem Rücken.

Das Festival hat auch seine optische Eigenart. Neben Wort- und Schrifterfindungen gibt es den Spatz Oki, der es von der Marke des Oktoberklubs zum Festivallogo schafft. Mit der Zeit bekommt er Gesellschaft von anderem sympathischen Getier, Elefanten, Fröschen, Bären, sowie von revolutionärer Prominenz von Marx bis Che. Der Hauptefinder der Figuren heißt Peter Porsch. Er hat Typografie studiert, kann aber allerlei mehr. Zum Beispiel vortrefflich singen und den finnischen Ohrwurm »Kalliolle« in »Helle Wasser, dunkle Wälder« nachdichten. Er ist Mitglied des Oktoberklubs und in Diskussionen ein geachteter Wortführer.

Seine grafischen Gestaltungen sind dem Festival und später diversen anderen Liedevents in der DDR mühelos zuzuordnen. Sie sind markant in ihrem inhaltlichen Gefilde, aber auch in ihrem Versuch, dem verödeten Mainstream der politischen Gebrauchsgrafik in der DDR etwas Verklemmtheit auszutreiben. Der verspielte Spaß hat stets politisches Kalkül. Porsch kennt seine Vorbilder von Majakowskis Rosta-Fenstern über Heartfields Fotomontagen bis in das zeitgenössische Schaffen, aus dem Klaus Staeck hervorragt, so dass das riesige Konvolut an Plakaten, Programm-Flyern, Kulissen, Eintrittskarten, Liederbroschüren, Buttons oder Plattencovern deren Anregungen offenbart. Und weil Porsch dieses grafische Pensum nicht allein bewältigen kann, schafft er sich mit dem »Februarkollektiv« ein Gestaltungsteam, dessen Vorläufe jederzeit Raum lassen für aktuelle Reaktionen.

Ab 1971 hat das Festival auch eine eigene Tageszeitung. 16 Seiten im DIN-A 4-Format, die sich in Sprache und Design erheblich vom üblichen DDR-Journalismus unterscheiden. Während der sich strikt nach den eng gefassten »Argus« des ZK auszurichten hat, wird den ehrenamtlichen Machern der Festivalzeitung ein Nischenstatus eingeräumt. Zwar wird auch von ihnen erwartet, dass die innen- und außenpolitischen Prinzipien der DDR nicht in Frage gestellt werden, aber verglichen mit ihren etablierten »Brüdern« hat die FZ eine erstaunlich freie Hand.

Weil der Erfolg des Festivals maßgeblich auf seinem ehrenamtlichen Gestaltungscharakter beruhte, wird der zunehmende Einfluss kritisch hinterfragt, den der Zentralrat der FDJ seit 1975 ausübte. Damals wurde er neben dem Oktoberklub und der Berliner FDJ-Bezirksleitung zum Mitveranstalter und etablierte 1981 sogar ein hauptamtlich geleitetes Festivalbüro. Das stand im Range einer Zentralrats-Abteilung und unterstand mir während meiner Zeit als Kultursekretär. Es hatte seine Büros nicht am Hauptsitz Unter den Linden, sondern logierte in der Oderberger Straße, wo der Prenzlauer Berg an den Wedding stößt. Das war natürlich keine Tarnadresse, ermöglichte aber einen weniger offiziell anmutenden Empfang von Vertrags- und Gesprächspartnern.

Einen hauptamtlichen Festivalleiter zu berufen, ergab sich aus der Erweiterung des Festivalprogramms und der Verantwortung für einen inzwischen siebenstelligen Etat. Denn auch die »Ausläufer« des Festivals – anschließende Tourneen durch die Republik, die »Liedersommer«, »Treffs mit Perry« oder die ominöse Veranstaltung mit Harry Belafonte und Udo Lindenberg im Palast der Republik, später die

Einladungen für Rockkonzerte in Weißensee – wurden dem Aufgabenfeld des Büros an der Oderberger Straße zugeordnet. Dieser Wust war organisatorisch und materiell unter ehrenamtlicher Leitung nicht zu lösen.

Wahr ist aber auch, dass der Jugendverband die politische Kontrolle über die von ihm initiierten, für DDR-Verhältnisse oft ungewöhnlichen kulturellen Aktionen ungern abgab. Und dass diejenigen unter uns, die dem Tschingderassassa der FDJ-Massenaufläufe eine andere Ästhetik entgegenstellen wollten, dabei penetrant auf das FDJ-Etikett achteten, hatte auch seinen Grund. Es sollte den Schluss nahelegen: FDJ kann auch Spaß machen. Und so haftet es eben vielen kulturellen Erlebnissen an, die Ostdeutsche als schöne Lebenszeit erinnern.

Das dritte Essential: In den Festivals des politischen Liedes spiegeln sich die Entwicklungen und Brüche der Liederszene der DDR wie die ihres Landes.

Aus den Formationen der Singebewegung treten Liedermacher, Folk-Gruppen oder Liedtheater mit eigenen Programmen an die Öffentlichkeit. Viele in produktiver Nachbarschaft zu ihrem künstlerischen Ursprung, andere im demonstrativen Dissens. Sie setzen auf Konkretheit und Individualität, streben nach Professionalität. Das Festival berücksichtigt die Veränderungen der Szene in seiner Einladungspolitik. Dennoch beargwöhnt die mitveranstaltende FDJ die sich wandelnden Präsentationsformen und noch mehr die zunehmend enttabuisierte Schilderung DDR-konkreter Vorgänge und Verhältnisse.

Dass jeder affirmative Gestus beim Totalverzicht auf eine kritische Gesellschaftsanalyse seine Glaubwürdigkeit verliert, steht auch bei ihr außer Frage. Nur, wo ist das Maß? Erbitterte Diskussionen enden oft mit Machtwörtern. Wenn Liedermacher wie Gerhard Schöne, Barbara Thalheim oder Hans-Eckardt Wenzel 1990 in einem Brief an das 20. Festival die bisherige Sanktionspolitik des Zentralrates der FDJ und seiner Kultursekretäre anprangern, bin auch ich angesprochen. Meine Erklärungen sind dürftig. Ich sah ideologische Pflöcke zerbröseln, wo Skeptizismus sich auf die Realitäten unseres Lebensmodells zu legen schien. Ich fürchtete die ruinöse Summe vieler kleiner Sezierschnitte an dem Patienten DDR. Ich wollte nicht wahrhaben, dass Verschweigen nur schürte, was offenes Sprechen vielleicht noch eindämmen konnte: das heraufziehende Gefühl, die gesellschaftlichen Verhältnisse würden immer unbeeinflussbarer. Für meine Sorge will ich mich nicht entschuldigen. Wohl aber muss ich es bei meinen Freunden und Kritikern tun, deren Beklemmung ich nicht verstand und die ich am Sprechen hindern wollte. Das Festival trug die Auseinandersetzungen, die sich in der Gesellschaft abspielten, auf eigene Weise in sich und zerbrach wie das Land. Es findet keine adäquate Folge, denn es blühte in seiner Zeit. Von ihm sind erlebnisreiche, ermutigende Lebensmomente in der Erinnerung geblieben.

»Mit gebrochnem Reim heim« und andere literarische Diagnosen

Was ein junger Schreiber auf dem Poetenseminar 1972 resümiert, klingt nach kläglichem Absturz von Pegasus' Ruhmesrücken: *Hoch zu Ross / ins Schloss, / mit / gebrochnem / Reim / heim.* Aber der Stoßseufzer erhält eigene Flügel und schwirrt fortan als wohlgelittener Aphorismus über allen künftigen Begegnungen junger Autoren in Schwerin. Hier nämlich steht besagtes Schloss, in ihm haben der Zentralrat der FDJ und der Schriftstellerverband der DDR seit 1970 für die jährlichen Schreibertreffs, Poetenseminare genannt, Quartier gemacht.

Der kokette Fingerzeig auf die Eventualität literarischer Bruchlandungen, der bei den jungen Schreibern bald geistig inventarisiert ist, ermahnt zu penibler Textarbeit, Widerstreit und Korrektur. Dafür steht ein Kreis von Schriftstellern und Literaturwissenschaftlern als Gesprächspartner zur Verfügung, der mit den Jahren bereits ehemalige Seminaristen aufnimmt. Alles hat unter der Ägide von Reinhard Weisbach begonnen, der nach achtjähriger engagierter Mentorschaft so früh stirbt. In unterschiedlichen Zeiten gehören zu den Seminarleitern Horst Bastian, Rudi Benzien, Horst Beseler, Matthias Biskupek, Volker Braun, Mathilde Dau, Günther Deicke, Gerd Eggers, John Erpenbeck, Peter Gosse, Heinz Kahlau, Uwe Kant, Jan Koplowitz, Steffen Mensching, Dieter Noll, Helmut Richter, Bernd Rump, Erhard Scherner, Jo Schulz, Brigitte Struzyk, Martin Viertel und Hannes Würtz.

Nicht ohne Neugier kommen weitere Literaten, Politiker, Wissenschaftler und Publizisten zu Lesungen, Vorträgen und Diskussionen nach Schwerin, und – soweit ich mich erinnere – fährt nur einer im Zorn wieder davon: Karl-Eduard von Schnitzler. Der ist für seine Behauptung, die Plattenbauten seien Paradiese im Sozialismus, ausgelacht worden und reklamiert alsbald bei der Fernseh- und Parteiführung konterrevolutionäre Umtriebe im Dichterschloss. Aber das versandet irgendwie. Schwerins 1. Bezirkssekretär, der einen zünftigen Arbeiterjugendkongress diesem unsicheren Poetenklüngel jederzeit vorgezogen hätte und sich wie uns jedes Mal die Freude seiner Abwesenheit gönnt, ist bei der »Causa von Schnitzler« kein Augenzeuge gewesen. Indes hat die umsichtige Kultursekretärin der SED-Bezirksleitung, Heide Hinz, auf deren Augen und Ohren intellektueller Verlass ist, wieder die Wogen geglättet.

Dabei hatte der Chef-Kommentator des DDR-Fernsehens bei einer früheren Schweriner Visite einen glänzenden Eindruck hinterlassen. Voller Witz beschrieb er seinen Abschied vom Adel, erwähnte Ulbrichts Aufforderung, sein feudales »von« keinesfalls abzulegen, sprach pointiert über seine antifaschistische Widerständigkeit als Student und Wehrmachtsangehöriger, erzählte über die von der BBC ausgestrahlten Reden an seine Landsleute, um bei seiner blitzartigen Nachkriegskarriere im Nordwestdeutschen Rundfunk anzukommen. Warum er sie aus politischer Überzeugung abbrechen musste, welche Wege ihn in den Osten führten, wie er den Anbeginn und die Entwicklung der DDR erlebte, war gut argumentiert und kam ohne das oft so phrasenhafte »Kanal«-Vokabular aus, das selbst Wahrheiten ihre Glaubwürdigkeit nehmen konnte. Die Poetenrunde, damals angenehm überrascht, winkt diesmal verärgert ab.

Häufige Gäste sind der Präsident des Schriftstellerverbandes, Hermann Kant, und Bücherminister Klaus Höpcke. Jürgen Kuczynski, der marxistische Wirtschaftshistoriker, brilliert mit Ansichten zur Zeit und Zeitgeschichte. Er leitet sie auch aus den Erfahrungen seines ungewöhnlichen Lebens her, das man bei seinem gestenreichen Vortrag unwillkürlich bedenkt. Er kokettiert mit den scheinbaren Widersprüchen seiner Biografie – KPD-Beitritt, Wirtschaftsredakteur der »Roten Fahne«, Emigrant in England mit Geheimdienstdrähten zur Roten Armee, Oberst in der US-Army, als SED-Mitglied fulminante Wissenschaftskarriere im Osten Nachkriegsdeutschlands und, allen Revisionismus-Vorwürfen zum Trotz, gelegentlicher Ratgeber Erich Honeckers. Er präsentiert sich im vollen Genuss seiner offiziell geduldeten Widerspruchslust als linientreuer Dissident, freilich ohne diesen Begriff zu benutzen. Im Übrigen ist er der Bruder von Ruth Werner, geborene Ursula Kuczynski, die von Richard Sorge einst für den sowjetischen Militärnachrichtendienst GRU angeworben wurde, in Asien und Europa als Funkerin eingesetzt war und nach Erhalt der britischen Staatsbürgerschaft Kurierdienste für Stalins Atomspion Klaus Fuchs leistete, der wiederum über Jürgen Kuczynski mit der GRU in Verbindung kam.

Wie viele meines Alters habe ich Ruth Werners Bücher »Olga Benario« und »Sonjas Rapport« mit großer Empathie gelesen. Bei Diskussionen habe ich die Autorin als bescheidene, sachliche Erzählerin erlebt. Zu nüchterner Analyse erzogen, drang sie schnell auf den rationellen Kern einer Sache und vermied jede phrasenhafte Agitation für ihr Lebensziel Sozialismus. In Zeiten abnehmenden Verständnisses für die unter Umständen tödliche Entschiedenheit, mit der sich solche Kommunisten für ihre Ideale einsetzten, mag mancher unsere frühe Bewunderung für die Lebenswege der Geschwister K. als Linksromantik abtun. Das ist eben die Crux. Der geschniegelte Antikommunismus, Arm in Arm mit dem Egoismus hipper Lebensphilosophien, nistet längst wieder so fest im Alltagsdenken, dass sich die Gewissheit nur mühsam erneuern kann: Ohne solche Menschen kommt der Planet nicht aus.

Stephan Hermlin rezitiert in Schwerin aus seinem »Deutschen Lesebuch – Von Luther bis Liebknecht«. Er hat diese Auswahl in der Überzeugung vorgenommen, dass eine Gesellschaft, die den Anspruch erhebe, neu zu sein, sich in der »Verwaltung und Aneignung eines großen Erbes üben und erproben« müsse. Hat er wegen seiner biografisch begründeten Nähe zur FDJ ihm sinnvoll erscheinende Einladungen des Jugendverbandes selten abgelehnt, so drängt es ihn diesmal geradezu, aus seiner Sammlung zu lesen. Wir haben ihm als Tisch und Stuhl hübsche Stilmöbel auf die Bühne gehoben, was seiner guten Laune Vorschub leistet. Es herrscht eine aufmerksame, fast andächtige Stille.

Damals schon und heute noch mehr denke ich über die Seltsamkeit der Stunde nach. Hatte Hermlin nicht 1962, nach der von ihm organisierten Lesung junger Lyriker in der Akademie der Künste, in deren Umfeld auch Biermann-Verse die Runde machten, sein dortiges

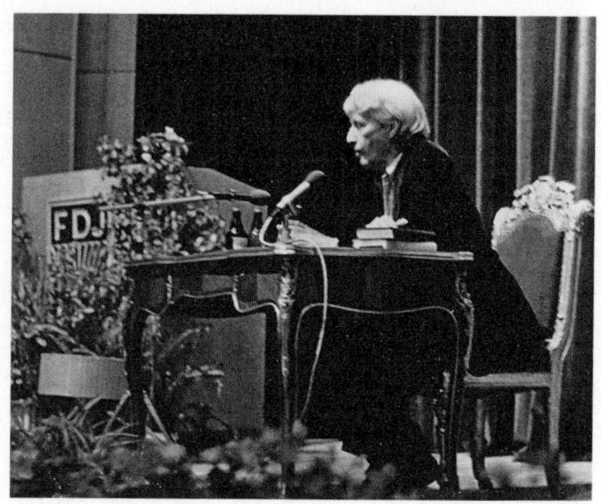

Stephan Hermlin liest beim Poetenseminar in Schwerin

Amt verloren? Hatte er nicht die Resolution gegen des Sängers Ausbürgerung maßgeblich mit verfasst und zur französischen Presseagentur getragen? War ihm in der Folge nicht eine strenge Parteirüge erteilt worden, ohne dass er – anders als Mitpetenten – seine Arbeitsmöglichkeiten in der DDR verlor? Und hatte er den Tagungssaal im Roten Rathaus nicht bereits verlassen, als ich wie die meisten Mitglieder des Berliner Schriftstellerverbandes für den Ausschluss von Schriftstellerkollegen die Hand hob?

Aber unlösbar davon: Hermlins nie aufgegebene kommunistische Haltung; die stete Besinnung auf den antifaschistischen Kampf und die Gründerjahre der DDR, die seine direkten Drähte zu Erich Honecker erklären; sein mit Bedacht geweiteter Wertekanon, der auch das vielfach missverstandene Bekenntnis zum Spätbürgertum einschloss; seine Integrationskraft, mit der er 1981 die Berliner Schriftsteller-Begegnung zur Friedensförderung initiierte. Zum Lebensende die Bitternis, dass ein mitgewendetes Verständnis von DDR-Literatur dem Brückenbauer seine dauerhaften Bindungen an den Staat, der seine Hoffnung war, nicht verzieh. Die FDJ-Führung hat über Hermlins Eintreten für Biermann, den er mal als großes, förderungswürdiges Talent, mal als »schäbige Erscheinung« bezeichnete, die Nase gerümpft. Hermlin kennt den Dissens, meidet aber eine Zusammenarbeit mit der FDJ nicht.

Zur Vorbereitung seiner Lesung habe ich Stephan Hermlin an seiner Niederschönhausener Adresse besucht. Seine Frau, an den Konzertflügel gelehnt, erkundigt sich nach meinem Übergewicht und rät mir, ich möge es mir zur Abschreckung als einen Turm von Butterstücken verbildlichen. Vier Stück ein Kilo. Zum Glück wendet Hermlin das Gespräch zum Gebrauchswert des »Lesebuchs« hin. Das vielschichtige Erbe deutscher Literatur exemplarisch vorzuführen, sei so reizvoll wie schwierig gewesen. Die Wahl des Zeitrahmens – Luther bis Liebknecht – hätte mit der schwierigen Rezeption vorlutherischer Originale und der allgemeinen Verfügbarkeit der Literatur nach 1918 zu tun. Von den umgangenen Schwierigkeiten einer Auswahl aus dem restlichen 20. Jahrhundert ist nicht die Rede. Im »Lesebuch« verbänden sich literarische Eigenarten aus mehreren Jahrhunderten zu einem humanistischen Kanon, der in dieser wie in jeder kommenden Gegenwart bewusst sein müsse. Auch hoffe er, die Lektüre einzelner Fundstücke führe zu den Biografien ihrer Autoren, in denen die Fanale und Miseren der Zeit aufschienen. Ich kann das nur noch dem Sinn nach wiedergeben, erinnere mich aber an meine Bewunderung der Geschliffenheit Hermlinscher Sprache selbst am nichtöffentlichen Kaffeetisch.

In seine Stimme kommt ein härterer Klang, als Stalinismus das Thema ist. Wir sind über die Noel-Field-Affäre darauf gekommen, die Hermlin als eine teuflische imperialistische Intrige bezeichnet. Die auf ihrer Grundlage konstruierten tödlichen Schauprozesse in sozialistischen Ländern hätten die Parteien um ihre fähigsten Führer gebracht. Das laste als ein schreckliches Erbe auf unserer Sache. Ich erwähne Begegnungen mit Albert Norden und Franz Dahlem, deren politische Statur auf mich immer stolz und unerschrocken wirkte, obwohl sie über ihre Zurücksetzung in der frühen DDR öffentlich schwiegen. Sie dürfen aber nicht vergessen, sagt Hermlin, dass Zurücksetzungen, so schmerzhaft sie waren, auch Schutz sein konnten, und dass im Gegensatz zu den anderen Volksdemokratien in der DDR alle Mordaufträge Berijas am Widerstand Walter Ulbrichts scheiterten. Ja, auch er hätte Stalin-Elogen verfasst, das gehöre zu seinem Leben wie das Viele, das später hinzugekommen sei. Der Vorwurf bliebe wohl schwebend.

Aber man müsse die Dinge, wolle man sie verstehen, in ihrer Zeit sehen.

Wir kommen auf Johannes R. Becher zu sprechen. Es geht um die Zerrissenheit, in die Dichterseelen geraten können, wenn sie zugleich politischen Ämtern verpflichtet sind. Expressive Wirklichkeitserkundung kontra staatstragende Zurückhaltung. Die Schere im Kopf. Die gelähmten Flügel. Wussten Sie, dass Becher einen Selbstmordversuch unternahm, fragt Hermlin. Mein Gegenüber hat ja kein Staatsamt, und er zügelt seine Wahrheiten kaum. Aber der Konflikt scheint ihm sehr nahe zu sein.

Erst später lese ich bei Mathilde Dau, welche brachiale Kritik Hermlins an Bechers Lyrikband »Heimkehr« der Dichter der Nationalhymne 1950 konsterniert in sein Tagebuch eintrug: »Es liegt … unleugbar der Beweis vor, dass die Bemühung um einen neuen Realismus hier die Substanz und Eigengesetzlichkeit des Lyrischen zerstört hat: Becher ist in neoklassizistischer Glätte und konventioneller Verseschmiederei gelandet. Er hat eine politisch richtig gestellte Aufgabe mit dichterischen Mitteln falsch gelöst.« Und Becher gibt zu, er habe den »unleugbaren Beweis« bis »heute nicht verschmerzt«, denn er enthalte »irgendwo irgendwie etwas Richtiges«. Hermlin, so scheint es in unserem Gespräch, hat sich einen sorgenvollen Blick auf Verse bewahrt, die mit derselben Tinte wie staatspolitische Statements geschrieben sind.

Als 1979 Hermlins »Abendlicht« erschien, bezeichnete die »Junge Welt« das schmale Buch als literarisches Ereignis, was im Sekretariat des Zentralrates der FDJ auf Kritik stieß. Der Jugendverband möchte andere Erwartungen an die sozialistische Gegenwartsliteratur richten. Ich soll später auf der Leipziger Kulturkonferenz dafür der Mund sein, aber gerade die Lektüre von Hermlins erregender Symbiose aus Lebensbericht und Dichtung hätte gute Gründe geboten, den Affront zu überdenken. Mein Bedauern über diese Facette der Konferenz, von der ich noch berichten muss, mischt sich seit langem mit der Ansicht, Hermlin habe in »Abendlicht« die schönste und gültigste Antwort auf die Frage gegeben, warum einer trotz alledem Kommunist bleiben will.

Er, der auf der Straße eher beiläufig seinen Beitritt zum Kommunistischen Jugendverband Deutschlands erklärte, schreibt: »Oft habe ich mich später fragen müssen, aus welchem Grunde ich an dieser Unterschrift auf einem unansehnlichen Zettel festhielt, als ich um mich so viele sah, die ihre Unterschrift widerrufen oder einfach vergessen hatten. Auch ich lernte Augenblicke kennen, in denen eine Stimme, die sich wie die Stimme der Vernunft anhörte, mir zuredete, könne denn diese Unterschrift noch gelten, in der ein später so oft enttäuschter guter Wille gelegen habe, sei ich, könne ich überhaupt noch derselbe sein, der damals unterschrieben hatte. Aber eine andere Stimme erhob sich hartnäckig gegen die erste: Der Kampf der Unterdrückten sei der Kampf der Unterdrückten, auch wenn neuerlich Hoffart und Dünkel, Verachtung und Beharren im Irrtum sichtbar würden, der Kampf führe zu neuen Bedrückungen, selbst zu Untaten, er dauere ewig, aber er trage auch das edle Siegel des Strebens nach Menschlichkeit, nach Freiheit und Gleichheit für alle. Gleichzeitig empfand ich, daß ich das Beste in mir aufgeben musste, wenn ich je meine Unterschrift … als nicht mehr gültig betrachten würde.«

Peter Hacks schreibt mir: »… nach Schwerin will ich nicht. Ich erkläre diese Absage mit Reisemüdigkeit und sehr harter Arbeit und lasse alle überzähligen Gründe weg.« Als aber die FDJ auf dem Alexanderplatz einen Bücherbasar organisiert, sagt Hacks zu. Die Schriftsteller versammeln sich in ihrem Berliner Verbandsbüro an der Karl-Liebknecht-Straße. Hacks hat sich mit Stockschirm und grazilem Beinüberschlag in die Sitzreihe seiner Kollegen gezwängt, und sein Missbehagen wird noch durch den rüden Ton einer Verbandsmitarbeiterin gesteigert: »Na, Herr Hacks, ist ja nett, dass Sie uns auch mal beehren. Sie haben noch nicht einmal Ihr Mitgliedsbuch abgeholt. Das hat Anna Seghers persönlich unterschrieben.« Hacks antwortet: »Wie hat sie das gemacht, ist sie nicht tot?« Er wird dann durch einen Riesenandrang an seinem Stand entschädigt. Kurt Hager fragt mich auf dem Rundgang: »Wie hast du das geschafft, ihn hierherzukriegen?« »Man muss in seinem Zirkel gewesen sein«, ist die Antwort, und Hager denkt nach, was »Zirkel« meint.

Wie jeder Kultursekretär der FDJ hatte ich direkt oder indirekt mit den in den Verlagen des Jugendverbandes – Neues Leben, Junge Welt, Kinderbuchverlag – herausgegebenen Druckerzeugnissen zu tun. Die Erinnerungen berühren ein weites Feld der Ermutigung, aber auch der Demütigung von Autoren, oftmals verbunden mit der immer falschen Frage, was einer vornehmlich jungen, gut gebildeten, politisch wie ästhetisch sensiblen Leserschaft ideologisch zugemutet werden dürfe. Ich muss einräumen: Die leitungsverlesenen politisch-didaktischen Kriterien verengten das literarische Angebot, schmälerten dessen fragendes, eingreifendes Potential. Die Macht der Widersprüche habe ich theoretisch bejaht, aber ihre als schmerzhaft empfundenen gesellschaftlichen Erscheinungsformen zu oft ignoriert. Wir befeuerten die armen Verlagsleitungen unverdrossen mit unseren Forderungen nach einer parteilichen Kunst, die dem Alltag junger Erbauer des Sozialismus literarische Denkmäler setzt, und gestanden uns zu selten ein, dass die Kortschagins der Gegenwart in gründlich gewandelten, anders komplizierten inneren und äußeren Spannungsfeldern agierten.

Und wie schwer wurde es Jugendlichen manchmal gemacht, zu klaren Geschichtsbildern zu gelangen. Beispiel: der 17. Juni 1953. Konterrevolution versus Volksaufstand. Rudi Chowanetz, zu meiner Amtszeit Leiter des Verlages »Neues Leben«, gibt Egon Krenz den Roman von Stefan Heym »Fünf Tage im Juni« zu lesen und sagt, das müssten wir nun endlich mal drucken, eine bessere literarische Blaupause der Ereignisse existiere nicht. Krenz geht mit diesem Argument zu Honecker. Der sagt, das stimme, Krenz könne ja mal versuchen, das »durchzukriegen«. Im Gegensatz zu einer von ihm persönlich veranlassten und vermutlich viel populäreren Marginalie – auflagenstarke Karl-May-Ausgaben im FDJ-Verlag – traut sich nicht mal Honecker, in puncto »Fünf Tage« ein Machtwort zu sprechen. Doppelt verkehrte Welt, denke ich. Dafür darf bei »Neues Leben« nun »Reden an den Feind« erscheinen, jene Sammlung von Zurufen, die Heym als Sergeant der US-Army in deutsche Schützengräben sandte. Chowanetz freut sich, dem Autor die frohe Botschaft übermitteln zu können, und Heym sagt, er freue sich ebenfalls, schließlich brauche er auch Ostgeld.

Wieder ein Jahrzehnt im Verzug, denke ich an die Borniertheit unseres Umgangs mit Stefan Heym. Damals, als die Biermann-Petenten aus dem Schriftstellerverband geworfen wurden, habe ich ohne tieferes Bedenken dafür gestimmt. Als Heym sprach, legte er seine Aktentasche auf das Rednerpult, und man hörte etwas klicken. Aha, das Tonband für den »Spiegel«-Mitschnitt, dachte ich. Er agiert wie ein Feind! Wie ein Feind? Er wollte sicherstellen, dass ihm das Wort hinterher nicht verdreht würde. Eine Zäsur später, als er, Abgeordneter der PDS, die Konstituierung des neugewählten Bundestages als dessen Alterspräsident zu leiten hat und der angewiderte Kohl samt CDU-Entourage sich zu seinen Ehren nicht erheben möchte, denke ich wieder an die unwürdige Stunde im Berliner Roten Rathaus. Zweimal Arroganz der Macht. Ähnliche Schäbigkeit, nun in gewendeten Bildern!

Zu den Verdiensten des Verlages »Neues Leben« gehört es, viele Nachwuchs-Autoren erstmals einer größeren Leserschaft vorgestellt zu haben. Seit Oktober 1967 erscheint monatlich das »Poesiealbum« – eine Sammlung von Gedichten aus aller Welt. Es widmet der jungen DDR-Lyrik ein besonderes Augenmerk und bedenkt die Poetenseminare mit Sonderausgaben. Bei 32 Seiten ist es umfangreich genug für Debüts, aber zugleich von ermutigender Schlankheit für das Bemühen junger Leser, sich den Werken dichterischer Autoritäten behutsam zu nähern. Für 90 Pfennige ist es in allen Buchhandlungen erhältlich oder im Abonnement über die Post zu beziehen. Brecht mit seinem programmatischen »O Lust des Beginnens« macht den Anfang, gefolgt von Majakowski, Heine … Ich bin als Dreiundsechzigster dran, nach mir kommt Stephan Hermlin, woraus man ersehen kann, dass literarische Bedeutung auf die Reihenfolge der Autoren keinerlei Einfluss hat.

Bis zum Untergang der DDR erscheint ferner die Zeitschrift »Temperamente«. Sie wird mit dem Untertitel »Blätter für junge Literatur« ab 1976 in der Regel quartalsweise im Verlag »Neues Leben« verlegt. Die Gründung geht noch auf eine Idee des 1975 als Verlagsleiter ausscheidenden Hans Bentzien zurück, dessen politischer Weg so kurvenreich ist, wie es dem von ihm angeregten Journal bevorsteht. Bentzien ist nach dem 11. (Kahlschlags-)Plenum des ZK als Minister für Kultur abgelöst worden und hat dann ein Jahrzehnt lang den Verlag »Neues Leben« geleitet. Ich komme ja erst 1976 aus Prag zurück und lerne ihn in dieser Funktion nicht mehr kennen. Aber wer mit mir über ihn spricht, tut es mit großer Achtung. Er arbeitet später in leitenden Funktionen des Rundfunks und Fernsehens, wird jedoch nach Ausstrahlung der Filme »Geschlossene Gesellschaft« und »Ursula« von seiner Leitungsfunktion im Staatlichen Komitee für Fernsehen entbunden, um ein Jahrzehnt später noch einmal für kurze Zeit an die Spitze des dann bald abgewickelten DDR-Fernsehens zu gelangen.

Die erste »Temperamente«-Mannschaft hebt durchaus einige Merkwürdigkeiten in die frühen Hefte. Etwa Bert Papenfuß' Linguistische Gedichte. Ich beneide damals meine Vorgängerin im Kulturressort nicht, die dem auf sozialistischen Realismus eingeschworenen Zentralratssekretariat Verse wie *s geschäft geht weiter und so weiter / tü tü tü lüt tü tü tü* zu erläutern hat. Jemand erwähnt beschwichtigend den allseits unbekannten Dadaismus, worauf sich ratlose Stille über derlei Schreibversuche legt. Aber Redakteur Richard Pietraß weiß, dass er sich mit dieser Förderung weit vorgewagt hat.

Und die Stirnen bleiben gerunzelt. Besonders nach Biermanns Ausbürgerung im November 1976 liegen die Nerven in allen Kulturbüros blank. »Temperamente«-Mitarbeiter Karl-Heinz Jakobs, der die Biermann-Petition unterschrieben hat, muss 1977 den Verlag verlassen. Der seinerzeitige Erfolgsautor von »Beschreibung eines Sommers«, den die FDJ in der zweiten Hälfte der Sechziger sogar zu ihrer Freundschaftsbrigade nach Mali entsandt hatte, wird nun gemaßregelt. Chefredakteur Rulo Melchert wird im Sommer 1978 zusammen mit anderen Redaktionsmitgliedern abgelöst und durch Reinhard Weisbach ersetzt, von dem schon im Kontext der Poetenseminare die Rede war. Durch seinen baldigen Unfalltod im November 1978 kann er diese Funktion jedoch nicht lange ausfüllen. Richard Pietraß verliert 1979 seine Stellung als Lektor des Verlages Neues Leben und »Temperamente«-Redakteur. Nach Bernd Jentzsch, der wegen seiner

Unterstützung der Biermann-Resolution von einer Auslandsreise nicht in die DDR zurückkehrte, hat er die Reihe »Poesiealbum« vorbildlich betreut. Anders, als wir damals vorgeben, sind diese Trennungen politische Niederlagen und fachliche Verluste.

Und dennoch: In welche Beschränkungen sich die folgenden Redaktionsleiter – Arno Hochmuth, Hinnerk Einhorn, Martin Herzig, Marion Titze und Ulrike Bresch – auch gestellt sehen, die »Temperamente« bleiben ein Medium, das brisante gesellschaftliche Entwicklungen der Gegenwart sowie gemiedene Historien-Bezüge eher als andere Medien aufgreift. Eine wache Leserschaft und die (im Politbüro leider fetischisierte, daher oft meinungsprägende) Westpresse nehmen das mit Interesse zur Kenntnis.

Ich denke an »Erneuter linker Marsch« oder »Nochmaliges Lob des Kommunismus« von Klaus-Peter Schwarz, an »Die Ablösung« von Henry-Martin Klemt, die Landes- und Weltsichten des Baggerfahrers Gerhard Gundermann, die Herausstellung homosexuell thematisierter Literatur von Sollorz und Goyke, Jürgen Kuczynskis ungewöhnliche Ansichten über »Ideale, die nicht ruhen lassen«. Ich erinnere mich an Asteris Kutulas' ungenierten Essay über den jungen Lukács oder Annette Leos Erinnerung an ihres Großvaters »Briefe zwischen Kommen und Gehen«, die seine Konflikte mit der von der KPD-Führung zeitweilig vertretenen These vom Sozialfaschismus voller Empathie schildert.

Schließlich fällt mir André Bries Eröffnungsvortrag auf dem Schweriner Poetenseminar 1988 ein, mit dem er zehn Aphorismen »zur Zeit, zur Abrüstung und zur Verantwortung« geistreich ausdeutet, dabei die Gegenwart etwas voreilig Gorbatschow-Zeit nennt (»Die Geschichte hat ihren Mann! Krempelt er die Zeit um?«) und in der DDR vorhandene Defizite des revolutionären, auch ökologischen Bewusstseins beklagt (»Hat sich das revolutionäre Zentrum nicht in die Kleingärten verlagert?«; »37 Prozent der Wälder in der DDR sind krank«). So bleiben die »Temperamente« wohl ein ähnlich ambivalentes Zeitzeugnis wie eine ältere, seit 1947 herausgegebene Druckschrift: das FORUM.

Damals fungiert die an den Universitäten kaum gefestigte FDJ noch nicht als Herausgeber jenes Blattes. Es erscheint mit dem Plazet der SMAD zunächst im Verlag Volk und Wissen. Einer der Gründungsinitiatoren ist Paul Wandel, seinerzeit Präsident der Deutschen Zentralverwaltung für Volksbildung. In der Moskauer Emigration ist er Wilhelm Piecks Sekretär gewesen und hat sich an der Ausarbeitung des Nachkriegsprogramms der KPD beteiligt. Pünktlich zur Stunde Null ist er in Berlin und beschwört bei Wiedereröffnung der Hochschulen deren antifaschistischen, demokratischen Geist.

Nach 1976 treffe ich Paul Wandel gelegentlich bei Veranstaltungen des Friedensrates der DDR oder der Liga für Völkerfreundschaft, deren Vizepräsident er ist. Er hat die Siebzig überschritten, begegnet einem im Habitus eines kommunistischen Grandseigneurs und lässt sich, wenn ein Blauhemd nett fragt, auf eine Plauderei über Geschichte ein. Weniger über die kulturpolitischen Beulen, die ihm sein ausgleichender Charakter in den Fünfzigern eintrug, dafür gern über glücklichere Emigrationserlebnisse oder seine Botschafterzeit in Peking, bevor sich die Beziehungen eintrübten. Und einmal eben auch über die Anfänge der FDJ-Arbeit an den Hochschulen und das FORUM. Das Blatt habe sich redlich bemüht, eine selbst- und demokratiebewusste antifaschistische Haltung der Studierenden zu fördern. Und wie sehr lobt er Ricarda Huch, die ihre literarische, intellektuelle Autorität auch im jungen FORUM in solchen Dienst stellte. Noch ahne ich nicht, dass ich einmal in Prozeduren verwickelt sein werde, die die Einstellung der Zeitung kalkulieren.

Dem Zentralrat der FDJ, der die Organisationsferne des FORUMs wiederholt beklagte, wird zum Jahreswechsel 1949/1950 die Verantwortung für die Studentenzeitschrift übertragen. Unter der Ägide des Jugendverbandes erlebt FORUM also seine künftigen Sternstunden wie seine Beschränkungen. Vielfach ist das Blatt ein frühes Schaufenster neuer, aufgeweckter Belletristik. Ich denke an Volker Brauns aufreizenden Ton »Kommt uns nicht mit Fertigem«, der ja seinem ganzen, von uns als Bibel verschlungenen Debütband »Provokation für mich« innewohnt. Unvergesslich auch der Vorabdruck von Hermann Kants Roman-Erstling »Die Aula« oder die Debatte um Plenzdorfs »Neue Leiden des jungen W.«.

FORUM empfiehlt sich auch als Podium spannender gesellschaftspolitischer, philosophischer, wissenschaftlicher Diskussionen.

So über die Perspektiven des NÖS, zum Beispiel zu den von Peter Adolf Thiessen begründeten Effizienzkriterien der Forschung wie zu den eigensinnigen Kybernetik-Auffassungen von Georg Klaus oder zu Rudolf Bahros geharnischter Kritik am ungenutzten Potential junger Wissenschaftler. Auch andere dem Geist des Jugendkommuniqués zuzuordnende Debatten, lebendige Reportagen über den akademischen Alltag oder die Präsentationen junger bildender Kunst verleihen dem Blatt eine weit über studentische Kreise hinausreichende Attraktivität.

Wie sehr FORUM dabei zwischen die Fronten divergierender Politikauffassungen selbst innerhalb der Partei geraten kann, zeigt sich früh an der Person Kurt Turbas. Ist er als Studentensekretär auf Betreiben des FDJ-Chefs, Erich Honecker, nach Querelen um das inhaltliche FORUM-Profil gerügt und schließlich von seiner Funktion abgelöst worden, so steht das seinem anschließenden zehnjährigen Einsatz als Chefredakteur gerade dieser Zeitschrift kurioserweise nicht im Wege. Einer aber hat sich seinen Namen gut gemerkt und holt ihn im Sommer 1963 gerade unter Bezugnahme auf die geistige Mobilität des FORUMs in seine Nähe: Walter Ulbricht. Er setzt Turba als Vorsitzenden der Jugendkommission beim Politbüro ein und macht ihn zur Chef-Feder des bereits drei Monate später verabschiedeten neuen Jugendkommuniqués »Der Jugend Vertrauen und Verantwortung«.

Infolge des wachsenden Einflusses Erich Honeckers, der machtbewusst gegen Ulbrichts Linie opponiert, werden die über den Jugendsektor hinausreichenden Erneuerungsbestrebungen allerdings bald zurückgewiesen. Nach dem 11. Plenum wird Turba von seinen Funktionen entbunden. Auch Rudolf Bahro, seit 1965 stellvertretender FORUM-Chefredakteur, verliert sein Amt, bevor er mit seiner »Alternative« Bedenkenswertes zu realsozialistischen Fehlentwicklungen darlegt, letztlich aber tragisch in elitär-versponnenen Weltsichten versinkt.

Die X. Weltfestspiele der Jugend und Studenten im Sommer 1973 werden mit einem Gefühl von Weltoffenheit und individueller Freiheit erlebt. Als sie vorüber sind, reiben sich die Erinnerungen, die für viele

Jugendliche zu Hoffnungen geworden sind, an altgebliebenen inhaltlichen und strukturellen Seiten des Verbandslebens. Da ich gleich nach dem Festival meine Zelte beim Internationalen Studentenbund in Prag aufgeschlagen habe, erreichen mich solche Nachrichten aus seltsamer Ferne. Die internationale Arbeit an der Moldau wirkt auf mich wie eine Verlängerung der glücklichen Berliner Festivalatmosphäre.

Freunde in Berlin telefonieren nun zwar, die Tristesse ritueller massenpolitischer Verbandsarbeit fresse schon wieder alle Initiativlust auf. Streitgebremste Gruppenversammlungen und FDJ-Studienjahre, vorgestanzte Wink- und Spruchelemente aus der Agitationsmittelfabrik ebneten die Lust auf Meinungsstreit und Eigeninitiative ein. Das politische Vokabular vergangener Jahrzehnte wie *Aufgebot, Kampfauftrag, Kampfappell* sei eine sprachliche Verbeugung vor den Altvorderen, aber völlig ungeeignet, jungen Leuten die Zunge zu kitzeln. Ich höre es mit halbem Ohr, obwohl das Probleme sind, die ich beim ISB zu vertreten hätte.

Zu Hause wird derweil eine ganze FORUM-Ausgabe nicht ausgeliefert. Redakteure werden gefeuert, Verantwortungen provisorisch neu geregelt, bis Martin Herzig, ein promovierter Pädagogikwissenschaftler und wirbliger intellektueller Kopf, als neuer Chefredakteur übernimmt. Sein problemorientierter Ton ist bei Lesern wie Herausgebern akzeptiert. Dennoch denkt das Zentralratssekretariat, dem ich dann schon angehöre, im Sommer 1977 über eine Einstellung des Studentenblattes nach und macht dafür Sparsamkeitsgründe geltend. Dieser Vorstoß wird verworfen. Aber ein neuer bahnt sich an, als sich Bernd Rump im Frühjahr 1982 zum Streitfall »Fackelübergabe« äußert.

Der Liedermacher meldet sich zu einem Thema zu Wort, das die Schriftstellerin Inge von Wangenheim essayistisch angestoßen hat und das nun im Gespräch mit Kunststudenten weiterverfolgt wird: Die Fackel revolutionärer Entschiedenheit, die auch im künstlerischen Schaffen von der Großeltern- auf die Elterngeneration übertragen wurde, erreiche den künstlerischen Nachwuchs nicht.

Die Debatten darüber sind gesellschaftlich hochbrisant. Werden nicht genuine Zukunftsfragen der Künste in der DDR aufgeworfen?

Sie reichen auch an die Wurzeln unserer Arbeit an den Kunsthochschulen. Bernd Rump argumentiert, dass die Fackelübergabe nicht die bloße Übernahme der Vermächtnisse des Vorläufers sein könne. Das historisch Gewordene träfe auf Subjekte, die sich in veränderten Verhältnissen, in neuen Widersprüchen bewegten. Sie nähmen Erbe in besonderer Weise auf. Er bemüht das von dem jungen Dichter und Liedermacher Steffen Mensching geprägte Bild eines traumhaften Ausfluges mit Rosa Luxemburg, der ein gemeinsamer Aufstieg sein könne, wenn die Ikone zur Gefährtin werde. Die Betonung der Subjektivität im Kollektiven, das Konstatieren veränderter Sichten der Heranwachsenden, der Ruf nach einer Pädagogik, in der Lehrer und Schüler gemeinsam zur Logik der Dinge aufbrechen – alles Plädoyers dafür, dass die Verweigerung alten Erbgebarens nicht die Abkehr von einer sozialistischen Programmatik bedeuten müsse.

Damals soll ich dem Sekretariat des Zentralrates eine Information zur Situation des FORUMs vorlegen. Der Hintergrund ist klar: Die Einstellung des Blattes, diesmal allerdings zugunsten einer Aufwertung des Studententeils in der FDJ-Tageszeitung »Junge Welt«. Ich konstatiere ideologische Schwächen in der redaktionellen Arbeit und bedaure, dass es vor Drucklegung nicht gelang, mit Bernd Rump über seine Vorwürfe zu reden. Als Alternative zu der in Erwägung gezogenen Abwicklung schlage ich die Neubesetzung der Chefredaktion mit Hans Eggert vor, der früher bereits Redakteur der Zeitung war. Ich bedenke die Gesamtleistung des FORUMs als Teil der DDR-Kulturgeschichte und fürchte mich davor, an ein Totenglöckchen zu stoßen.

Tatsächlich gelangt Eggert im August 1982 in diese Funktion, auch wenn FORUM im Folgejahr mit dem Argument gestiegener Weltmarktpreise für Papier dennoch endgültig eingestellt wird. Auf die nächste Berufung als Chefredakteur einer Zeitung muss Eggert bis zur Wende warten, als ihm für eine Weile die »Berliner Zeitung« anvertraut wird. Auf den Fluren der Zeitung sehen wir uns noch einmal wieder, aber Eggert taucht im Etagenklo ab. Ich weiß nicht warum. Wobei … Vielleicht weiß ich es doch.

Der Ostrock und der Westrock

Der Ostrock und der Westrock sind Zwillinge. Eine Abkunft, zwei Wesen. Nicht zeitgleich geboren, vertraute Körpernähe, aber aufgewachsen hinter der Grenzlinie der politischen und sozialen Milieus. Die gemeinsamen Wurzeln sind amerikanisch, liegen im Blues, in der Country- und Westernmusic, im Rock'n'Roll, der die technische Revolutionierung der Musikindustrie zur Voraussetzung hatte. Und sie sind britisch, denn die Rock'n'Roll-Rezeption im Vereinigten Königreich fokussierte sich bald auf die durch soziale Spannungen aufgewühlte Jugendmentalität in den englischen Industriegebieten am Mersey River. Hier schlug die Härte der Alltagserfahrungen auf die Motorik und Lautstärke. Mit rebellischem *Schlag* präsentierten sich in den Klubs zahlreiche Musikgruppen, von denen sich die Beatles gemeinsam mit den in London debütierenden Rolling Stones am spektakulärsten entwickelten. Diese britische Zündung elektrisierte die Welt als *Beatmusik* und erreichte unter diesem Label auch die DDR. »Love Me Do« oder »Please Please Me« – wir hörten die Songs der Beatles (natürlich nur als Konserve) zum Deutschlandtreffen 1964. Sofort gründeten sich auch in der DDR die ersten Beatgruppen. Eine davon war TEAM 4, zu dessen Erstbesetzung ich gehörte.

Olaf Leitner, in der alten Bundesrepublik ein guter Kenner des DDR-Rocks, beklagt in seinem Buch »Rockszene der DDR – Aspekte einer Massenkultur im Sozialismus«, dass Thomas Natschinski und ich den Grundstein für jenen »liedhaften« DDR-Rock gelegt hätten, dem es gelungen sei, »das Raue und Wilde, das Ungehobelte, die Deftigkeit und latente Obszönität des echten Rock'n'Roll zu sabotieren«. Dies sei ein Reflex auf die Bedingung gewesen, unter der die Kulturfunktionäre in den sechziger Jahren eine DDR-spezifische Beatmusik zugelassen hätten: Texte in deutscher Sprache. Bleibt die Verdächtigung des Liedhaften Ansichtssache, so schreibt er in puncto

Funktionärs-Ukas Humbug. Deutsche Texte gehörten von Anfang an zum selbstgewählten Markenzeichen von TEAM 4. Englischsprachiges Nachsingen – kein Problem. Aber eigene Lieder nur auf Deutsch, an dieses Prinzip hielten wir uns eisern und unaufgefordert. Deutsche Texte, die man noch in ihren Nuancen verstehen konnte, waren und blieben später erst recht die Voraussetzung für eine Beat-/Rock-Ästhetik, die konkrete Lebensverhältnisse in der DDR abbilden und – mit zunehmender Schärfe – gesellschaftliche Entwicklungsprobleme thematisieren wollte.

Michael Rauhut, der nach der Wende eine kritische Bestandsaufnahme des DDR-Beats vorlegte – »Beat in der Grauzone« –, beschreibt den politisch affirmativen Textstil von TEAM 4 und fügt hinzu: »Auf das Konto der Band geht ... die Pionierleistung, ein halbes Jahrzehnt, bevor massenhaft andere Beatformationen nachzogen, eigene, muttersprachliche Songs von beachtlicher Güte geschrieben und gespielt zu haben.«

In den endsiebziger und achtziger Jahren erlebe ich die DDR-Rockgruppen sowie ihre bei uns auftretenden westdeutschen, europäischen und amerikanischen Pendants vor allem aus der Sicht eines Veranstalters. Seit Mitte der siebziger Jahre hat die amerikanische Musikindustrie den britisch geprägten Terminus »Beat« getilgt und den Begriff »Rock«, unter dem die amerikanischen Beat-Unternehmungen zusammengefasst waren, auf die britischen Ursprünge ausgedehnt. So geht »Rock« als Genre-Etikett unangefochten um die Welt.

Der in der DDR parallel verwendete Begriff »Jugendtanzmusik« ist keine semantische Vorsicht. Er soll vielmehr auf das wachsende Bedürfnis nach tanzbarer Musik hinweisen, deren Spektrum ja breiter ist als Beat-/Rockmusik. Dass dann auch die zweijährlich vom Zentralrat veranstalteten Werkstattwochen der Rockbands mit dem Begriff »Jugendtanzmusik« belegt werden, ist inkonsequent. Aber keiner stört sich an der Titelei, sondern sieht zu, dass er delegiert wird. Da sind die Medien. Da sind die Talentescouts. Und da winken Förderverträge, die eine materielle und institutionelle Rückendeckung versprechen.

Als ich 1979 in das Büro des Kultursekretärs umziehe, hat sich in der DDR-Rockszene viel getan. Die Puhdys sind seit ihrer Debüt-LP medial omnipräsent, haben ihrem deutschsprachigen Repertoire mit der Bestseller-LP »Rock'n'Roll Music« – einfach mal, um zu zeigen, wie's geht – schöne Cover-Versionen englischsprachiger Hits hinzugefügt. Die Puhdys-Scheiben sowie Platten von Veronika Fischer und Band, der Stern Combo Meissen, der Gruppen CITY, Karat, electra, Kreis, Lift, Bayon und Engerling oder Stefan Diestelmanns Folk Blues Band halten das beachtenswerte Niveau der DDR-Rockszene fest. Songs von Nina Hagen, die die DDR nach der Ausbürgerung Biermanns verlassen hat, und der Renft-Gruppe, die 1975 verboten wurde, tun das auch, aber werden öffentlich nicht mehr gespielt. Dabei sind sie so wenig aus dem Gedächtnis getilgt wie die von Günther Fischer vertonten Stücke auf den Manfred-Krug-LPs. Die sind nach Krugs Ausreise ebenfalls in die mediale Tabuzone gefallen. »Das war nur ein Moment«? Bei den Leuten keineswegs. Aber was hält die Songs im Kopf? Der Reiz des Verbotenen? Die kleinen politischen Stacheln wie Krugs spät bemerkte Lautmalerei »Dubček(e)dickeda«? Alles Details am Rande. Die persönlichen Lebensmomente, für die sie eine sinnliche Schallfolie waren, haben die Songs lebendig gehalten. Ausradieren ist da so engstirnig wie vergeblich.

DDR-Rockmusiker sind zumeist gut ausgebildet. Geradezu legendäre Verdienste hat sich dabei die Spezialklasse für Popmusiker erworben, die Anfang der sechziger Jahre an der Musikschule Berlin-Friedrichshain eingerichtet wurde. In diese mehrjährige Ausbildung kamen zumeist Musiker, die bereits ausgebuchte Tourenpläne hatten und ihre Lehrzeit von der Bühnenzeit abknapsten. Ihr Riesenerfolg, von dem die Elite der DDR-Rockmusik profitierte, wurde selbst an den Hochschulen für Musik, die gleichfalls Klassen für Tanzmusik führten, mit Staunen zur Kenntnis genommen.

Als erfolgreicher Veranstalter hat die FDJ ein enges Verhältnis zu den meisten DDR-Rockgruppen. Aber sie verkennt auch nicht den Pragmatismus, der die Bands zu ihr lenkt. Schließlich ist der Zentralrat auch *Zahlrat* und lässt sich mit seinen Bezirksleitungen rund um die Republik pausenlos Treffen und Feste, später sogar Open-Air-Konzerte einfallen. Er ist seit 1983 Mitveranstalter von »Rock für den Frieden« und schickt Gruppen zu den Pressefesten befreundeter Jugendorganisationen in Westeuropa. Damals kann die »Reisefähigkeit« eines Musikers, also die Erlaubnis, im Westen zu gastieren, ein entscheidendes Kriterium für die Besetzung in einer führenden Rockband sein. Gruppen, die sich von einem durch alle Raster gefallenen »schwarzen Schaf« aus künstlerischen und moralischen Gründen nicht trennen wollen, haben dann keine Westgastspiele und kämpfen um dieses Statussymbol.

Beispielsweise Silly. Tamara Danz ruft 1983 bei Egon Krenz, damals noch FDJ-Chef, in einer dringenden Sache an. Der ist aber nicht da, und das Telefonat landet bei mir. Tamara und ich kennen uns aus der Zeit im Oktoberklub. Der Ton ist auch deshalb freundlich. Das Problem sei akut, aber nichts fürs Telefon. Ob sie vorbeikommen könne. Natürlich. Aber wie käme sie vom Kino »Colosseum« an der Schönhauser Allee schnellstens zur FDJ Unter die Linden? Ich sage arglos: U-Bahn bis Alexanderplatz, S-Bahn bis Friedrichstraße. Sie fragt, ob ich ein Auto schicken könne. Also holt sie mein Fahrer Gerhard ab. Ankunft, Küsschen, was gibt's und sofort das Thema »Reisefähigkeit« der Gruppe. Seit langem hätte es trotz vieler Anfragen keine Reisebewilligungen gegeben. Sie habe das Gefühl, dass das in ihrer Person begründet liege, und bitte um Aufklärung. Wir müssten doch verstehen, dass eine Gruppe ohne Visa für das KA (Kapitalistisches Ausland) seine Top-Musiker nicht halten könne. Ein demütigender Zustand für alle, lähmend für die künstlerische Produktion und undankbar für bisherige Leistungen. Ob Egon nicht ein neuntes Weltwunder bewirken könne.

Ich verstehe sie gut und sage, wir würden es bei der Staatssicherheit versuchen. Noch ein bisschen Smalltalk, Küsschen und mit Gerhard retour. Später stempelt man den Silly-Pässen tatsächlich die erhofften Visa ein. Ob unser Einspruch bei der Staatssicherheit oder das Machtwort eines Höheren im Politbüro maßgebend war, entzieht sich meiner Kenntnis. Tamara stirbt im Sommer 1996 an Krebs, und der Journalist Alexander Osang publiziert in der »Berliner Zeitung« Gesprächsnotizen mit ihr. Darin findet sich eine gewendete Lesart ihres Besuchs: Tamara will mit Krenz über ihren Ausreiseantrag sprechen.

Der sei im Ausland, deshalb hätte man ihr König auf den Hals geschickt. König lässt Danz mit einem schwarzen Wolga abholen und fragt die Ahnungslose noch, was sie überhaupt von ihm wolle. Die versteht die Welt nicht mehr, ruft noch, sie wolle raus, und macht frustriert auf dem Absatz kehrt. Das soll sich 1986 abgespielt haben, was schon deshalb nicht sein kann, weil Krenz da schon seit Jahren kein FDJ-Chef mehr war.

Wie und warum die Wahrheit sich dermaßen bog, ich weiß es nicht. Vielleicht war es Tamaras Trauer über vermeintlich verlorene Zeit, vielleicht ihr aufgestauter Zweifel an einigen politischen Zugeständnissen. Einmal trafen wir uns bei einem Empfang, den Erich Honecker für die DDR-Friedensbewegung gab. Anderntags ragte ein Foto aus den Zeitungen: Die Rock-Ikone im Gespräch mit dem Staatsratsvorsitzenden. Als ich Tamara etwas später zu Hause in Münchehofe besuchte, schickte sie die Westreporter in die Küche und zeigte mir diesen Zeitungsausriss an ihrem Memoboard.

Lange sind Friedensthemen eine inhaltliche Konstante in der DDR-Rockmusik. Als die erste Veranstaltung von »Rock für den Frieden« 1982 über die Bühne des Palastes der Republik geht, sind fast alle führenden Bands vertreten. Mit der Zeit entsteht eine beachtliche Auswahl schöner Friedenssongs. »Der blaue Planet« ist vielleicht der bekannteste geworden. Der Text stammt von Norbert Kaiser. Karats Lied ist noch ganz frisch, als Herbert Dreilich es im Zentralrat der FDJ für eine Veranstaltung auf dem Berliner Bebelplatz vorschlägt und ein Demo-Band abspielt. Um ehrlich zu sein – unsere Begeisterung bleibt auf dem Teppich. Das Thema passt natürlich gut ins Konzept, aber nie würde ich darauf wetten, dass der Song einmal derartig Furore macht. Bandmitglied Bernd Römer, der bei dem Gespräch anwesend war, erzählt mir später, das Lied sei noch nicht fertig arrangiert und aufgenommen gewesen. Nicht als Paukenschlag, eher wie ein geduldig Aufmerksamkeit forderndes Klanggewebe kommt der Song uns zu Bewusstsein und zu jener Bedeutung, die er bis heute hat.

Mit zwei Gruppen habe ich damals engeren persönlichen Kontakt. Eine ist NO 55. Ihr Name ist der Berliner Postanschrift entliehen, an der Bandgründer Georgi Gogow wohnt. Der Gruppenname wird zu Enno eingekürzt, als die Post Windrichtungsangaben wie Nordost cancelt. Gogow, den alle Joro nennen, und Gisbert Piatkowski haben sich von der Gruppe CITY getrennt und mit dem Trommler Peter Krause sowie dem Sänger Frank Gahler (Gala), der von Monokel kommt, die Gruppe NO 55 formiert. Bandmanagerin ist Traudl Gogow. Den CITY-Leuten fehlt »am Fenster« nun Joros markante Geige. Schon bei »Rock für den Frieden« 1982 präsentiert sich NO 55 in bester spielerischer Qualität und tourt noch im selben Jahr mit dem aus der Kampagne »Rock Against Racism« bekannten Tom Robinson durch die DDR.

Mit Freunden treffen wir uns recht oft bei Joro und Traudl in der Prenzlauer Allee oder bei mir im Scheunenviertel. Wir singen, spielen und reden buntes Zeug. Ich vergesse dabei den Funktionärsalltag. Joro vertont auch ein paar Texte von mir. Zum Beispiel »Wenn es ans Leben geht«, den Abschlusssong für die Veranstaltung »Fünf Jahre Rock für den Frieden« oder »Der alte Dorn«. Später schreibe ich ihm noch den Großteil der Texte für die AMIGA-LP »Mama Blues Project – Stormy Spring«. Unter Pseudonym, und manches – nur dieses eine Mal – in englischer Sprache. Der Sänger Gala, gleichfalls Autor einiger Songs der LP, wird auf dem Plattencover zitiert: »Wir, das sind siebzehn Musiker aus verschiedenen Bands, wollten ohne lange zu labern, schubladengrenzenüberschreitend eine Bluesschallscheibe zubereiten. Vor allen technischen Raffinessen hatte der Spaß, die Platte herzustellen, den absoluten Vorrang …«

»Stormy Spring« erscheint 1989. Das ist die Zeit der Bluesmessen unter dem Kreuz des Herrn. Wer anonym schreibt, hält beim Erscheinen der LP besser die Klappe über seine keineswegs unpolitischen Intentionen. Natürlich wollte ich dem immer mehr auf Kirchenseite vereinnahmten Blues mal wieder eine weltliche Verbreitung gönnen. Joro schreibt mir etwas überschwänglich auf die Plattenhülle: »Für den besten Texter, mit dem ich je was zusammen gemacht habe! Für Hartmut von seinem Freund.« Dreieinhalb Jahre später, zum zwanzigjährigen Bandjubiläum, spielt er wieder bei CITY. Ich bin zum Konzert im Lindenpark Potsdam eingeladen, aber einige in der Band scheinen über meine Anwesenheit wenig erfreut zu sein. Was will der Ex-Funktionär hier, dem sich Joro zu sehr genähert hat? Der Duzfreund von Traudl noch dazu, der man die CITY-Spaltung anlastet und von der später bei Toni Krahl zu lesen sein wird, sie hätte mit der Staatssicherheit geflüstert. Ich habe mit Spaltung und Geflüster nichts zu tun. Aber es ist eben die Zeit, wo Freundschaften neu geordnet werden. Joro versteht und grüßt bald nach Traudls Tod mit knapper Geste. Unsere Freundin ist im August 1996, sechsundsechzigjährig, in ihrer Wohnung umgefallen und war einfach tot.

Ach Traudl! Wenn sie die zweite Flasche Weißwein entkorkt hatte, sang sie gern »Bespartinij Anarchist«, den parteilosen Anarchisten, in feinstem Russisch. Welche Zeile träfe ihr Leben wohl besser, denke ich, als ich meine Trauerrede schreibe. Die fünf Kinder von drei Männern haben mir unbekannte Momente aus dem Leben ihrer Turnschuhmutter erzählt. Die Flucht von Breslau ins Brandenburgische, ihre FDJ-Zeit und die Liaison mit Ludwig Joseppowitsch, von der zwei Kinder und der Geschmack eines zermürbenden Ehealltags blieben. Später Emilio, der Grenzgänger römischen Geschlechts, der links und rechts der Berliner Mauer ein bisschen schmuggelte, bevor Traudl heimlich seine Koffer packte und in einem Schließfach deponierte. Schlüssel zum Abschiedsfrühstück. Kein Hass, keine Rachsucht, dafür zwei prächtige Töchter. Schließlich die verrufene Hafenbar in Berlins Mitte mit ihrem Stammgast Traudl in silberner Perücke. Joro, der Bulgare, spielte »Paloma blanca«, und Traudl war hin. Ihr Spruch »Drei Männer muss man haben« erfüllte sich mit dem zwanzig Jahre Jüngeren.

Ihr dritter Sohn wurde geboren, und NO 55 ebenfalls. Als Bandmanagerin kämpfte sie sich durch den Dschungel der Equipment-Beschaffung, besorgte schnelle Gigs und Tourneen. Ein gigantischer Markt war die Sowjetunion mit den beliebten Rubel-Honoraren. Eine heiße Quelle für die Trabant-Beschaffung, selten für den Eigenbedarf. Im Moskauer Hotel »Peking« ist sie schon einmal umgefallen. Herzinfarkt. Sie quittierte dem sowjetischen Arzt ihre Weigerung, ins Krankenhaus zu ziehen. Joro schlief über der Nachtwache ein. Morgens saß Traudl an der Hotelbar beim zweiten Kaffee und rauchte die dritte Duett. Wegen ihrer Qualmerei trägt sie den Spitznamen »Leuna 2«.

Und brät ihre Enten, deren Güte von einem illustren Publikum geprüft wird. Von Udo Lindenberg zum Beispiel, dem ich während unserer Gastspielverhandlungen als Privatadresse die Prenzlauer Allee empfohlen habe.

Vor der Weißenseeer Friedhofskapelle bittet Joro, der sich unlängst von Traudl getrennt hat, ich möge ihm die Trauerrede vorab zu lesen geben. Denkt er, ich würde das ärgerliche Geraune von »gestohlener Jugend« erwähnen? Das liegt mir fern. Joro sagt: Was für ein schöner Nachruf! Die Dame vom Bestattungsinstitut meint, noch nie hätte sie eine so fröhliche Gemeinde erlebt, die am liebsten klatschen und tanzen würde.

Jürgen Matkowitz, den Chef der Gruppe Prinzip, kenne ich seit meiner Leipziger Studentenzeit, als unsere Singegruppe mit der Renft-Gruppe, deren Mitglied Matko damals war, probte und auftrat. Während seiner Armeezeit und seiner Zusammenarbeit mit der Schikora-Band haben wir den Kontakt verloren, dann aber bei verschiedenen Gelegenheiten wie den Suhler »Werkstattwochen der Jugendtanzmusik« den alten Draht wieder zu einer Freundschaft geknüpft, die bis heute hält.

Mir gefällt Prinzips geradliniger Rock, ohne Schnörkel und Triller. Ziemlich wild und ungestüm. Matko spielt, singt, komponiert, textet (manchmal) und ist ein Technik-Freak, was im Beschaffungswirrwarr jener Zeit eine kostbare Gabe ist. Deshalb auch die rote Arbeits-Latzhose, die ihm der mosambikanische Staatspräsident, Samora Machel, bei einem Prinzip-Auftritt in Maputo abluchsen will. Nach der Wende kommt Matko sein Technik-Faible zugute. Er entwirft und performt Lasershows, schießt musiksynchrone Feuerwerke in den Himmel. Manchmal nimmt er noch die Gitarre zur Hand. Verlernt hat er nichts. Vergessen auch nicht.

Und wenn wir schon bei der Technik sind: Der sozialistische Markt muss angesichts der elektronischen Westinnovationen resigniert abwinken. Der Zoll hat wegzugucken, wenn irreguläre Importe, oft zu üblem Umrechnungskurs erworben, die Grenze passieren. Aber anders würde ein moderner Veranstaltungsbetrieb in der DDR gar nicht mehr funktionieren. Und nicht nur Westtechnik ist schwer zu beschaffen. Auch die Transportfahrzeuge sind Mangelware und tausendmal geflickt. Wenn ich die Tagesreise zu den Suhler Werkstattwochen antrete, muss ich mir unterwegs die Bands notieren, deren LKWs auf der Autobahn schlapp gemacht haben. Manchmal haben die Pannen Auswirkungen auf das Programm.

Wir sehen besorgt, wie die bekannteren Formationen unendlich viel Geld in ihre technischen Studio- und Bühnenausrüstungen stecken, während die Newcomer hier schon ihre frühen Beschränkungen erleben. Das Schallplattenlabel AMIGA kann bei den international gängigen technischen Standards nicht mithalten, deshalb weichen die Bands oft in eigene, privat finanzierte Studios aus. Zudem haben internationale Top-Bands bei ihren Veranstaltungen in der DDR mit ihrer Beschallungs- und Beleuchtungstechnik Maßstäbe gesetzt. Einige hunderttausend Mark Investition in die Ausrüstung einer DDR-Band ist keine Seltenheit. Ich habe vielleicht einen Verbesserungsvorschlag und melde mich bei Alexander Schalck-Golodkowski an, der schon die Eidophor-Wände für den Palast der Republik besorgen ließ.

Wer Egon Krenz nahesteht, bekommt beim Koko-Chef schnell einen Termin. Es ist hierzulande noch nicht die Zeit, aber auf dem Tisch stehen Kirschen. Alles klar. Ich nenne das Problem und schlage vor, mit Schalcks Hilfe ein Studio nach modernstem Standard einzurichten, in das sich DDR-Gruppen einmieten könnten. Der Koko-Chef findet das nicht abwegig. Für eine Kalkulation müssten wir ihm aber noch zwei Dinge nachreichen: das benötigte technische Inventar und eine Liste von Westgruppen, die das Studio zu günstigen Valuta-Bedingungen buchen würden. Anders geht's nicht, sagt Schalck. Ohne Refinanzierung keine Investition. Das verstehe ich, aber dazu bräuchten wir einige Zeit. Ich habe auch nicht bedacht, dass diverse DDR-Bands noch mit den Amortisationen ihrer eigenen Studio- und Bühnentechnik beschäftigt sind. Die mieten sich nirgendwo ein. Überdies beginnt es in der Szene zu brodeln. Die Idee verfällt.

Wann eigentlich setzte dieses Brodeln ein? Das weiß keiner auf den Tag genau. Die Weigerung, den kulturpolitischen Signalen der Institutionen zu folgen, schlich sich an. Jedenfalls hält es der FDJ-Zentralrat im August 1987 für geraten, mit Vertretern der Sektion Rockmusik des Komitees für Unterhaltungskunst und der musikverbreitenden Medien darüber zu reden. Zu jener Zeit gibt es in der DDR 110 Berufs- und mehr als 2000 Amateurrockgruppen. Dazu kommen noch 120 Berufs- und über 5000 Amateurdiskotheken, die das Rockrepertoire verbreiten.

Die FDJ-Führung fragt sich damals, wie die aus ihrer Sicht »komplizierter verlaufende Entwicklung« der DDR-Rockmusik in inhaltlicher, organisatorischer und materiell-technischer Hinsicht so beeinflusst werden kann, dass sie sich »weiterhin offensiv und souverän in ihrer Eigenständigkeit« beweist. »Rock für den Frieden 1987« hatte klar gezeigt, dass unter den Bands die Bereitschaft gesunken war, politische Themen – Frieden, internationale Abrüstung, Solidarität der Völker, Anti-Apartheid – aufzugreifen. Was mit Bedenken gegen eine »politische Überfrachtung« begründet wird, ist im Kern die sich verschärfende Forderung, Kulturpolitik und Medien mögen ihre Scheuklappen bei gesellschaftskritischen Texten ablegen. Engagierte Lieder dürften sich nicht auf weltpolitische Themen beschränken, sondern müssten die bewusste Auseinandersetzung mit Problemen und Widersprüchen der gesellschaftlichen und individuellen Entwicklung im eigenen Land einschließen. Die Zeit der Ausflüchte in Unverbindlichkeit und ambivalente Metaphorik solle ein Ende haben. Autoren, die mit gesellschaftspolitischem Engagement Klartext schreiben wollten, erwarteten mehr Offenheit. Politische Gremien, Veranstalter und Medien unterschieden sich nur im Grad ihrer Ängstlichkeit. Das sind raue Töne.

Staatssicherheitsminister Erich Mielke schickt am 30. Januar 1987 eine Information an Egon Krenz, dass die Entpolitisierung von »Rock für den Frieden« voranschreite und die jüngste Ausgabe des Festivals von Eklats überschattet gewesen sei: Tamara Danz hätte den gemeinsam mit Karat produzierten Friedenstitel »Glocke 2000« mit der Begründung nicht mitsingen wollen, dass sie dann ein Jahr lang nur noch mit diesem Song im Fernsehen präsent wäre, statt mit ihren »problematischeren Liedern«. Der Texter der Gruppe, Werner Karma, habe es im Gespräch mit mir abgelehnt, einen Song gegen die südafrikanische Apartheidpolitik zu schreiben, solange nicht seine sozialen Probleme als DDR-Bürger gelöst seien und andere, kritische Töne veröffentlicht würden. Auch wenn Karma, den ich schon aus Oktoberklub-Zeiten kenne, das weniger scharf formulierte, der Inhalt stimmt. Rock *für* den Frieden ist eben auch Rock *im* Frieden, und da türmt sich Unausgesprochenes.

Die FDJ-Führung sucht nach einer Haltung und dekretiert: Was im Sinne des gesellschaftlichen Fortschritts problematisiert wird, darf in keine Tabuzone fallen. Was aber in Inhalt und Form zu antisozialistischer Mode gerinnt, liegt jenseits jedweder Förderung. Weniger der Grundsatz als seine Ausdeutung stiftet in allen Lagern Verwirrung.

Da sind gewisse »Altlasten«. Beispiel: Die Gruppe Pankow hat in »Paule Panke« Anfang der achtziger Jahre einen Lehrlingsalltag – nach institutioneller Lesart – als unentrinnbar öde besungen. Ein Fehlurteil, hört man genauer hin und bedenkt die kräftige Selbstmotivation »Komm aus'm Arsch«. Aber alle Entscheider (ich war in der Sache keiner, teilte aber ihre Meinung) blieben bei dieser Kost vernagelt. Die Platte kann erst um die Wendezeit erscheinen. Anders dagegen Pankows viel stärkerer Tobak 1988: *Dasselbe Land zu lange gesehn, dieselbe Sprache zu lange gehört, / zu lange gewartet, zu lange gehofft, zu lange die alten Männer verehrt.* In Suhl erregt sich über den Songtext zwar der 1. SED-Bezirkssekretär, Hans Albrecht, dennoch bleiben die Platten im Handel und die Songs im Äther. Nur das Fernsehen bremst. »Starker Tobak« ist in den Institutionen inzwischen zur Ansichtssache geworden. Am Ende führt selbst ein Kreis jüngerer ZK-Mitglieder solche Widerworte gegen die greise Führungsriege im Mund. Aber da sind sie kein Wagnis mehr.

Anfang März 1989 – ich bin gerade sechzig Tage als Kulturminister-Vize im Amt – versucht ein Kongress für Unterhaltungskunst den Balanceakt, zwischen kulturpolitischen Prämissen (»Haltung in der Unterhaltung«) und drängender vorgetragenen Einsprüchen aus der Künstlerschaft zu vermitteln. Diese erwartet vor allem größere inhaltliche Freiräume, aber auch die Verbesserung materiell-technischer und sozialer Arbeitsbedingungen sowie den Abbau bürokratischer

Hürden im Veranstaltungsalltag und bei Auslandsgastspielen. Ich rede von einem »Publikum, das sorgfältig auswählt, das bei Geselligkeit, Entspannung, Kommunikation Ehrlichkeit will und Wahrhaftigkeit«. Es gehe um eine »Kunst, die sich … sensibel den tatsächlichen Lebensprozessen zuwendet«. Die massenhafte Wirkung vieler Genres der Unterhaltungskultur stelle die Künstler vor keine geringe Verantwortung. Deshalb müssten »Selbstbefragungen über mögliche Wirkungen einer Arbeit nicht sofort und kurzschlüssig als Selbstzensur abgetan werden«. Aber das ist vermutlich noch Konsens. Es geht vielmehr um das tatsächliche Klima im Veranstaltungsalltag und um Tabus in den Medien. Der Kongress mit einigen praktischen Problemlösungen kittet noch einmal das Gröbste. Man könnte sogar den Eindruck haben, die Forderung nach ungezügelter Widerspruchs- und Konfliktgestaltung würde nun besser gehört. Der Rufer Gerhard Gundermann argumentiert eine lange Konferenzpause hindurch mit Kurt Hager.

Der Eindruck verflüchtigt sich. Bald spitzen sich die Auseinandersetzungen zu. Irrwege des heimischen Sozialismus-Projekts werden öffentlich kritisiert. Am eindringlichsten in der Resolution, die Unterhaltungskünstler ab dem 18. September 1989 zirkulieren lassen. Tage zuvor hat das Neue Forum seinen programmatischen Aufruf »Aufbruch 89« veröffentlicht. Eine Gruppe von Rockern traf sich daraufhin mit Bärbel Bohley. Es war abzusehen, dass die damalige DDR-Führung nicht bereit sein würde, das Neue Forum zuzulassen. Kurt Hager bedeutete mir unter vier Augen: »Wie kämen wir dazu, der Konterrevolution Tür und Tor zu öffnen?«

Die unterzeichnenden Unterhaltungskünstler begrüßen hingegen ausdrücklich, dass »Bürger sich in basisdemokratisch organisierten Gruppen finden, um die Lösung der anstehenden Probleme in die eigene Hand zu nehmen«. Man habe den Aufruf des Neuen Forums gelesen und vieles darin gefunden, was man selber denke. Allerdings entscheiden sich die Unterhaltungskünstler für einen eigenen Text. Darin begründen sie ihre Besorgnis über den augenblicklichen Zustand der DDR, den Weggang vieler Altersgenossen, die Sinnkrise des Sozialismus und die »unerträgliche Ignoranz der Staats- und Parteiführung«. Es ginge nicht um Reformen, die den Sozialismus abschaffen sollen, sondern um solche, die ihn weiterhin im Lande ermöglichten. Das Anwachsen rechtsextremer und konservativ-nationaler Elemente sowie das Beliefern gesamtdeutscher Anschauung seien ein Ergebnis fehlenden Reagierens auf angestaute Widersprüche und historisch unverarbeitete Tatsachen.

Ihren Worten »Wir wollen in diesem Land leben, und es macht uns krank, tatenlos mit ansehen zu müssen, wie Versuche einer Demokratisierung, Versuche einer gesellschaftlichen Analyse kriminalisiert bzw. ignoriert werden« folgt der Aufruf zum Dialog und zu einer Öffnung der Medien für die Probleme der Gesellschaft. Dieser Text ist nicht totzuschweigen, auch wenn die DDR-Medien keine Silbe verlauten lassen. Zehntausenden Besuchern wird er in Konzertveranstaltungen zur Kenntnis gebracht. Und die hereinstrahlenden Westmedien überschlagen sich sowieso.

Der Zentralrat der FDJ versucht, die Rocker und Liedermacher zum Verzicht auf das öffentliche Verlesen der Resolution zu bewegen. FDJ-Chef Eberhard Aurich äußert diese Bitte in einem Brief und führt danach ein Gespräch mit Toni Krahl, Tamara Danz, André Herzberg, Gerhard Gundermann und weiteren Unterzeichnern. Die Berichterstattung der »Jungen Welt« über das Treffen empfinden die beteiligten Künstler als irreführenden »Vertrauensbruch«. Sie fordern von der Zeitung den Abdruck ihrer »Klarstellung«, die am 13. Oktober 1989 auch erscheint. Tenor: Aurichs Bitte zur Kenntnis genommen, aber Verzicht auf öffentlichen Vortrag erst, wenn die DDR-Medien ihre Resolution veröffentlichten. Richtig, sie hätten beim »Neuen Forum« nicht unterschrieben, aber unterstützten den Versuch von Bürgern, sich basisdemokratisch zu organisieren. Richtig, sie fänden Westmedien als Vermittler ungeeignet, deshalb ja die Forderung an die eigenen Medien, diese Funktion wahrzunehmen. Richtig, man wolle gemeinsam über Konzerte von »Hierbleibern für Hierbleiber« nachdenken, habe aber gleichzeitig über Auftrittsverbote und Verhaftungen von Unterzeichnern informiert. Richtig, Verantwortung für den Sozialismus wolle man übernehmen, lehne aber Gewalt in der politischen Auseinandersetzung ab und befürchte einen »himmlischen

Frieden«. Sollte durch den »Junge Welt«-Bericht der Eindruck entstanden sein, man habe sich punktuell von der Resolution verabschiedet, so sei er irrig.

Die Karten liegen nun offen auf dem Tisch. Aber was die Partei- und Staatsführung als letzten verzweifelten Ruf nach Demokratisierung des Sozialismus und Stabilisierung der DDR hören müsste, ist ihr noch immer ein Ärgernis.

Einen Tag nach der Veröffentlichung der »Klarstellung« überlebt keine Flasche meinen 42. Geburtstag. Ich ertappe mich bei abartigen Flüchen mit Vokabeln wie Undank und politische Unvernunft. Die Resolutionäre mögen ihren Aufschrei ehrlich meinen, aber er kommt zur verdammten Unzeit. Sie benehmen sich wie Zauberlehrlinge, die die Dammbrüche, die sie riskieren, weder wollen noch beherrschen können. Bei klarem Verstand müsste ich mich fragen, weshalb ich den Beschreibungen unserer Malaise mehr umstürzlerisches Potential beimesse als den gesellschaftlichen Zuständen selbst.

Am 16. Oktober sind Schnaps und Lust auf falsche Flüche aus dem Blut. Ich schreibe dem Chefredakteur der »Jungen Welt«, Hans-Dieter Schütt, einen Brief und danke ihm für den Abdruck der »Klarstellung« wie anderer Nachdenklichkeiten, die Künstler im FDJ-Blatt nun unzensiert äußern durften. Nach der Ablösung Erich Honeckers wollen wir über das Ministerium wenigstens noch erreichen, dass die restriktiven Maßnahmen gegen Künstler, die die Resolution verlesen haben, zurückgenommen werden, und erwägen finanzielle und Rechtshilfe durch das Komitee für Unterhaltungskunst. Aber da hört zu chaotischer Zeit schon keiner mehr hin.

Im selben Jahr 1989 feiern die Puhdys den 20. Jahrestag ihres ersten (Freiberger) Konzerts. Ich bin amtlich eingeladen, aber die Gratulation gerät nicht förmlich. Wir kennen uns zu lange. Man trifft sich im alten »Ahornblatt« an der Berliner Fischerinsel, einem international beachteten Bauwerk sozialistischer Moderne, das nach der Wende aus Grundstückshunger abgerissen werden wird. Noch keine Rockerrente in Sicht, dafür alle Gassenhauer der Nationalpreisträger im Ohr: Die schönen Lieder aus der »Legende von Paul und Paula« oder »Alt wie ein Baum«, »Lebenszeit«, »Vorn ist das Licht« … Die Songs wirbeln in der Erinnerung wie Kalenderblätter.

Übrigens treffe ich im »Ahornblatt« zum ersten Mal Olaf Leitner persönlich. Mir ist all die Jahre eingeredet worden, er hätte die Abwanderung von DDR-Rockern in den Westen persönlich gefördert. Entsprechend fällt der Handschlag aus. Er muss das Gerücht kennen, denn er dementiert es sogleich mit einer Entschiedenheit, die ihre Logik hat. Er habe die Wege der DDR-Gruppen zu jeder Zeit mit Empathie verfolgt. Wie sollte es ihm da gleichgültig gewesen sein, was mit denen geschieht, die ihre Wurzeln verlieren? Dann ist das mal klarer und der Ton freundlicher. Wir sehen uns nie wieder, telefonieren nur einmal kurz.

Als die DDR untergeht, ist ihre Rockmusik ein abgeschlossenes Sammelgebiet. Oder doch nicht? Was in den bekannten Ex-DDR-Bands neu entsteht, will offensichtlich in gar keine separaten Schubladen. Die besten alten Songs überleben als Ohrwürmer. Neue Titel, so erdig und zeitnah sie sich in die Programme einfügen, haben als populäre Lehne immer das Altrepertoire. Kunststück! Es begleitete viel Lebenszeit und klebt an den Ostdeutschen als vitales Erbe. Als die Puhdys im Februar 2016 wieder einmal ihr letztes Konzert geben, verabschieden sie sich denn auch mit einem alten Hit. Frontmann Maschine sagt, sie hätten ihn bei »Rock für den Frieden« im Palast der Republik vorgestellt. Den Palast gäbe es nicht mehr, aber das Lied sängen sie immer noch: »Das Buch«. Das Publikum jubelt und singt mit. Es kennt jede Zeile.

Ich möchte noch eine traurige, aber in ihrer Solidarität großartige Episode aus der Nachwendezeit erzählen. Bei einer Feier von Stern Meißen treffe ich Reinhard Fißler, den anderthalb Jahre jüngeren Ex-Sänger der Gruppe. Er leidet an der unheilbaren Nervenkrankheit ALS, und die Lähmung hat nahezu seinen ganzen Körper erfasst. Er ist an das Bett und das Beatmungsgerät gefesselt. Helfer, die sich bei der 24-Stunden-Betreuung abwechseln, haben ihn in einem Kleintransporter hergefahren. Seine herausragende Rolle bei Stern Meißen und anderen Formationen, nach der Wende unter anderem beim sogenannten »Sachsendreier« – also Stern, electra und Lift – hat jedes Rockgedächtnis parat. Aber Reinhards unglaublichen Lebensmut, seinen eisernen Willen zur Kommunikation und zu künstlerischer Arbeit erfährst du in seinen eigenen Worten nur, wenn du dich über ihn beugst und ihn sagen hörst: »Man darf sich nicht aufgeben. Man muss sich seine Aufgabe suchen.«

Als ich ihn in der Prenzelberger »Wabe« das erste Mal in seinem Zustand sah, traute ich mich nicht in eine solche Nähe. Aber sein Gehirn, seine Augen und Lippen arbeiteten. Er hatte mich bemerkt und schickte seine Helfer, um mich zu holen. Er flüsterte: »Sag mir, wo du stehst! Aber frag du *mich* das lieber nicht.« Die Sorte Humor habe ich mir gemerkt. Seitdem ging ich nie wieder an ihm vorbei. Bei der Fete ist nun auch Keyboarder Thomas Kurzhals aufgetaucht, der Reinhards Lieder arrangiert hat. Wie Stern-Meißen-Gründer Martin Schreier und viele andere aus der großen Musikergemeinde gibt er dem Freund ein Gefühl von beachteter Anwesenheit. Und wird doch vor ihm sterben. Reinhard indes komponiert an einem Computer, den er mit den Augen dirigieren kann. Es ist ein Faszinosum. Die unglaublichen Willenskräfte des fast stimmlosen Sängers treffen auf den grandiosen Beistand der Kollegen. Mit Benefizkonzerten und persönlicher Nähe haben sie den Totkranken zum Leben ermutigt. Im Februar 2016 werden die Medien melden, dass er gestorben ist.

Zwillingsbruder Westrock ist in der DDR immer präsent gewesen. Die Westbands wissen das und haben die Entwicklungen des Genres im Osten immer aufmerksamer zur Kenntnis genommen. Bald wollen sie dort auftreten, wo sie zu Recht eine große Neugier vermuten. Logisch: Was wegen der Mauer draußen live nicht zu erleben ist, wünscht man sich in der DDR wenigstens auf heimischen Bühnen. Die FDJ reagiert auf dieses Doppelinteresse und entwickelt sich zum größten Veranstalter internationaler Rockevents in der DDR. Sie wird dabei von der staatlichen Künstleragentur unterstützt, die von Hermann Falk geleitet wird. »Meister Falk«, wie wir ihn in Anspielung auf eine populäre DDR-Fernsehreihe nennen, hat gute Kontakte und manierliche Budgets. Aber er verfügt nicht über die organisatorischen Potenzen eines Großveranstalters. Was nach der Wende – leider auch von DDR-Altfedern, die sich in devoter Revision früherer Ansichten der Rente entgegenhangeln – als Anbiederung der FDJ-, SED- und Stasibonzen an die Jugend apostrophiert wird, ist damals ein ehrlicher kultureller Service, den viele erträumten und den aus verschiedenen Gründen nur die FDJ liefern kann. Dass sie damit auf Anerkennung aus ist, liegt in der Logik jeder Politik.

Udo Lindenberg will den Anfang machen und bewirbt sich bei Erich Honecker brieflich um eine Einladung. Sein Wunsch durchläuft im Widerstreit der Entscheider ein tragikomisches Labyrinth von Ermutigungen und Absagen. Das ist eine lange Geschichte, sie kriegt ihr eigenes Kapitel und wird, nehmen wir es vorweg, resümieren: Gleich zu Beginn wurde viel Porzellan zerschlagen.

Schwierige Etüden: Von BAP bis Bob Dylan

Den nächsten Versuch startet im Januar 1984 die Kölner Gruppe BAP. Auch er nimmt kein glückliches Ende. Die Künstleragentur hat mit BAP zwölf Konzerte quer durch die Republik vereinbart. Start soll im Berliner Palast der Republik sein. Veranstalter ist der Zentralrat der FDJ. Alle Konzerte sind ausverkauft. Die Vertragsbedingungen und das Programm sind ausgehandelt, nur der von BAP unterschriebene Gastspielkontrakt ist noch nicht bei der Künstleragentur eingegangen. Die Band um Wolfgang Niedecken ist angereist, unterzeichnet jedoch eine identische Zweitschrift des Vertrages nicht, weil sie, wie sich herausstellt, eine Programmänderung beabsichtigt.

Die Gruppe hat eine vorausgegangene Präsentation in der Jugendreihe »rund« des DDR-Fernsehens als Zerrbild ihres gesellschaftskritischen Standorts empfunden und will diesen Eindruck durch den Song »Deshalv spill' mer he« korrigieren. Was sich hochdeutsch »Deshalb spielen wir hier« liest, birgt in der Sicht der DDR-Veranstalter einen politischen Affront. Da ist von Kalten Kriegern in Ost und West, angstschürender Bundeswehr und Volksarmee sowie einer »Clique, die sich Volksvertreter nennt« die Rede. Ginge das über die Palast-Bühne, noch dazu mit der Volkskammer unter einem Dach, wäre das der GAU aller Bemühungen um weitere Konzertprojekte mit Rockern aus der BRD.

FDJ-Mitarbeiter Gert Gampe, der die Gruppe betreut, weist auf die drohende Eiszeit hin, findet aber kein Gehör mehr. Zu sehr hat sich BAP bei den aufmerksam gewordenen bundesrepublikanischen Medien aus dem Fenster gelehnt: Lied oder Koffer packen. Es bleibt beim Kofferpacken. Kulturminister Hoffmann als Dienstherr der vertragsführenden Künstleragentur ruft mich an und sagt die BAP-Konzerte ab. Innerhalb von Stunden springen in Berlin die wenig begeisterten Puhdys ein. Das ahnungslose Publikum feiert nach kurzer Bestürzung das Programm der »Vertretung«.

Udo Lindenbergs Impresario, der legendäre Konzertmanager Fritz Rau, ruft beim Chef der Künstleragentur, Hermann Falk, an und bekundet seine Verärgerung über BAPs Gebaren. Er befürchtet nicht nur eine Tourneeabsage für sein Jodeltalent Udo, sondern ahnt hellsichtig, dass sich für zukünftige Projekte die spaltweit geöffneten Türen wieder schließen könnten. Auch die DDR-Rocker sind sauer, weil sich eine derartige Entwicklung negativ auf die internationalen Etablierungsversuche des DDR-Rock auswirken könnte. Bernd Aust (electra), Rüdiger Barton (Silly), Georgi Gogow (NO 55), Toni Krahl (City) und Peter Meyer (Puhdys) werden am 20. Januar 1984 mit entsprechenden Statements in der DKP-Zeitung »Unsere Zeit« zitiert.

Der tief getroffene Agenturchef Falk bezeichnet noch heute den Bruch der damaligen Vereinbarungen als »beabsichtigte, sorgfältig geplante und gezielte Provokation … mit hohem Werbeeffekt für BAP«. Ich sehe das entspannter, seit ich im Oktober 1986 mit Wolfgang Niedecken über den Vorfall sprechen konnte. Damals war der BAP-Frontmann als Mitglied des westdeutschen Vereins »Künstler in Aktion« zum Besuch der KZ-Gedenkstätte Buchenwald und einem Treffen mit DDR-Rockern sowie FDJ-Kulturverantwortlichen nach Weimar gereist.

Mit ihren Erfahrungen in der Friedensbewegung der Bundesrepublik hatten sich im Herbst 1984 rund 60 Künstler getroffen, um sich in ihrem Engagement zu solidarisieren. Mit dabei waren Udo Lindenberg, Peter Maffay, Klaus Lage, Hannes Wader, Ulla Meinecke, Heinz Rudolf Kunze, Klaus Hoffmann, Ina Deter. Aus dem Wunsch, sich zusammenzuschließen, entstand der Verein »Künstler in Aktion«. Er wollte politisch selbstbewusster mit Veranstaltern und Medien zusammenarbeiten sowie eigene Unternehmungen organisieren. Dazu gehörte seit Anbeginn der Ost-West Dialog, für den Buchenwald mehr als ein Gesprächsort ist.

Als wir uns nun auf dem Ettersberg begegnen, steht uns ein Teil der deutschen Verantwortungsgemeinschaft so klar vor Augen, dass es alte Vorurteile zu überwinden gilt. Der »Stern« schreibt über das Treffen: »Unter ungewöhnlicher Geheimhaltung verlief eine vom Verein ›Künstler in Aktion‹ organisierte Pilgerfahrt prominenter

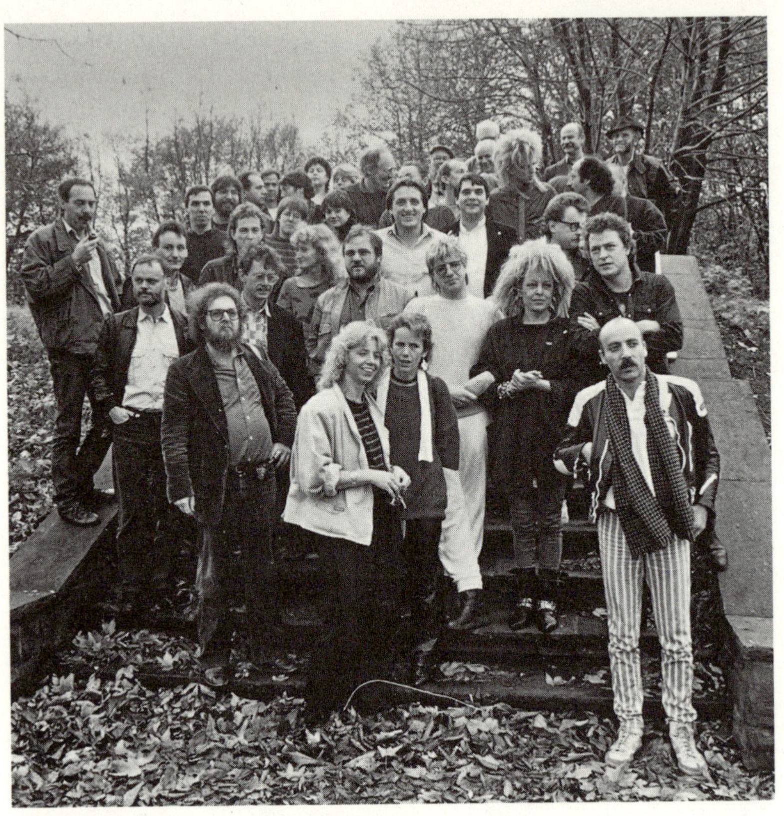

»Künstler in Aktion« mit DDR-Kollegen und Gastgebern beim Besuch der Gedenkstätte im ehemaligen KZ Buchenwald

Pop-Musiker zum ehemaligen KZ Buchenwald bei Weimar. Die Rocksänger Klaus Lage, Heinz Rudolf Kunze, Wolfgang Niedecken von der Kölner Band BAP, die Sängerin Katja Ebstein und der Liedermacher Dieter Süverkrüp hatten westliche Medien über die DDR-Reise nichts wissen lassen – aus Sorge, man könnte ihr ›antifaschistisches Engagement‹ als billige Reklametour abtun. Klaus Lage: ›Für mich ist dieser Besuch Sand in meiner Verdrängungsmaschinerie – jetzt knirscht es wieder.‹ Kaum waren alle … abgereist, lief im DDR-Rundfunk zum ersten Mal wieder ein Lied der BAP-Band – die in der DDR seit 1984 als unerwünscht galt.«

Zuvor hat der Rias berichtet, in Gesprächen mit DDR-Rockern und mir hätten frühere Missverständnisse, die zum Scheitern von Kulturprojekten geführt hätten, geklärt werden können. Und so ist es tatsächlich. Mir gegenüber spricht Wolfgang Niedecken von einer unglücklichen Verkennung der damaligen Möglichkeiten in der DDR. Von der Zeitschrift »Paroli« befragt, ob die Ereignisse vom Januar 1984 noch nachwirkten, bejaht er das. Aber alles fiele für ihn nun unter die Überschrift »zartes Pflänzchen«. In Einzelgesprächen mit den DDR-Offiziellen hätte man sich auf einen Neuanfang geeinigt. Künftige Gastspiele sollten nicht durch einen Medienrummel belastet werden, in dem schon vorab Statements erwartet würden. Das DDR-Publikum wisse recht gut, wie die Gruppe drauf sei, und auch weltpolitisch sei viel passiert. Deshalb zum einstigen Casus Belli: »Wir haben dieses Stück gar nicht mehr nötig.«

Keine Worte im Zorn. Sicher auch nicht frei von taktischem Kalkül. Aber egal, die entspannte Atmosphäre tut gut. Nach der BAP-Katastrophe hatte die Oberleitung beschlossen, den Empfang von Künstlern und Gruppen aus der BRD und Westberlin maximal einzuschränken. Generell sollte auf Gastspiele von Rockgruppen verzichtet werden. Aber nach Konzerten von Peter Maffay im Juni 1986 und der hoffnungsvollen Buchenwalder Begegnung stehen die Zeichen wieder auf Détente.

Vor allem erfordern die Feierlichkeiten zum bevorstehenden 750. Jubiläum Berlins, die die Westberliner Zeremonien in den Schatten stellen sollen, von der DDR eine ungetrübte Freizügigkeit. Bereits zu Beginn des Feierjahres 1987 ist Wolfgang Niedecken Gast des Festivals des politischen Liedes. In einem Vieraugengespräch stelle ich ihm einen BAP-Auftritt in Aussicht. Ich weiß, dass ein gutes Verhältnis zur Initiative »Künstler in Aktion« auch die Beerdigung der BAP-Affäre erfordert. Aus der Tour, die ich für 1988 vorschlage, wird später zwar doch nichts, aber BAP-Songs werden wieder gesendet.

Im Jubiläumsjahr Berlins kommt Peter Maffay erneut in die DDR. Er gibt in der alten Werner-Seelenbinder-Halle Konzerte, die der FDJ-Zentralrat gemeinsam mit der Künstleragentur veranstaltet. Oskar

Lafontaine, als SPD-Ministerpräsident des Saarlands auf DDR-Visite, sagt sich mit dem Leiter der Ständigen Vertretung, Hans Otto Bräutigam, für den Auftritt am 11. März an und wird vom stellvertretenden DDR-Ministerpräsidenten Weiz begleitet. Lafontaine hat mit Maffay ein Treffen hinter der Bühne, dann beginnt das Programm. Die FDJ-Organisatoren haben nicht aufgepasst und die Staatsgäste neben die Lautsprecherboxen gesetzt. Als die Gefahr einer Ertaubung erkannt wird, ist kein Umzug mehr möglich. Die Halle ist rappelvoll. Das Protokoll bietet den beliebten Gehörschutz Ohropax an. Lafontaine lehnt so entschieden ab, als fürchte er die BILD-Schlagzeile: *Saarland-MP kann Wahlhelfer Maffay nicht mehr hören!* Weiz und Bräutigam greifen dankbar zu. Das Konzert ist eine Wucht. Als auch noch Santana, José Feliciano und andere Stargäste bejubelte Saalkonzerte gegeben haben, ist endgültig klar: Die Säle reichen nicht mehr für das Interesse. Es geht nicht ohne Open-Air-Projekte!

Das erste große Konzert unter freiem Himmel findet Mitte Juli 1987 im Treptower Park statt. 45 000 Fans wollen die Gruppe Barcley James Harvest sehen. Der Einstand gelingt, die Organisation und die Sicherheitsstandards sind tadellos. Alte administrative Bremsen lösen sich. Schnell ist es September, und da werden wir übermütig. Meister Falk hat antelefoniert und gefragt, ob wir ein Konzert mit Bob Dylan veranstalten wollen. Er könnte es bezahlen, aber das sei auch schon alles. Ihm sei klar, es blieben nur wenige Wochen Vorbereitungszeit, aber eine solche Chance käme so schnell nicht wieder. Er sagt nicht, dass der Vorverkauf in Westberlin schleppend verlief und das Management sich im Osten eine größere Aufmerksamkeit erhofft.

Nun beginnt der Übermut. Wir holen die Erlaubnis von Erich Honecker für ein solches Konzert ein. Begriffe wie *Protestsänger gegen den Vietnam-Krieg und Impulsgeber für das fortschrittliche Liedschaffen in den USA* stehen im Raum, als der Staatsratsvorsitzende binnen kürzester Zeit sein OK gibt. Und nun schlottern uns erst recht die Knie. Keine Bühne, die amtliche Kulissen-Schmiede DEWAG mit ihren utopischen Vorstellzeiten fällt aus. Als Veranstaltungsplatz kommt nach den Erfahrungen mit Barcley James Harvest nur die große Festwiese im Treptower Park in Frage, die über hunderttausend Zuschauern

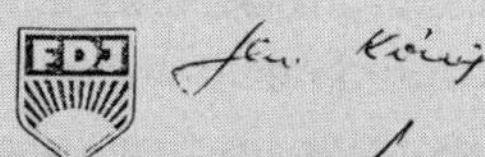

FREIE DEUTSCHE JUGEND · ZENTRALRAT

1. SEKRETÄR

Generalsekretär des Zentralkomitees
der Sozialistischen Einheitspartei
Deutschlands
Vorsitzenden des Staatsrates der DDR
Genossen Erich Honecker

Berlin

Lieber Genosse Erich Honecker!

Laut Beschluß des Sekretariats des ZK der SED hatte der Zentralrat der FDJ die Möglichkeit erhalten, mit dem progressiven USA-Rocksänger Stevie Wonder ein Friedenskonzert anläßlich der 750-Jahrfeier unserer Hauptstadt durchzuführen. Leider mußte Stevie Wonder aus gesundheitlichen Gründen seine Europa-Tournee verkürzen, so daß es der Künstleragentur der DDR nicht gelungen ist, ihn für die DDR zu verpflichten.

Dafür gibt es nun das Angebot der Künstleragentur, den USA-Sänger Bob Dylan für den 17. bzw. 20. 9. 1987 zu einem solchen Konzert zu verpflichten. Die Musik Bob Dylans, der u.a. wegen seiner Protestlieder gegen die US-amerikanische Aggression in Vietnam bekannt wurde, gab seit den 60er Jahren wichtige Impulse für das fortschrittliche Liedschaffen in den USA. Er pflegt eine sehr liedhafte Rockmusik, die viele folkloristische Elemente enthält und nicht nur ein jugendliches, sondern bereits auch ein älteres Publikum findet.

Gute Erfahrungen mit Auftritten dieser Art im Treptower Park aufgreifend, könnte das Konzert wiederum dort stattfinden.
Die Bezirksleitung Berlin der SED hat dazu ihr Einverständnis gegeben.

477–1153 Ag 209/411/87

Brief an Erich Honecker mit dem Vorschlag, ein Bob-Dylan-Konzert zu veranstalten

Platz bietet. Aber wie soll das alles logistisch funktionieren? Wie kann man den Ort beschallen? Fragen über Fragen, die ich einem guten Freund, dem Justitiar vom VEB Deutscher Fischhandel, entnervt erzähle. Wir würden die Offerte wohl ablehnen müssen. Aber der Fisch-Jurist ist auch ein handfester Organisator von Kulturveranstaltungen. »Gib mir 24 Stunden Zeit«, sagt der umtriebige Anwalt, »vielleicht geht es doch.« Er braucht weniger Zeit, um seine Zusage zu telefonieren.

Falk macht den Deal klar. Uns ist noch immer mulmig. Ich besichtige täglich die Vorbereitungen in Treptow. Tieflader mit Westberliner Kennzeichen bringen eine Bühne heran, deren Ausmaße alles übertreffen, was ich je gesehen habe. Die Vorbereitungen werden rechtzeitig abgeschlossen. Am 17. September haben es über 120 000 Besucher in den Treptower Park geschafft. Aus Angst vor Randalen an den Absperrzäunen haben wir auch Zuschauern ohne Eintrittskarte die Tore geöffnet. Viele sind Westberliner, die das jenseits der Mauer ausgefallene Konzert nun zu freundlichen Ostpreisen oder sogar gratis erleben können. Zu viele Besucher sitzen in den Bäumen.

Dann fährt der Dylan-Tross, bestehend aus mehreren Wohnwagen, vor. Der amerikanische Security-Chef, der tatsächlich einen Cowboyhut trägt, steigt als Erster aus, reibt sich beim Anblick der Wiese die Augen und murmelt etwas von »security problems«. Aber der Stabschef der Berliner Volkspolizei, Dr. Dietze, entkräftet seine Bedenken in feinstem Englisch. Er strahlt eine Ruhe aus, die sich wie Balsam auf unser Nervenkostüm legt. Eine Eigenschaft, die wir auch bei den nachfolgenden Großkonzerten sehr schätzen werden.

Nun erklärt uns der PR-Mensch aus der amerikanischen Tournee-Entourage, in welchem Umkreis Fotoverbot herrscht. Wir begreifen die Ansage, als Bob Dylan aus seinem Wohnwagen wankt. Er wirkt desorientiert, das Gesicht starr. Keine Geste, kein Wort – uns Veranstaltern geht die Muffe. Tom Petty & The Heartbreakers und Roger McGuinn liefern ein gutes Vorprogramm. Aber Bob Dylan spult seine Titel so gruß- und leidenschaftslos ab, dass sich schnell Enttäuschung breitmacht. Wir wissen ja nicht, dass Dylans Spiel mit dem Publikum auch anderswo kaum ekstatischer ist. Hinzu kommt, dass Großbildleinwände fehlen und die Beschallung vor allem die Gratisbesucher »auf den hinteren Plätzen« kaum noch erreicht.

Als Dylans Kolonne wieder in Richtung Grenze unterwegs ist und auch die Besucher ihre Heimwege suchen, bleibt neben dem Erstaunen, dass ein solcher Auftritt möglich war, reichlich Frust zurück. Auch bei uns, die wir erst mal aufatmen. Keine Randale, keine Verletzten, niemand aus den Bäumen gefallen, keiner beim wilden Aufstieg zur S-Bahn-Station unter die Stromschiene geraten, die allerdings kurzzeitig abgeschaltet wurde.

Gerade als wir wieder zu uns kommen, baut sich der 1. Kreissekretär der SED vor uns auf und schnauzt rum, was uns einfiele, in seinem schönen Stadtbezirk einen solchen unverantwortlichen Zirkus zu veranstalten. Was wohl gewesen wäre, wenn Hunderttausend auf dem Hacken kehrt gemacht hätten und in Richtung Grenze abmarschiert wären. Da fällt mir die Kinnlade runter. Als ZK-Mitglied empfehle ich ihm, bei Erich Honecker nachzufragen, wer das Konzert genehmigt hat. Dann könne er ihm auch gleich seine Ansicht erläutern, dass alle Rockfans aus der DDR potentielle Grenzverletzer sind. Solche Worte scheint er nicht zu kennen und geht ab. Dr. Dietze nimmt mich später beiseite und sagt, der Treptower Park tauge für solche Großkonzerte tatsächlich nicht. Hier wälze sich der gesamte Autoverkehr von den südlichen Autobahnen vorbei. Eine derartige Verstopfung gehe nie wieder. Aber wo ist die Ausweichfläche? »Ich werde sie finden«, sagt der Stabschef der VP. Er hält Wort und zaubert nach kurzer Zeit die alte Rennbahn in Weißensee aus dem Hut.

Das dritte »W«: Von Cocker bis Springsteen – die Konzerte in Berlin-Weißensee

Nach Woodstock und dem Wembley-Stadion wird Weißensee ziemlich bald als »drittes großes W« in der Rockgeschichte gehandelt, denn nirgendwo in der sozialistischen Hemisphäre finden seinerzeit derartig dimensionierte Open-Air-Konzerte von Weltstars statt.

Den Anfang auf dem neuen Terrain macht am 1. Juni 1988 Joe Cocker, der, sein Dresdener Konzert am Folgetag eingerechnet, 160 000 Zuschauer erreicht. Die Konzerte sind in beiden Städten eine Sensation. Cocker, Star des Woodstock-Festivals von 1969, oft als bester männlicher Rocksänger gehandelt, auferstanden von den Drogen- und Suff-Attacken, die ihn fast ruinierten, steht mit den typisch ungelenken Gesten und seiner kraftvoll gurgelnden Stimme vor dem Publikum und genießt mit diesem die Stunde. Vor seinem Berliner Konzert hat er den Lesern der »Jungen Welt« eine Botschaft geschickt: »Schon lange habe ich auf diese Gelegenheit gewartet. Wenn es meiner Band und mir gelingt, die Liebe zu euch in unseren Konzerten in Berlin und Dresden zu vermitteln, werden wir zufrieden wieder abreisen. Euer Freund Joe Cocker.«

Nach »Up Where We Belong«, »Unchain My Heart«, »With A Little Help From My Friends« und all den anderen herrlichen Geradeaus-Songs hat sich Cockers Hoffnung erfüllt. Gemeinsam mit seinem Manager, dem Woodstock-Mitveranstalter Michael Lang, bedankt er sich später in einem Brief an den Zentralrat der FDJ für die gute Organisation. Nun ist auch klar: Das Stadion an der Rennbahnstraße hat seine Feuertaufe bestanden. Es besitzt vielleicht den Charme einer isländischen Aschewiese, aber seine Ausdehnung sowie die dezentrale Lage mit mehr Parkräumen und einem genügenden Abstand zu den öffentlichen Verkehrsmitteln machen es zu einem zweckdienlichen Platz.

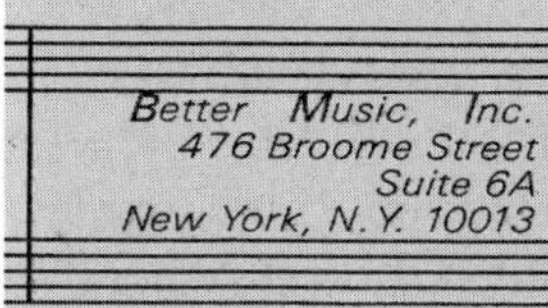

Better Music, Inc.
476 Broome Street
Suite 6A
New York, N.Y. 10013

F.D.J. Zentralrat
Sekretariat
Unter d. Linden 36-37
Berlin
1086

6th June, 1988

Dear Ladies and Gentlemen,

We would like to thank the F.D.J. and the Künstleragentur for giving us the opportunity of performing in the G.D.R. It was an exciting experience for us and one we will long remember.

We also want to thank the City of Berlin for the co-operation and hospitality extended to us during our stay, and to the City of Dresden for giving us the honour of being the first foreign rock band to play there.

Mainly and most importantly, we would like to thank the audience. Standing on stage in Berlin and Dresden, we were all moved by the spirit and energy coming from the audience. It was this spirit born at Woodstock in 1969, which we now felt in Berlin and Dresden.

We hope the time has come again for this spirit, the spirit of peace and hope, to spread amongst people everywhere. It is fitting that this should come from Berlin which UNESCO has called "The City of Peace"

We do hope that the "Week of Peace" this month will continue to strengthen this course and we look forward to more projects and co-operation together.

Yours faithfully,

Michael Lang

MICHAEL LANG

Joe Cocker

Joe Cocker und sein Manager bedanken sich bei den Veranstaltern des Konzertes in Berlin

Das zeigt sich umso mehr, als die FDJ noch im selben Monat ihre »Friedenswoche der Berliner Jugend« veranstaltet. Sie umfasst viele Events in der Hauptstadt, hat aber drei Tage lang das Weißenseeer Rennbahn-Areal zum Hauptschauplatz. Die dort konzipierten Konzerte sind auch ein Reflex auf die zeitgleich geplanten Westberliner Auftritte von Pink Floyd und Michael Jackson. Jene natürlich wieder in Mauernähe. Noch heute räumen der Konzertveranstalter Schwenkow und Westberlins Ex-Regierender Diepgen ihre Lust auf Provokation ein. Es sollte wohl so werden wie ein Jahr zuvor, als die Ankündigung, David Bowie und Genesis würden an der Mauer spielen, Tausende Jugendliche Unter die Linden rief und der Einsatz der Volkspolizei Schlagzeilen machte.

Das wollen wir nie wieder erleben. Souverän agieren statt kopflos reagieren! Den Rat, den Udo Lindenberg nach den Auseinandersetzungen am Brandenburger Tor in seinem Brief an Erich Honecker in die Frage kleidete »Müsst ihr … nicht allmählich was lernen über Rockmusik und Lebensgefühl?«, haben wir nicht überhört. Unsere Lektion allerdings haben wir allein gepaukt. Durch Weißensee wird der Schwenkow-Diepgen-Plan ins Leere laufen.

Denn with a little help from our friends in der Künstleragentur und bei »Künstler in Aktion« können von Reinhard Heinemann, dem umtriebigen Leiter des Büros Festival des politischen Liedes, Top-Künstler für die drei Tage ins Programm genommen worden: James Brown, Bryan Adams, The Wailers, Fischer-Z, Marillion, bots, Rainbirds, Heinz Rudolf Kunze, Hannes Wader, dazu CITY, NO 55, Die Zöllner, Rockhaus und andere DDR-Künstler.

Das Donnerstagskonzert am 16. Juni ist dem internationalen Kampf gegen Apartheid gewidmet. Das Datum ist nicht zufällig gewählt. Am 16. Juni 1976 geschah das Blutbad in Soweto, als Zehntausende Kinder durch die Straßen des Ghettos zogen, um die Einführung des Afrikaans an ihren Schulen zu verhindern. Als die Polizei das Feuer eröffnete, starben mit dem zwölfjährigen Hector Peterson 175 Kinder noch an jenem 16. Juni und über 400 an den Tagen danach. Derweil ist Nelson Mandela, dem erst vor wenigen Tagen das weltweit übertragene Anti-Apartheid-Konzert im Londoner Wembley-Stadion gewidmet war, noch immer inhaftiert. Über 120 Künstler aus vier Kontinenten haben im Wembley vor 75 000 Zuschauern die Ächtung der Rassentrennung und die Befreiung der eingekerkerten ANC-Aktivisten gefordert. Harry Belafonte, Miriam Makeba und Little Steven, Initiator des Musikerprojekts »Sun City«, haben von dort Grüße an das Weißenseeer Konzert gerichtet. Und aus Soweto erreicht uns eine Botschaft von Albertina, der Ehefrau des mit Nelson Mandela befreundeten Walter Sisulu. Sie schildert, wie sich die Eltern in Soweto an ihren Kindern ein Beispiel nehmen und kämpfen.

James Brown ist einer der großen Stars des Konzerts. Die Anreise des US-Künstlers war wegen schwebender juristischer Vorwürfe zu Hause nicht ganz sicher. Aber nun ist er da. Und ein wenig komfortabler Bauwagen ist seine Künstlerkabine. Wir haben an der Aschewiese keinen Luxus aufbauen können, und für extravagante Catering-Wünsche hätte uns die volkseigene HO sowieso einen Vogel gezeigt. Alles ist recht spartanisch. Aber der »Mister Dynamite« des Soul, inzwischen Millionär und Besitzer von Luxusvillen, einem Flugzeug und diversen Radiostationen, kommt aus kleinen Verhältnissen, war Baumwollpflücker und Schuhputzer. Er kann das Spartanische für eine nostalgische Weile ab. Sehr spezielle Wünsche des Sängers von »Sex Machine«, die die FDJ überhören muss, erfüllen ihm, glaubt man ihren Erinnerungen, diskrete DDR-Kollegen. Aber Eitelkeiten, erfolgreicher Kommerz und Luxus haben seinen starken Ruf nach Würde und Stolz – »Say It Loud – I'm Black and Proud« klang seine Hommage an den ermordeten Martin Luther King – nicht diskreditiert. Sein Ruhm und seine apodiktischen Töne sind für die Entwicklung des schwarzen Selbstbewusstseins und die Bürgerrechtsbewegung in den USA bedeutungsvoll geblieben. Nun steht er *wirklich* auf der Weißenseeer Bühne.

Als er im Dezember 2006 stirbt, wird er in einem goldfarbenen Sarg aufgebahrt. Unsereins empfindet so was als Vorstufe zu den Mausoleen gesalbter Häupter, die in der Erinnerung würdiger ruhen würden. Sofort fällt mir aber wieder der Weißenseeer Bauwagen als Fingerzeig auf »Godfathers« Herkunft ein. Und als dann noch bekannt wird, dass er den größten Teil seiner Millionen karitativen

Zwecken zugedacht hat, ist der Sarg zum Glück das unbedeutendere Gold.

Unter dem Konzert-Slogan »Beat Apartheid!« betritt auch die jamaikanische Reggae-Gruppe »The Wailers« die Weißenseeer Bühne. Es ist die Band von Bob Marley, der 1981 verstorbenen Reggae-Ikone. »Wir vermissen Bob sehr«, sagt Junior Marvin für die Gruppe. »Überall, wo wir seine Titel spielen, spüren wir noch seinen Geist, sein Feeling ... Unsere Botschaft ist immer noch dieselbe: Frieden, Liebe, Freiheit in die Welt zu bringen ... dass alle Menschen, egal welcher Rasse und Hautfarbe sie sind, sich vereinen, eine Lebensgemeinschaft bilden. Wir denken, solange es Rassismus gibt, wird es auch Kriege geben.«

Der Text eines Songs, den NO 55 zum Anti-Apartheid-Konzert beisteuert, stammt von mir: »Der alte Dorn«. Ich habe einen Moment lang geträumt, das Lied könnte auch im Wembley-Stadion erklingen. Wir hatten spät die Mitwirkung von NO 55 in dem Londoner Konzert angestrebt, aber unser Arm und die verbliebene Zeit erwiesen sich als zu kurz. Aus dem Kartenerlös von »Beat Apartheid!« in Weißensee kommen später 100 000 Mark einem ANC-Flüchtlingslager in Tansania zugute.

Das Samstagskonzert beginnt mit den Gruppen VOO VOO (Polen), Arija (Sowjetunion) sowie Rockhaus (DDR) und hat die britischen Bands Fischer-Z und Marillion als klare Highlights gesetzt. John Watts, Gründer von Fischer-Z, besingt die psychologischen Zustände britischer Jugendlicher zwischen sozialer Aufgeriebenheit, Konsumwahn und politischem Desinteresse. Er verlässt zuweilen die Hauptbühne und agiert auf den Laufpodien der Fernsehkameras. Er will kommunizieren, nahe ans Publikum. Und der Funke zündet.

Vor allem Songs der beiden Alben »Misplaced Childhood« und »Cluching At Straws« bilden das bejubelte Programm von Marillion mit seinen fast bis an Mitternacht reichenden Zugaben. »Wir sehen uns wieder« – verabschiedet sich Sänger Fish von 70 000 Besuchern. Sein Berliner Auftritt bleibt auch in dieser Hinsicht denkwürdig. Wenige Wochen später wird er sich von der Gruppe trennen.

Das Abschlusskonzert am 19. Juni folgt einem akuten Weckruf: »Für einen atomwaffenfreien Korridor in Mitteleuropa!« Am Folgetag

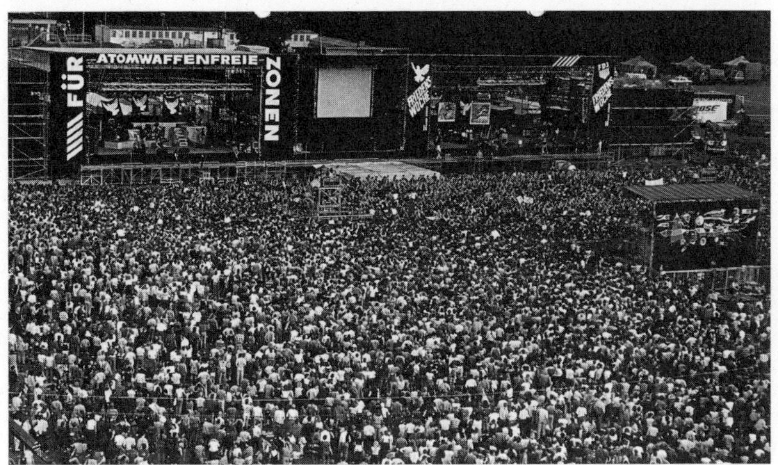

Konzertatmosphäre auf der Alten Rennbahn in Berlin-Weißensee

wird in Berlin ein internationales Treffen für kernwaffenfreie Zonen beginnen, zu dem Erich Honecker aufgerufen hat. Parteien- und Regierungsvertreter, Parlamentarier, Gewerkschafter, Aktive aus Friedens- und Befreiungsbewegungen, aus Frauen-, Jugend und konfessionellen Verbänden, Wissenschaftler, Ärzte und Künstler aus über hundert Ländern haben sich zu dem offenen Friedensdialog angesagt. Das Konzert ist kein Anhängsel der Tagung. Dass es in der DDR-Öffentlichkeit dennoch wie ein kultureller Prolog wahrgenommen wird, sei dem Initiator der Konferenz, der so schöne Devisen für Weißensee locker gemacht hat, herzlich gegönnt.

Am Abend stehen dann CITY aus der DDR, Heinz Rudolf Kunze und Hannes Wader aus der BRD, bots aus den Niederlanden, Big Country aus Großbritannien und Bryan Adams aus Kanada auf der Bühne. Kunze meint in der »Jungen Welt«: »Für uns ist das ein Riesenkonzert! Bei euch sagt man doch, übrigens deutlicher als bei uns, je ›kürzer‹ die Raketen, desto deutscher die Toten. Insofern ist es gut, wenn an dieser Stelle hier, in beiden deutschen Staaten, das Zeug verschwindet.«

Als wir das Konzert vorbereiteten, war uns klar: Die Moderatoren sollen aus beiden deutschen Staaten kommen. Wir gewinnen

Diether Dehm, der als linker SPD-Politiker bei »Künstler in Aktion« aktiv ist und viele schöne Texte, darunter den Ohrwurm »Tausendmal berührt«, geschrieben hat. Seinen Text »Das weiche Wasser bricht den Stein«, von bots überall herumgesungen, hat Willy Brandt für eine Plattenedition rezitiert. Ich kenne Diether von gemeinsamen Auftritten her, als er sich noch Lerryn nannte. Als DDR-Moderatorin fällt uns Katarina Witt ein. Aber wie kriegt man die? Einer unserer Mitarbeiter, der zuvor in Karl-Marx-Stadt für Kultur und Sport zuständig war, will den Kontakt herstellen. Er kennt die Eiskönigin und ihre Trainerin, Jutta Müller, aus dieser Zeit. Die beiden stehen kurz vor einer Auslandsreise, und wir buchen einen Sonderraum im Berliner Flughafen Schönefeld für das Gespräch. FDJ-Chef Eberhard Aurich und ich benötigen keine Überzeugungskünste, die beiden sind sofort einverstanden. Ich bereue die Idee allerdings, als Katarina auf offener Bühne ausgepfiffen wird. Die Reaktion im Publikum gibt mir sehr zu denken. Es lässt Katarina abblitzen, sieht in ihr eine staatlich Privilegierte, die reisen und mit einem Devisenkonto die Welt genießen darf.

Diether Dehm schwächt die Publikumsreaktionen dadurch ab, dass er, während sie spricht, an die Bühnenrampe tritt. Ihn sollen die Pfiffe ja nicht treffen. Aber die Botschaft des Tages bleibt: Das Gespür von Enge, die Lust auf den nicht erreichbaren Teil der Welt legen sich wie eine Last auf die Erlebnisse unserer Konzerte. Wir dürften den Jubel nicht als uneingeschränktes politisches Einverständnis verbuchen. Aber wir tun es, zur Selbstberuhigung und um neue Projekte bewilligt zu bekommen.

Nur: Anbiederung ist es trotzdem nicht. Wir lieben und genießen die Importe um keinen Deut weniger als das Publikum. Und wenn, wie wir damals vage begreifen, auch der politische Bonus schmaler wird, könnte nicht die neue Offenheit, die gerade russisch zu uns spricht, das Blatt noch wenden? Gedanken, die aber im Rausch des Augenblicks untergehen.

In einer Sache reagiere ich damals gereizt: beim Vortrag von deutschen Einheitssehnsüchten. CITY's Titel »Halb und halb« stößt dieses Thema an, und Leute wie ich halten Metaphern wie »halbes Land«

und »zerschnittene Stadt« seinerzeit für eine Kiepe voll entbehrlicher Konvergenz. Toni Krahl erklärt meine Bitte an ihn, im Programm auf den Song zu verzichten, mit meiner Angst vor dem eventuellen Missvergnügen des in einer Loge sitzenden Egon Krenz. Ich brauche dessen Autorität hier nicht, sondern folge dem, was ich denke – und sei es in den Irrtum. Es gibt in Weißensee auch keine Loge, in der Egon Krenz platziert werden könnte. Aber egal, Legenden müssen nicht ganz wahr sein. Die Geschichte wird meine gegenüber Toni Krahl gemutmaßte Sorge ohnehin bald erledigen.

Nach Waders »Es ist an der Zeit« rockt Kunze die Weißenseer Aschenbahn mit seinen populärsten Songs. Musikalisch zumindest, körperlich hindert ihn Gips am gebrochenen Bein. Heinz Rudolf, der seine Auftrittsgelegenheiten in der DDR vor allem unserer in Buchenwald angebahnten Freundschaft zuschreibt, irrt darin freundlich. Ausschlaggebend war immer die Qualität seiner Kunst.

Bryan Adams singt dann bis in den Montag hinein. Über 120 000 hören, tanzen und jubeln, als er den Schlusspunkt unter die drei Konzerttage setzt. Der Ort im Osten ist für ihn außergewöhnlich. Deshalb tritt von Anfang an zu seiner üblichen Perfektion das erregte Ausloten eines ungewohnten Kraftfeldes. So ähnlich jedenfalls hat er mir vor dem Auftritt seine Spannung beschrieben. Es ist ein Konzert fürs Leben. Der Rias meint, Bryan Adams könne zufrieden sein, »allein schon deshalb, weil er mehr Zuhörer hatte als Pink Floyd und Michael Jackson vor dem Berliner Reichstag zusammen«. Die Organisatoren liegen sich eine Weile in den Armen und atmen dann ein paar Tage lang tief durch.

Denn in Weißensee geht es Schlag auf Schlag weiter. Schon am 19. Juli steht Bruce Springsteen mit seinem Programm »Tunnel of Love« auf der Bühne. Den Kontakt zum »Boss«, der sich für einen solchen Auftritt sehr interessierte, hat Meister Falk mit Hilfe von Marcel Avram und Fritz Rau, den wichtigsten westdeutschen Rock & Pop-Managern, eingefädelt. Auf dem Westberliner Flughafen Tegel unterzeichnete Falk das vom amerikanischen Management vorgelegte Vertragspaket, nachdem sich die FDJ aus dem Politbüro die Genehmigung für das Gastspiel besorgt hat. Hier wären Eigenmächtigkeiten zu heikel gewesen. Nach den Erfahrungen des Bryan-Adams-Konzerts erwartet niemand weniger als 100 000 Besucher. Springsteen ist übrigens sogar mit einem Honorar in DDR-Mark einverstanden. Er ist wirklich heiß auf den Gig im Osten.

Als es an die Vorbereitungen geht, entsteht eine Irritation. Aus dem deutschsprachigen Umfeld des Künstlers ermuntert uns ein Jemand, dessen Kompetenz wir ungenügend geprüft haben, das Konzert der Solidarität mit Nikaragua zu widmen. Das sei ganz im Sinne des »Boss«. Weder Regisseur Gerald Ponesky (der Sohn des legendären DDR-Conférenciers, der im alten Friedrichstadtpalast in schönen Petticoat-Revuen die sozialistische Menschengemeinschaft beschwor und einmal sogar Walter Ulbricht live in den Saal zitieren durfte) noch wir als Veranstalter ahnen etwas Böses. Warum auch? Wie viele namhafte US-Künstler haben sich zu lateinamerikanischen Belangen nicht regierungskonform geäußert! Zu Chile, zu Grenada – warum also nicht zu Nikaragua, das sich des Henkers Somoza entledigte?

Die Zeit drängt. Wir sind viel zu erfreut über diese Option, um sie genauer zu hinterfragen und die Absichten der Einflüsterung besser zu deuten. Und haben schnell den Salat. Am Tag des Konzerts, als die Nikaragua-Widmung längst in der »Jungen Welt« und auf den Eintrittskarten zu lesen ist, informiert mich das Vielwissende Ministerium, die amerikanische Botschaft bearbeite Springsteen, das Konzert abzusagen. Inzwischen sind aber mindestens Hunderttausend auf dem Weg nach Weißensee. Nicht auszudenken, was bei einem Konzertausfall geschähe. In meiner Not entwerfe ich einen Text, der aus Funkwagen der Volkspolizei heraus zu verlesen wäre, falls die Völkerwanderung zur Rennbahn gestoppt werden müsste. Aber dazu kommt es zum Glück nicht. Springsteen denkt gar nicht daran, das Konzert sausen zu lassen, und erwähnt uns gegenüber die Irritation mit keinem Wort.

Am Abend lassen wir Tausende Fans, die keine Karte haben, zusätzlich auf die Steinwiese. Nun hat das Konzert weit über 160 000 Besucher und ist damit nicht nur das bis dahin größte Open-Air-Event im deutschsprachigen Raum, sondern auch in Springsteens Karriere. Anders als bei Dylan am Treptower Park gibt es für die »hinteren Plätze« eine Großbildleinwand, dennoch ist der Druck auf den

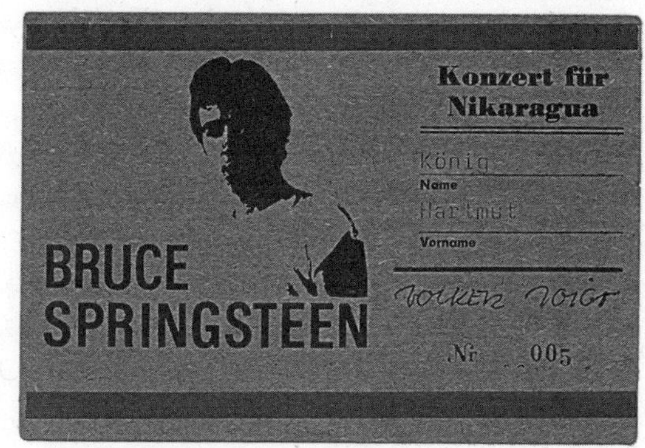

Arbeitskarte für das Springsteen-Konzert in Berlin-Weißensee

Bühnenraum gewaltig. Gemeinsam mit VP-Stabschef Dr. Dietze, der ruhigen Seele, haben wir uns dafür etwas einfallen lassen. Stämmige Kerle von den FDJ-Ordnungsgruppen, diesmal in Zivil, sollen sich beim Einlass-Run unter die Fans mischen und auf der Zuschauerpiste eine Art Raster bilden. Die Führung der Ordnungsgruppen ist übrigens der Beitrag des späteren Bundestagsmitglieds Roland Claus zu den Weißenseeer Konzerten. Die Idee funktioniert. Sie beruhigt Wellenbewegungen und lässt die Kollabierten über die Köpfe nach vorn durchreichen. Zu wenig im Magen, nichts getrunken – es ist ein schwüler Sommerabend, und die DRK-Wiese füllt sich. Schade für jeden, den's betrifft. Denn das Programm, das Bruce Springsteen abliefert, ist das Highlight des Konzertsommers 1988.

»Born In The U.S.A« steht wie all die anderen Hits in guter Tonqualität auf der Schotterwiese. Bei »Dancing in the Dark« macht Springsteen seine Tanznummer mit einem Mädchen aus dem Publikum. Eigentlich will er in einem Statement auch den Abriss der Berliner Mauer vorschlagen. Das erfährt kurz zuvor einzig sein Management. Avram, der Organisator der Europa-Tournee, weiß um die Brisanz, die das für seine zukünftigen DDR-Pläne hätte. Er kommt mit dem US-Manager Springsteens überein, dem »Boss« die Schärfe auszureden. Das passiert während eines Instrumentenparts irgendwo im Bühnenaufbau. Daraufhin sagt Springsteen, er trete gern in Ostberlin auf und hoffe, dass eines Tages alle bestehenden »Barrieren« niedergerissen werden. Das Reizwort »Mauer« ist nicht gefallen.

Abends haben wir in ein nahegelegenes Gästehaus der FDJ eingeladen. Springsteen schwärmt von der phantastischen Atmosphäre des Abends. In seiner Autobiografie »Born to Run« erwähnt er sein Weißenseeer Konzert wiederholt. Er, der vor sieben Jahre beim privaten Grenzübertritt verstört den Kopf eingezogen hatte, schreibt nun: »Die politische Lage war nicht mehr dieselbe … Vor mir auf einem offenen Feld stand die größte Menschenmenge, die ich je gesehen und für die ich je gespielt hatte. Das Ende der wogenden Masse war von der Bühne aus nicht zu erkennen. Selbst genähte amerikanische Flaggen flatterten im ostdeutschen Wind.« Egon Krenz hat mir später erzählt, er habe, da das Konzert ja vom DDR-Fernsehen übertragen wurde, dem urlaubenden Erich Honecker vorsichtshalber von den US-Flaggen berichtet. Aber der habe am Telefon entspannt erwidert: »Na und, er kommt doch von da.«

Zugleich notiert Springsteen seine damalige Überraschung: »Auf den Tickets stand, dass wir von der Freien Deutschen Jugend eingeladen worden seien, um ein ›Konzert für Nikaragua‹ zu spielen?! Das war mir neu.« Das musste es auch. Er wusste ja nicht, dass uns Nikaragua eingeredet worden war. Und dass die Künstleragentur der DDR nicht zwangsläufig der Veranstalter sein musste, hat er dem umfangreichen Vertragswerk gewiss nicht entnommen. Aber wie eine faustdicke Beschwerde klingt das nicht, zumal der Boss sich bei uns für die tolle Organisation bedankte und schon an jenem Abend sagte, was er in seiner Autobiografie wiederholt: »Es war eine der großartigsten Shows unseres Lebens.«

Der Mitteldeutsche Rundfunk bringt 25 Jahre später unter dem Titel »Mein Sommer 1988« eine sehenswerte Reminiszenz jener Konzerte auf die Bildschirme. Eine giftige Altfeder echauffiert sich in einer Berliner Zeitung, die Dokumentaristen hätten die wahren Motive der FDJ-Bonzen nostalgisch übertüncht. – Nebbich! In Wirklichkeit folgen die Filmer nur einer jüngeren, zwangloseren Nachdenklichkeit, die nach einem Vierteljahrhundert auch überfällig ist. Die Kritik frisst die Katze.

Gibt es für das Springsteen-Konzert noch eine Steigerung? Zwei international einflussreiche Konzertmanager-Duos – Marcel Avram & Fritz Rau sowie Michael Lang & Peter Rieger – können sich das vorstellen und führen Gespräche mit uns. Am weitesten gediehen ist ein Projekt des Cocker-Managers Lang und seines Partners. Wir greifen es für eine Vorlage an das Sekretariat des Zentralrates der FDJ auf, die am 6. September 1988 behandelt wird. Da heißt es: Lang und Rieger »schlugen dem Zentralrat der FDJ und der Künstleragentur der DDR vor, vom 26. bis 27.8.1989 eine internationale Rocknacht auf dem Gelände an der Radrennbahn Berlin-Weißensee im Verbund mit parallelen Veranstaltungen in New York, Moskau und Berlin (West) durchzuführen. Ursprünglich nur als eine Hommage auf das in der Rockgeschichte legendäre Woodstock-Festival von 1969 vorgesehen, gibt es bei den Initiatoren Bereitschaft und Interesse, diese kontinenteübergreifende Rock-Veranstaltung mit einem zu erwartenden großen Medienecho in aller Welt aus Anlass des 50. Jahrestages des Beginns des Zweiten Weltkrieges als Friedenskonzert durchzuführen. Die zentrale Idee besteht darin, in Berlin, Hauptstadt der DDR, in Westberlin (unter Berücksichtigung des besonderen Status dieser Stadt) sowie in Metropolen der Hauptkräfte der Anti-Hitler-Koalition ein solches Konzert parallel unter Berücksichtigung der unterschiedlichen Zeitzonen durchzuführen. Die Konzerte in Moskau, New York, Berlin, Hauptstadt der DDR und Berlin (West) würden von je 2–3 Gruppen gestaltet werden. Folgende Künstler haben nach Aussage von Rieger und Lang ihre Bereitschaft zu einem solchen Projekt zugesagt: Joe Cocker, U2 , Paul McCartney, Bruce Springsteen, Bryan Adams, Rolling Stones, Ray Charles und Aretha Franklin, Elton John, Dire Straits. Bei Vorabsprachen mit Rieger und Lang äußerten U2 und Elton John den Wunsch, in der DDR aufzutreten. Die DDR-Veranstalter könnten jedoch ihre eigenen Wünsche anmelden. Dazu müssten weitere Verhandlungen geführt werden. Alle Fernsehübertragungen werden durch die Fernsehstationen des jeweiligen Gastgeberlandes wahrgenommen. Diese Fernsehstationen geben bzw. empfangen Bilder von den bzw. an die ausländischen Fernsehstationen. Der Veranstalter ist verantwortlich für die Bühnenbauten, Sicherheit, Kartenverkauf,

Werbung, Versorgung, Unterkunft usw. und erhält die Einnahmen aus dem Kartenverkauf. Der DDR entstehen, einschließlich der Übernahme der Fernsehrechte von anderen Stationen, keine Valutakosten für Honorare. Als Sponsoren für das Festival haben der Coca-Cola-Konzern sowie die Jeans-Firma ›Levis‹ Interesse bekundet … Es wird vorgeschlagen, das Konzertangebot anzunehmen …«

Komischerweise bieten die Werbeankündigungen für die in der DDR nicht vertriebene braune Brause und die in der HO nicht gehandelten blauen Hosen den Hauptdiskussionsstoff in entscheidenden Politiketagen. Zugleich ist aber klar, ohne Sponsoren kann das Projekt, dem wir eine so große künstlerische und politische Bedeutung zumessen, nicht funktionieren. Ich habe meine handschriftliche Kladde für den einstigen Brief an Erich Honecker mit der Bitte um Bewilligung der DDR-Teilnahme aufgehoben. Was für eine tolle Welt-Nummer steht da auf dem Papier!

Leider wird das Event nicht stattfinden. Erich Honecker stimmt zwar umgehend zu, aber eine positive Reaktion aus Moskau bleibt aus. Das wird daran liegen, dass der sowjetische Jugendverband Komsomol umständlicher zu seiner Führung vordringen muss, als das der FDJ gelingt. Denn aus politischen Gründen dürfte ein solches Veranstaltungskonzept, das hundertprozentig Gorbatschows Intentionen entspricht, kaum auf Eis gelegt worden sein. Schließlich wird die Zeit knapp. Die Sponsorengelder kommen nicht zusammen, und in der DDR türmen sich andere Probleme. Ein Vierteljahrhundert später, zum 75. Jahrestag des Kriegsbeginns, gibt es leider keine vergleichbare Idee. Die offizielle Erinnerungskultur ist der neuen Weltlage gefolgt. Im Jahre 2014 sind die Russen wieder böse. Und eigentlich haben die Amis den Krieg gewonnen – zumindest moralisch.

Schalmei für Lederjacke – Udo Lindenberg im Ostwind

Beim Festival des politischen Liedes haben wir so manche Lektion im Umgang mit ausländischen Künstlern gelernt. Das Festivalbüro recherchierte in den progressiven Musikszenen vieler Länder. Es hatte auf allen Kontinenten Freunde, die LPs, Tonbänder, Bücher und andere Dokumentationen von empfohlenen Künstlern lieferten. Lieder-Handschriften und -Botschaften entschieden nach den Maßgaben von Budget und kontinentalem Proporz über eine Einladung. Udo Lindenberg stand nicht auf unserer Liste. Er lud sich selber ein. Und er tat es auf eine Weise, die in ihrer schrillen Originalität für Daueraufregung in beiden deutschen Staaten sorgte und zu einer skurrilen Fußnote jüngerer deutscher Geschichte wurde.

Ich kannte seine Liebesgeschichte »Mädchen aus Ost-Berlin«, die 1973 erschienen war. Im Überschwang des Weltfestspieljahres, in dem die DDR besonders viel Weltoffenheit demonstrierte, durfte das noch ein kleines trauriges Liebeslied sein, von zweien aus Ost und West, die viel zu kurz zueinander kommen können. Aber bald darauf tickten Zeilen wie *Rockfestival auf dem Alexanderplatz mit den Rolling Stones …* oder *vielleicht geht's auch irgendwann mal ohne Nervereien, da muss doch auf die Dauer was zu machen sein* wie Bömbchen. Das verbreitete in den befassten politischen Stuben einiges Misstrauen. Dass dem Song ein authentisches Erlebnis Udo Lindenbergs zugrunde lag, wusste ich erst später. Dass er für eine Idee missionierte, war nicht zu übersehen. Dass sie aber einmal real werden könnte, glaubte damals nicht nur ich nicht.

Drei Jahre später hatte er die »Rock'n'Roll-Arena in Jena« nachgelegt und seine Freundin aus Ostberlin schon in einer großen Fan-Gemeinde verortet, für die er singen wollte. »Doch die Funktionäre sind noch unentschlossen, diese ›westliche Müllkultur‹ sei nichts für die Genossen«, argwöhnte er und traf ins Schwarze. »Unentschlossen« war eher tiefgestapelt. Das für Kultur zuständige Politbüromitglied, Kurt Hager, lehnte ein Gastspiel ab. Zwar waren ein paar Lindenberg-Lieder im Programm des Jugendsender DT 64 aufgetaucht, was wie eine Privatinitiative von Redakteuren erschien. Sonst herrschte Funkstille. Songs und Lebensart der dubiosen »Nachtigall« wurden für abwegig gehalten. Das änderte sich im Jahre 1982. Was war passiert?

Auf dem Höhepunkt des Kalten Krieges ist die atomare Bedrohung des europäischen Kontinents zu einem grauenerregenden Szenario eskaliert. Immer mehr Menschen erkennen in der beabsichtigten Aufstellung der Pershing II und Cruise Missiles die neue Militärstrategie des Pentagon, einen begrenzten Atomkrieg auf das »Schlachtfeld Europa« zu lenken. In West und Ost wachsen Angst und Zorn. Reichen die bestehenden Vernichtungspotentiale beider Seiten nicht schon längst zur Auslöschung der Menschheit? Und wer sollte noch in der Lage sein, Irrtümer bei einem einmal erteilten Angriffsbefehl zu korrigieren? Europa darf kein Euroshima werden.

Am 15. und 16. November 1980 tagt das »Krefelder Forum«, zu dem unter anderen Martin Niemöller, Gösta von Uexküll, Petra Kelly und Gert Bastian eingeladen hatten. Der von diesem Forum ausgehende Appell fordert die Bundesregierung auf, ihre Zustimmung zur Stationierung von Pershing-II-Raketen und Marschflugkörpern in Mitteleuropa zu annullieren und »in der NATO künftig eine Haltung einzunehmen, die unser Land nicht länger dem Verdacht aussetzt, Wegbereiter eines neuen, vor allem die Europäer gefährdenden nuklearen Wettrüstens sein zu wollen«. Das ist Minimalkonsens in der westdeutschen Friedensbewegung, und so wird der Appell nach einem halben Jahr von 800 000 und bis 1983 von vier Millionen Menschen in der Bundesrepublik unterzeichnet. Auch von Udo Lindenberg, der auf der Abschlussveranstaltung des 2. Forums der Krefelder Initiative am 21. November 1981 in der Dortmunder Westfalenhalle mit seinem Kinderlied »Wozu sind Kriege da?« beeindruckt: *Herr Präsident, ich bin jetzt zehn Jahre alt / und ich fürchte mich in diesem Atomraketenwald. / Sag mir die Wahrheit, sag mir das jetzt, warum wird mein Leben aufs Spiel gesetzt?* Mit ihm sind bots, Eva Mattes, Knut Kiesewetter,

Klaus Hoffmann, Curt Bois, André Heller, Franz Josef Degenhardt, Dieter Süverkrüp, Hannes Wader, Erika Pluhar und Dietmar Schönherr auf die Bühne gegangen. Harry Belafonte singt »We Shall Overcome«. Das liegt genau am Puls jener aufgeregten Zeit. Wieder und wieder höre ich mir den als Doppel-LP veröffentlichten Mitschnitt an. Da fasziniert die Art, wie verschiedene Künste und Künstler für ein dringendes Menschheitsthema streiten. Das könnte doch auch eine Veranstaltungsidee für uns sein. Und wie sich Udo Lindenberg dazugestellt hat, macht nicht nur mich aufmerksam.

Am 29. und 30. April 1982 erscheint ein Interview mit ihm in der »Jungen Welt«, das aufhorchen lässt. Da attackiert er die Bonner Politkontrollettis und verspottet die geschürte Angst vor den »bösen Roten«. Ich weiß nicht, ob etwas dran ist an dem Gerücht, dass die Redakteure kritische Anmerkungen zur Meinungsfreiheit in der DDR gestrichen haben sollen. Jedenfalls erwähnt Udo Lindenberg das Interview zu seinen Gunsten, als er am 23. August 1983 an Erich Honecker jenen folgenreichen Brief schreibt, der sein erstes Gastspiel in der DDR ermöglichen wird.

Vorher aber gibt es noch diversen Ärger. Anfang 1983 schickt Udo Lindenberg seinen »Sonderzug nach Pankow« ab. So oder so: Der Zug kommt an. Viele schmunzeln und finden das Unerhörte locker. Aber nicht nur im Kreis der Funktionäre, sondern auch unter Lehrern und anderen »gestandenen« Erwachsenen quer durch die DDR ziehen manche die Stirn kraus. So geht man nicht mit unserem Staatsratsvorsitzenden um. Die Sender schalten auf Index, Udo Lindenbergs erste und einzige Platte in der DDR ist längst ausverkauft und muss aus keinem Ladenregal geräumt werden. Lediglich die Diskotheker geraten in Gewissensnöte.

Ich mag in anderen Fällen humorloser gewesen sein, aber der »Sonderzug« amüsiert mich. Selbst die gröbsten Despektierlichkeiten à la »sturer Schrat« finde ich noch immer mit augenzwinkerndem Charme getextet. Vor allem die besungene Lederjacke geht mir nicht aus dem Kopf. Das änderte aber nichts daran, dass der Titel bei den meisten Leuten, die das gewünschte Gastspiel letztlich zu entscheiden haben, zunächst die Reiznummer eins bleibt. Eine »Rock'n'Roll-Arena« in Jena oder anderswo in der DDR scheint es sobald nicht zu geben.

Nun schreibt Udo Lindenberg seinen Brief, der am 5. September 1983 beim Vorsitzenden des Staatsrates eingeht und von Erich Honecker noch am selben Tag an Egon Krenz weitergereicht wird. Der lässt mich lesen. Udo Lindenberg schildert seine vergeblichen Bemühungen, in der DDR aufzutreten, und vermutet, dass einige seiner Auftritte im westlichen Showgeschäft »Irritationen hervorgerufen« haben könnten. Dabei hätte er doch schon vor längerer Zeit in der »Jungen Welt« ausführlich seine Gründe für ein Engagement in der Friedensbewegung dargelegt. Erich Honecker streicht diesen Teil des Briefes an. »Umso mehr hat es mich irritiert«, beklagt Udo Lindenberg weiter, »dass andere aus dem Showgeschäft in Ihrem Staat auftreten konnten und ich nicht.«

Die Anderen sind im etwas uncharmanten O-Ton des »Sonderzugs« die kleinen *Schlageraffen*, die in der DDR *ihren ganzen Schrott zum Vortrage bringen* durften. Udo bittet Erich Honecker, den Sonderzug-Text als ein Dokument seiner Irritation aufzufassen. Es hätte ihm ferngelegen, den Staatsratsvorsitzenden »mit diesem Liedchen zu diskreditieren. Im Gegenteil.« Einer solchen angedeuteten Entschuldigung hätte es gar nicht bedurft. Denn Erich Honecker scheint die Art, in der er angesungen wird, zu gefallen. Jedenfalls markiert er noch den Absatz: »Ich möchte im Palast der Republik oder beim Festival des politischen Liedes wie andere Rocksänger auftreten. Im Rahmen einer Solidaritätsveranstaltung würde ich selbstverständlich auf ein Honorar verzichten. Das mache ich hier bei Konzerten ›Künstler für den Frieden‹ oder bei anderen politischen Veranstaltungen ebenfalls. Über das, was ich singen würde, lässt sich auch reden.« Der Staatschef, der zum Briefabschluss noch als alter Wiebelskirchener Trommler vom RFB gegrüßt wird, wendet sich nach der Lektüre an Egon Krenz mit der Frage: »Kann der Udo Lindenberg denn nicht mal bei uns auftreten?« In unseren Kreisen versteht man sowas nicht als Frage, sondern als Auftrag. Und die Kulturetage des FDJ-Zentralrats, wo dieser alsbald landet, befindet: ein origineller.

Drei Tage später hat Erich Honecker die Antwort von Egon Krenz. Darin steht zwar auch etwas von widersprüchlichen politischen Positionen Udo Lindenbergs. Aber bei der Formulierung des Briefentwurfs an Erich Honecker haben wir vor allem das Engagement des populären Rockers in der westdeutschen Friedensbewegung hervorgehoben und ausgemalt, wie sehr eine Einladung an Lindenberg gerade der Sozialistischen Deutschen Arbeiterjugend, unserer Bruderorganisation in der BRD, das Leben erleichtern würde. Das sitzt hundertprozentig.

Im Krenz-Schreiben wird ein solcher Auftritt Udo Lindenbergs vorgeschlagen, wie dieser ihn im Brief an Honecker selbst angeregt hat: im Rahmen einer Manifestation. Das heißt: gemeinsam mit anderen Künstlern. Umgehend gibt Erich Honecker sein »Einverstanden«, und als Kultursekretär des Zentralrats der FDJ erhalte ich von Egon Krenz den Auftrag, die Sache zu verhandeln. So etwas Ungewöhnliches habe ich noch nie gemacht.

Vor allem weiß ich, dass man selbst mit dem »Einverstanden« Erich Honeckers ein Projekt noch nicht in trockenen Tüchern hat. Es kann noch immer sein, dass eine dritte Seite gravierende Einwände, zum Beispiel Sicherheitsbedenken, erhebt und sich vom Generalsekretär das gleiche »Einverstanden« zum Abblasen einholt. Ich will wenigstens die Vorgespräche möglichst still über die Bühne bringen, und so laden wir Udo Lindenberg nach Weißensee, in ein kleines FDJ-Gästehaus in der Pistoriusstraße ein. Das Bedienungspersonal weiß nicht, wem es an diesem Tag servieren soll. Dadurch will ich vermeiden, dass durch Indiskretion herbeigerufene Fanschwärme zur Tagesmeldung bei der Volkspolizei werden. Ich fürchte Halbsätze wie: *Na, wenn das schon so losgeht …*

Udo Lindenberg kommt mit seinem vertrauten Organisator Michel Gaißmayer und Christina Erikson, einer schwedischen Fotografin, sagt zu unserer kleinen Verhandlungstruppe »Hallöchen« und behält den Hut auf. Es gibt Smalltalk, bis die Serviererin Kaffee und Kuchen bringt. Woher sollte ich wissen, dass sie ein besonders heißer Lindenberg-Fan ist? Jedenfalls bricht sie auf der Türschwelle beinahe zusammen, setzt mit Mühe das Tablett auf eine feste Unterlage und

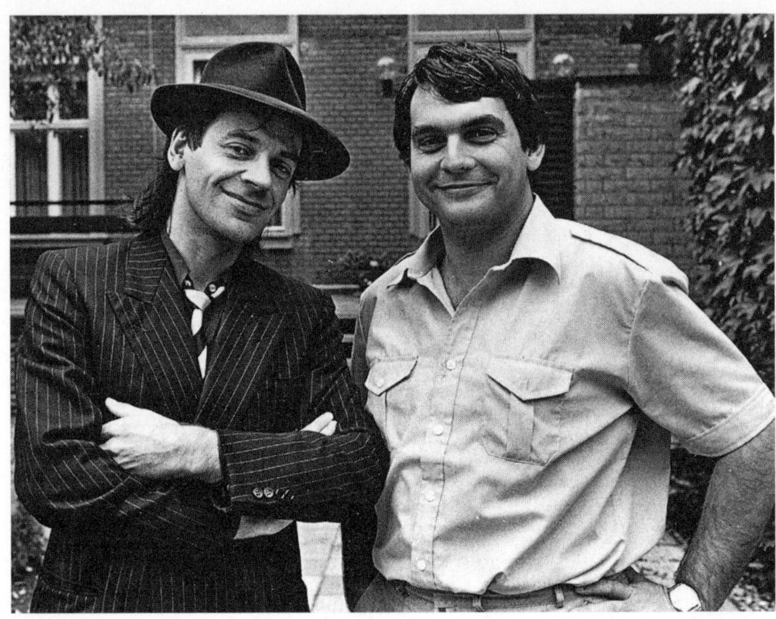

Mit Udo Lindenberg

wirft sich dem unvorbereiteten Gast stürmisch in die Arme. Zunächst ist niemand amüsiert, am wenigsten Lindenberg, dem der Hut verrutscht. Aber dann lockert es doch die Atmosphäre auf.

Wenig später ereignet sich die sogenannte Pinkelepisode, auf die Udo Lindenberg gelegentlich zurückkommt. Zum Beispiel, als er dem »Stern« erzählte: »Bereits bei den Vorbesprechungen eskortierte mich FDJ-Sekretär Hartmut König auf die Herrentoilette. Er gab mir eine halbe Stunde Tipps, was ich auf dem Konzert nicht sagen oder singen sollte. Der Typ verstand was von Musik, schließlich hatte er für den Oktoberklub das Lied ›Sag mir, wo du stehst‹ geschrieben und stieg später sogar zum Stellvertretenden Kulturminister auf.«

Anderswo steht, ich hätte ihn zum Pinkelgang geradezu aufgefordert. Alles Quatsch. Udo Lindenberg hat sich diskret nach den Räumlichkeiten erkundigt, und ich begleite ihn. Erst vor den Fliesen kommt mir der Gedanke, ihm den »Sonderzug« für seinen Auftritt auszureden. Mit dieser Nummer im Programm, fürchte ich, könnte alles scheitern, und weil ich Udo Lindenbergs Begleitung nicht kenne, halte ich die Vier-Augen-Situation für besser geeignet, meine Sorge loszuwerden, als am Verhandlungstisch. Keiner soll später behaupten können, Udo sei bei unseren Absprachen inhaltlich eingeknickt, falls er auf den Song verzichtet. Er ist aber völlig locker und sagt: »Keine Panik«, alles würde sich finden. Ich habe den Eindruck, er wird den Song stecken lassen, weil sich dessen Sinn ja auch erfüllt hat.

Es gibt ein größeres Problem. Anders als in seinem Brief an Erich Honecker verbindet Udo Lindenberg den Auftritt im Rahmen eines Friedensprogramms, wofür wir den Abschluss einer ohnehin geplanten Liedertour im Palast der Republik vorgesehen haben, mit der Forderung nach einer eigenen Tournee. Die FDJ-Seite am Verhandlungstisch kann das sogar verstehen. Wir halten sein OK zur Mitwirkung in unserem Programm für keine hohle Verbeugung, damit sich die Rock'n'Roll-Arenen auftun. Sein Engagement ist ehrlich. Und seine offensichtliche Sorge, in den heimischen Medien als politischer Stichwortgeber zusammengestrichen und vermöbelt zu werden, falls er sich in der DDR auf ein paar Friedenslieder reduzieren ließe, ist schwer von der Hand zu weisen.

Wir sind bereit, für diese Tournee etwas zu tun, und deuteten das unseren Verhandlungspartnern auch an. Aber wir haben für eine Zusage zu diesem Zeitpunkt wie auch später kein grünes Licht. Besonders Reinhard Heinemann, der die weiteren Absprachen führt, hat es schwer, den Fortgang in vernünftigen Bahnen zu halten. Zukünftige Kontakte zu Udo Lindenberg sollen von dessen Auftritt im Palast der Republik abhängen. Alles bleibt vage. Udo Lindenberg wird hingehalten. Er versucht brieflich, bei Erich Honecker eine Tourneeerlaubnis für das Frühjahr 1984 zu erhalten. Heinemann darf ihm aber nur vorschlagen, über seinen Wunsch nach dem Auftritt am 25. Oktober zu verhandeln. Das »Jodeltalent« hingegen dringt auf eine Klärung, die vor der Veranstaltung im Palast der Republik jedoch kaum noch möglich scheint.

Dieses Lavieren geht Reini Heinemann mit seinem stolzen, geradlinigen Charakter derart auf die Nerven, dass er Udo Lindenberg am 8. Oktober 1983 auf dem Kopfbogen des Büros Festival des politischen

Liedes die erhoffte Zusage gibt. Neben den organisatorischen Angaben für die Ton- und Kameraproben sowie das Eintreffen am Grenzübergang Invalidenstraße enthält sein Schreiben den ersehnten Satz: »Außerdem möchten wir unsere Einladung zu weiteren Konzerten mit Deiner Band im Jahre 1984 bestätigen.« Dazu hat er nach eigener Aussage das OK von Egon Krenz. Ich hingegen weiß von nichts. Aber eine alte Erfahrung besagt: Du sollst keine Klärung zur Unzeit herbeiführen! Ich lasse das also laufen. Udo Lindenberg kann eine schriftliche Einladung präsentieren. Und keiner rührt daran, denn der allseits gewünschte Erfolg des Konzerts im Palast der Republik hängt zu offensichtlich an diesem Faden.

Inzwischen hat auch Harry Belafonte eine Einladung von Egon Krenz zur Mitwirkung an der Veranstaltung angenommen. Bereits früher hatte er eine Visite bei der Akademie der Künste der DDR zugesagt. Nun war es glücklich gelungen, beides auf einen Termin zu legen. Ich denke, dass Fritz Rau, Konzertmanager und Freund Udo Lindenbergs, dabei seine Finger im Spiel hatte. Wohl auch deshalb, weil an der Schulter des Weltstars aus den USA eine westdeutsche Medienschelte gegen Lindenbergs gewagten Ostausflug schwieriger sein würde.

Am 25. Oktober fährt Reinhard Heinemann mit seinem Privatwagen zur Invalidenstraße, um Udo Lindenberg abzuholen. Danach begrüßen wir Harry Belafonte in Begleitung seiner Frau und seiner Musiker auf dem Flughafen Schönefeld. Später gibt es eine Pressekonferenz im Internationalen Pressezentrum mit Harry Belafonte, Udo Lindenberg, Shanna Bitschewskaja aus der Sowjetunion und Perry Friedman, die ich zu leiten habe. Der Saal ist überfüllt, und die Auswahl der Journalisten, denen ich in der zur Verfügung stehenden Zeit das Wort geben kann, bleibt zufällig.

Aber ich habe ein glückliches Händchen. Gleich zu Beginn wendet sich ein Pressemann an Harry Belafonte und bittet ihn um Stellungnahme zu einem Vorfall, den wir noch gar nicht kennen. Soeben ist von den Nachrichtenagenturen gemeldet worden, dass die USA in die kleine Karibikinsel Grenada eingefallen sind. Dort hatte der junge Maurice Bishop, der während seines Jura-Studiums in London zu den

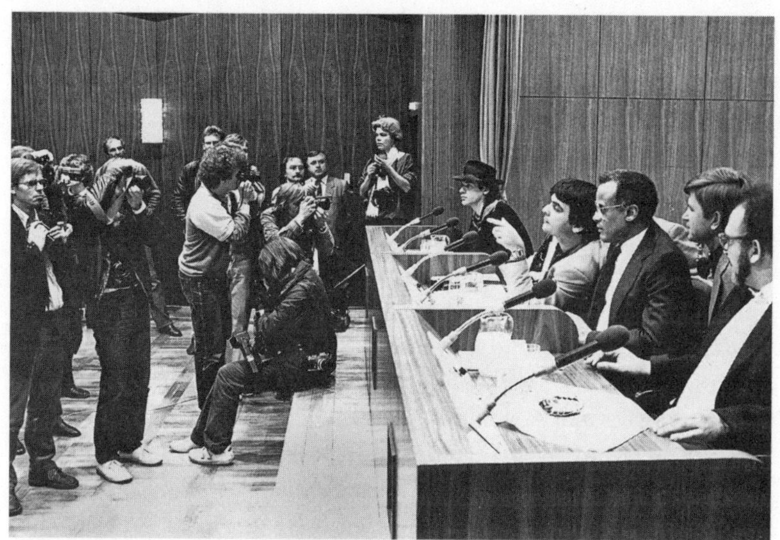

Pressekonferenz mit Udo Lindenberg und Harry Belafonte

68ern und zur Black-Power-Bewegung gestoßen war, 1979 die sozialistisch orientierte New Jewel Movement gegründet. Nach einem von der Bevölkerung weitgehend unterstützten Umsturz im selben Jahr hatte er als Premierminister die Regierungsgeschäfte übernommen und sich hilfesuchend an Kuba und die Sowjetunion gewandt.

Jewel stand für »Joint Endeavor for Welfare, Education and Liberation«, und Bishops Partei wie er selbst genossen unter der Bevölkerung große Sympathie. Harry Belafonte, dessen politisches und soziales Engagement weit über die Grenzen der USA reicht, wurde ein freundschaftliches Verhältnis zu Bishop nachgesagt. Welche Tragik legte sich über diese karibische Hoffnung, als Maurice Bishop am 19. Oktober 1983 von Gegnern aus der eigenen Partei exekutiert wurde. Die USA haben diesen Vorgang zum Anlass genommen, um an jenem 25. Oktober 1983 unter dem Codenamen »Operation Urgent Fury« ihre Invasion zu starten.

Harry Belafontes Gesicht versteinert. Er ringt sekundenlang um Fassung, um dann mit einem scharfen Statement den Überfall zu verurteilen. Er tut es unter dem Vorbehalt der Richtigkeit dieser Nachricht, aber die folgenden Stunden lassen keinen Zweifel. Als ehemaliger internationaler Sekretär des FDJ-Zentralrats mache ich mir in diesem Moment Sorgen um die Gruppe junger Entwicklungshelfer – wir nennen sie FDJ-Freundschaftsbrigade –, die wir nach Grenada entsandt haben und deren Schicksal nun ungewiss ist. Später erfahre ich, dass ihnen, anders als den ums Leben gekommenen kubanischen Freiwilligen, die Flucht in die sowjetische Botschaft gelungen ist. Zu dieser Stunde wird offensichtlich, was die Geschehnisse in Grenada mit den für Europa bestimmten amerikanischen Raketenplänen verbindet: die politische und moralische Skrupellosigkeit der US-Administration bei der Verwirklichung hegemonialer Ziele. Es ist ein trauriger Prolog für den Appell des Abends.

Auf die Frage nach weiteren Auftritten von Udo Lindenberg in der DDR antworte ich, dass das Büro Festival des politischen Liedes mit dem Künstler darüber gesprochen habe und dass alles bis zum Jahresende präzisiert werde. Dieses Statement ist nicht falsch, bleibt aber hinter der Zusage zurück, die Reinhard Heinemann brieflich gegeben hat. Wer nun aus meiner vorsichtigen Antwort den Schluss zieht, intern hätten wir eine Tournee längst zu den Akten gelegt, der irrt. Alles ist noch möglich. Deshalb widerspreche ich nicht, als Udo Lindenberg zur »Abrundung« seine Auffassung nachreicht, es sei über große Veranstaltungen in mehreren Städten der DDR gesprochen worden, das Ganze solle im nächsten Jahr stattfinden, was er in Form einer Einladung schriftlich habe. Ich ahne allerdings, dass die öffentliche Darstellung seiner detaillierten Wünsche einigen Sprengstoff für zukünftige Verhandlungen birgt.

Der große Saal des Palastes der Republik ist mit über 4000 Zuschauern bis zum letzten Platz besetzt. Die Karten sind größtenteils über Grundorganisationen der FDJ vergeben worden. Das ist bei Manifestationen, vor allem den weniger attraktiven, nicht ungewöhnlich. Aber hier, wo eine riesige Nachfrage herrscht, hat beim Verzicht auf einen öffentlichen Kartenverkauf die Auswahl eines politisch kalkulierbaren Publikums im Vordergrund gestanden. Vor allem sollte keine auf Udo Lindenberg eingeschworene Fankurve – zum Beispiel durch Intoleranz gegenüber anderen Mitwirkenden – die Botschaft der Veranstaltung kippen können.

Später fällt es schwer, solche Entscheidungen zu erklären. Wir glaubten leider immer wieder, Führung sei selbst da angebracht, wo eigenes Engagement längst seine Wege gefunden hat. Was den Raketenpoker betrifft, so hätten wir allein an der Popularität des »Karat«-Songs »Der blaue Planet«, ablesen können, wie groß der inhaltliche Konsens unter der Jugend in dieser Frage ist. Karten für die Festivals des politischen Liedes oder später die nationalen und internationalen Rockkonzerte werden jedenfalls frei verkauft.

Als Höhepunkt ist Harry Belafonte gesetzt, eine andere Dramaturgie wäre für diesen Abend undenkbar gewesen. Udo Lindenberg und sein Panik-Orchester haben neben den Friedenssongs »Wozu sind Kriege da?« und »Kleiner Junge« noch zwei weitere Titel ins Programm genommen. Thematisch fallen sie aus dem Rahmen. Aber wenn man bei dem tröstenden Text *die anderen Miezen, die warten doch schon / die sitzen in Honolulu / im weißen Sand am Palmenstrand / oder in Konstantinopel oder im Sauerland* eben voraussetzt, dass zuvor keine Atomraketen auf Honolulu, Konstantinopel, das Sauerland oder den Palmenstrand gefallen sein dürfen, dann erscheint das genauso logisch, wie dass Belafontes »Matilda« unverseuchte Luft zum Atmen haben muss.

Es ist eher das Gesamtkunstwerk Lindenberg, das in diesem Zuschauerkreis für manches Erstaunen sorgt. Der flippige, so unerhörte Worte und Sätze ins Mikrofon nuschelnde Hutmensch, der sich Wasser ins Ohr gießt, um es tänzelnd auf den Bühnenboden zu prusten, der ist für manche gerade noch durch sein Friedensengagement tolerabel. Andere Besucher springen aus den bequemen Palastsesseln, um zu tanzen und ihrer »Nachtigall« zuzujubeln. Ich finde, dass man die Toleranz, die Udo Lindenberg durch seine Mitwirkung unserer Seite entgegenbrachte, auch ihm schuldet.

Dass Udo Lindenberg auf der Bühne erklärt, er wolle den ganzen Raketenschrott weghaben, die Pershings wie die SS 20, ist weniger aufregend, als von Beobachtern später behauptet wird. Zwar stehen in unserer Polemik vordergründig die amerikanischen Pershings und

Cruise Missiles am Pranger. Aber die sowjetischen Raketen werden dadurch nicht sakrosankt. Selbst Erich Honecker macht, wenn er von den Raketen als Teufelszeug spricht, keinen Unterschied zwischen ihrer Herkunft. Als deutscher Politiker sieht er die Gefahren für beide Seiten entlang der Staatsgrenze und handelt sich dafür manche Schelte aus Moskau ein.

Auch mit den Beiträgen der anderen Künstler aus der DDR, der Bundesrepublik, Chile, der ČSSR, der Sowjetunion, Italien und Irland, die zumeist mit Perry Friedman schon in mehreren Städten der DDR unterwegs gewesen sind, rundet sich der Abend aus der Sicht der Veranstalter zu einem großen Erfolg. Gekrönt wird er zweifellos von Harry Belafonte, der nach wenigen Augenblicken den Saal beherrscht, bestens gelaunt durch das Publikum tanzt und als künstlerische und moralische Autorität das Geschehen auf der Bühne dominiert.

Seit seiner Ankunft in Schönefeld sind wir von seinem bescheidenen und freundlichen Wesen fasziniert. Er erwartet keinen roten Teppich zur Begrüßung und ordert keinen Kaviar auf einer Cateringliste. Er stellt sich als Gleicher an die Seite seiner Band und dankt seinem Dolmetscher wie allen, die bei der Vorbereitung seines Auftritts behilflich sind, mit aufrichtiger Herzlichkeit. Er achtet jeden anderen Mitwirkenden und jeden Bühnenarbeiter. Seine Heiterkeit hat viele Facetten. Aber auch sein Zorn. Hier die ungläubige, ohnmächtige Wut beim Erhalt der Grenada-Nachricht und die beschwörende Ausdeutung von »Island In The Sun«, mit der er im Programm auf die Invasion reagiert, dort der schneidende Appell, die Raketen-Stationierungspläne zu durchkreuzen.

Eine Episode am Ende der Veranstaltung passt zu seinem Wesen. Wir haben Wolfgang Heinz, den legendären Mimen und Theaterintendanten, gebeten, die Brechtsche Mahnung zum Völkerkongress für den Frieden in Wien 1952 zu sprechen: *Lasst uns das tausendmal Gesagte immer wieder sagen, damit es nicht einmal zu wenig gesagt wurde! Lasst uns die Warnungen erneuern, und wenn sie schon wie Asche in unserem Mund sind! Denn der Menschheit drohen Kriege, gegen welche die vergangenen wie armselige Versuche sind, und sie werden kommen ohne jeden Zweifel, wenn denen, die sie in aller Öffentlich-*

keit vorbereiten, nicht die Hände zerschlagen werden. Es soll der programmatische Abschluss des Abends sein. Aber in den minutenlangen Beifall für Belafonte möchte der alte Professor nicht hineingehen. Er steht, auf ein Geländer gestützt, am äußersten Bühnenrand, bis Harry Belafonte ihn bemerkt und bei noch immer starkem Applaus ans Mikrofon führt.

Als ich mich am nächsten Morgen beim Frühstück von Harry Belafonte verabschiede, hat er noch die gute Laune des Vorabends. Beiläufig fragt er mich nach Udo Lindenberg. Er würde gern wissen, wer da wohl wen brauche. Lindenberg uns oder wir ihn. Ich habe als internationaler Sekretär diplomatisches Antworten gelernt, aber hier genügt schon die einfache Wahrheit: »Beide geben was, und beide wollen was.«

Udo will weiterhin seine Tournee. Als wir uns einen Monat lang nicht rühren, trägt die Post erneut einen Brief ins Staatsratsgebäude. Mit wohlüberlegten Begründungen schlägt Udo Lindenberg die Auftrittsorte für seine Tournee vor. Sie reichen von Rostock über Frankfurt an der Oder, Halle, Magdeburg, Leipzig und Dresden bis nach Weimar und Karl-Marx-Stadt (»schon des Namens wegen«). Egon Krenz ist inzwischen in die Politbüroetage am Werderschen Markt umgezogen. Dort erreicht ihn ein Glückwunsch von Udo samt Prösterchen auf Buttermilch. (Mit Buttermilch hatten – angeblich wegen ihres leberschonenden Effekts – Krenz und Lindenberg im Palast der Republik auf den Erfolg der Veranstaltung angestoßen.) Nun wird sie als Omen für die Tournee bemüht.

Aber erfolglos. Einerseits bemüht sich das Festivalbüro noch immer, Rettungsnetze auszuwerfen. Es schlägt einen gemeinsamen Auftritt von Udo Lindenberg plus Panik-Orchester mit der DDR-Rockband NO 55 und Louisiana Red aus den USA in Freiluftkonzerten vor. Reini Heinemann lässt auch deshalb nichts unversucht, weil er bei einer Absage das Unverständnis vieler westdeutscher Künstler und die Verärgerung von Fritz Rau befürchtet, der als internationaler Künstleragent ein wichtiger Strippenzieher für Konzerte in der DDR bleiben soll.

Andererseits hat sich eine einflussreiche Ablehnungsfront formiert, die vor allem Sicherheitsbedenken ins Feld führt. Dabei ist, im Kontrast zu den weit überzogenen Sicherheitsmaßnahmen, an jenem 25. Oktober eigentlich nichts Aufregendes passiert. Fans, die keine Karte hatten, warteten tagsüber am Palast, um Udo Lindenberg zu sehen. Als er sich zeigte, gab es ein Gedränge, das kein Sicherheitsorgan der Welt nervös machen musste. Die meisten Fans gingen wieder, als ihr Idol aus dem Blickfeld war. Nachfolgende Randale waren eher mäßig, einzelne »Zuführungen« völlig unnötig. In den meisten Fußballstadien war die Welt weniger heil. Aber Udo Lindenberg agiert im Nachhinein auch nicht glücklich. Anstatt den Vorschlägen des Festivalbüros einschließlich der Auftrittsorte noch ein bisschen DDR-internen Wirkraum zu geben, versucht er in Statements und seinem Song »Hallo DDR« eine öffentliche Erwartungshaltung zu erzeugen, die die DDR-Seite zur Freigabe seiner Marschroute zwingen soll. Das ist falsch kalkuliert und wird ihm auch prompt als Erpressung ausgelegt.

Noch verfahrener ist die Situation, als das für den 14. Januar 1984 geplante Konzert der Kölner Rockgruppe BAP im Palast der Republik platzt und das Politbüro westdeutsche Rocksänger in der DDR nicht mehr gastieren lassen will. Udo Lindenberg sieht seine Tournee gefährdet, sein Impressario Fritz Rau schäumt vor Wut. Nach einer Verständigung zwischen Egon Krenz und Erich Honecker erhält Udo Lindenberg am 22. Februar 1984 einen abschlägigen Bescheid für seinen Tourneewunsch. Reinhard Heinemann teilt Udo Lindenberg brieflich mit, dass man sich nach dessen öffentlichen Äußerungen über Termin, Größenordnungen und Inhalt außerstande sehe, eine diesen Wünschen entsprechende Tournee in der DDR zu organisieren. Was Reinhard Heinemann da zu unterschreiben hat, grämt ihn noch mehr als mich. Ich sehe meine Befürchtung bestätigt, dass Udo Lindenbergs Versuche, auf die Tourneeausrichtung über die Medien Einfluss zu nehmen, das Projekt aufs Eis befördern würden. Ich finde es auch an der Zeit, sich anderen Projekten zuzuwenden. Reini Heinemann aber, der sein Wort gegeben hat, findet sich brüskiert und die Verfahrensweise ehrenrührig.

Allein Udo Lindenberg hat einen langen Atem, schickt uns seine LP »Götterhämmerung« einschließlich des Tournee-Songs »Hallo DDR« als Erinnerungshilfe. Gefolgt von »Sündenknall«, um uns weiterhin Lockerheit zu empfehlen. Das Jahr 1985 bringt uns die Scheibe »Radio Eriwahn«, auf der es auch eine musikalische Wiederbegegnung mit Shanna Bitschewskaja gibt. 1985 ist das Jahr der Weltfestspiele der Jugend und Studenten in Moskau. Udo fährt mit der BRD-Delegation in die sowjetische Hauptstadt und lädt uns zu seinem Konzert ein. Wir sind vernagelt und sagen ab.

Die nun einsetzende Funkstille währt bis Pfingsten 1987, als es am Brandenburger Tor Zusammenstöße von Jugendlichen mit der Volkspolizei gibt. Die Rockfans wollten einem auf westlicher Seite veranstalteten Rockkonzert zuhören. In einem offenen Brief an Erich Honecker lädt Udo Lindenberg die Schuld bei den »Rudi-Ratlos-Gangs von der Vopo« ab und schickt dem Staatsratsvorsitzenden, dem er nach »Sonderzug«-Manier eine Vorliebe für Rock'n'Roll-Musik unterstellt, eine seiner Lederjacken. Egon Krenz überrascht mich während der Juni-Tagung des ZK der SED mit der Bitte, einen Dankesbrief für die Lederjacke zu entwerfen, den er Erich Honecker zur Unterschrift vorlegen wolle. Aber ganz so steif dürfe der Schrieb nicht ausfallen. Das ist klar. Und während im Tagungsraum mit dem Verlesen des Rechenschaftsberichtes ein staubiger Tagesordnungspunkt seinen Verlauf nimmt, habe ich viel Freude dabei, diesen Brieftext auf weißem Papier mit blauen Linien zu konzipieren. Die Kladde habe ich noch heute. Nachdem die Grundidee »Die Jacke passt!« gefunden ist, schreibt sich der Text flüssig hin:

»Lieber Udo Lindenberg! Mit der Übersendung der Lederjacke haben Sie mir eine Überraschung bereitet, für die ich Ihnen danke. Natürlich ist das Äußere Geschmackssache, aber was die Jacke selbst betrifft: sie passt. Wenn ich es recht verstehe, ist sie ein Symbol rockiger Musik für ein sinnvolles Leben der Jugend ohne Krieg und Kriegsgefahr, ohne Ausbildungsmisere und Arbeitslosigkeit, ohne Antikommunismus, Neofaschismus und Ausländerfeindlichkeit. Und wenn ich Ihre künstlerischen Absichten nicht missverstehe, so richten sie sich *(im starken Maße)* gegen Raketenwälder und SDI und plädieren für ein atomwaffenfreies Jahr 2000, für eine Koalition der Vernunft sowie die Einsicht, dass von deutschem Boden nie wieder Krieg, sondern nur noch Frieden ausgehen darf. Dieser Auffassung sind wir auch, und die Rockmusiker teilen in ihrer Aktion ›Rock für den Frieden‹ sowie bei vielen Auftritten hier und in aller Welt dieses politische und künstlerische Anliegen. *(Sie wissen ja aus eigenem Erleben, dass die DDR ein sehr jugend- und deshalb auch sehr rockfreundliches Land ist, und das nicht erst seit heute. Als guter Kenner dieser Szene ist Ihnen sicher nicht unbekannt, daß bei uns 110 professionelle Rockbands und über 2000 Amateurrockgruppen existieren. Sie spielen Woche für Woche vor Millionen Fans. Zu diesen Auftritten kommen zahlreiche Gastspiele ausländischer Gruppen.)* Wie sollte man angesichts dieser Tatsachen nicht unumwunden sagen: Ja, die Jacke passt. *(So erweist sich wieder einmal: Meldungen westlicher Medien über die DDR sind das eine und die Realitäten in unserem Land das andere. Die mir zugedachte Lederjacke werde ich dem Zentralrat der FDJ übergeben. Die Freunde finden sicher einen Weg, sie einem Rockfan zukommen zu lassen – vielleicht sogar über eine Solidaritätsaktion zugunsten der antiimperialistischen Solidarität. Ich bin sicher, dass das Ihre Zustimmung findet.)* Nochmals herzlichen Dank. Für Ihre Arbeit wünsche ich Ihnen Erfolg und gutes Gelingen. Übrigens, da Sie gelegentlich auf meine musikalische Vergangenheit zu sprechen kommen, schicke ich Ihnen eine Schalmei. Viel Spaß beim Üben. Mit freundlichem Gruß Erich Honecker.«

Eine Schalmei erscheint mir deshalb witzig, weil Udo nun zwangsläufig ein neues Instrument erlernen muss, wenn er ein symbolträchtiges Spielzeug auf der Bühne haben will. Vorsorglich überprüfe ich, ob das Zentrale Schalmeienorchester der FDJ eine solche Signalhupe vorrätig hat. Egon Krenz guckt etwas verblüfft auf den Entwurf und fragt halblaut, ob man das einem Staatsoberhaupt vorlegen könne. Dann aber findet er Gefallen an den Zeilen, fügt noch die oben in Klammern angeführten Passagen ein und ersetzt meinen deplatzierten »sozialistischen« durch einen »freundlichen Gruß«. Erich Honecker, amüsiert, soll ohne Zögern unterzeichnet haben.

Mit Schreiben und Schalmei schicken wir zwei Zentralratsmitarbeiter in das Westberliner Hotel Intercontinental, wo Udo Lindenberg wohnt. Als sie sich zurückmelden, beschreiben sie einen fassungslosen Empfänger. Dieser bedankt sich handgeschrieben – natürlich nicht, ohne auf ein Rockkonzert in der DDR zu hoffen. Und als die »Junge Welt« mit ihrer Millionenauflage den Brief samt Schalmei unter der Überschrift »Die Jacke passt« veröffentlicht, wird diese Ausgabe zur Bückware.

Kurz darauf hat Eberhard Aurich, der Egon Krenz als 1. Sekretär des Zentralrates der FDJ nachgefolgt ist, einen bei Brieffreund Erich Honecker eingegangenen neuen Vorschlag Udo Lindenbergs auf dem Tisch. Für Ende August, den Vorabend des Weltfriedenstages, schlägt er ein großes internationales Open-Air-Konzert unter seiner Beteiligung in Ostberlin vor. Sicherlich würde Fritz Rau keine Mühe haben, renommierte westliche Künstler zu verpflichten, und so kriegt auch der FDJ-Zentralrat Spaß an der Sache.

Warum das in der Oberleitung als zu riskant angesehen wird, bleibt uns unverständlich. Wir denken, ein solches Projekt würde der Vorbereitung des Honecker-Besuches in der BRD gerade gut zu Gesicht stehen. Während seiner Visite besucht Erich Honecker auch Friedrich Engels' Geburtsstadt Wuppertal, wo ihm Udo Lindenberg vor laufenden Kameras eine Elektroklampfe mit dem Slogan »Gitarren statt Knarren« überreicht. Und als der sich bedankt, trauen wir unseren Ohren kaum. Erich Honecker wünscht der »Nachtigall« nicht nur weiterhin viel Erfolg, sondern ruft ihm ein kräftiges »Auf Wiedersehen in der Deutschen Demokratischen Republik« zu. Er hoffe, dass dies recht bald sei, und er werde die FDJ bitten, das zu organisieren. Ist das wieder ein Auftrag?

Der FDJ-Zentralrat hat seine Vorstellungen über ein internationales Friedenskonzert unter Beteiligung von Udo Lindenberg noch nicht zu den Akten gelegt. Und bei den Rock- und Lindenberg-Fans keimt neue Hoffnung. Udo hat ein Gespür dafür und lässt neue Vorschläge für Open-Airs in Berlin und Dresden in den Briefkasten des Staatsrates stecken. Erich Honecker meint in Verkennung der örtlichen Gegebenheiten, dass die Insel der Jugend in Berlin-Treptow ein geeigneter Auftrittsplatz in der Hauptstadt wäre und übergibt die Angelegenheit Egon Krenz. FDJ-Chef Eberhard Aurich plant schon mal Konzerte in Rostock, Karl-Marx-Stadt und Berlin. Aber das MfS stellt sich quer. Nun haben alle die Nase voll. Lindenbergs Crew auf der einen und der FDJ-Zentralrat auf der anderen Seite. Und obwohl wir inzwischen durch die ersten großen Open-Airs mit Barcley James Harvest und Bob Dylan viel gelernt haben und souveräner geworden sind, soll es zu einem neuen Auftritt von Udo Lindenberg in unserer Amtszeit nicht mehr kommen. Erst Anfang 1990 geht sein Tourneewunsch bei anderen Veranstaltern in Erfüllung.

Wie konnte ein westdeutscher Sänger die ostdeutsche Führung derartig lange und ausgiebig beschäftigen? Er trieb ein meisterhaftes Spiel mit den westlichen Medien, die seine eigenwillige Kontaktsuche goutierten oder verrissen. Egal, ständige Medienpräsenz eines die DDR tangierenden Themas in der Bundesrepublik hatte unfehlbar höchste Aufmerksamkeit in unseren Machtetagen zur Folge. In der DDR-Politik spielte, wohl als Rudiment des jahrzehntelangen Ringens um staatliche Anerkennung, das westdeutsche Medienecho eine fast krankhaft überbewertete Rolle. Und dass sich Erich Honecker, ein bisschen aus Eitelkeit, ein bisschen um der Entkrampfung der deutsch-deutschen Verhältnisse willen, auf Lindenbergs Ansprache einließ, setzte den Punkt aufs i.

Dabei war Lindenberg kein Narziss. Und auch nicht allein mit Vermarktungssinn stellte er sich als Gesamtkunstwerk in den Ostwind. Er hatte durchaus eine Vision von Annäherung. Das war ein Thema für ihn, und wir verstanden dessen Polyphonie. Solange es um die großen Menschheitsfragen von Abrüstung und Völkerverständigung ging, wollten wir seinen O-Ton in unser Weltbild holen. Aber bei den sehr persönlichen Balladen deutsch-deutscher Annäherung fürchteten wir das Gift der Konvergenz.

Wir ängstigten uns vor harmlosen Liedern, wo doch ganz andere Befürchtungen nötig gewesen wären. Der wichtigste Selbstschutz gegen alle politischen Roll-Back-Szenarien – die souveräne Behauptung des ehrlichen sozialistischen Ideals – war im DDR-Alltag versandet. Wir verdrängten das und luden unseren Unmut auf Lindenberg, der den kleinen Finger in eine große Wunde gelegt hatte und doch vor allem eins nicht sein wollte: ein früher Besserwessi. Wenn ich über verpasste Chancen nachdenke, hat die Lindenberg-Saga ihren Platz. Das Ganze einfach vergessen? Keine Chance. Mein Haus steht in einer Lindenberger Straße. Und ist erst gegen Lebensende abbezahlt.

Du sollst nicht auf Beton säen!

Als Jugendlicher hatte ich der Kirche Tschüss gesagt, aber einige ihrer nützlichen Gebote nicht verworfen. Ich schuf mir sogar welche dazu. Eines lautet: »Du sollst nicht auf Beton säen!« Das hatte mit meinem Erschrecken über die Folgen eines ambitioniert vorbereiteten, aber in einem entscheidenden Punkt falsch konzipierten FDJ-Ereignisses zu tun: der Leipziger Kulturkonferenz von 1982.

Gewiss, sie wirkte sich fruchtbar auf viele Bereiche unserer kulturellen Arbeit aus, präsentierte erstaunliche Beiträge von Kunststudenten sowie jungen Berufs- und Laienkünstlern, bereicherte die FDJ-Veranstaltungskultur. Aber sie hatte auch den Ehrgeiz, in den Debatten um die Ideenwelt und die Wirkung von Kunst im Sozialismus ideologische Noten zu verteilen, und sie tat es mit Auffassungen von Realismus und Parteilichkeit, die die Forderung der Künstler nach Selbstbestimmung ihrer gesellschaftlichen Verankerung und ihre individuellen Schaffensmethoden einengten. Viele Künstler sahen das kulturpolitische Rigorosum der FDJ als Rückschritt ins Dogma an. Auch hielt man es für einen Parteiauftrag. Dabei waren wir Blauen nur vorlaut gewesen, und die Partei hatte ihr Plazet gegeben. Gegen dieses Stigma hatten sich nun auch die fundiertesten kulturellen Projekte der FDJ durchzusetzen. Ich war von dieser Reaktion betroffen. Ich hatte nicht bedacht, wie wichtig der Boden war, in den man seine Pflänzchen setzt. »Du sollst nicht auf Beton säen!« Aber ich will alles der Reihe nach erzählen.

Die Konferenzvorbereitungen liegen in meinem Ressort. Egon Krenz als damaliger FDJ-Chef lässt mir viel freie Hand, wacht aber mit Argusaugen darüber, dass die kulturpolitischen Prämissen der Parteiführung jederzeit erkennbar bleiben. Als Kandidat des Politbüros mag er die kontroversen Kulturdebatten in der Oberleitung nuancenreicher zur Kenntnis genommen haben, als ich das konnte. Aber auch mir ist nicht verborgen geblieben, dass dort weithin gemeint wird, die kulturpolitischen Zügel würden von Kurt Hager und seinem Apparat zu lasch geführt, und ideologisches Terrain werde leichtfertig geräumt.

Natürlich erkenne ich, dass die FDJ mit ihrer »Richtungs«-Konferenz in all die Widersprüche geraten muss, die sich zwischen Künstlern und der kulturpolitischen Linie der Partei abzeichnen. Sie haben sich auch als eine Spätfolge der Biermann-Ausbürgerung sowie als Reaktion auf eine rigidere Veröffentlichungspraxis wieder verschärft. Abgewiesene Werke erscheinen im Westen. Der Spagat zwischen dem, was in der unscharfen Formel von Weite und Vielfalt des sozialistischen Realismus als konform oder noch tolerabel gilt und dem, was als politisch abhanden gekommen, vom Klassenfeind aufgesogen erscheint, erfordert einen Standpunkt. Die FDJ-Führung plädiert für geschärfte Töne und sucht den Streit. Ich auch.

Mich treibt eine frühe Angst, ich könnte das, was ich als spröde Klarheit der realsozialistischen Verhältnisse empfinde, an den Skeptizismus einer porösen, verwundbar gewordenen Gesellschaft verlieren. Ich fürchte, die ideologische Geschlossenheit der *Sache*, auf die ich begeistert zugegangen bin, könnte zerbröseln. Denn bewölkt sich der Himmel etwa nicht mit Verrat? Der Helsinkier Korb III lässt grüßen. Die Konvergenzler legen ihre Leimruten aus. Die Ständige Vertretung gibt sich die Ehre zum individuellen Meinungscheck, und die akkreditierten westlichen Korrespondenten lassen nach dem Tee ihre Ansichten als Drehanweisungen zurück. Ich sehe wohl ziemlich schwarz.

Am Rande einer Sitzung der Kulturkommission des Politbüros rede ich mit Kurt Hager darüber. Der sagt, einfacher sei die Lage halt nicht und ohne nüchternen Kopf verliere man die Souveränität zu menschlich und sachlich richtigen Entscheidungen. Man dürfe nicht meinen, Kultur und Kunst seien mit der Abschwächung des Kalten Krieges plötzlich Tabu-Felder im Clinch der Systeme geworden. Subtilere Attacken müssten auf unverminderte Prinzipienfestigkeit treffen. Aber es bräuchte im politischen Alltag eben auch Kompromisse. Was zuweilen wie ein ideologisches Zugeständnis erscheine, könne sich durchaus als gutes flexibles Kalkül erweisen. Soll ich das als Warnung verstehen, den Bogen der bevorstehenden Konferenz nicht zu überdehnen?

Im Nachhinein klingt es mir fast wie ein wohlmeinender Rat des alten Chefideologen zur Mäßigung, der nicht zu dessen Ruf als Hardliner passen will. Aber damals denke ich, warum sich in Ausgleich und Deeskalation verbiegen? Lieber jetzt die Zuspitzung wagen, um hinter den Nebeln der Realismus- und Parteilichkeitsauslegungen klare Sicht zu schaffen! Ein Vorpreschen, das die Partei selbst scheut. Sieht man von zurückgehaltenen Bedenken Kurt Hagers ab, wird die geplante Richtung im Politbüro zweifellos mit Wohlwollen registriert.

Zur Konferenzvorbereitung treffen wir uns mit den Leitungen der Künstlerverbände, des Kulturbundes und der Akademie der Künste, haben jeweils namhafte Künstler und gerade an die Öffentlichkeit getretene Newcomer am Tisch. Wir beraten mit Studenten und den Lehrkörpern der künstlerischen Hoch- und Fachschulen. Ich stelle unser Konferenzkonzept sowie die Ideen für das sich anschließende »Fest junger Talente und junger Künstler« in der Kulturkommission des Politbüros vor.

Das passiert die Runden anstandslos. Hermann Kant hat indes die Erinnerung, in der Sitzung der Kulturkommission die von mir angeblich vorgetragene These, »die Kunst habe der Ideologie des Marxismus-Leninismus zu dienen«, als Einziger bestritten zu haben. Daraufhin sei er von Hager so rüde gerüffelt worden, dass ein späterer Herzanfall beim Baden die Folge war. Nach meiner Erinnerung sprach ich über eine Wirkung von Kunst auf die Überzeugungen, Wertvorstellungen, Ideale, Erziehung der Gefühle, Phantasie der Jugend, mit denen sie sich die Welt geistig aneignen und – klar: nach marxistisch-leninistischen Prämissen – gesellschaftlichen Fortschritt erkämpfen kann. Eine Wirkung übrigens, die mit dem Fall von Realsozialismus nicht erloschen sein muss und auch damals nicht auf das Gegenwartsschaffen beschränkt wurde.

Als ich das Referat fertig habe, will es Erich Honecker lesen. Egon Krenz gibt das Manuskript ins Große Haus. Nach einer Weile bestellt mich der persönliche Referent des Generalsekretärs, Frank-Joachim Herrmann, zu sich und reicht mir die Klemmmappe mit einigen

Anmerkungen seines Chefs zurück. Die betreffen nicht das kulturpolitische Konzept, sondern fast nur unwesentliche Details. Vor allem hat Erich Honecker keinen Einfluss auf die Auswahl jener Werke der DDR-Literatur genommen, zu denen im Referat Kritik geäußert wird. Weder die betroffenen Autoren noch irgendwelche Formulierungen sind Vorschläge aus seiner Feder. Das ist im Licht der Ablehnung wichtig, die damals gerade diese Redepassagen hervorrufen; aber auch für die Entschuldigungen, die ich drei Granden der DDR-Literatur später zu geben habe. Erwin Strittmatter, Heiner Müller und Volker Braun müssen natürlich auch denken, ich sei nur der Herold einer von der Partei vorgegebenen Ketzerliste gewesen. Kunststück, bei der millionenfachen Verbreitung der Konferenzmaterialien in Tageszeitungen und Broschüren!

Meine Bemerkung zu Strittmatter betrifft seinen »Wundertäter« und ist ein Nebensatz. Sie stellt den Romanhelden Stanislaus Büdner in den Kreis einer neu denkenden Nachkriegsgeneration, die das Wesen des Faschismus durchschauen lernt und sich im Osten für die Verwirklichung eines neuen Gesellschaftsentwurfs engagiert. Gemeint ist aber, und das ist der Nebensatz, jener Büdner, »dessen Ungebrochenheit in diesem Part seiner Entwicklung noch des Autors Wille« ist. Kaum ein Dutzend Wörter, mit denen ich nach der Lektüre von »Wundertäter III« den vermeintlich befreienden Umstieg des sich zum Schriftsteller mausernden Helden von seiner bespöttelten politischen Partei in die Allgemein-Partei des Lebens bedauern will.

So innig bin ich all die Jahre der wundersam agierenden Büdner-Figur in Strittmatters sprachgewaltiger Erzählweise gefolgt, dass ich Stanislaus' späte Lebenskehre in die ideologische Ausnüchterung beinahe als Verrat empfinde. Dabei lese ich durchaus, will es aber nicht wahrhaben, dass Strittmatter an Büdner sein eigenes in Jahrzehnten gewandeltes schriftstellerisches Credo umreißt: sich der Vereinnahmung durch die herrschende Ideologie entziehen, um lebenswahre Aussagen über das Zeitalter zu treffen. Er ist nicht der Einzige, in dessen Seele das kämpft. Er beruft sich auf Brecht, dessen Lamento er leitspruchartig dem dritten »Wundertäter«-Band voranstellt: »wann wird die zeit kommen, wo ein realismus möglich ist, wie die dialektik ihn ermöglichen könnte? … die zielstrebigkeit des schreibers eliminiert allzu viele tendenzen des zu beschreibenden zustandes. unaufhörlich müssen wir idealisieren, da wir eben unaufhörlich partei nehmen und damit propagandieren müssen.«

Nun mutmaßt Strittmatter, die Partei würde durch einen Lautsprecher im Blauhemd diese sie schmerzende Verweigerung exemplarisch an ihm verurteilen lassen, und wird es später aussprechen: »Die offizielle Kritik ist wetterwendisch und willfahrt den politischen Ansichten und Wünschen ihrer Brotgeber.« Aber er wird zugleich die quälenden Schwierigkeiten bei der Herausgabe des dritten Bandes vor Augen haben und mag auch an alte Diskussionen um seinen »Ole Bienkopp« erinnert sein. Jedenfalls ist seine Verärgerung so groß, dass er seine Teilnahme am nächstfolgenden Schriftstellerkongress der DDR in Frage stellt, wie mir der 1. Sekretär des Schriftstellerverbandes, Gerhard Henniger, erzählt.

Er kommt dann aber doch, und es bietet sich eine Gelegenheit zum Gespräch. Meine Schuld an jenem Nebensatz, der fahrlässig ins Prinzipielle schlug, nimmt er mit einem Anflug von Lächeln zur Kenntnis, in dem aber, wenn ich mich nicht irre, auch Erleichterung liegt. Bei späteren Begegnungen, wie zu seinem 75. Geburtstag in Schulzenhof, trägt er mir nichts nach.

Ich lese den »Wundertäter III« mit größerer Vernunft wieder, als man Jahre nach dem Untergang der DDR Strittmatters Schreibstubendienst in einem der SS angegliederten Polizeiregiment als geleugnete Verstrickung ausdeutet. Musste er seine Zeugenschaft nicht seiner Literatur anvertrauen? Mit seiner Leserschaft teile ich die kalkulierte Verstörung. Ich denke an die Blut-und-Boden-Bezichtigungen, die das tonangebende westdeutsche Feuilleton dem Bienkopp-Autor einst entgegengeworfen hat, und frage mich, ob die biografische Nachlese post mortem psychologische Ursachen für den genussvoll denunzierten Schreibstil des Granden der DDR-Literatur liefern soll. Aber wie könnte sie das? Strittmatter hat seiner Partei in schwieriger Zeit über seine Vergangenheit Bericht gegeben, vielleicht aus Scham oder anderen Gründen geglättet. Aber er steht außerhalb jedes Verdachts, auch nur eine Spur jener Gesinnung verinnerlicht zu haben, in deren Sog er hätte geraten können. Strittmatters Schweigsamkeit zu einem falschen Dienst in jungen Lebensjahren steht seine millionenfach gelesene erregende Besichtigung des 20. Jahrhunderts gegenüber. Darin die aus Empathie zur Verbesserung aufgeforderte DDR. Und Menschen und Tiere und Natur seiner vertrauten Umgebung als liebenswerter Inhalt einer Welt, die er stets nach sozialer, nicht nationalistischer Elle maß.

An anderer Stelle bezichtige ich Heiner Müllers »Macbeth«-Aufführung in der Berliner Volksbühne von 1982 einer peinlichen Humanitätsungläubigkeit. Müller hat seine Shakespeare-Adaption mit Ginka Tscholakowa inszeniert, und eine exzellente Schauspieler-Riege um Gwisdek, Harfouch, Karusseit, Mühe, Dieter Montag und Walfriede Schmitt schmückt den Besetzungszettel. Die Resonanz ist, wie ich im Publikum bemerkte, zerklüftet. Die Skala zwischen enthusiastischer Zustimmung und kopfschüttelndem Verriss wird bis in die Extreme ausgereizt, wobei wohl hilfloses Unverständnis überwiegt.

In der heimischen Presse ist von fatalistischem »Beharren auf absoluter Dissonanz und Unvereinbarkeit von menschlichen Haltungen und objektiven Machtstrukturen« oder vom »Zelebrieren einer schwarzen Messe«, vom »Ausverkauf theatralischer Mittel« und von »Befremdung« zu lesen. Auch ich sträube mich, der Shakespeare-Auslegung willig zu folgen. Die Behauptung von Geschichte als gewaltigem, unentrinnbarem Schlachthaus kriege ich nicht in mein Weltbild. Und Schockbilder wie Rohstoff aus kalter Distanz in die Labore der Geschichtserkenntnis zu werfen, könnte in Skepsis und Ratlosigkeit münden, wo angesichts der Weltbedrohungen doch politische Entschiedenheit nötig ist.

Macbeths mörderisches Tun erscheint nun unentrinnbar systemisch, die Mörder walzern mit den Geschlachteten, als wäre ihr geschichtliches Rollenspiel einvernehmlich. Entfremdungen bombardieren den einmal gekannten Stücksinn, Zeitbezüge überfordern in einem metaphorischen Chaos. Ich verkrieche mich in Ablehnung, bis ich meine Referats-Zeilen schreibe. Von der scharfen Kritik, die Wolfgang Harich bereits in den Siebzigern an Müllers »Geschichtspessimismus« vorgenommen hat, weiß ich damals nichts.

Im November 1988, die Kulturkonferenz wabert immer noch in der Kulturszene, sind Heiner Müller und ich zum Gespräch verabredet. Es findet in einem derart sauteuren Berliner Café statt, dass mein Gast zum Schluss helfen muss, die Rechnung zu begleichen. Andererseits reden wir recht lange, und die Gläser sind wegen Müllers Vorlieben kurz. Hinsichtlich des Angriffs auf die »Macbeth«-Aufführung beteure ich wiederum die Unschuld der Partei und meine persönliche Urheberschaft.

Aber das ist Heiner Müller völlig schnurz. Er sagt, er hätte diesmal wie früher eine Meinung zur Kenntnis genommen, von der er wisse, dass sie viele teilten. Das sei in gewisser Weise auch erklärlich. Schließlich gäbe es in der Gesellschaft das Stützgerüst eines historischen Optimismus. Menschen, die ihrer Überzeugung ruhigen Halt geben wollten, bauten diese Stütze auch in ihr privates Leben ein. Nur: Was seien solche Sicherheiten wert, wenn sich Geschichte davon unbeeindruckt eben doch in blutigen Wirren, in schmerzhaften Verläufen bildete, in Destruktion, die vielleicht zu neuer Konstruktion einlade? Und wer hat schon den ganzen Durchblick?!

Sein Aperçu vom »Optimismus als Mangel an Information« steht im Raum. Die Kunst müsse bereit sein, Barbarisches zu ästhetisieren. Später lese ich in Müllers Autobiografie »Krieg ohne Schlacht« (in Auseinandersetzung mit Hacks' »Macbeth«-Schelte): »Kunst hat und braucht eine blutige Wurzel. Das Einverständnis mit dem Schrecken, mit dem Terror gehört zur Beschreibung.« Führt aber der Weg zum Kommunismus, dem Müller auf seine Weise traumhaft nahe bleibt, wirklich durch einen solchen Transit? Müller hat seine Antwort geliefert und ist nun bei alter FDJ-Zeit.

Dabei erzählt er schon mal vor, was dann in »Krieg ohne Schlacht« nachzulesen ist: Der Zentralrat als *Zahl*rat. Man könne, hatte er damals gehört, bei der FDJ gutes Geld verdienen. Die Weltfestspiele 1951 in Berlin, so meinte deren kultureller Vorbereiter KuBa, bräuchte ein Liederbuch, und er, Müller, wie der gerade heimgekehrte Franz Fühmann, hätten sich eifrig an die Textübersetzungen fremdländischer Weisen gemacht. Müller hätte vor allem schnell nachzudichtende Stalin- und Kim-Ir-Sen-Hymnen abgekriegt und die Zeilen hinterher nach Mark-Erlösen gezählt. »Gruß an Korea« ist ja als Dokument in »Krieg ohne Schlacht« aufgenommen: *Koreaner, stoßt vor! Partisanen! Eure Erde voll Blut und Schweiß / eure Saaten und Städte und Fahnen / schützt sie gut vor dem Dollargeschmeiß! / Kim Ir Sen hat zum Kampf aufgeboten …*

Auf Kurt Barthel, der sich KuBa nannte, sind wir gekommen, weil mein Referat auf der Leipziger Kulturkonferenz, das wusste Müller, mit einem KuBa-Gedicht eröffnete: *Sagen wird man über unsere Tage, altes Eisen hatten sie und wenig Mut … Doch den Kriegen folgte jene Zeit der Wettbewerbe, und die Zeit der Wettbewerbe war der Anbeginn.* Ich hatte dann mit Pathos weitergefragt: »Was wird man über *unsere* Tage sagen?« Aber Müller meint eben (ich kann auch das nur noch dem Sinn nach wiedergeben), an dieser Frage interessiere ihn allein die Perspektive der Gegenwart, das orgiastische Werden von Geschichte, das Absuchen des Vergangenen nach Parallelität. Die schläfrige Forderung nach historischem Optimismus müsse er überhören.

Aber das sei ja nun hinreichend erörtert, und er komme lieber noch mal auf merry old FDJ zu sprechen. Und so erzählt er von dem bösen Dieter Noll, der als Juror eines Kurzgeschichten-Wettbewerbs der FDJ den Müllerschen Beitrag als kafkaeske Missgeburt abkanzelte, und er erinnert sich an Erich Honeckers schöne Sekretärin, die er nicht nur in Träumen verfolgte. Alles in seinem schmallippigen ironischen Ton, der nicht denunziert. Ich denke: Der kühle, oft zynisch wirkende Betrachter von Zeitgeschichte leistet sich bei der FDJ einen Klecks Empathie. Er grinst auch, als ich ihm von Reinhold Anderts Liedergruppe zu den X. Weltfestspielen 1973 erzähle, von den eiligen, schnapsgeborenen Songs. Und von unser Hymne »Wir sind überall«, die sich gegen die offizielle nicht durchsetzen darf, weil Komponist Paul Dessau das Werk Erich Honecker gewidmet hat. Müller nickt, das seien eben die alten Muster.

Plötzlich fragt Heiner Müller, ob er nicht einen Tag lang den Zentralrat der FDJ leiten könne. Ich sage, die Destruktion würde vermutlich so gründlich ausfallen, dass man zu lange für den Wiederaufbau brauche. Und das genehmige keiner. Die Antwort scheint ihm zu gefallen.

Dann erzähle ich Müller noch, dass sein treuer literarischer Antipode, Peter Hacks, einst mein Zirkelleiter war und dass ich ihn sehr verehre. Er verzieht keine Miene, denn das andersartige Denken und Schreiben seines Konkurrenten wäre ihm wohl niemals eine billige Herabwürdigung wert, geschweige denn eine Hasstirade.

Ich weiß nicht, ob Müller später in Hacksens Gesprächen gelesen hat, was der seinem Freund, dem ganz anderen Müller in Köln, von der FDJ-Kulturkonferenz berichtete und deren Richtung als Hoffnungsschimmer in der DDR-Kulturpolitik ausgab. Diese in Intellektuellenkreisen selten geteilte Meinung war vor allem ein klarer Affront gegen Heiner Müller. Meine Bedenken gegen die »Macbeth«-Adaption lagen, ohne dass ich das damals wusste, auf der Linie von Hacks.

Auf seine Weise war und bleibt Heiner Müller der FDJ gewogen. 1987, als der Jugendverband auf dem Luxemburgplatz an der 750-Jahrfeier Berlins mitwirkt, schreibt er für dessen »Rote Revue« ein Gedicht über einen Berliner Genossen, der Geld für die spanische Republik sammelte und dafür zum Tode verurteilt wurde. Kurz vor der Veranstaltung trägt er den Text eilig in die Volksbühne. Als wir uns später in der Kantine des Berliner Ensembles begegnen, setzt er sich für ein Gespräch zu Birgit und mir an den Tisch, den wir mit Ekkehard Schall und seinen Hunden teilen. Aber das bleibt Smalltalk. Vielleicht hat auch weniger der FDJ-Funktionär als dessen jederzeit umwerfende Frau sein Interesse gelenkt.

Was sich später an staatlicher Einheit zusammenschiebt, ist ihm suspekt; nicht zuletzt deshalb, weil er den Verlust seiner schreibrelevanten Reibungsfläche DDR befürchtet. Er grämt sich über den blinden Drang seiner Landsleute zu fetteren Weiden, plädiert für den Aufbau einer Basis-Demokratie in der DDR als Alternative zur kapitalgestützten nebenan. Zuvor ist er auf dem Alexanderplatz für die von ihm spontan verlesene Aufforderung zur Gründung unabhängiger Gewerkschaften und zur Verteidigung der Betriebe ausgebuht worden.

Am 30. Dezember 1995 sind Birgit und ich in der »Arturo Ui«-Vorstellung des Berliner Ensembles. In der Regie von Heiner Müller spielt der phantastische Martin Wuttke den Ui und Marianne Hoppe den Gestik- und Sprachhilfe erteilenden Lehrer. Während der Vorstellung meldet ein Schauspieler Heiner Müllers Tod. Im Foyer, wo auch Walter Jens steht, sammelt ein Rundfunkreporter Stimmen ein. Jens wird nun wohl seine Empörung verschlucken, dass Müller in späten Jahren Ernst Jünger mit so fragwürdigem Engagement verteidigte. Ich verschweige alle alten Zweifel an der Blutgeburt von Geschichte, denn diese sind inzwischen selbst von Zweifel überzogen: Ist Müllers Befund wirklich so abwegig? Die alten Machtverhältnisse zerfetzt, der globalisierte Krieg Reich gegen Arm daraufhin zügelloser und unverhüllter geführt denn je. Wer wagt da schon das Orakel, auf welchem Wege, über wie viel Eiterberge, durch wie viel vergiftete Täler die Menschen zum Kommunismus kommen müssen?

Meine Leipziger Kritik an Volker Brauns »Schmitten« ist die grobschlächtigste. Das Stück hatte im Januar 1982 in Leipzig seine Uraufführung, war also während der Konferenzvorbereitungen auch in zeitlicher Hinsicht aktuell. Die Schmitten gehört zu den ungelernten Arbeiterinnen auf einem Holzplatz. Für die bisherige Arbeit genügte Dummheit, aber nun steht Qualifizierung als Voraussetzung für Gleichberechtigung auf dem sozialistischen Plan. Schmitten agitiert die Kolleginnen bis zu deren Einsichtigkeit, verweigert dann aber selbst aus Mangel an intellektuellem Zutrauen und wegen ihrer persönlichen Lage die Unterschrift unter den Qualifizierungsvertrag.

So wie ich damals drauf bin, glaube ich nicht, was ich lese. Die Arbeiterfrau, deren Scheitern systemisch erscheint, weil sie in dem ihr einsehbaren Teil der Gesellschaft und im Handeln der ihn prägenden Typen keinerlei Bedingungen dafür erkennen kann, sich aus ihrer Dumpfheit zu befreien. Mein sozialistisch-realistisches Sendungsbewusstsein spuckt Galle und schreibt ins Referat: »Manchmal geraten Arbeiterporträts, die Anspruch auf Verallgemeinerung erheben, deshalb statisch und unwirklich, weil sie eine ignorante Position zum tatsächlichen Leben der Arbeiterklasse einnehmen. In der Theaterlandschaft liefert Volker Brauns Stück ›Schmitten‹ dafür ein trauriges Schauspiel.« Ich erinnere an Brechts Waschfrau Schmitten, die aus proletarischer Gesinnung den reaktionären Lehrer Huber in ihren Zuber steckte und ermutige sie, nun auch bei ihrem Pendent ein bisschen Wäsche zu machen.

Später, als der falsche Beifall verrauscht ist, kommt mir zu Bewusstsein, was ich angerichtet habe. Der Vergleich hinkt und stinkt und kratzt sich nun leider aus keiner Broschur und keiner Erinnerung. Später sähe ich gern noch mehr Eseleien ausgemerzt. Ich brauche Zeit, um zu begreifen, warum die Sicht der Politik auf die Wirklichkeit den anders fragenden Blick der Kunst nicht denunzieren darf, sondern ihn in seinen Zuspitzungen und Provokationen als Sehhilfe ermutigen muss.

Die sachlich bis wütend vorgetragenen Einwendungen gegen die drei Literaturschelten, insbesondere zu Brauns »Schmitten«, lassen nicht lange auf sich warten. Die Leipziger Literaturwissenschaftler Christel und Walfried Hartinger verweisen in einem persönlichen Brief auf Brauns »besonders großen Beitrag zur geschichtsphilosophischen Selbstverständigung unserer Gesellschaft innerhalb der letzten zwei Jahrzehnte« und äußern ihre Beunruhigung über meine Argumentationsweise, vor allem über die ironische Gegenüberstellung der beiden »Schmitten«. Gottfried Braun, einer unserer Lehrer an der Sektion Journalistik und Bruder des Dichters, schreibt an die »Junge Welt«, er vermisse zu meinem scharfen Urteil jedwede Argumente. Zu Schmittens Tragik zitiert er Marx' These von der ungleichen individuellen Begabung und daher Leistungsfähigkeit der Arbeiter, die in ihren Auswirkungen – selbst bei gleichen Rechten – ein wichtiges Gesellschaftsthema abgäben. Zu Brechts Schmitten mutmaßt er, sie hätte »die jüngere um die Hüfte gefasst und sie sich – Arbeiterin zu Arbeiterin – ihren Kummer von der Seele reden lassen«.

Volker Braun selbst notiert in seinem Arbeitsbuch: »erfahre bei hartingers und keller von der tonart der fdj-kulturkonferenz. herr hartmut könig wünscht hammer zu sein und besorgt sich sein recht beim mißverstandenen goethe; die verse ›du mußt herrschen und gewinnen / oder dienen und verlieren‹ machen ihn nicht stutzen, die aristokratische denkweise ist diesen funktionären eigentümlich, während goethe (was auch grotewohl 1949 nicht bemerkte) dies

KOPHTISCHE LIED ›eins der sonderbarsten ungeheuer‹ singen ließ, den grafen von rostro = cagliostro, von dem es zuvor heißt: ›ich weiß es, dass der kerl ein jauner ist, / und dennoch kann er mich zu fürchten machen.‹ nun kommt er als kulturpolitischer hammer, und wir sollen seinen winken gehorchen.«

Was für Grotewohl zu spät kommt, ist mir eine denkwürdige Lektion. Von den oben erwähnten Hartingers war bereits die Rede; Dietmar Keller macht gegen die Konferenz, in deren frühe Vorbereitung er qua Amt einbezogen war, an privaten Tischen seine Einwendungen. Warum sagt er sie mir – wie die Hartingers und andere – nicht ins Gesicht? Ich fände es in Ordnung. Aber er vermeidet das, solange wir beide in kulturpolitischen Funktionen sind.

Bis zu meiner Entschuldigung bei Volker Braun vergehen drei Jahrzehnte. Eine Begegnung ergibt sich bei Klaus Höpckes 80. Geburtstag. Volker Braun erscheint zur Gratulation. Er hat dem früheren Bücherminister wohl nicht vergessen, dass der seinem »Hinze-Kunze-Roman« einst die Druckgenehmigung erteilte und dafür disziplinarisch gemaßregelt wurde. Ich bedaure Inhalt und Stil meiner erhobenen Vorwürfe gegen »Schmitten«. Dass Brauns Gesicht ausdrückt, was er denkt, kann ich nur hoffen. Es ist freundlich und aufmerksam. Ich sage, die Hammer-Amboss-Replik sei angekommen. Er geht kurz darauf ein, aber ich habe das Gefühl, als läge das für ihn meilenweit zurück, während aktuelle gesellschaftliche Unordnung seinen Widerspruch verlangt.

Aber zurück. Die Leipziger Konferenz schlägt auch manche Bresche für die Alltagskultur junger Leute, wenn ich nur an die Open-Airs denke, die sie endlich salonfähig macht. Sie werden in volksfestartigen Angeboten wie dem »Liedersommer«, später in den großen Rock-Events ihr Publikum finden. Ein erweitertes Netz von Jugendklubs sowie ein Kompendium an neuen Veranstaltungsideen und Auftragswerken für junge Künstler stehen auf dem Plan. Man könnte zufrieden sein, bliebe da nicht der latente Widerspruch gegen das kulturpolitische Fundament übrig, auf dem das alles gründen soll.

Die Zensierung aktueller Literatur gilt vielen als Indiz einer Betonköpfigkeit, die man der Gesellschaft nicht zumuten dürfe. So bringt unser blaugardistisches Kulturrevolutiönchen selbst wohlgesinnte Künstler und Kulturwissenschaftler in verärgerte Distanz zur FDJ. Das wollen wir alles nicht wahrhaben. FDJ, Partei sowie deren Medien und Kulturinstitutionen segeln noch eine Weile auf diesem Kurs. Der Status des Jugendverbandes scheint gefestigter denn je. Er steht stolz wie ein Stier mit ungeschliffenen Hörnern in der Arena und quittiert den Beifall der Ehrentribüne samt Widerhall. Aber er hat die Ränge nicht erreicht. Die La-Ola-Wellen sind selbstgezündet, und aus den Künstlerreihen fliegen Papierschiffchen mit geharnischten Widerworten. Und alle Probleme sind offen, eher noch verschärft.

Später ist der Verlust der sozialen Ordnung schneller als mein *Nach*denken über das Gespann von linker Politik und einer Kunst, die durch Widerspruch und Streit den Gesellschaftsbau optimiert. Das Eingeständnis verlorener Chancen wäre nichts ohne die Lehre: Eine sozialistische Renaissance braucht Geistesfreiheit! *Keine Samenkörner auf Beton!* Das mag als eine Linksanleitung stehenbleiben.

Schlips am Molkenmarkt

Wenn es nur die neuen Hemden wären, an die ich mich im Januar 1989 gewöhnen muss! Anderthalb Jahrzehnte in der FDJ-Uniform, das sparte Kleidergeld und bremste modische Allüren. Nun also mit Schlips am Molkenmarkt. Als Stellvertreter des Kulturministers, verantwortlich für die Ausbildung an den künstlerischen Hoch- und Fachschulen sowie die Unterhaltungskunst von Rock bis Zirkus. Der Hemdentausch ist wahrlich der kleinere Wechsel. Der Schwenk zur regierungsamtlichen Schreibtischarbeit mit ihrem Gestrüpp von Gesetzestexten und Vorschriften, ihren inner- und außerministeriellen Abstimmungseitelkeiten und einem Wust bürokratischer Akte ist der größere.

Ich habe zum Glück meine Sekretärin mitnehmen können, die dem neuen Ordnungssinn schneller folgen kann als ich. Und auch die Fachabteilungen lassen mich nicht gegen Wände laufen, sondern stoßen ihre Warnrufe frühzeitig aus. Einige ihrer Mitarbeiter kommen ja selbst aus der FDJ-Bürokratie und kennen die Tücken des Hemdentauschs. Reinhard Heinemann, der langjährige Leiter unseres Festivals des politischen Liedes, ist nun Generaldirektor des Komitees für Unterhaltungskunst, das dem Ministerrat untersteht. Egon Krenz hat mir hinter vorgehaltener Hand bedeutet, dass ich in der neuen Funktion vielleicht nicht alt würde. Das heißt nicht viel, denn Egon weiß aus dem quälend langen Finale seiner FDJ-Karriere am besten, wie relativ »nicht alt werden« sein kann. Ich will lieber alles auf mich zukommen lassen. Zumal aus der Stellvertreter-Equipe freundliche Unterstützung signalisiert wird. Einige der Kollegen kenne ich seit langem. Den Bücherminister, Klaus Höpcke, und den Verantwortlichen für internationale Beziehungen, Peter Lorf, als ND-Ressortchefs meiner Volontariatszeit, den Filmminister, Horst Pehnert, als »Junge Welt«-Chefredakteur und Dietmar Keller aus seiner Zeit als Sekretär der SED-Bezirksleitung Leipzig.

Schließlich gehe ich doch ganz gern durch das Portal des alten »Palais Schwerin«, das das Kulturministerium bis zum Untergang der DDR beherbergt. Am Molkenmarkt, dem schon im 13. Jahrhundert existierenden Handelsplatz, in Sichtweite des wiedererrichteten Ephraim-Palais und des Alten Stadthauses gelegen, ist es eines der ältesten erhalten gebliebenen Bürgerhäuser Berlins. Ein würdiges Domizil, in das der erste DDR-Kulturminister, Johannes R. Becher, 1954 einzog. Seine Nachfolger, Alexander Abusch, Hans Bentzien, Klaus Gysi und Hans-Joachim Hoffmann, habe ich während meiner Liedermacher- und FDJ-Zeit kennengelernt und die Anlässe ihrer Be- und Abberufungen in den Tiden der DDR-Kulturpolitik im Groben verinnerlicht. So bleibt es nicht aus, dass das Gemäuer dem Neuankömmling gelegentlich seine Geschichte aufdrängt und ihn fragt: Was suchst du hier? Das fragen mich wortlos ja auch andere, die die Leipziger Kulturkonferenz als eine von der Partei verfügte Attacke auf die freie Entfaltung der Kunst beurteilen. Auch im Ministerium verbergen sich hinter kollegialen Grüßen bisweilen Skepsis und Häme. Sie erscheinen mir kaum unverdient. Aber wie korrigiert man glaubwürdig, was zäher klebt als Pech?

Was in mir vorgeht, begreift Minister Hoffmann wohl am besten. Sein Verhalten mir gegenüber weist einen Charakterzug auf, den sich Politiker selten leisten: freundliche Nachsicht. Eigentlich hätte er nach halbwegs überstandenen Angriffen der Parteiführung auf seine Person, in die auch FDJ-Chef Eberhard Aurich auftragsgemäß einstimmte, gute Gründe, dem unbestellten Delegat aus den blauen Hardliner-Kreisen zu misstrauen. Vielleicht soll der ihm ja, was gelegentlich von den Westmedien geflüstert wird (Werner Kahl in der »Welt«, Rainer Schmitz im »Deutschlandfunk«), kritisch auf die allzu liberalen Finger schauen, um sich irgendwann für seinen Stuhl zu empfehlen.

Mit jedem Tag am Molkenmarkt wird mir bewusster, dass der bullige Mann auf dem Ministerstuhl – erst recht in Zeiten rauerer Debatten – eine Idealbesetzung ist. Die politischen und materiellen Möglichkeiten auslotend, wägt er feinnervig Vorschläge und Beschwerden der Künstler und kann oft Übereinstimmung oder wenigstens Kompromisse zwischen der Kulturpolitik und abweichenden Gesellschaftserkundungen fast aller Künstler von Rang erreichen. Wenige wissen, wie häufig er quälend resignative Momente zulasten seiner Gesundheit verbirgt.

Er spricht mich auf die Leipziger Konferenz, mit der wohl auch er seine Probleme hat, nie an. Aber sobald er eine Entscheidung mit den Worten »Was hältst du davon, wenn wir es so machen …« einleitet, folgt zumeist eine gut drapierte Lektion über kulturpolitische Besonnenheit. Seltsamerweise tut sie auch dann noch gut, als sie eigentlich nur noch eine Bestätigung ist. Ich weiß, dass ich erzogen werde. Behutsamer allerdings, als mit Jochen Hoffmann in seinem politischen Alltag umgegangen wurde. Zuletzt hatte er sich Ärger wegen eines Gesprächs mit der westdeutschen Zeitschrift »Theater heute« eingehandelt, das 1988 mit der hellen, aber aufreizenden Bemerkung titelte: »Das Sicherste ist die Veränderung«. Was mit Fragen nach den Einflüssen des Kulturministeriums auf Inhalte und Leitungsstrukturen des Theaters in der DDR, nach der Intendantenauswahl, Zeitverträgen oder der erstaunlichen Theaterdichte begann, war schnell bei den Weggängen wichtiger Theaterleute aus dem Land angelangt. Hoffmann verwies auf Motive Einzelner und hielt es für unstatthaft, den Wanderern nach Westen ohne Ansicht der Umstände die Attribute *Abtrünniger* oder *Verräter* anzuheften.

Auf die jüngsten Entwicklungen in der Sowjetunion und Stücke von Müller, Braun und Schatrow angesprochen, erklärte er: »Es gibt ein neues Denken, in der Sowjetunion, in anderen sozialistischen Ländern, bei uns. Das ist nicht nur im Kommen, das ist die Normalität. Das Sicherste ist die Veränderung!« Und er fügte hinzu, die »Analyse der konkreten Situation« sei »die lebendige Seele des Marxismus«.

Monate zuvor hatte ich mit Egon Krenz über Gorbatschows Politik gesprochen und meine damalige Begeisterung eher als Beichte vorgetragen. Aber Krenz hatte zu meinem Erstaunen lapidar geantwortet: »Dann erhalte dir das mal!« Und ich hatte es als ein Zeichen gedeutet, dass es nun auch bei einigen Mitgliedern der Oberleitung zu funken begann.

Die vermuteten Furchen der Einsicht in der Führung entpuppten sich indes als harmlose Sorgenfältchen auf der Stirn Einzelner.

Kurt Hager jedenfalls versammelte die Amtsträger seines Verantwortungsbereiches und verurteilte Hoffmanns Interview scharf. Allerdings in Abwesenheit des Kulturministers, der sich in Havanna aufhielt. Zurückgekehrt, wurde er zu Hager bestellt und verlor im Verlauf der erregten Debatte das Bewusstsein. Er kam bei Lebensgefahr ins Krankenhaus, erholte sich jedoch unter großer Anteilnahme seiner Kollegen und vieler Künstler.

Die Sache schien sich angesichts solcher Reaktionen erledigt zu haben, und Gerüchte von einer bevorstehenden Ablösung des Ministers verebbten. Bis sie im Dezember 1988 auf der turnusmäßigen Sitzung des ZK wieder auflebten. Als ZK-Mitglied kriegte ich mit, wie einzelne Bezirkssekretäre nach entsprechender Ansage ihre vorbereiteten Diskussionsbeiträge um eine Hoffmann-Schelte erweiterten. Jochen Hoffmann war aufgefordert worden, auf der ZK-Tagung eine Selbstkritik vorzutragen. Aber sein Entwurf erschien wohl als zu stolz und wurde als unzureichend verworfen. Eskalation lag in der Luft. Eine Gruppe der dem ZK angehörenden Künstler intervenierte daraufhin bei Erich Honecker und beendete so die Farce, die einen Vorgeschmack auf noch zu erwartende Auseinandersetzungen abgab.

Hoffmann, der zudem das Verbot des sowjetischen Magazins »Sputnik« und eines Konvoluts sowjetischer Filme kritisierte, war der erste DDR-Staatsmann und SED-Funktionär, der sich derart deutlich für Korrekturen in der Kulturpolitik aussprach und dabei die Gesellschaft meinte. So treffen wir denn am Molkenmarkt zu Beginn des Jahres 1989 aufeinander: Der geprügelte Ketzer mit unbeirrtem Augenmaß und robustem Schuhwerk für das Geröll unterwegs – und der ideologisch vorlaute kleine Muck, der für seine linksdrehenden Spurtpantoffeln die Dämpfungslasche finden muss, wenn er sich auf der Piste nicht die Haxen brechen will.

Mit Jochen Hoffmann ist ein gutes Arbeiten. Er nimmt sich Zeit für Diskussionen und gibt mir Raum für eigene Entscheidungen. Längs der Ressorts rankt sich manches Vier-Augen-Gespräch – erst vorsichtig, dann spöttischer – um Reibereien mit der Fachabteilung im »Großen Haus«. Das ist die Kulturabteilung des ZK, deren Leiter Hoffmann vor seiner Berufung zum Minister war. Er ist sich nie darüber klargeworden, ob sein Transfer in die Staatsfunktion als Auf- oder Abstieg gemeint war. Einmal deutet er mir gegenüber an, dass beides möglich wäre.

Wie auch immer – seine staatliche Funktion bietet Jochen Hoffmann ungeahnte, vielleicht sogar bessere Möglichkeiten, die kulturpolitischen Räume innerhalb der DDR zu weiten und deren kulturelle Schätze geistig brillant wie diplomatisch geschickt in die außenpolitische Waagschale zu legen. Diese Klaviatur spielt der Minister souverän und prägt damit das Klima am Molkenmarkt. Im Übrigen bereitet der Umgang mit ihm auch wegen seiner geschliffenen Sprache und mancherlei Aperçus intellektuelle Freude.

Als sich nach den Kommunalwahlen 1989 herausstellt, dass an der Kunsthochschule Berlin-Weißensee eine knappe Mehrheit der Studenten gegen die Kandidaten der Nationalen Front gestimmt hat, schlagen die Wellen in der Berliner Bezirksleitung hoch. Deren 1. Sekretär, Günter Schabowski, bestellt mich als verantwortlichen Ministervize für die künstlerischen Hoch- und Fachschulen in sein Büro. Er schnaubt und tobt und will an der Hochschule Köpfe rollen sehen. Mindestens den des Rektors. Und die Parteileitung, die ihn zum Esel gemacht hätte, würde er sich besonders vorknöpfen. Er unterstreicht seine Drohung mit den Gesten eines Faustkämpfers. Ich solle unverzüglich losziehen und Ordnung schaffen.

Ich rede erst mal mit Jochen Hoffmann und berichte ihm von Schabowskis Veitstanz. Der sagt, was immer er mir für einen Rat mitgäbe, er könne falsch sein. »Fahr hin. Übereile nichts, rede erst mal mit der Leitung und mit Studenten.« Und fügt hinzu: »Übrigens, einen Ochsen zum Esel machen, das kann keiner!« Dann fahre ich zur Diskussion nach Weißensee. Ich glaube, man erwartet dort von mir – hier nun besorgt – das, was Schabowski verlangt hat. Aber an der Hochschule wird kein Kopf rollen, und niemand wird exmatrikuliert.

Ich erlebe durchaus angenehmere Stunden. Zum Beispiel die 225-Jahrfeier der Leipziger Hochschule für Grafik und Buchkunst, zu der

Rektor Arno Rink eingeladen hat. Er ist Bernhard Heisigs Nachfolger im Amt. In den zurückliegenden Jahren waren hier Ernst Hassebrauk, Hans-Theo Richter und Max Schwimmer, später Wolfgang Mattheuer, Werner Tübke, Albert Kapr, Irmgard Horlbeck-Kappler, Hartwig Ebersbach, Sighard Gille und andere Künstler von nationalem, manchmal internationalem Rang mit Lehraufgaben betraut. An der Hochschule werden die Debatten um Inhalte und Stilauffassungen mit Stolz auf die eigenen demokratischen, humanistischen Traditionslinien geführt. In der als »Zeichnungs-, Mahlerey- und Architektur-Academie« gegründeten Schule reichen sie von den Idealen der Klassik zu den Ausbildungsreformen im Übergang zum 20. Jahrhundert, als hier eine engere Verbindung der bildenden und angewandten Kunst programmatisch wurde. Gerade das für Leipzig typische grafische und Buchdruckgewerbe mit seiner Potenz, breitere Schichten des Volkes zu erreichen, erlangte dabei ästhetische und materielle Aufmerksamkeit. Zum Erlernen der handwerklichen Fertigkeiten verfügte die Schule über gut ausgestattete Werkstätten. Und in allen Fachbereichen über hervorragende Lehrer, von denen viele nach 1933 politisch oder rassisch verfolgt wurden. Ein hochbegabter Schüler, der noch im letzten Kriegsjahr hingerichtete Maler und Antifaschist Alfred Frank, blieb im mahnenden Gedächtnis, als – das Hochschulgebäude war noch größtenteils ausgebombt – der Lehrbetrieb wieder aufgenommen wurde. Auch dem aus der Nazi-Haft befreiten Künstler Kurt Massloff, der 1947 die Hochschulleitung übernahm, zollte man Respekt für seine antifaschistische Haltung. Indes geriet er mit seinen von Shdanow übernommenen Auffassungen zum sozialistischen Realismus in heftigen Widerstreit mit Kollegen, die den Reichtum progressiver Kunstauffassungen des 20. Jahrhunderts nicht gegen missverstandene Klassik-Traditionen aufzugeben bereit waren. Der Weggang berühmter Künstler war die Folge. Diese später überwundene Periode steht wohl für viele Künstler noch immer abgründig vor allen Versuchen, Realismus anders zu beschreiben. Das ist ein virulentes Thema, so dass Rektor Arno Rink zum Jahrestag der Hochschule 1989 kaum zufällig der anlässlichen Hochschulpublikation seine Haltung zum Realismus voranstellt.

Auf das Attribut »sozialistisch« wird hier verzichtet, es muss sich aus der Sicht auf die Wirklichkeit, auf die Lebensweise erklären. Rink sagt, der Begriff Realismus habe für ihn seine »Unantastbarkeit, seine Rechthaberei, sein Maß-der-Dinge-Sein« verloren. Es sei »aus seiner abstrakten Altarfunktion gelöst«. Es gäbe »so viele Vorstellungen von realistischer Malerei, wie es Macher gibt. Es sind künstlerische Vorstellungen, wo die Gegenstände und Erfahrungen unter dem Blickwinkel persönlichster Leidenschaft an den Betrachter gebracht werden.«

Unnötig zu erwähnen, dass das nicht die Positionen unserer Kulturkonferenz sind. Aber ich habe meine Lektion gelernt und erinnere mich zudem an eine frühere Begegnung mit Wolfgang Mattheuer. Das war noch zur Rektoratszeit von Bernhard Heisig. Während meines Besuchs an der Schule ergab sich eine Gesprächspause, ich trat vors Haus und traf auf Mattheuer beim Spaziergang. Ich durfte mich anschließen, und nach einer Weile sagte der bedächtig schreitende künftige Schöpfer des »Jahrhundertschritts« in unverkennbarer Anspielung auf das kulturpolitische Vorprellen der FDJ: »Sie dürfen nicht so ausholen, da folgt man Ihnen nicht.« Sprach es und machte plötzlich einen Riesenschritt über einen Hundehaufen, dem ich reflexartig folgte. »Das ist die Ausnahme«, sagte er.

Als ich zur ersten und einzigen Rektorenkonferenz meiner Amtszeit einlade, vermeide ich Reminiszenzen an die Kulturkonferenz der FDJ. Nicht aber den Appell zur engen Zusammenarbeit mit dem Jugendverband. In Absprache mit FDJ-Chef Eberhard Aurich habe ich nach Prieros eingeladen, in das alte und bescheidene Landdomizil Wilhelm Piecks, das der DDR-Präsident auf ärztliches Anraten einst aufgab und der FDJ zur Verfügung stellte. So sehr mir Professor Rinks Realismus-Argumentation gefällt, auf »sozialistisch« mag und darf ich nicht verzichten. Ich bereue auch nicht das Bestehen auf einem didaktischen Prinzip, das die Förderung der fachlich-handwerklichen Begabungen mit der Befähigung verbindet, die Dinge und Erscheinungen in ihren politischen und sozialen Zusammenhängen zu sehen – nach Maßstäben, die ich natürlich im Marxismus-Leninismus verorte. Ich bin mir bewusst, dass nach Leninscher Lesart Jugend sich nicht auf *dem* Wege, nicht in *der* Form, nicht in *der* Situation wie ihre Väter dem Sozialismus nähert. Zugleich aber *un*bewusst, dass solcher Annäherung in der DDR nur noch eine Anderthalbjahresfrist vergönnt ist, bevor sie sich in unbekannten Zeiten und Formen erneuern wird.

Ich verweise auf phantastische Ergebnisse der Schulen, auch im internationalen Wettbewerb. Und während ich die künstlerischen Erträge der einzelnen Einrichtungen benenne, denke ich: Welch eine große Potenz für die Nationalkultur! Noch meint das: für die DDR-Kultur. Später ist zu fragen: Auch für die Nationalkultur in der größer gewordenen Bundesrepublik? Da scheint es mir, man dürfe bei der Schärfe von institutionellem Abbau, liquidiertem Auftragswesen, teilweise herabgewürdigter DDR-Kunst und zunehmender Verteilungskämpfe an den Futtertrögen freischaffender Berufe keine adäquate Ankunft der künstlerischen Talente erwarten. Und da beklage ich in Prieros noch die Defizite in der Begabungsentwicklung bei Arbeiter- und Bauernkindern! Nur 20 Prozent der Kunststudenten kommen aus der Arbeiterklasse. Die Entwicklung des musischen Klimas in der ganzen Gesellschaft, damit auch der Elternhäuser, eine breitere Kunstinteressiertheit und feiner ausgeprägte Rezeptionsfähigkeiten sehe ich als Bedingungen für eine Veränderung an. Wir sprechen über Immatrikulationszahlen, Absolventenlenkung, Investitionsvorhaben und Werterhaltung, fehlende Ausbildungsmaterialien, Internate, Mensen, internationalen Studenten- und Lehrkräfteaustausch. Es herrscht ein produktiver Ton. Alle Hoffnungen und Träume atmen noch.

Auch die Hochschule für Bildende Künste Dresden feiert nun ihr 225-jähriges Bestehen. Zu Beginn seiner Amtsführung hatte der junge Rektor Johannes Heisig prophezeit, dass sich an den Kunstakademien zunehmend die Auseinandersetzung um künftige Lebensmodelle abspielen würde. Sie seien Orte der Suche nach der Ganzheit des Menschen. Wie in der Malerei prägt das nun auch im Amt seinen Arbeitsstil. Er hat es sich zur Gewohnheit gemacht, mir schnörkellose Memo-Listen nach Berlin zu schicken, was in der nächsten Zeit zu erledigen sei. Am Telefon würde zu viel zerquatscht. Er fordert neben geistigen Freiräumen an der Schule nachdrücklich die Verbesserung ihrer materiell-technischen Substanz. Bei allem agiert er durchaus im Bewusstsein von Würde und Bürde der historischen Geltung, zu der die 1764 als »Haupt-Kunst-Akademie« gegründete Institution in Deutschland und Europa gelangte. Aber solche Faszination legt seiner zeitgerechten Denk- und Arbeitsweise keine Fesseln an.

Die großen Namen, die ich in meiner Jahrestags-Rede nicht auslassen darf, sind eher wie markante Jahresringe eines lebendigen Baums: Caspar David Friedrich, der durch Intoleranz des Königs nie Akademielehrer werden durfte, Gottfried Semper mit seiner Leidenschaft für die 1848/49er Revolution, die Dresdener Secessionisten und Goppelner Landschaftsmaler mit ihrer Lust auf Entdeckung sozialer Milieus, auch eines Spiels von Licht und Farben, das Sichtweisen des französischen Impressionismus ins sächsische Elbtal holte. Oder Otto Gussmann, der Meister der dekorativen Malerei. Am Vorabend des Ersten Weltkrieges die expressionistische Protestkunst von Otto Dix, Oskar Kokoschka, Conrad Felixmüller. Bald die starke Dresdener Asso-Gruppe mit Hans und Lea Grundig, Wilhelm Lachnit, Kurt Querner und anderen. In der Nazi-Ausstellung »Spiegelbilder des Verfalls der Kunst« wurden ihre Arbeiten verfemt, dabei gehörten sie zum Gewissen der modernen deutschen Kunst. Nach der Befreiung, als Dresden in Schutt lag, sah man auf Wilhelm Rudolphs bittere Bildzeugnisse. Aber er verfiel nicht in Apathie, sondern wollte aufbauen helfen und schloss sich, wie Eugen Hoffmann, Josef Hegenbarth, Hans Theo Richter oder Wilhelm Lachnit, einem Lehrerkollegium um Hans Grundig an, der 1947 erster Rektor der neu eröffneten »Akademie der bildenden Künste« wurde. Studenten der ersten Nachkriegsjahrzehnte, Gerhard Kettner, Jutta Damme, Günter Horlbeck, rückten in den sechziger Jahren als Hochschullehrer nach, und eine neue Generation um Johannes Heisig oder Hubertus Giebe etablierte sich, wie andere vor ihnen, im Einverständnis *und* im Streit mit den Verhältnissen.

Das *Und* muss man in der piefigen Dresdener Nachwendeatmosphäre vergessen haben. Am 12. Dezember 1990 meldet die Presse, Professor Johannes Heisig lege angesichts zunehmender Widerstände gegen »seine Person und seine Biografie« mit sofortiger Wirkung das Amt als Rektor der Hochschule für Bildende Künste nieder. Tage zuvor seien eine Gruppe sächsischer Künstler und Studenten sowie der

Dresdener Kulturdezernent zu einer Gesprächsrunde zusammengekommen, um gegenüber der sächsischen Regierung eine Neuorientierung der Hochschule einzuklagen. Heisig sei aus dieser Gesprächsrunde ausgeklammert worden. Ich denke, schon wieder bellen Möpse den Mond an.

Ein wunderschöner Abend in Dresden: Die Palucca Schule feiert im Juni 1989 ihr vierzigjähriges Bestehen als Staatliche Fachschule für künstlerischen Tanz. In der Dresdener Semperoper fasziniert mich das von Studenten, Absolventen und Pädagogen der Schule gestaltete Programm. Ich erinnere in meiner Begrüßungsrede an die Vorgeschichte. Palucca gründete 1925 in Dresden ihre Schule für Modernen Tanz, die 1939 durch die Nazi-Behörden geschlossen wurde, jedoch schon im ersten Friedensjahr 1945 wieder den Unterricht aufnehmen konnte und 1949 staatliche Fachschule wurde. Die Leistungen der Mary-Wigman-Schülerin Gret Palucca für die Tanzentwicklung in der DDR sind herausragend. Der »Abend des Tanzes« mit seiner Vielfalt choreografischer Handschriften und hinreißenden tänzerischen Leistungen spricht für eine hoffnungsvolle Kontinuität.

Und doch signalisiert mir Palucca noch im Sommer, dass sie sich Sorgen um ihre Schule mache. Den Grund lässt sie im Dunklen. Ich biete ihr ein Gespräch an, und sie schreibt mir eine Ansichtskarte. Ob ich nicht nach Hiddensee kommen möchte. »Wir könnten uns in Ruhe unterhalten. Telefon habe ich nicht, aber sonst ist es sehr schön. Einfach und viel Natur.« Vitte, das ist eine Tagesreise, aber wenn Palucca ruft, hat man keine Wahl. Es gibt ein Dienstschiff des Rates des Kreises, das mich schneller auf die Insel bringt als der öffentliche Liner. Als ich ankomme, erwartet mich die Einladung zu einer Gemüsesuppe, auf der man das kleinste Fettauge vergeblich sucht. Als wir die Löffel abgelegt haben, sagt Palucca: »Ich bin ja so froh, dass sich meine Befürchtungen zerstoben haben!« Wieder auf dem Schiff, frage ich mich: Was hast du nun von der Weltreise? – Eine Handschrift von Palucca.

Im August endet in Berlin eine sechstägige Tour von Rock-Poeten aus der Bundesrepublik und Westberlin. Mit dabei: Heinz Rudolf

Kunze, Ulla Meinecke, die Jule Neigel Band, Manfred Maurenbrecher, Stoppok, Danny Deutschmark, Morgenland / Yarinistan und Purple Schulz. Künstleragentur und FDJ haben diesen Part des Kulturabkommens zwischen beiden deutschen Staaten organisiert. Hamburgs 2. Bürgermeister, Professor Ingo von Münch, kommt vorbei, und gemeinsam stoßen wir mit Rotkäppchen-Sekt auf das riesige Publikumsinteresse von Rostock bis Suhl an. Wer hätte gedacht, dass dieses Gesöff demnächst großdeutscher Marktführer wird?

Auch »Looking East« rechnet mit dem Fortbestand beider deutscher Staaten. Das ist eine in der DDR-Hauptstadt von der Firma »Tribute Productions« abgehaltene Konferenz, zu der 180 Firmen und Institutionen der Unterhaltungsindustrie aus 24 Ländern und Westberlin ihre Fachleute entsandt haben. Natürlich geht es um Marktbeobachtungen und Absatzchancen. Die Treptower und Weißenseeer Konzerte von Rock-Weltstars haben Neugier erzeugt. Aber wir schreiben bereits den 7. November 1989. Am Samstag zuvor haben eine halbe Million Menschen auf dem Berliner Alexanderplatz eine andere DDR gefordert, frei von geistiger, ökonomischer und politischer Enge. Viele Konferenzteilnehmer haben es live oder am Bildschirm erlebt.

Im Kongresszentrum des später abgerissenen Palasthotels lade ich die ausländischen Gäste ein, einen Blick auf den »Erneuerungsprozess« zu werfen, »der in unserem Lande in diesen Tagen und Stunden« stattfindet. »Trotz vieler komplizierter Probleme« könne das »eine Situation des Aufbruchs sein, hin zu einem modernen und leistungsfähigen Sozialismus«. Ist das noch Hoffnung oder schon Pfeifen im Walde?

Zehn Tage später: Eröffnung der Ausstellung »Amsterdam – Berlin/ DDR – Madrid – Berlin (West) – Arbeiten von vier Studenten aus vier Kunsthochschulen«. Sie findet in Anwesenheit von Kultursenatorin Anke Martiny in der damaligen Künstlerwerkstatt im Westberliner Bahnhof Westend statt. Als Kind – bei noch offener Grenze – wusste ich, wo das liegt. Jetzt findet unser Ministeriumsfahrer nicht dorthin. Eine Westberliner Funkwagenbesatzung fährt voraus und zeigt den Weg. Die Ortsfremdheit ist die leichtere Irritation. Ich komme von der am Nachmittag desselben Tages auf dem Ostberliner Bebelplatz abgehaltenen Studentendemonstration. Um die 10 000 Teilnehmer werden es gewesen sein, die hier die Anerkennung der jenseits der FDJ gebildeten Studentenräte, mehr Mitbestimmung und die Einstufung des Marxismus-Leninismus als fakultativen Lehrstoff forderten. Aber es war eben auch die Losung »Tiefenreinigung statt Wiedervereinigung« zu lesen.

In meiner Westender Begrüßungsrede berichte ich davon und erwähne, dass auch Studenten der an der Ausstellung beteiligten Kunsthochschule Berlin-Weißensee zu den Organisatoren der Demo gehörten. Ich höre mich sagen: »Was ich da erlebte, ist ebenso wie die von DDR-Künstlern initiierte Demonstration und Kundgebung am 4. November auf dem Alexanderplatz oder andere Willensbekundungen dieser Art und Offenheit ein wichtiger Beitrag zu einer neuen politischen Kultur. Die Erneuerung der DDR, der revolutionäre Umbau des Sozialismus in unserem Land ist das Ergebnis einer einzigartigen demokratischen Massenbewegung und der Wahrnehmung des souveränen Selbstbestimmungsrechts des Volkes der DDR, das unantastbar ist. Viele Kulturschaffende unseres Landes haben die Leute bei uns sensibler gemacht für die Wahrheit und die Wende zum Besseren. Sie haben die Vision eines demokratischen Sozialismus auf deutschem Boden verteidigt, und sie wissen um die Verantwortung für diese einzigartige historische Chance. Wir betrachten die Erneuerung in unserem Land als Beitrag zur Ausgestaltung des gemeinsamen europäischen Hauses. Dabei ist die Öffnung der Grenze für DDR-Bürger in alle Richtungen eine gute und notwendige Entscheidung gewesen. Wir haben unsere Bereitschaft zur Entwicklung umfassender internationaler Beziehungen der Kooperation, der guten Nachbarschaft deutlich unterstrichen, und das wird auch kulturelle Folgen haben.« Kein Wort davon stammt aus einer Referentenfeder, ich kann jetzt so denken. Aber ich spreche es wie in Trance, weil doch längst ruinöse Wellen über dieses Credo zu schlagen beginnen. Und könnte es nicht sein, dass die bohrende Realität bereits ihr Urteil endfertigt: Es ist zu spät?

Übrigens thematisieren weder Senatorin Martiny noch der Präsident der Hochschule der Künste (West)Berlin, Ulrich Roloff-Momin, den ich zu anderer Zeit treffe, eine derartige Endzeitstimmung. Alle Gespräche über künftige Kooperationen setzen den Fortbestand einer – interessant wie – reformierten DDR voraus. Roloff-Momin ist eine noble Erscheinung. Er hat einst den Schwenk seiner FDP ins CDU-Lager nicht mitvollzogen, trat aus der Partei aus und wird sich später für die SPD als Kultursenator verpflichten lassen. In seinen politischen und Kunstauffassungen pulsiert ein demokratischer Gestus, der nach der Wende zum Beispiel in glücklichen Personalentscheidungen für die Gesamt-Berliner Theaterwelt zum Tragen kommen wird. Ein Name mag genügen: Castorf.

Die Dresdener Hochschule für Musik »Carl Maria von Weber« begeht am 22. November 1989 den 30. Jahrestag ihrer Namensverleihung. Fast komme ich zur Festveranstaltung zu spät. Es ist Glatteis auf der Autobahn, und der Fahrer lenkt den Lada in den Straßengraben. Also fahre ich per Anhalter mit einem Ehepaar aus der Elbestadt, das seine Hilfe anbietet. Der Mann ist Mitarbeiter der Staatssicherheit und erinnert sich an meine Liederzeit. Das mag der Grund sein, warum er in den Gesprächen unterwegs recht offen über sein Leben, seinen Weg zum MfS und die Sinnfrage zukünftiger Existenz redet. Ich kenne ihn ja nicht, aber dogmatischer Beharrungseifer scheint es nicht zu sein, was ihn verzweifeln lässt. Eher das Gefühl von drohendem Absturz, vom Fall in eine andere, unbekannte Lebensweise, in der Hass auf seine Firma und seinen ideologischen Treuglauben medial vorgestanzter Umgangskodex sein wird.

Viele bewegt die Frage: Wie geht es weiter im Land, im persönlichen Leben? Ich stelle sie mir ja auch. Das Ehepaar setzt mich vor der Hochschultür ab, ich komme noch zur rechten Zeit. Erstmals entschuldige ich mich öffentlich für die Verhärtungen, die im Umgang mit dem FDJ-Sinfonieorchester aufgetreten sind, wobei vor allem der Zwang zum FDJ-Hemd als Auftrittskleidung gemeint ist. »Anstatt über Inhalte und musikalische Qualitäten … haben wir über Prinzipien gestritten, deren Tragfähigkeit heute in einem anderen Licht gesehen werden muss.«

Fünf Tage später bin ich in Salzburg. In einem Festakt werden die Partnerschaften der Weimarer Hochschule für Musik »Franz Liszt« sowie der Berliner Hochschule für Schauspielkunst »Ernst Busch« mit dem »Mozarteum« begründet. Eigentlich wird nach den Partnerschaftsvereinbarungen bereits gearbeitet, und der Festakt ist ein Nachtrag, wie ihn zwischenstaatliche Beziehungen eben haben wollen. Auch der österreichische Bundesminister für Wissenschaft und Forschung, Dr. Erhard Busek, ist gekommen. Ich sage meine Artigkeiten zum europäischen Haus, zum Besuch des österreichischen Bundeskanzlers Vranitzky in der DDR und zu den glänzenden Aussichten künstlerischer Hochschulkooperation. Die Situation in der DDR beschreibe ich wie zuvor im Berliner Westend. Komischerweise will das keiner wissen. Die DDR wird sich ändern, das ist klar. Aber untergehen? Niemals!

Dabei ist die Regierung Stoph bereits am 7. November 1989 zurückgetreten. Das war von ernsthaften und illustren Erwägungen zur Besetzung des neuen Kabinetts begleitet, die Leitung des Kulturministeriums inklusive. Ich erinnere mich an turbulente Abläufe: Als neuer Ministerpräsident ist der langjährige 1. Bezirkssekretär der SED Hans Modrow im Gespräch. Er wird auf dem anderntags beginnenden ZK-Plenum dann auch zum Mitglied des Politbüros gewählt und als Kandidat der SED für das Amt des Ministerpräsidenten vorgestellt. Im Februar 2013 wird er mir erzählen, wie sehr es ihn damals gekränkt habe, in den Augen des neuen Generalsekretärs nicht die »erste Wahl« für dieses Amt gewesen zu sein, denn Schalck-Golodkowski und Siegfried Lorenz hätten vorübergehend das Ranking angeführt.

Darüber weiß ich nichts. Hingegen kann ich Hans Modrow von einer Zusammenkunft berichten, auf der damals ein anderer Politiker überzeugt werden sollte, sich als Kandidat für das höchste Regierungsamt in Stellung zu bringen. Es handelte sich um den Bauminister Wolfgang Junker. Das Treffen mit Junker fand seinerzeit auf diskrete Einladung von Jochen Hoffmann im Kulturministerium statt. Ebenfalls anwesend war Ex-Aufklärungs-Chef Markus Wolf, der sich zunächst als Literat eingeladen wähnte, dann aber zu seinem Erstaunen ermuntert wurde, in einer Regierung Junker die Leitung der Staatssicherheit zu übernehmen. Komischerweise musterte Wolf bei solcher Aufforderung die Decke in Hoffmanns Büro. Er lehnte den Gedanken in glaubhaft entrüstetem Tonfall ab, und auch Junker meinte, sich verhört zu haben. Er fühlte sich zu einer solchen Amtsführung nicht in der Lage.

Ich staunte, in was für eine Runde ich geraten war. Als mich Jochen Hoffmann dazu bat, hatte er über sein reichlich konspiratives Anliegen nichts gesagt. Andererseits war die politische Gegenwart so schrill geworden, dass früher Undenkbares ganz einfach geschah. Ich glaube, Markus Wolf hat dieses seltsame Treffen in irgendwelchen Erinnerungen erwähnt. Jochen Hoffmann und der unter tragischen Umständen aus dem Leben geschiedene Wolfgang Junker haben darüber Stillschweigen bewahrt.

Mir ist nie recht klar geworden, warum Jochen Hoffmann Hans Modrow als Premier verhindern wollte, zumal mein Minister die Zusammenarbeit stets als gut und partnerschaftlich beschrieb. Vielleicht hing es mit Erwägungen um die Neubesetzung des Kulturressorts in der Modrow-Regierung zusammen. Dafür war der Name des Staatssekretärs Dietmar Keller ins Spiel gebracht worden. Wie Hoffmann hatte er sich in der Künstlerschaft einen guten Ruf erworben, manchen Kulturpolitikern erschien aber Jochen Hoffmanns internationale Reputation in der schwierigen Entwicklungsphase der DDR so unverzichtbar, dass sie den Minister gern weiter im Amt gesehen hätten.

Egon Krenz scheint damals ähnliche Überlegungen gehabt zu haben. Eines Tages wird Jochen Hoffmann aus unserer Leitungssitzung gerufen, der Generalsekretär sei am Apparat. Nach minutenlanger Unterbrechung erklärt Jochen Hoffmann seiner Stellvertreterrunde, Krenz habe ihn aufgefordert, im Amt zu bleiben. Er bitte alle und vor allem seinen designierten Nachfolger Dietmar Keller um Verständnis, dass er eine solche Aufforderung nicht abschlagen könne. Keller erklärt darauf, er bitte dann seinerseits um Verständnis, dass er für eine Führungsfunktion im Ministerium nicht mehr zur Verfügung stehe. Er hat sich vielen Künstlern bereits als zukünftiger Minister anempfohlen und ist in einer verzwickten Lage. Hoffmann sagt, er verstehe das. Modrow indes rückt von Keller nicht ab. Neuerliche

Interventionen pro Hoffmann erreichen Egon Krenz nicht mehr, in seinem Umfeld türmen sich gravierendere Probleme.

Als am 17. November die Regierung Modrow gebildet wird, ist Dietmar Keller also der neue Minister für Kultur. Jochen Hoffmann, der seine Verbitterung zu verbergen sucht, zieht sich in seine geliebte Freizeitbeschäftigung, die Computerisierung des Alltags, zurück. Keller erklärt mir alsbald auf dem Ministeriumsflur, dass er keine Arbeit mehr für mich hat. Noch bin ich aber im Amt, als der neue Minister den bislang ausgesperrten Drachentöter Wolf Biermann empfängt. Es ist ja Konsens zwischen uns, dass des Sängers Ausbürgerung der untauglichste Ausweg aus einer geharnischten politischen Konfrontation war und dass man solche Debatten aushalten konnte und musste. Aber einen kulturpolitischen Fehler samt seinen desaströsen Folgen durch einen späten Kotau vor dem im Kapitalismus angekommenen und eitel missionierenden Liedermacher heilen zu wollen, ist propagandistischer Zirkus.

Keller wendet zu Recht ein, er sei nicht ganz freiwillig in diese Lage geraten, aber ich unterstelle, dass sie ihm letztendlich als öffentlicher Ausweis seines Umdenkens willkommen war. Der Auftritt am Molkenmarkt gestaltet sich dann zu einem Empfang des Kulturministers durch Wolf Biermann in den Räumen des Ministeriums. Und was wird es bringen? Der Minister ist kein halbes Jahr mehr im Amt. Biermann wird Krenz an die Laterne, die Gegner des Irak-Krieges zum Teufel und die Bundestagsfraktion der Linken als schäbigen Diktatur-Rest in den Orkus der Geschichte wünschen. So mancher, der Biermanns Ausbürgerung einst als des Sozialismus unwürdig ablehnte und dafür Repressionen riskierte, wird sich nun vor dessen Dank ekeln.

Jochen Hoffmann stirbt am 19. Juli 1994. Zur Trauerfeier sind seine ehemaligen Stellvertreter in der Friedrichsfelder Gedenkhalle noch einmal versammelt. Hermann Kant hält eine angenehm warme Rede. Sie würdigt die leidenschaftlichen, jedoch vergeblichen Bemühungen des Kulturpolitikers um eine DDR in erneuerten sozialistischen Verhältnissen.

Anekdoten mit Zeigefinger

Welches Vergnügen bereitet es, Lebenszeit in ihren Anekdoten zu erzählen! Die kleinen Geschehnisse streifen uns en passant und geraten aus der Gefahrenzone des Vergessens, weil sie den Zeigefinger auf Typisches an Mensch und Zeit richten. Plötzlich sind sie gar nicht klein. Meistens sind sie heiter, aber nicht immer. Aus der Kulturabteilung meiner Sammlung möchte ich noch ein paar zugeben. Also los nach Alphabet!

Alliierter Theodorakis: Mikis Theodorakis ist in Begleitung seiner Frau zur Besprechung weiterer Projekte bei mir zu Hause im Scheunenviertel eingeladen. Sein ewiger Adlatus, Asteris Kutulas, versprach, ihn in seinem Westberliner Hotel abzuholen und über die Grenze zu begleiten. Aber keiner der drei erscheint. Meine Frau und ich wollen gerade das Abendessen nicht verkommen lassen, als das Telefon klingelt. Es ist ein Grenzoffizier von der Friedrichstraße, des DDR-Kontrollpunktes also, der den Westalliierten und Botschaften vorbehalten ist. Mikis gilt hier als Bürger Unberechtigter und ist nur fälschlich dahin gefahren, weil Asteris ihn verpasst hat. Man habe ihn natürlich nicht weggeschickt, sondern bewirtet, sagt die Stimme am Telefon. Ich könne ihn nun abholen. Es regnet wie aus Gießkannen. Der Hüne Mikis klemmt sich in den Beifahrersitz meines Wartburgs und lehnt mit der Stirn an der Frontscheibe. Der Grenzer sagt: »Es hat leider etwas gedauert. Ist ja der Übergang für Alliierte … Andererseits – ein Alliierter ist er ja auch.« Mikis, von der Enge der Wachstube und des Wartburg genervt, demonstriert, endlich im Scheunenviertel angekommen, die belebende Wirkung eines guten Essens.

Bannerübergabe: Von Zeit zu Zeit stiftet das ZK der SED verdienstvollen Betrieben und Einrichtungen rote Ehrenbanner. Wir jüngeren ZK-Mitglieder finden diese Ehrung etwas antiquiert, aber wenn wir den Auftrag erhalten, eines zu übergeben, erledigen wir das natürlich. Ich werde zur Auszeichnung des Leipziger Theaters hinausgeschickt. Nun ist dessen Intendant, Karl Kayser, selbst ZK-Mitglied und hat wohl mindestens mit Kurt Hager zu einer solchen Zeremonie gerechnet. Ich fühle mich auch etwas unwohl, als ich das Theater durch den Hintereingang betrete, während man mich am Portal erwartet. Vorne aber wäre ich nicht dem Leipziger Star-Schauspieler Günter Grabbert begegnet, der mir, die Treppe hinunterstürzend, zuruft: »Ich halte zum Banner. Aber ich bekam keinen Sitzplatz!«

Bause grüßt nicht mehr: Während meiner Zeit als Kulturpolitiker bin ich Mitglied jenes von Minister Hoffmann geleiteten Ausschusses, der Künstler zur Auszeichnung mit dem Nationalpreis empfiehlt. Die Vertreter der Blockparteien und gesellschaftlichen Organisationen sowie die Sparten-Minister verteidigen mit wechselndem Geschick ihre eingereichten Vorschläge. Die Anzahl der Kandidaten ist stets um ein Mehrfaches größer als die Kontingente für die Ehrung. Und geheim sind die Beratungen natürlich auch, damit Ablehnungen und Zurückstellungen keine Künstlerseele verletzen. Kein Ausschussmitglied darf plaudern. Ich bin es nicht, der diese Regel verletzt und dem erfolgreichen Schlagerkomponisten und Inka-Vater Arndt Bause seinen hochverdienten Platz auf der Kandidatenliste als bereits erteilten Zuschlag zuflüstert. Weil er dann doch nicht in die engere Wahl kommt und auf seinen Schneiderkosten sitzen bleibt, teilt er mir in höchster Verärgerung telefonisch mit, dass er nie wieder ein Wort mit mir sprechen werde. Gesagt und gehalten.

Bernstein probt: Am 20. Oktober 1987 trifft sich Leonard Bernstein mit jungen Dirigenten der vier Hochschulen für Musik und Mitgliedern des FDJ-Sinfonieorchesters zu einer Probe. Die Musikstudenten werden anderntags zum Auftakt eines vom Jugendverband veranstalteten »Festes junger Talente und junger Künstler« die Sinfonischen Tänze aus der »West Side Story« sowie Beethovens »Eroica« in der Dresdener Semperoper aufführen und bejubeln natürlich die Begegnung mit dem Maestro. Auch Bernstein hat seine Freude.

Das FDJ-Sinfonieorchester gibt es da schon das elfte Jahr. Es wurde jeweils von den besten Instrumentalisten der Musikhochschulen gebildet und von den Dirigenten Johannes Winkler (seit 1976), Christian Ehwald (seit 1981) und Reinhard Seehafer (seit 1985) zu erstaunlichen Konzertleistungen geführt. Da abzusehen ist, dass nicht alle Absolventen in ihrem Berufsleben auf einer der namhaften Bühnen zu Hause sein werden, wollen wir vielen die Chance dieses Raum- und Klangerlebnisses in ihrer Studentenzeit ermöglichen. So sehr man einsieht, dass diese Förderung seinerzeit am politischen und organisatorischen Einfluss der FDJ hängt, reiben sich einige junge Musiker, die oftmals aus christlichen Elternhäusern stammen und dem Jugendverband vielleicht gar nicht angehören, an dessen politischer »Besitzanzeige«. Wir setzen das Blauhemd auch bei ihnen als Auftrittskleidung durch. Die Anmaßung bewirkt, dass aus partnerschaftlicher Anerkennung unnötige Distanz entsteht. Einige Studenten zücken dann bei kühlen Sommertemperaturen aus Gnatz schon mal das Thermometer, um ein Open-Air-Konzert fraglich zu stellen. Eine Attitüde, die im rauen Berufsleben gefährlich wäre. Aber das Wetter entscheidet jedes Mal für Détente.

Bisky fragt: Lothar Bisky kenne ich bereits seit meiner Leipziger Studentenzeit als eloquenten Denker und Plauderer. Er war damals Mitarbeiter am Zentralinstitut für Jugendforschung und dort vor allem mit dem Freizeitverhalten junger Leute befasst. Wir saßen in wechselnden Runden manche Nächte zusammen, tranken Rotwein, sangen und diskutierten. Als ich später im Kulturministerium für die künstlerischen Ausbildungsstätten zuständig bin, leitet er als überaus beliebter Rektor die Hochschule für Film und Fernsehen in Potsdam-Babelsberg. Zur Wendezeit tut er etwas nie Dagewesenes und keineswegs Vorgesehenes: Er stellte sich seinen Mitarbeitern und Studenten zur Wahl. Nach dem Rücktritt des ZK der SED am 3. Dezember 1989 ist er Mitglied des Arbeitsausschusses der SED, der einen Außerordentlichen Parteitag vorbereiten soll und übernimmt die Leitung der Kommissionen Bildungs- und Schulpolitik sowie Presse und Medien. Eine klare Parteifunktion. Er ist aber auch noch Hochschulrektor und fragt sich, wer ihn zukünftig bezahlt. Er ruft mich an, um ein klärendes Gespräch zu vereinbaren. »Komme ich zu dir, oder kommst du zu mir?«, frage ich. »Na hör mal«, gluckst er am Telefon, »es bleibt dabei: Staatsapparat kommt zur Partei.« Hübscher Reim auf alte Sitte, klingt wie mit dem Augenzwinkern der Leipziger Jahre vorgetragen. Als ich ihn dann im Amtszimmer der ehemaligen Kulturabteilungsleiterin Ragwitz treffe, ist er übermüdet. Es sind seine ersten, aufreibenden Tage in der Führung der sich erneuernden Partei, dagegen meine letzten in der Funktion am Molkenmarkt. »Du bist Rektor und wirst weiter so bezahlt. Aber ich bin bald nicht mehr im Ministeramt.« – »Gut, dann frage ich in drei Wochen wieder.«

Brechts Erbin: Alle sagen, Barbara Brecht-Schall gestattet selten etwas. Im Juni 1988 veranstaltet die FDJ im Deutschen Theater ein Programm zum 100. Jahrestag der Arbeiterhymne »Die Internationale«. Günther Rücker, Klaus Piontek, Hans-Eckardt Wenzel, Hannes Wader, der Oktoberklub und ein Stahlarbeiterchor aus Rheinhausen gehören zu den Mitwirkenden. Und Studenten der Berliner Hochschule für Schauspielkunst »Ernst Busch«, die eine ursprüngliche Szene aus Brechts »Furcht und Elend des Dritten Reiches« inszeniert haben. Das Problem: Sie ist in den jüngeren Brecht-Ausgaben nicht enthalten. Es bedürfe deshalb einer Genehmigung der Erben, sagt man mir. Aber das würde wohl nichts. Von wegen! Brechts Tochter schreibt zurück: »Ich bin damit einverstanden, dass Sie die mir in Kopie zugesandte Szene ›Die Internationale‹ in Ihrem Programm zum 100. Jahrestag bringen. Die Szene … erschien 1938 in der Malik-Ausgabe. In späteren Ausgaben ist diese Szene u. a. nicht mehr mit aufgenommen worden.« Ein kostbarer Moment des Programms darf passieren.

Buchstaben-Rede: Als »Unterhaltungskunst-Minister« bin ich auch für die DDR-Kabaretts zuständig. Als die oft ideologisch gepiesackten Ensembles in Magdeburg ihre 6. Werkstatttage abhalten, redet mir die Fachabteilung eine Begrüßungsrede ein. Es spricht sich aber herum, dass die Künstler auf diese gern verzichten würden, um gleich mit den Forderungen nach mehr Maulfreiheit zu beginnen. Ich erwäge

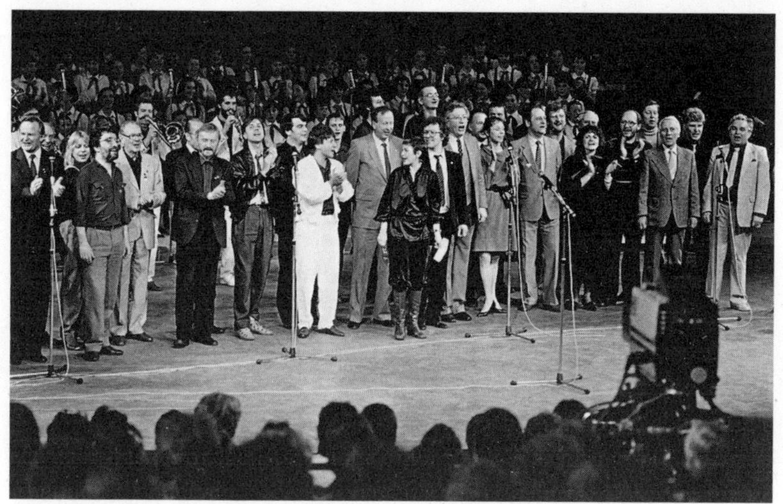

Im Friedrichstadtpalast 1986: der Chor von Kunstpreisträgern der FDJ

daraufhin, allen Teilnehmern eine handelsübliche Packung Buchstabennudeln auf die Sitze legen zu lassen und meine Begrüßung auf folgende Worte zu beschränken: »Wie ich höre, wollen Sie keine Funktionärs-Rede über sich ergehen lassen. Ich respektiere das und schlage Ihnen vor, sich aus dem Nudelkonvolut selbst ein wohlfeiles Entree zurechtzulegen.« Das wäre genregerecht und würde wohl ankommen. Was mich abhält? Feigheit vor der eigenen Courage und vor einer Ministerialbürokratie, die weder Nudeln besorgen noch bezahlen kann.

Chor der FDJ-Kunstpreisträger: Zum 40. Jahrestag der Gründung der FDJ 1986 gibt es im neuen Friedrichstadtpalast eine Festveranstaltung. Eine der Programmideen kommt von mir: Ein Chor aus Kunstpreisträgern der FDJ. Über 600 Künstler haben bis dato die »Erich-Weinert-Medaille« erhalten. Wir wählen aus und bekommen fast nur Zusagen. Der Gruppenauftritt zum angejazzten Geburtstagssong ist ein recht prominentes Stelldichein östlich verbliebener Medaillenträger. Einige, die wir vergessen haben, beschweren sich später über die Nichtachtung. Der Geburtstagssong weissagt der FDJ weitere vierzig Lebensjahre. Das allerdings ist voreilig.

Diether Dehm wettet: Mit Diether Dehm verbindet mich eine lange Freundschaft. Einmal hatte er mir allerdings auch Probleme bereitet. Er ließ ein Klaus-Lage-Konzert in der alten Werner-Seelenbinder-Halle mit der Instrumentalfassung eines Biermann-Songs beginnen und hatte uns Veranstalter erst wenige Minuten vorher darüber informiert. Das ZDF eröffnete mit diesem abgesprochenen Eklat live seine »heute«-Sendung, und die befassten Politbüromitglieder reagierten gereizt. Trotz seines phantastischen ersten DDR-Auftritts 1986 beim Liedersommer der FDJ in der Berliner Parkaue (Eintritt: 3 Mark, Kinder die Hälfte) durfte die Fernsehaufzeichnung des aktuellen Lage-Konzerts nicht gesendet werden. Dieser Ärger war verraucht, als Diether mir eine komische Wette auf die Zukunft vorschlug: Mal sehen, wer von uns in seinem Land zuerst Kulturminister wird und ob du, König, in die SPD eintrittst. Ich glaubte mich verhört zu haben und vergaß die Sache. Bis zu einer Demo in der Nachwendezeit auf dem Berliner Alexanderplatz. Diether war für ein Ministeramt der SPD jederzeit zu links gewesen und ist nun Vizevorsitzender der PDS. Da fällt mir die Wette wieder ein. Und dass ich sie offensichtlich gewonnen habe.

Eisler greift vor: 1988, zum 90. Geburtstag des Komponisten, veranstaltet die FDJ in Berlin einen »Eisler-Tag«. Der Musikwissenschaftler Günter Mayer spricht, Jürgen Eger, Stefan Körbel und Diether Dehm machen Liedprogramme, Peter Waschinsky und Studenten der Schauspielschule Berlin zeigen Puppenspiel, zu einer Musik Georg Katzers läuft das Multimedia-Projekt »Die Mechanik und die Kräfte der Erosion«, um eine Eisler-Jazz-Diskothek gruppiert sich die »Bolschewistische Kurkapelle«, zur Diskussion stehen der Formalismus-Realismus-Streit und die Faustus-Debatte der fünfziger Jahre. Und im Raum rufen ausgegrabene Sprüche des Musikschöpfers der DDR-Nationalhymne: »Man kann nicht aus seiner Zeit austreten.« (1958); »Überpolitisierung in der Kunst führt zur Barbarei in der Ästhetik.« (1961); »Ich habe keine Lust, eine Kunst auszuüben, wo man sein Gehirn an der Garderobe abgeben muß.« (1962). Das Programmheft wagt noch den Abdruck seiner 1953er Vision: »Wenn ich 1990 vergessen sein werde, wird es eine gute Zeit sein, voll des Überflusses, des Spaßes und der Denkkraft.« Sollte der rechte Zeitgeist hier applaudieren, müsste der linke einwenden: »Wartet die Zeit ab! Das ist wieder so ein typischer Eislerscher Vorgriff.«

Giebe verkopft? In einer Berliner Galerie, die nach der Wende mit Arbeiten bekannter Künstler der Ex-DDR handelt, frage ich nach Hubertus Giebe. Er sei zu »verkopft«, daher schlecht verkäuflich, ist die Antwort. Das erstaunt mich. Ich hatte 1985 seine stark beachtete Personalausstellung in der Berliner »Galerie Unter den Linden« besucht und ein frühes Aquarell gekauft. Giebe selbst lernte ich erst kennen, als er 1986 den Kunstpreis der FDJ erhielt und ich ihn in den endachtziger Jahren bei Dresdener Aufenthalten des Öfteren in seinem Atelier auf der Brühlschen Terrasse besuchte. Nach seiner Leipziger Zeit als Meisterschüler von Bernhard Heisig war er Oberassistent für Malerei und Grafik an der Dresdener Hochschule. Er hatte bereits an diversen internationalen Ausstellungen teilgenommen, und seine Hommage für Walter Benjamin befand sich im Besitz der Sammlung Ludwig.

Er war ein angenehm anstrengender Gesprächspartner. Ich lernte von ihm. Mehr als jeder andere führte er mich weg von straffen Anhaftungen alter Realismus-Auffassungen, indem er an Gemälden und Grafiken vorführte, worauf sein Realismus fußte: der Liebe zur Bilderwelt des Abendlandes, der Nähe zu Dix und Beckmann, den »Weisheiten des Fleisches« eines Klimt oder Schiele, Linien von Matisse über Chagall zu Heartfield, Grosz oder Grundig. Die ruhige, abwartende Geduld, in der er mit mir über Bilder als Zeitzeichen redete, stand, wie ich meinte, im Widerspruch zu seiner ekstatischen Malweise, der explosionsartigen Entladung von schwer zu dechiffrierenden Figuren-Beziehungen, verwirrenden Handlungsebenen, Metaphern und Bildschnitten. Gabriele Muschter hatte früh geschrieben, Giebes Bilder bebten in Raserei und ließen keinen Platz für Distanz. Jahre später empfinde ich dasselbe. Mit praller Subjektivität, aber auch dem sezierenden Blick des Aufklärers erschließt der 1953 Geborene wichtige Themen deutscher Geschichte. 1988 zeigt er mir zum Beispiel diverse Arbeiten zu Grass' »Blechtrommel«, einige kriege ich geschenkt.

Besonders bedrückt mich seine Erinnerung an »Die polnische Post«. Sehe ich die Blätter heute, sind sie nicht nur von politischer Aktualität, sondern in ihrem Appell zeichnerisch modern und vital. Ist es vielleicht eher eine abnehmende Verkopfung des zahlenden Publikums, die den Galeristen seufzen ließ?

Glöckner spät geehrt: Zurückstellungen sind im Ausschuss, der jährliche Vorschläge für die Auszeichnung mit dem Nationalpreis der DDR unterbreiten soll, nicht selten. Selten jedoch war eine solche Erwägung so widersinnig, wie bei unserer Tagung 1984, als Hermann Glöckner, der international geschätzte Vertreter des Konstruktivismus, erneut gelistet ist.

Es mag an Missverständnissen über das »Ungegenständliche« in Glöckners Kunst, über seine mathematisch poetisierenden Collagen und Faltungen liegen, einer Verkennung als Spätfolge der ideologischen Zuspitzungen in der »Formalismusdebatte«. 1984 aber sollte der außerordentliche Rang des Altmeisters außer Frage stehen. Minister Hoffmann erhebt sich und zieht die Brauen bedenklich gegen die Stirn: »Verehrte Freunde, haben Sie mal auf das Geburtsdatum des Künstlers geschaut?« Hermann Glöckner hat das 95. Lebensjahr vollendet. »Besteht noch jemand auf Zurückstellung?« Keine Hand will sich regen, und der Altmeister wird im Oktober geehrt. Jedes Jahr schicke ich den Ausgezeichneten im Namen der FDJ Glückwünsche. Manchmal kommt ein unpersönliches, serienweise gedrucktes Dankeschön zurück. Aus Hermann Glöckners Brief aber spricht persönliche, unverhohlene Freude über die späte Ehrung. Schade nur, dass der Briefbogen so gewöhnlich gefaltet ist.

Gröszer droht mit Zeichnung: Eines Tages besucht mich der Maler und Grafiker Clemens Gröszer im Zentralrat. Wir haben eine Flasche grusinischen Brandy geöffnet, und das Gespräch zieht sich weit in den Abend, schließlich gar in die Nacht. Ich besitze von ihm eine kleine maritime Grafik aus dem Jahre 1978 und sehe, wie grundlegend sie sich von seinen neueren Arbeiten unterscheidet. Denn inzwischen ist seine erste »Marin à cholie« in der Diskussion, die kühl und starr hinausschauende Dame, die nackt ihre Supermarkt-Tüte wie eine Krone trägt und im betonierten Ambiente mit beschränktem Ausblick auf die Welt eine Glaskugel nach der Zukunft befragt. Wir reden über Menschenbilder als Allegorien oder Karikaturen, über hereinschwappenden Konsumfetischismus und fragile Prognosen gesellschaftlicher Entwicklung, über Träume und Albträume von paradiesischen Zuständen. Da sieht der Zentralratswachdienst in VP-Uniform, der im Haus seine Runden dreht, das erste Mal nach dem Rechten. Wir nehmen die Beine vom Tisch. Der Wachdienst geht lächelnd ab. Dann wieder die Welt der »Marin«. Es sei ja eine Momentaufnahme. Die Zeiten, die hintergründigen Kulissen wandelten sich. Von Wandlungen der »Marin« spricht Gröszer nicht. Später erst werde ich wissen, dass er seine Muse lange Zeit in derselben Pose malte, vor der Wende noch in brisanter Absturzgefährdung, dann in einer bröckelnden Neon-Welt angekommen und maskiert, schließlich gar als Sado-Maso-Objekt mit gespreiztem Unterleib, eine Ware mit Spuren körperlicher und seelischer Defekte. Von solchen Langzeitbeobachtungen kann in unserem Gespräch noch keine Rede sein, obwohl Gröszer apokalyptisch weit hinaus fabuliert. Dann sind wir besoffen. Der Wachdienst sieht erneut durch den Türspalt. Gröszer sagt, wenn der Polizist noch einmal kommt, würde er ihn zeichnen. Der muss das gehört haben. Er zieht sich blitzschnell und endgültig zurück.

Internationales Pflanzenrecht: Der Regisseur der bereits erwähnten Veranstaltung zum 100. Geburtstag der »Internationale«, Klaus Erforth, schlägt einen zusätzlichen Programmbeitrag vor. Ein Gedicht von Volker Braun, dessen Schlüsselzeile lautet: »Die Internationale erkämpft das Pflanzenrecht«. Das von Eugène Pottier an die Arbeiterklasse gerichtete Kampfvokabular wendet sich darin nun an die verdammten Bäume und Fische, an die sterbenden Arten und die weisen tausendjährigen Eichen. Es fordert die geschundene Natur auf, für ihre wilden Interessen ins Gefecht zu ziehen und einzutreten in den ratlosen Menschenverein, damit die Welt doch gewonnen werde. Wir Zensoren schauen mürrisch auf das Skript. Wer braucht denn auf den Barrikaden der großen Menschheitsdämmerung solche Belehrungen durch die Natur? Unsere roten Seelen belächeln jede Abdrift revolutionärer Grundstimmungen ins Grüne, weil wir nicht wahrhaben wollen, dass sich unser Leben samt seinen ideologischen Ismen an den Strünken der Natur festklammert. Erforth steckt den Text wieder ein. Ich begreife mit unverzeihlicher historischer Verspätung, dass die Roten die besten Grünen sein müssten.

Junge Kunst an der Jugendhochschule: Ein Indiz dafür, dass wir auf unserer Leipziger Kulturkonferenz nicht nur Unsinn veranstalteten, war die Idee, den sieben Hoch- und Fachschulen der bildenden und angewandten Kunst der DDR Aufträge zur bildkünstlerischen Ausgestaltung der Jugendhochschule »Wilhelm Pieck« am Bogensee zu übergeben. Die 1946 nördlich von Berlin gegründete Ausbildungsstätte war zu Beginn der achtziger Jahre rekonstruiert und erweitert worden, aber im Alltagsleben der als Internat geführten Schule fehlten fast jegliche Berührungspunkte zum modernen bildnerischen Schaffen und zu einer überzeugenden Ästhetik der Innengestaltung und der Dinge des täglichen Gebrauchs. Was lag näher, als einen solchen komplexen Auftrag als »Jugendobjekt« an die künstlerischen Ausbildungsstätten zu übergeben?

Ohne Zustimmung der Professoren Willi Sitte, Bernhard Heisig, Walter Womacka und anderer Mentoren hätten wir ein derartiges interdisziplinäres Projekt, das sich über beinahe vier Jahre erstreckte, nicht gewagt. Aber Bernhard Heisig sprach seinen Kollegen wohl aus der Seele: »Mir (war) vom ersten Moment an klar, dass sich hier für Studierende eine einzigartige Möglichkeit anbot, am Auftrag zu wachsen, das Bewusstsein vom Gebrauchtwerden zu entwickeln und den gesellschaftlichen Stellenwert als bildende Künstler nicht nur theoretisch, sondern auch praktisch begreifen und erproben zu können.« Schließlich fügten sich Arbeiten der architekturbezogenen Kunst und Innenarchitektur, Plastiken, Gemälde, Grafiken, Kunsthandwerk, Formgestaltung, Gebrauchsgrafik und Fotografie von 78 Künstlern zu einem in seiner Art seltenen Gesamtprojekt. Nicht alle Beteiligten haben sich nach der Wende so steil in den internationalen Kunstmarkt schießen können, wie der mit seiner Diplomarbeit »Die Kreuzigung«

am Projekt beteiligte Neo Rauch. Aber im Konvolut verlorener Ideen macht das Projekt bis heute eine gute Figur.

Loriot ermahnt die Werktätigen: Es ist ein seltsamer Vorgang. Der Loriot-Film »Ödipussi« hat nachmittags in Ost- und abends in Westberlin seine deutsche Premiere. Zur DDR-Aufführung in der Karl-Marx-Allee bin ich eingeladen. Loriot hält eine kurze Rede. Darin wundert er sich, dass das DDR-Publikum werktags zu so früher Stunde ins Kino gehen kann. Was wird denn da aus der Planerfüllung? »Dass mir das nicht einreißt!«, ermahnt er die Leute im Saal, die sich vor Lachen biegen, noch bevor sich der Vorhang öffnet.

Luxemburgs Platz: Als wir den Beitrag der FDJ zum Berlin-Jubiläum 1987 überlegen, sind wir schnell wieder bei einem Ort: Dem Luxemburgplatz. Von hier zog einst der Trauerzug für Karl und Rosa nach Friedrichsfelde, hier war der Sitz der KPD. In der Volksbühne stellte sich erstmals der Oktoberklub vor, fanden jährlich Veranstaltungen des Festivals des politischen Liedes statt. Hier waren die PLX-Veranstaltungen zu den Weltfestspielen. Hier gedachten wir des chilenischen Sängers Víctor Jara. Wollen wir, und das scheint uns im Osten geboten, Rosa als *Gefährtin statt Ikone* politisch ins Geschehen holen, gibt es keinen besseren Ort.

Wir laden ihre Biografin, Professor Annelies Laschitza, zum Gespräch. Die war auch Fachberaterin für Margarethe von Trottas Luxemburg-Film, der im angrenzenden Filmtheater »Babylon« gezeigt wird. Eine »Rote Revue« in der Volksbühne will an Piscatorsche Theatertraditionen anknüpfen. Dieter Mann liest Hermann Kant, Ekkehard Schall spielt aus »Arturo Ui«, Helmut Baierl beschreibt sein »Essen einer Kartoffel 1945«, Primaballerina Jutta Deutschland gedenkt der von den Faschisten ermordeten Tänzerin Oda Schottmüller. Heiner Müller trägt seine Hommage an den Genossen vom Zionskirchplatz, der eine Geldsammlung für Spaniens Interbrigadisten mit dem Leben bezahlte, kurz vor Veranstaltungsbeginn in die Volksbühne. Lippert und Karney präsentieren ein Mitternachtsspektakel mit Helga Hahnemann, Tamara Danz und »Silly«, mit »Karat«,

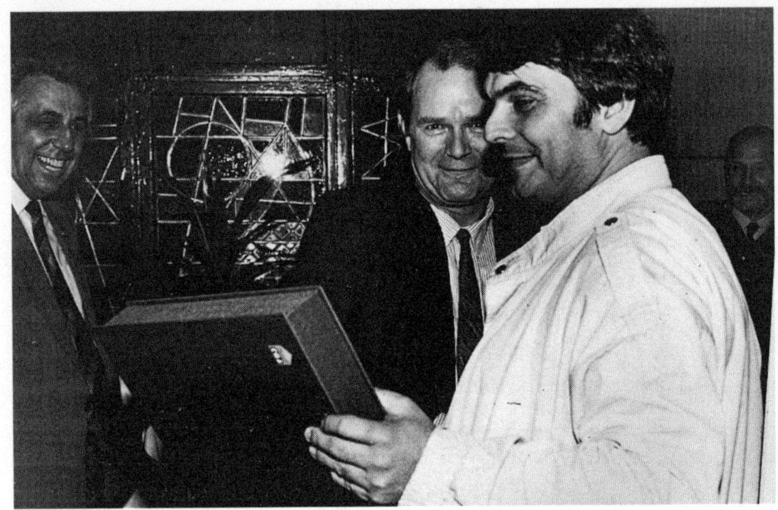

Mit Dieter Mann beim »FDJ-Treff Rosa-Luxemburg-Platz«; hinten links Egon Krenz, rechts Ekkehard Schall

Eva-Maria Pieckert, Günther Fischer und Jürgen Walter. Thomas Natschinski und ich haben Jürgen ein Lied zum Anlass geschrieben: »Berlin, bist eine große Liebe wert«. So titelt nun die Open-Air-Revue.

Auf der Dreieckswiese vor der Volksbühne soll zum Abschluss der drei Tage ein Theodorakis-Konzert stattfinden. Sehr früh, als unsere Planungen für den »FDJ-Treff Rosa-Luxemburg-Platz« bekannt wurden, hatte sich ökologisch begründeter Protest gegen das Vorhaben geregt, junge Bäume an den Dreiecksrändern zu entfernen. Wir trugen dem Rechnung, indem wir die Bühne so hoch und mit so viel Aussparungen bauen ließen, dass die noch schmächtigen Bäumchenkronen wie Kübelpflanzen aus der Auftrittsstätte herausragten. Die Nachwelt hat uns das durch Abholzung gedankt, oder sieht da heute jemand Bäume?

Das Theodorakis-Konzert ist ein Querschnitt verschiedener Schaffensphasen. Kurz vor Mitternacht tritt Mikis selbst ans Mikrofon und singt das Bekannteste. Auf der kleinen Tribüne neben dem Kino »Babylon« beginnt Günter Schabowski, der Berliner SED-Chef, unrhythmisch zu schunkeln. Wenn man nicht aus der Reihe treten will, muss man mitwippen. Das ist peinlich, aber in der zweiten Reihe schunkelt sogar ein liberaler Jugendfunktionär mit, der in der DDR zu Gast ist. Wäre er schon FDP-Chef oder Außenminister der BRD, würde der westdeutsche Boulevard ihn aufspießen. Aber wenn er das schon wäre, würde Guido Westerwelle da nicht stehen.

Margots Blauhaar: Beim Liedersommer der FDJ in der Parkaue schaut auch die Staatssicherheit vorbei. Zwei junge Emissäre melden sich bei mir an. Ein westdeutscher Kabarettist macht sich in seinem Bühnenprogramm über Margot Honeckers blaugetönte Haare lustig. Ich weiß, eine solche Meldung anderntags auf ihrem Tisch würde die Ministerin nicht erfreuen. Ihre Verärgerung hätte Gewicht. Schnell fiele vielleicht der ganze Veranstaltungstypus in Ungnade, und wir haben so lange für Open-Airs gekämpft. Ich sehe wohl besorgt aus, als die jungen Abgesandten mich fragen, welche Laus mir über die Leber gelaufen sei. »Na, ihr habt die blauen Haare doch auch gehört!«. Die lachen: »Na und, wenn ein souveräner Staat das nicht verkraftet, kann er gleich einpacken.« So war es nicht immer, aber hier war es so.

Melina Mercouri über Theodorakis: Da mein Chef, der Kulturminister, nachmittags gern zu Hause an seinem Computer spielt, bittet er mich, seine griechische Amtskollegin auf dem Flughafen Schönefeld zu begrüßen. Es ist Melina Mercouri, die der sozialdemokratischen Pasok-Regierung angehört und auf ihrem Linienflug nach Warschau in Berlin zwischenlandet. Natürlich freue ich mich über den Auftrag, erschrecke dann aber: Was ist, wenn sie etwas essen will? Selbst die VIP-Abteilung des Flughafens hat nur Halberstädter Würstchen mit pappigem Toastbrot auf der Karte. Das Flugzeug landet, wir sitzen zu Tisch. »Darf ich Ihnen etwas anbieten?« Sie schaut in einen kleinen Schminkspiegel. »Ihr habt doch in Deutschland solche schmalen Würstchen …« Das passt. Würde nur der Rest des Smalltalks so glücklich verlaufen! Leichtsinnigerweise erzähle ich ihr von meiner Bekanntschaft mit Mikis Theodorakis. Ich denke in dem Moment nicht an die Bissigkeit, mit der der Komponist Korruptionsvorfälle in der Pasok-Regierung kritisiert und sich der oppositionellen Nea

Dimokratia genähert hatte. »Sprechen Sie mir nicht von diesem Mann!«, zischt die große Diva und zerschneidet mit der Hand die Luft. Ich erbleiche und schweige. In die Stille hinein isst die Ministerin ihr Würstchen. Dann bittet das Bodenpersonal wieder in den Transitbus. Als sie abfliegt, bestelle ich mir Cognac.

Nationalpreise für zwei Natschinskis: Dass Vater und Sohn Natschinski im selben Jahr 1989 den Nationalpreis erhalten sollen, ist meine Idee. Sie ist nicht aus der Freundschaft und Zusammenarbeit geboren, die mich mit Thomas und seinem Vater Gerd seit vielen Jahren verbindet. Das würde sich auch verbieten. Ihre Arbeit ist, unabhängig voneinander, weithin anerkannt und der Verweis auf den familiären Stafettenstab eher eine gefällige Fußnote. Die Feier zum Geburtstag der Republik, zu der jeweils auch die neu geehrten Nationalpreisträger eingeladen werden, ist 1989 von den Ereignissen rund um den Palast der Republik überschattet. Die zum 40. Jahrestag eingeladenen sozialistischen Staatsoberhäupter verlassen überstürzt den Palast und die Hauptstadt. Thomas fragt, was am anderen Spreeufer los ist. Noch weiß ich es auch nicht. Bald sprechen sich rigide Maßnahmen der Sicherheitsorgane gegen Demonstranten herum. Thomas ändert sein Verhalten mir gegenüber, ohne sich zu erklären. Ich habe den Eindruck, er fühlt sich durch den Nationalpreis in etwas hineingezogen, was er nicht mehr vertreten will. Später erklärt er mir, er habe seinen Preis zurückgegeben. Gerd Natschinski, der die Geste seines Sohnes so bedauert wie ich, sagt, Leistung bleibe Leistung und ihre Würdigung sei keine Schande. Später erfahre ich, dass noch andere Nationalpreisträger ihre Orden zurückgegeben haben. Auch das Geld?

Olhagaray und die Übertreibungen der Kunst: Der chilenische Maler und Grafiker César Olhagaray bedient sich bei seinen Arbeiten origineller Zeichen und Materialien. Er probiert viel aus. Eines Tages werde ich auf seine Radierung »Cesarutram« aufmerksam, die in knappem Strich ein rundes Schock von Beischlafstellungen präsentiert. »César, hast du das alles durch?« – »Keineswegs, das sind die schönen Übertreibungen der Kunst!«

Paris kriegt das Bein nicht hoch: Als Berlin im Jahr 1987 sein 750. Jubiläum begeht, wetteifern DDR-Hauptstadt und Westberlin um das feinste Programm. Ich denke zum Schluss, der Osten hatte die Nase vorn. Aber das früh im Jahr laufende Gastspiel »Bonsoir Paris«, ein Auftaktgruß aus Frankreich, ist wegen seines Balletts eher ein Schreckschuss. Die »Champs Élysées Dancers« sollen den Friedrichstadtpalast in das Flair der Amüsier-Etablissements à la »Lido«, »Olympia« oder »Folies Bergère« tauchen, aber die Tänzerinnen kriegen die Beine nicht hoch. Man grinst im Saal und entschädigt sich mit der Stoffknappheit der Bühnenkleidung. Ein guter Freund und ND-Redakteur spottet in seiner knappen Rezension: »… auf die Ansehnlichkeit der Kostüme, soweit man nicht darauf verzichtete, schien man mehr zu vertrauen als auf tänzerische Aktion.« So stellt man sich in der Oberleitung keine Auftaktberichterstattung vor, also muss sich das »Neue Deutschland« anderntags mit einer ganzen Seite korrigieren. Ein Rezensent anderen Namens beschreibt nun die Beine oben und den Tanzglamour wundervoll verrucht. Wer hat denn das getextet, frage ich meinen Bekannten, war doch kein anderer vom ND in der Vorstellung. Na ich, antwortet der traurig.

Reclam dankt verärgert: Hans Marquardt, der langjährige Direktor des Verlages Philipp Reclam jun. Leipzig, begeht im August 1985 seinen 65. Geburtstag. Ich schicke ihm Grüße und erwarte keineswegs einen zweiseitigen Antwortbrief. Ist es ein Dankesbrief? Er enthält auch einen Dank, aber der ist gehüllt in den Vorwurf, der Jugendverband nehme nun erstmals von seinem Verlag und seiner Arbeit Kenntnis. Wie hätte Reclam zu seiner 150-Jahr-Feier 1978 »schon ein Gratulationsschreiben der Freien Deutschen Jugend … erfreut«! Das muss ich mir anstecken. Ich lerne von dem großartigen Editor, wie man Verärgerung in eine Danksagung kleidet.

Reeds Traum: Als Dean Reed 1981 die DDR-Schauspielerin Renate Blume heiratet, lädt das Paar zur Feier seine Freunde auf einen Dampfer der Berliner Weißen Flotte. »Weil ich Renate liebe, liebe ich euch alle, liebe ich dieses Land!«, ruft Dean uns zu. Es ist wieder dieses seltsame Gemisch aus Hollywood-Glamour und Klassenkampfgesten, das manche Gemüter an der Tiefe seiner Linksorientierung zweifeln lässt. Gerade weil die politische Rolle des aus den USA stammenden Sängers und Schauspielers in der DDR wie in anderen sozialistischen Ländern medial besonders stark hervorgehoben wird, empfinden ihn einige als gestrandeten Künstler, der im Osten einen Karriereknick durch ideologischen Eifer ausbügeln will.

Ich habe das zu keiner Zeit gedacht, auch dann nicht, als ich gegen Ende seines Lebens sah, wie das Publikum über dem unveränderlichen, schon fast verzweifelten politischen Hymnus seiner Auftritte ermüdete. Ich hatte ihn 1973 zu den Berliner Weltfestspielen sehr vital und mitreißend erlebt. Persönlich traf ich ihn ein paar Monate später zum Weltkongress der Friedenskräfte in Moskau und führte ein Interview mit ihm, das für mich keinen Zweifel an den aufrichtigen Motiven seiner politischen »Desertion« zuließ. Er sagte: »Mein Optimismus stirbt erst, wenn ich sterbe.«

Der US-Kadett, der das Reiten als einzigen Gewinn seiner abgebrochenen uniformierten Laufbahn ansah und sich alsbald den Künsten zuwandte, erhielt erste Plattenverträge und hatte, als er sich zu politisieren begann, die oberen Sprossen der Erfolgsleiter bereits erklommen. Sein soziales Gewissen regte sich erstmals in Lateinamerika, wo er sich in den jugendlichen Hitparaden nicht selten vor Elvis Presley, Paul Anka, Ray Charles und Frank Sinatra platzieren konnte, aber jenseits der Spotlights der Unterhaltungsindustrie das Elend der Slums, die Gefährdungen der indigenen Völker und die grassierende »Yankee-go-home!«-Mentalität als Reflex auf nordamerikanische Diktate auf sich wirken ließ. Als er die US-Administration zur Einstellung ihrer Nukleartests aufforderte, wurden erstmals die Diplomaten des State Departments aktiv. Als er in seiner vom argentinischen Fernsehen ausgestrahlten Show die welterste Kosmonautin Valentina Tereschkowa als sympathisches Gesicht Moskaus vorführte, meldete sich die heimische politische Polizei. Nach dem nächsten Putsch wurde Dean ausgewiesen. Fünf Jahre später, als ihm eine Wiedereinreise gelang und er die politischen Morde der Junta verurteilte, landet er für drei Wochen im Knast.

Verhaftet wurde er 1970 auch in Chile, als er den Wahlkampf Salvador Allendes unterstützte. Vor dem amerikanischen Konsulat in Santiago wusch er die amerikanische Flagge, um sie symbolisch vom Blut des vietnamesischen Volkes, der schwarzen Bürgerrechtskämpfer im eigenen Land und der Opfer der US-unterstützten diktatorischen Regimes Südamerikas, Afrikas und Asiens zu reinigen. Man nahm ihm das Sternenbanner ab, aber Pablo Neruda forderte anderntags dessen Rückgabe an den Sänger. Das geschah später, als Allende gewonnen hatte und Dean Reed als Ehrengast zur Amtseinführung des neuen Präsidenten eingeladen war. Schließlich der faschistische Putsch, die Ermordung Víctor Jaras, dem Dean Reed mit seinem Film »El Cantor« ein Denkmal setzte. Zum zehnten Jahrestag des Putsches kehrte er noch einmal nach Chile zurück und sang vor Bergarbeitern in Rancagua (Eintritt: 1 Kilo Lebensmittel für Bedürftige) und Studenten der Hauptstadt die verbotene Hymne der Unidad Popular »Venceremos«. Und wurde natürlich verhaftet. Das Auto, in das sie ihn verfrachteten, stoppte mehrfach im Nirgendwo. War das der Weg so vieler Verschwundener? Für ihn nicht, man brachte ihn zum Flughafen und schob ihn ab. Die chilenischen Demokraten und eine weltweite Solidaritätsfront waren ihm dankbar. Wer wagt es da noch, eigennützige PR zur unterstellen?

Dean Reeds ästhetische Prämissen mochten Ansichtssache sein. Aber seine politische Lebensentscheidung habe ich immer für aufrecht und charakterfest gehalten. Warum 1986 sein Freitod? Der lange Abschiedsbrief an den Vertrauten Eberhard Fensch lässt keinen Widerruf seiner politischen Ansichten erkennen. Aber auch in der DDR begann die Zeit, in der die Hymnen konkreten Befragungen der gesellschaftlichen Zustände zu weichen hatten. Deans euphorischer Duktus kollidierte mit den nachdenklicheren Moden, die in seinem Genre um sich griffen. Er wird das gesunkene Interesse des Publikums und der Medien wohl zum Anlass genommen haben, sich nach seinen künstlerischen Chancen in der Wahlheimat DDR und dem Rest der Welt zu befragen. Als zu den beruflichen Irritationen die Verzweiflung über seine familiäre Situation trat, zog man ihn tot aus dem See bei Zeuthen. Und ich sah den Irrtum in seinen Moskauer Worten. Deans Optimismus starb zuerst.

Schnapsgarderobe: Ein erfreuliches Ergebnis der Leipziger Kulturkonferenz ist, dass endlich Open-Airs Furore machen dürfen. So erhält das Festival des politischen Liedes ab 1983 einen Ableger unter freiem Himmel: den Liedersommer der FDJ. Die Parkaue im Berliner Stadtteil Lichtenberg ist ein idealer Ort für das Spektakel, das Songs, Tanzmusik, Kabarett, Puppenspiel, Gauklerei, Kinderbelustigungen, Imbissbuden und Verkaufsstände volksfestartig zusammenführt. Auch Blues-, Folk- und Rockmusik steht auf dem Programm, und mancherlei Publikum bringt sich alkoholischen Vorrat mit. Das ist hier wie anderswo nicht erlaubt. Aber während sonst die Flaschen auf »no return« einkassiert werden, hat Liedersommer eine bessere Idee. Die Alkoholgarderobe. Flaschen werden gegen Garderobenmarken abgegeben, hinter Vorhängen blickfest verwahrt und beim Abschied wieder ausgehändigt. Die Bedürftigen schmunzeln anerkennend.

Schroth ist keine Provinz: Der Intendant des Mecklenburgischen Staatstheaters, Christoph Schroth, hat der FDJ vorgeschlagen, in Schwerin eine »Werkstatt junger Theaterschaffender« abzuhalten. Kollegen, die das für eine Profilierungsattitüde des vielgerühmten Regisseurs und Theaterleiters halten, flüstern, ein solches Unterfangen sei nichts für die Provinz. Schroth, dem das zu Ohren kam, kontert selbstbewusst: »Wo ich bin, ist keine Provinz.« Gesagt und auf dem 1985er Treffen in der mecklenburgischen Bezirkshauptstadt bewiesen! 100 Veranstaltungen von 32 DDR-Theatern und allen tangierten Ausbildungseinrichtungen auf respektablem Niveau, dazu Gespräche, Seminare, Übungen mit dem Regisseur Friedo Solter, dem Pantomimen Eberhard Kube oder dem Bühnenbildner Lothar Scharsich. Viel Lob für das erste Podium dieser Art. Nur der 1. Bezirkssekretär der Partei murrt vermutlich: Wieder kein Arbeiterjugendkongress!

Sitte rügt Krenz: Die Pionierrepublik »Wilhelm Pieck« hat ein Standbild des ersten und einzigen DDR-Präsidenten erhalten. Margot Honecker hat das angeregt und dringt darauf, dass der Schöpfer den Nationalpreis erhält. Die Leitung des Verbandes Bildender Künstler hält die Arbeit für künstlerisch unausgereift und preisunwürdig. Sie wird keinen Antrag einreichen. Margot Honecker bekniet nun Egon Krenz als FDJ- und früheren Pionier-Chef, sich für die Auszeichnung einzusetzen. Verbandschef Willi Sitte kriegt davon Wind und warnt Egon Krenz in höflicher Form. Der aber ringt dem murrenden Kulturminister Hoffmann eine Zusage ab. Als der Nationalpreis übergeben ist, schreibt Willi Sitte Egon Krenz einen geharnischten Brief, die Vorwürfe reichen von ästhetischem Fehlurteil bis zu Amtsmissbrauch. Ich darf mitlesen und kann das Entsetzen Egons bezeugen. Wochenlang trägt er das Sitteschreiben an sich, jeweils in der Brusttasche wechselnder Blauhemden, auf der Herzseite, bis die Faltungen des Briefes aufweichen. Wird der Inhalt des mürben Papiers als Warnung vor undemokratischem Verhalten in das Langzeitgedächtnis des befreundeten Politikers eingehen? Wo doch Erfahrung sagt: Der Weg aus der Herzgegend bis zum Kopf ist selten eine Kurzstrecke.

Überreizt – »Haus der Jugend«: Im Oktober 1987 ist dieses Bauprojekt noch ein Thema. In der Dresdener Ausstellung »Kunst im Auftrag der FDJ« werden erste Gestaltungsskizzen junger bildender Künstler für das geplante »Haus der Jugend« in Berlin vorgestellt. Sie greifen Zukunftstechnologien auf, lenken Tageslicht über Spiegelsysteme in fensterlose Räume, fabulieren ein Laborhaus voller Farben und moderner Transparenz – von der Fassade bis zu der im Dachgeschoss gelegenen Kosmos-Diskothek. Alle Beteiligten mit Johannes Heisig an der Spitze sprühen vor Gestaltungseifer. Aber das Haus, das am Rand des Volksparks Friedrichshain entstehen soll, wird nicht gebaut. Die ökonomische Lage der DDR und Volkes warnende Stimme, die Bevorzugung der Jugend nicht zu übertreiben, haben zu diesem Beschluss geführt. Wir reiben uns über das ungewohnte Nein die Augen. Die aber sehen plötzlich aufmerksamer hinter die Fassaden der allzu unbeschwerten Verbräuche in der Vergangenheit.

Vontra: Von allen Zeichnern, die ich kennenlernte, war das Eulenspiegel-Urgestein Vontra immer der präsenteste. Ein Straßenfest, ein Liederfestival, eine Literaturmatinee, eine Familien-Kirmes mit Schwof, Gauklern und Kinderschminken – der freundliche Vontra saß an einem Platz mit guter Übersicht und zeichnete. War er nicht da, fehlte etwas. Veröffentlichte eine Zeitung, oft die »Junge Welt«, seine aktuellen Skizzen, war es gut. Wenn nicht, packte er sie ein und behielt sie, wie er sagte, gut archiviert »im Auge«. »Warum behältst du sie im Auge?« – »Damit ich sehe, was sich verändert.«

Yoko Ono abgesagt: Im Jahr 1985 bringt Yoko Ono ihr Album »Starpeace« auf den Markt. John Lennon ist da fast ein halbes Jahrzehnt tot. In Erinnerung sind die frühen avantgardistischen Aktionen der New Yorker Künstlerin, mit Lennon das eher lächerliche Bed-In für den Weltfrieden, dagegen das treibende »Give Peace A Chance« … Über die DDR-Vertretung in New York erhalten wir einen Kassettenumschnitt des »Starpeace«-Albums mit dem Angebot Yoko Onos, in der DDR zu gastieren. Ich denke, die seit dem Dylan-Auftritt international beachtete Kultur von Rock-Open-Airs in Ostberlin ist das Motiv ihrer Offerte. Wir verstehen durchaus Onos Response auf Ronald Reagans brandgefährliche SDI-Pläne. »Star Wars« nennt sie der Volksmund, und Yoko Ono setzt ihre Headline »Starpeace« dagegen. Wir finden trotz unseres politischen Interesses, dass der künstlerische Ertrag unbefriedigend ist, und sagen ab. Für Steinigungen ist der Vorfall aber wohl verjährt.

Zentrales Musikkorps der FDJ: Erich Honecker, der alte Wiebelskirchener Trommler, schätzt – im Gegensatz zu seiner Frau – das Zentrale Musikkorps der FDJ (ZMK) sehr. Als Vereinigung von Spielmannszügen aus allen Teilen der Republik fehlt es bei keiner politischen Massenveranstaltung der FDJ. Und wenn alles feierlich tschingderassassat, dreht sich der leitende Generalmusikdirektor Hans-Helmut Hunger zum oberleitenden Generalsekretär um, und ihr Blickwechsel sagt wohl so etwas wie: Diese Jugend, hat sie nicht schöne Töne! Manche im Zentralratssekretariat, ich auch, sehen das weniger euphorisch. Nicht alle Töne sind schön, und nicht jeder mitgedachte Text oder marschierende Schwenk passt in die Zeit. Andererseits finden sich auch populäre Musikstücke im Repertoire und man spürt, wie sich die Musizierfreude auffrischt, wenn sie an der Reihe sind. Als die beiden Generäle ex officio sind, ist es das ZMK auch. Aber seine Glieder? Zu Aufmärschen in den Provinzen, zur Huldigung der neuen Nomenklatura, zu Sport-, Faschings- und Pressefesten, da scheint es, sind die verjüngten Ensembles wieder munter präsent. Uniform und Repertoire gewandelt, Klang und Schritt eher nicht. Also Vorsicht! Deutsche Blasmusik ist zwar Brauchtum, taugt aber durchaus zur politischen Flüstertüte. Ein Glück nur, dass man das schon wieder gewendete »Wir sind das Volk« nicht blasen kann.

Zirkus wagen: Wer im Ministerium für Unterhaltungskunst zuständig ist, kriegt es auch mit den DDR-Zirkussen zu tun. Dem staatlichen wie den privaten, von denen »Zirkus Probst« einer der bekannteren ist. Als wir 1989 die Chefs der mobilen Artistentrupps zu einer Beratung in den Berliner Künstlerklub »Möwe« einladen, erscheint auch Rudolf Probst mit jener finsteren Miene, die mich Newcomer wundert, allen anderen aber seit Jahren geläufig ist. Er fühlt sich wegen eines kriminellen Vorgangs staatlich verleumdet und randaliert seitdem, sobald ihm kulturministerielle Bedienstete über den Weg laufen. Die Versammelten komplimentieren ihn aus dem Nobelklub, aber wenig später erscheint er erneut und wendet sich, da ich in den alten Fall nicht verstrickt bin, direkt an mich: »Ministerchen, du bist neu. Wenn du einen Arsch in der Hose hast, dann musst du mehr Zirkus wagen!« – Mehr Zirkus wagen! In der aufgeregten Manege der Wende-Zeit mehr Zirkus wagen … Der Polterer ist ein Philosoph.

Deutsche Demokratische Perestroika?

Ein Tag nach dem Tod des Generalsekretärs der KPdSU, Konstantin Tschernenko, wird Michail Gorbatschow in Moskau zu seinem Nachfolger gewählt. Noch einmal ziehen die unseligen Bilder einer bereits als paralysiert wahrgenommenen östlichen Führungsmacht vorbei, die entsetzlichen Stagnationssymptome der in Nachfolge-, also auch Richtungskämpfen verkeilten Riegen im sowjetischen Politbüro. Sie hatten längst ihre Schatten auf die Zusammenarbeit in der sozialistischen Staatengemeinschaft geworfen. Die führenden Politiker des Westens verharrten jeweils in Lauerstellung, was wohl kommen möge. Die Beerdigungen boten Gelegenheit für Sondierungsgespräche. Gorbatschow ist außer ehrgeizig auch jung und steht in dem Ruf, in der Tradition seines früh verstorbenen Vor-Vorgängers Andropow die Verkrustungen an Basis und Überbau der sowjetischen Gesellschaft aufbrechen zu wollen. Jedem, der eine erneute Vitalität und Offensivkraft der Sowjetunion im Uhrwerk des sozialistischen Blocks für unverzichtbar hält, fällt ein Stein vom Herzen. Da ist wieder Hoffnung.

Ich erinnere mich an eine Episode aus dem Oktober 1979, als die DDR ihren 30. Jahrestag feierte und Leonid Breschnew zu Besuch kam. Die FDJ veranstaltete den üblichen Fackelzug Unter den Linden. Um auf die Tribüne zu gelangen, sollten die Staats- und Parteichefs auf dem Hof der Humboldt-Universität vorfahren. Aber es hieß, es würde noch etwas dauern, bis der bereits schwer erkrankte sowjetische Generalsekretär erscheinen könne. Ich war früh an jenem Stellplatz, wo ich außer dem FDJ-Protokollchef keinen Offiziellen antraf. Unser Entsetzen war groß, als unerwartet die Wagengruppe mit Breschnew vorfuhr. Der Autonarr hatte sich neben den Fahrer gesetzt und war nicht angeschnallt, so dass die Begleitoffiziere höchst besorgt aus dem Fonds des Wagens ihre Hände über seine Schultern legten. Sie halfen ihm aus den Wagen und stützten ihn die Stufen hinauf ins

Foyer. In unserer Not begrüßten wir die Nummer Eins der sozialistischen Welt in aufgeregt purzelndem Russisch und hatten Mühe, für ihn einen Stuhl zu finden. Der Protokollchef suchte zudem einen Telefonanschluss, denn Handys gab es noch nicht, um Honecker und Krenz zu benachrichtigen. Die kamen im Eiltempo herbei, später folgten die anderen Delegationsleiter, und der Fackelzug begann. Da standen sie nun in der vorderen Reihe: Ceaușescu, Gierek, Honecker, Husák, Kádár, Shiwkow, nur Breschnew wurde nach dem Protokollfoto auf eine Art einbeinigen Melkschemel gesetzt und verfiel schon in der ersten halben Stunde zusehends. Schließlich fassten die Begleitoffiziere dem Bewegungsunfähigen unter die Arme und schleiften ihn von der Tribüne. Die erste Reihe der Parteichefs rückte auf und bemühte sich um Nichtbeachtung des Vorfalls. Aber ich sah, dass alle das bemerkten, und rings um mich her raunte es. Ich war wie gelähmt, vor Mitleid und Entsetzen, dass die sowjetische Parteiführung im Vakuum der ungeklärten Nachfolge ein solches Elendsbild zuließ.

Ein anderer Vorfall während des Besuches, den mir allerdings Egon Krenz erst später erzählte, zeigt, wie der sieche Parteiführer gelenkt wurde. Als sich Breschnew mit dem SED-Politbüro traf und seine Rede ablas, überblätterte er gelegentlich einige Seiten. Sofort sprangen Adepten herbei, die die Blätter zurücklegten, damit sie keinesfalls ausgelassen würden. Es ging um Vorwürfe an die DDR-Seite wegen ihrer Politik gegenüber der BRD, wegen angeblicher nationalistischer Tendenzen in der Volksarmee und andere Nettigkeiten, die Breschnew aber – »Ihr habt doch heute Geburtstag« – nicht vorlesen mochte.

Nun ist also dessen junger, charismatischer dritter Nachfolger im Amt und beschwört am 11. März 1985, unmittelbar nach seiner Wahl, auf dem Außerordentlichen Plenum des ZK der KPdSU die Kontinuität der strategischen Ausrichtung der Partei. Dies sei die »Linie der Beschleunigung der ökonomischen und sozialen Entwicklung des Landes, zur Vervollkommnung aller Seiten des Lebens der Gesellschaft«. Es gehe um eine verbesserte materiell-technische Basis der Produktion, die Vervollkommnung des Systems der gesellschaftlichen Beziehungen, um die Entwicklung des Menschen selbst. Die

Führungen im engeren Kreis der sozialistischen Länder hören aus solchen Worten erleichtert heraus, dass eine Optimierung, nicht aber gravierende Änderungen des Systems der sowjetischen Gesellschaft mit dann unvermeidlichen Auswirkungen auf die Gemeinschaft bevorstehen.

Auch die SED-Führung nimmt den Wechsel in Moskau erfreut zur Kenntnis und begrüßt den angedeuteten Kurs, mit dem sie sich zu jener Zeit in voller Übereinstimmung sieht. Beim Volk kommt der sympathische Kaukasier an der Kreml-Spitze gleichfalls gut an, auch wenn man hinter seinen Worten jenen »Wind of Change« erst ahnen kann, dessen künftige Dimensionen das Ausland lange Zeit faszinieren, die sowjetische Gesellschaft indes nach einer Hoffnungsperiode in ruinöse Turbulenzen stürzen werden.

Wenig später klopfen wir die Materialien des April-Plenums des ZK der KPdSU nach neuen Tönen ab. Glasnost und Perestroika sind noch keine neuralgischen Schlagworte. Die Hauptrichtung künftiger sowjetischer Politik birgt scheinbar keine großen Überraschungen und klingt uns vertraut: Intensivierung und Effektivitätssteigerung der Produktion, schnelle Überführung von Erkenntnissen aus Wissenschaft und Technik in die Praxis, die Erhöhung des Lebensniveaus aller Schichten des Volkes mit einer attraktiven Sozialpolitik und gerechterer Teilhabe an materiellen und geistigen Werten, das sind auch die Ansprüche der von der SED proklamierten Hauptaufgabe. Aber wir lesen mit fast größerem Interesse die kritischen Unterfütterungen: mangelnde Lieferdisziplin bei Roh- und Brennstoffen, Vergeudung ergaunerter Investitionsmittel, überzogene Fristen beim Investitionsbau, inakzeptable Transportverluste, Versäumnisse bei der Erfüllung des Lebensmittelprogramms, ein der Kaufkraft nicht angemessenes Angebot an Waren und Dienstleistungen, Malaisen im Gesundheitswesen einschließlich der Bereitstellung von Medikamenten … Die Konkretheit der Ansagen und die kritische Souveränität ihres Referenten sind bei den »Freunden« – und auch bei uns – ein lange vermisstes Amalgam. Wir horchen also auf und begrüßen zugleich die Klarheit des internationalen Kurses der UdSSR, die in der bipolaren Welt auf Augenhöhe nach Ausgleich und Verständigung sucht.

Auf altem Kurs konnte und sollte es nicht weitergehen. Der neue aber ist unbequem und polarisiert. Ein Teil der sowjetischen Funktionsträger befürchtet Verluste an Machtfülle und Privilegien und behandelt die neuen Kreml-Töne aus der Ferne wie lästige Empfehlungen. Aber ein großer, aufgeweckter Teil der Gesellschaft drängt auf Veränderung.

Mit solchen Prämissen geht die sowjetische Parteiführung an die Vorbereitung ihres XXVII. Parteitages. Gorbatschow unterbreitet dafür auf dem Oktober-Plenum 1985 Entwürfe für die Neufassung des Parteiprogramms sowie die Hauptrichtungen der wirtschaftlichen und sozialen Entwicklung bis ins Jahr 2000. Das Nationaleinkommen und der Umfang der Industrieproduktion sollen im Zeitraum von fünfzehn Jahren fast verdoppelt werden, die Arbeitsproduktivität soll sich um 130 bis 150 Prozent erhöhen. Das so geschaffene Wirtschaftspotential würde dann fast mit dem zu vergleichen sein, was seit Bestehen der Sowjetunion geschaffen wurde.

Die nötige Diskussion beginnt Gorbatschow schon am nächsten Tag mit einigen 1. Sekretären von Gebietsorganisationen der KPdSU und sagt goldene Sätze wie: »Wir haben keine Opposition, deshalb müssen wir mehr Wert auf Kritik und Selbstkritik legen und es fertigbringen, richtig auf Kritik zu reagieren, sie zu entwickeln und zu unterstützen.« Kritik von oben nach unten wäre ja kein Kunststück, wohl aber in umgekehrter Richtung. Tatsache sei leider, »dass manch einer gelernt hat, sich auf sehr raffinierte Weise für Kritik zu rächen.« Was wir mit Verspätung zu lesen kriegen und uns in abgeschwächter Form an den eigenen politischen Alltag erinnert, verliert seinen moralischen Glanz, sobald Gorbatschow und seine Umgebung, darunter der zum Außenminister aufgestiegene Eduard Schewardnadse, in Personalentscheidungen das Kritisierte selbst eifrig praktizieren.

Der XXVII. Parteitag findet im Februar 1986 statt. Neben vielen identisch oder ähnlich formulierten Aufgaben für die Gesellschaftsentwicklung in der DDR und der UdSSR sticht in Moskau klarer als bisher und deutlicher, als wir es in unserer Partei gewohnt sind, der unduldsame Ton gegenüber hemmenden Faktoren hervor. Man habe der Menschheit den Weg in den Kosmos gebahnt und die militärstrategische Parität gesichert. Die wirtschaftlichen, sozialen und kulturellen Erfolge berechtigten die Gesellschaft zu Stolz. Die Partei halte es aber für ihre Pflicht, ehrlich und offen von den Versäumnissen in der politischen und praktischen Tätigkeit, von den ungünstigen Tendenzen in der Wirtschaft und im sozial-geistigen Bereich zu sprechen. Nun sei es die vorrangige Aufgabe, damit aufzuräumen, der Wirtschaftsentwicklung die gebotene Dynamik zu verleihen und den »wirklich revolutionären Umgestaltungen ein weites Feld zu erschließen.« Da ist sie also, die als *revolutionär* apostrophierte Perestroika, die alsbald für so viel Wirbel sorgen wird. Zu ihr gehöre die weitere Demokratisierung der Gesellschaft und eine »Vertiefung der sozialistischen Selbstverwaltung des Volkes«. Das Leben in der Partei (und man liest es wie: in der ganzen Gesellschaft) müsse durch Offenheit (Glasnost), Bekanntgabe von Plänen und Entscheidungen, durch Menschlichkeit und Bescheidenheit der Kommunisten geprägt sein. Die Gesellschaftswissenschaften sollten Scholastik, Buchstabengelehrtheit und Dogmatismus ablegen und sich den neuen Erfordernissen der Praxis zuwenden. Die Medien werden gelobt. Sie hätten seit dem April-Plenum »komplizierte und in vieler Hinsicht neue Themen kühn in Angriff« genommen. »Analytischer Geist, staatsbürgerliches Engagement, Schärfe bei der Problemstellung und konkrete Kritik von Mängeln und Versäumnissen« hätten zugenommen. Den Künsten werde in Zeiten des Umbruchs keine »Friedfertigkeit und Liebedienerei«, sondern die Wahrheit abverlangt, der die Widersprüche der gesellschaftlichen Entwicklung innewohnten.

Nach Rückkehr der von Erich Honecker geleiteten SED-Delegation ist hinter vorgehaltener Hand von Irritationen zu hören. Das betrifft die Offenheit in Gorbatschows Bericht und die völlig ungeschminkte Diskussion, zudem die unklaren Konturen einer »sozialistischen Selbstverwaltung des Volkes« sowie die Befeuerung der kritischen Geister in Medien und Kultur. Noch wird im internen Sprachgebrauch unserer Partei die Heilung der sowjetischen Wirtschaft als selbstverschuldeter Nachholbedarf abgetan – nicht völlig grundlos, aber angesichts längst virulenter Probleme in der DDR-

Ökonomie mit einem überheblichen Unterton. Die offensiv-kritische Gesamtatmosphäre des Parteitages indes wägt das Oberbüro mit hellhöriger Besorgnis. In der offiziellen Stellungnahme des SED-Politbüros ist dann allerdings von einem »allseitig ausgewogenen Aktionsprogramm« die Rede, das die Möglichkeiten der Sowjetunion real einschätze und die Pläne der Partei mit den Hoffnungen der Bürger in Übereinstimmung bringe. Der KPdSU-Parteitag bereichere den Erfahrungsschatz der Bruderparteien, der in der DDR »schöpferisch« bei der Vorbereitung des XI. Parteitages der SED berücksichtigt werden solle.

Der geübte ND-Leser übersetzt »schöpferisch« mit »sofern das bei uns passt«. Und wenn die SED-Führung vom geplanten Übergang zu einem »exakt funktionierenden Wirtschaftsmechanismus« als Grundlage für die »Lösung der sozialen Probleme« in der UdSSR redet, dann klingt das eben wie: Nun haben sie endlich unsere Hauptaufgabe kapiert – die Einheit von Wirtschafts- und Sozialpolitik. Der Begriff »Neues Denken« wird ausschließlich auf die Außenpolitik bezogen. Das einschränkende Resümee, zwischen der SED und der KPdSU herrsche »völlige Einmütigkeit in allen grundlegenden Fragen«, provoziert Neugier auf den restlichen Dissens.

Der Bericht der SED-Delegation ist aber nur *eine* Quelle. Er fügt sich in ein breiteres Informationsbild, in das auch sowjetische Medien einliefern, und aus anfänglichem Staunen über die neuen Töne aus Moskau wächst bei einem großen Teil der SED-Mitgliedschaft und der Bevölkerung die Hoffnung auf einen ideellen Import. Als dann einige Wochen später auf dem XI. Parteitag der SED nichts davon zu spüren ist und Gorbatschow am Ende des Jahres auf einer RGW-Tagung das rigorose Bevormundungsgebaren der KPdSU gegenüber den Bruderparteien als falsche und schädliche Last bezeichnet, höre ich Stimmen sagen: Ach hätte die Sowjetunion in puncto Perestroika doch ein letztes Mal kommandiert!

Gorbatschow äußert seine Befürchtung, dass in der Führung um Honecker der neue sowjetische Kurs zunehmend auf Skepsis stoße. Später höre ich, Honecker sei mit Gorbatschow bei einem Vieraugengespräch im Schloss Niederschönhausen heftig aneinandergeraten. Honecker soll seinem Gegenüber im Klartext gesagt haben, die Losung »Von der Sowjetunion lernen heißt siegen lernen« habe ihre Gültigkeit verloren. Gorbatschow hingegen interessieren die Erfahrungen der DDR sehr, vor allem die ökonomischen. Er weist seine Entourage an, diese sorgfältig zu studieren, und besucht selbst das Berliner Zentralinstitut für sozialistische Wirtschaftsführung. Diese Partei-Einrichtung wird von Professor Helmut Koziolek geleitet, der bei ZK-Tagungen nach Alphabet neben mir sitzt.

Koziolek ist ein kritischer Geist, und ein aufmerksamer dazu. Einmal, als bei einem eintönigen Bericht die Hälfte des Saales bereits eingenickt ist, hat der schwerhörige Professor etwas nicht verstanden und fragt mich brüllend: »Was hat er gesagt?« Nun ist der ganze Saal wieder wach und macht den Störenfried kopfschüttelnd in unserer Reihe aus. Gorbatschow soll sich in seinem Institut mit wachem Interesse umgesehen haben.

Mein anderer Nebenmann bei ZK-Tagungen ist der stellvertretende Außenminister Gerd König. Ich lernte ihn bereits während meiner Prager Zeit kennen, als er dort Botschafter war und ein in der Sache strenges, im persönlichen Umgang hingegen bescheidenes, niemals anmaßendes Regime pflegte. 1987 geht er als Botschafter in die Sowjetunion und analysiert bis zum letzten Lebtag der DDR die Wetterlagen in Moskau und das sich verändernde bilaterale Klima. Ich hoffte zunächst, die Nähe unserer ZK-Sessel würde bewirken, dass er unter vier Augen ein bisschen mehr vom Moskauer Diplomatengeflüster gucken lässt. Doch sooft ich ihn während der Tagungen auch anspitze, ihm sind keine Interna zu entlocken.

Gern hätte ich zum Beispiel mehr über die Ideologie-Beratung in Warschau erfahren, auf der Gorbatschows Vertrauter Jakowlew die verantwortlichen ZK-Sekretäre der Bruderparteien vor einer rosaroten Propaganda warnte. Eine Schilderung der Verhältnisse, die im Gegensatz zu den Erfahrungen der Menschen stünde, sei unaufrichtig. Eine Anspielung auf die DDR war unverkennbar. Ich dachte an die Blütenträume des toten Werner Lamberz, die er mir in Leipzig angedeutet hatte. Welche Argumente prägten den Schlagabtausch mit

Axen und Hager? Wie verliefen in der uneinigen sowjetischen Parteiführung die Auseinandersetzungen um die künftige Kaderpolitik (Januar-Plenum 1987)? Was war dran an dem Gerücht über Gorbatschows Auseinandersetzungen mit der Armeeführung um Grundfragen der Abrüstung? Wie kontrovers blieben die Diskussionen über die Rolle Stalins in der Geschichte? Wie einflussreich ist Jelzin in den Grabenkämpfen der Parteiführung? Es wird so viel geflüstert, aber wie verwoben ist die Wahrheit? Vieles von dem, was mein Namensvetter wusste oder ahnte und was ihn in jenen Jahren quälte, kann ich später in seinen posthum erschienenen Erinnerungen über das »Fiasko eines Bruderbundes« nachlesen. Es ist ein ungeschminkter, erschütternder Bericht.

Wie halte ich es nach dem XXVII. Parteitag mit dem Moskauer Kurs? Mit Jochen Willerding, meinem Nachfolger als internationaler Sekretär des FDJ-Zentralrates, kann ich am offensten darüber reden. Er ist Kandidat des ZK und verfügt über dieselben parteiinternen Informationen, hat sich aber auch in der sowjetischen Botschaft gut vernetzt. Er spricht fließend Russisch, ist, als sein Vater dort DDR-Botschafter war, im mongolischen Ulan Bator in die sowjetische Schule gegangen und hat später am Moskauer Institut für Internationale Beziehungen studiert. Wir diskutieren oft bis in die Nächte hinein. In unsere Hoffnung, dass das Ideenpotential der Perestroika auch bei uns zu einer neuen Vitalität des sozialen Lebens, zu produktiven Debatten über die Wege der Gesellschaft führt, mischt sich damals bereits eine, wie sich zeigen wird, nicht unbegründete Sorge. Was ist, wenn die sowjetische Wirtschaft dem »neuen Denken«, der emanzipatorischen Neuausrichtung sozialistischer Motivationen und Lebensformen nicht den nötigen Unterbau geben kann? Vulgo: das berühmte Verhältnis von Fressen und Moral.

Andererseits fasziniert das angestrebte Gesellschaftskonstrukt stärker, als die Sorge dämpft. Es wäre so wichtig, dass sich unsere Partei davon nicht abnabelt. Wie von Gorbatschow zu jener Zeit eingefordert, müsste die abwartende Skepsis einem offensiven politischen und wirtschaftlichen Schulterschluss der Bruderparteien mit der KPdSU weichen. Aber was an der Basis gehofft wird, gilt der Parteigruppe im

Olymp mehrheitlich als romantische Politik-Akrobatik mit einer viel zu dünnen Leine für Abstürze.

Zu jener Zeit breitet sich unter uns jüngsten Mitgliedern und Kandidaten des ZK eine Unzufriedenheit aus, die wahrscheinlich noch mehr in unserem Gremium erfasst hat. Aber nur wir wissen das voneinander recht genau: Jochen und ich, dazu FDJ-Chef Eberhard Aurich, der Vorsitzende der Pionierorganisation, Wilfried Poßner, und der ZK-Abteilungsleiter für Jugendfragen, Gerd Schulz. Wir hören die Predigten aus Moskau nicht mit mokanter Abstoßungsgebärde an, sondern empfinden sie als Weckruf, die geistige Welt des Sozialismus zu beleben. Die ihr eigenen Potentiale von Freiheit, Demokratie und Solidarität müssten von den Verkalkungen gereinigt werden, die ihnen unsere Bürokratur in wohlmeinenden Diktaten zugefügt hat. Mit mehr Demokratie meinen wir natürlich nicht die westliche, bürgerliche, die ein effektives Einwirken der unteren Schichten auf die durch die Besitzverhältnisse in Blei gegossenen gesellschaftlichen Verhältnisse nicht zulässt, sondern eine durch argumentative Willensbildung des Volkes geprägte politische und soziale Strategie in der Gesellschaftsführung.

Die Botschaft, diesen Vorzug eines glaubwürdigen Sozialismuskonzepts durchzusetzen, ihn gesellschaftlich und persönlich auszuleben, dämmert mir anfangs nur. Und sie wirft Fragen auf. Wäre das Gefühl effektiver Mitsprache tatsächlich ein entscheidender Stimulus, dass Sozialismus in der Breite der Gesellschaft als gern gelebte Alternative zum Kapitalismus empfunden wird? Würde dieser Vorzug auch dann noch als gültig erachtet, wenn er sich nicht schnell genug in der Volkswirtschaft durch verbesserte Lebensbedingungen materialisierte? Der nahe Westen zeigt uns unablässig im Äther und im Intershop seine reizenden Schaufensterauslagen. Haben wir dann vielleicht philosophische Feinkost in Fülle, aber immer noch blanke Fliesen in den Fischgeschäften? Schlösse »sozialistische Selbstverwaltung des Volkes« zum Beispiel die Basis-Wahl von Betriebsdirektoren ein – und wie viel unbequemer, aber richtiger Leitungsstil fiele dann aus der Verantwortung?

Aus solchen Zweifeln schält sich die Überzeugung heraus, dass die Gesellschaft das lähmende Unwesen politischer Administration durch tatsächliche Einbezogenheit ersetzt haben will und die Überwindung dieses Mangels offenbar für noch dringlicher hält als die schnelle Hebung des Konsums. Bei allem geht es um eine bessere DDR. Es muss gelingen, dieses neue Denken auch bei uns auf die Tagesordnung zu setzen. Die führende Partei könnte die Gesellschaft zu einem solchen Geist ermutigen. Ich bin damals überzeugt, es geht in den bestehenden Strukturen. Aber geht es mit dieser Führung?

Im Jahr 1987 erarbeiten Jochen Willerding und ich, gefördert von Egon Krenz, Papiere zur Perestroika in der Sowjetunion und zu Adaptionsmöglichkeiten in der DDR. Sie dienen zunächst der Selbstverständigung, aber Egon Krenz will eine korrigierte Zusammenfassung an Erich Honecker geben. Quasi als Nagelprobe, wie weit der SED-Chef sich auf Gorbatschows Kurs einlassen wird. Ein Papier, das wir anbieten, heißt »Vom ›Streitwert‹ unserer Werte oder: Der menschliche Sinn des Sozialismus im Kampf der Systeme«. Es wird ergänzt durch einen Vergleich der Aussagen des Januar-Plenums des ZK der KPdSU und danach gehaltener Gobatschow-Reden mit dem Programm der SED und den Beschlüssen des XI. Parteitages. Das sind keine reißerischen Plädoyers für den Perestroika-Kurs, eher ruhige Versuche, Gorbatschows gesellschaftsphilosophischen Kanon in unseren Wertevorstellungen aufzufinden, dabei Gemeinsamkeiten in Errungenschaft und Fehl zu benennen. Wir bekräftigen die Ansicht, dass uns mit dem sozialistischen Entwicklungsmodell Gorbatschows eine »einheitliche zentrale Idee der Gesellschaftsstrategie« verbindet und weisen auf sachliche und aufgeschlossene Beurteilungen anderer Bruderparteien hin. Die Besinnung auf genuine Werte des Sozialismus sollte, durch die Wirtschaftsstärke der DDR abgefedert, zu neuer Bewusstheit und Identifikation führen. Zum Schluss sitzen wir manche Abende und Nächte in Egon Krenz' Wandlitzer Haus und formulieren. Unser Mentor erstellt eine Endfassung, die er Erich Honecker übergibt. Der lässt sie als »unnötige Fleißarbeit« verärgert im Panzerschrank verschwinden und sagt zu Krenz: »Ich wundere mich, dass du als Parteihochschüler Gorbatschow auf Lenin zurückführst.« Wir haben also mit einer Illusion gearbeitet, und Egon Krenz hat bei seinem Chef den ersten Minuspunkt weg.

Hier bietet sich eine kurze Bemerkung zum Ort unserer Debatten an: die Politbüro-Siedlung in Wandlitz. Als ich das erste Mal mit meinem Wartburg in die Waldsiedlung fuhr, musste mir ein Soldat des Wachschutzes auf dem Moped den Weg weisen, so gleich sahen die Häuser aus. Grauer Putz aus den Fünfzigern, wenig einladend in den Wald gestellt. Alles strahlte die Aura von Tristesse und Einsamkeit aus. Das Interieur bieder genormt und geschniegelt. Die von den Felix-Jungs bewachten kaum mannshohen Mauern rund um das Areal assoziierten eine ungehörige Abkapselung vom Volk und ließen Spekulationen über das Luxusleben der Waldbewohner ins Kraut schießen. Die waren maßlos übertrieben. Trotzdem: Was brauchten die Politbürofamilien Westwaren, die für Normalbürger unerreichbar waren, in ihrem Sonderladen? Nur eine Quelle für Lebensferne! Gewerkschaftschef Harry Tisch erntete Lachsalven, als er den Werktätigen verriet, auch er trinke abends gern eine Dose Bier. Dosenbier gab's sonst nur im Westen. Nüchtern betrachtet, rangierte hier jedoch kleinbürgerliche Dämlichkeit vor Staatsverbrechen. Egon hat sich lange gesträubt, da hinzuziehen. Als FDJ-Chef und Kandidat des Politbüros ging das noch an, aber nach seinem Aufstieg ins ZK-Sekretariat befahl sein Chef den Umzugswagen.

Doch zurück. Unser moderater Perestroika-Vorstoß ist also ein Schuss in den Ofen. Und Egon wird von Honecker fortan kritisch beäugt. Egon Krenz wusste immer, dass die Existenz der DDR politisch und ökonomisch schicksalhaft an die Sowjetunion gebunden war. Er hatte dort studiert, war den Russen auf eine nicht anbiedernde Weise seelenverwandt und beherrschte ihre Sprache gut. Er verstand ihren Stolz und sah ihre Sorgen mit Empathie. Folglich litt er in jener Periode der Stagnation und Führungsschwäche dreier siecher Parteiführer und nahm die Wahl Gorbatschows aus zwei Gründen wie einen Segen auf: Die neue Führungsstärke der UdSSR gab auch der DDR den nötigen Halt, zudem waren mit dem Geist der Perestroika Sehnsüchte der

Menschen angesprochen, die ihr Engagement, ihre gesellschaftliche Aktivität, ihre ideelle und materielle Zufriedenheit fördern konnten. Egon Krenz sah das mit wachsender Klarheit.

Seine Haltung zur Perestroika war keinesfalls, wie später gelegentlich behauptet wurde, ein opportunistischer Schwenk, sondern ein durchaus riskantes Einverständnis. Denn wie alle, die so dachten wie er, fand er sich einer mehr und mehr versteinerten Ablehnungsfront im Oberbüro gegenüber. Er entschloss sich zu taktieren. Manche werfen ihm das in Nachrufen aus gewendeten Verhältnissen vor. Moskau bemerkte und goutierte seine Sympathie für den sowjetischen Kurs. Aber in Berlin musste er aufpassen. Als auf dem traditionellen FDJ-Fackelzug zum 40. Jahrestag der DDR fast nur Gorbi-Rufe zu hören waren, kriegte nicht nur FDJ-Chef Eberhard Aurich, sondern auch sein Anleiter Krenz den Unmut Honeckers zu spüren. In dessen Augen waren die Elogen auf Gorbatschow eine »gelenkte Provokation«. Dem ersten Minuspunkt auf Honeckers Vertrauensliste, dem im Safe beerdigten Perestroika-Papier, waren mit den Monaten so viele Einträge gefolgt, dass keiner mehr zählte.

Als das Konstrukt der Perestroika entgegen allen Hoffnungen in der Sowjetunion an seine ökonomischen Grenzen stieß und das Volk desillusioniert abwinkte, schien sich das Orakel des inzwischen von Krenz abgelösten Honecker (»Wollt ihr Perestroika oder Brot in den Regalen?«) tragisch zu bestätigen. Den vielen hehren Worten und Appellen war keine Verbesserung, sondern eine Verschlechterung der materiellen Lebenssituation in der Sowjetunion gefolgt. Die Perestroika war dort nur noch ein Papiertiger der Gorbatschow-Führung, im realen Leben mausetot. Aber Krenz hatte neben Treuebekenntnissen zum großen Bruder die noch immer andauernde Attraktivität der Perestroika-Ideen in der DDR-Bevölkerung im Sinn. Er stellte sie nicht ausdrücklich in Frage, obwohl er vor demagogischen Blaupausen warnte. »Keine Kopien!« sollte aber nicht der Slogan für die Abwehr lebensnotwendiger Reformen sein. Die deutschlandpolitischen Erwägungen Moskaus, seine Bündnisverpflichtungen gegen rettende Devisen zu lockern oder die DDR gar preiszugeben, ahnte Krenz durchaus mit Sorge, wohl aber auch mit zu großer Hoffnung, er sähe zu schwarz.

Die in der DDR eskalierten Auseinandersetzungen um die Perestroika ranken sich besonders um sowjetische Kunstwerke und Presseveröffentlichungen. Die erste prinzipielle Debatte erlebe ich im Oktober 1987. Es geht um eine von der FDJ-Tageszeitung geplante Rezension des sowjetischen Films »Die Reue«.

Das Projekt wird wegen seiner Brisanz im Büro von Egon Krenz diskutiert, wozu neben dem Autor, Junge-Welt-Chefredakteur Hans-Dieter Schütt, ein kleiner Kreis geladen ist. Dazu gehören auch Jochen Willerding und ich. Kernpunkte des journalistischen Angriffs sollen die vermeintlich nihilistische Betrachtungsweise der sowjetischen Errungenschaften und die assoziative Gleichsetzung von Hitler und Stalin in dem Streifen des Georgiers Tengis Abuladse sein. Abgesehen davon, dass Jochen und ich das für abwegige Urteile halten, stellt sich die Frage, warum man einen Film rezensieren will, den ein DDR-Bürger nur im ZDF gesehen haben kann. Täte man es dennoch, dürfte die befreiende Wirkung des Films in der Sowjetgesellschaft nicht unterschlagen werden. Die sowjetische Kunst hinterfrage ein Stück ihrer Landesgeschichte. Wollten wir da Schiedsrichter sein, verletzten wir nicht nur die Gefühle vieler Sowjetbürger, sondern würden auch im eigenen Land Unverständnis und intellektuellen Protest ernten. Im März 1994, als Abuladse stirbt, erinnert sich Hans-Dieter Schütt im »Neuen Deutschland« an jene Diskussion. Er beschreibt die Vorgeschichte, gibt unsere Einwände korrekt wieder und notiert die Unentschlossenheit in Krenzens Erwägungen. Seine eigene, lautstark verteidigte Entschlossenheit aber, diesen Gefälligkeitstext für Honecker um jeden Preis zu schreiben, mildert er ab.

Gewiss hat Krenz taktiert, aber ihn plagten damals größere Zweifel als Schütt. Kurzum, der Artikelentwurf landet auf dem Schreibtisch des Generalsekretärs. Der macht ein paar Änderungen, die Schütt in seinem Buch »Glücklich beschädigt« dokumentieren wird, und dann kommt die erwartete Flut der Entrüstung.

Alsbald fliegen uns Diskussionen um die Ohren, die das Verbreitungsverbot sowjetischer Druckerzeugnisse in der DDR betreffen. Anfang 1988 werden drei Ausgaben der Zeitschrift »Neue Zeit« nicht ausgeliefert, in denen Auszüge des Schatrow-Stücks »Weiter …

weiter … weiter!« veröffentlicht sind. Ich besitze Ablichtungen davon und kann beim Lesen die ganze Aufregung nicht verstehen. Das Stück ist kein Revolutionsdrama alten Stils, sondern eine fiktive Diskussion, in der unterschiedlichste Zeitzeugen, selbst Generäle der Konterrevolution, das Wort erhalten, dabei aber der Sinn der Revolution trotz aller Wirren und Gegenläufe nicht in Frage gestellt wird. Ich ahne, es ist vor allem eine bestimmte Passage, die die Gemüter im Oberbüro erregt – Lenins fiktives Einverständnis mit einer bekannten Prophezeiung Rosa Luxemburgs. Ohne allgemeine Wahlen, Presse- und Versammlungsfreiheit, ohne freien Meinungsstreit in allen Institutionen erlösche das Leben, werde zur Attrappe und das einzige aktive Element dieses Lebens bliebe die Bürokratie. Die eigentliche Führung sei dann Sache einiger gewiefter Technokraten, und die Arbeiterelite würde nur noch von Zeit zu Zeit zusammengerufen, um den Reden der Führer Beifall zu zollen und einstimmig über vorbereitete Resolutionen abzustimmen. Die Diktatur des Proletariats hingegen sei unbegrenzte und weitgefasste Demokratie. Ein Sozialismus ohne politische Freiheit sei kein Sozialismus. Freiheit sei immer auch die Freiheit der Andersdenkenden. Gefährlich werde es, wenn eine zeitweilige widerwärtige Notwendigkeit zur ständigen Tugend gerate. Lenin ruft im Stück »Bravo, Rosa!«.

Schatrow assoziiert das als demonstratives Credo einer sich damals noch auf Lenin berufenden Perestroika-Front. Die findet in der Luxemburg-These eine ehrliche und saubere Begründung für ihren Gesellschaftsvorschlag. Wir hingegen haben uns von Rosa entfernt. Und so werden uns ihre Worte schon bald von Leuten vorgeworfen, die sich einmal in ihrem Leben in die Januardemonstration hin zu ihrem und Karl Liebknechts Grab drängen wollen. Sie halten ihre Sprüche hoch und erleben leider, wovor Rosa warnte. Aber hat sie jemand irgendwann später in Friedrichsfelde gesehen, wie sie eine Blume auf Rosas Grabstein legen?

Gegen Jahresende 1988 trifft es den »Sputnik« – eine Art Digest sowjetischer Presseerzeugnisse. Nach außen hin soll das Sputnik-Verbot der Postminister, ein Mitglied der Blockpartei CDU, veranlasst haben, aber der erfährt das aus der Presse. Fast 200000 Exemplare des Digest in deutscher Sprache werden in der DDR vertrieben, das ist mehr als ein Fünftel aller fremdsprachigen Ausgaben. Für beide Seiten keine Peanuts. Wie stets reagiert die KPdSU mit Verständnis für andere Sichten auf zeitgeschichtliche Ereignisse, betont aber die Eigenverantwortlichkeit der sowjetischen Presseorgane und lässt durchblicken, dass ihr die perestroikaverschnupften Querelen der SED-Führung auf die Nerven gehen. Die starke DDR müsse sich vor Diskussionen nicht fürchten. Das ist auch der Tenor der empörten Reaktionen vieler DDR-Bürger.

Die Situation wird immer verfahrener. In den Künsten, vor allem im Theater und unter den Liedermachern, hält man dagegen. Mir fallen allein in Berlin Inszenierungen der Schatrow-Arbeiten »Diktatur des Gewissens« (im Deutschen Theater) und »Der Brester Frieden« (im Maxim-Gorki-Theater) oder die Aufführung des Stückes »Lenins Tod« von Volker Braun (im Berliner Ensemble) ein.

Angesichts einer nachdenklichen, zwischen Aufbruchsgeist und Zukunftssorgen changierenden DDR-Öffentlichkeit, natürlich auch der Analysen der Späher aus Ost und West, streben die Kontroversen zwischen der SED-Führung und vielen Genossen wie Parteilosen über die Demokratisierung des Sozialismus auf eine Richtungsentscheidung zu. Sie könnte für die DDR existentiell sein. Eine deutsche demokratische Perestroika, oder wie immer man eine auf Volkes Stimme hörende Strategie nennen wollte, wird es unter dieser Führung nicht geben. Erich Honecker hat in einen ND-Kommentar hineinformuliert: Die Flüchtlinge gen Westen hätten »durch ihr Verhalten die moralischen Werte mit Füßen getreten und sich selbst aus unserer Gesellschaft ausgegrenzt. Man sollte ihnen keine Träne nachweinen«.

So wie viele DDR-Bürger sind Jochen Willerding und ich schockiert von diesem Zynismus. Vier Tage später fordern wir Erich Honecker in einem gemeinsamen Brief auf, innerhalb der nächsten zwei Wochen eine Tagung des Zentralkomitees einzuberufen, die die entstandene Lage mit dem gebotenen Ernst analysiert. Auf einer Beratung, die Kurt Hager mit führenden Partei- und Staatsfunktionären seines Bereiches abhält, trage ich diese Forderung gleichfalls vor. Fast alle nachfolgenden Redner unterstützen sie. Nur Margot Honecker, die als Volksbildungsministerin formal von Kurt Hager angeleitet wird, schweigt so entsetzt wie isoliert. Kurt Hager will die Forderung in der Parteiführung aufwerfen.

Eberhard Aurich, Wilfried Poßner und Gerd Schulz haben ihrerseits eine Analyse der FDJ über die unzufriedene Stimmung unter der Jugend an Erich Honecker und Egon Krenz übergeben. Die »Junge Welt« verzichtet am 9. Oktober auf die üblichen Protokollbilder Erich Honeckers und veröffentlicht dafür einen offenen Brief des Schriftstellers Hermann Kant. Der schreibt, früher habe er auf die Frage, was das Beste an der DDR sei, geantwortet, »dass es sie gibt«. Fragte man ihn nun nach dem Schlechtesten an ihr, müsste er wohl sagen: »Dass es sie so wie derzeit gibt.«

Egon Krenz hat eine Erklärung zur Situation in der Republik verfasst und gegen den Willen Erich Honeckers zur Behandlung im Politbüro eingereicht. Sie ist, gemessen am Ernst der Lage, eher zahm. Aber sie nimmt die zynische Aufforderung, den Flüchtlingen »keine Träne nachzuweinen« zurück und fordert dazu auf, die Ursachen auch bei uns selbst zu suchen. Sie plädiert für eine Erhöhung der wirtschaftlichen Leistungsfähigkeit, ein verbessertes Warenangebot, ein demokratischeres Miteinander, lebensverbundene Medien, bessere Reisemöglichkeiten und eine gesunde Umwelt. Darüber solle ein breiter politischer Dialog mit allen gesellschaftlichen Kräften geführt werden. Honecker behandelt Krenzens Diskussionspapier wie eine Kapitulationserklärung vor der Gorbatschow-Riege, den schäbigen »Europapicknick-Befürwortern« in Budapest und der frohlockenden antisozialistischen Phalanx im Westen. Es gäbe keinesfalls eine vorgezogene ZK-Tagung.

Nun löst Hager sein Wort ein und besteht auf einer sofortigen Zusammenkunft des Gremiums. Ministerpräsident Stoph, der Krenz' Erklärung gleichfalls unterstützt, pflichtet Hager bei. In der Absicht, Krenzens Vorlage noch vom Tisch zu kriegen, bringt sie Honecker nun in Verbindung zu der scharfen Kritik, die in der FDJ-Analyse formuliert ist: rapider Vertrauensverlust zur Partei- und Staatsführung, Fehler der Massenmedien, notwendige Änderungen in der Politik und im Kader der Führungspersönlichkeiten. Honecker sagt, einen solchen Angriff des Jugendverbandes auf die Partei hätte es in der Geschichte der DDR noch nie gegeben. Axen sekundiert empört. Die auf den FDJ-Zentralrat gelenkte Entrüstung soll natürlich vor allem den Anleiter des Jugendverbandes – Krenz – als vermeintlichen Urheber des Angriffs der Blauhemden treffen. Aber Politbüromitglied Neumann wendet das Blatt wieder und kritisiert, unterstützt von Gewerkschaftschef Tisch, Günter Mittags Wirtschaftspolitik als Teil der politischen Krise.

Die Patt-Situation zwingt den physisch erschöpften Generalsekretär zur Vertagung. Es gibt eine Redaktionskommission. Günter Mittag und Joachim Herrmann flechten verbrauchtes Vokabular in den Text. Hornberger Schießen könnte man sagen, wäre nicht erstmals etwas Unerhörtes geschehen: Erich Honeckers Kurs hat im Politbüro scharfen Gegenwind erhalten. Für viele, die intern davon erfahren, wie für uns, die mit Egon Krenz im Wort sind, steht nun endgültig fest: Die Ablösung Erich Honeckers gehört als nächster Schritt auf die politische Tagesordnung.

Honeckers Sturz

Wer nicht im Großen Haus arbeitet, erreicht den Plenarsaal des ZK über den Eingang in der Unterwasserstraße. Man zeigt seinen ZK-Ausweis, aber der Wachschutz scheint die Konterfeis auswendig zu kennen. Nie zuvor postierte sich hier Medieninteresse. Aber am 18. Oktober 1989 haben wir uns den Weg durch eine Journalistenriege zu bahnen, die von bevorstehenden Veränderungen Wind gekriegt haben muss. Wenige ZK-Mitglieder wagen ein Statement. Die meisten streben wortlos ins Große Haus, wo sich eine Zäsur im bisherigen Machtgefüge ereignen soll.

Schon das Einladungsprocedere war dubios. Erich Honecker hatte am 13. Oktober auf Briefbögen, die noch den Titel »Generalsekretär« trugen, zur 9. ZK-Tagung eingeladen. Die sollte vom 15. bis zum 17. November stattfinden und Vorbereitungen zum XII. Parteitag der SED sowie Thesen der Gesellschaftsstrategie für die neunziger Jahre beraten. Am 17. Oktober erhielten die Mitglieder und Kandidaten des ZK jedoch ein Blitztelegramm mit der Aufforderung, bereits am nächsten Tag zum Plenum (wie wir die ZK-Tagungen kurz nannten) zu erscheinen. Die Berliner Genossen erreichte dieselbe Nachricht zusätzlich in brieflicher Form. Beide Einladungen trugen den Namen Erich Honeckers, nun aber ohne Nennung einer Funktion. Sollte noch jemand ahnungslos gewesen sein, was sich abspielen würde, so war er jetzt im Bilde.

Wer seine »Quellen« hat, weiß auch, was dieser eiligen Aktion vorausgegangen ist. Bereits am 12. Oktober hat Honecker auf einer Beratung mit den 1. Bezirkssekretären der Partei die sensiblen Themen, die Krenz mit seiner Erklärung in die Debatte geworfen hatte, mit keinem Wort erwähnt. Die »Ersten« stehen aber unter erheblichem Druck der Basis und brauchen keine Erklärungen aus dem Wolkenkuckucksheim. Sie fordern eine substantielle Diskussion zur Lage im

Land auf einem vorgezogenen Plenum. Die Aussprache erreicht eine ungekannte Schärfe. Hans Modrow kritisiert den von Günter Mittag geprägten ruinösen Wirtschaftskurs und plädiert für einen breiten gesellschaftlichen Dialog über Veränderungen. Aber allein der Potsdamer 1. Bezirkssekretär, Günther Jahn, nennt die personelle Konsequenz, die bislang keiner auszusprechen wagte: Erich Honecker soll zurücktreten.

Seine Forderung steht momentan gefährlich einsam im Raum. Sie wird von seinen Amtskollegen noch nicht offen unterstützt. Egon Krenz und Ministerpräsident Willi Stoph kommen am Abend überein, dass die Ablösung Erich Honeckers auf die Tagesordnung der Politbürositzung am 17. Oktober gesetzt werden muss. Man bespricht die Sicherstellung einer notwendigen Mehrheit. Harry Tisch, der zu einem länger geplanten Besuch in Moskau erwartet wird, soll Gorbatschow in die Pläne einweihen. Der wünscht natürlich gutes Gelingen.

In der Politbüro-Sitzung selbst ist Erich Honecker von Stophs Wortmeldung zur Tagesordnung überrascht: Abwahl Erich Honeckers und Wahl Egon Krenz' zum Generalsekretär. In der Diskussion findet Honecker keine Fürsprecher. Selbst Günter Mittag, auf dessen fehlerhafte Ratschläge er sich nicht nur in Wirtschaftsfragen stets blind verließ, vollzieht einen opportunistischen Schwenk und erklärt, der Wechsel sei längst überfällig. Es hilft ihm nichts. In dem einstimmig gefassten Beschluss zu Kaderveränderungen an der Spitze der Partei ist auch der Vorschlag an die 9. ZK-Tagung enthalten, Mittag sowie Joachim Herrmann von den Funktionen als Politbüromitglieder und ZK-Sekretäre zu entbinden. Erich Honecker hat das letzte Wort und warnt davor zu glauben, dass mit seiner Absetzung die inneren Probleme der DDR gelöst werden könnten. Mit der Absetzung allein wohl kaum, aber ohne sie erst recht nicht.

Meine Empfindungen anderntags im Plenarsaal sind ein seltsames, schwer zu beschreibendes Gewebe. Den Sturz Walter Ulbrichts, in dessen Gefühlslage sich nun sein Nachfolger befinden mag, habe ich damals nicht direkt erlebt. Aber es hat mir wehgetan, den Entmachteten im ND als siechen alten Mann in Hausmantel und Latschen abgebildet zu sehen, in aller Öffentlichkeit vorsätzlich gedemütigt. Hacks schrieb ja ein beißendes Gedicht darüber. Wie ich Egon Krenz kenne, liegt eine vergleichbare Behandlung des einstigen Ziehvaters außerhalb seines Charakters. Den späteren Umgang mit Honecker, als er gejagt wird und westdeutsche Politiker ihre einstigen Gespräche an seinem Tisch zu Höllenritten im Interesse der deutschen Einheit umdeuten, wird Krenz nicht zu verantworten haben.

Honecker hat aufgebaut und zerstört. Vor allem in seiner frühen Amtszeit an der Spitze der Partei stehen beachtliche wirtschaftliche, soziale und kulturelle Erfolge zu Buche. Auch außenpolitische Triumphe. Er agierte in der Raketenfrage wie ein Patriot, setzte sich in seiner Deutschland- oder China-Politik mit sturer Logik über Moskauer Bedenken hinweg. Er genoss die internationale Anerkennung der DDR, die auch sein Werk war. In der Woge der Solidarität mit der niedergeputschten chilenischen Unidad Popular handelte er vorbildlich. Und – Vorteil für uns – er liebte seine FDJ, solange sie ihm folgte. Er schlug uns wenig aus.

Komischerweise denke ich an Marginalien wie die schönen Devisen, die er für die internationalen Konzert-Events der FDJ locker machte, und einen Moment lang sogar an den Spaß, den ich ihm mit meinem Entwurf des Schalmeien-Briefes an seinen Brieffreund Udo Lindenberg bereitet haben soll. Ungerufen kommen all die angenehmen Eindrücke auf die Waagschale, und es regt sich Mitleid. Der der Welt einen Sozialismus in den Farben der DDR vorführen wollte, hatte seine Eigenarten. Er reiste gern in dieser Mission und ließ sich im Saarland entgegen aller Abgrenzungsraison bei Heimatgefühlen ertappen.

Ein Orator war er nicht. Ich hörte Margot Honecker einmal hinter der Tribüne eines FDJ-Parlaments warnen: »Sprecht ihn jetzt bloß nicht an. Vor seinen Reden ist er fürchterlich zappelig.« Na und? Redestile sind flüchtig, wenn die Inhalte ihren Eignungstest im Leben bestehen. Aber das taten sie mit der Zeit leider immer weniger. Die im Alltag durchaus spürbaren Aufwendungen für Soziales, öffentliche Dienstleistungen und privaten Konsum bargen existentielle Risiken für das Land. Der Leiter der Staatlichen Plankommission hatte darauf in moderaten Tönen hingewiesen, wurde aber von Honecker und Mittag rüde zurückgepfiffen. Die ruinöse Subventionsmentalität grassierte weiter und forderte ihren volkswirtschaftlichen und ideologischen Tribut. Einher gingen ein irrational gesteigertes staatliches Sicherheitsbedürfnis und die im Volk immer stärker beklagten Demokratiedefizite. Kritische Gesellschaftsanalysen mit erkennbar systemstärkenden Ambitionen wurden als verräterisch verworfen. Umsteuern gehörte nicht zum Wortschatz der alten Führung. Sollte die DDR nicht weiter in die Katastrophe driften, musste der personelle Wechsel an der Spitze als erster Schritt sofort vollzogen werden. Wir glaubten noch an die Umkehrbarkeit der desaströsen Lage.

Als Erich Honecker den Saal betritt, wird es still. Noch vor dem Tagungsbeginn um 14 Uhr ergreift er das Wort. Niemand soll ihm zuvorkommen und das Heft aus der Hand nehmen. Er erhebt sich und verliest seine Rücktrittserklärung, zu der er nach reiflichem Überlegen und im Ergebnis der Politbürodebatte am Vortag gelangt sei. Die Bitte, ihn von seinen Funktionen als Generalsekretär der Partei sowie als Vorsitzenden des Staatsrates und des Nationalen Verteidigungsrates der DDR zu entbinden, begründet er mit seinem Gesundheitszustand. Er verweist auf die Prinzipientreue seines Kampfes, der in der vierzigjährigen erfolgreichen Entwicklung der DDR seine Krönung erfahren habe, und verzichtet auf den kleinsten Deut von Selbstkritik. Vielmehr wolle er der Partei auch zukünftig mit Rat und Tat zur Seite stehen. Als seinen Nachfolger schlägt er Egon Krenz vor. Ministerpräsident Willi Stoph, der nun die Tagung leitet, lässt über den Antrag abstimmen, der mit einem Gegenvotum angenommen wird. Es ist die Stimme von Hanna Wolf, der einstigen Rektorin der Parteihochschule und langjährigen Beraterin Honeckers.

Erich Honecker bittet darum, angesichts seines Gesundheitszustandes die Tagung verlassen zu dürfen. Dem wird stattgegeben, und der Siebenundsiebzigjährige kämpft auf dem unendlich langen Weg zum Ausgang mit den Tränen. Egon Krenz wird einstimmig gewählt. Das Problem ist: Der alte Generalsekretär hat seinen Namen ins Spiel gebracht. Eigentlich sollte allein das Politbüro diesen Vorschlag unterbreiten. Das Vorprellen Erich Honeckers wird nun so klingen, als habe er seinen »Wunschkandidaten« Krenz inthronisiert. Egon als verjüngter Erich – dieser so falsche wie kreuzgefährliche Eindruck wäre ein Albtraum für den Anbeginn. Vielleicht ist Honeckers Vorschlag keine böswillige Taktik, sondern der restliche Behauptungswille von Souveränität. Aber er bedient ein Stigma, das bereits durch die Gesellschaft wandert und sich im Chaos der folgenden inhaltlichen und personellen Erneuerungsversuche der Partei noch verfestigen wird.

In der Sitzung werden Joachim Herrmann, der die DDR-Medien lenkte, und Günter Mittag, der die wirtschaftliche Entwicklung der DDR verantwortete, von ihren Funktionen im Politbüro und Sekretariat des ZK abgelöst. Beinahe hätte dieser Beschluss das erstarrte Gremium diskussionslos passiert. Aber der international renommierte Nierenspezialist Professor Moritz Mebel fordert in einem Geschäftsordnungsantrag das Politbüro auf, den Vorschlag zu begründen. Willi Stoph pariert mit einem Allgemeinplatz: »Weil sie ihren Aufgaben nicht gerecht wurden.« Was schon Wochen später als völlig unzureichend zurückgewiesen worden wäre, darf hier noch passieren und verbaut die erste Chance einer inhaltlichen Auseinandersetzung mit Politikfehlern.

Als es um Joachim Herrmann geht, der die Medien noch entschiedener als seine Vorgänger zu konfliktfreien, blutleer argumentierenden Informationsinstrumenten deformierte, muss ich an Werner Lamberz denken. Ich erinnere mich an sein augenzwinkerndes Leipziger Eingeständnis, dass die DDR bessere Medien benötige. Hat uns sein Tod in der libyschen Wüste um einen Parteiführer gebracht, dem ein nachhaltig günstiger Einfluss auf das intellektuelle Klima im Land geglückt wäre?

Bei Günter Mittag irritierte mich immer seine selbstgefällige Arroganz. Ich habe sie wiederholt erlebt, als ich in Vertretung unseres Arbeiterjugendsekretärs an Sitzungen der von ihm geleiteten Wirtschaftskommission im Hause des ZK teilnahm. In unflätigem Ton wurde über Funktionäre hergezogen, die sich Mittags Diktaten nicht tief genug beugten. Ich erlebte das im Falle des – abwesenden – Vorsitzenden des Rates des Bezirkes Leipzig. Dann wieder wurde der verängstigte Postminister zur Rede gestellt. Dabei war der in der CDU und hatte in dieser Parteikommission, die ja nicht die Regierung war, gar nichts zu suchen. Ich lief jedes Mal, wenn die Show vorüber war, zu Egon Krenz und erzählte ihm voller Entrüstung von den Flegeleien am Mittags-Tisch. Die Eitelkeit des Wirtschaftslenkers kolportierten auch Freunde, die ich noch aus der internationalen Arbeit kannte. Begleitete er Erich Honecker auf Auslandsreisen, bestand er darauf, als Nummer 2 präsentiert zu werden. In manchen Ländern verursachte das politischen Wirrwarr, denn man schätzte den ebenfalls mitreisenden Außenminister als ranghöher ein. Die Protokollgeister verzweifelten dann.

Als Egon Krenz gegen Ende der Ära Honecker in dessen Ungnade gefallen war, bestimmte der kranke Generalsekretär Günter Mittag als seine Vertretung. In dieser Eigenschaft hielt der Wirtschaftsanleiter auf einer SED-Funktionärskonferenz der Hauptstadt ein tödlich langweiliges und lebensfremdes Referat. Das war im Palast der Republik, und wie mir mein Schwiegervater, Günther Bischoff, damals Direktor des Palastes, erzählte, murrte die Basis über sein Geschwafel, bis grummelnder Unmut langsam in verärgerte Zurufe und Pfiffe überging. Mittag hatte so etwas in seinen Kreisen noch nie erlebt. Sein Entsetzen schwoll erst ab, als ihm der 1. Bezirkssekretär, Günter Schabowski, in Hörweite meines ohrenspitzenden Schwiegervaters versicherte, dass er mit seinem großartigen und richtungsweisenden Referat den Generalsekretär würdig vertreten habe. Die Eloge des späteren »Maueröffners« war für Mittag der gewohnte Honig.

Als Mittag und Herrmann abgesetzt sind, hält Egon Krenz eine Antrittsrede, für die ich ihm mehr Vorbereitungszeit gewünscht hätte. Natürlich unterscheidet sie sich prinzipiell von den floskelhaften Beschwörungen »unseres richtigen Kurses«, die bislang jedes Problembewusstsein übertünchen sollten. Er redet vielmehr erstmals von einer Wende, der Pflege eines breiten innenpolitischen Dialogs und glaubhafter Volksnähe bei der Überwindung der Krise. Er korrigiert die zynische Aufforderung seines Vorgängers, den Weggegangenen keine Träne nachzuweinen und nennt den Verlust von mehr als hunderttausend Menschen, darunter so vielen jungen Leuten, einen großen Aderlass. Es sei unsere Pflicht, über die Gründe ihrer Flucht nachzudenken. Er schlägt einen neuen Ton im Verhältnis zur Sowjetunion an und bezeichnet die Perestroika als kühnen, unumgänglichen Vorgang, von dessen Erfolg die Zukunft des Sozialismus abhänge. Im deutschen Kontext stellt er die Souveränität der sozialistischen DDR als unverrückbaren Fakt der Geschichte heraus. Zugleich betont er die Bereitschaft, engere und weiterreichende Beziehungen zur Bundesrepublik zu prüfen. Zu den in der DDR geplanten Reformen werde auch ein Gesetzentwurf über Reisen ins Ausland gehören. Die Beschränkungen für Reisen in die ČSSR und nach Ungarn würden aufgehoben. Die Journalisten werden zu »stärkeren Auseinandersetzungen mit Erscheinungen« ermutigt, »die dem Wesen des Sozialismus und unserer Politik widersprechen«. Die fragen allerdings bereits lauter: Und was ist mit Erscheinungen, die den Sozialismus bejahen, aber die Parteipolitik – und sei es nur partiell – anzweifeln?

Die Rede bedient die richtigen Inhalte, aber ihr Ton ist ohne charismatische Durchschlagskraft. Als Egon Krenz dann noch der Aufforderung von Kulturminister Hoffmann folgt, sich unverzüglich über das Fernsehen an das Volk zu wenden, und dieselbe Rede dort ein weiteres Mal verliest, wird das Manko zum groben Fehler. Selbst die Hoffnungsvollen winken nun ab. Die Rede, die mit dem Gestus der späteren Appelle von Christa Wolf und Stefan Heym zum Hierbleiben und zur Bewahrung der DDR hätte Geschichte schreiben können, verklingt in Enttäuschungen. Egon hätte mit der Fernsehrede noch eine Geschichtssekunde lang warten sollen. Seine Gedankenwelt, von literarisch geübten Federn in Form gebracht, hätte wohl alle Substanz für den erwarteten Weckruf gehabt. Aber so ist der Morgenappell vergeigt.

Welches einig Vaterland?

1989 wird die DDR-Nationalhymne wieder nach dem Text von Johannes R. Becher gesungen. Nicht aus Hoffnung auf Einverleibung durch den reichen Nachbarn, sondern als späte, fast trotzige Besinnung auf einen unerledigten geschichtlichen Auftrag, der in der Bipolarität des Kalten Krieges unterging: »Deutschland, einig Vaterland«. Viele bedauerten seit langem, dass der schöne Text der Abgrenzungsstrategie geopfert wurde. Volkes Gesang der Hymne fördert nun mal den Landesstolz. Egon Krenz wollte den Mangel bereits Jahre zuvor beheben und erbat von mir eine kleine Textänderung. »Lass uns dir zum Guten dienen, *unser deutsches Vaterland!*«, war mein Vorschlag. Egon Krenz trug ihn zu Erich Honecker, aber der winkte aus triftigem Grund ab: Der Text sei Geschichte, warum sollten wir ihn verändern? Ihn nicht mehr zu singen, sei immer ein Fehler gewesen. Gut, aber den Song in seine alten Rechte einzusetzen, das vermochte selbst er nicht. So erklingt der Text erst im Abendlicht der DDR wieder. Als eine Vision, die man sich nicht rauben lassen darf. Nur kann sie sich, so denken wir damals noch, in kurzer Frist und ohne grundlegende Wandlungen in beiden Deutschländern nicht erfüllen.

DDR einig Vaterland – wie wär's denn erst mal damit? Breiter staatsbürgerlicher Konsens in den entscheidenden Linien künftiger sozialistischer Politik. Es gibt viel zu reparieren, soll Vertrauen zurückgewonnen werden. Die Mehrheit des Volkes stellt die Souveränität der DDR zu dieser Zeit nicht in Frage. Aber sie verlangt Durchsichtigkeit in den politischen Entscheidungen der Führung, fordert Mitsprache bei den Weichenstellungen in die Zukunft, die auch durch die Aufklärung politischer und ökonomischer Fehler der Vergangenheit begründet sein müssen. Krenz reagiert darauf und weist unter anderem die jeweils zuständigen Ministerien an, ein neues Reisegesetz auszuarbeiten und die gesamte Gesetzgebung der DDR auf Demokratiedefizite abzuklopfen.

Die Diskussionen in den Medien sowie auf den Podien von Parteien und gesellschaftlichen Organisationen werden unduldsamer und kontroverser. Gegen Demonstrationen in erheblichen Größenordnungen, auf denen ein neues Wahlgesetz der DDR, die Zulassung des Neuen Forums sowie die Freilassung der am 7. und 8. Oktober verhafteten Protestierer gefordert werden, schreiten die Sicherheitsorgane nicht ein. In Berlin reden SED-Bezirkschef Schabowski und Oberbürgermeister Krack mit Demonstranten. In Leipzig begründet Professor Kurt Masur, der am 9. Oktober zur Gewaltlosigkeit aufgerufen hatte, eine Diskussionsreihe über Zukunftsfragen der Gesellschaft und der Stadt. In Dresden debattieren Hans Modrow und Oberbürgermeister Berghofer mit Teilnehmern von Protestaktionen. Inzwischen regt sich öffentlicher Widerspruch gegen die Absicht, Egon Krenz auch zum Staatsoberhaupt und zum Vorsitzenden des Nationalen Verteidigungsrates zu wählen. Ich denke damals, dass für die Konsolidierung der gesellschaftlichen Wende eine Ämtertrennung unzweckmäßig sei. Wohl auch aus Freundschaft übersehe ich, welche Gefahr von dem Vorwurf alter Machthäufung für Egon Krenz und die Partei ausgehen wird. Die Gegenstimmen und Stimmenthaltungen auf der Volkskammer-Tagung am 24. Oktober 1989 gegen den Personalvorschlag der SED-Fraktion halte ich für eine zeitgemäße Abkehr von der üblichen Einstimmigkeit.

Am Abend desselben Tages nehme ich im Berliner »Haus der jungen Talente« an einer Podiumsdiskussion von Künstlern, Wissenschaftlern und Kulturpolitikern zum Thema »Die DDR – wie ich sie mir träume« teil. Viele Gesprächspartner auf der Bühne und im überfüllten Saal stehen dem Neuen Forum oder anderen kritischen Gruppen nahe. Anfangs denke ich, dass ich gemeinsam mit Philipp Dyck, meinem Nachfolger als Kultursekretär des FDJ-Zentralrates, sowie Christian Hartenhauer, dem Berliner Stadtrat für Kultur, lediglich als Projektionsfigur für eine Abrechnung mit den Verengungen in der Kulturpolitik eingeladen bin und werde in meiner Annahme bestärkt, als ich erfahre, dass der ebenfalls anwesende Staatssekretär im Ministerium für Kultur Dietmar Keller meine Teilnahme angeregt haben soll. Seine spätere Erklärung, er wollte mir »eine faire

Chance zu einer öffentlichen Korrektur geben« erscheint mir wenig glaubhaft. Der kalkulierte Ritt auf der Rasierklinge bleibt an jenem Abend aber aus. Die Diskussion räumt der aktuellen Zäsur im Sozialismusbild und den Visionen zukünftigen Lebens in der DDR Vorrang ein.

Die Schriftsteller Stefan Heym und Christoph Hein fordern überzeugendere Schritte hin zu sozialistischer Demokratie. Die neben mir platzierte Malerin und Sprecherin des Neuen Forums Bärbel Bohley deutet den Ruf »Wir sind das Volk« in guter demokratischer Lesart. Seine baldige Umdichtung im Vereinigungssog und sein Missbrauch im fremdenfeindlichen Nationalgesabber einer sich später formierenden Rechtsfront kann für sie noch kein Thema sein. Der frühere Chefaufklärer des Ministeriums für Staatssicherheit und nunmehrige Buchautor Markus Wolf fordert mehr Volksnähe der Politiker und plädiert dafür, Egon Krenz eine ehrliche Chance einzuräumen. Dieter Segert und Michael Brie von der Berliner Humboldt-Universität entwerfen ihre Sozialismus-Vorstellungen, in denen für die politisch gesetzte Führungsrolle der SED kein Platz mehr ist. Ich gebe zu, dass mir bei dieser Prämisse, die alles frühere Denken bombardiert, die Ohren glühen. Aber nicht deshalb bin ich an jenem Abend wortkarg, wie jemand im Publikum erfreut bemerkt, sondern weil ich mir geschworen habe, eine Eigenschaft neu zu trainieren, die in der Zeit politischer Kommandos zu verkümmern drohte: Zuzuhören. Der junge DDR-Fernsehkanal »Elf99« und anderntags die ARD pusten die denkwürdige Diskussion durch beide deutsche Staaten.

Es passieren in rasanter Folge Dinge, die ich wie früher gern mit Egon Krenz diskutieren möchte. Aber die Hektik auf der Politbüroetage am Werderschen Markt ist so groß wie die Schlange derjenigen, die als bestellte oder angemaßte Ratgeber auf Gesprächsminuten lauern. Andeutungen von unserem alten Freund Wolfgang Herger, der Egon in diesen angespannten Wochen am nächsten ist, besagen, dass dessen physische und psychische Kräfte nahezu aufgebraucht sind. Also stelle ich mich nicht an.

Derweil ebben die Demonstrationen in Berlin und in den Bezirken nicht ab. Eine vertrackte Situation: Was Egon Krenz »Wende«

nennt, ist derzeit ein Gespinst aus halben Konsequenzen. Zu viel alte Führungsequipe, zu viel Beharrung auf verbrauchter Doktrin und altem Vokabular, wenig glasklare Bilanz und kaum revolutionäre Vibration in den eigenen Entwürfen.

Dabei wusste ich, wie gut Egon Krenz bereits in den letzten Honecker-Jahren mit kritischen Geistern aus allen Bereichen der gesellschaftlichen Entwicklung vernetzt war, und dachte immer, am Tag X würden die scharfen Analysen und die darauf fußenden, auf Machbarkeit geprüften Entwicklungskonzepte zügig aus der Schublade gezogen und mit dem mehrheitlich noch auf Verbesserung der sozialistischen Verhältnisse eingestellten Volk diskutiert. Zu meinem Erstaunen waren die Schubladen aber leer. Woran die Erarbeitung des geistigen Vorlaufs scheiterte – mangelnde konzeptionelle Kühnheit, Bedenken, dem Volk ungeschminkte Wahrheiten zuzumuten, Angst, die konspirativ arbeitenden Think Tanks könnten entdeckt und ihre Urheber, der Fraktionsbildung beschuldigt, in die Wüste geschickt werden – ich weiß es nicht.

Ich sehe nur, dass wir den Ereignissen hinterherlaufen, während enttäuschte Enthusiasten, darunter kluge Köpfe aus der Basis und der Mittelebene der SED, mit verzweifelter Energie gegensteuern. Ihre Rücksicht auf die noch bestehenden oberen Parteistrukturen ist mäßig bis erloschen, sie vernetzen sich auf andere Weise. Ich selbst versuche jedoch nicht, mich aus den alten Strukturen zu lösen. Ich kann es einfach nicht. Ich stehe starr, als ehemalige Bezirkserste der FDJ, die unter dem Druck der Ereignisse die Führung von Bezirksparteiorganisationen übernommen haben, nun zum alten ZK auf Distanz gehen. »Wendehälse« tuschelt man da und kann nicht sehen, dass die Geschmähten für die zukünftige Existenz einer sich erneuernden sozialistischen Partei gerade den Rettungsanker auswerfen. Verräter sind das in meinen Augen nicht, die sich in der veränderten Landschaft neuer Parteien und Bewegungen linkerseits in Stellung bringen. Ich bedaure nur jeden, der seine Biografie fleddert und als einstiger Treugänger des scheiternden Sozialismusversuchs plötzlich seine alten Wegmarken und -gefährten denunziert.

Wir sind gespannt, als Egon Krenz am 1. November 1989 erstmals im Rang des Generalsekretärs nach Moskau fliegt. Ein paar Interna erfährt man beim Studium der Lesemappe mit vertraulichen Dokumenten, die alle Mitglieder und Kandidaten des ZK am Vorabend bevorstehender Plenen zur Einsicht erhalten. Manche Ahnungen finde ich erst bestätigt, als ich Egon Krenz' Erinnerungen »Herbst '89« lese. Aber eine wundersame Bemerkung Gorbatschows dringt sofort durch: Sein Berliner Ruf »Wer zu spät kommt, den bestraft das Leben« sei kein Ratschlag an die DDR – wie es allerseits verstanden wurde –, sondern vor allem eine Selbstermahnung gewesen.

Das mag nun glauben, wer kann. Jeder versteht Gorbatschows geflügelten Satz (der seine Geschliffenheit übrigens der Wortgewalt des Übersetzers verdankt) als eine Replik auf den Starrsinn der Ära Honecker. Aber eine Selbstermahnung des reformbesessenen Ersten im Kreml? Sowas kam bisher in dessen Eigendarstellungen nicht vor. Zeitigt etwa die Diskrepanz zwischen den weitgesteckten gesellschaftspolitischen Ambitionen und den fehlenden ökonomischen Voraussetzungen bereits Wirkung? Könnte die Perestroika noch aus dem Sattel geworfen werden, wie es Gorbatschow in seinem Moskauer Gespräch mit Krenz nicht ausschließen mochte? Sein Schicksal hängt aber an deren Erfolg. Und nicht nur seins, wie der Fortgang der Geschichte zeigen wird.

Nicht weniger brisant ist, wie es die sowjetische Führung zukünftig mit der deutschen Frage halten wird. Welche Rolle spielt die DDR in deren europäischem und globalem Kalkül? Der Buschfunk flüstert noch Kontinuität. Und wie den Gesprächsaufzeichnungen von Egon Krenz zu entnehmen ist, sagt Gorbatschow zu jener Zeit auch tatsächlich noch, die beste Politik bestehe darin, »die bisherige Linie der sozialistischen Länder in der deutschen Frage weiterzuführen«. Er hätte in Gesprächen mit Thatcher, Mitterand und anderen Staatslenkern verstanden, dass sie vom Fortbestand der Nachkriegsrealitäten ausgingen, zu denen auch die Existenz zweier deutscher Staaten gehöre. Dass Honecker vor ihm in der BRD auf Staatsvisite weilte, liegt Gorbatschow offenbar noch immer im Magen, als er dekretiert: »Unsere Beziehungen müssen im Dreieck DDR-BRD-UdSSR besser koordiniert werden.« Es bleibt also in puncto BRD bei einer eingeschränkten Souveränität. Einerseits muss es nicht zum Nachteil der DDR sein, wenn die Sowjetunion ihre alliierten Nachkriegsrechte zum Bestandsschutz des ostdeutschen Ziehkindes einsetzt. Andererseits könnte Gorbatschow weitere Soloschritte der DDR fürchten, weil sie ihm eine Trumpfkarte im Poker mit der BRD und den Westmächten aus der Hand nähmen. Die DDR als Joker der sowjetischen Deutschlandpolitik – das stört einen Glauben, den ich um keinen Preis verlieren will: Der große Bruder wird uns nicht fallenlassen. Kein sowjetischer Führer würde es heute wagen, diese im Großen Vaterländischen Krieg errungene deutsche Siegestrophäe preiszugeben. Er hätte heiligen Volkszorn zu befürchten. So kann man sich irren, denke ich später.

Egon Krenz ist bei Gorbatschow sehr direkt geworden: Es gäbe Spekulationen darüber, ob für die DDR im gesamteuropäischen Haus noch Platz sei. Und er erfährt von einem bemerkenswerten Gespräch. Alexander Jakowlew, einer der maßgeblichen Perestroika-Architekten, hat den amerikanischen Oststrategen Zbignew Brzeziński gefragt, ob die USA sich eine Wiedervereinigung Deutschlands vorstellen könnten. Der habe geantwortet, er würde das für einen Zusammenbruch halten. Gorbatschow wollte Krenz eigentlich beruhigen und erreicht nur das Gegenteil. Denn dem wird bestätigt, was er befürchtete: Die deutsche Einheit ist unter den Supermächten sehr wohl ein aktuelles Gesprächsthema! Und die DDR nicht mal am Katzentisch – nur Verhandlungsmasse. Wie viele Lebenspläne darf sie da noch schmieden?

Egon Krenz' Erinnerungen an das Moskauer Treffen bergen noch eine andere Finesse. Später, im zusammengelegten Deutschland, wird er mir erzählen, dass ihm zu seiner Amtszeit als Generalsekretär ein bemerkenswertes Signal aus dem Umfeld Willy Brandts vorenthalten wurde. Der wegen der Guillaume-Affäre zurückgetretene Bundeskanzler und Stratege der bundesdeutschen Ostpolitik bot dem neuen Mann in Ostberlin Unterstützung an. Die Westabteilung des ZK soll die Weiterleitung der Offerte jedoch mit der seltsam eigenmächtigen Begründung abgelehnt haben, Generalsekretär Krenz könne das zeitlich nicht ermöglichen.

Die Geschichte erhält durch eine Bemerkung Gorbatschows in den Moskauer Gesprächen eine interessante Grundierung: »Er (Willy Brandt) hat uns erklärt, dass ein Verschwinden der DDR eine eklatante Niederlage der Sozialdemokratie wäre. Die SPD betrachtet die DDR als eine Errungenschaft des Sozialismus, Brandt hat sich zwar scharf von den Kommunisten abgegrenzt, aber er betrachtet die Sozialdemokratie als einen Zweig der Arbeiterbewegung und hält an der sozialistischen Idee fest.« Vielleicht wollte Brandt weitsichtiger als ein Teil seiner Entourage mit dem geschichtlichen Fakt umgehen, dass der 1946 gegründeten SED ja ein beträchtlicher sozialdemokratischer Mitgliederanteil zugeflossen war und strebte in einer deutsch-deutschen Kooperation nun die Neubesinnung auf sozialdemokratische Inhalte an. Dem eigenen Stall zuliebe und zugleich, um die Einflüsse der westdeutschen C-Parteien in der erschütterten DDR zu mindern. Das ist natürlich hochgradig spekulativ und setzt zudem voraus, dass Gorbatschow im Vorgriff seiner Sozialdemokratisierung keine Chimäre gemalt, sondern Brandt korrekt zitiert hat.

Am 4. November 1989, einem Sonnabend, marschiert ein gewaltiger Demonstrationszug durch die Mitte der Hauptstadt hin zum Alexanderplatz. Hier wird eine bereits zur Honecker-Zeit von Berliner Künstlern initiierte Kundgebung stattfinden, die eine grundlegend reformierte und demokratisierte DDR einfordern will. Honeckers Überlegungen, in der City eine Bannmeile einzurichten, sind nach seinem Sturz vom Tisch. Dafür haben die Organisatoren und die Volkspolizei eine Sicherheitspartnerschaft vereinbart. Künstler tragen im Demonstrationszug gelb-grüne Schärpen mit der Aufschrift »Keine Gewalt«. Sowas gab es noch nie. Im staatlichen Sicherheitsbereich bestanden Sorgen, dass es an der Grenze rund um das Brandenburger Tor zu Provokationen kommen könnte. Aber die Sicherheitspartnerschaft wird von allen respektiert und hält.

Der Marsch der Demonstranten kommt auch am Ministerium für Kultur vorbei. Der Minister hat die Anwesenheit seiner Stellvertreter im Haus am Molkenmarkt angeordnet. Aus dem vorüberziehenden Demonstrationszug fliegen die Losungen der bitter-witzigen Plakate wie Pfeile an die Fensterscheiben unserer Dienstzimmer. Nieder mit der DDR? – So lauten die Botschaften nicht, sie beschwören vielmehr das Gegenteil: Besinnung auf eine freie, demokratische Entfaltung ihrer geschichtlichen Möglichkeiten. Im Konvolut der Bilder und Sprüche fordern auch Dünkel, Unfairness und aufgeregter, die Weltlage verkennender Utopismus einige Aufmerksamkeit. Aber das ist Teil der Debatte, deren Tendenz bislang eindeutig blieb: für eine bessere DDR.

Ich wünsche mir inständig, es gäbe noch die Zeit, unsere Fehler und Versäumnisse zu korrigieren. Und nicht völlig nebenbei: Hätte man da noch seinen »alten« Platz? Ich hoffe es, aber ich weiß es nicht. So viel verspieltes Vertrauen! Nicht an diesem Tag, aber recht bald sagt mir die politische Logik: Der Erneuerungsprozess wird so glaubwürdig sein wie seine Konsequenz und sein Personal. Wenn du also deinen Hut nehmen musst, dann tue es mit Anstand und halte dich an eine Moral, die lautet: Ein richtiges Ziel und die humanen Wege dorthin sind wichtiger als die Reihe, in der du gehst.

Zur Demonstration und Kundgebung sind mindestens eine halbe Million Menschen gekommen. Das Fernsehen überträgt die Kundgebung. Bilder für ein lebenslanges Nachdenken: Die Euphorie des Aufbegehrens so vieler ohne das kollektive Stigma einer Konterrevolution; die unblutige Infragestellung der bisherigen Sozialismuskonzeption; dabei die bedenklichen Pfiffe gegen Bedenkenswertes, nur weil es aus den Mündern von Altkadern wie Schabowski (dem Redner des Politbüros) oder Markus Wolf (dem langjährigen General der Staatssicherheit) kommt; die rigorose Kritik realsozialistischer Verhältnisse, die auf jede Erwähnung des bisher errungenen Fortschritts verzichtet; die von Christa Wolf benannte zwiefache Furcht, benutzt zu werden und ein ehrliches Angebot auszuschlagen; den Appell Stefan Heyms, Demokratie, die Herrschaft des Volkes, beim Bau des richtigen, des antistalinistischen Sozialismus auszuüben; das Vertrauen Friedrich Schorlemmers in die Fähigkeit jedes Einzelnen, die Wende zu vollziehen, auch wenn nicht jeder in seiner alten Position verbleiben kann. Ein bald vergessenes Plädoyer des Wittenberger Pfarrers für kritische Solidarität und Toleranz. Auf eine Weise, die mir den Atem nimmt, warnt Christoph Hein vor einem erneuten

Scheitern des sozialistischen Ideals. Er erinnert die Hunderttausenden auf dem Platz an Erich Honecker, einen »wahrscheinlich jetzt sehr einsamen Mann«, der einen Traum hatte, für ihn ins Zuchthaus ging, ihn aber auf den Trümmern des Faschismus und mit dem übermächtigen Stalinismus als Geburtshelfer nicht erfüllen konnte. Diese Lehre gelte es gerade jetzt zu ziehen: niemals wieder hilflose Unterordnung unter Strukturen, sondern Schaffung einer demokratischen Gesellschaft, die dem »Menschen angemessen« ist. Ein »Sozialismus, der dieses Wort nicht zur Karikatur macht«. Warum können befreiende Sätze so quälen?

Am Montag nach der Demonstration ist in den Medien der Entwurf für ein neues Reisegesetz zu lesen. Wegen bürokratischer Klippen und diverser ungelöster Finanzierungsfragen hält es den Erwartungen der Bürger nicht stand. Was ein überfälliger Befreiungsschlag werden konnte, krepiert früh an seiner Inkonsequenz. Die Bundesregierung, die den Ruf vom Alexanderplatz als Aufforderung zur Destabilisierung der Gruppe um Krenz versteht, mauert nun umso kräftiger und vermeidet Zusagen für ein faires finanzielles Engagement bei der Öffnung des Reiseverkehrs in die BRD. DDR-Emissär Schalck-Golodkowski kehrt von seinen Gesprächen mit Kanzleramtschef Seiters und CDU-Vorstandsmitglied Schäuble erfolglos zurück.

Kohl hat Klartext reden lassen: Finanzielle Beteiligung nur gegen politische und personelle Zugeständnisse, Änderungen an der DDR-Verfassung eingeschlossen. Ich frage mich, warum man der DDR-Bevölkerung diese Erpressung nicht mitteilt. Wäre doch Glasnost – oder? Eine tragfähige Lösung ist auch deshalb dringend nötig, weil die ČSSR nicht weiterhin mit der anhaltenden DDR-Ausreisewelle belastet werden kann. Die tschechoslowakische Führung erwägt bereits, die Grenze zur DDR zu schließen. Das Innenministerium soll deshalb schnellstens eine neue Reiseverordnung ausarbeiten. Anders als ein Gesetz müsste sie nicht zeitaufwendig das Parlament durchlaufen. Das Problem: Die Regierung ist bereits zurückgetreten. Da aber die Minister kommissarisch weiter amtieren, übernimmt Innenminister Dickel die Federführung.

Mit solchen Turbulenzen im Gepäck wird am 8. November 1989 die 10. ZK-Tagung eröffnet. Die Zentrale Parteileitung des Ministeriums für Kultur hat am Vortag ein Schreiben an das ZK gerichtet und eine Garantie für die Unumkehrbarkeit des Erneuerungsprozesses sowie die »Darlegung der Wahrheit vor der Partei und dem Volk« gefordert. Zum Schluss findet sich darin eine Empfehlung: »Unsere Mitglieder des Zentralkomitees, die Genossen Hans-Joachim Hoffmann und Hartmut König, haben unser Vertrauen und unsere Unterstützung.« Das kann in jenen Tagen nicht jedes ZK-Mitglied vorweisen.

Zu Beginn der 10. Tagung erklärt Egon Krenz den geschlossenen Rücktritt des Politbüros. Dafür ist, wie man hört, hinter den Kulissen einige Überzeugungsarbeit nötig gewesen. Honecker, Mittag und Herrmann waren ja bereits auf der vorangegangenen ZK-Tagung aus dem Politbüro ausgeschlossen worden. Inzwischen hatten Kurt Hager und Hermann Axen ihre Rücktrittsgesuche schriftlich eingereicht. Ich besitze Kopien ihrer Anträge und lese sie noch heute so, als klinge neben der von beiden eingeräumten Mitverantwortung für die entstandene Lage auch die Erleichterung mit, dass ihnen Zukunftsentscheidungen aus der Hand genommen sind. Krolikowski, Mielke, Mückenberger, Neumann und Tisch erklärten ebenfalls ihre Absicht, aus dem Politbüro auszuscheiden. Erich Mückenberger schreibt, er wolle auch als Präsident und Zentralvorstandsmitglied der Gesellschaft für Deutsch-Sowjetische Freundschaft zurückzutreten, und begründet es mit den schweren Vorwürfen, die ihm wegen seiner Duldung von Falschinformationen über die jüngsten Entwicklungen in der UdSSR und speziell wegen seines Schweigens zum Verbot des »Sputnik« und anderer sowjetischer Presseorgane gemacht wurden.

Horst Sindermann wollte zunächst nicht abtreten. Nicht so. Ich schätzte stets seinen geraden Charakter. Als er mir vor Jahren den »Silbernen Vater«, den Vaterländischen Verdienstorden in Silber, ans Revers heftete, hatte er mich bei lächelnd ausgestrecktem Zeigefinger ermahnt, »mit geradem Rücken« durch die zweite Lebenshälfte zu gehen. Hatte er vielleicht Haltungsschäden bemerkt? Ich konnte seine aktuelle Weigerung zurückzutreten nicht leichtfertig als hinderlichen

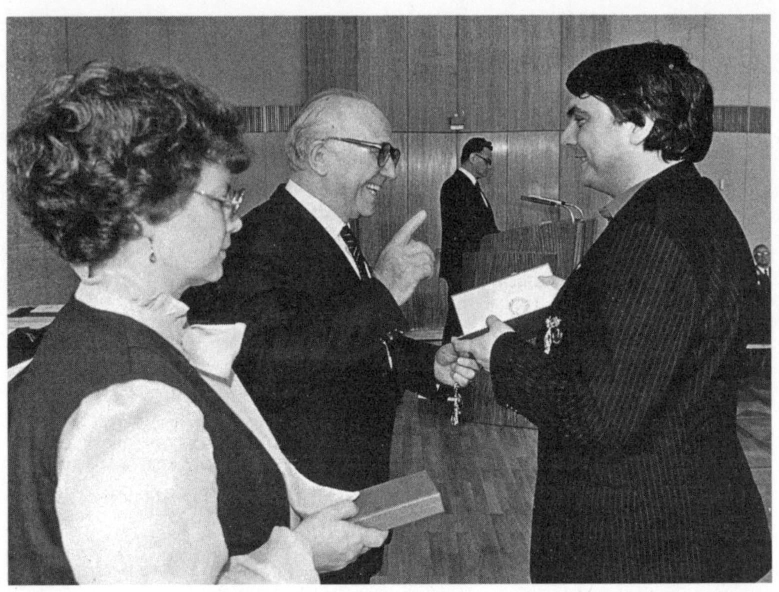

Horst Sindermann überreicht den Vaterländischen Verdienstorden: »Mit geradem Rücken durch die zweite Lebenshälfte gehen!«

Starrsinn abtun und verstand, dass jeder von den alten Genossen diese Zäsur seines Lebens auf eigene Weise verarbeiten musste.

Sindermann, seit 1933 bis zum Mai 1945 mit geringen Unterbrechungen in faschistischer Gefängnis- und Lagerhaft, gefoltert, aber ungebrochen in seiner Solidarität zu den Mithäftlingen; seit der Stunde Null Parteifunktionär und ein glänzender Chefredakteur, der Minuten vor Redaktionsschluss noch gestochene Kolumnen in die Setzmaschine diktieren konnte; später dann moderater und kunstverständiger Bezirkserster in Halle, von wo aus er seinen Leipziger Amtsgenossen, Paul Fröhlich, wegen dessen kulturellen Banausentums aufzog, schließlich Minister- und Volkskammerpräsident – diesen Sindermann hinderten Stolz und Selbstachtung daran, sich aus der politischen Verantwortung zu stehlen. Er übersah dabei ein ernstes Zeitzeichen. Egon Krenz brauchte freie Hand für die Erneuerung der Führung. Politbüromitglieder mit ähnlicher Biografie redeten Horst Sindermann zu. Entweder er verstand jetzt – oder es regte sich im

Vorhof des Verstehens ein nie verlorener Instinkt: Parteidisziplin. Das alles zog sich bis zum Vortag des Plenums hin.

Bei den Vorschlägen für das neu zu wählende Politbüro ist auch eine frühere Überlegung von Egon Krenz vom Tisch. Er hatte schon zur Abwahl Erich Honeckers beabsichtigt, das Politbüro zu verjüngen und Vertraute aus der FDJ-Zeit auf eine Vorschlagsliste gesetzt, die er mit dem Ministerpräsidenten Willi Stoph beriet. Namentlich waren genannt: Eberhard Aurich, Wolfgang Herger, Günther Jahn, Hartmut König, Helga Labs, Hans Modrow, Wilfried Poßner, Erich Postler, Gunter Rettner und Jochen Willerding.

Egon hatte mir, wie vermutlich auch den anderen, von seinem Vorstoß erst erzählt, als Stoph ihn bereits mit der Warnung abgelehnt hatte, die geballte Installation von FDJ-Kadern könne als »Hausmacht«-Allüre des neuen Generalsekretärs missdeutet werden. Das wäre kein guter Start. Krenz nahm den Einspruch an. Als er später seine Karten aufdeckte, fragte ich mich – schon aus dem Off –, was von der Option Politbüro zu halten gewesen wäre. Das war aber ein sinnloses Stochern im »Wenn« und »Hätte«.

Die an die Spitze der 10. ZK-Tagung gestellten Personalentscheidungen führen zu einem ungekannten Diskussionseifer. So habe ich das Zentralkomitee noch nie erlebt. Früher wählte man im Sekundentakt per Handzeichen. Die einmütige Bestätigung von Egon Krenz im Amt des Generalsekretärs verläuft noch problemlos. Aber dann wird es stürmisch. Die bisherigen Politbüro-Mitglieder Dohlus, Kleiber und G. Müller fallen bei der Wahl durch, andere werden aufgefordert, sich zu ihrer bisherigen Arbeitsweise selbstkritisch zu äußern. Einstimmige Voten sind jetzt die Ausnahme.

Trotzdem: Sobald die Kaderbeschlüsse der ZK-Tagung draußen bekannt werden, kommentiert sie die Parteibasis mit zum Teil harscher Kritik. Eine häufig gebrauchte Vokabel heißt Inkonsequenz. Ein Problem, das diesen Eindruck begünstigt, ist, dass das Politbüro nur aus dem Kreise der Mitglieder und Kandidaten des ZK gewählt werden kann. Aber da ist die in der Partei akzeptierte Personaldecke nun sehr dünn geworden. Ich freue mich, dass mein Freund Jochen Willerding einstimmig gewählt wird und von Hermann Axen das Amt des

Internationalen Sekretärs des ZK der SED übernehmen kann. Klaus Höpcke wird die Leitung der Kommission Kultur, ein hochsensibler Teil der bisherigen Domäne Kurt Hagers, übertragen. Ein solches Konstrukt ist nötig, weil der bisherige »Bücherminister« eben kein ZK-Mitglied ist, folglich nicht ins Politbüro gewählt werden kann, aber dennoch wie ein ZK-Sekretär agieren soll.

Hans Modrow soll neuer Ministerpräsident werden. Das ZK empfiehlt der SED-Fraktion, in der Volkskammer einen solchen Vorschlag zu unterbreiten. Günter Mittag wird »wegen gröblichster Verstöße gegen die innerparteiliche Demokratie, gegen die Partei- und Staatsdisziplin sowie wegen Schädigung des Ansehens der Partei« aus dem ZK ausgeschlossen. Ebenso wird mit Joachim Herrmann verfahren. Im Gegensatz zu Mittag vermerkt das Protokoll in seinem Fall jedoch keine Begründung, obwohl Herrmanns schädigender Einfluss auf die DDR-Medien diskutiert wurde.

Manche fragen sich, ob es günstig war, diesen Kaderwirrwarr der Erörterung inhaltlicher Aufgaben voranzustellen. Das geschah in der Absicht, die Debatte über die Neuausrichtung der Partei und ihren Einfluss in der Gesellschaft nicht durch ungelöste Führungsfragen zu belasten. Aber nun ist das Gegenteil eingetreten. Die Wahlergebnisse, die im ZK und erst recht im Land wie brüchige Kompromisslösungen erscheinen, beherrschen die Auseinandersetzung und trüben den Blick auf die inhaltliche Substanz des Plenums. Das ist schade, denn Egon Krenz unterbreitet eine bedenkenswerte Analyse des gesellschaftlichen Zustandes. Wie weit die daraus gezogenen Konsequenzen tragen würden, bleibt ungewiss.

Erstmals spricht er in der Öffentlichkeit auch über das vergiftete Klima im Politbüro. Versuche einzelner Mitglieder und Kandidaten, »Alternativvorstellungen im Bereich der Ökonomie, in der Medienpolitik, in der Jugendpolitik, zu internationalen Aufgaben … zur Diskussion zu stellen«, hätten keine Mehrheit gefunden oder seien verdächtigt worden, die Gesamtpolitik in Frage zu stellen. Es sei zu einer »unanfechtbaren Dominanz einzelner Genossen« gekommen, was einem kritischen Meinungsstreit abträglich war, politischer Arroganz und subjektivistischen Entscheidungen hingegen Vorschub leistete.

Auch wenn wir das offiziell harmonisierte Jammerbild unserer Oberleitung kannten, so klingt es, im Plenarsaal des ZK erstmals ausgesprochen, wie eine überfällige Offenlegung von Feigheit und Schande. Empörung regt sich. Wieso hat das Politbüro so lange geschwiegen? Aber die Finger, die in alter Übung nach oben zeigen, gehören vor allem an die eigene Nase. Dann lautet die kardinale Frage nämlich: Warum hast *du* zu allem so lange geschwiegen?

Die anschließende Diskussion verdient erstmals ihren Namen. Sie ist nicht mehr das Verlesen »oben abgestimmter« Statements, sondern reibt sich am Zustand der Gesellschaft, an der vielschichtigen Schuldfrage, an den Aktionsvorschlägen der neuen Führung sowie den Meinungen der Vorredner.

Während der Rede des Generalsekretärs haben sich vor dem Hause des ZK Tausende SED-Mitglieder versammelt. Die Entwicklungen in der Partei haben sie aufgewühlt. Sie wollen deren Fortgang nicht tatenlos abwarten, sondern ihn kommentieren, mitbestimmen, kontrollieren. Dafür ringen sie am Ort der ZK-Tagung um Aufmerksamkeit. Die Medien finden sich ein. Wir im fensterlosen und schalldichten Plenarsaal kriegen zunächst nichts mit. Später geht Egon Krenz vor die Tür und erlebt ein Wechselbad von Ermutigung und Skepsis. Auch Ablehnung.

Dr. Michael Brie hat mir sein Redemanuskript für dieses Meeting geschickt, das sich nur als Gegenkonzept zu den inhaltlichen Prämissen und Personalentscheidungen des ZK nach Honeckers Sturz lesen lässt. Er ist ein Sohn des DDR-Diplomaten Horst Brie, der lange Zeit ein Vertrauter Erich Honeckers war und zurzeit als Botschafter in Griechenland akkreditiert ist. Sein Bruder André war mit früh geäußerten Reformvorstellungen zur sozialistischen Gesellschafts- und Kulturpolitik ein gern gesehener Diskussionspartner bei Events der FDJ. Von ähnlichen Ideen seines Bruders, der sich an der Humboldt-Universität gegen »Revisionismus«-Vorwürfe verteidigen musste, hatte ich zwar gehört, aber nichts gelesen.

Das herumgereichte Papier, für eine breitere Meinungsbildung hektographiert, ruft nun zum Widerstand der Parteibasis gegen das neu formierte Politbüro auf. Die alte Führung sei verantwortlich für die Unterdrückung offensiver Erneuerungsbestrebungen, für Wahlbetrug und eine Eskalation der Gewalt rund um den 40. Jahrestag der DDR. Der »administrativ-zentralistische Sozialismus« sei in der Krise, die staatliche Existenz des Landes gefährdet.

Aber die neugewählte Führung stelle wiederum den Erhalt überholter Machstrukturen über die Interessen der sozialistischen Erneuerung. Schließlich sei auf dem laufenden 10. Plenum erst gewählt und dann inhaltlich diskutiert worden. Die Wiederwahl von Verantwortlichen für die gravierenden Fehler der Vergangenheit sei objektiv Verrat am Sozialismus. Das neue Politbüro müsse deshalb sofort zurücktreten, das Zentralkomitee sich bis auf weiteres zum permanenten Führungsorgan der Partei erklären und noch vor Jahresende einen außerordentlichen Parteitag abhalten. Die Gliederungen der Partei sollten sich dieser Forderung heute noch mit Telegrammen an das ZK und die Parteikreisorganisation der Humboldt-Universität anschließen. Der Parteitag müsse dann ein »außerordentliches Programm sozialistischer Aktion der gesamten Partei« beschließen und alle Führungsgremien der Partei erneuern. Gefordert wird eine »Regierung der Rettung dieses Landes«, die aus einer Koalition der bisher der Volkskammer angehörenden Parteien sowie »aller politischen Kräfte in diesem Lande« hervorgehen soll, »denen Demokratie und Sozialismus wichtiger sind als persönliche Machtambitionen«. Auf dieser Basis solle dem Neuen Forum und der Neuen Linken ein Bündnis angeboten werden. Die souveräne Gestaltung der DDR, die kein »Zonenrandgebiet« werden dürfe, gehöre unter öffentliche, demokratische Kontrolle. Das Volk der DDR habe sich dazu »durch den Protest auf der Straße eine neue Chance erkämpft«. Schließlich ruft Brie mit Pathos: »Hier und heute beginnt *unser* Kampf für *unsere* Partei … Beenden wir das Wissensmonopol des Apparats. Nehmen wir ihnen die Partei wieder weg.«

Ist das eine vorpreschende Aufgeregtheit, die Richtiges benennt, deren Rigorosität aber keine Mehrheit findet? Oder ist das inzwischen der Meinungs-Tenor in der Partei, folglich auch auf dem Vorplatz, wo sich im Tagesverlauf immer mehr Genossen versammeln? Wir hätten unsere Sitzung unterbrechen, den Rednern zuhören und mit den

Teilnehmern des Meetings diskutieren müssen. Wieder ein Fehler. Die Parteibasis wollte uns ins Gewissen reden, doch wir haben weitergetagt, eigentlich gekniffen. Die unfrisierten Fernsehbilder beschreiben bei aller Schroffheit der Debatten keine Untergangsstimmung, sondern eine Art trotziger Entschlossenheit, den Erneuerungsprozess zu »bewachen«. Das sollte uns anspornen. Hans Modrow bringt es auf den Punkt: »Wenn unser Nachdenken wieder erst den Druck der Straße braucht, unser Mut nicht aus uns selbst wächst und unser Platz nicht mitten im Dialog des Volkes ist, dann haben wir weder die Kraft, noch das Recht, noch das Vertrauen, um zukünftig die Zustimmung der Partei und der Menschen zu gewinnen.«

Dass Bries geharnischte Forderungen Kernpunkte für eine Programmatik sind, mit der bereits organisiert auf die Neuformierung einer Partei des demokratischen Sozialismus hingearbeitet wird, können nur Eingeweihte wissen. Ich gehöre nicht dazu. Am nächsten Morgen lese ich im »Neuen Deutschland« den von Christa Wolf im Fernsehen vorgetragenen Aufruf an alle Mitbürger, ihrem Land nicht den Rücken zu kehren. Es sind beschwörende Worte: »Wir alle sind tief beunruhigt. Wir sehen die Tausende, die täglich unser Land verlassen. Wir wissen, dass eine verfehlte Politik bis in die letzten Tage hinein ihr Misstrauen in die Erneuerung dieses Gemeinwesens bestärkt hat … Die jetzt noch weggehen, mindern unsere Hoffnung. Wir bitten Sie, bleiben Sie doch in Ihrer Heimat, bleiben Sie bei uns! Was können wir Ihnen versprechen? Kein leichtes, aber ein nützliches und interessantes Leben. Keinen schnellen Wohlstand, aber Mitwirkung an großen Veränderungen. Wir wollen einstehen für Demokratisierung, freie Wahlen, Rechtssicherheit und Freizügigkeit … Helfen Sie uns, eine wahrhaft demokratische Gesellschaft zu gestalten, die auch die Vision eines demokratischen Sozialismus bewahrt. Kein Traum, wenn Sie mit uns verhindern, dass er wieder im Keim erstickt wird. Wir brauchen Sie. Fassen Sie zu sich und uns, die wir hierbleiben wollen, Vertrauen.«

Der Aufruf ist von Politikern neuentstandener Bewegungen und Parteien (Neues Forum, Demokratischer Aufbruch, Demokratie jetzt, Initiative Frieden und Menschenrechte, Sozialdemokratische

Partei) sowie von namhaften Künstlern unterzeichnet. Er trifft einen Ton, den ich mir am 18. Oktober in Egon Krenz' Antrittsrede gewünscht hätte. Die Worte schwimmen in den Augen. Und die Einsicht schmerzt: Die wir wie Feinde behandelten, reden so klar und eindringlich für ihr Land und der Kohl-Entourage, die ihre gesamtdeutschen Fäden spinnt, durchaus nicht zu Munde. Keiner ahnt, welches Ereignis uns an diesem 9. November noch erwartet. Es hängt mit der Reiseverordnung zusammen, die gerade im Entwurf fertiggestellt sein soll. Tatsächlich zirkuliert sie am Nachmittag als Umlaufvorlage unter den Ministern. Sie wird eine Entscheidung der noch amtierenden Regierung Stoph sein, soll aber auch im Zentralkomitee erörtert werden.

In dem von Egon Krenz vorgetragenen Beschlusstext heißt es: »Ab sofort treten folgende zeitweilige Übergangsregelungen für Reisen und ständige Ausreisen aus der DDR in das Ausland in Kraft:

a) Privatreisen nach dem Ausland können ohne Vorliegen von Voraussetzungen (Reiseanlässe und Verwandtschaftsverhältnisse) beantragt werden. Die Genehmigungen werden kurzfristig erteilt. Versagungsgründe werden nur in besonderen Ausnahmefällen angewandt.

b) Die zuständigen Abteilungen Pass- und Meldewesen der Volkspolizeikreisämter in der DDR sind angewiesen, Visa zur ständigen Ausreise unverzüglich zu erteilen, ohne dass dafür noch geltende Voraussetzungen für eine ständige Ausreise vorliegen müssen. Die Antragstellung auf ständige Ausreise ist wie bisher auch bei den Abteilungen Innere Angelegenheiten möglich.

c) Ständige Ausreisen können über alle Grenzübergangsstellen der DDR zur BRD bzw. zu Berlin (West) erfolgen.

d) Damit entfällt die vorübergehend erfolgte Erteilung von entsprechenden Genehmigungen in Auslandsvertretungen der DDR bzw. die ständige Ausreise mit dem Personalausweis der DDR über Drittstaaten. … Über die zeitweiligen Übergangsregelungen ist die beigefügte Pressemitteilung am 10. November zu veröffentlichen.«

Die festgelegte Sperrfrist der Mitteilung bis zum frühen Morgen des 10. November wird für den Fortgang der Dinge bedeutsam sein.

Die Verordnung selbst birgt einige Unklarheiten. Die größte Gefahr lauert in dem Wörtchen »zeitweilig«. Kulturminister Hoffmann macht im Plenum darauf aufmerksam. Es könnte der Eindruck entstehen, die Maßnahmen seien nicht von Dauer und sollten nur Dampf aus dem Kessel nehmen. Dann aber würden die VP-Dienststellen unverzüglich gestürmt, und die Volkswirtschaft hätte Schließzeit. Das leuchtet ein, und die Begriffe »zeitweilig« und »Übergangsregelung« werden gestrichen.

Günter Schabowski, im Politbüro für Medienarbeit zuständig, verabschiedet sich vor 18 Uhr aus der Plenarsitzung, um auf einer internationalen Pressekonferenz über die ZK-Tagung zu berichten. Egon Krenz bestärkt ihn darin, die Sensation von der bevorstehenden Grenzöffnung zu verkünden, geht aber davon aus, dass der Kollege den Zeitplan mitgelesen hat. Das hat Schabowski aber nicht und verkündet auf die Reporterfrage, ab wann die Grenzen also geöffnet wären, seinen brandgefährlichen Irrtum: »… nach meiner Kenntnis … sofort … unverzüglich«.

Es ist kurz nach 19 Uhr. Die Meldungen überschlagen sich. Die ZK-Tagung dauert an, deshalb kriegen wir Schabowskis Fehlinformation zunächst gar nicht mit. Die verantwortlichen Generäle sind noch auf dem Weg in ihre Stäbe, um die Grenzöffnung vorzubereiten, da haben die Westsender den Knüller schon auf dem Schirm. Tausende DDR-Bürger machen sich auf den Weg zu den Grenzübergangsstellen. Bei den Grenzern herrscht Ratlosigkeit, sie haben noch keine neuen Befehle. Der Minister für Staatssicherheit, Mielke, informiert Egon Krenz gegen 21 Uhr über die brisante Lage. Man beschließt, die Schlagbäume noch in dieser Nacht zu öffnen. Einige Kommandeure nehmen das unter dem Druck der Masse bereits auf die eigene Kappe, andere folgen später der Weisung. Gegen 0.30 Uhr sind in Berlin alle Grenzübergangsstellen offen.

Die Bilder vom Freudentaumel der spontanen Grenzgänger werden zu Weltnachrichten. Dass diese Nacht friedlich bleibt und an der Nahtstelle zwischen den beiden Weltsystemen kein Schuss fällt, ist keine kleinere Sensation als die Grenzöffnung selbst. Blutvergießen hätte die Welt in den Abgrund stoßen können. An diesen Albtraum und die Besonnenheit der Grenzer muss ich denken, wenn sich Schabowski später als genuiner Maueröffner feiern lässt.

Die Ereignisse jener Nacht haben mich im Schlaf überrascht. Die Beklemmungen über die desolate Lage, vor allem die anhaltenden Fluchtbewegungen, die zermürbenden Debatten im ZK und der verfluchte Selbstzweifel, der eigene Fehler gegen die Glaubwürdigkeit künftigen Handelns wägt, haben mich müde gemacht. Ich bin bei laufendem Fernseher eingeschlafen. Die Bilder von der Grenze wecken mich auf und bewirken die seltsame Koexistenz von zwei Gefühlen: Ohnmacht und Empathie.

Einerseits die ohnmächtige Verzweiflung, dass wir wieder den Ereignissen hinterherlaufen. Die Straße erfüllt sich ihre Hoffnung selbst. Sie tut das, was eigentlich wir tun wollten. Ewiges Reagieren statt Agieren – das muss im Land und in der Welt den Eindruck von staatspolitischer Hilflosigkeit hinterlassen. Wie schwach sind wir wirklich? Drüben singt der Bundestag den erlaubten Rest des Deutschlandlieds. Machen wir uns nichts vor! Der Adler wittert Beute.

Daneben stellt sich, unvermutet, ein empathisches Gefühl ein. Es passiert auch etwas Gutes, Verständliches, Überfälliges. Viele nächtliche Ausflügler umarmen die Grenzer und sagen: Wir kommen wieder. Wir wollen nur mal gucken. Tanzt da nicht eher aufgestaute Neugier als programmatische Einheitslust über die Grenze? Entlädt sich hier nicht in friedvoller Weise ein Frust über jahrzehntelange Absonderlichkeiten im deutschen Nebeneinander, der auch ganz anders explodieren konnte? Der Ärger über die als ungerecht empfundene Einteilung in »Reisekader« und Bürger Unberechtigte. Touristische Reiseangebote in die westliche Welt fehlten, sieht man von kleineren Kontingenten bei »Jugendtourist« ab, völlig. Wir sagten immer wegen knapper Devisen und wussten doch, was das Volk dieser halben Wahrheit hinzufügte: aus mangelndem Vertrauen in die staatsbürgerliche Treue.

Die versagte Reisefreiheit, die die Helsinkier KSZE-Schlussakte verletzte und von der Bevölkerung als kollektiver »Stubenarrest« empfunden wurde, stand ganz oben auf der Agenda der Unzufriedenheit. Oder: Wie kränkte die berufliche Befragung nach »Westkontakten«, wenn die Gewissensentscheidung anstand, entweder verwandtschaftliche Beziehungen zu leugnen oder mögliche Karriereschäden hinzunehmen. Das wollten die Leute hinter sich lassen. Und plötzlich ist da die Öffnung. Ich sehe die Bilder mit einem Verständnis, das mir immer fehlte. Ich hoffe nur, dass Christa Wolfs gute Argumente, hierzubleiben, bei den Stippvisiten im gesellschaftlichen Gegenentwurf nicht auf Bananenschalen ausgleiten.

Was sich in den späten Abend- und Nachtstunden des 9. und im Verlauf des 10. November in den »oberen Etagen« sonst noch an Merkwürdigem abspielte, erfahre ich später, als wir mit Egon Krenz an seinem Buch »Wenn Mauern fallen« arbeiten. Am meisten verwundert mich der nächtliche Bericht des Ministers für Staatssicherheit, es gäbe an der Grenze »keine Probleme von Ordnung und Sicherheit«, es herrsche eine ausgelassene Stimmung, allerdings konnten nicht mehr alle Ausweise kontrolliert werden. Das ist nun wahrlich ein kurios entspannter Vortrag, bedenkt man, was den Sicherheitsorganen bislang als »besonderer Vorfall« galt.

Der sowjetische Botschafter Kotschemassow fragt am Morgen an, was da nachts an der Grenze los war. Das uninformierte Moskau sei wegen des Viermächtestatus von Berlin beunruhigt. Krenz sagt, was sollte man machen? Man hätte die Leute doch nur mit Waffengewalt aufhalten können. Ein militärisches Eingreifen aber hätte Blutvergießen bedeutet und war auszuschließen. Der Botschafter will das nach Moskau berichten. Im Laufe des Tages, nachdem sich die Welt außenpolitisch sortiert hat, strahlt Kotschemassow durchs Telefon. Gorbatschow gratuliere den deutschen Genossen zu ihrer mutigen Entscheidung. Später ersucht der sowjetische Generalsekretär Bundeskanzler Helmut Kohl in einer mündlichen Botschaft, jeder Destabilisierung der Situation entgegenzuwirken. Zugleich setzt er die Staatsoberhäupter der westlichen Alliierten von seinem Appell an Bonn in Kenntnis und warnt vor Versuchen, den Erneuerungsprozess in der DDR durch die Infragestellung der Nachkriegsrealitäten zu torpedieren. Etwa 60 000 DDR-Bürger haben in der Nacht die Grenze westwärts passiert, am frühen Morgen sind 45 000 wieder da.

Die 10. ZK-Tagung endet mit der Annahme eines Aktionsprogramms. Wieder ist unter dem Druck der Ereignisse hektisch gearbeitet und diskutiert worden. Eine Redaktionskommission hat versucht, aus einer Flut von Wortmeldungen der ZK-Mitglieder und der Parteibasis das Vernünftigste einzuarbeiten.

Reformation des politischen Systems, neue Wahlgesetzgebung, Befreiung der Volkskammer und der örtlichen Volksvertretungen von jeder Bevormundung, Verfügungsrecht der Städte und Gemeinden über kommunales Eigentum, Einrichtung eines Verfassungsgerichtshofes, neue Gesetze zu den Wahlen sowie zur Vereinigungs- und Versammlungsfreiheit, Bemühungen um Konsens mit den auf dem Boden der Verfassung arbeitenden neuen politischen Vereinigungen – kaskadenartig stürzen innenpolitische Korrekturvorschläge auf uns ein, die überfällig erscheinen, aber zumindest mein Denken in den sich daraus ergebenden Konsequenzen überfordern. Aber ich hebe die Hand wie zu dem, was noch folgt: Eine Wirtschaftsreform – weg von formalen Kennziffern und geschönten Zuwachsraten, dafür mehr wissenschaftlich-technische Erneuerung, Arbeitsproduktivität und Effektivität. Ein ausgewogenes Verhältnis von wirtschaftlichen und sozialen Leistungen. Orientierung der sozialistischen Planwirtschaft an Marktbedingungen. Keine waghalsig geplanten Investitionen, statt dessen mehr Mittel für die Erhaltung, Modernisierung und Rationalisierung. Umdenken in den Prioritäten des Bauwesens. Zurückbeorderung der Baukollektive, die die Bezirke in die Hauptstadt zu entsenden hatten. Mehr Freiheiten für das Handwerk. Außerkraftsetzung von Sonderregelungen und Vergünstigungen, die nicht durch Leistungen gerechtfertigt sind. Verzicht auf jede Bevormundung des künstlerischen Schaffens, keine Genehmigungspflicht mehr für Neuerscheinungen. Demokratisierung des Parteilebens, Einführung einer Altersgrenze für die Ausübung von hohen Parteifunktionen. Partei und Staat sollen entflochten, administrative Eingriffe in die Arbeit der Regierung beendet werden.

So gesehen, können auch die Elemente des Aktionsprogramms, die staatlicher Beschlüsse bedürfen, keine Vorgaben an den Ministerrat mehr sein. Das mag in den Ohren mancher ZK-Mitglieder ungewohnt klingen, aber Hans Modrow als designierter Ministerpräsident macht deutlich, dass er die Regierung nicht als Vollzugsorgan seiner Partei leiten werde. Keiner leugnet, dass das Aktionsprogramm in der Rasanz der Ereignisse mit heißer Nadel genäht ist. Es würde nicht der Weisheit letzter Schluss sein. Aber es empfiehlt sich jetzt als eine kritische Agenda, der man ohne Skrupel folgen kann.

Oder *könnte*. Warum Konjunktiv? Weil wir in der Gesellschaft und in der Partei ein Klima erreicht haben, in dem auch solide Inhalte kaum noch durchdringen, wenn sie Verlautbarungen der gegenwärtigen Führung sind. Die ist als »halbherzig gewendet« stigmatisiert, und das schwindende Vertrauen in ihr Personal erstreckt sich – fast unbesehen – auch auf die Zukunftsfähigkeit ihrer Pläne. Außerdem ist das Volk mit Reisen beschäftigt, was das Interesse an der übrigen Tagespolitik mindert. Das Neue Forum warnt bereits davor, im Reiserausch die Zügel der heimischen Umgestaltung schleifen zu lassen. Einige politische Opponenten behaupten sogar, die Grenzöffnung sei ein perfider Versuch der SED-Führung gewesen, den revolutionären Umgestaltungsdrang des Volkes anzuhalten.

Wachsendes Misstrauen der Parteibasis rankt sich auch um den Beschluss des 10. Plenums, statt eines Außerordentlichen Parteitages noch vor Jahresende eine Parteikonferenz einzuberufen. Ich war anfangs für die Parteikonferenz, weil ich meinte, die Vorbereitung eines Parteitages erfordere zu viel Zeit. Die haben wir nicht, es stehen zügig zu treffende Entscheidungen an. Immer mehr Mitglieder fordern aber, von sich organisierenden Stichwortgebern unterstützt, den Außerordentlichen Parteitag. Er soll mit einer kritischen Diskussion in den Gliederungen der Partei vorbereitet werden. Dieses Klima soll von den Delegierten auf den politischen und personellen Erneuerungswillen des Parteitages übertragen werden.

Als Egon Krenz am 10. November auf einer Kundgebung im Berliner Lustgarten vor 150 000 Hauptstädtern die Beschlüsse des 10. Plenums erläutert, schlägt ihm auch hier die Forderung nach einem Parteitag entgegen. Er antwortet ausweichend, weil im ZK anders entschieden wurde. Einmal mehr entsteht der Eindruck, die Führung ignoriere den Mehrheitswillen der Partei. Und ein Verdacht ist auch zur Stelle: um der eigenen Stühle willen. Denn die Parteikonferenz könne kein neues Zentralkomitee wählen.

In einem solchen Verdacht mag ich nicht stehen. Auch andere ZK-Mitglieder sind der Meinung, dass diese Diskussion vom Tisch muss. Dann soll es eben ein Parteitag sein! Der 2. Sekretär der Berliner SED-Bezirksleitung, Helmut Müller, fordert das Politbüro mit besorgten Argumenten auf, eine Änderung des Beschlusses herbeizuführen. Notfalls kurzfristig auf einer 11. ZK-Tagung. Er schickt seinen Antrag herum, und gemeinsam mit anderen unterstütze ich ihn. Das Politbüro entscheidet dann auch so, was Egon Krenz den Medien mitteilt, ehe noch das Zentralkomitee gefragt wurde. Das soll erst am Montag, dem 13. November, zusammenkommen. Ich denke noch: Was ist, wenn es nicht beschließt, was der Generalsekretär schon verkündet hat?

Die Kundgebung am 10. November im Ostberliner Lustgarten ist um ein vielfaches besser besucht, als das Meeting in Westberlin, zu dem Walter Momper für denselben Tag eingeladen hat. 20 000 Berlinerinnen und Berliner sind zum Vorplatz des Schöneberger Rathauses gekommen. Der Regierende Bürgermeister begleitet die brisanten Entwicklungen an der Grenze besonnen und will vor allem Willy Brandt, dem ausgleichenden Entspannungspolitiker und Alt-Kanzler der Ostverträge, ein Podium bieten. Aber Helmut Kohl, der ausgerechnet zum Zeitpunkt der Maueröffnung in Polen zum Staatsbesuch weilt, kriegt Wind davon und schwebt ein. Er hat seine Visite an der Weichsel unterbrochen, um auf den Historienbildern nicht zu fehlen. Er wird aber ausgepfiffen, und seine Beschwörung der nahenden deutschen Einheit geht in Buhrufen unter. Der abschließende Gesang des Deutschlandliedes ist eine peinliche Melange aus falschen Tönen und gellenden Pfiffen. Ich reibe mir die Ohren. Das habe ich nicht erwartet.

Es heißt, die 11. ZK-Tagung soll beginnen, wenn die für denselben Tag einberufene Volkskammertagung beendet ist. Ich bin ja kein Abgeordneter und verfolge die Beratungen des Parlaments am Fernseher.

Anschließend würde ich zum ZK laufen, das sind vom Alex, wo ich wohne, nur ein paar Gehminuten.

Die Atmosphäre in der Volkskammer ist mit dem früheren Parlamentsgeschehen nicht zu vergleichen. Die Blockparteien haben ihre politischen Bindungen an die SED gelöst und reklamieren ein neues Selbstbewusstsein. Die CDU hat mit Lothar de Maizière nun einen Vorsitzenden, der reichlich Distanz wahrt. Das alte Präsidium der Volkskammer ist zurückgetreten, und die Parteien stellen, mit Ausnahme der SED, eigene Kandidaten für die Wahl des Parlamentspräsidenten auf. Der Vorsitzende der Liberaldemokratischen Partei, Manfred Gerlach, gilt als Favorit, aber Günther Maleuda, der Vorsitzende der Demokratischen Bauernpartei, erhält in der Stichwahl eine knappe Stimmenmehrheit. Auch das ist neu. Früher wurde gewählt, was im Block beschlossen war.

Die Diskussion zur Arbeit der Stoph-Regierung verläuft kontrovers. Der Vorsitzende des Ministerrates erklärt, dass seine Regierung an der Erfüllung ihres verfassungsmäßigen Auftrages gehindert wurde. Vor allem in ökonomischen Fragen seien der Regierung Entscheidungen aufoktroyiert worden, die zuvor Honecker und Mittag getroffen hätten. Was soll das? Vier zweifellos schuldige Schultern sind zu schmal für das Problem, das vor der obersten Volksvertretung im Klartext genannt werden müsste. Unsere Parteiführung hatte sich zur Oberregierung erklärt und erwartete vom Ministerrat nur noch den getreuen Vollzug ihrer Vorgaben.

Die Minister verantworten sich nun auch persönlich, aber keiner auf so peinliche Weise wie der Minister für Staatssicherheit. Er redet die Abgeordneten mit »Genossen« an und will die empörten Zurufe aus den Reihen der Blockparteien mit einer hilflosen Beschwichtigung dämpfen, die in johlendem Gelächter untergeht: »Ich liebe euch doch alle!« Mir fällt im häuslichen Wohnzimmer die Stulle aus dem Mund, als das live über den Bildschirm geht. Später wird der Rücktritt der Regierung Stoph angenommen und Hans Modrow mit der Bildung eines neuen Ministerrats beauftragt. Dann mache ich mich auf den Weg ins Zentralkomitee.

Die Fernsehkanäle Ost und West haben zu ihren Hauptnachrichtenzeiten über die Vorgänge in der Volkskammer berichtet, als sich der Tagungssaal des ZK füllt. Im gedämpften Stimmengewirr behauptet sich in meinem Rücken das erregte Gestammel von Erich Mielke. Er ist ja nur noch einfaches ZK-Mitglied, und M sitzt hinter K. – Mielke verteidigt seinen kläglichen Auftritt in der Volkskammer. Dem Nierenspezialisten Professor Moritz Mebel, der laut Alphabet in Mielkes Reichweite platziert ist, geht das über die Hutschnur. »Jetzt halt endlich mal die Klappe!«, herrscht er ihn an, und im Plenarsaal spitzt man die Ohren. Das hatte bisher noch niemand gewagt.

Moritz Mebel hat eine Biografie, die ihm diese Zurechtweisung furchtlos auf die Zunge legt: Emigration der Familie in die Sowjetunion, Schul- und Universitätsausbildung in Moskau, hochdekorierte Offizierslaufbahn in der Roten Armee, nach Übersiedlung in die DDR eine glänzende Karriere zum international renommierten Urologen, die erste erfolgreiche Nierentransplantation in der DDR. Dieser Mann überdenkt sein Leben. Billige Rechtfertigungen, die nicht zu den Schäden vordringen, scheinen den klarsichtigen Operateur zu nerven. »Jetzt halt endlich mal die Klappe!« – Erich Mielke gehorcht und schweigt. Ein klareres Indiz dafür, dass die alte DDR-Welt aus den Angeln gehoben ist, kann es nicht geben.

Dann beginnt die Tagung. Der Außerordentliche Parteitag wird für den 15. bis 17. Dezember nach Berlin einberufen. Er wird ein neues ZK wählen, und die wenigsten im Saal werden ihm angehören. Kurt Hager und einige andere Genossen aus dem einstigen Politbüro beantragen bereits jetzt, von ihren Funktionen als ZK-Mitglieder entbunden zu werden.

In die Leipziger Montagsdemonstrationen haben sich neue Töne und Dialekte gemischt. Entgegen dem in der DDR noch vorherrschenden Meinungsbild, die deutsche Zweistaatlichkeit solle fortgelten, bemühen sich Claqueure aus West und Ost, den Bürgerruf »Wir sind *das* Volk« in die Anschlussformel »Wir sind *ein* Volk« zu wenden. Vereinzelt tauchen auch Reichskriegsflaggen auf.

Im In- und Ausland mehren sich besorgte Stimmen, restaurative Kräfte könnten zur Revision der Ergebnisse des Zweiten Weltkrieges blasen. Willy Brandt warnt die Bundesrepublik davor, »unerbetene Ratschläge an die DDR« zu erteilen. Noch sind solche besonnenen Töne dem Gros des DDR-Volkes am liebsten, während die Ambitionen Kohls und Genschers, sich als Meister des deutschen Zusammenschlusses in Szene zu setzen, als Anmaßung empfunden werden.

Das ist auch der Tenor des Briefes der Vertrauensleutevollversammlung des »Deutschen Theaters« an Bundeskanzler Kohl, der am 24. November im »Neuen Deutschland« zu lesen ist: »Mit zunehmender Verärgerung beobachten wir Ihren Einsatz für Demokratie in der DDR, hören Ihren Ruf nach freien Wahlen in unserem Land, von denen Sie wirtschaftliche Zusammenarbeit abhängig machen wollen. Das Volk der DDR hat seine Reformen selbst erkämpft und wird das auch künftig tun. In dem hart geführten Dialog mit unserer Regierung und der SED benötigen wir keine politische Schützenhilfe von Ihrer Regierung oder Ihrer Partei … wir wollen Sie nicht unter den Trittbrettfahrern unserer Reformbewegung sehen.« Dieser Zuruf ist umso gewichtiger, als ja vom Deutschen Theater die Initiative zur historischen Protestdemonstration auf dem Alexanderplatz ausging.

Aber Kohl, der an seinem künftigen Bild als »Kanzler der Einheit« arbeitet, überhört solche Appelle. Er hat schon eitel reagiert, als Pläne von der Öffnung des Brandenburger Tores durchsickerten. Sollte dieser symbolträchtige Akt an ihm und seiner Regierung vorbei erfolgen, würden alle Gespräche abgebrochen. Für fremde Jubelfeiern gäbe es kein Geld.

Auf der Volkskammertagung, die am 17. November beginnt, gibt Hans Modrow seine Regierungserklärung ab. In der Debatte bekennen sich die Redner aller Fraktionen zum Sozialismus in der DDR. Auch der neugewählte CDU-Vorsitzende, Lothar de Maizière, der als Nichtmitglied der Volkskammer Rederecht erhalten hat.

Für die verkleinerte Regierungsmannschaft hat Hans Modrow neben anderen den langjährigen Vorsitzenden der Pionierorganisation, Wilfried Poßner, vorgeschlagen. Er soll Minister für Bildung und Jugend werden. Anderntags zieht Modrow nach Einwänden aus anderen Parteien den von der SED und der FDJ unterstützten Vorschlag zurück. Gewählt wird statt Poßner der ehemalige Rektor der Bergakademie Freiberg, Professor Hans-Heinz Emons. Mir tut leid, was mit Wilfried, den ich aus langer gemeinsamer Arbeit kenne und schätze, geschieht. Zweifellos schadet ihm der Ruf, als Pioniervorsitzender der mächtigen Volksbildungsministerin Margot Honecker sehr nahe gewesen zu sein. Aber jeder weiß auch, dass diese Nähe unvermeidlich war – und außerdem im Dissens endete. Denn Poßner gehört zum Kreis der jungen ZK-Mitglieder, die sich früh zu Gorbatschows Perestroika bekannten und offen gegen die Erstarrungen in der Endphase der Honecker-Ära auftraten. Die FDJ-Fraktion fasst den Rückzieher als Affront auf, und wir alle sehen mit Unbehagen, wie Wilfried Poßner die Bank der Ministerkandidaten auf demütigende Weise wieder verlassen muss.

Demütigend ist auch ein Interview, das Egon Krenz am 23. November dem westdeutschen Fernsehjournalisten Fritz Pleitgen gibt. Dessen Fragen sind mit einer derartigen Unverschämtheit gestellt, dass jedes Maß an kritischem Journalismus aufgegeben wird und ein Verhör stattfindet. Ich hätte gehofft, dass Egon Krenz den Kerl rausschmeißt. Der Staatsratsvorsitzende muss sich von dem aufgeblasenen Chefredakteur des Westdeutschen Rundfunks, der im Bonner Regierungslager Pluspunkte sammeln will, nicht herunterziehen lassen. Aber was Stärke wäre, unterlässt der Staatsratsvorsitzende wohl aus Furcht, es würde ihm als Schwäche ausgelegt.

Dafür sieht er am Abend einen schönen Film. »Spur der Steine« erlebt seine Wiederaufführung. Ich hatte vor über zwei Jahrzehnten die letzte nicht abgebrochene Vorstellung besucht. Nun freue ich mich, dass Frank Beyers Film so demonstrativ rehabilitiert wird und Manfred Krug in die Vorstellung gekommen ist.

Kohl lässt am 28. November vor dem Bundestag die Katze aus dem Sack. Er legt einen 10-Punkte-Plan zum weiteren Behandlung des Patienten DDR vor. Das Papier erhebt die politische und wirtschaftliche Systemänderung zwischen Rügen und Suhl zur Voraussetzung für ökonomische Kooperation. Seine Forderung nach Abschaffung der Planwirtschaft, eine Bedingung für ökonomische Hilfe, kann man getrost als Aufruf zur Preisgabe des Volkseigentums lesen. Das Interesse an Modrows Idee von einer Vertragsgemeinschaft erscheint wie eine Nebelkerze vor der Absicht, die DDR zu den Bedingungen der BRD in ein mächtigeres Deutschland zu zwingen.

In der Bundesrepublik wenden sich vor allem sozialdemokratische und grüne Politiker gegen die Erpressung. Sich der Einverleibung zu verweigern, darüber gibt es auch im veränderten Spektrum der Parteien, gesellschaftlichen Organisationen und Gruppierungen der DDR noch immer Einvernehmen. Mit einem solchen Konsens werden auch die Gespräche am Runden Tisch im Berliner Bonhoeffer-Haus eröffnet, die von Kirchenvertretern moderiert werden. Und das ist auch der Geist des von Stefan Heym vorgetragenen Appells »Für unser Land«.

Namhafte Künstler und Wissenschaftler, Politiker und Geistliche, Menschen aus allen Gesellschaftsschichten unterschreiben. Auch der Bürger Krenz schließt sich an, aber gegen seine Unterstützung regt sich Widerstand. Seinen klaren Dementis zum Trotz schwelen alte Vorwürfe – Mitverantwortung für Wahlfälschung; Verteidigung der blutigen Niederschlagung der Studentenproteste auf dem Pekinger Platz des Himmlischen Friedens –, zugleich mehren sich Zweifel an der Glaubwürdigkeit seiner Führung.

Manche DDR-Bürger, die noch vor Wochen dem Appell zugestimmt hätten, wollen nun den zweiten Weg vorziehen. Sie haben bei ihren Ausflügen das Warenangebot hinter der Grenze gesehen und sagen: »Wir können nicht noch einmal 40 Jahre darauf warten.« Volle Läden West plus soziale Sicherheit Ost ergibt Himmel auf Erden. Die Gleichung ist verlockend. Dass sie nicht aufgeht, ist eine spätere Entdeckung.

Am 1. Dezember tagt wieder die Volkskammer. Der Passus von der führenden Rolle der Arbeiterklasse und ihrer marxistisch-leninistischen Partei wird aus der Verfassung gestrichen. Der Untersuchungsausschuss, der unter Leitung von Heinrich Toeplitz (CDU) Korruption und Amtsmissbrauch der alten Führung untersucht, legt einen Bericht vor. Überall im Land hört man nun vom Egoismus der *upper class*, die sich aus der Arbeiterklasse gemodelt hat. Manches über Datschen, Jagdreviere und Sonderläden hatte man zwar gehört oder geahnt, aber das vor laufenden Kameras geschilderte Ausmaß der Selbstbedienung führender Familien erregt Zorn. Das Volk schäumt, wenn es nicht schon resigniert hat. Den Genossen an der Basis, über die sich ein Schwall von Unmut ergießt, ist speiübel. Das wird sich auf die Vorbereitung des Parteitages auswirken.

Die Volkskammer entschuldigt sich bei den Völkern der ČSSR für die Teilnahme der NVA an den Militäraktionen des Warschauer Vertrages zur Zerschlagung des Prager Frühlings. Das ist eine gute Moral. Zugleich hätte sich hier aber die Chance einer Richtigstellung alter Ansichten geboten. Intern war stets bekannt, dass DDR-Verbände die Grenze zur ČSSR zu keiner Zeit überschritten haben. Um unselige Vergleiche mit der Okkupation durch die faschistische Wehrmacht im Jahre 1938 zu vermeiden, hatte Walter Ulbricht bei Leonid Breschnew die Absenz der Nationalen Volksarmee erwirkt. Zwar verfing sich die Mär von den deutschen Invasionsstiefeln trotzdem im Propagandagestrüpp des Kalten Krieges, weil »postfaktische« Argumentation ein älteres Übel ist, aber dank Ulbrichts Besonnenheit hätte es ausgereicht, für das *politische Einverständnis* der DDR mit den Maßnahmen des Warschauer Vertrages um Verzeihung zu bitten.

Viel Aufregung in der Partei und persönlicher Unmut von Egon Krenz ranken sich am 2. Dezember um unseren gemeinsamen Freund Jochen Willerding. Kaum in die Nachfolge des Außenpolitikers Hermann Axen gelangt, hat er am Vortag überraschend bei einer Politbürositzung gefehlt. Dafür hat er an der Privatadresse des Generalsekretärs einen Brief übergeben, in dem er seinen Rücktritt als Kandidat des Politbüros und Sekretär des ZK erklärt. Er sehe keine Möglichkeit mehr, in der jetzigen Parteiführung überzeugend wirksam zu werden.

Ich hätte Jochen zu diesem Schritt nicht geraten, er wird als Affront gegen den Generalsekretär gedeutet. Klar – die Lage ist zum Haareraufen. Der generelle Vertrauensschwund, das Kadergerangel, die Ämterhäufung bei einer Person, die Nachtrabpolitik hinter den

Entwicklungen der Straße, die neuen Enthüllungen über Nassauerei und Amtsmissbrauch – das alles legt sich bleischwer auf die Schritte, die der Mann nach Honecker gehen muss und auch gehen will. Aber es ist wohl wie in dem bedrückenden Albtraum. Man sieht den anfahrenden Zug, man läuft um sein Leben, aber man erreicht den Perron nicht mehr. Vom Steuer ganz zu schweigen. Vermeintlich ist keine Zeit für Debatten. Auf dem Generalsekretär lasteten Erwartungen, die objektiv nicht mehr erfüllbar sind und die ihn an die Grenzen des körperlichen Zusammenbruchs treiben.

Schon fordern Roland Claus und Heinz Vietze, die neuen Ersten der Bezirksparteiorganisationen Halle und Potsdam, Egon Krenz zum Rücktritt auf. Dass die beiden ehemaligen FDJ-Bezirkschefs, die ja seine Psyche gut kennen, im Selbstauftrag handeln, darf man getrost bezweifeln.

Die Stunden rasen, die Ereignisse überstürzen sich. Alexander Schalck-Golodkowski hat die DDR verlassen. Zunächst weiß keiner, wo er ist. Vor dem ZK wird wieder für eine zügigere Erneuerung der SED demonstriert. Die 12. ZK-Tagung am 3. Dezember wird darauf zu reagieren haben. Das Politbüro und der Generalsekretär müssen zurücktreten. Im Kreise der 1. Bezirkssekretäre fordert man diesen Schritt aber vom gesamten Zentralkomitee. Enerviert räumt schließlich auch das ZK auf seinem Plenum die politische Bühne. Es gibt Widerstände und verzweifelte Szenen. Weniger wegen ruinierter Karrieren als wegen der Unerbittlichkeit des Moments, der politische Biografien durch ein chaotisches Finale zu entwerten scheint. Jeder hat seinen eigenen Blick auf die Schärfe, vielleicht sogar auf den Sinn des Vorgangs. Meine Gefühle stecken im Transit zwischen Bitterkeit und einem Quäntchen Neugier auf das, was kommt. Den Außerordentlichen Parteitag soll also ein Arbeitsausschuss vorbereiten. Bonne chance! Mittags um drei ist alles vorbei. Ich gehe nach Hause. Und das ist nur noch die Wohnung.

Blühblähen

Alles geschieht jetzt wie hinter einer gläsernen Mauer. Du siehst, was sichtbar ist, aber das aufgeregte Getöse dahinter erreicht dich trotz seines geschichtlichen Belangs seltsam gedämpft. Ich wehre mich gegen die Einbildung, das alles ginge mich nichts mehr an. Ich hatte mir vorgenommen, dass ich, einmal von der Tribüne abgestiegen, so nie denken wollte. Nun komme ich schlecht dagegen an. Die Starre, die einem eitlen Gefühl von Ausgeschlossenheit folgt, muss sich wieder lösen.

Die Führung der SED hat noch am 3. Dezember ein Arbeitsausschuss übernommen. Ihm gehören tonangebende Reformkräfte wie Gregor Gysi und Wolfgang Berghofer, aber auch jene 1. Bezirkssekretäre an, die bereits als Delegierte zum Parteitag gewählt sind. Gysi wird mit der Leitung eines Untersuchungsausschusses beauftragt, der sensible Räumlichkeiten des ZK versiegelt und Parteikonten sperrt. Am nächsten Tag ist eine Tagung des Politisch-Beratenden Ausschusses des Warschauer Vertrages anberaumt. Egon Krenz ist noch Staatsoberhaupt und fliegt mit Premier Modrow nach Moskau. Die Protokollbilder haben sich verändert. Krenz wird sich dort aus einer Runde verabschieden, in der die abgelösten Parteiführer aus Bulgarien und der ČSSR, Shiwkow und Jakeš, bereits fehlen.

Als Krenz zurückkehrt, findet auch er sein Dienstzimmer im ZK versiegelt vor. Eigentlich ist er mit Rechtsanwalt Vogel verabredet. Aber der Jurist, der als Honeckers stiller Emissär in der Bundespolitik stets geschätzt wurde, ist im Zusammenhang mit Schalck-Golodkowskis Verschwinden verhaftet worden. Vermutlich, weil er den Aufenthaltsort des Koko-Chefs preisgeben soll. Am 6. Dezember, fünfzig Tage nach seiner Wahl zum Generalsekretär der SED, tritt Egon Krenz als Vorsitzender des Staatsrates und des Nationalen Verteidigungsrates zurück. Manfred Gerlach (LDPD) wird sein Nachfolger. Gerlach war Gründungsmitglied der FDJ in Leipzig, gehörte seit Anbeginn der Volkskammer an. Er blieb in seinen Funktionen stets ein enger Verbündeter der SED, bis er Honeckers Abschottung vom Reformkurs der Sowjetunion nicht mehr mittrug.

Egon Krenz, bereits an die Parteispitze gewählt, sagte mir einmal, die wichtigste Schlussfolgerung seines bisherigen politischen Lebens sei es, keiner Verantwortung mehr auszuweichen. Andere mögen anders urteilen. Ich denke, er hat sich mit gutem Willen daran gehalten, auch wenn er im kompliziertesten Abschnitt seiner Karriere nicht fehlerfrei agierte. Aber welcher Realist erwartete dieses Kunststück? Die stets besserwissenden Beobachter mögen von ihrem selbstgerechten Olymp herabsteigen und zumindest bedenken, in wessen Verantwortung es gelegen hat, dass die Tage, die die DDR verändert haben, friedlich endeten. So bitter es klingt – nun besteht seine Verantwortung im Rücktritt.

Viel Aufregung rankt sich in jenen Tagen um das Amt für Nationale Sicherheit. Das Feld der spontanen oder geschürten Empörung über die Behörde, die in der Tradition des Mielke-Imperiums gesehen wird, weitet sich. Das MfS und Erich Mielke persönlich werden für die Übergriffe auf die Demonstranten am 7. und 8. Oktober verantwortlich gemacht. Schalck-Golodkowskis Bereich »Kommerzielle Koordinierung«, der der Staatssicherheit zugerechnet wird, bietet Stoff für verschiedene Enthüllungsgeschichten. Geheime IMES-Waffengeschäfte, obskure Enteignung von privaten Sammlungen, um sie devisenbringend im Westen zu verhökern, oder die anstößige Versorgung der Wandlitz-Einsiedler mit Westwaren gehören zu den schillerndsten.

Die Arbeit von Informellen Mitarbeitern, die Telefon- und Postkontrolle, die geheimen, aber sofort wiedererzählten Interviews bei Nachbarn, wenn eine berufliche Reise ins kapitalistische Ausland anstand – all das fließt nun in die erregte Debatte ein. Es bilden sich Bürgerkomitees, die Einlass und Einsicht verlangen, nur sind nicht alle, die das begehren, Bürger der DDR. Man hört davon, dass die Volkspolizei die Bewachung des alten MfS-Komplexes in der Lichtenberger Normannenstraße und später auch weiterer Objekte übernommen hat, um die Mitarbeiter des Amtes für Nationale Sicherheit vor Gewaltakten und die Unterlagen vor Vernichtung zu schützen.

Nach Beratungen des Runden Tisches wird bekannt, dass das Amt für Nationale Sicherheit aufgelöst werden soll. Was viele bejubeln, erstaunt mich. Zwergstaaten mögen eine solche Einrichtung nicht benötigen. Alle anderen halten sie zur Behauptung ihrer Integrität und Souveränität für unverzichtbar. Welche Ausnahme könnte für die DDR gelten, falls ihr staatlicher Bestand noch im Kalkül ist? Allerdings sollten Größe, Struktur, gesellschaftlicher Auftrag und Methoden solcher Dienste im Einklang mit den berechtigten Schutzbedürfnissen ihres Staates, der nationalen Gesetzlichkeit und den allgemein anerkannten Menschenrechten stehen. Da gibt es weltweit Missbrauch, und die Etikettierung der Geheimdienste als gut oder böse, human oder verbrecherisch gehört in das Arsenal ideologischer Kampfmittel. So war es im Kalten Krieg, und so ist es in den sich wieder verhärtenden Zeiten seiner Nachlese. Ein Journalist erzählte mir einmal, dass der ehemalige BND-Chef Klaus Kinkel auf einer Pressekonferenz die moralische Berechtigung zu einem Auslieferungsersuchen gegen den MfS-Chefaufklärer Markus Wolf mit den Worten begründete: *Wir waren doch immer die Guten!* Worauf die Vertreter der Weltpresse in schallendes Gelächter ausbrachen.

Während ich öffentlich den Mund hielt, habe ich die Dimension des Ministeriums für Staatssicherheit nie verstanden. Zum Schluss duplizierte es die Struktur der DDR-Gesellschaft fast lückenlos, um auf allen Gebieten einen vermeintlich effektiven Schutz zu errichten.

Im Winter 1989, als sich manche Tabus lichten, ist die Staatssicherheit ein besonders sensibler Punkt auf der Erneuerungsagenda. Nötig erscheint ein glaubwürdiger inhaltlicher und personeller Umbau, verbunden mit der Aufarbeitung und Ahndung von Unrecht. Er soll demokratisch kontrolliert sein. Aber eine Akzeptanz dafür ist in der Bevölkerung nicht zu erreichen. Mich bedrückt es, dass sich der Verdruss so vieler Zeitgenossen über die Missstände in der DDR ohne Maß und Prüfung individueller Schuld, zum Teil brachial, an den Mitarbeitern des Geheimdienstes entlädt.

Auch möchte man die Kollektivschuld, die ihnen aufgebürdet wird, inhaltlich und moralisch mit dem Œuvre der westdeutschen Gegendienste vergleichen. Aber selbst später, als die Akten des MfS geöffnet sind, werden Pullach und Co. jede Einsicht in relevante Archivbestände ablehnen. *Wir waren doch immer die Guten* – da wiehern mit den Journalisten auch die historischen Fakten.

Das Gründungspersonal von Gehlen und BND: braune Kameradschaften. Nie aus den Augen verlorenes verhasstes Diversionsziel: der bolschewistisch verseuchte Osten. KPD-Verbot: eine Chance zur nachhaltigen »Zersetzung« der Lebens- und Erwerbsgrundlagen westdeutscher Kommunisten. Das zornige Lager der 68er Rebellen nichtterroristischer Provenienz, die außerparlamentarische Opposition, das Heer der Ostermarschierer, der Protestler gegen Notstandsgesetze, nukleare Aufrüstung oder Lagerung von Atommüll: ein Terrain von Nestbeschmutzern, das ausgespäht und ausgetrocknet gehörte. Die Denunzianten dürften aktenkundig, aber in treuewahrender Anonymität geschützt sein.

Im bundesrepublikanischen Regierungslager regt sich zunächst Widerstand gegen die Pläne oppositioneller Kreise in der DDR, die Akten der Staatssicherheit für die Öffentlichkeit freizugeben. Man befürchtet gesellschaftlichen Unfrieden und eskalierende Racheakte. Außerdem weiß man nicht, welche unangenehmen Details die Ost-Dossiers über Leben und Werke der westdeutschen Politikeliten bergen, welche Durchstechereien und Schleimspuren da herausriechen könnten. So manchem Politreisenden, der seine Ostkontakte durchstöbert, fiele da was ein. Lieber also ein gnädiges Feuer darüber oder ein undurchdringlicher Mantel aus Beton! Nur ist diese Rechnung ohne die ostdeutschen Stasi-Stürmer gemacht, die die Akten zum Lesegut des Volkes erklären. Als sie im Januar 1990 die Tore der Geheimdienstburg in Berlin-Lichtenberg öffnen, schließen sich Schlapphüte alter Konkurrenzdienste an. Das war wohl nicht gewollt, aber man hätte es sich denken können.

Als später in den neuen Bundesländern Ernüchterung einkehrt und Klagen über soziale Benachteiligung mit der Frage »Wollt ihr zurück in den Stasi-Staat?« abgebürstet werden, da nervt so manchen dieser bigotte Exorzismus. Ein bekannter Liedermacher spottet: »Alles Stasi, außer Mutti.« Den politischen Tonangebern im vereinigten Deutschland gefällt die Stasi-Aufarbeitung als ein Instrument der politischen und sozialen Disziplinierung des Ostens. Akteneinträge können über Rufbildung, Karriere und Altersbezüge entscheiden. »Stasi« ist das Totschlagargument bei der Ausgrenzung ostdeutscher Eliten. Ein Rostocker Geistlicher mit spät gelöstem Billett ins Reich der Opposition ist als Wächter und Richter über die anrüchigen Biografien willfährig.

Aber zurück in die Dezembertage. Langsam wendet sich meine Apathie wieder in politisches Interesse. Am 8. Dezember beginnt der Außerordentliche Parteitag der SED. Seine Eröffnung wurde um eine Woche vorgezogen, weil Zeit und Genossen davonrennen. Wir Ehemaligen des zurückgetretenen ZK sitzen als Gäste in den Rängen der Berliner Dynamo-Sporthalle. Egon Krenz ist noch als Delegierter gewählt.

Modrow und Gysi plädieren für den Erhalt der SED. Vereinzelte Forderungen nach einer Auflösung und Neugründung der Partei werden von einer großen Mehrheit der Delegierten abgelehnt. Gysi schwört die Partei auf einen Weg ein, der den Sozialismus von seinen stalinistischen Deformationen befreit und den kapitalistischen Herrschaftsphantasien widersteht. In geschlossener Sitzung wird die neue Parteiführung gewählt. An ihrer Spitze soll zukünftig statt eines Generalsekretärs ein Vorsitzender stehen. Überraschend erklärt der Dresdener Oberbürgermeister, Wolfgang Berghofer, er stehe für dieses Amt nicht zur Verfügung, und Gregor Gysi wird mit einem hervorragenden Stimmenergebnis in diese Funktion gewählt.

Berghofers Rückzieher erstaunt mich. Zu sehr bin ich von der wendigen Zielstrebigkeit des sechsundvierzigjährigen Berufsfunktionärs überzeugt, mit dem ich bis vor vier Jahren im Zentralrat der FDJ zusammengearbeitet habe. Berghofer war stets ein begnadeter Organisator. Bei der Organisation der X. Weltfestspiele in Berlin hatte er erfolgreich debütiert. Später agierte er an den Schaltstellen nahezu aller Großveranstaltungen der FDJ. Wenn es sein musste, an bürokratischen Autoritäten respektlos vorbei. Er beschwor seine Leute: *Wenn die Oberleitung Unsinn fordert, dann nicken wir und machen anschließend das Richtige.* Als einmal im Fluss des traditionellen Fackelzuges zum Republikgeburtstag bedenkliche Lücken zu entstehen drohten, weil falsch instruierte MfS-Posten den Weg nicht freigaben, ließ er sie mit den Worten beiseiteschieben: *Und wenn ich es das letzte Mal tue.*

Oft mochte ich die vom Stil der fünfziger Jahre angestaubten Agitationsmittel nicht, die seine Gütekontrolle passiert hatten. Aber sein frecher, pragmatischer Leitungsstil gefiel mir. Auch Egon Krenz traute ihm viel zu und sorgte 1986 für seinen Einsatz als Dresdener Oberbürgermeister. Berghofer vergaß das seinem Förderer Krenz nicht, solange der mächtig war. Krenz hat die briefliche Eloge aufbewahrt, mit der ihn der OB überschwänglich zu seiner Wahl als Generalsekretär beglückwünschte. Später hat Berghofer an der Seite von Hans Modrow im Dialog mit oppositionellen Kräften der Elbestadt seine Bereitschaft zum Wandel offenbart. Warum er nun die Spitzenfunktion der Partei ausschlägt? Ob er sich dieses politisch wie rechtlich explosive Amt nicht aufladen möchte, oder ob er bereits fürchtet, es könnte ihm wirtschaftliche Optionen verbauen, die er später außerhalb der SED/PDS anstrebt – wer weiß das schon?

Gysis Erfolg erklärt sich aus seiner Vita als streitbarer DDR-Jurist und listiger Verteidiger oppositioneller Prominenz. Besonders aber aus seiner als besonnen empfundenen inhaltlichen und taktischen Linie zur Rettung der Partei, dargelegt mit rhetorischer Eloquenz. Statt Blumen überreicht man ihm einen Besen. Man traut ihm zu, der Partei das Überkommene auszufegen.

In dieser Zeit rufe ich seinen Vater, Klaus Gysi, in einer ministeriellen Angelegenheit an. Am Ende reden wir über die Wege seines Sohnes. Ich traf Gregor – wir sind ein Abiturjahrgang – bereits zu frühen TEAM 4-Auftritten und Feten. Später begegneten wir uns, als das Berliner Rechtsanwaltskollegium über die Bekämpfung von Jugendkriminalität beriet und ich zu Jugendklubs und anderen Freizeitmöglichkeiten referierte. Klaus Gysi macht aus seinem Vaterstolz keinen Hehl, gibt aber zu bedenken, ob denn zu einem Himmelfahrtskommando Gratulationen angemessen seien. In dem Geröll von Verantwortung könne man sich auch leicht den Hals brechen. Selbst das kleine Telefonat lässt keinen Zweifel daran, wer Gregor Gysi seine Redebegabung vererbte.

Am 11. Dezember sammelt die Volkspolizei – wie ich schon erzählte: in Weidenkörben – unsere Dienstpistolen ein. Was ich nie haben wollte, vermisse ich nicht. Offensichtlich sollen bei politischen Eskalationen Kurzschlusshandlungen gegen Angreifer, aber auch gegen die eigene Person verhindert werden.

Es bilden sich neue Gruppierungen und Parteien. Man streitet über Voraussetzungen und Prozeduren bei den anstehenden Wahlen. Auch nehmen rechtsextreme Aktivitäten zu, die von den westdeutschen »Republikanern« tonnenweise mit Agitationsmaterial befüllt werden und bis zu faschistischen Morddrohungen reichen. Auf den Demonstrationen werden die Rufe nach deutscher Einheit lauter, während aktuelle Umfragen noch immer besagen, dass 71 Prozent der Befragten eine souveräne DDR der Wiedervereinigung vorziehen.

Bei seinem DDR-Besuch geht auch der französische Präsident, François Mitterand, vom Fortbestand zweier deutscher Staaten aus. Und als der amerikanische Außenminister Baker mit DDR-Premier Modrow in Potsdam zusammentrifft, steht eine Wiedervereinigung gleichfalls nicht zur Debatte. Interessiert werden Modrows Vorstellungen von einer Vertragsgemeinschaft beider deutscher Staaten zur Kenntnis genommen. Trotzdem – das Thema brodelt und sucht sich seine Symbole. Bundespräsident Richard von Weizsäcker, der besonnene Christdemokrat, der den Westdeutschen den Sieg über den Hitlerfaschismus nach jahrzehntelangem Niederlagen-Gejammer als *Befreiung* erklärte und auch jetzt moderate Töne anstimmt, nimmt privat an einem Weihnachtssingen in der Potsdamer Nikolai-Kirche teil. Er wird mit Standing Ovations begrüßt. »Macht hoch die Tür« ist ja erledigt. Folgt nun »Ihr Kinderlein kommet« … zum DDR-Schlussverkauf?

Am 16. Dezember setzt der Außerordentliche Parteitag der SED seine Beratungen fort und beschließt, die SED mit dem Attribut »Partei des

Demokratischen Sozialismus« auszustatten. Wie sehr sich die Partei um eine neue politische Ausstrahlung bemüht, zeigt die Mitarbeit von Rudolf Bahro und Walter Janka. Bei alledem bleibt klar, dass der SED/PDS schwierige Zeiten bevorstehen. Ihr gravierender Bedeutungsverlust bei anstehenden Wahlen wird von niemandem ernsthaft bezweifelt. Und inhaltlich dringt die Partei fast noch weniger durch als die alte SED-Führung mit ihrem auf der 10. ZK-Tagung beschlossenen Aktionsprogramm.

Als die Visite von Bundeskanzler Helmut Kohl in Dresden bevorsteht, spitzen sich die Lagerkämpfe zwischen den Verteidigern einer souveränen DDR und den Befürwortern der deutschen Einheit zu. Kohl dämpft zwar zu große Erwartungen an seinen Besuch, aber viele DDR-Bürger sehen darin die wundersame Erscheinung des Messias mit dem großen echten Geld.

Außer Dresden sind wohl noch Berlin, Leipzig und die Eisenacher Wartburg als Treffpunkte erwogen worden. Aber aus Statusgründen galt die DDR-Hauptstadt westdeutschen Regierungschefs für offizielle Verhandlungen bislang als No-Go-Area, Leipzig ist über die Maßen aufgeheizt und die Wartburg würde aus DDR-Sicht eine allzu einheitstümelnde Symbolik ausstrahlen. So trifft Kohl am 19. Dezember in Dresden ein. Zuvor hat er dem Bundestag sein mit drei alliierten Mächten sowie dem düpierten Außenminister Genscher nicht abgestimmtes 10-Punkte-Programm zum Fortgang der deutschen Frage präsentiert. Es strebt eine längere Genese der Wiedervereinigung an und berücksichtigt dabei pro forma den DDR-Vorschlag einer Vertragsgemeinschaft. Die USA hatten das Papier knapp vor Kohls Rede auf dem Tisch, bei Genscher befürchtete Kohl vermutlich, er würde sich die Idee wieder selbst ans Revers stecken. Vor allem das Eingehen auf den Modrow-Vorschlag einer Vertragsgemeinschaft bildet nun die Dresdener Verhandlungsgrundlage.

In einem der Gespräche, die ich mit Hans Modrow in loser Folge führen kann, erzählt er mir von der unerwartet freundlichen und konfliktarmen Atmosphäre der Begegnung in der Elbestadt. Damals habe Kohl Verständnis für finanzielle Ausgleichsforderungen gezeigt, die die DDR zur Verwirklichung ihres wirtschaftlichen Reformkurses und wegen der mit der Grenzöffnung verbundenen Lasten erhob. Ferner sei man übereingekommen, eine gemeinsame Willenserklärung über die Ausgestaltung der Vertragsgemeinschaft zu verabschieden, die im kommenden Jahr auf Ministerebene verhandelt werden solle. Allerdings, so erklärt Modrow in dem Gespräch, habe sich Kohl bereits kurz danach nicht mehr an die getroffenen Verabredungen gehalten. Vertragsgemeinschaft, Solidar- und Ausgleichszahlungen, ja Modrow selbst als Wortführer der DDR-Interessen galten ihm nun als verzichtbare Zugeständnisse an alte Realitäten. Beim Gegenbesuch in Bonn schlägt dem DDR-Premier bereits Kälte entgegen.

Modrow führt Kohls Sinneswandel auch auf die Impressionen zurück, die dieser von der abendlichen Kundgebung an der zerstörten Frauenkirche mitnahm. Außerhalb des offiziellen Programms war dem Bundeskanzler dieses Podium zugestanden worden. Noch nicht die spektakuläre Gruppe von Eierwerfern, sondern eine kleine, an den Rand gedrängte Schar von Einheitsgegnern wagte Widerspruch. Natürlich konnte sie die Macht der Bilder nicht brechen. Deren Nachhall und Kohls rauschhaftes Bad in der Menschenmenge, als Tage später das Brandenburger Tor geöffnet wurde, mögen den Bundeskanzler veranlasst haben, den Weg zur deutschen Einheit brachial zu verkürzen.

In die aktuelle deutsche Einheitsrhetorik ist ein Vers eingegangen, den Johannes R. Becher der DDR in ihre Nationalhymne schrieb: »Deutschland, einig Vaterland«. Diese historische Erbschaft greift Hans Modrow auf und nennt seine am 1. Februar 1990 erläuterte Konzeption zur schrittweisen Vereinigung beider deutscher Staaten »Für Deutschland, einig Vaterland«. Die Initiative ist umstritten. In der BRD wird sie vom Regierungslager und vom Mainstream der Sozialdemokratie, die bei der Vereinigung nun aufs Tempo drücken, abgelehnt. In der DDR empfindet sie so mancher als übereilte Auslieferungsgeste. Selbst der unselige Begriff »Dolchstoß« macht die Runde.

Alles hängt davon ab, ob man der präambelartigen Feststellung in der Modrow-Initiative zustimmt oder nicht: »Die Vereinigung der beiden deutschen Staaten rückt auf die Tagesordnung … Eine endgültige Lösung der deutschen Frage kann nur in freier Selbstbestimmung der Deutschen in beiden Staaten erreicht werden, in Zusammenarbeit mit den vier Mächten und unter Berücksichtigung der Interessen aller europäischen Staaten.«

Das Kalkül, das dem Vorschlag des DDR-Ministerpräsidenten zugrunde liegt, ist gut nachzuvollziehen. Es ist schon nicht mehr die Frage, *ob*, sondern *auf welchem Wege* die Einheit vollzogen wird. Modrow will auf diesen Weg Einfluss nehmen und plädiert für einen behutsamen, stufenweisen Übergang. Deshalb ist zunächst der Abschluss eines Vertrages über Zusammenarbeit und gute Nachbarschaft vorgesehen. Die Vertragsgemeinschaft soll bereits konföderative Elemente wie Wirtschafts-, Währungs- und Verkehrsunion sowie Rechtsangleichung enthalten. Später soll eine Konföderation beider Staaten mit gemeinsamen Organen und Institutionen gebildet werden, was die Übertragung von Souveränitätsrechten beider Staaten an Machtorgane der Konföderation einschließt. Ziel ist die Schaffung eines einheitlichen deutschen Staates in Form einer Deutschen Föderation oder eines Deutschen Bundes durch Wahlen in beiden Teilen. Ein einheitliches Parlament würde eine gesamtdeutsche Verfassung und eine Regierung mit Sitz in Berlin beschließen.

Dieser behutsame Übergang hätte wohl Zeit geboten, die Einigungsschritte politisch wie ökonomisch überlegter und für die DDR-Bürger sozial verträglicher zu gestalten. Die am Reformprozess in der DDR beteiligten Kräfte hätten sich weiter konsolidieren und ihre Erfahrungen in den Einheitsprozess einbringen können.

An das Aufleben wahrhafter Demokratie in der DDR, den Genuss der Bürger beim Mitdenken und Mitentwerfen gesellschaftlicher Aufgaben haben namhafte Intellektuelle, darunter der Zukunftsforscher Robert Jungk, große Hoffnungen geknüpft. Aber aus Kohlscher Sicht mahnt die geschichtliche Stunde zur Eile. »Keine Experimente« heißt vor allem, die bleiernen Besitz- und Machtverhältnisse der westdeutschen Gesellschaft nicht dem Bazillus ostdeutscher Reformphantasien auszusetzen. Wenn die D-Mark es richten muss, dann durch Beitritt in eben diese Verhältnisse.

In dem Maße, wie Modrows Plan verfällt, taucht das Becher-Motto »Deutschland, einig Vaterland« im westdeutschen Einheitsvokabular auf. Eine Aneignung ohne Copyright. Ich frage Hans Modrow, wie das geschehen konnte. Er sagt, Heerscharen von politischen Analysten und Gemütsbeschauern hätten die Sehnsucht erkannt, mit der sich die Ostdeutschen noch immer an die Worte erinnerten. Ein psychologisch durchdachter Griff, freilich ohne die Konsequenz, den Versen in der eigentlich wandlungsbedürftigen gesamtdeutschen Identität einen offiziellen Raum zuzuweisen.

Noch im Jahre 2010 wird Brandenburgs Ministerpräsident, Matthias Platzeck, bedauern, dass der Vorschlag, die erste Strophe der DDR-Hymne in die gesamtdeutsche Nationalhymne aufzunehmen, unerfüllt blieb. Was im Osten als eine Geste von Gleichberechtigung empfunden worden wäre (und was übrigens auch Hoffmann von Fallerslebens Metrum erlaubt hätte), scheiterte damals an westdeutscher Ignoranz und ostdeutschem Beitrittsgehorsam.

Zu Weihnachten 1989 höre ich Beethovens Neunte Sinfonie in einer denkwürdigen Besetzung. Leonard Bernstein dirigiert eine Vereinigung von Musikern der Staatskapelle Dresden, des Sinfonieorchesters des Bayerischen Rundfunks, des Orchesters am Leningrader Kirow-Theaters, des London Symphony Orchestra, des New York Philharmonic Orchestra und des Orchestre de Paris. Die Aufführungen in Westberlin und in der DDR-Hauptstadt sind als »Freudenfest« über den Fall der Berliner Mauer konzipiert, die ausländischen Instrumental-Besetzungen auf die vier alliierten Mächte ausgerichtet.

Als Bernstein auf der Bühne des Schauspielhauses am Gendarmenmarkt umjubelt wird, denke ich daran, wie achtungsvoll er vor zwei Jahren mit jungen DDR-Dirigenten und Instrumentalisten der Hochschulen für Musik gearbeitet hat. Nun wird ihm die Professur der Musikhochschule Berlin verliehen. Auf der Programmpappe wünschen Visa, Citibank, Diners Club, Volkswagen, Philips und andere Sponsoren ein glückliches 1990. Mal sehen. Musik und Chorgesang jedenfalls sind in schöner Harmonie und dämpfen für die Dauer des Konzerts anderstönende Ahnungen.

Im Januar 1990 teilt mir Egon Krenz mit, er habe von der Schiedskommission der SED/PDS einen Fragebogen über seine Rolle in der ehemaligen Parteiführung erhalten. Ziel sei möglicherweise sein Rausschmiss. Am Abend vor der Anhörung rufen einige seiner Freunde, darunter auch ich, Mitglieder des neuen Vorstandes an, um seinen Ausschluss abzuwenden. Aber es hilft nichts. Wie andere Politbüromitglieder, manche mit einer eindrucksvollen antifaschistischen Biografie, wird er aufgefordert, sein Parteibuch abzugeben. Das tut er zwar nicht, aber der Rausschmiss trifft ihn ins Mark.

Hier kehrt, wie ich finde, Gregor Gysis Besen an einer falschen Stelle. Was sich als Demonstration von Erneuerung geriert, ist ohne gerechtes Maß. Krenz' Beitrag zum Sturz Honeckers und zur Sicherung eines friedlichen Verlaufs der gesellschaftlichen Reformbewegungen hätte es der gewandelten SED ermöglicht, seine Mitgliedschaft aufrechtzuerhalten. So aber verurteilt ihn noch vor der Justiz die ängstliche Parteiführung. Als ich Krenz später treffe, erinnere ich mich, was ich Reinhold Andert sagte, als ihn die SED seinerzeit verjagte. Um ein Genosse zu sein, braucht man nicht unbedingt ein Parteibuch. Die Fälle sind nicht vergleichbar, aber der Satz stimmt. Ich nehme ihn auch für mich in Anspruch.

Bei seinem Gegenbesuch in Bonn am 13. und 14. Februar begleiten Hans Modrow auch Minister ohne Geschäftsbereich, die in der sogenannten »Regierung der Nationalen Verantwortung« neue Parteien und Bürgerbewegungen vertreten. Nach allem, was man hört, sollen sie sich in Bonn mit stolzem Nachdruck für Verhandlungen auf Augenhöhe ausgesprochen haben. Die Positionen der Bürgerrechtsbewegungen dürften nicht geschmälert und in der DDR virulente Gefühle einer Fremdbestimmung nicht genährt werden. Um die Lage zu stabilisieren, müsste die am Runden Tisch als notwendig errechnete Finanzhilfe der BRD noch vor den Wahlen am 18. März fließen.

Später, als die Gesprächsprotokolle recherchiert sind, lese ich mit klammer Freude von aufmüpfigen Redebeiträgen der Minister Walter Romberg (Sozialdemokratische Partei), Gerd Poppe (Gruppe »Frieden und Menschenrechte«), Tatjana Böhm (Unabhängiger Frauenverband), Matthias Platzeck (Grüne Partei), Wolfgang Ullmann (Demokratie Jetzt) oder Rainer Eppelmann (Demokratischer Aufbruch), die das fordern. Sebastian Pflugbeil (Neues Forum) spricht sich sogar dezidiert gegen »die Teilnahme von Politikern aus Westdeutschland im Wahlkampf der DDR« aus.

Aber den Bonner Verhandlungsführern, Kohl und Seiters, gilt der Gedanke der Vertragsgemeinschaft als überholt und ein Geldtransfer vor den Wahlen als realpolitisch verschmissen. Die Aussicht auf eine Währungsunion und eine Wirtschaftsgemeinschaft müsse zur Dämpfung sozialer Ängste in der DDR genügen. Und das sakrosankte Grundgesetz, zu dessen Beitritt es für die am Boden liegende DDR keine Alternative geben darf, müsse vor plebiszitären gesamtdeutschen Verfassungsträumereien bürgerbewegter Ostspinner geschützt werden. Natürlich klingt alles diplomatischer. Aber Modrows Mitstreiter können nicht überhören, wie westdeutsche Machtansprüche gegen ihre Utopien schlagen.

Dennoch beschließt die Ost-Sozialdemokratische Partei auf ihrem Wahlparteitag, dass die Einheit stufenweise herbeigeführt und von einer gesamtdeutschen Verfassung auf der Grundlage des Artikels 146 des Grundgesetzes gekrönt werden soll. Auch die letzte Sitzung des Runden Tisches lehnt die Übernahme des BRD-Grundgesetzes ab und schlägt einen Volksentscheid über eine neue Verfassung vor. Das widerspricht der wenige Tage zuvor getroffenen Aussage der CDU/CSU-Bundestagsfraktion, dass die Vereinigung durch Beitritt der DDR nach Artikel 23 des Grundgesetzes erfolgen müsse. Die Kohl-Front wird an ihrer Entscheidung festhalten. Die Meinungsführer der DDR-Opposition werden sich ihr demnächst beugen oder ihre Einsprüche im machtpolitischen Off wirkungslos verteidigen. Nach den Ergebnissen der Volkskammerwahl müssen sie zudem den schlecht verborgenen Bonner Spott ertragen, eh nur Minderheitsinteressen vertreten zu haben.

Natürlich haben sich die Westparteien kräftig in den ostdeutschen Wahlkampf eingemischt. Eine Bonner Stimm-Schlacht im Osten, geführt nach erprobtem meinungsbildendem Know-how. Das Ergebnis allerdings überrascht mich. Entgegen den Erwartungen siegt nicht die Sozialdemokratische Partei (mit nur annähernd 22 %), sondern die CDU mit über 40 % der Stimmen. Der christdemokratische Erfolg erklärt sich teilweise aus einem Synergieeffekt – die Ost-CDU hat sich zuvor mit dem Demokratischen Aufbruch und der Deutschen Sozialen Union zur »Allianz für Deutschland« zusammengetan –, andererseits aus weitverbreiteten Hoffnungen auf die soziale Integrationskraft der CDU-geführten reichen Nachbarschaft. Die Vision eines aufstrebenden Ostdeutschlands greift verführerisch um sich.

Die SPD hat keine DDR-Blockpartei zum Andocken, sie ist mit der noch schwach aufgestellten ostdeutschen Sozialdemokratie im Boot, und in der West-Führung gab es zudem nach außen gedrungene Diskussionen über das Vereinigungstempo. Die PDS wird dritte Kraft, für sie votieren reichlich 16 % der Wähler. Die zum Bündnis 90 zusammengeschlossenen Bürgerbewegungen landen marginalisiert bei unter 3 %.

Der überraschte Chef der Ost-CDU, Lothar de Maizière, wird letzter Ministerpräsident der DDR. Mich irritiert, wie sehr die CDU-Losung »Freiheit statt Sozialismus« im DDR-Volk verfangen hat. So lange ist es doch nicht her, dass selbst de Maizière in der Volkskammer der Option einer freien sozialistischen Entwicklung in der DDR beipflichtete. Folgt der schmächtige Bratschist der gewendeten Partitur mit herzlicher Überzeugung, oder fügt er sich dem dominanten Dirigat vom Rhein?

Aber eigentlich ist es mir egal, ich habe mit mir selbst zu tun. Seit ich den (nach den Wahlen schon wieder ausscheidenden) Kulturminister Keller nicht mehr vertreten durfte, bin ich meistens zu Hause, bediene mich am Stapel ungelesener Literatur, höre Musik und verbringe viel Zeit im Kreis der Familie und mit Freunden. Vor allem familiäre Harmonie hilft wie ein Lebenswecker über die allgegenwärtigen depressiven Attacken hinweg. Arbeit ist so leicht nicht zu finden. Da passt es, dass mich Egon Krenz einlädt, ihn bei der zügigen Ausarbeitung seines Buches »Wenn Mauern fallen« zu unterstützen.

Das Buch soll im Wiener Paul Neff Verlag erscheinen, der von der Tochter des Bestsellerautors Heinz G. Konsalik geführt wird. Zuerst befürchten wir, dass zu den friedlichen Umwälzungen in der DDR noch zu geringer zeitlicher Abstand besteht, um die Ereignisse und

Egon Krenz' Stellung in ihnen unverklärt zu beschreiben. Andererseits schießen eifrige Schilderungen ins Kraut, denen dringend zu widersprechen ist. Leider geniert sich die PDS-Presse, Krenz zu den Geschehnissen seiner Amtszeit in sinnwahrender Ausführlichkeit zu Wort kommen zu lassen. Anwürfe gibt es genug, aber Glasnost hat, wenn es um seine Erwiderungen geht, Atemnot. Es liegt nahe, das Angebot der Verlegerin anzunehmen, zumal es dem am Boden liegenden Freund die Chance bietet, sich ein stückweit zu erklären, sich aufzurichten.

Also gehen wir, noch mit Gunter Rettner im Bunde, in Klausur. Dem Erscheinen des Buches folgt eine Lesereise durch Westdeutschland. Ich bin die Hälfte der Zeit dabei. Das Interesse ist groß. Die Meinungen der Zuhörer sind geteilt. Selbst zufällige Begegnungen auf der Straße tauchen Egon Krenz in ein Wechselbad von Freundlichkeit und Aversion. Bei einer Lesung, zu der sich überwiegend DDR-Flüchtlinge einladen ließen, passiert der Leckerbissen für das Boulevard: eine Ohrfeige – zeitig genug, um sie in die Blätter mit den großen Buchstaben einzurücken. Eine uns unbekannte PR-Methode.

Im Münchner Nobel-»Käfer« echauffiert sich ein Schicki-Micki-Tisch über die Anwesenheit des Ostbonzen. Die Verlegerin schickt eine gepfefferte Retoure quer durchs Lokal. Peter Boenisch, ehemals Chefredakteur mehrerer Springer-Blätter und späterer Regierungssprecher von Helmut Kohl, hat sich auf Einladung der Verlegerin zu uns gesellt, um Egon Krenz kennenzulernen. Er genießt den Vorfall und winkt lachend ab: »Ist doch alles gut! Spricht sich alles rum, ist glänzende PR!« Er gibt mir seine Visitenkarte. »Wenn mal was ist, rufen Sie mich an!« Da ich aber meine Steuern immer korrekt bezahle, mache ich von dem Angebot keinen Gebrauch.

Als die Lesereise zu Ende ist, führt ein Abstecher zum italienischen Fernsehsender RAI. Eine Talk-Sendung zu den deutsch-deutschen Entwicklungen. Ebenfalls mit von der Partie: ein Staatssekretär des Bundesministeriums für innerdeutsche Beziehungen und die Publizistin Marion Gräfin Dönhoff. Die Sendung ist unspektakulär. Gräfin Dönhoff ist eine noble Erscheinung und wägt ihre Worte inhaltlich wie stilistisch sehr genau. Der Staatssekretär erscheint muffig.

Nachdem die Kameras ausgeschaltet sind, unterhält sich die Gräfin mit Egon Krenz angeregt und zeigt besonderes Interesse für die Umstände, unter denen Honecker bei Breschnew um die Ablösung Ulbrichts warb. Bei der Rückreise treffen wir im Transitraum auf Egon Bahr. Der geht ohne Berührungsängste auf den Entmachteten zu. Die Rede ist freundlich, bleibt aber Smalltalk.

In der Nacht zum 3. Oktober 1990 erklingt auf unseren Sendern die DDR-Hymne zum letzten Mal. Die DDR-Botschafter müssen aus den Ländern, in denen sie akkreditiert waren, ausgereist sein. Die Übergabe der DDR-Vertretungen ist ihren Stellvertretern überlassen. Manche Diplomaten, die ich zu meinen FDJ-Zeiten kennengelernt habe, erzählen mir später unwürdige Episoden vom Lichtausknipsen. An den Amtsgebäuden der DDR ist die Flagge eingeholt. Mit einem Festakt im Schauspielhaus hat sich die DDR aus ihrer beinahe 41-jährigen Existenz verabschiedet.

Die Vorbereitungen auf diesen Tag sind im Eilzugtempo abgelaufen: Die D-Mark in der DDR eingeführt. Die Oder-Neiße-Grenze von der BRD anerkannt. Gorbatschows Zusage für die Souveränität und freie Bündniswahl eines vereinigten Deutschlands am Kaukasus mit milliardenschweren Kreditzusagen erkauft. Die territoriale Restrukturierung der DDR entsprechend dem ursprünglichen Länder-Muster eingeleitet. Der unbequeme Finanzminister Romberg durch Premier de Maizière entlassen. Der Beitritt der DDR zum Geltungsbereich des Grundgesetzes der BRD gemäß Artikel 23 mit Wirkung vom 3. 10. 1990 von der Volkskammer beschlossen. Der deutsch-deutsche Einigungsvertrag unterzeichnet. Die Zwei-plus-Vier-Gespräche der vier Siegermächte und beider deutscher Staaten beendet. Der »Vertrag über die abschließende Regelung in Bezug auf Deutschland« als faktischer Friedensvertrag unterzeichnet. Die DDR aus dem Warschauer Vertrag ausgetreten.

Meine 93-jährige Großmutter, die die geschichtlichen Wirren des Kaiserreiches, der Weimarer Republik, des Naziregimes, der sowjetischen Besatzungszone und der DDR durchlebte, fragt: »Und wo geht's jetzt hin? Ich blicke nicht mehr durch.« Ich sage ihr, wie das

Land heißt, in das wir gehen. Was sonst? Zur Nacht gucke ich mir im Fernsehen die Einheitsfeier vor dem Reichstagsgebäude an. Auf der Tribüne stehen die beiden Regierungschefs, robust thronender Gutsherr in Reihe mit dem schmallippigen Erntehelfer, wie Ebenbilder des Ungleichgewichts ihrer zusammengelegten Republiken. Kohls Optik strahlt: Ich bin der Kanzler der Einheit. Ich bestimme Spiel und Spieler. Der uckermärkische Bubikopf, der ihn vom Sockel stoßen wird, ahnt noch nichts von diesem Erbe.

Während des Besuches der Modrow-Delegation in Bonn soll Kohl bereits das Bild von den »schon bald blühenden Landschaften« in Ostdeutschland gemalt haben. In der Öffentlichkeit bemühte er die Metapher wohl erstmals Anfang Juli 1990, als die D-Mark in der DDR eingeführt und einige Wirtschafts- und Sozialgesetze der BRD übernommen wurden. Vor allem das euphorische »schon bald« hat im Osten Erwartungen geweckt, die nach dem Beitritt vielfach enttäuscht werden.

Am heftigsten greift die »Treuhand« in das Leben der Ostdeutschen ein und stellt sie vor nie gekannte Existenzängste. Ich bin Augenzeuge in einer sächsisch-anhaltinischen Druckerei, als die Produktion trotz bestehender Aufträge gestoppt wird. *Das Werk ist nur noch Immobilie*, erklärt der junge Adept einer westdeutschen Anwaltskanzlei. Der Werkleiter, am Ende seiner Kräfte, bittet darum, dass wenigstens die Lehrlinge ihre Ausbildung beenden dürfen. *Fällt aus*, sagt der Adept. Sieht man in die Gesichter der umstehenden Arbeiter, könnte man meinen, der Knabe spielt mit seinem Leben.

Solche Geschichten werden nun ostdeutscher Alltag. Die Leute erzählen sie aus eigenem Erleben und erfahren sie aus den Medien. Noch in der Regierungszeit von Hans Modrow beschlossen, sollte eine »Anstalt zur treuhänderischen Verwaltung des Volkseigentums« einer Verschleuderung der Vermögenswerte vorbeugen und möglichst viele Arbeitsplätze erhalten. In der Regierung de Maizière wird aber dem Bonner Druck nach schneller Privatisierung des Volks- und Staatseigentums nachgegeben, was bereits im Titel ihres »Gesetzes zur Privatisierung und Reorganisierung des volkseigenen Vermögens« zum Ausdruck kommt. Damit ist die am Runden Tisch entstandene Gründungsidee der Institution obsolet. Der wild ausschlagenden Aneignungsmentalität des vorzugsweise westdeutschen Kapitals werden Tür und Tor geöffnet.

Bei Ladenschluss sind nur 5 Prozent der Verkäufe (zumeist über Management Buy Out) mit ostdeutschen, aber 85 Prozent mit westdeutschen Interessenten getätigt. Wobei Heerscharen eingeschleuster Lobbyisten, korrupter Wirtschaftsprüfer und Liquidatoren, betrügerischer Anwälte und willfähriger Altkader mit Insiderwissen am Unterwertverkauf oder an der Aushöhlung der Unternehmen mitverdienten. In einer Zeit, in der es Kriminalität leicht hatte. Denn Bonitäten wurden unzureichend geprüft, Betrügereien erst bei exorbitanten Größenordnungen verfolgt.

Das alles sowie der Wegfall angestammter Märkte durch die Währungsreform, die gezielte Ausschaltung konkurrierender ostdeutscher Betriebe durch Westunternehmen mit freien Produktionskapazitäten, die Häufung maroder Anlagen und ineffektiver Fertigungsweisen, in die niemand mehr investieren wollte oder die skandalös billige Veräußerung von DDR-Banken samt ihren beim Bund einklagbaren »Altschuldenforderungen«, die vielen VEB die Luft abschnürten, führten in der Ex-DDR zu einem wirtschaftlichen Niedergang und einer hohen Arbeitslosenquote.

Und die Bilanz der Treuhand? Bei 600 Milliarden DM verwaltetem Volksvermögen (Schätzung 1991) erzielte sie nur 73 Milliarden DM Einkünfte, hinterließ aber eine Schuldenlast von 260 Milliarden. Was sich als Flop für den Steuerzahler und als Unglück für den deindustrialisierten, geplünderten Osten entpuppte, erwies sich vor allem für das große Privatkapital als beispielloser Reibach.

Aber wo war die Alternative? fragen die Beschwichtiger. *Die geschichtliche Stunde zwang zur Eile. Und, verglichen mit dem übrigen Ostblock, war der Cut doch komfortabel.* Das klingt wie: Seid froh, dass nur die Hälfte geklaut wurde. Leider verblasst die Aufrechnung, was dem Gemeinwohl entzogen wurde, hinter der erstarkten bundesdeutschen Wirtschaftskraft.

Nicht nur die Modrow-Regierung, sondern auch Ökonomen der Bundesrepublik forderten vor der Vereinigung einen Ausgleich zugunsten Ostdeutschlands. Vor allem wegen der ungerechten Reparationslasten. Den 99,1 Milliarden DM (zu Preisen von 1953), die die Sowjetische Besatzungszone und die spätere DDR an Reparationen leisteten, stehen 2,1 Milliarden der Besatzungszonen der USA, Großbritanniens und Frankreichs sowie der alten Bundesrepublik später gegenüber. Mithin hat der Osten über 97 % der Reparationslast Gesamtdeutschlands getragen. Hinzu kommt, dass vor dem Fall der Mauer etwa 20 Prozent des gesellschaftlichen Arbeitsvermögens der DDR in die BRD überwechselte. Ohne die politischen oder privaten Fluchtmotive zu übersehen, weiß jeder fair denkende Zeitgenosse, dass Brain-Drain als probates Mittel zur Destabilisierung des Ostens und obendrein zur eigenen Ersparnis an Ausbildungs- und Qualifizierungskosten offensiv betrieben wurde. Nach der Grenzöffnung zogen westdeutsche Unternehmen einen signifikanten Gewinn aus der Vergrößerung ihrer Märkte.

Was heute politisch unabhängige Wirtschaftsexperten vorrechnen, kann ich zur Wendezeit natürlich nur ahnen. Aber der Querkopf denkt schon damals: Der Osten geht nicht mit bettelarm gesenktem Haupt in das größere Deutschland. Wenn trotzdem nach Gutsherrenmanier erwartet wird, dass sich die Ex-DDR-Bürger als Nutznießer westlicher Einheitssegnungen in Dankbarkeit beugen und liebgewordene politische und soziale Erinnerungen an ihr altes Leben verschlucken, dann ist das gegenteilige Verhalten eine stolze Antwort.

Wie hältst du es mit deinem untergegangenen Land? Das ist auch die Gretchenfrage in der von Rainer Eppelmann geleiteten Enquete-Kommission des Bundestages »Aufarbeitung von Geschichte und Folgen der SED-Diktatur in Deutschland«. Das Interesse der meisten Ostdeutschen ist marginal. Die politischen Zirkel aber horchen auf, weil eine »peinliche Befragung« der offensichtlich untoten Chimäre DDR ansteht. Ziel: Delegitimierung, Guillotine und Höllengrab. Für Diskutanten vom Schlage Eppelmanns ist das politische Resümee der Kommission ja im Titel vorgegeben. Aber was sagt die PDS?

Die war anfangs im Zweifel, ob sie sich an der Gerichtsfarce beteiligen sollte, meinte dann aber, Widerworte gehörten nun mal ins

Tribunal und schickte einen ihrer MdB, den vorletzten DDR-Kulturminister Dietmar Keller in die Bütt. Man wähnt den einzig stimmberechtigten Vertreter der PDS dort unwillkürlich in der Robe eines fairen Verteidigers. Man hofft auf einen tadellosen Erklärer ostdeutscher Realgeschichte in den Facetten von Erfolg und Fehl. Man erwartet ein verständniserheischendes Plädoyer über die Möglichkeiten und Beschränkungen des sowjetischen Ziehkindes, eingebunden in die Bipolarität der Welt und ihren Kalten Krieg, mit Blessuren angekommen in einer staatlichen Souveränität, die von den Scheidungsgelüsten Adenauers erzwungen, mit der Hallstein-Doktrin bekämpft und erst im Zuge der Entspannung weltweit anerkannt wurde. Bemerkenswerte Aufbauerfolge trotz Standortnachteilen, ungerechten Reparationsbelastungen und Westembargos, dabei Vollbeschäftigung, ein zuverlässiges Netz sozialer Absicherungen, Antifaschismus als dominierende persönliche Gesinnung und zugleich Staatsdoktrin, effektive internationale Solidaritätsleistungen – all das sind Auszeichnungen, die in die Verteidigung einzubringen wären, ohne den Vorwürfen unleugbarer Fehler und gesellschaftlicher Verwerfungen in der DDR auszuweichen.

Als aber Dietmar Keller am 22. Januar 1993 in freier Rede zur Kommission spricht, hält er es für vordinglich, ihr seine »persönliche Meinung« über »die Machthierarchie der SED-Diktatur« vorzutragen. Da stehen Wahrheiten neben einem Wust denunziatorischer Behauptungen, die der Anklage zuarbeiten. Die 1946 geschaffene Einheitspartei hätte »zu keinem Zeitpunkt einen echt zivilisatorischen Charakter« besessen. Anders als die SPD sei die KPD schon vor ihrem Verbot 1933 »in ihrer inneren Struktur keine demokratische Partei im klassischen Sinne« gewesen. Im stalinistischen Klima blutiger Säuberungen zum Machterhalt erzogene KPD-Exilanten hätten im Bunde mit einstigen Wehrmachtsleuten, die in den sowjetischen Antifa-Schulen ideologisch flott gemacht wurden, in der SBZ das politische Geschäft der sowjetischen Besatzungsmacht besorgt. Für die Parteimitglieder seiner Generation konstatiert Keller das Fehlen einer »breiten humanistischen Bildung«, zugleich einer marxistischen Tiefensicht, sodann eine Heiligenverehrung der Sowjetunion, einseitig fixierte Feindbilder

(Globke, Oberländer, Filbinger, Kiesinger) und eine weitgehende Abgeschlossenheit vor der Welt. Auch sei er durch Autoritäten von Brecht bis Markov, seinem Lehrer, »verführt« worden.

Ein linkes Publikum fragt nun, welcher Verführung solche Worte folgen. Hermann Kant vermutet in einer Glosse, dem damaligen Ehepaar Gisela Oechelhaeuser/Dietmar Keller seien einfach Manuskripte durcheinandergeraten und der PDS-Politiker hätte sich am Entwurf eines satirischen Beitrages verirrt, den die Kabarettistin unter dem Titel »Ein Gespenst fällt um in Europa« demnächst auf die Bühne bringen will. Historiker widersprechen mit Sachargumenten, andere Kritiker weisen Kellers Unterwerfungsgebärde voll bitterer Emotionen als Zerrbild ihrer politischen Biografien zurück.

Das tut auch Kurt Hager, der mit unvermuteter Ausführlichkeit auf der Leserbriefseite des ND zu Wort kommt. Er schreibt, wenn Keller früh mit seinem politischen Latein zu Ende war, hätte er nicht in der SED bleiben müssen. »Er hätte kein doppeltes Gesicht zu tragen brauchen.« Und schließt gallig: »Wenn seine heutige Sicht nicht die von übermorgen sein soll, müsste er schon große Anstrengungen machen, um den Gestank loszuwerden, in den er sich begeben hat.« Auch ich verstehe nicht, welche maßlose Radierungssucht meinen ehemaligen Kollegen umtreibt. Seine Einlassung steht auch im Widerspruch zu den kulturpolitischen Wagnissen, die er selbst als Teil der Parteihierarchie in seiner Region Leipzig unternehmen konnte.

Die von Wolfgang Harich geleitete »Alternative Enquete-Kommission« ist bestrebt, dem ideologisch verbrämten Report der Eppelmann-Kommission mit einem entzerrten Bild vom Entwicklungsweg der DDR zu antworten. Harichs radikaler Widerspruch gegen Eppelmanns Delegitimierungsauftrag wurzelt in seinen Lebenserfahrungen, die auf tragische Weise mit der deutschen Nachkriegsgeschichte verbunden sind. Seine Glaubwürdigkeit bezieht der inzwischen Siebzigjährige aus der Schärfe politischer und seelischer Kämpfe, die er in der DDR auszufechten hatte und die einfache Urteile obsolet machen.

Als Deserteur der Wehrmacht zum kommunistischen Widerstand gelangt, hatte er in der frühen DDR Philosophie gelehrt und war im Dissens mit der damaligen Parteiführung wegen »Bildung einer konspirativen staatsfeindlichen Gruppe« acht Jahre lang eingesperrt gewesen. Der antikommunistischen Aufheizung, die das Eppelmann-Papier durchzieht, möchte er nach Richtigstellung dessen »alternativer Fakten« eine friedfertige Alternative entgegensetzen. Er sei für die nationale Aussöhnung. Alle sollten allen verzeihen. Zum Beispiel die Ostdeutschen den Westdeutschen für den Hochverratsakt: Gründung der Bundesrepublik Deutschland. Man schmunzelt. Harichs frühe Träume von einer »friedlichen Wiedervereinigung«, für die er einsaß, hadern noch immer mit Adenauers Separatismus. Und irgendwie lese ich aus seinen Ansichten: Die Wege der Einheit sind lang. Und die Richtungen – vielleicht zu unserem Glück – unwägbar.

Da haben sie nun dem Dietmar Keller beide eins auf die Mütze gegeben, Hager und Harich, zwei kommunistische Antipoden der DDR-Genese. Geschichte hat seltsame Schnittpunkte. Hagers Anwürfe verraten eine Aufwallung, die ich mir bei ihm immer nur als Initiator des dreisten Kabelattentats von 1933 vorgestellt habe. Die damalige Unterbrechung einer Hitler-Rede im Radio brachte den Zwanzigjährigen ins KZ. Mehrfache Emigration, dazwischen illegale antifaschistische Arbeit in Deutschland, Verteidigung der spanischen Republik, Internierung in Frankreich, schließlich britisches Exil waren seine Wege, bevor er 1946 nach Deutschland zurückkehrte und mit Rasanz in entscheidende Parteifunktionen gelangte. Als ich im FDJ-Zentralrat das Kulturressort übernahm, war er schon Jahrzehnte lang der auch für das Kulturelle zuständige ZK-Sekretär. Politische Schwankungen vollzog er in seiner Karriere stets mit. Nach allem, was ich erfahren oder erlebt hatte, pflegte er selbst bei agitatorischen Zuspitzungen einen unaufgeregten Ton. Manche empfanden das als intellektuelles Treibeis, vor dessen unterirdischen Kollisionsflächen man sich in Acht zu nehmen hatte. Ich fand, es war das Temperament eines kühlen Meisters der Taktik, auch wenn er sich in der Metaphorik – man denke an seinen Tapetenvergleich beim Thema Perestroika in der DDR – durchaus vertun konnte. Ich habe Lust, ihn zu besuchen. Nach seinem Auszug in Wandlitz ist er in eine kleine Neubauwohnung nahe dem Potsdamer Platz gezogen. Unweit jenes Erdbunkers, in dem das Großmaul, dem er einst den Ton kappte, sein Gift nahm. Als Kurt

Hager die Tür öffnet, erschrecke ich über seinen körperlichen Verfall. Der Rausschmiss aus der Partei nach sechzigjähriger Zugehörigkeit dürfte ihn beschleunigt haben. In dem kleinen Zimmerchen, in das er mich bittet, dämpft er die Lautstärke klassischer Musik.

Ich hätte auf Günter Schabowski treffen können. Der wohnt auch hier. Hager sagt, er sei ihm ein paarmal begegnet, hätte sich aber abgewandt. Viele in der Partei nehmen dem einstigen ND-Chefredakteur und Berliner Bezirksersten die rasante Zuflucht zu den Werten seines »Neu-Landes« Bundesrepublik übel. Was ihn »ohne roten Taufschein«, aber mit passender »politischer Tätowierung« in die Riege des Politbüros, den Olymp des »sozialistischen Absolutismus«, geworfen haben soll, riecht zu sehr nach unbefleckter Empfängnis. Und so denken manche große und kleine »Abgestürzte«, hier werde statt aufrichtiger Katharsis der Zugang zu den Futtertrögen neuer Eingebundenheit angestrebt. Auch ich habe mir bei Schabowskis Häutung die Augen gerieben und mich erinnert, wie er mich vor nicht allzu langer Zeit aufforderte, an der »feigen Wahlfront« Kunsthochschule Weißensee Köpfe rollen zu lassen.

In diesem und in einem späteren Gespräch mit Kurt Hager frage ich ihn unter anderem nach Genossen, die in Richtungs- und Machtkämpfen der Partei gemaßregelt oder verstoßen wurden. Anton Ackermanns These vom »besonderen deutschen Weg zum Sozialismus«, meint er, sei mit den Eigenarten deutscher Geschichte, Wirtschaft und Kultur überzeugend begründet gewesen. Schließlich habe auch die KPD die Auffassung vertreten, dass eine Kopie des Sowjetsystems für Deutschland nicht in Frage kam. Hager weist zugleich auf die Komplexität des Themas hin. Nicht nur Ackermann, der seine Überlegungen 1948 widerrufen musste, sondern auch die Parteiführungen anderer vom Faschismus befreiter Länder hätten für ihre Volksdemokratien nationale Wege präferiert. Tito in Jugoslawien mit der tatsächlich durchgesetzten Selbstverwaltung und der gescheiterten Idee einer Balkanföderation unter Einbeziehung von Bulgarien und Griechenland, oder Gomułka in Polen.

In Zeiten zunehmender hegemonialer Bestrebungen der USA und der Sowjetunion sei in Moskau die Besinnung auf nationale Sonderwege aber als Schwächung des volksdemokratischen Blocks bekämpft worden. Der Partisanenheld Tito wurde plötzlich der Komplizenschaft mit dem Geheimdienst der USA bezichtigt. In einer mit Literatur aus jenen Anfangsjahren gut bestückten Bibliothek hatte ich gelesen, wie verächtlich Hager gegen die Clique der Titoisten angeschrieben hatte, und bin nun auf seine Weiterrede gespannt. Er tut ein paar unsichere Schritte im Raum. Ja, er bereue seine ehrenrührigen Äußerungen gegen Tito zutiefst und könne sie nur noch mit der damaligen Überzeugung von der Richtigkeit der sowjetischen Linie erklären.

Wir sprechen auch über die Noel-Field-Affäre und die haltlosen Beschuldigungen, mit denen Franz Dahlem, Paul Merker und andere Genossen verfolgt wurden. Auch wenn sie, anders als der Generalsekretär der tschechoslowakischen KP, Slánský, der ungarische Außenminister, Rajk, und andere Beschuldigte nicht zu Tode kamen, blieb ihre Verfolgung ein widerwärtiges Unrecht. Schließlich die Auseinandersetzungen der Ulbricht-Gruppe mit Rudolf Herrnstadt und Wilhelm Zaisser, denen fraktionelle Umtriebe vorgeworfen wurden. Ich wusste, dass beide in den Sog unterschiedlicher Auffassungen in der sowjetischen Führung über die Vorgänge des 17. Juni und den künftigen Gesellschaftscharakter der DDR geraten waren. Berija wurde die Meinung zugeschrieben, für die Sowjetunion sei nur ein friedliches Deutschland, nicht der sozialistische Weg der DDR von Belang. Herrnstadt und Zaisser, die gegen Ulbrichts selbstherrliches Parteidirigat auftraten, wurden, als sich die Machtverhältnisse im Politbüro und im ZK zugunsten Ulbrichts geklärt hatten, als sozialdemokratische Abweichler und Gefolgsleute Berijas aus Ämtern und Partei verjagt.

Später werde ich Irina Liebmanns ergreifendes Buch über ihren Vater Rudolf Herrnstadt lesen und den Sarkasmus spüren, mit dem sie die Angriffe Kurt Hagers auf ihren Vater erwähnt. Hager räumt in unserem Gespräch gleichfalls ein, dass mit Herrnstadt und Zaisser ungerecht und willkürlich verfahren wurde. Ich frage ihn, wieso sich sein Intellekt solchen Entwicklungen in der Partei beugte, warum er nie opponierte. Er begründet es mit fehlendem Mut, der sich mit Attitüden wie Wachsamkeit gegenüber dem Klassenfeind und Parteilichkeit drapierte. Der Interviewer schweigt nun betroffen wegen der Ähnlichkeit der Antwort, die er auf eine solche Frage zu jüngeren Vorgängen wohl auch geben würde. Wir verabschieden uns nach beiden Gesprächen herzlich. Zu Dienstzeiten waren wir uns nie so nahe.

Im Sommer 1995 überrascht mich die Spaltung der einstigen DDR-Oppositionsbewegung. Eine Gruppe um Bärbel Bohley, mit dabei Katja Havemann, Freya Klier, Ehrhart Neubert, Günter Nooke, Wolfgang Templin und Konrad Weiß, hat sich zum Kaffeekränzchen mit Bundeskanzler Kohl getroffen. Die »Berliner Zeitung« vom 13. September meldet, dass sich sechzig Vertreter von Basisgruppen in Berlin, Brandenburg, Sachsen und Thüringen sowie viele Vertreter des Neuen Forums in einer gemeinsamen Erklärung von diesem Anpassungskurs distanziert haben.

Ingrid Köppe, Ex-Bundestagsabgeordnete von Bündnis 90, wird mit den Worten zitiert: »Der Bruch ist endgültig.« Ein Mitbegründer der Ostberliner Umweltbibliothek meint, die Abtrünnigen hätten sich für Aussöhnung mit den Regierenden entschieden, »um auch weiterhin im Geschäft zu bleiben«. Die PDS werde von ihnen als Hauptproblem des neuen Deutschlands aufgebaut. Dabei verschlössen sie zur Freude des Kanzlers die Augen vor Entwicklungsproblemen, die von der Bürgerbewegung kritisch begleitet werden müssten. Als Beispiele nennt er die schrittweise Rücknahme der 1989 in der DDR erkämpften sozialen und bürgerlichen Rechte, die Asylgesetzgebung, ausufernde Befugnisse für Polizei und Geheimdienste sowie die Unterstützung ausländischer Diktaturen. Die Kränzchen-Teilnehmer folgen verspätet einem Weg, den eine Front der Willigen aus den Reihen der recycelten Blockparteien bereits gegangen ist. Rampenlicht, vielleicht Diäten und Dienstwagen sind sexy. Aber auch hier gilt: Wer zu spät kommt …

Kaum war die DDR untergegangen, kriegte Egon Krenz ausgiebigen Besuch von Polizei und Staatsanwaltschaften. Über ihn wurde ein operativer Vorgang angelegt, und wenn er mit seinem Auto ausfuhr, folgten schon wieder Begleitfahrzeuge. Gegen ihn wurde wegen Totschlags und Freiheitsberaubung, kurzzeitig sogar zu den Absturzursachen der PAN-AM-Maschine über dem schottischen Lockerbie ermittelt. Wenn wir uns sahen, wunderte ich mich, wie er seine Nerven behielt. Solange die juristischen Mühlen noch mahlten, wurde er gelegentlich gefragt, warum er den politischen Racheengeln nicht aus einem verständnisvollen Exil heraus die Nase zeigen möchte. Aber solche Gedanken wies er immer zurück. Flucht wäre ihm Kapitulantentum gewesen.

In einem selbst unter bundesdeutschen Juristen umstrittenen Urteil wird Egon Krenz schließlich zu einer Gefängnisstrafe von 6 Jahren und 6 Monaten verurteilt. Das Gericht hat ihm zugestanden, im Herbst 1989 maßgeblich zu einer Deeskalation der damaligen Situation beigetragen zu haben. So habe er bei den für den 9. und 16. Oktober geplanten Leipziger Demonstrationen oder auch während der Maueröffnung in Berlin für eine Verhinderung des Blutvergießens gesorgt.

Gorbatschow hatte ihm außerdem zur Weiterleitung an das Berliner Landgericht schriftlich bestätigt, dass die DDR-Führung unter Egon Krenz die Anstrengungen, die er, Gorbatschow, mit Kohl, Bush, Thatcher und Mitterand zur Beendigung des Kalten Krieges unternahm, ebenfalls unterstützt habe. Egon Krenz für die Lage an der Grenze verantwortlich zu machen, erwecke den Eindruck einer politischen Abrechnung und eines Rückfalls in die Praktiken des Kalten Krieges. Aber vom gerade gewissensgeplagten kaukasischen Landverkäufer erwartet die Führung des mächtiger gewordenen Deutschlands andere Statements. Beim Gericht findet seine Fürsprache kein Gehör.

Egon verbüßt seine Strafe. Hinter Gittern, dann im offenen Vollzug, schließlich zur »Bewährung«. Aber was ist »Bewährung«, wenn die herrschenden politischen Normen nur widerständig ertragen werden können? Und wenn die Schuld, in der man sich selber sieht, nicht justiziabel ist? »Bewähren« wird zum selbst auferlegten moralischen Kodex des Weiterlebens – der kritischen Besinnung, dabei der Selbstachtung im Verfolg nicht verfallender Ideale.

Die Ideale! Selbst in der nächsten Umgebung hat die Rekapitalisierung der Gesellschaft ein jubelndes bis stillschweigendes Agrément erhalten. Die Tochter fuhr im Schüleraustausch um die halbe Welt. Die ostdeutschen Innenstädte sind saniert, die Flüsse erholt, Kaufregale überbordend gefüllt, mallorquinische Badeliegen mit ostdeutschen Frottierhandtüchern übersät. Die straffreien Renten sind ansehnlich, die Gesundheitseinrichtungen auf hohem technischen Niveau, Autos und Ersatzteile jederzeit abrufbar, um die Welt geschipperte Erdbeeren auch im Winterangebot vorrätig, die vergifteten Blumen aus Afrika und die in Asien für Ausbeuterlohn genähten Textilien zum Spottpreis erhältlich. Die Wirtschaft boomt. Wir sind Export-Weltmeister. Also doch Anschluss an »blühende Landschaften«?

Für die sozial Abgehängten – nicht nur im Osten – sind das aufreizende Fremdworte. Die Bessergestellten aber, die sich im Geblühe einrichten konnten, verdrängen, dass die sozialen Ungleichgewichte in der Welt eine Quelle ihres Wohlstands sind. Von der Nomenklatura des großen Geldes ganz zu schweigen, sie hat diese Misere zum Geschäftsmodell gemacht. »Geiz ist geil« und Teilen ein Spleen der Sozialromantiker – zukunftsloser geht es kaum.

Was blüht, kann welken, wenn das Klima umschlägt. Nationaler Reichtum verführt zu nationaler Arroganz. Schon mehren sich draußen Befürchtungen: Das blühende Deutschland bläht. Ein Schulmeister bläst sich auf. Unsere Armut ist ein Meister aus Deutschland, riefen die Griechen, als man ihnen ihre Sparpolitik diktierte. Die deutsche Flüchtlingspolitik, in frühen Momenten eine passable Lektion für den Narziss Europa, ist inzwischen nur noch eine Vertagung offensichtlicher Probleme.

Deutschlands Reichtum vollzieht sich in einem derart desaströsen Kontrast zu den Elendsverwerfungen der armen Länder, dass nationale Egoismen dringend einer neuen »Heimatkunde« weichen müssten. »Die Wohnung des Menschen heißt Erde«, schrieb ein junger Dichter zu DDR-Zeiten. Tatsächlich ist die vielfach verflochtene Welt der Boden, auf dem Menschen in Zukunft entweder friedlich und sozial gerecht miteinander leben werden, oder er ist der Schauplatz von blutigen Aufständen der Entrechteten, der Hungrigen, der von Klimakatastrophen und neokolonialistischem Raubbau am meisten Betroffenen.

Die dringendsten politischen, ökologischen und humanitären Schlussfolgerungen wären klar: gerechte Weltwirtschaftsordnung; verantwortungsbewusster, nachhaltiger Umgang mit den natürlichen Ressourcen; Verzicht auf neokolonialistische Ausplünderung und Eroberungskriege; frühe Befriedung von Krisenherden und drastische Dämpfung der Rüstungsausgaben zugunsten effektiver weltweiter Solidarprojekte. Aber das kollidiert mit den kurzgreifenden geostrategischen Interessen der Kapitalmagnaten und ihrer Regierungen. Solange die Geschichte sie duldet, brauchen sie scharfen und klugen Widerspruch. Die Völker müssen neu denken. Zu Hause in ihrem Land und zu Hause in der Welt.

Segel setzen

»Mit uns zieht die neue Zeit.« Das Arbeiterlied habe ich gern gesungen. Der alte Traum im Labor neuer gesellschaftlicher Verhältnisse. Aber es hat gründlich geknallt. Die einen hatten das Wagnis verkannt und sanken nun in Depression. Andere häuteten sich devot und staunten, dass autoskalpierter Haut keine ehrliche nachwachsen wollte. Ganz andere riefen: »Freiheit und Democracy. Na endlich!« Die hoffnungsvollsten Linken aber dachten an Urknall, aus dem ohne Zweifel eine neue Welt mit Macht zum Durchbruch dringen wird. Termin ungewiss. Und der Sänger, der immer gefragt und gesagt hatte, wer wo steht, der stand nun inmitten einer anders neuen Zeit samt all diesem Hoffnungsgewirr. Und er suchte seinen Platz, wo er Brötchen verdienen konnte, ohne die Deutung vom Urknall zu verschlucken. »Mit uns zieht die neue Zeit« wurde Vorrat.

Aber mit der Zeit musste man schon gehen. Was denn sonst? Ich plagte mich recht bald und dann Jahrzehnte lang mit Marktwirtschaft. Ich habe sie gelernt, wie man eine Fremdsprache lernt. Erst war ich an einem kleinen Verlag beteiligt, dessen Ratgeber-Literatur die DDR-Bürger auf neue Rechtslagen vorbereiten wollte. Das ging ganz gut, bis die Walze der westdeutschen Großverlage mit ihren Hochglanzausgaben unsere bescheidenen Broschuren überrollte. Erfolgreicher waren unsere verlegerischen Plädoyers für den Ostmarkt. Die von uns verbreiteten Wirtschaftsinformationen wurden anfangs prominent abonniert, und unsere ergänzenden Veranstaltungen und Gesprächsrunden mit Entscheidern aus den alten RGW-Ländern waren gut besucht. Der Ostwirtschafts-Experte Otto Wolff von Amerongen, etwas spät angereist, setzte sich vergnügt auf eine Fensterbank. Aber das war die Stimmung zur Goldgräberzeit, als jeder Informationsfetzen aufgesogen wurde. Sobald die Industrie ihre Netze gezogen hatte, war unser guter Wille entbehrlich geworden.

Später wurde ich Anzeigenleiter in einem brandenburgischen Verlag. Ich habe das ganz gern gemacht und Außendienste nicht gescheut. Man war dicht dran an den Erfolgen und Verzweiflungen der Kaufleute, von denen die meisten ja auch die Fremdsprache Marktwirtschaft gebimst hatten.

Meine parteipolitischen Vorlieben ließen sich aufs Lokale nicht übertragen. Was ich sonntags nicht wählte, machte »unten« gelegentlich eine bürgerfreundliche Alltagsarbeit, und was ich wählte, kam oft genug nicht aus dem Mustopf. Aber ich war ja nicht der Chefredakteur, sondern nur der, der die Umsätze notierte. Ich geriet selten in ideologische Konflikte und pflegte mit der mehrfarbigen Phalanx von Lokalpolitikern zumeist einen freundschaftlichen Ton. Natürlich wussten alle, was ich zu DDR-Zeiten gemacht hatte. Aber ich wusste das von denen zumeist auch. Außerdem wurden unsere Wochenblätter im Sprengel gern gelesen. Es gab Klagen, wenn ein Exemplar mal nicht gesteckt war. Manche meinten, das läge daran, dass unser Blatt an seinem Haupterscheinungsort die meisten Todesannoncen einrückte. Presseleute sehen in ihnen ja eine »Währung«, weil sich enormes Leserinteresse an sie heftet. Ich hatte die Todesnachrichten aus dem sonstigen Anzeigenwald gelöst und sie in würdigen Seitenhintergründen, den Umrissen eines Friedwaldes ähnlich, platziert. Ein bisschen Raum »verschenkt«, aber fast alle Anzeigen aus dem Terrain gewonnen. In mancher Woche füllten sie vier Seiten. Der Münchener Verleger rieb sich dann die Augen und schickte solche Ausgaben an die anderen Standorte. Solche schönen Leichen-Seiten produzierten die da oben im Osten! Überhaupt meine westdeutschen Chefs! Immer liberal und mir vielleicht auch wegen der Kasse gewogen, haben sie über meinen Weg gestaunt. Und ich über sie. Denn sie haben nie versucht, mir mein Leben zu erklären. Sie haben mit Interesse gefragt. Das war nicht die Norm. Ich war Leuten vorgesetzt, die ich zum Mitdenken aufgefordert habe. Das war auch nicht die Norm, aber gut für die Kasse. Wie hat der aus dem Osten das gemacht? Er hat nicht alles über Bord geworfen, was er über Menschen und ihre Lust auf Arbeit gelernt hatte.

Ich ging in Rente, als man mich noch leiden konnte. Der Verleger lud nach München ein, um mich zu verabschieden. Der die bundes-

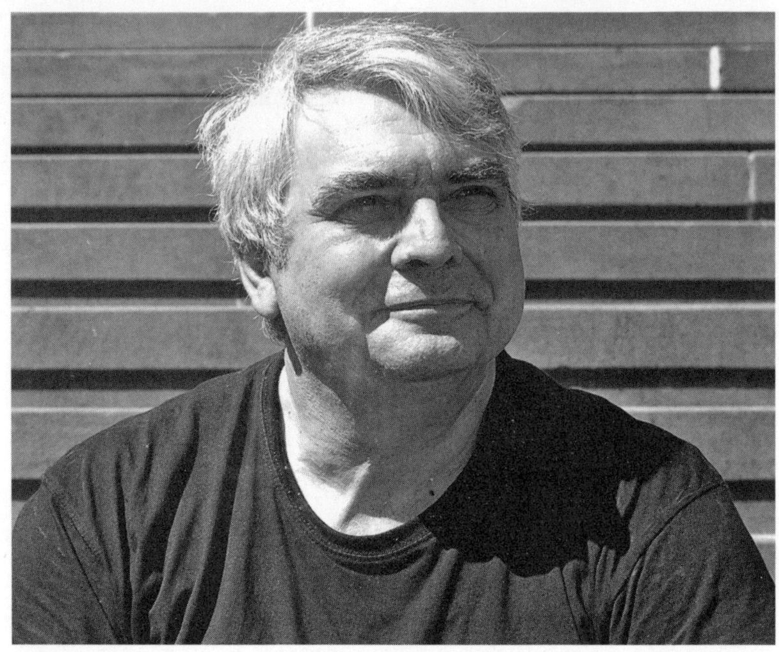

weite Zeitungsgruppe operativ führt, wurde vom Chef zum Freund. Gelegentlich dachte ich, die könnten auch einen VEB mit Bravour managen. Natürlich würden sie mir einen Vogel zeigen, spräche ich das laut aus. Ich war nach der Wende keinen Tag lang arbeitslos. Beruflicher Erfolg zu den Bedingungen der Zeit brauchte gewiss auch sein Quantum Glück. Ich hatte es, andere nicht. Endlich bekam ich die Zeit, um dem Computer einzuflüstern, was Sie bisher gelesen haben.

Vieles musste ich nachfragen, vor allem bei mir selbst. Manchmal wünschte ich mir dann ein Ticket für die Zeitmaschine, die uns zurückreisen lässt, um mit besserem Wissen unsere Irrtümer zu vermeiden und Fehlentwicklungen mit Courage entgegenzuwirken. Leider erlaubt das Leben nur den Gedanken eine Rückkehr. Aber wie sich erinnern? Das Gewesene in seiner Zeit sehen, altes Denken durch *Nach*denken seiner Fehler entkleiden. Als Lektion für neue Aufbrüche. Denn der Sozialismus hat sein Klassenziel nicht erreicht. Und

Kommunismus gab es noch nie. Sein Gespenst fliegt wie eh und hätte angesichts der Weltmisere eine Chance auf reale Gestalt verdient. Aber der Kapitalismus mit seiner enormen Elastizität sperrt ihm die Landeplätze. Er integriert hier Forderungen der Arbeitenden in seine Verwertungspläne, separiert dort die Leidtragenden von den Profiteuren des sozialen Gefälles und hat dabei die Korrektive des alten sozialistischen Weltsystems nicht mehr zu befürchten. Der spitze Teil der Reichtumspyramide verteidigt seine Privilegien sowie die politischen Verhältnisse, die sie einräumten. Aber die Empörung unten wächst mit dem Ausmaß der Ungleichheit.

Die Nichtregierungsorganisation Oxfam errechnete, dass acht Superreiche mehr Vermögen besitzen als 3,6 Milliarden Menschen, die die ärmere Hälfte der Weltbevölkerung ausmachen. Der Paritätische Wohlfahrtsverband beklagte, dass im Jahre 2015 fast 13 Millionen Menschen in Deutschland unter der statistischen Armutsschwelle lebten – die höchste Quote, die seit der Vereinigung beider deutscher Staaten gemessen wurde. Die OECD beobachtete, dass sich die Kluft zwischen Arm und Reich in keinem anderen Land seit 2000 so sehr verbreitert hat wie in der Bundesrepublik Deutschland.

Dabei fehlte es nicht an Warnungen. Günter Grass fragte: »Sollen uns weiterhin die Glaubensartikel Markt, Konsum und Profit als Religionsersatz tauglich sein?« Er wurde belächelt. Der Schweizer Soziologe und Globalisierungskritiker Jean Ziegler wollte in seiner Eröffnungsrede zu den Salzburger Festspielen 2011 die Feierlaune stören: »Alle fünf Sekunden verhungert ein Kind unter zehn Jahren. 37 000 Menschen verhungern jeden Tag, und fast eine Milliarde sind permanent schwerstens unterernährt«, zitierte er den World-Food-Report der FAO, der auch besagte, dass die gegenwärtige Landwirtschaft problemlos das Doppelte der Weltbevölkerung normal ernähren könnte. »Viele der Schönen und Reichen, der Großbankiers und der Konzern-Mogule dieser Welt kommen in Salzburg zusammen. Sie sind die Verursacher und die Herren dieser kannibalischen Weltordnung.« Der garstige Unheilsredner wurde ausgeladen.

Unter dem Eindruck der Euro-Krise im Frühjahr 2010 forderte Bundespräsident Horst Köhler, die Finanzmärkte müssten endlich dem Primat einer demokratischen Politik folgen und der Gesamtwirtschaft dienen. Gewinne dürften nicht ein paar Wenige einstreichen, während die Allgemeinheit die Verluste trage. Nötig sei es, Europas Finanzwirtschaft ein neues internationales Regelwerk aufzuerlegen und gegebenenfalls einige Geschäftsarten zu verbieten. Das renitente Staatsoberhaupt, das die Allmacht der Banken anfechten wollte, fiel aus dem Amt.

Inzwischen produzierte die Ohnmacht der Abgehängten und Durchregierten eine derartige Wut auf die etablierten Politiksysteme, dass ultrarechte »Volksversteher« mit dieser Empörung ihre nationalistischen und chauvinistischen Programme begründen. Unter dem Eindruck der Flüchtlingsbewegungen suggerieren sie die Preisgabe der Vaterländer an Invasoren fremder Kulturen und schürten die sozialen Ängste vieler Menschen in ihren dumpfesten und inhumansten Färbungen. Wer ihren ideologischen Verführungen folgte, konnte nicht zu den tatsächlichen systemischen Ursachen der kapitalistischen Verwerfungen gelangen.

Um den bereits faschistisch infizierten Ultranationalismus zu stoppen, muss die politische und soziale Empörung der Menschen, statt sie in Frage zu stellen, wie ein guter Wind auf die Mühlen progressiver Neuordnungen in den Staaten und in der Welt gelenkt werden. Die vergeudete Wut produktiv zu machen heißt, sie aus ihrer nationalistischen Borniertheit zu reißen und in den Kampf gegen die politischen und sozialen Diktate des entfesselten Kapitalismus zu führen. Eine gewaltige Klärungs- und Aufklärungsarbeit steht den linken Parteien und Bewegungen bevor, deren Einigungswille angesichts der Brandgefahren in Europa und der Welt jetzt nicht an den Trennpunkten ihrer Ismen scheitern darf. In ihrem Einverständnis suche ich meinen Platz.

Eine Revolution ist hierzulande fern, und das kapitale Schlachtross, das uns aufgesogen hat, nimmt sich mit dem Scheitern Zeit. Aber schon in der Antike wusste man: Wenn du den Wind nicht drehen kannst, musst du die Segel günstig setzen. Ist doch kein Opportunismus, wenn du dich jedem kleinen Hauch zuwendest, der dir das Boot voranbringt. In meinem Leben heißt das: Texte verfassen, Basisarbeit aufbürden, zu Demos gehen, Leuten zuhören und streitbar antworten, Allianzen nach tragfähigen Kompromissen schließen, politische Lieder der frühen Jahre auf neue Tauglichkeit umschreiben, antifaschistische und internationalistische Widerworte gegen Stammtischparolen setzen, Zeitgeschehnisse nicht mit der Tristesse eines Verlierers, sondern mit der Heiterkeit eines Optimisten im Wartesaal der Geschichte erzählen.

Denn so, wie die Welt ist, kann und wird sie nicht bleiben. Irgendwann setzt das Gespenst zur Landung an, weiß nicht, wie und wo zuerst. »Träum weiter!«, lästert unverdaute jüngere Erfahrung. Aber den Spott hat sie umsonst. »Warten wir die Zukunft ab!«, fauche ich meine Skepsis an. »Die Welt wird es schon noch sehen.« Ich, leider, werde es nicht sehen. Ich darf ja keine der Gestalten auf meiner liebsten Grafik sein: Inmitten der Grabsteine eines jüdischen Friedhofs steht ein Baum. Die toten Herren sind aus ihren Gruben aufgefahren, sitzen in den Zweigen und beobachten die Zeit. Das wär's doch! Ewig die Zukunft besichtigen! Aber mir Atheisten ist das verwehrt. Schade, bei so viel Neugier und Vorfreude!

Im Dom, Ostchor

Auf dem Treppengeländer gen Himmel
schiebt sich bronzenes Leibergewimmel.
Oben winkt zweite Jugend des Lebens.
Natürlich. Die Kerle strampeln vergebens:

Gelehrter und Bischof wie einfacher Mann.
Sogar ein König tut sich das an.
Nur um im zweiten Versuch alle Sachen
ein kleines bisschen klüger zu machen.

Doch man stürzt ab.
Arsch und Seele sind wund.
Halt dich lieber links unten,
und hoff dich gesund!

Hartmut König

Personenregister